北京市健美协会**指定教练员培训专业教材**／众多健身健美运动专家**推荐大众健身手册**

New

健身运动指导全书

郭庆红　徐　铁／**主编**

王　严　肖　晶　崔兆新／**副主编**

全方位囊括健身内容，

系统化传授健身思路，

专业性确保健身质量，

多角度提供健身方法，

权威人士指导您有的放矢去健身

图书在版编目（CIP）数据

健身运动指导全书 / 郭庆红，徐铁主编. —北京：农村读物出版社，2011.10（2018.1 重印）
ISBN 978-7-5048-5521-3

Ⅰ.①健… Ⅱ.①郭… ②徐… Ⅲ.①健身运动－基本知识 Ⅳ.①G883

中国版本图书馆 CIP 数据核字（2011）第 167472 号

责任编辑 刘宁波 吕 睿
出 版 农村读物出版社（北京市朝阳区麦子店街 18 号楼 100125）
发 行 新华书店北京发行所
印 刷 中国农业出版社印刷厂
开 本 787mm×1092mm
印 张 46.75
字 数 1000 千
版 次 2018 年 1 月北京第 3 次印刷
定 价 84.00 元

（凡本版图书出现印刷、装订错误，请向出版社发行部调换）

主　编：郭庆红　徐　铁

副主编：王　严　肖　晶　崔兆新

编　著：王　严　郭庆红　徐　铁　肖　晶　崔兆新

编委会成员：

田振华：中国健美协会竞赛委员会副主任，国际关系学院教授

何倩倩：全国女子健美冠军，资深瑜伽健身导师

张　菁：全国健身小姐冠军，首都师范大学教师

易海燕：全国健身小姐亚军，北京邮电大学教师

付婷匀：亚洲健身小姐冠军，资深健身俱乐部管理专家

李　宁：全国健身小姐冠军，婧宁瑜伽培训中心导师

尚　凝：全国健身小姐冠军，资深健身模特

张慧军：全国女子体操冠军，资深瑜伽导师

丽　达：全国肚皮舞大赛金奖，资深肚皮舞导师

张　培：全国舞蹈健身教练大赛金奖，全国幼儿舞蹈考评师

王丽伟：全国健身教练大赛最佳表现奖，全国幼儿舞蹈考评师

宋　扬：全国健身小姐十佳选手，资深私人健身教练

吴　俣：北京市健身小姐冠军，职业瑜伽导师

郭天毅：北京市体育模特冠军，高级私人健身教练

付　晶：资深普拉提培训导师，有氧课程培训导师

李丹娜：职业舞蹈教师，形体塑形专家

徐晓茹：国家级健美教练，资深健美教练培训导师

贾　勇：高级摄影师，资深健美记者

王　鸾：北京市健美协会网站技术部主任

徐兆杰：北京市健美协会办公室主任

袁　嘉：北京市健美协会教练培训导师

动作示范：

王延生：全国健美冠军

王　严：中国健美协会健身指导员讲师

肖　晶：2002年全国十佳健身小姐

尚　凝：2006年、2007年、2008年全国健身小姐冠军

许　鸽：北京市健身小姐冠军

刘　凯：北京市健美冠军

张　培：全国肚皮舞大赛金奖获得者

郭天毅：北京市男子体育模特冠军

胡雯天：北京市女子体育模特冠军

于振刚：北京市健美协会高级私人教练

袁　嘉：中国健美协会一级健身指导员

卢永炜：北京市健美协会高级私人教练

李思妤：北京市健美协会高级有氧操教练

技术指导：

北京市健美协会

场地提供：

北京第一健身俱乐部

北京王严健身俱乐部

《健美先生》杂志社健身房

北京伊丽莱健身俱乐部

北京工人体育场体校

北京市健美协会摄影工作室

摄　影：

郭庆红　郝　巍

绘　图：

李　正

序

由北京市健美协会郭庆红、徐铁、王严、肖晶、崔兆新等5位健身健美专家从2007年开始编写的《健身运动指导全书》，经过5年的辛勤努力，在中国农业出版社（副牌：农村读物出版社）的大力支持下终于出版面世了，该书以科学健身为理念，对于从事健身健美教练工作会有裨益和帮助，是一部较好的健身健美专著，对于全民健身运动的开展起到了积极的作用。

《健与美》杂志编辑部主任、中国健美协会宣传委员会主任：刘舜

2012年1月26日于北京

我作为北京市健美协会主席能够带领一支团结敬业的健美专业团队长年服务于健身健美事业，我从内心感到无比的自豪。我不仅欣赏大家的专业能力，更被大家在工作中的和谐氛围和奉献精神所感动。我相信《健身运动指导全书》会成为所有健身健美工作者的良师益友，希望读者朋友们能够从中体会到作者的专业水准和长达五年的辛劳，同时感谢中国农业出版社（副牌：农村读物出版社）的刘宁波主任为本书的出版所给予的大力支持。

北京市健美协会主席：景志峰

2012年1月26日于北京

我在美国工作和生活了较长一段时间后，发现美国人的健身意识比较强，健美文化形式丰富多彩，健身健美的书籍和有氧课程的光盘比较普及。当我得知北京市健美协会和中国农业出版社（副牌：农村读物出版社）出版了一部健身健美专著《健身运动指导全书》之后，我感到由衷的兴奋。我觉得这是我们中国人的骄傲，世界华人也会感到无比的自豪，因为这本书记录了我国健身健美工作者几代人从创业到发展的艰辛和美好的历程。我期待着《健身运动指导全书》早日成为世界华人健身健美爱好者的宝贝。

世界华人健美健身协会秘书长、中国首位世界健美冠军：钱吉成

2012年1月25日于美国洛杉矶

我与北京市健美协会郭庆红等各位老师相识有20多年，他们在我心中的印象是专业、友善和伟岸。这不仅是他们具有较高的健身健美专业理论知识，还因为他们善于团结健身健美业界的专家学者和企业家以及健身健美从业人员。他们长年举办的比赛活动、培训活动和年会活动我都喜欢参加，并从中受益匪浅。我祝福《健身运动指导全书》的出版发行。

世界华人健美联合会秘书长、中国首位男子亚洲健美冠军：秦承勇
2012年1月25日于美国纽约

近年来我国健身俱乐部的团操课程日趋丰富多彩，由过去单一的大众健身操发展到有爵士、拉丁、街舞、普拉提、踏板操等几十种深受大众喜欢的团操课程。北京市健美协会郭庆红等5位老师编写的《健身运动指导全书》图文并茂，书中介绍的10种团操课程都是在健身俱乐部流行的重点课程。希望读者朋友们能从中学到新的动作，我向五位老师表示敬佩并祝福他们不断创新，取得新的成就。

北京丹彤健身俱乐部董事长、中国首位亚洲健身小姐冠军，
中央电视台健身栏目编导：程丹彤
2012年1月27日于北京

健身健美运动离不开营养与恢复，更需要理论知识指导日常的训练。北京市健美协会编写的《健身运动指导全书》对于业界人士了解健身健美运动和管理健身俱乐部会有所帮助。团结、协作、奉献和双赢是北京市健美协会的工作理念，我们康比特公司的发展同样是以推动全民健身运动为己任，在服务于社会、奉献于大众的层面上我们与北京市健美协会是志同道合的。让我们共同携手为中国的健身健美事业和健身产业的发展奉献我们的力量。

北京康比特科技股份公司董事长、中国健美协会产业委员会主任：白厚增
2012年1月27日于北京

我作为一名中国健美运动委员会的老一代工作者，在龙年新春之际祝贺北京市健美协会编写的《健身运动指导全书》出版，这是对我国健身健美事业的贡献。本书的出版使得健身健美爱好者又多了一本健身健美专著。这本书从竞赛组织、运动训练、有氧课程和健身俱乐部的管理等方面都有较为详细的介绍，我相信会使读者收到事半功倍的效果。

北京体育大学教授、首届中国健美运动委员会副主席：裔程洪
2012年1月20日于江苏省盐城市

如果说一名称职的健美教练能够在体能训练方面对国家网球队在备战奥运会能有所帮助的话，那么我在2004年雅典奥运会之前的训练中受聘于国家网球队担任体能教练，为夺得女双冠军真的起到了一定的作用。由此可见，健美运动的一些训练方法对于提高速度力量、肌肉耐力都会有所帮助。北京市健美协会郭庆红等老师编写的《健身运动指导全书》在运动训练方面有独到的见解，特别是王严老师把自己摸索总结的健身健美训练经验上升到理论高度，为本人所欣赏。我祝贺《健身运动指导全书》的出版发行。

徐州健美丽人健身俱乐部董事长、中国健美冠军、国家网球队体能教练：姚志洪

2012年1月28日于江苏省徐州市

我作为中国健身健美运动从复苏到发展30年的历史见证人，我欣喜于北京市健美协会把我国健身健美运动的发展写入了《健身运动指导全书》。这将会有助于年轻人了解健身健美运动的发展历程，让何玉珊、杨新民、秦承勇、钱吉成等璀璨的健美明星成为年轻人的榜样，让榜样的力量去影响着新一代健身健美运动员创造新的辉煌。我祝贺《健身运动指导全书》的出版，感谢郭庆红等5位老师的辛勤努力，祝愿我国健身健美运动取得新的成就。

国际关系学院教授、中国健美协会竞赛委员会副主任、健美国际裁判：田振华

2012年1月28日于北京

获悉我国出版了最新健身健美专著《健身运动指导全书》，这是我国健身健美的新福音。该书在训练学、健身俱乐部的经营管理等方面均有独到的论述，其训练方法符合运动训练的规律，结合比赛实践对于赛前训练的安排均作了详细的描述。我相信该书会给健身健美爱好者带来全新的训练理念和宝贵的帮助。

《健美先生》杂志主编：刘铁民

2012年1月26日于北京

前 言

自从1998年11月北京市健美协会在工人体育馆举办中国健美协会健身指导员培训班以来，14年的时间我们积累了丰富的健身健美教练培训经验，其中许多参加培训的教练已经成为我国健身俱乐部高级管理人才和业绩显赫的金牌教练，我们的培训导师团队资深的健身健美专家徐铁、杨宏建、田振华、王严、肖晶、崔兆新、张菁、袁嘉的专业水准已经得到业内的广泛赞誉，深受健身健美爱好者的爱戴。因此，把科学健身的锻炼方法和最新的健身健美理念介绍给读者是我们的心愿。在2007年1月我们开始组织编写《健身运动指导全书》一书，经过5年多的辛勤努力，在中国农业出版社（副牌：农村读物出版社）的大力支持下，现在终于出版面世了。本书是由北京市健美协会郭庆红、徐铁、王严、肖晶、崔兆新5位健身健美专家集体编写，汇集了5位老师的30多年健身健美实践和教学经验。王严老师在健身健美训练、肌肉塑形、赛前训练等方面颇有独到之处，凡是听过王严老师课程的学员普遍感到受益匪浅；肖晶老师的团操课程体现了当前健身俱乐部团操课的时尚、新颖、活泼和富有美感的特点，书中图文并茂的讲解会给读者带来新的启迪；北京体育大学的崔兆新老师在多年的教学中培养了许多奥运会冠军及顶尖水平的世界冠军，其专业理论水平具有权威性；徐铁老师作为我国第一代女子健美教练，把训练实践与科学理论相结合，彰显资深教练的丰厚底蕴。

本书倡导读者尽可能多地了解健身健美训练原理、训练方法、竞赛知识以及本项运动的历史沿革，告诫参赛者健康比金牌重要，宁可不要金牌也不要使用违禁药物，反兴奋剂是本会的一贯立场。了解组织和参加健身健美比赛的目的应该尽其所能地为参赛者创造比赛的乐趣，在国际比赛中无疑要遵守《国际健美竞赛规则》，在全国比赛中理所当然地要执行《中国健美竞赛规则》，那么在其他的健美比赛中，则应该根据实际情况，充分发挥自己的聪明才智从而享受到比赛的乐趣。例如：对第七名以后的选手应当给予尊重，其方式不是简单的淘汰，而是获得一种奖项，使其体面地离开赛场。颁奖仪式要做到隆重精彩，因为这是参赛选手实现自我的幸福时刻，要组织专业的摄影师和摄像师拍下珍贵的瞬间，使健身健美比赛的精彩载入史册。

北京市健美协会已经决定将本书作为教练员培训的专业教材。

在本书出版之际，首先感谢中国农业出版社（副牌：农村读物出版社）的刘宁波主任为本书的出版所给予的大力支持，是刘宁波主任的鼎力相助和热情鼓励才使得本书能够顺利完成编写、排版、校对和印刷。

同时特别感谢《健与美》杂志刘舜主任、北京市健美协会主席景志峰主席、世界华人健美协会钱吉成秘书长、世界华人健美联合会秦承勇秘书长、亚洲健身小姐冠军程丹彤老师、康比特科技股份公司白厚增董事长、“健美丽人”俱乐部姚志洪董事长、北京体育大学裔程洪教授、国际关系学院田振华教授、《健美先生》杂志刘铁民主编在百忙中为本书提笔写序。

还要感谢为本书担任示范教练的肖晶、王严、王延生、尚凝、郭天毅等健身健美教练。

最后谨对本书的编写和出版工作中提供帮助的所有人士和单位表示最诚挚的谢意！

祝愿读者朋友健康快乐。

北京市健美协会秘书长：郭庆红
北京市健美协会副主席：徐　铁
2012 年 4 月于北京

目 录

第二部分 实践篇

第三部分　保健篇

第四部分 竞赛篇

第五部分　管理篇

第一部分

基础篇

第一章 健身运动与我们的身体结构

了解我们的身体结构是科学的从事健身运动的前提，人体基本生理结构是复杂而神秘的，但从现代医学、解剖学、生理学研究看，人体的整体性已经不是一个抽象化的概念了。那么人体究竟是怎样构成的？它们之间又是如何形成了一个协调的整体？人体的运动又是怎样产生的？……要回答这些问题首先要对人体的基本结构作一个初步的了解。

第一节 人体骨骼系统

人体的骨骼系统是由 206 块骨通过关节之间相互连接而构成的，人体骨骼为肌肉组织和器官提供了支撑的骨架。这些骨骼可以分为颅骨、躯干骨和四肢骨三个部分。其中躯干骨由脊柱、胸骨和肋骨构成；四肢骨由上肢骨（包括肩带骨和游离上肢骨构成）和下肢骨（包括盆带骨和游离下肢骨构成）。（图 1–1）

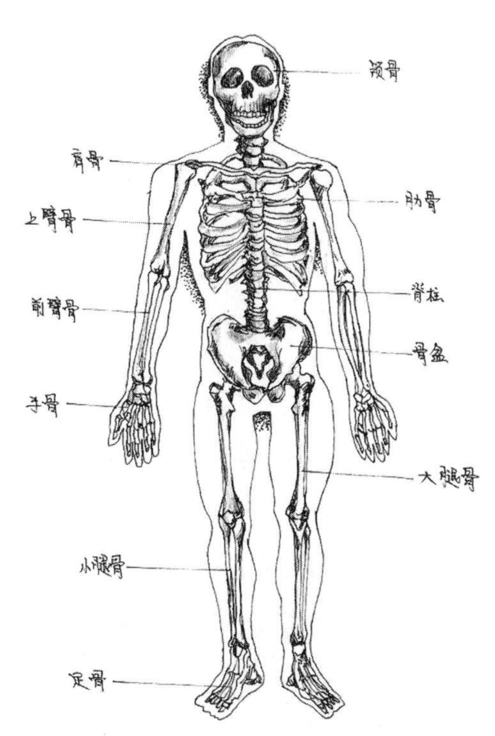

图1–1 人体骨骼图

另外，按照骨骼的形状又可以将其分为长骨、短骨、扁骨和不规则骨。不同形状的骨所承受的负荷以及所具有的功能是各不相同的，长骨负责人体运动，例如四肢的骨骼等；扁平状的骨起保护内脏器官的作用，比如颅骨保护大脑等。（图 1–2）

在人体骨架中脊柱是人体骨骼的中心，位于躯干骨后侧。由上而下，依序是颈椎（7 个）、胸椎（12 个）、腰椎（5 个）、骶骨和尾骨。脊椎

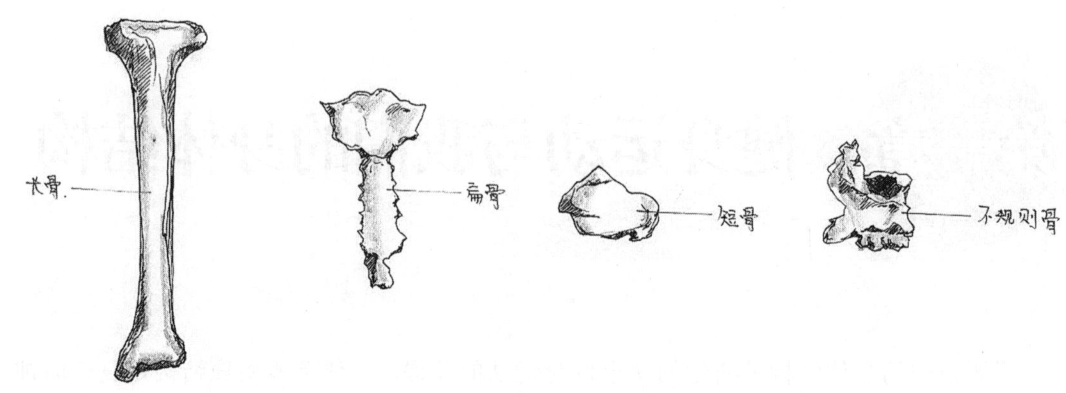

图1–2　不同形状的骨

骨像串在项链中的珠子一样能够弯曲和扭转，正因如此，才使人类的各项运动成为可能。

脊柱构成了人体的四个生理弯曲，进而形成了人体的外在曲线，从侧面观察，可见脊柱呈S形，有颈、胸、腰、骶四个弯曲。这些弯曲是人类所独有的，由直立行走进化而来，与直立姿势相适应。这四个生理弯曲使我们的脊柱成为一个刚柔相济、柔韧有余的运动枢纽。（图1–3～图1–4）

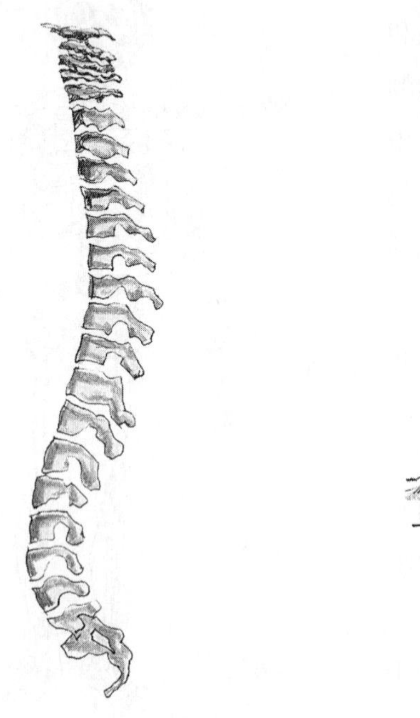

图1–3　人体脊柱侧面观

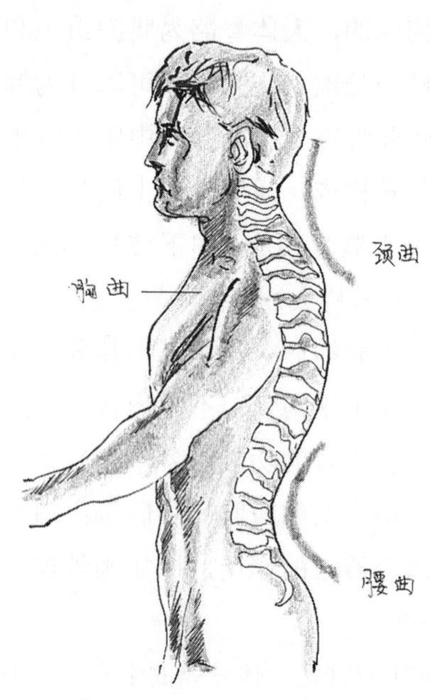

图1–4　人体的外在曲线

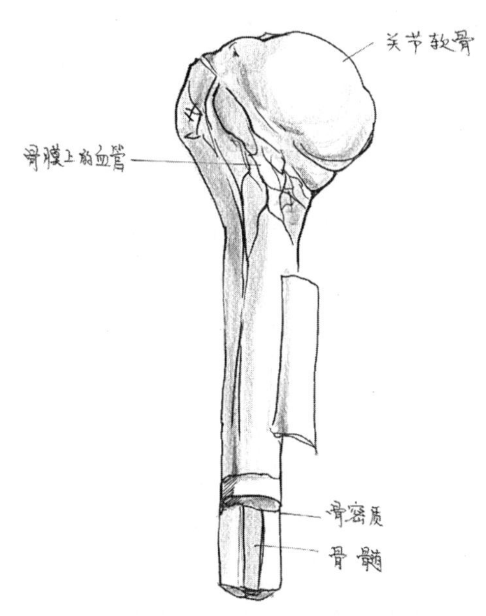

图1–5 骨的结构

一、人体骨骼的构造

骨从内到外分别为骨膜、骨密质和骨髓。（图 1–5）

二、人体骨骼的主要功能

（一）塑造体形，维持人体的基本形态

骨骼就像一座建筑物的钢筋支架一样，支撑着我们的身体。人体骨骼通过关节紧密地结合在一起，并附着肌肉，构成人体的支架，赋予了人体基本形态，并起着保护、支持和运动的作用。凭借着骨骼我们才能站起来。

（二）支持躯体并运动

人体的骨骼都是一块一块的，要成为人体的支架，就需要关节将它们连接起来。从解剖学角度来看每一个关节都有他们的特定作用，有的可以屈和伸，有的外展和内收，有的可能旋内和旋外，还有的可能绕环运动。（图 1–6）从生物力学角度来看，多数关节在运动当中都可以充当一个支点，而骨骼在运动当中扮演杠杆的作用。

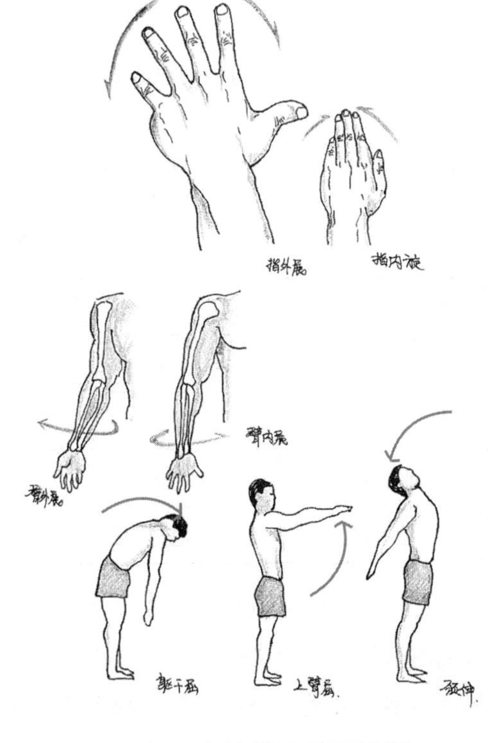

图1–6 人体的运动图举例

（三）保护内脏器官

人体的躯干形成了几个体腔，颅腔保护和支持着脑髓和感觉器官；胸腔保护和支持着心脏、大血管、肺等重要脏器；腹腔和盆腔保护和支持着消化、泌尿、生殖系统的众多脏器。这些体腔由骨和骨连接构成完整的壁或大部分骨性壁；肌肉也构成某些体腔壁的一部分，如腹前、外侧壁，胸廓的肋间隙等，或围在骨性

体腔壁的周围，形成颇具弹性和韧度的保护层，当受外力冲击时，肌肉反射性地收缩，起着缓冲打击和减缓震荡的重要作用。

（四）其他功能

体内的一些骨能制造出身体所需的某些物质。例如，胳膊和大腿的长骨能够制造血细胞；骨也能储存钙和磷等物质。当身体需要这些矿物质时，骨就会适量释放这些物质到血液中。

三、骨的生长和重建

骨的生长是一个动态的代谢过程，贯穿人的一生。骨的生长包括骨的长长和长粗两方面：骨端软骨层在儿童时期不断产生骨组织，使骨长长，骨膜中成骨细胞不断产生骨质使骨长粗。骨具有一个明显的特征就是其含有大量的矿物质和有机成分。

骨的重建就是骨组织改变自身的形状大小和结构的能力，人体在长期承受外界较大负荷时就会引起骨骼的适应性变化，包括其内部结构的改变和骨密度的增加，这种变化增加了钙的储存量，降低了患骨质疏松的概率。

四、骨成分随年龄增长的变化

骨的物理特性主要表现在硬度和弹性两方面，主要化学成分是水、无机盐和有机物。无机盐主要是钙盐，它们赋予骨骼以硬度；有机物主要是蛋白质，它们赋予骨骼以韧性和弹性。骨中不同成分的含量和骨的物理性质，是随着人的年龄增长而变化的。（表 1–1）

表 1–1　骨成分随年龄增长的变化

各个时期	骨成分的含量		骨的物理特性
	无机物	有机物	
儿童少年时期	不到2/3	超过1/3	硬度小、柔韧、弹性大
成年期	约为2/3	约为1/3	既坚固又有弹性
老年期	超过2/3	不到1/3	硬脆、弹性小

儿童的骨骼特点是较柔软、富于弹性、韧性好，但容易受外力的影响而产生变形。如长期用裤带或松紧带束缚胸部，则会影响胸廓发育，发生肋骨下部凹陷；不正确的坐立姿势、写字姿势及背书包姿势，都可能造成驼背或脊柱侧弯等。因此，在儿童发育时期，要特别注意儿童的坐、立、走等动作的正确姿势。

健身锻炼对骨骼产生的影响

健身锻炼能够促进血液循环，使骨各部分增强营养，改善骨的结构，尤其是长期的负重练习，可促使骨密质增厚，使骨小梁排列更加紧密、有规律，使骨更加坚固，对于防止骨质疏松起到很好的作用。

第二节 骨连接

骨连接是运动系统的重要组成部分，指的是骨与骨之间借助于结缔组织、软骨或骨而连接起来。可以分为两种类型。直接连接：骨与骨之间借助致密结缔组织、软骨或骨直接相连，运动能力小或完全不能运动；间接连接：骨与骨之间借助膜性的结缔组织囊相互连接，相对的骨面之间有间隙，运动能力大，间接连接通常称之为关节。

一、直接连接

（一）韧带连接

两骨之间靠结缔组织直接联结的叫韧带连接。韧带多呈膜状、扁带状或束状，由致密结缔组织构成。肉眼观察呈白色，有光泽，附着于骨的地方与骨膜编织在一起，很难剥除。有的韧带由弹性结缔组织构成，肉眼观察呈淡黄色，叫做黄韧带。一般的韧带连接允许两骨间有极微的活动度。但有些骨与骨之间，两直线缘相对或互以齿状缘相嵌，中间有少量结缔组织纤维穿入两侧的骨质中，使连接极为紧密，叫做缝，如颅骨的冠状缝和人字缝。

（二）软骨结合

相邻两骨之间以软骨相连接叫软骨结合。软骨组织属结缔组织的一种，呈固态有弹性，由大量的软骨细胞和间质构成。由于间质的成分不同，又有透明软骨、纤维软骨和弹力软骨的区分。第一肋骨连于胸骨的软骨属透明软骨，而相邻椎骨椎体之间的椎间盘则由纤维软骨构成。由于软骨具有一定弹性，所以能做轻微的活动。有的软骨结合保持终生，

而大部分软骨结合在发育过程中骨化变为骨结合。

（三）骨结合

由软骨结合经骨化演变而成，完全不能活动，如五块骶椎以骨结合融为一块骶骨。

二、间接连接——关节

关节一般由相邻连接的两骨相对形成，如有三个以上的骨参加构成的叫做复关节。

（一）关节的基本构造

构成关节的两骨相对的骨面上，被覆以软骨，形成关节面。周围包以结缔组织的被囊称之为关节囊，囊腔内含有少量滑液。

● 关节面

构成关节两骨的相对面叫做关节面，一般是一凸一凹互相适应。凸的叫做关节头，凹的称为关节窝。关节面为关节软骨所被覆，除少数关节（胸锁关节、下颌关节）的关节软骨是纤维软骨外，其余均为透明软骨。关节软骨使关节头和关节窝的形态更为适应，其表面光滑，面间有少许滑液，摩擦系数小于冰面，故使运动更加灵活，且由于软骨具有弹性，因而可承受负荷和减缓震荡。关节软骨无血管神经分布，由滑液和关节囊滑膜层血管渗透供给营养。

● 关节囊

关节囊包在关节的周围，两端附着于与关节面周缘相邻的骨面。关节囊可分为外表的纤维层和内面的滑膜层。纤维层由致密结缔组织构成，其厚薄、松紧随关节的部位和运动的情况而不同，此层有丰富的血管、神经和淋巴管分布。滑膜层薄而柔润，其构成以薄层疏松结缔组织为基础，内面衬以单层扁平上皮，周缘与关节软骨相连。滑膜上皮可分泌滑液，滑液是透明蛋清样液体，略呈碱性，除具润滑作用外，还是关节软骨和关节盘等进行物质代谢的媒介。

● 关节腔

关节腔由关节囊滑膜层和关节软骨共同围成，含少量滑液，呈密闭的负压状态，这种结构也体现了关节运动灵活性与稳固性的统一。

（二）关节的辅助结构

● 韧带

韧带由致密结缔组织构成，呈扁带状、圆束状或膜状，一般多与关节囊相连，形成关节囊局部特别增厚的部分，有的则独立存在。韧带的附着部与骨膜或关节囊相编织。韧带的主要功能是限制关节的运动幅度，增强关节的稳固性；其次是为肌肉或肌腱提供附着点，有的韧带如膝关节的髌韧带本身就是由肌腱延续而成的。此外还有一些韧带位于关节内，叫关节（囊）内韧带，如股骨头圆韧带、膝交叉韧带等，它们的周围都围以滑膜层。

● 关节盘

一些关节的关节腔内生有纤维软骨板，叫做关节盘。盘的周缘附着于关节囊，关节盘将关节腔分隔为上、下两部。它的作用是使关节头和关节窝更加适应，关节运动可分别在上、下关节腔进行，从而增加了运动的灵活性和多样化。此外它也具有缓冲震荡的作用。膝关节内的关节盘不完整，是两片半月形的软骨片，叫做半月板，其功能与关节盘相似。

● 关节唇

关节唇是由纤维软骨构成的环，围在关节窝的周缘，以加深关节窝，增加关节的稳固性。

● 滑膜襞

滑膜襞是滑膜层突入关节腔所形成的皱襞。如襞内含脂肪组织则形成滑膜脂肪襞或脂垫。滑膜襞增大了滑膜的表面积，利于滑液的分泌和吸收。另外，在关节（尤其是负重较大的）运动时，起缓和冲撞和减缓震荡的作用。

第三节 骨骼肌

人体骨骼肌共有四百余块。每块骨骼肌包括肌腹和肌腱两部分，而多数骨骼肌借助肌腱附着在骨骼上。肌腹是由许多平行排列的具有收缩机能的肌纤维组成，每条肌原纤维可分为几千到几万段端端相续的肌节，它是肌肉进行收缩和舒张的基本功能单位。

一、人体主要骨骼肌群整体观

（图 1-7 ~ 图 1-8）

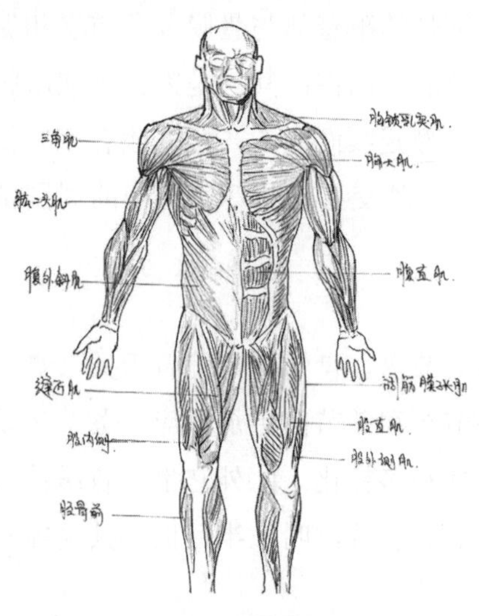

图1–7　前侧观

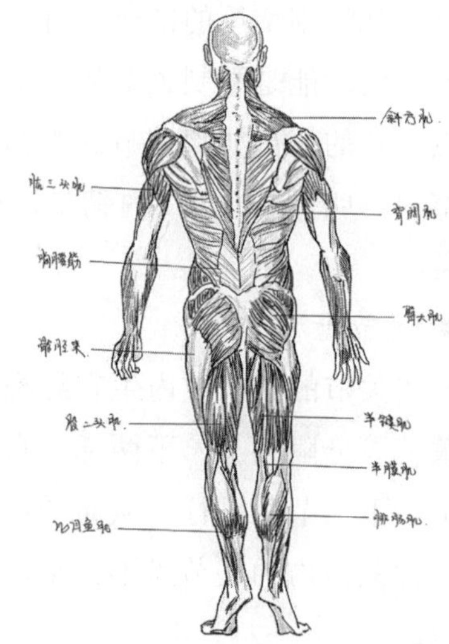

图1–8　背面观

二、骨骼肌的外在宏观结构

每一块骨骼肌都分成肌腹和肌腱两部分。（图 1–9）

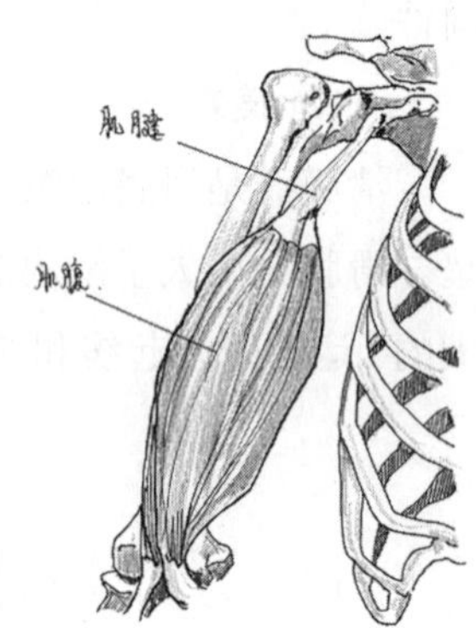

图1–9　肌腹和肌腱

（一）肌腹

肌腹是通常处在细长的连接点之间的肌肉的肥大部分，由许多平行排列的具有收缩机能的肌纤维组成，伸缩性大，色红质软，并且有血管和神经，起供给营养和调节作用。

（二）肌腱

肌腱是由致密结缔组织构成，其主要成分为胶原蛋白，色白较硬，没有弹性，没有收缩能力。肌腱的另一种组成成分是底物，属于非纤维物质，有几种不同的分子组成，形成更加坚硬稳固的结构。肌腱使骨骼肌附着于骨骼。长肌的肌腱多呈圆索状，阔肌的肌腱阔而薄，呈膜状，又叫腱膜。

三、骨骼肌的内在微观

骨骼肌的基本构成成分是肌纤维，也叫做肌细胞，是肌肉的基本结构和功能单位。每个细胞内有数百甚至上千条肌原纤维。肌原纤维由粗丝和细丝组成，全长都有暗带和明带

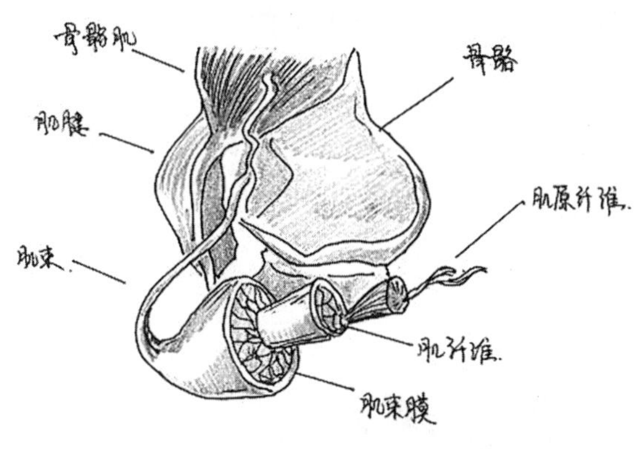

图1–10 骨骼肌微观结构

呈交错规则排列。肌纤维是圆柱形细胞，含有数百个细胞核，其长度的变化由几毫米到50多厘米不等。肌纤维组成不同大小的肌束，其内部含有多达150条肌纤维；包绕并分割肌纤维的结缔组织称之为肌内膜，包绕肌束周围的结缔组织是肌束膜，包绕整个肌肉的结缔组织是肌外膜。肌外膜和肌肉内部的结缔组织合并成肌腱，肌腱与骨膜相接触。与肌肉不同的是肌腱不具有收缩性。（图1−10）

四、肌纤维类型的划分如表1–2所示

表1–2 肌纤维分类对应表

<table>
<tr><td>慢肌</td><td>红肌</td><td colspan="2">Ⅰ</td><td>慢缩红</td></tr>
<tr><td rowspan="2">快肌</td><td rowspan="2">白肌</td><td rowspan="2">Ⅱ</td><td>Ⅱb</td><td>快缩白</td></tr>
<tr><td>Ⅱa</td><td>快缩红</td></tr>
</table>

（一）不同类型肌纤维的形态特征

快肌纤维直径较慢肌纤维大，含有较多的收缩蛋白。肌质网较慢肌纤维发达，由较大的运动神经元支配，神经纤维较粗，传导速度较快。慢肌纤维周围毛细血管较快肌纤维丰富，含有较多的肌红蛋白，慢肌纤维含有较多的线粒体，而且线粒体体积较大。慢肌纤维由较小的运动神经元支配，神经纤维较细，传导速度较慢。

（二）不同类型肌纤维的生理学特征

1．收缩速度：快肌比慢肌快。

2．肌肉力量：快肌大于慢肌。

原因是快肌纤维直径大于慢肌，快肌运动单元中所包含的肌纤维数量往往多于慢肌。

（三）不同类型肌纤维的抗疲劳性

慢肌抗疲劳的能力比较强，原因如下：

1. 慢肌纤维中的线粒体体积大，而且数目多，线粒体中有氧代谢酶活性高。

2. 肌红蛋白含量也较丰富。

3. 毛细血管网较发达，因而慢肌有氧代谢潜力较大。

不同肌纤维其形态学特征、生理学特征和代谢特征不同，运动训练对肌纤维类型会产生影响。

第四节　肌肉工作原理分析

肌肉的做功主要靠肌纤维的收缩来完成，分析肌肉纤维的收缩过程和收缩原理能使我们更好地了解肌肉工作的特征。（图 1−11）

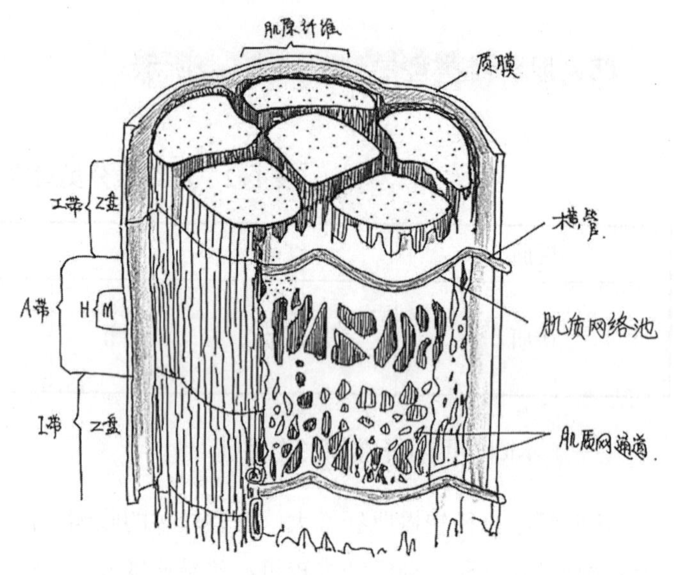

图1−11　骨骼肌微观结构模式图

一、肌纤维的收缩过程

（一）肌丝滑行学说

运用滑行学说理论来说明肌肉收缩是赫胥里在 19 世纪 50 年代提出的，这一理论经过了 20 多年的研究才得以证实。

肌丝滑行理论的主要观点：肌肉的缩短或伸长是由于肌小节中粗丝和细丝的相互滑行，而肌丝本身结构和长度不变。当肌肉缩短时，由 Z 线发出的细丝沿着粗丝向暗带中央滑动，结果相邻的各 Z 线都相互靠近，肌小节长度变短，从而出现整个肌肉的缩短。

（二）肌纤维收缩的分子机制

肌肉收缩的全过程包括三个相继主要环节：

①细胞膜的电位变化，触发肌肉收缩这一机械变化，亦称之为兴奋收缩偶联；

②横桥运动引起肌丝的滑行；

③收缩的肌肉舒张。

1．兴奋收缩偶联

肌肉的收缩是由肌膜的动作电位触发的。因此，在兴奋过程和收缩过程之间，必定存在着某种中介过程把二者联系起来，这一过程叫兴奋—收缩偶联。包括如下两个主要步骤：

（1）动作电位沿横管系统传向肌细胞深部，横管系统的膜是肌膜的直接延续。

（2）三联管兴奋引起终末池释放 Ca^{2+}（钙离子），触发肌肉收缩与横小管共同形成三联管的终末池，是 Ca^{2+} 的贮存库，肌肉安静时肌细胞内的 Ca^{2+} 约有 90% 以上贮存在终末池内。当沿横小管传导的动作电位传至三联管区域时，这种电变化通过某种方式影响终末池，使终末池上的钙通边突然大量开放，于是 Ca^{2+} 顺着浓度差迅速从终末池释放到肌质中，浓度上升，这些增加的 Ca^{2+} 从肌质扩散到附近的肌原纤维，并与肌钙蛋白迅速结合。

2．横桥运动引起肌丝的滑行

（1）当肌膜中增高的 Ca^{2+} 与肌钙蛋白一旦结合，原肌球蛋白从肌动蛋白的螺旋沟的沟沿滑到沟底，露出肌动蛋白丝上的位点，含有 ATP（三磷酸腺苷）的横桥与此位点结合，形成肌动蛋白、肌球蛋白 ATP 复合体。与此同时，横桥中的肌球蛋白 ATP 酶被肌动蛋白激活，使横桥中的 ATP 迅速水解成 ADP+Pi，放出能量，引起横桥头部向粗丝的中心方向摆动，牵拉细丝向肌节中央滑行。

（2）横桥头部的摆动，暴露出它上面的 ATP 结合点，新的 ATP 立即与之结合，横桥头部与肌动蛋白分离，横桥中 ATP 通过内源性分解放能，使横桥从倾斜位回到正常来。如果 ATP 缺乏，无新的 ATP 与之结合，横桥就不能与肌动蛋白分离而出现“僵硬状态”。当横桥恢复正常位时，头端又与肌动蛋白的下一个位点相结合，于是又发生一次新的摆动，牵动细丝进一步向粗丝中央滑行。在肌质中 Ca^{2+} 浓度未下降之前，横桥就是这样周期性地与肌动蛋白结合、摆动、分离，将细丝逐步拖向粗丝中央，肌肉缩短。

3．肌肉的舒张

当运动神经传来的刺激停止，Ca^{2+} 的释放也立即停止，肌质网膜上的钙泵迅速地将 Ca^{2+} 泵回肌质网的纵向管，再扩散至终末池，肌质中的 Ca^{2+} 浓度下降，Ca^{2+} 与肌钙蛋白分离。肌钙蛋白的构型恢复原状，原肌球蛋白重又将肌动蛋白上的位点掩盖，使横桥与肌动蛋白分离，粗丝和细丝回到它们原来的状态，肌肉舒张。如果 Ca^{2+} 主动运输被抑制不能回入肌质网，即使刺激停止以后，肌肉也不能舒张，而出现持续性的收缩，称为挛缩。

二、骨骼肌收缩的外在形式

肌肉收缩时，要产生张力和长度的变化。根据肌肉收缩时长度和张力变化特点，把肌肉收缩分为以下三种基本形式：

（一）缩短收缩

缩短收缩又称向心收缩。即当肌肉收缩时所产生的张力大于外加负荷时，肌肉缩短，牵拉它附着的骨杠杆做向心运动的收缩形式。缩短收缩是人体得以实现各种加速度的基础。可根据收缩时负荷和速度的变化，区分为等张收缩和等动收缩。

①等张收缩

等张收缩时，其负荷即外加阻力在整个收缩过程中是恒定的，因而当张力发展到足以克服外加阻力后，其张力在收缩全过程中就不再变化，但肌肉在收缩过程中，在不同关节角度收缩力量大小不同，收缩速度也就有所不同。例如：当肘关节屈曲举起某一恒定负荷时，肱二头肌在屈肘时所能产生的张力，随关节角度的变化而改变，以 115°~120° 时最大，而在关节角度为 30° 时最小。

②等动收缩

等动收缩是在整个关节运动范围内，以恒定速度进行的最大收缩。它也是运动中常见的收缩形式，如自由泳中的手臂划水动作。在日常训练中，等动收缩的实现需要专门的器械，等动收缩在关节整个的范围内都产生最大张力，这是由于其负荷能随关节运动的进程而精确地调整。

（二）拉长收缩

拉长收缩又称离心收缩。当肌肉收缩时产生的张力小于外力时，此时，肌肉虽积极地收缩，但仍然被拉长了，这种收缩即拉长收缩。拉长收缩在实现人体运动中，起着制动、减速和克服重力等作用。

拉长收缩时，肌肉做负功。如当人从高处跳下时，足一接触地面，就反射性地引起股四头肌和臀大肌产生拉长收缩，克服重力的作用使下肢保持屈曲状态，以减缓和制止身体的下落，避免跌倒和损伤。此外，如下坡跑、步行下楼梯等动作，也都是离心收缩的最好例子。

（三）等长收缩

等长收缩指当肌肉的两端被固定或负有不能拉起的重量的情况，肌肉虽积极收缩，但长度并不变化，只能产生张力，这种收缩叫等长收缩。作用在于支持、固定、维持姿势等。

第五节 动作分析

图1-12 各式各样的人体运动

训练计划的制订要考虑身体素质的全面发展，在锻炼者尤其是运动员进行训练时要充分考虑动作设计与其所从事的活动的相似性。一个好的训练计划应该在兼顾全面性发展的基础上又具有较强的针对性，选择适宜的练习动作实现这种针对性必须建立在对动作分析的基础上。虽然人体动作的外在表现形式千差万别，但其中不无规律可循，以下针对人体动作进行分析并作简要归类。（图 1-12）

人体运动当中动作变幻莫测、千差万别，但这些各式各样的动作还是有规律可循的，根据人体的三个轴面，我们首先把动作分为三大类别，在每一个轴面上来分析各个部位或者关节上的动作形式，以便更好地掌握和理解这些动作。（图1-13，表1-3）

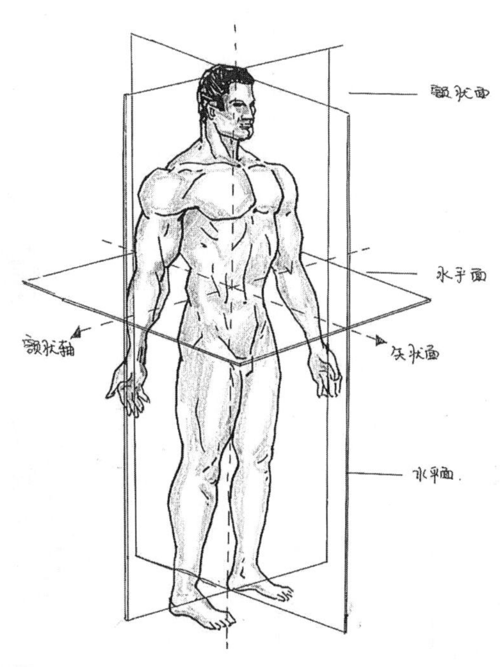

图1-13 人体轴面

表 1–3　人体部分关节在各个面上的运动举例

轴面	涉及关节或部位	运动形式	动作图片
矢状面	腕关节	屈伸	矢状面. 腕关节 曲伸.
	肩关节	屈伸	肩关节 屈伸.
	颈部	屈伸	颈部 曲伸.

续表

轴面	涉及关节或部位	运动形式	动作图片
矢状面	腰部	屈伸	腰部 屈伸
	踝关节	屈伸	踝关节 屈伸
额状面	肩关节	内收外展	肩关节 内收外展

续表

轴面	涉及关节或部位	运动形式	动作图片
额状面	肩胛骨	上抬和下降	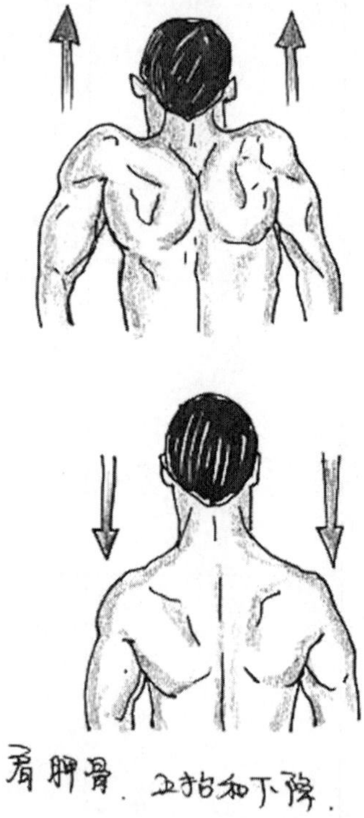
	踝关节	内翻和外翻	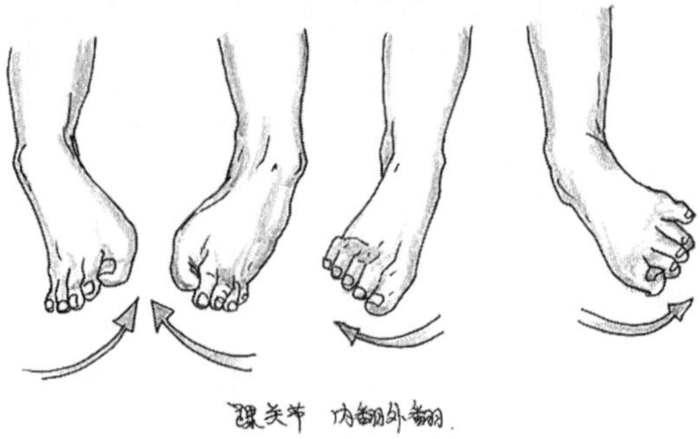
水平面	肩关节	内旋	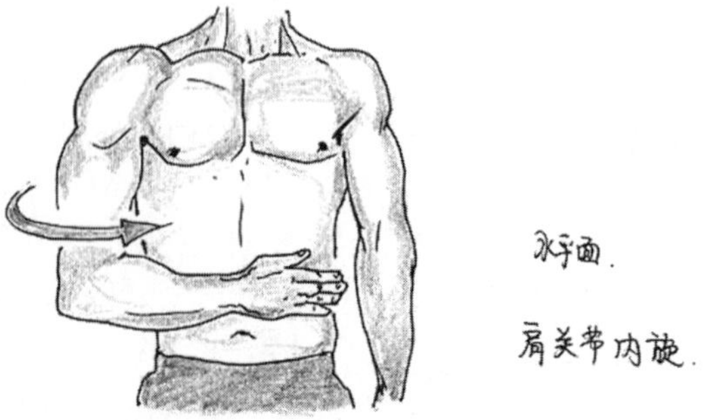

续表

轴面	涉及关节或部位	运动形式	动作图片
水平面	肘关节	内外旋	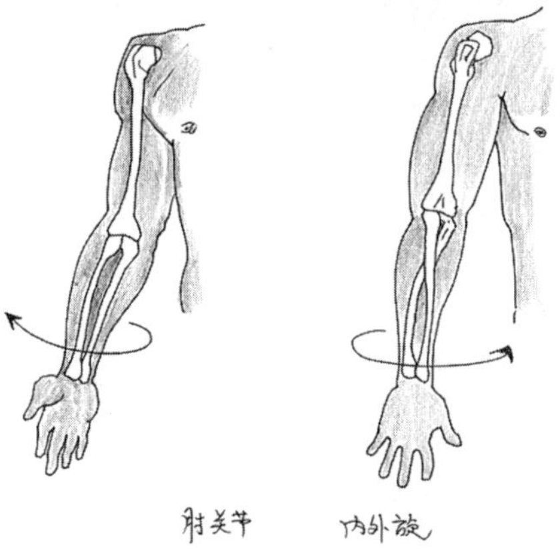
	腰部	左右旋转	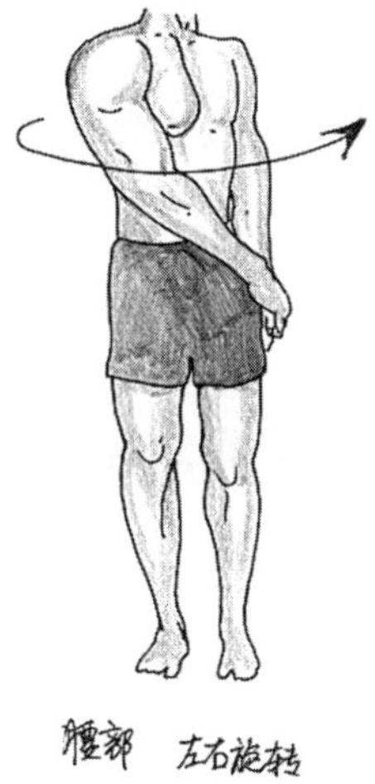
	髋关节1	内旋转	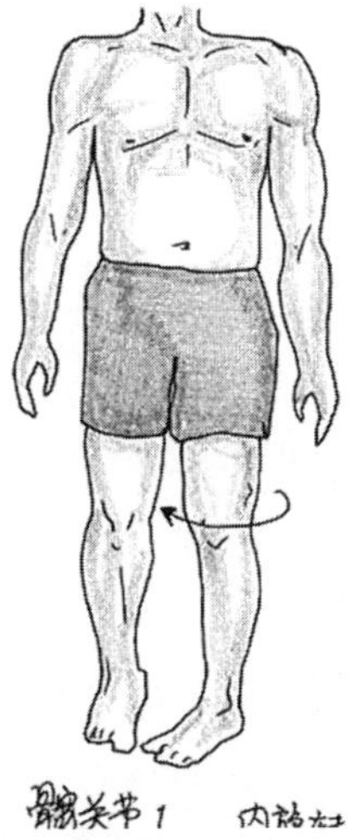

第二章 健身运动与我们的生理特性

在此我们不一一介绍人体骨骼肌，仅针对健身锻炼过程中常涉及的主要工作肌群的结构和功能作相关的介绍。我们分三个部分来阐述，根据人体的结构分为上肢肌肉群、躯干肌肉群和下肢肌肉群。

第一节 人体主要肌肉群结构及其功能

一、上肢主要肌肉群

（一）三角肌

1．三角肌的解剖位置

三角肌位于肩关节前、外、后方，形状为一块倒三角形的肌肉，中部为多羽肌，前后部为单羽肌。了解各部位在人体的解剖位置。（图 2–1）

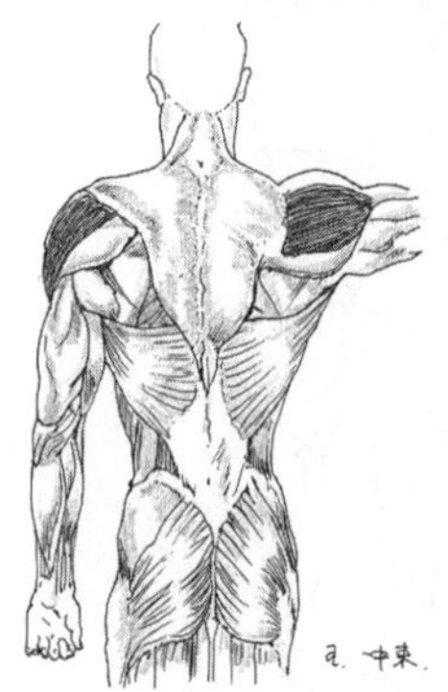

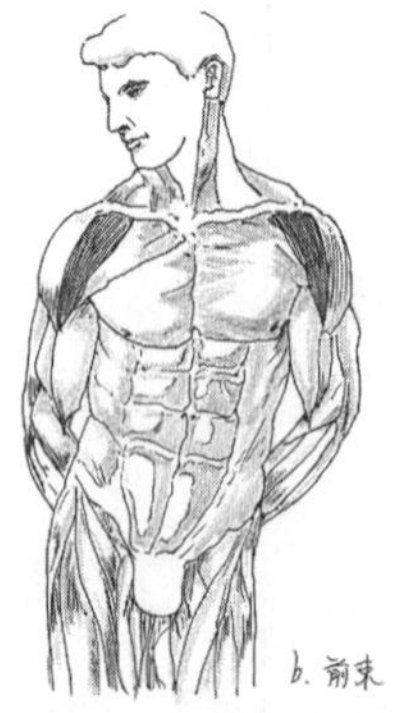

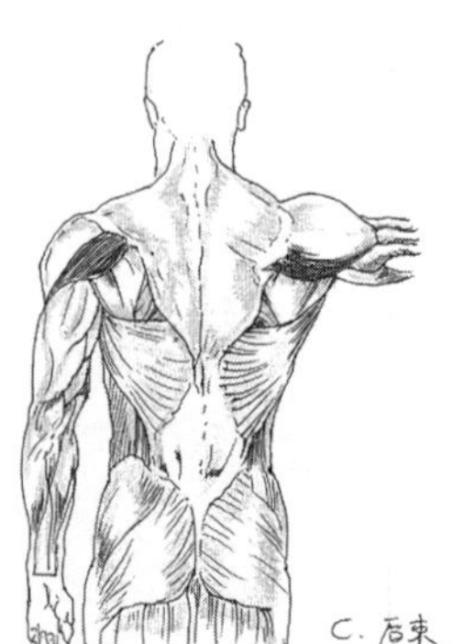

图2–1　三角肌的解剖位置

2．三角肌的起止点和功能

● 起点：锁骨外侧端、肩峰和肩胛冈。
● 止点：肱骨三角肌粗隆。
● 作用：外展肩关节，前部肌束使肩关节屈和旋内，后部肌束使肩关节伸和旋外。

3．三角肌的应用举例（图 2-2-1 ~ 图 2-2-3）

图2-2-1　三角肌中束：坐姿上举

图2-2-2　三角肌后束：俯卧飞鸟

图2-2-3　三角肌前束：上斜卧推

（二）肱二头肌

1．肱二头肌的解剖位置

肱二头肌在人体中位于上臂前面浅层，具有长短两个头。（图 2–3）

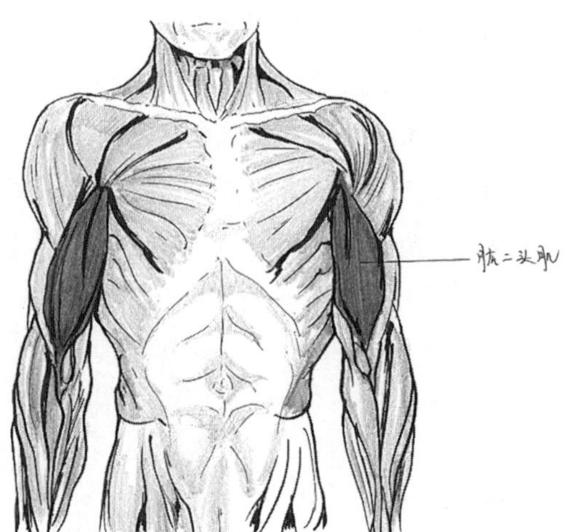

图2–3　肱二头肌的解剖位置

2．肱二头肌的起止点和功能

● 起点：长头起自肩胛骨盂上结节，短头起自肩胛骨喙突。

● 止点：止于桡骨粗隆和前臂筋膜。

● 一般功能：向心收缩协助肘关节屈、尺桡关节旋后、肩关节屈。

● 整合功能：离心收缩阻止肘关节伸、尺桡关节旋前、肩关节伸，协助维持肱骨头的动态稳定。

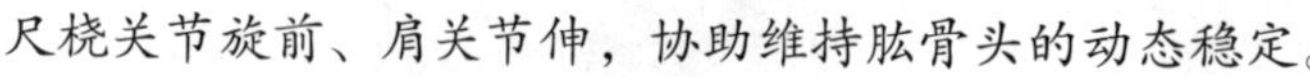

3．肱二头肌的功能举例（图 2–4–1 ~ 图 2–4–2）

（1）近固定工作举例

图2–4–1　杠铃站姿双臂弯举

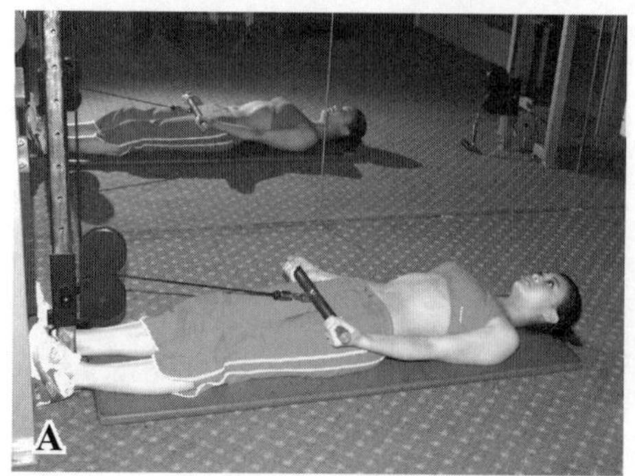

图2–4–2　仰卧双臂弯举

（2）远固定工作举例（图 2–5）

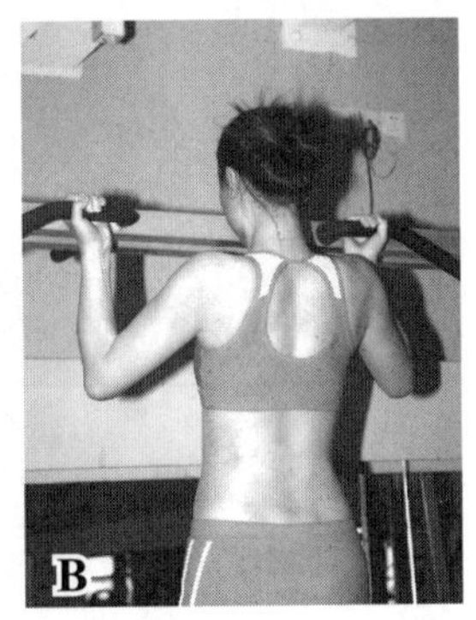

图2–5 反握引体向上

（三）肱三头肌

1．肱三头肌的解剖位置

肱三头肌位于上臂后侧，分为三个头，各部位在人体的解剖位置。（图 2–6）

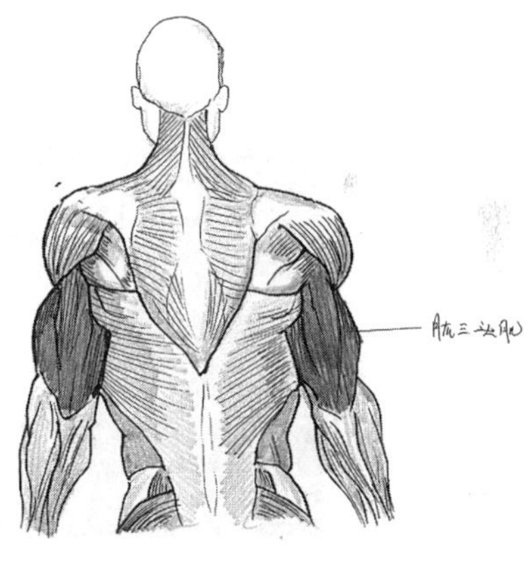

图2–6 肱三头肌的解剖位置

2．肱三头肌的起止点和功能

- 起点：肱三头肌的长头起自肩胛骨盂下结节，外侧头和内侧头分别起自肱骨后面桡神经沟的外上方和内下方的骨面。
- 止点：尺骨鹰嘴。
- 功能：伸肘，长头使肩关节后伸和内收。

3．肱三头肌的功能

（1）近固定工作举例（图 2–7–1 ~ 图 2–7–2）

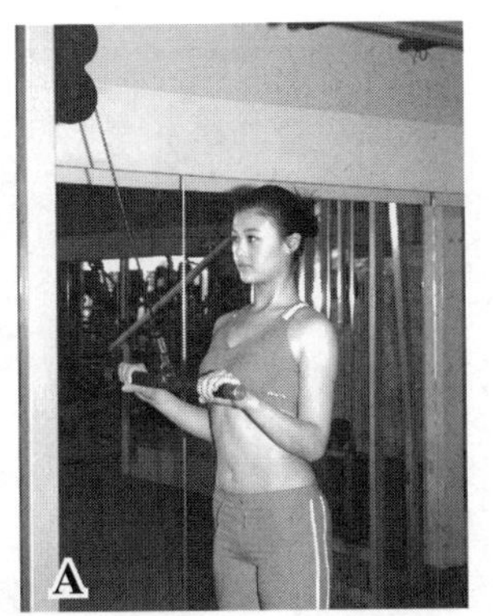

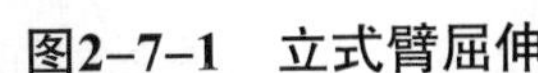

图2–7–1 立式臂屈伸

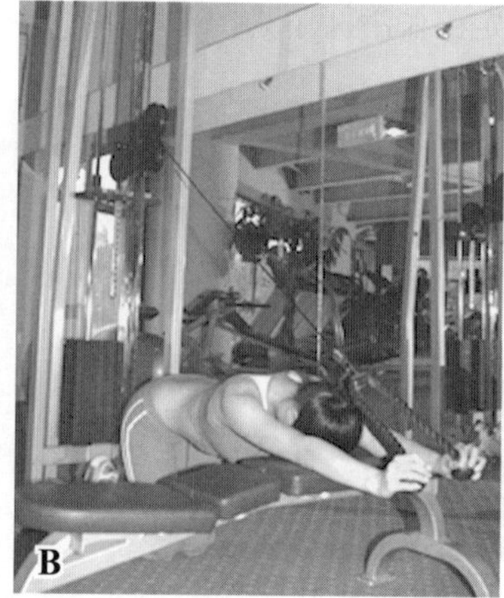

图2-7-2　跪姿俯卧垫肘伸臂

（2）远固定工作举例（图 2-8-1 ~ 图 2-8-2）

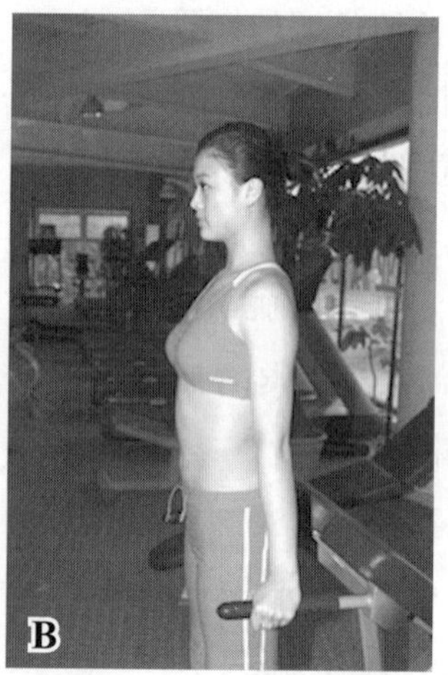

图2-8-1　器械双臂屈伸

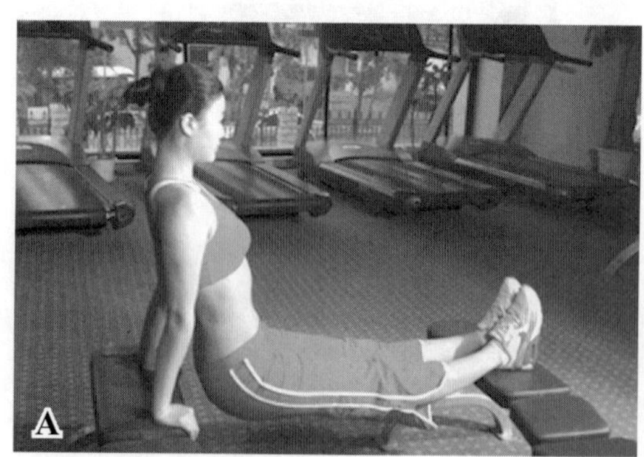

图2-8-2　垫脚身后臂屈伸

（四）前臂肌肉群

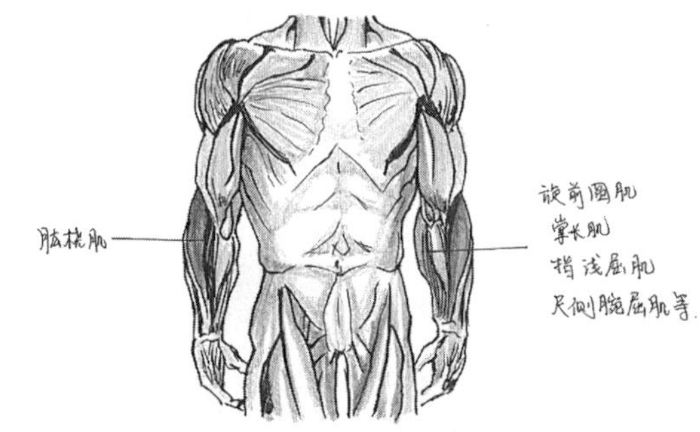

图2–9　前臂主要肌肉群解剖位置

前臂肌肉群分化的程度很高，多位具有长腱的长肌，分为前后两个群，每个群又分为深浅两个层。了解各部位在人体的解剖位置。（图 2–9）

1．前臂前侧主要肌肉群解剖位置

（1）起止点和功能

肱桡肌起于肱骨外上髁，止于桡骨茎突的基部。

肱桡肌的功能是屈前臂，并使前臂内旋外旋，使得前臂保持正中位置。

旋前圆肌起于肱骨内上髁、尺骨冠突，止于桡骨中 1/3 的外侧面。功能是屈前臂并使前臂内旋。

（2）应用举例（图 2–10）

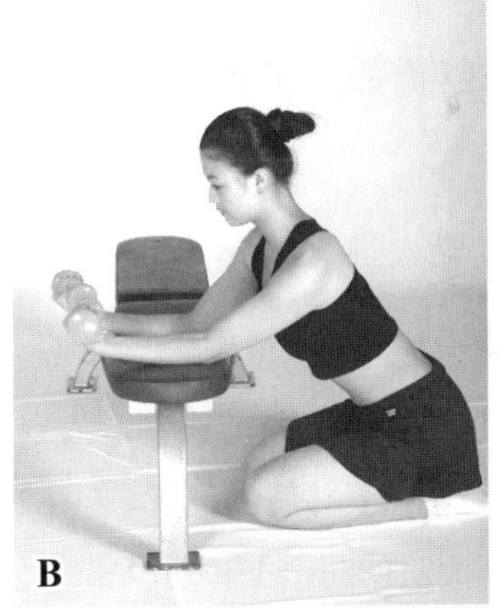

图2–10　哑铃仰握腕弯举

2．前臂后侧主要肌肉群解剖位置

（1）前臂后侧主要肌肉起止点和功能

前臂后侧肌肉群主要包括桡侧腕长伸肌、桡侧腕短伸肌、指伸肌、小指伸肌和尺侧腕伸肌。上述肌肉群绝大多数向下跨过桡腕关节、腕骨间关节、腕掌关节、掌指关节和手指间的关节，分别止于有关掌骨、指骨的背面。只有旋后肌起于肱骨外上髁和尺骨上部背面，止于桡骨背面 1/3 处，有使前臂后旋的功能。

桡侧腕屈肌和桡侧腕伸肌同时收缩时，可以使手外展；尺侧腕屈肌和尺侧腕伸肌同时收缩时，可以使手内收。

（2）应用举例（图 2−11）

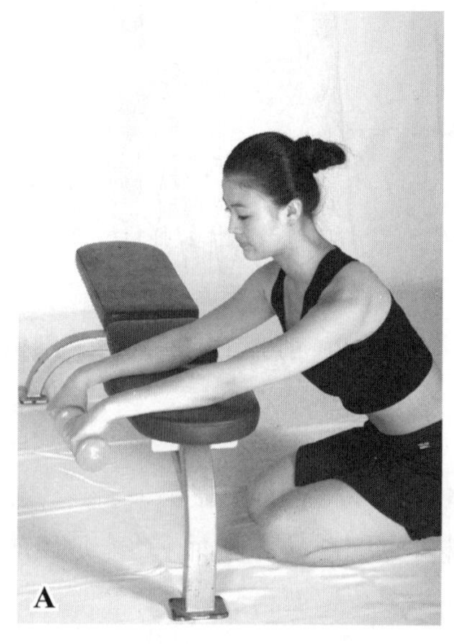

图2−11　哑铃正握腕弯举

二、躯干部位主要肌群

（一）胸大肌

1．胸大肌的解剖位置

胸大肌的位置在胸前皮下，为扇形扁肌。了解在人体中的具体解剖位置。（图 2−12）

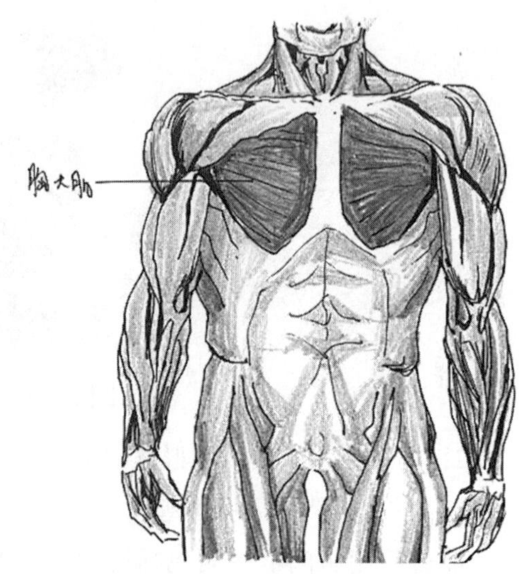

图2−12　胸大肌的解剖位置

2．胸大肌的起止点和功能

● 起止点：起于锁骨内侧半、胸骨和上6肋软骨前面及腹直肌鞘前壁上部，止于肱骨大结嵴。

● 一般功能：向心收缩协助肩关节屈、肩关节内收水平内收与内旋。

● 整合功能：离心收缩阻止肩关节伸、水平外展与外旋；做越顶动作时协助维持肩关节的动态稳定性。

3．应用举例

（1）近固定实例（图 2−13−1～图 2−13−2）

图2-13-1 卧推

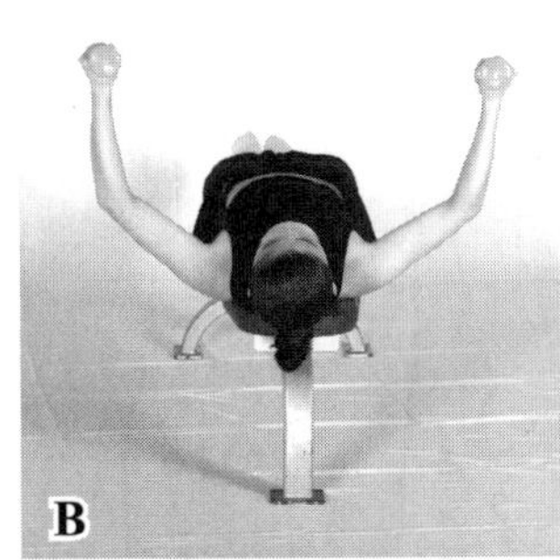

图2-13-2 仰卧飞鸟

（2）远固定实例（图 2-14-1 ~ 图 2-14-2）

图2-14-1 俯卧撑

图2-14-2 垫脚俯卧撑

（二）前锯肌

1．前锯肌的解剖位置

前锯肌位于胸大肌深层，为三角形扁肌。了解在人体的具体解剖位置。（图 2–15）

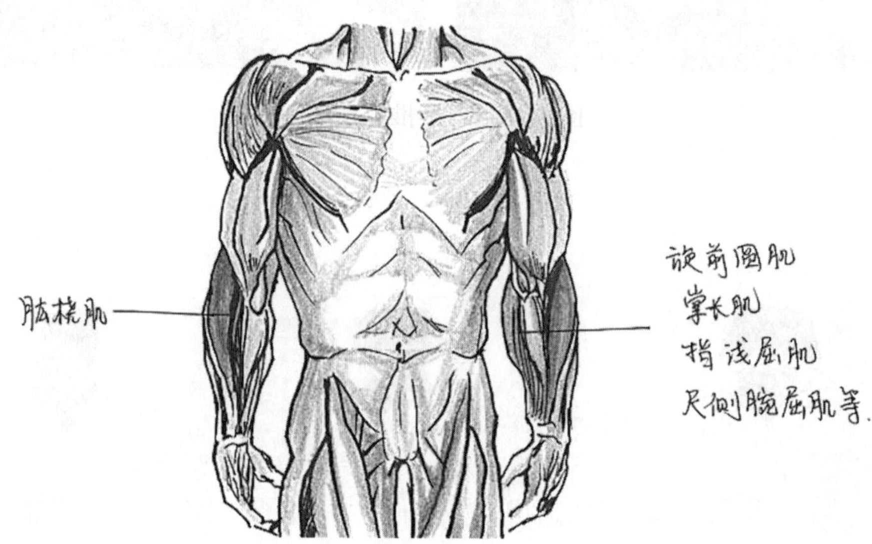

图2–15　前锯肌的解剖位置

2．前锯肌的起止点和功能

- 起点：上位8~9肋骨的外侧面。
- 止点：止于肩胛骨内侧缘和下角前面。
- 功能：近固定时使上臂屈、内收和内旋；远固定时拉躯干向上臂靠拢，如引体向上动作。

3．应用举例

引体向上、卧推、实力推和俯卧撑等，参照胸大肌（1）、（2）实例。

（三）腹直肌

1．腹直肌的解剖位置

腹直肌位于胸廓下缘与骨盆之间，是形成腹腔壁的肌肉。了解其在人体中的具体解剖位置。（图 2–16）

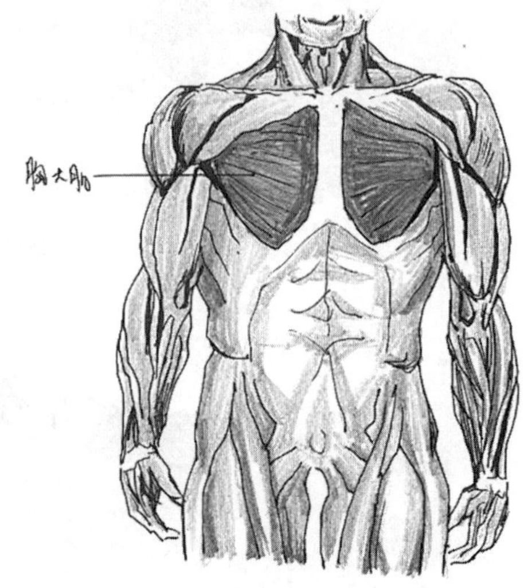

图2–16　腹直肌的解剖位置

2．起止点和功能

● 起点：起于耻骨上缘。

● 止点：止于5~7肋骨前面以及胸骨剑突。

● 一般功能：向心收缩使脊柱屈、骨盆后倾。

● 整合功能：离心收缩阻止脊柱伸、侧弯以及骨盆前倾。协助维持腰—骨盆—臀的动态稳定性。

3．应用举例

（1）上固定（图 2-17）

图2-17 仰卧举腿

（2）下固定（图 2-18）

图2-18 仰卧起坐

（3）无固定（图 2-19）

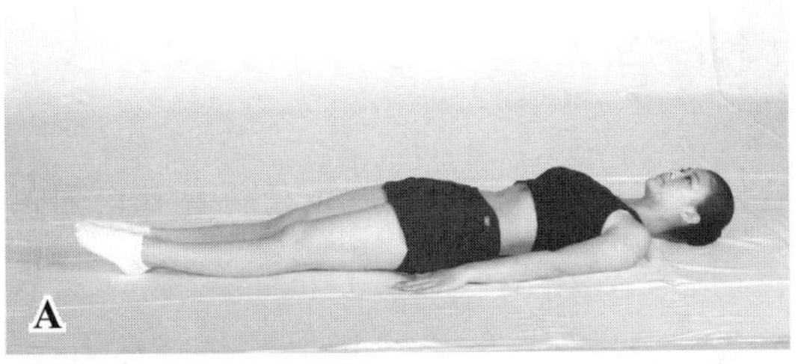

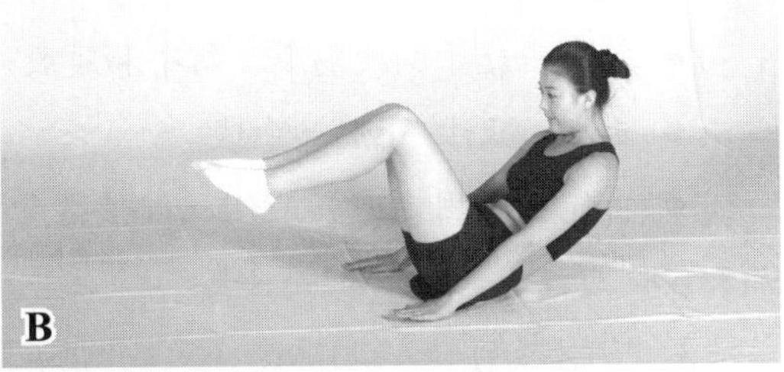

图2-19 两头起

（四）腹内外斜肌

1．腹内外斜肌的解剖位置

腹外斜肌位于腹前外侧壁浅层，为扁阔肌；腹内斜肌位于腹外斜肌深层，也为扁阔肌。（图 2–20）

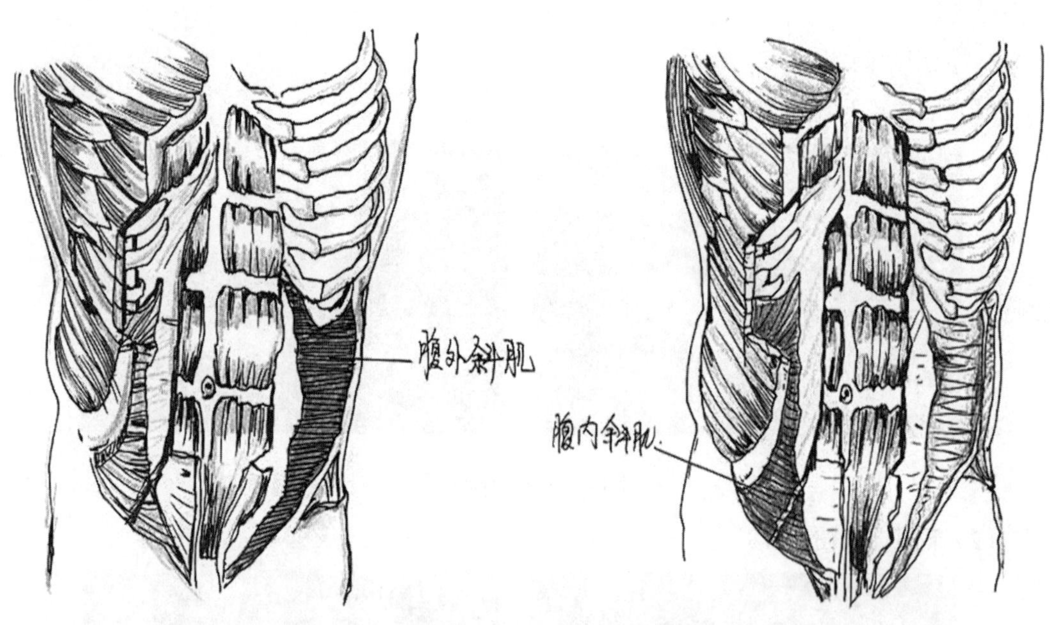

图2–20　腹内外斜肌的解剖位置

2．起止点与功能

（1）腹外斜肌

● 起点：起于下8个肋骨外侧面。

● 止点：止于髂嵴、耻骨结节及白线正中线。

● 功能：上固定时两侧收缩使得骨盆后倾；下固定时，一侧收缩使得脊柱向同侧屈，向对侧回旋。

（2）腹内斜肌

● 起点：起于胸腰筋膜、髂嵴和腹股沟韧带外侧2/3处。

● 止点：止于下3肋及白线。

● 功能：上固定时，两侧收缩使得骨盆后倾；下固定时，一侧收缩使得脊柱向同侧屈和同侧回旋。

3．应用举例

（1）下固定（图 2–21）

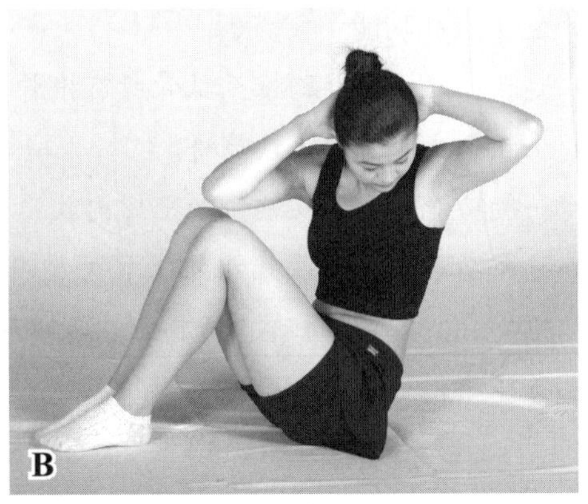

图2–21 仰卧转体起坐

（2）下固定（图 2–22）

图2–22 悬垂提腿转体

（五）背阔肌

1．背阔肌的解剖位置

背阔肌位于人体腰背部皮下，上部被背斜方肌遮盖，为三角形扁肌，是人体中最大的扁阔肌。了解其在人体的具体解剖位置。（图 2–23）

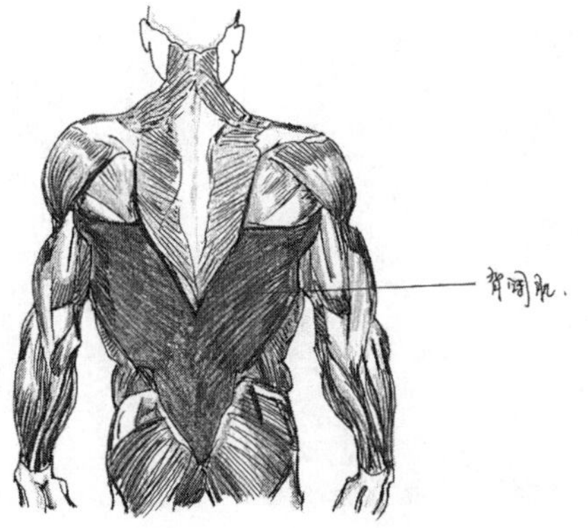

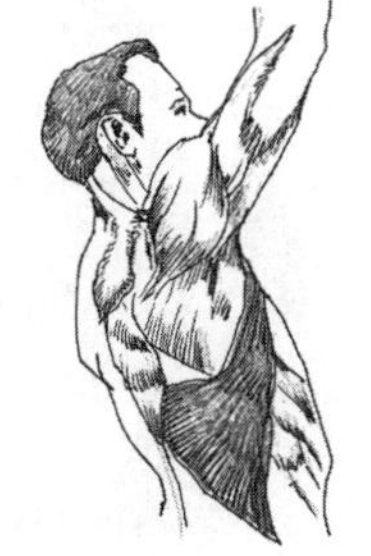

图2–23 背阔肌的解剖位置（后、侧面观）

2．起止点和功能

● 起点：起于第七胸椎至骶骨所有椎骨、底正中嵴、髂嵴后部和第10~12肋骨表面。

● 止点：止于肱骨小结节嵴。

● 一般功能：向心收缩协助上臂内收、伸、旋内。

● 整合功能：离心收缩阻止上臂外展、屈、旋外，通过胸腰筋膜机制（后倾系统）协助维持腰—骨盆—臀的动态稳定性（后倾系统）。

3．应用举例

（1）近固定（图 2-24-1 ~ 图 2-24-2）

图2-24-1　颈前下拉

图2-24-2　坐姿划船

（2）远固定（图 2–25–1 ~ 图 2–25–2）

图2–25–1　窄握引体向上

图2–25–2　宽握引体向上

（六）斜方肌

1．斜方肌的解剖位置

斜方肌位于颈部以及背上部皮下，一侧为三角形扁肌，两侧对称，合为斜方形。了解其在人体中具体的解剖位置。（图 2–26）

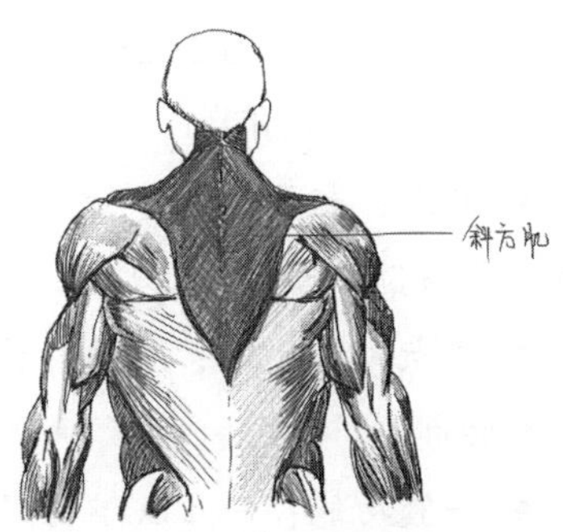

图2–26　斜方肌的解剖位置

2．斜方肌的起止点和功能

● 起点：起于枕外隆凸、项韧带全部胸椎棘突。

● 止点：止于锁骨外1/3、肩峰和肩胛冈。

● 一般功能：向心收缩协助肩胛骨上提、上回旋与后缩和下降。

● 整合功能：上部离心收缩阻止颈部屈、侧屈与旋转，同时协助维持颈椎与肩部动态稳定性。中部离心收缩阻止肩胛骨前伸与下回旋，同时功能活动时协助维持肩胛骨的动态稳定性。下部离心收缩阻止肩胛骨上提，协助维持肩胛骨的动态稳定性。

3. 应用举例（图 2–27）

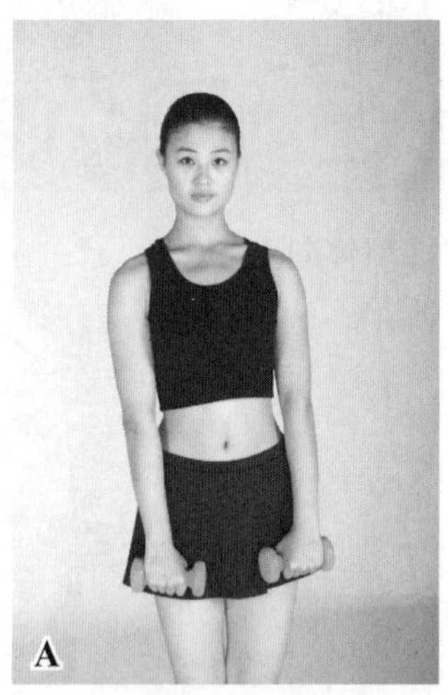

图2–27　哑铃站姿耸肩

（七）竖脊肌

1．竖脊肌的解剖位置

竖脊肌在人体中纵列于背部正中线两侧，填充于棘突和横突之间的槽沟内，呈长索形状，为脊柱的强大伸肌。（图 2–28）

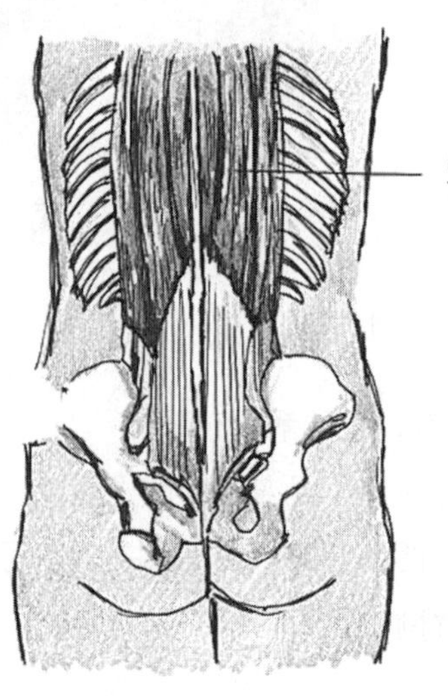

图2–28　竖脊肌的解剖位置

2．起止点和功能

● 起点：起于骶骨背面、髂脊后部、腰椎棘突和腰背筋膜。

● 止点：止于颈、胸椎的棘突和横突、颞骨乳突和肋角。

● 一般功能：向心收缩协助脊柱伸、旋转与侧弯。

● 整合功能：离心收缩阻止腰部脊柱屈、旋转与侧屈，功能活动时协助维持腰椎的动态稳定性。

3．应用举例

（1）下固定（图 2–29）

图2–29 硬拉

（2）无固定（图 2–30）

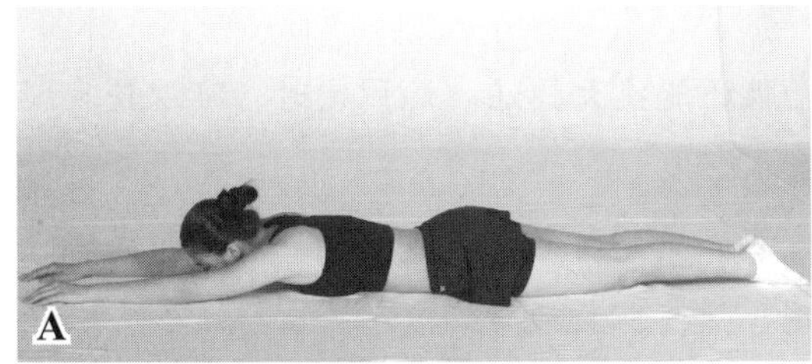

图2–30 俯卧两头起

（3）下固定（图 2–31）

图2–31 俯卧挺身

三、下肢肌肉群

（一）股四头肌

1．股四头肌的解剖位置

股四头肌位于大腿前面，有股直肌、股中肌、股外侧肌和股内侧肌四个头，是人体中最大的肌肉，为羽状肌。了解各部位的具体解剖位置。（图 2–32）

图2–32　股四头肌的解剖位置

2．起止点和功能

● 起点：股四头肌的四个头有不同的起点，其中股直肌起于髂前下棘，股中肌起自股骨体前面，股外侧肌起自股骨粗线外侧唇，股内侧肌起自股骨粗线内侧唇。

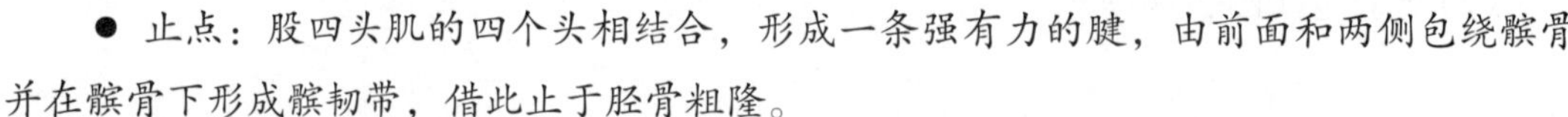

● 止点：股四头肌的四个头相结合，形成一条强有力的腱，由前面和两侧包绕髌骨并在髌骨下形成髌韧带，借此止于胫骨粗隆。

● 一般功能：近固定时，使小腿伸，股直肌还能使大腿屈。远固定时，可以使大腿在膝关节处伸。

● 整合功能：足跟着地时，离心收缩抗膝关节屈、内旋；完成功能性运动形式时，保持膝关节动态稳定性；完成功能性运动形式时，股直肌抗髋伸。

3．应用举例

（1）上固定（图 2–33–1 ~ 图 2–33–2）

图2–33–1　腿举

图2-33-2 腿屈伸

（2）下固定（图 2-34-1 ~ 图 2-34-3）

图2-34-1 杠铃深蹲

图2-34-2 前或后深蹲

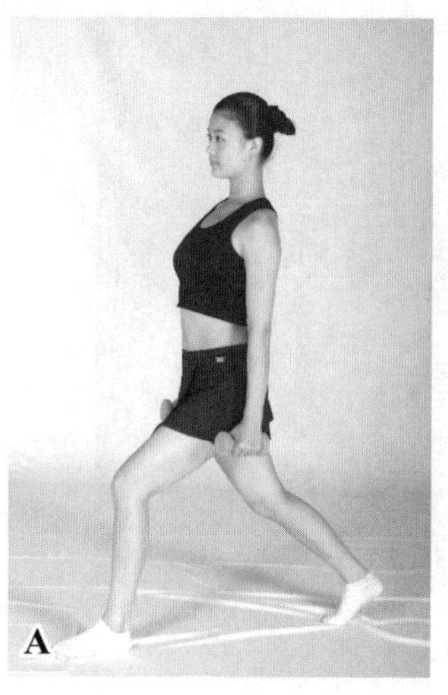

图2–34–3　箭步蹲

（二）缝匠肌

1．解剖位置

缝匠肌位于大腿前内侧浅层，肌纤维由大腿外上方向内下斜行，是人体中最长的肌肉，呈梭形。了解其解剖位置。（图 2–35）

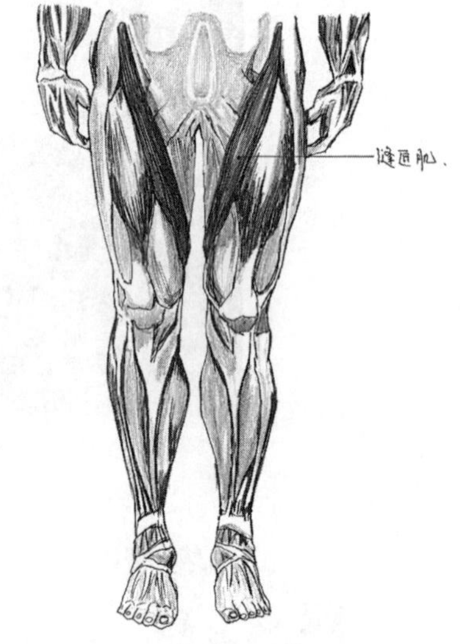

图2–35　缝匠肌人的解剖位置

2．起止点的功能

● 起点：起于髂前上棘。

● 止点：止于胫骨粗隆内侧。

● 功能：近固定时使大腿屈和外旋，并使小腿屈和内旋；远固定时，两侧收缩，使骨盆前倾。

3．发展缝匠肌举例

单独用于发展缝匠肌的方法一般并不多见，传统的踢毽子运动对于发展缝匠肌是一个不错的选择。另外，为了更具有针对性地发展这一肌肉，我们还可以设计出类似踢毽子动作的抗阻性练习，比如运用橡皮条或者小杠铃片负重都是可以的。

（三）大腿内侧主要肌群

大腿内侧肌肉群主要包括大收肌、小收肌、长收肌、短收肌、股薄肌和耻骨肌等。

1．解剖位置

长收肌、短收肌和耻骨肌位于大腿上部内侧，大收肌位于大腿内侧深层；股薄肌位于大

腿内侧浅层。（图 2–36）

2．起止点功能

● 起点：耻骨肌和长收肌起自耻骨上支外面，短收肌起自耻骨下支外面，大收肌起自坐骨结节、坐骨下支和耻骨下支，股薄肌起自耻骨下支。

● 止点：耻骨肌止于股骨粗线内侧唇上部，长收肌止于股骨粗线内侧唇中部，短收肌止于股骨粗线上部，大收肌止于股骨粗线内侧唇上2/3及股骨内上髁，股薄肌止于胫骨粗隆内侧面。

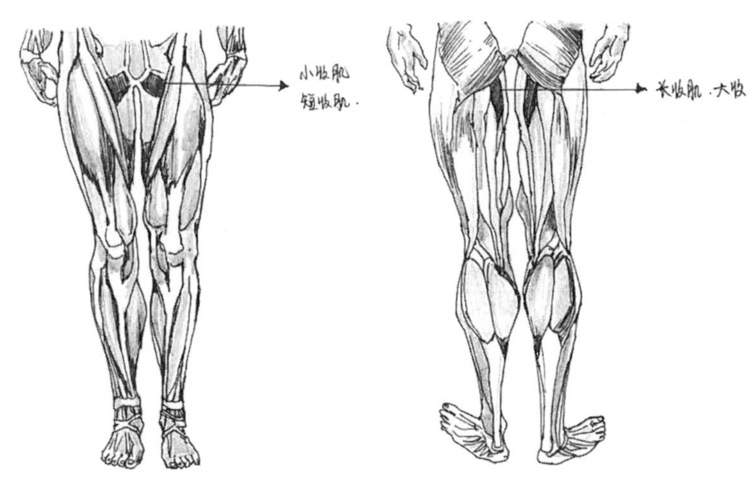

图2–36　大腿内收肌群的解剖位置

● 功能：耻骨肌、长收肌和短收肌近固定时使大腿屈、内收和外旋，远固定时使骨盆前倾。

大收肌近固定时使大腿内收、伸和外旋，远固定时使骨盆后倾。

股薄肌近固定时使大腿内收，还可以使小腿屈和内旋，远固定时可以使骨盆前倾。

3．应用举例（图 2–37）

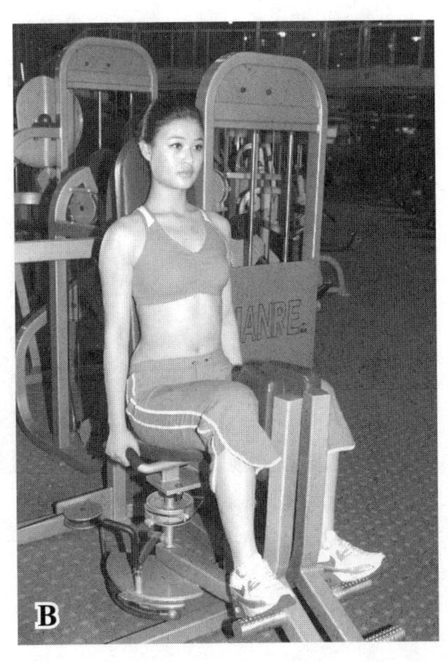

图2–37　大腿内收

（四）臀大肌

1. 臀大肌的解剖位置

臀大肌位于盆腔后外侧，臀部皮下，呈宽厚的四方形，肌纤维很粗。了解其具体的解剖位置。（图 2–38）

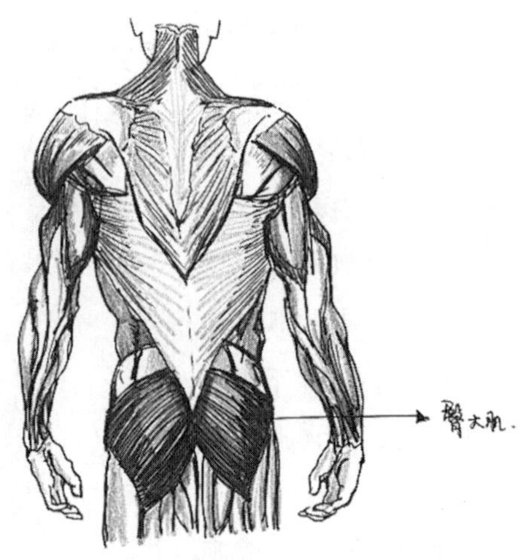

图2–38　臀大肌的解剖位置图

2. 起止点和功能

- 起点：起自髂骨翼外面以及骶、尾骨背面。
- 止点：止于臀肌粗隆和髂胫束。
- 功能：近固定时，使大腿伸和外旋；远固定时，一侧肌肉收缩使骨盆转向对侧，两侧同时收缩使骨盆后倾。

3. 应用举例（图 2–39–1 ~ 图 2–39–2）

图2–39–1　后踢腿

图2–39–2　硬拉

（五）股后肌肉群

股后肌群主要包括股二头肌、半腱肌和半膜肌。

1．解剖位置

股二头肌位于大腿后外浅侧，为梭形肌，有长短两个头；半腱肌和半膜肌位于大腿后内侧，半膜肌在半腱肌深层。半腱肌下半为腱，半膜肌上半为膜，均呈羽状。（图2–40）

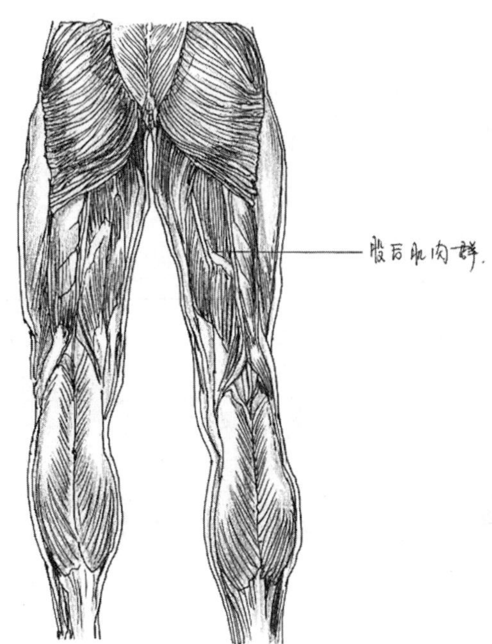

图2–40　股后肌肉群的解剖位置

2．起止点功能

● 起点：股二头肌长头起自坐骨结节，短头起自股骨粗线外侧唇下半部。半腱肌和半膜肌起自坐骨结节。

● 止点：股二头肌止于腓骨头，半腱肌止于胫骨粗隆内侧面，半膜肌止于胫骨内侧髁内侧面。

● 功能：股二头肌近固定时长头使大腿伸，并使小腿屈和外旋，远固定时使大腿在膝关节处屈。半腱肌和半膜肌在近固定时使大腿伸，并使小腿屈和内旋；远固定时，功能与股二头肌相同。

3．应用举例

（1）下固定（图2–41）

图2–41　箭步蹲

（2）上固定（图 2–42）

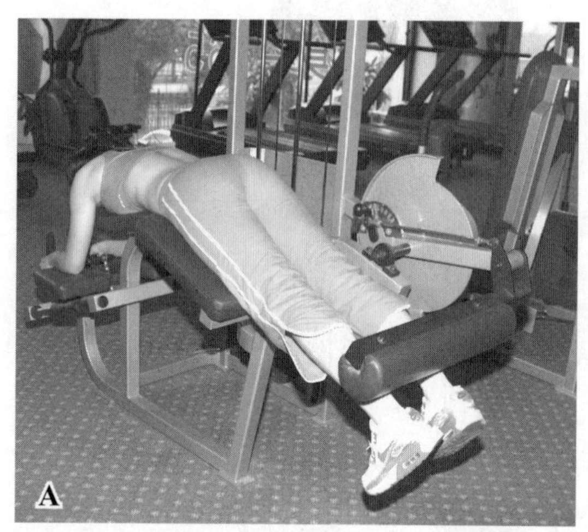

图2–42　俯卧腿弯举

（六）髂腰肌

1．髂腰肌的解剖位置

髂腰肌的位置在腰椎两侧及髂窝内，由腰大肌和髂肌组成。（图 2–43）

2．起止点和功能

● 起点：腰大肌起自第12胸椎和第1~5腰椎体侧面和横突，髂肌起自髂窝。

● 止点：两肌相合，经髋关节前内侧腹股沟韧带深面，止于股骨小转子。

● 一般功能：向心收缩协助髋关节屈与髋关节外旋，远固定时两侧肌肉同时收缩，能使躯干前屈和骨盆前倾。

● 整合功能：离心收缩阻止髋关节伸。足固定时，离心收缩阻止大腿内旋；功能活动中，维持腰—骨盆—臀的稳定性。

髂腰肌

图2–43　髂腰肌的解剖位置

3．应用举例

采取正踢腿、负重高抬腿、悬垂举腿、仰卧起坐等练习方法对于发展髂腰肌的力量都有一定的作用。

（1）上固定（图 2–44）

图2–44　悬垂举腿

（2）下固定（图 2–45）

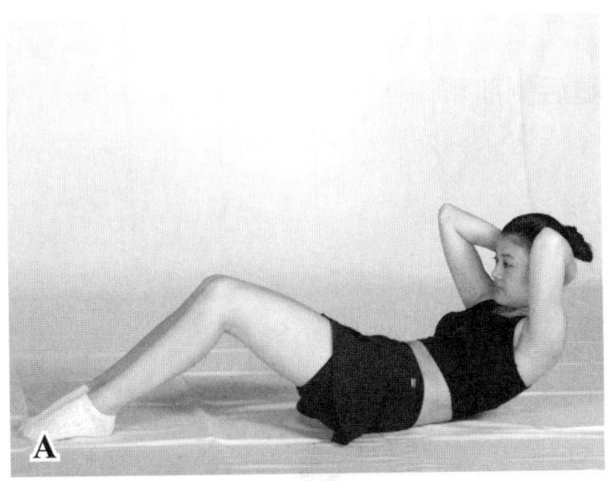

图2–45　仰卧起坐

（七）小腿肌肉群

小腿肌肉群可以分为前后两部分。前部肌肉群包括胫骨前肌和趾长伸肌，后部肌肉群主要包括小腿三头肌、趾长屈肌和胫骨后肌等。

1. 小腿肌肉群的解剖位置（图 2–46）

2. 起止点和功能

- 起止点：胫骨前肌起自胫骨体外侧上的2/3，止于内侧第一楔骨和第一趾骨底部。
- 小腿三头肌腓肠肌内、外侧头分别起自股骨内外上髁，比目鱼肌起自胫骨和腓骨

后上部，止于跟结节。

● 功能：近固定使小腿屈，足屈；远固定维持人体直立姿势。

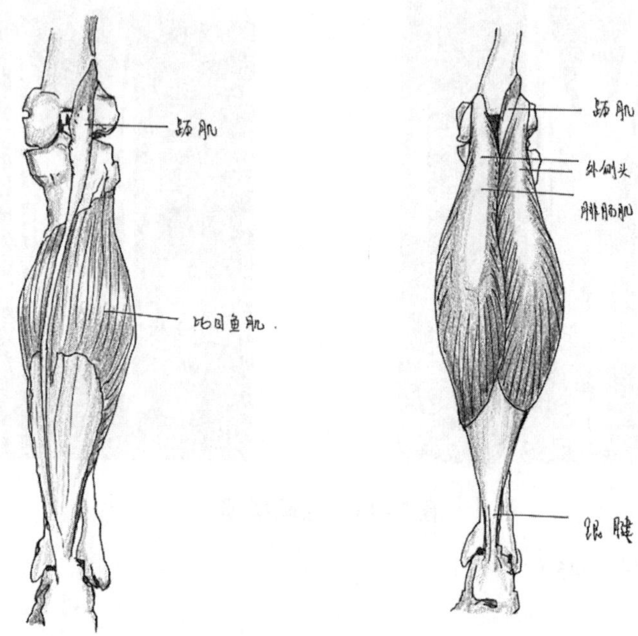

图2-46　小腿后侧肌群

3．应用举例

（1）小腿后侧肌群（图 2-47-1 ~ 图 2-47-2）

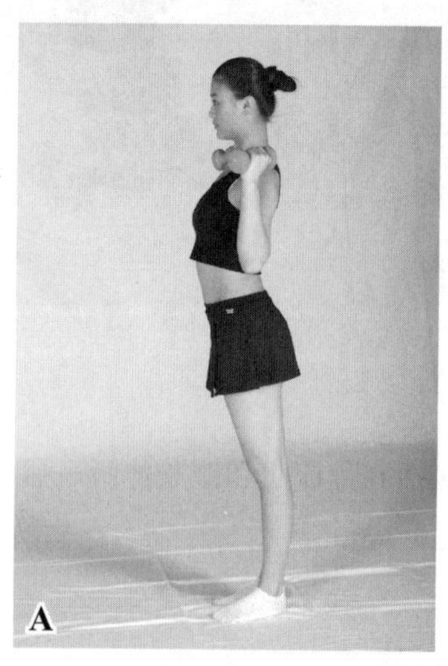

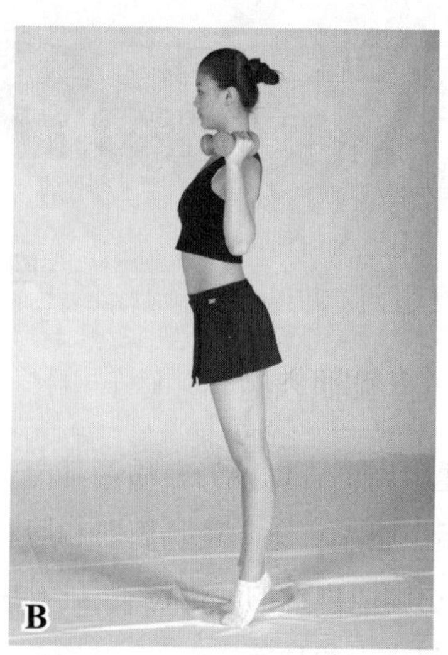

图2-47-1　哑铃提踵

图2–47–2　骑人提踵

（2）小腿前侧肌群（图 2–48）

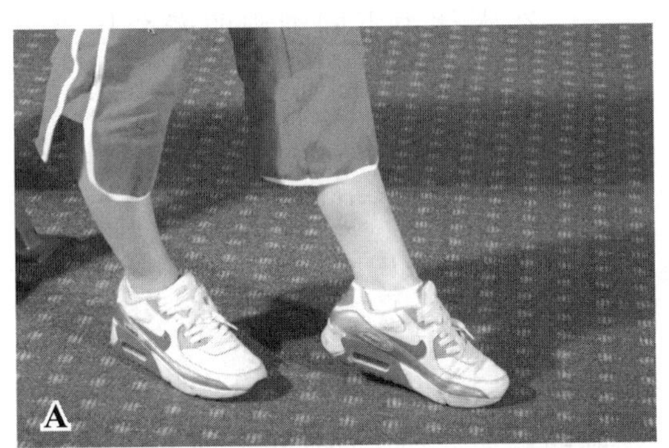

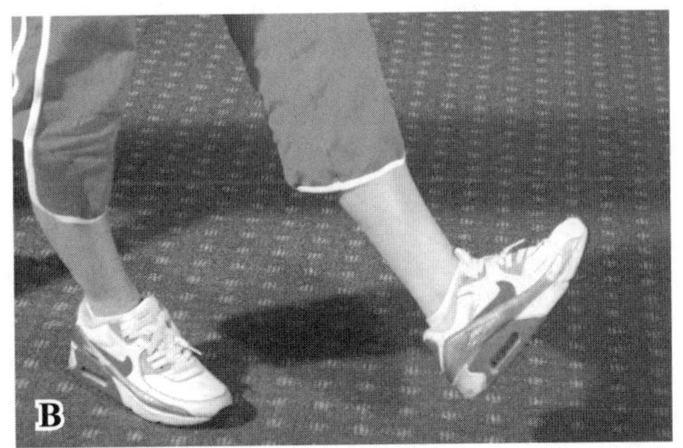

图2–48　勾脚尖

第二节　细胞生理

细胞是人体结构和功能的基本单位，具有运动、新陈代谢、生长发育等功能。人体是由无数个细胞构成的。细胞形态大小不等，形态各异。有的呈圆饼状，如血液中的红细胞；有的呈柱子状，如某种上皮细胞；有的呈纤维状，如肌细胞等。人体细胞的大小差别也很大，比较大的如成熟的卵细胞，直径在 0.1 毫米以上；比较小的淋巴细胞，直径只有 6 微米。

一、形态各异的人体细胞

（图 2–49）

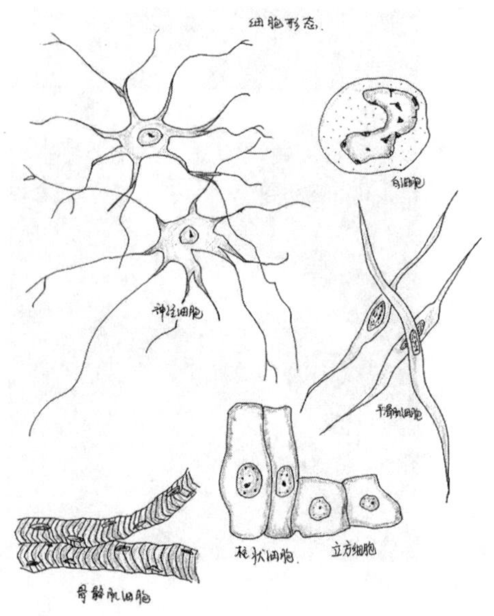

图2–49　形态各异的细胞

二、细胞的基本结构

人体细胞的基本结构跟动物细胞相同，除了成熟的红细胞外一般都包括细胞膜、细胞质和细胞核三个部分。（图 2–50）

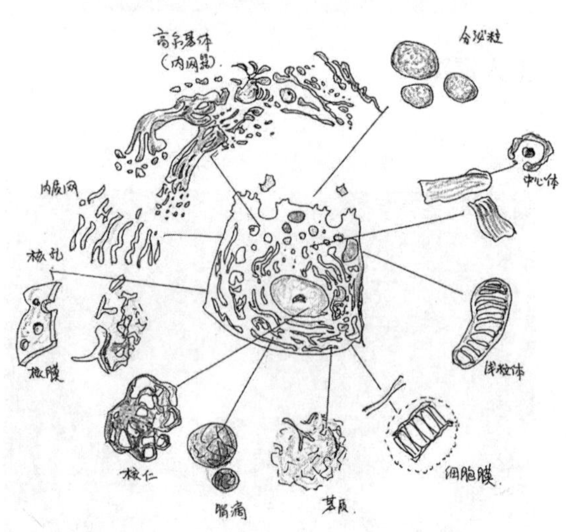

图2–50　电镜下细胞结构模式图

在人体内不同细胞的寿命相差很大，例如肠黏膜细胞的寿命为 3 天，肝细胞寿命为 500 天，而脑与骨髓里的神经细胞的寿命有几十年，同人体寿命几乎相等，血液中的白细胞有的只能活几小时。在整个人体中，每分钟有 1 亿个细胞死亡。最为神奇的是大脑的神经细胞的神经冲动传递速度超过每小时 400 千米。

三、细胞间的信息传递

1．人体各种器官之间的功能协调以及整体统一性的维持主要依靠组织与组织之间、细胞与细胞之间的信息传递来完成，细胞间的信息传递与细胞的生物电现象和细胞膜的信号传导系统具有密切的关系。一个活的细胞无论是处于安静状态还是活动状态都存在电活动，这种电活动称为生物电现象。其中包括静息电位和动作电位。

2．人体运动的基本单位是由运动神经元或脑干运动神经元及其所支配的全部肌纤维所构成的一个功能单位，称为运动单位。运动单位的大小可有很大的差别，如一个眼外肌运动神经元只支配 6~12 根肌纤维，而一个四肢肌肉（如三角肌）的运动神经元所支配的肌纤维数目可达2000根。各种器官之间的功能协调以及整体统一性的维持主要依靠组织与组织之间、细胞与细胞之间的信息传递来完成。（图2–51）

3．神经元的结构和功能

- 感受内外刺激
- 传导神经冲动
- 整合处理信息

突触是神经元传递信息的重要结构。它是神经元与神经元之间或神经元与非神经细胞之间的一种特殊的细胞连接，通过它的传递作用实现细胞与细胞之间的信息传递。

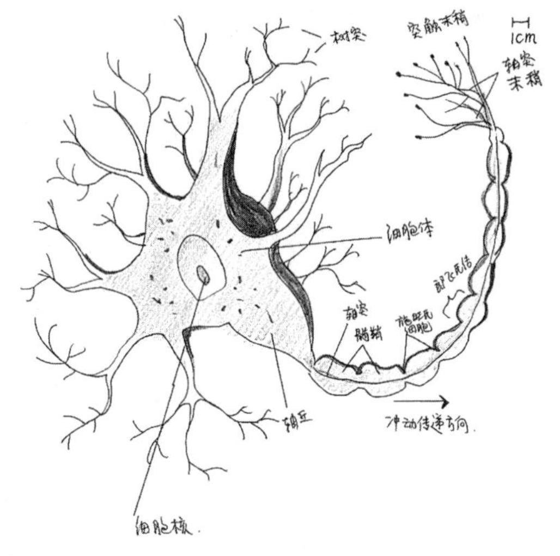

图2–51　神经元（神经细胞）的微观结构

四、细胞间的物质转运

细胞之间的物质转运有单纯扩散、易化扩散和主动转运三种方式。其中半透膜在物质的转运当中伴有重要角色。半透膜的结构以液态的脂质双分子层为支架，其中镶嵌有不同结构和功能的蛋白质。（图2–52，图2–53）

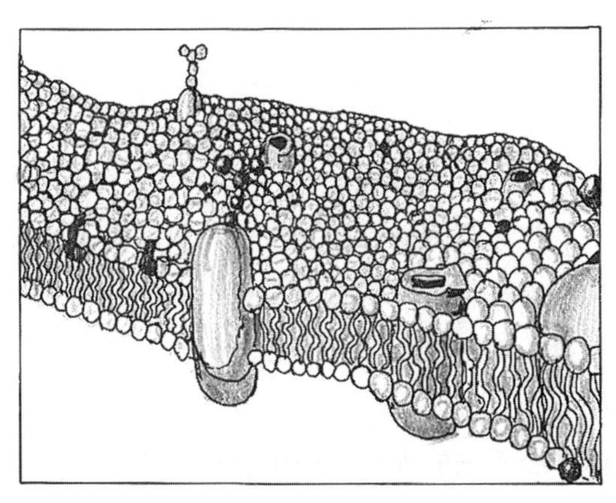
图2–52　半透膜的结构示意图

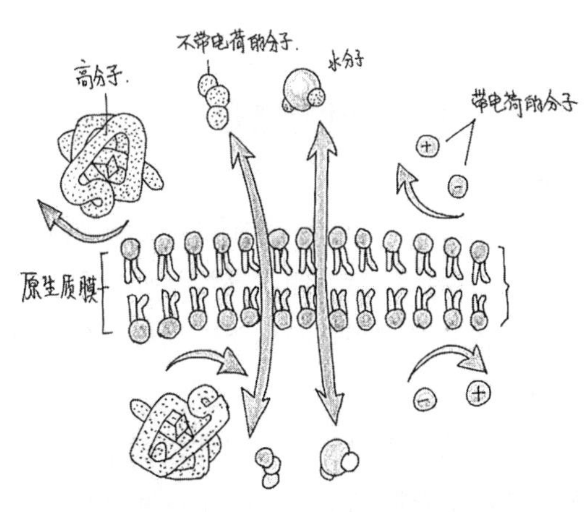

图2–53　半透膜模式图

1．单纯扩散

指一些小的脂溶性物质依靠分子运动从浓度高的一侧通过细胞膜的脂质双分子层向浓度低的一侧扩散的方式。

条件是：

- 细胞膜两侧存在物质的浓度差或电位差。
- 细胞膜对该物质有通透性。

靠这种方式进行转运的物质较少，例如：二氧化碳、氧气。

2．易化扩散

某些物质能够依靠细胞膜上的特殊蛋白的帮助，顺电—化学梯度通过细胞膜的转运方式。

特点：

- 顺电—化学梯度进行转运，转运过程不消耗ATP。
- 转运过程中必须有膜蛋白的帮助。

3．主动转运

在细胞膜上载体的帮助下，通过消耗 ATP，将某种物质逆浓度梯度进行转运的过程。

特点：

- 逆浓度梯度转运。
- 耗能（ATP）。

第三节　肌肉生理

一、肌肉的生理特性

肌肉具有兴奋性和收缩性，它在刺激作用下产生兴奋的特性叫兴奋性，肌肉兴奋时能产生缩短反应的特性叫收缩性。肌肉的兴奋性和收缩性是紧密联系而又有不同的两种基本生理过程。肌肉兴奋必然引起肌肉收缩；肌肉兴奋在前，肌肉收缩在后，两者不是同一性质的过程。

肌肉的收缩过程：在整体情况下，来自中枢神经系统的神经冲动传至脊髓的运动神经元，然后由脊髓的运动神经元将冲动传至所支配的肌纤维，从而引起肌肉收缩。

（一）引起兴奋的刺激条件

1．强度

刺激必须达到一定的强度才能使肌肉产生兴奋，引起组织兴奋的最小强度称之为阈强度。阈强度可以作为评价肌肉兴奋性高低的指标。在刺激单个肌肉纤维时如果强度低于该值就不会引起收缩。

2．刺激强度必须有足够的变化速度

要使被刺激的组织产生兴奋，刺激强度必须具有足够的变化频率。在利用直流电刺激组织时，只有在通电和端点的瞬间才会引起组织兴奋；在持续通电的过程中由于刺激强度没有发生变化，不能够引起组织的兴奋。

3．刺激作用时间

无论刺激的强度有多大，引起组织兴奋也需要一定长的时间。刺激的强度越大引起组织兴奋的时间就越短，反之刺激的强度越小引起组织兴奋的时间就越长。刺激的强度和刺激作用的时间具有一定的关系。

（二）兴奋性的指标

1．阈强度

固定刺激时间改变刺激强度，刚刚引起兴奋反应的临界强度是一个常用的测试指标。基强度市场时间刺激的阈强度。在生理学中常用阈强度来表示兴奋性。

2．时值

法国生理学家提出以两倍基强度的刺激作用与组织引起兴奋所需要的最短时间即时值作为衡量兴奋性高低的指标。测试时值的步骤是先用长时间的刺激求基强度。然后将基强度加倍，改变刺激的作用时间，确定刚刚引起最小收缩反应的最短时间即为时值。

二、肌肉的物理特性

肌肉具有伸展性、弹性和黏滞性。肌肉在外力牵拉作用下可以被展长的弹性称为伸展性，当外力取消之后肌肉能够恢复原状的特性叫弹性，黏滞性是由于肌质内各分子之间的相互摩擦所产生。

第四节 运动与新陈代谢

一、新陈代谢的概念

人体的新陈代谢是指机体与周围环境之间不断进行着物质交换和能量交换的过程，

进行生长、发育、生殖等一系列的生理活动。新陈代谢包括合成代谢和分解代谢两个方面：人体从外界环境中摄取营养物质，通过消化、吸收，在体内进行一系列化学变化，转化为机体自身的物质，叫做合成代谢；人体把自身的物质进行分解，转化为代谢废物排出体外，叫做分解代谢。运动中的新陈代谢指的是在运动过程中物质与能量代谢发生的特点。

新陈代谢可以从两个方面去理解——物质代谢和能量代谢。在物质的新陈代谢过程中，总是伴随着能量的释放、转移和利用，称为能量代谢。一般而言合成代谢是储存能量的过程，分解代谢是释放能量的过程。储存在糖、脂肪、蛋白质等分子内的能量，在运动当中根据实际需求和运动的特点通过分解代谢将能量释放出来，供人体运动使用。

二、物质代谢

人体主要的物质代谢包括糖、脂肪和蛋白质三大能源物质代谢。

（一）糖类

来源主要是淀粉，另有少量蔗糖、乳糖等。淀粉消化分解成为葡萄糖经过吸收进入血液成为血糖（血液中的葡萄糖）。

葡萄糖代谢的四种方式

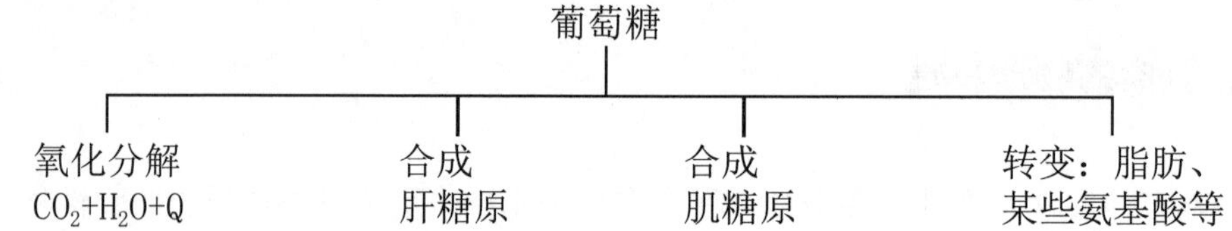

（二）脂肪

人体脂肪的贮存量很大，约占体重的10%~20%。一般认为，最适宜的体脂含量为：男性为体重的6%~14%，女性为10%~14%。脂肪在体内的分解代谢在脂肪酶的作用下，分解为甘油及脂肪酸，然后再分别氧化成二氧化碳和水，同时释放出大量能量，用以合成ATP。在氧供应充足时进行运动，脂肪可大量被消耗利用。

脂肪代谢的三种方式

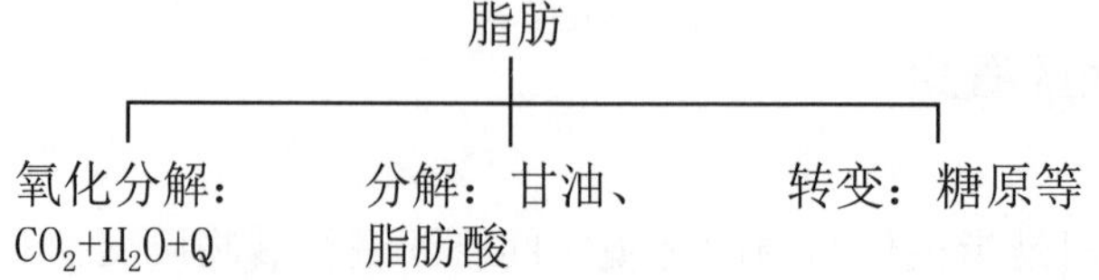

（三）蛋白质

来源主要是动物蛋白质和植物蛋白质。蛋白质经过消化分解成为氨基酸再经吸收进入血液之后就会发生以下五种代谢方式：

1．蛋白质代谢的五种方式

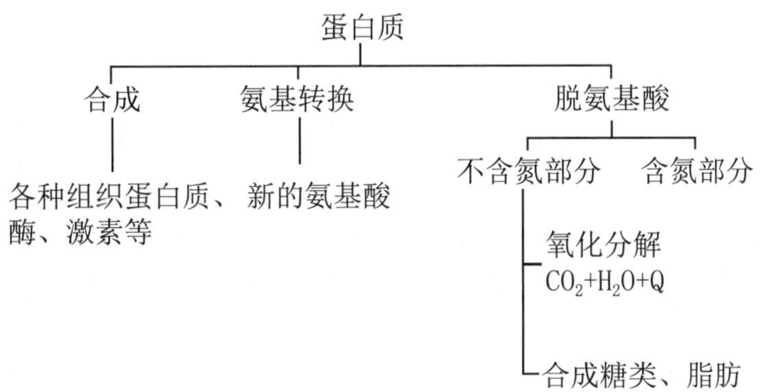

2．三大营养物质代谢的关系

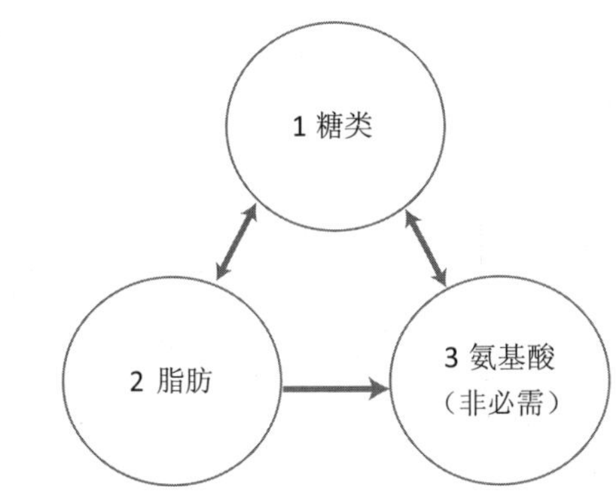

2—1　少量转化；1—2　糖类较多时转化；1—3　中间产物氨基酸转化；3—1　脱氨基合成；3—2　脱氨及合成。

三、能量代谢

人体的能量代谢

1．维持基础代谢

基础代谢是机体处于清醒，在18~25℃环境中，神经、肌肉完全安静与空腹（12小时前停止进食）维持生命所必需的最低热能需要量。约占总能量消耗的60%~75%，它是总能量消耗的主要部分。一般男性比女性高，儿童、青少年比成年人高，寒冷时比

温暖时高。

我国正常人基础代谢如下：

正常基础代谢率平均值＝能量 / 体表面积 × 小时

体表面积＝ 0.00659× 身高（厘米）＋ 0.0126× 体重（千克）−0.1603

一般一个人正常的基础代谢率比较恒定，一个正常的成年人其代谢率在 20 年内不会偏离正常值的 5%~10%，同年龄、同体重、同性别的正常成年人基础代谢率差别大部分在 10% 以内。（表 2−1）

表 2−1　我国各个年龄段健康人群的基础代谢率

单位：千卡 / 米 ^{2} 体表面积 / 小时

	年龄（岁）	11~15	16~17	18~19	20~30	31~40	41~50	50以上
基础代谢率	男	46.7	46.2	39.7	37.7	37.9	36.8	35.6
	女	41.2	43.3	36.8	35.0	35.1	34.0	33.1

2. 从事不同体力活动的能量消耗

身体活动所消耗的能量与活动的强度、身体活动持续时间以及活动的熟练程度有关。用于体力活动的能量消耗一般占总能量的 30%（表 2−2）。通常将身体活动强度分为五等：

（1）极轻度身体活动：处于坐位工作，如办公室工作、开会、读书、装配、修钟表等。

（2）轻度身体活动：站立为主的工作，如商店售货员、教师等。

（3）中度身体活动：重型机械操作、拖拉机驾驶、汽车驾驶、一般农田身体活动。

（4）重度身体活动：非机械化农业身体活动、半机械化搬运工作、炼钢、体育活动等。

（5）极重度体力身体活动：非机械化装卸工作、采矿、伐木、开垦土地等。

表 2−2　不同强度的热能需要

活动类别	需要热能（千卡/千克体重/日）
极轻度体力身体活动	35~40
轻度体力身体活动	40~45
中度体力身体活动	45~50
重度体力身体活动	50~60
极重度体力身体活动	60~70

3．食物的特殊动力作用

由于机体摄入食物而引起机体能量代谢的额外增高称为食物特殊动力作用。食物特殊动力作用所引起的能量额外消耗约为150~200千卡，相当于总能量的10%。

四、运动时能量物质的代谢

三个能源系统的特征

1．磷酸原系统即ATP—CP系统

特点：不需氧，直接分解，供能速率快但产生能量较少，CP来源有限，维持运动6~8秒。

$$ATP \rightarrow ADP+Pi+E$$

$$ADP+CP \rightarrow ATP+C$$

2．酵解能系统

底物：肌糖原、葡萄糖。

特点：不需氧，供能速度较快，生成ATP较少，有乳酸产生，运动30秒供能速率最大=5.2毫摩尔/千克/秒，维持2~3分钟运动。

糖元+ADP+Pi → ATP+乳酸

3．氧化能系统

底物：三大能源物质。

特点：有氧条件下分解供能，供能速度较慢，产生能量多，贮量丰富，维持1小时以上运动的能量供应。

一切运动过程的能量供应均由三个系统不同比例混合供能，比例取决于运动性质和特点。运动时，三磷酸腺苷（ATP）水解为二磷酸腺苷（ADP）和磷酸以释放能量，其他能量物质则通过各种代谢途径以保证三磷酸腺苷（ATP）数量的恢复。在氧充足时，ADP在细胞中通过糖、脂肪的氧化释放能量以重新合成ATP；在缺氧时，ADP在细胞中由磷酸肌酸（CP）或糖元酵解生成乳酸释放的能量重新合成ATP。可见，运动时的能量物质一般可分为3种：首先是直接供能以完成运动的能量物质——ATP，其次是间接被利用的能量物质——CP及糖元，再次是被氧化生成二氧化碳和水释放大量能量的物质——糖和脂肪。

人体肌肉中ATP很少，每千克肌肉含量约6毫克分子，激烈运动时供能不足以维持1秒钟，但它的转化数量（即分解又再合成）很大。人体骨骼肌中的CP含量虽较ATP多，每千克肌肉约17毫克分子，供给的能量也只能维持几秒钟。CP是首先供能使ATP恢复的物质，因此常将ATP、CP作为维持短时间高速度、大力量运动时的能源。一般认为，

ATP、CP 可供给激烈运动 5~20 秒的能量，其数量约为每分钟每千克肌肉供能 800 卡。糖元在不同器官中含量不同，在骨骼肌中不同部位的肌肉中含量也不同。如大腿肌糖元含量为每千克肌肉 15 克左右，上肢三角肌糖元含量为每千克肌肉 10 克左右。在缺氧时，肌糖元酵解生成乳酸放能供运动需要。在最大强度运动 30~40 秒时，糖酵解达最大速度，可以坚持 2 分钟左右。这时，每分钟每千克肌肉供能约 260~390 卡，因此，糖酵解是中跑时的主要供能方式。糖和脂肪是氧充足时运动的能源。糖在运动时可被大量消耗，脂肪的利用受限制。在长时间运动中，糖和脂肪以每分钟每千克体重 200~220 卡的能量供运动需要。运动能增加能量物质的储量，但更重要的是能提高这些能量物质代谢和调节的能力，以保证在任何条件下 ATP 能够再合成。

第五节　身体素质的生理学基础

身体素质机能水平主要体现在力量素质、速度素质、耐力素质、灵敏素质和柔韧素质五个方面，只是在不同的运动项目中它们各自发挥的作用有所不同。关于身体素质的生理学基础我们也从以上五个方面着手去理解。

一、力量素质生理学因素

力量指人体运动系统克服或对抗阻力的能力。人体所有运动几乎都是对抗阻力而产生的。力量素质与其他各项素质的发展也有密切关系，增加力量有助于提高速度、耐力和爆发力等。力量素质生理学因素包括：

- 肌肉生理横断面
- 神经调节机能
- 骨杠杆的效率
- 肌纤维的组成

二、速度素质生理学基础

速度素质指人体进行快速运动的能力，包括反应速度、动作速度与位移速度。反应速度是指人体对刺激作出反应所需的时间；动作速度指完成单个动作的时间长短；位移速度指单位时间内移动的距离。速度素质生理学因素包括：

（一）反应速度

- 感受器的敏感程度
- 中枢延搁
- 效应器的兴奋性
- 条件反射的巩固程度

（二）动作速度

- 肌纤维百分比组成及其面积
- 肌肉力量
- 肌纤维的兴奋性
- 条件反射的巩固程度

（三）位移速度

- 大脑皮层运动中枢兴奋与抑制的转换速度（神经过程的灵活性）
- 肌肉中快肌纤维百分数及其肥大程度
- 各中枢间的协调性

三、耐力素质生理学因素

耐力指人体长时间进行肌肉工作的能力。根据不同的分类标准可以将其分为若干类别，我们从有氧耐力和无氧耐力的角度来着手介绍。

（一）有氧耐力的生理学基础

- 肺通气量的大小
- 血红蛋白的数量
- 心脏功能的好坏
- 肌肉组织有氧代谢机能

（二）无氧耐力的生理学基础

- 肌肉内无氧酵解功能能力的提高
- 缓冲乳酸能力的提高
- 脑细胞耐受“酸”的能力

四、柔韧性素质生理学因素

柔韧性指运动员运动时关节活动的幅度或活动范围。运动员柔韧性好可使动作舒展大方，刚中有柔，柔中兼刚，刚柔相济。影响柔韧性的生理学因素：

- 肌肉、韧带和肌腱中结缔组织的特性
- 关节面结构
- 关节周围组织的体积
- 肌肉力量素质水平
- 中枢神经系统

五、灵敏素质生理学因素

灵敏指运动员迅速改变体位、转换动作和随机应变的能力。它是运动员运动技能和各种素质在运动中的综合表现，是一种复合的素质。灵敏素质的生理学基础为：

- 大脑皮质神经过程的灵活性
- 运动分析器的功能
- 前庭分析器的机能等

运动分析器的灵活性与准确性以及肌肉收缩的协调性与节奏感是影响灵敏素质的重要因素，在运动实践中表现出来的灵活性，是支配该运动器官的神经中枢的分析综合能力高度完善的结果。前庭分析器对空翻、转体及维持身体平衡、变换身体的方向位置的灵活性有很大作用。

第六节　不同人群的生理特点

一、儿童

儿童在这一阶段的生理特点首先表现为生长发育迅速，能量消耗以及营养素的需求增长很快。如婴儿在 2~3 个月时体重就能达到出生时的两倍，身高到周岁时一般为出生时的 1.5 倍左右。其次是各部分的生长速度不同，各部分发育的前后也不同，四肢比躯干、下肢比上肢先发育。另外生长发育是一个连续的过程，各个阶段快慢不一而又相互影响、环环紧扣，任何一个阶段的发育受到阻碍，都会对后一阶段产生不良的影响。

二、青少年

在这一时期青少年肌肉中含水分较多，含蛋白质和无机盐较少，肌纤维之间的间质相对较多，肌肉较松软，横断面积小，肌纤维细，肌肉收缩力量弱，肌能源物质储备较少。关节的关节面差度大、软骨厚，关节囊及韧带松弛、薄弱、伸展性大，关节周围的肌肉细长而薄弱。心脏的心肌纤维短而细，弹力纤维分布较少，心脏瓣膜发育尚不完善，心脏重量及容积都比成人小，心脏收缩力量弱，每搏输出量和每分钟输出量少，血管的内径宽但血管短。呼吸系统发育特点肺泡数目少，肺泡壁的弹性小，呼吸运动幅度小，又受胸廓狭小限制而导致肺容量、肺活量小。

三、成年男士

生长发育基本结束，身体各系统进入成熟稳定期，男性在22岁以后，身体的肌肉、骨骼、心血管系统等各系统都已发育完善，进入成熟稳定期。

四、成年女士

1．月经周期

从青春期到更年期，月经周期贯穿于女性的几十年生活里，成为女性生理特性的一个重要指标。月经给女性带来了多方面的生理影响，如神经紧张、易怒、沮丧、失眠、头痛、恶心等，其中由于经期失血造成铁的丢失对健康的影响尤其需要特别重视。据测算，育龄妇女平均每天丢失约1.5毫克的铁。

2．孕妇及哺乳期

孕妇和哺乳期妇女同时承载着自身及胎儿或婴儿的生理需求，且由于内分泌及代谢、消化系统、肾功能、血容量等方面的变化，易患骨质疏松。

3．更年期

女性在35岁时骨质便达到最高密度，随后开始逐渐流失，如果未及时注意到这个问题，会很容易令骨骼内部变得单薄，造成中空疏松，无法承受体重或日常生活所造成的压力，容易骨折。更年期女性更会因为女性荷尔蒙的分泌减少，影响钙质吸收，令身体钙质流失速度加快。

五、老年人

1．脂肪蓄积，血脂上升

老年人新陈代谢减慢，加上活动量较少，需要的热量也较低，此时如果摄取过量餐食及点心，体内会积存过多的热量而肥胖起来。体内总血脂也随年龄增加而增加，其中主要是总胆固醇量增加，甘油三酯也明显增加。

2．钙质流失，蛋白质合成速度减慢

老年人骨胶质减少，钙含量降低，使骨质疏松和骨脆性增加，容易发生骨折。据统计，我国 60 岁以上老人骨质疏松症的患病率为 24.6%。老年人体内蛋白质合成与分解速度明显低于年轻人，容易出现血液中蛋白含量降低，发生水肿和营养性贫血；在受到外伤或感染时，痊愈及恢复得缓慢。

3．生理功能逐渐衰退，代谢减慢

老年人各器官随年龄和体内自由基伤害的增加而衰退，免疫功能下降，对外界和体内环境改变的适应能力减低，体力下降。

第七节　不同人群的运动方式

一、青少年

（一）有氧运动

青少年在参加有氧运动时应该保持较高的频率，最好是每天都参加，至少每周要参加 3 次具有一定强度的身体锻炼；锻炼的内容也应该不拘一格，由多种部分组成，包括游戏、玩耍、体育活动、劳动以及娱乐休闲。在参加体育活动时应该从事各种各样涉及大部分肌肉群的运动项目。这些运动的模式应该包括：快步走、篮球、足球、游泳和自行车等，这类运动可以促进青少年的心理健康，提高心肺功能。

每次参加锻炼的时间也应该在 20 分钟以上，这主要取决于青少年参与运动的频率，如果每周运动 3 次，在运动的时间上就需要适当的延长一些，可以选择 40 分钟左右，如果运动的频率较高或者每天都参与运动，那么每次运动的时间就可以稍微短些，但每次锻炼的持续时间也不应当低于 20 分钟。

（二）力量练习

青少年在进行力量训练时要注意以下几点：避免进行较大强度的力量训练，从事力量训练的强度应该中等或者中等偏下，并在一定的监控条件下进行；在训练的频率上应该是每周 3~4 次，每次的持续时间应该控制在 20~30 分钟，负荷采取自身体重的 1/3~2/3 为宜，并把改善肌肉结构的练习与发展柔韧性、灵活性的练习结合起来，这样有利于青少年身体素质的全面提高。

另外要避免静止用力的脊柱过伸练习；某些项目特点使得肢体的负担是非对称性的而造成肢体发育的不均衡性，故此要注意对侧肌的锻炼；不单纯过多地进行强度较大的静止用力练习，如硬拉和负重躬身。

（三）注意以下几方面

1．合理安排运动负荷，循序渐进

由于青少年的生理发育特点，不应操之过急，急于求成，应当科学地安排负荷量和负荷强度，循序渐进地发展学生的身心。

2．避免青少年做过多憋气动作和倒立、背桥等动作，憋气前后胸腹压力的变化造成回心血量骤增，而不利于心脏工作。

3．培养正确的呼吸方法

应培养青少年在运动中根据动作的结构、节奏、用力情况，逐步掌握适宜的呼吸方法，即：采用自然呼吸法，根据情况用力时吸气，放松时呼气，或者相反都可以。

4．充分的热身运动和放松练习。

二、女性

对于女性来讲，在从事健身的群体当中更多的是趋向于祛脂减肥和塑造形体，因此无论是从促进健康的角度还是从自身目标的方面有氧运动都是女性健身运动的主要方式之一。目前比较受欢迎的主要包括各种健身操、舞蹈以及水中有氧运动等，其他的诸如慢跑、健步走、骑自行车等比较容易的项目也是值得推荐的。但是在经期的锻炼一般要求注意不能强度过大，根据自我感觉也可适当地停止运动。另外建议不要做水中运动。

抗阻练习并不受到多数女性的青睐，但是一个设计良好的抗阻训练计划可以使得她们受到诸多裨益；虽然很多女性会片面地认为抗阻练习会增大她们的肌肉体积，实际上肌肉体积的增长并不是如此容易的事，尤其是对于女性来讲更是如此。其实进行抗阻练习可以

达到的效果不仅仅是肌肉体积的增加，还可以有效改善肌肉的耐力或者肌肉力量。与男子相比女子具有相对较弱的力量，尤其是上肢力量，在非训练人群中女子的上肢力量仅仅相当于男子的55%~65%，下肢力量相当于男子的75%~90%。为了更好地应对生活的需求，建议女性要多做一些改善上肢力量的抗阻性练习，对增长力量的抗阻训练计划中各要素的具体要求在力量训练中已经详细地介绍了。

三、老年人

相关研究表明参与有计划、规律性的运动可以有效地降低或者预防老化而造成的许多机体功能的退化。耐力性训练可以降低心血管疾病的发病率，改善健康状态，有助于延长寿命；力量训练有助于避免肌肉质量以及肌肉力量随着年龄增长的降低。有针对性地进行某些肌肉群的力量练习还可以有效地改善老年人的平衡性。

老年人参与的运动应该从以下几个目标着手：

（一）改善耐力水平

走路、跑步、游泳和骑自行车都是大肌肉群参与的，富有节奏性的有氧锻炼方式，这也是大部分成年人生活的主要部分。要想提高老年人的生命质量，最好的办法就是在生活中增加此类运动形式。一般有氧运动使人的心率在160次/分钟以下，对于老年人有氧运动运动强度的设置因人健康程度和体力大小不同而不同，一般可以用下例公式为标准上下调节：

运动目标心率 =（220- 年龄）×（60-80）%

运用此公式时要注意两个方面：一是不要在很短的时间内把心率提高到目标心率；二是要根据锻炼者的自我感觉在运动中适时调节运动强度，避免强度过大。

（二）增加肌肉质量和力量

在老年人运动方式的选择上肌力练习也是必不可少的，通过肌力练习可以有效地缓解肌肉力量和肌肉质量的下降，同时对于骨质密度以及整体机能状况也有着正面的影响。

另外，通过对老年人某些特殊肌肉群（如腿部和腹腰部）的锻炼还可以有效地提高老年人的平衡能力，从而有效防止跌倒带来的骨裂骨折。

1．训练的频率

老年人在进行肌力练习时建议在运动频率上要每周不少于2次，但也不可多于4次。

2．持续的时间

老年人群体在进行肌力练习的持续时间介于20~45分钟之间，换句话说老年人在进行肌力练习的时候应该努力地持续20分钟以上，但不可超过45分钟，建议可以进行30分钟，也就是接近于平均水平。

3．运动的方式

在运动方式的选择上，老年人应该注意在进行练习时的动作应涉及多个关节，不宜做单个关节的孤立练习；在做器械练习时要考虑安全性、自身的技术水平和状态。

针对某一个肌肉群选择1~2个练习动作就已经足够了。研究表明，为了改善肌力针对每一个练习的组数应该控制在1~3组。

第三章 健身运动的力学分析

健身运动从本质上讲是肌肉做功的过程。在运动的过程中骨骼肌、骨骼和关节三大运动器官都发挥着各自的重要功能。骨骼肌是力的来源，肌肉通过收缩将化学能转化成为机械能，表现在外在形式上就是肌肉长度的变化；骨骼在运动中起到支撑和力的传递的作用；关节构成了人体运动的支点。力与力的作用线之乘积直接决定了转动力矩的大小，转动力矩越大肌肉所能够克服的外界阻力就越大，反之就越小。肌肉的做功取决于力的大小和克服阻力通过的位移，肌肉做功功率是指肌肉在单位时间内能够完成的功，是一个反映做功快慢的物理量。

第一节 肌肉的力学特征

肌肉的功能是将化学能转化为机械能，这一过程是通过肌肉的收缩力做功来实现的。肌肉收缩的力学特征，指的是肌肉收缩时的张力与速度、长度与张力的关系，它们反映了负荷对肌肉收缩的影响。此外，肌肉的功能状态（即收缩能力）不同，肌肉收缩时表现的力学特征也不一样。

一、骨骼肌收缩的外部表现和力学分析

骨骼肌的功能就是收缩产生力，借以完成躯体的运动或抵抗外力。当肌肉克服某一外力而缩短就完成了一定量的机械功（W），数值等同于它所克服的阻力（f）和肌肉缩短长度（s）的乘积（W=fs;s=Vt;W=Pt;P=W/t=fV，V 是肌肉收缩时的平均速度）；如以缩短速度乘以负荷，则得出肌肉的输出功率（P=W/t=fV）。但肌肉在收缩时究竟以产生张力为主还是缩短为主，以及收缩时能做多少功，则要看肌肉收缩时所遇到的负荷条件和肌肉本身的功能状态。

二、肌肉负荷对肌肉收缩的影响

肌肉可能遇到的负荷主要有两种：一种是在肌肉收缩前就加在肌肉上的称之为前负荷。前负荷使肌肉在收缩前就处于某种程度的被拉长状态，使其具有一定的初长度。另一种负荷称为后负荷。它是在肌肉开始收缩时才能遇到的负荷或阻力，它不增加肌肉的初长度，但能阻碍收缩时肌肉的缩短。前负荷不应当过大，因为过大在肌肉收缩前就可能因过度的牵拉而损伤肌肉结构；后负荷在大到一定程度时就足以抵抗肌肉收缩所产生的最大张力，因而肌肉不再表现缩短，出现等长收缩，即肌肉虽进行了收缩，但并未有肌肉长度的改变。

据上分析可知，能够影响肌肉收缩做功能力或其力学表现的主要因素有三个：前负荷、后负荷和肌肉收缩能力。分析单一因素影响的办法就是要保持其他因素在某一恒定值不变而去改变要观察的因素，通过数据记录并绘图来进行下一步分析。

1．肌肉前负荷或肌肉初长度对肌肉收缩的影响：长度—张力曲线。（图 3–1）

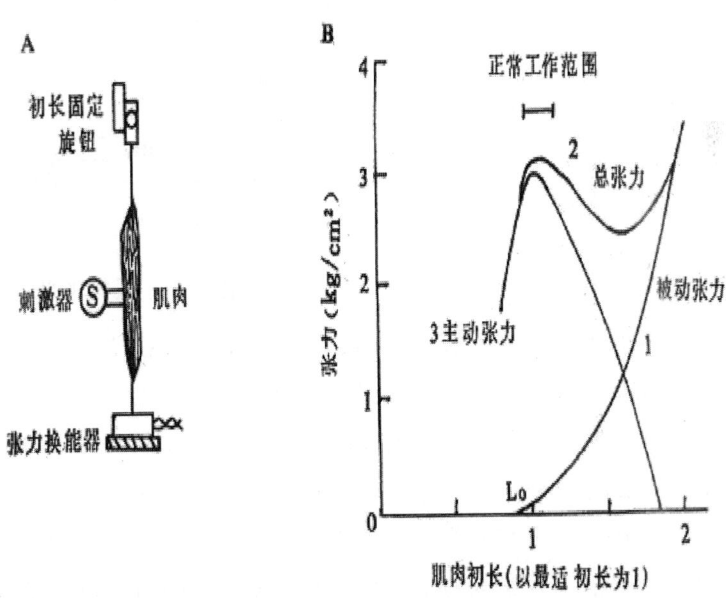

图3–1 肌肉初长度对肌肉收缩的影响

3 条曲线分别代表肌肉在初长度改变时的张力情况，被动张力指改变初长而尚未收缩的肌肉的张力改变，总张力是在已有被动张力的基础上，肌肉收缩时产生的主动张力与前者之和。图 1 的长度—张力曲线，反映了在依次改变肌肉的初长度时（横坐标）在张力换能器上记录到的肌肉的张力产生的情况（纵坐标）。曲线 1 是只改变肌肉初长度并不刺激肌肉收缩时肌肉所受的拉力，称为被动张力曲线，它反映安静肌肉具有某种弹性，在受到牵拉时产生某种回弹力，但牵拉超过某种程度，达到了弹性限度，被动张力急速增大，有可能造成组织损坏，其过程与拉长一个弹簧类似。曲线 2 是肌肉在具有不同前负荷，即已具有被动张力的条件下进行一次收缩时记录

到的张力变化，曲线的每一点都代表那个初长度时肌肉已有的被动张力和收缩时新产生的张力之和，故整个曲线称为总张力曲线。因此，由曲线 2 代表的不同初长度时的总张力减去同一初长度时的被动张力，就能得到曲线 3，它表示肌肉在不同前负荷时进行收缩所能产生的张力，故称为主动张力曲线。它反映了不同前负荷或初长度对肌肉收缩所产生的张力影响：当前负荷开始增加时，每次收缩所产生的主动张力也相应的增大，但在超过某一限度后，再增加前负荷反而使主动张力越来越小，最后为零，如曲线 3 右端所示。这个结论也可以表达为，对于肌肉在等长度收缩条件下所产生的主动张力大小，存在着一个最适前负荷和与之相对应的最适初长度，相当于图横坐标上 Lo 的位置，在这样的初长度情况下进行收缩，产生的张力最大。

2．肌肉后负荷对肌肉收缩的影响：张力—速度曲线。（图 3–2）

在肌肉前负荷固定为适当值的条件下，改变后负荷对肌肉产生张力（横坐标）和缩短速度（左侧纵坐标）相互关系的影响，这称为张力—速度关系曲线（曲线 1），由此曲线可以算出不同后负荷时的输出功率（右侧纵坐标），组成了曲线 2。

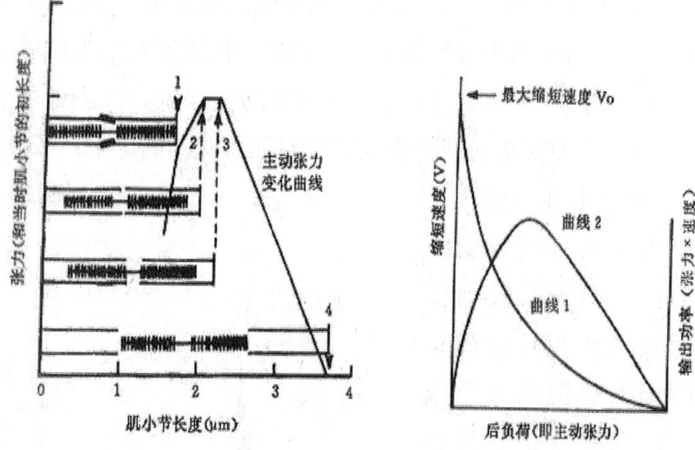

图3–2　肌肉的张力—速度关系曲线

如图 3–2 曲线 1 类似一条双曲线，横坐标表示肌肉所产生的张力，纵坐标表示收缩速度，双曲线的性质则说明这二者大致呈反比的关系，即后负荷减小时，肌肉产生的张力减小，但可得到一个较大的缩短速度；曲线同纵轴相交的点，说明后负荷理论上为零时，可以得到该肌肉在当时的功能状态下的最大收缩速度，在图 2 中用 V_0 表示，但这时因无负荷，肌肉并未做功，亦无功率输出。在曲线同横轴相交的点，后负荷的值相当于肌肉所能产生的最大张力，这时不能移动负荷，也没有做功和功率输出。在这两个极端之间，在不同的后负荷时都能看到肌肉在产生与负荷相同的张力的情况下使负荷移动一定距离，这种类型的收缩，称为待张收缩，都可做功和有功率输出，但以后负荷相当于最大张力的 30% 左右时，肌肉的输出功率最大，如图 3–2 中曲线 2 所示。

第二节 运动生物力学

一、运动生物力学概念

生物力学是指研究生物体机械运动规律的科学。包括以下几种类别：一般生物力学、人类工程生物力学、医用生物力学、康复生物力学、运动生物力学。运动生物力学是研究人体运动力学规律的科学，它是体育科学的重要组成部分。运动生物力学把体育运动中各项动作技术的研究课题，赋予生物学和力学的观点及方法，使复杂的体育动作技术奠基于最基本的生物学和力学的规律之上，并以数学、力学、生物学及运动技术原理的形式加以定量描述。

二、运动形式

1．简单的、低级的运动形式，一般是单关节参与的运动形式，例如臂弯举、腿弯举等。

2．复杂的、高级的运动形式，一般是多关节参与的运动形式，例如高翻和卧推等。

三、人体的机械运动

（一）人体机械运动的表现方式

人体某一部分相对身体另一部分的空间、时间位移，人体整体相对外界环境的空间、时间位移，由人体局部位移而造成器械的空间位移。

（二）人体机械运动的特点

1．人体机械运动有很大的主动性和可变性，而不决定于外部条件；

2．人体长时间连续工作或运动后易出现疲劳，但经过休整可以完全恢复；

3．人体的大部分机械运动形式，尤其是体育技术动作都是后天、自发或自觉地形成的；

4．人体机械运动受大脑皮质的控制、调节并有意识参与。

第三节 人体运动

人体的运动是复杂而多变的，但再复杂的动作也是由身体各部位基本的运动形式组合而成，了解人体上下肢以及全身的基本运动形式可以有效地把复杂多变的人体运动形式进行分解，使我们可以更加轻松地理解和分析人体的复杂运动。

一、上肢基本运动形式

（一）推

在克服阻力时，上肢由屈曲状态变为伸展状态的动作过程称为“推”的基本运动形式。诸如各种方法的卧推、坐姿推胸、颈后推举和颈前推举等。

（二）拉

在克服阻力时，上肢由伸展状态变为屈曲状态的动作过程称为“拉”的基本运动形式。例如颈后下拉、颈前下拉、俯卧拉和各种姿势的划船练习。

（三）鞭打

在克服阻力或自体位移的过程中，上肢诸环节依次加速和制动，使末端环节产生极大速度的动作形式称鞭打动作。该动作形式在投掷型项目中多见，如标枪、铅球和铁饼等。

二、下肢基本运动形式

（一）缓冲动作

缓冲动作指的是在抵抗外力作用的过程中，下肢由伸展的状态转化为较为屈伸状态的过程。人体从高处落下时一般都包括下肢缓冲动作这一基本运动形式。

（二）蹬伸动作

蹬伸动作指的是在克服阻力的过程中下肢由屈曲状态进行积极伸展的动作过程。最典型的如立定跳远、负重半蹲和负重全蹲等。

(三)鞭打动作

下肢的鞭打动作在自由泳的双腿打水动作以及完成体操摆动的振浪动作有所体现。

三、全身基本运动形式

在健身锻炼时完成动作的过程中大都是由人体各个部分，即上下肢和躯干等各部分共同协作完成的，只是各个部位在不同的运动中所发挥的作用有别，即有工作部分和配合部分。

(一)摆动

身体某一部分完成主要动作，身体的另一部分配合主要动作进行加速摆动的动作形式称之为摆动，如起跳动作时双臂摆动和腿的配合。

(二)躯干扭转

在身体各个部分完成动作时，躯干和上下肢同时绕躯干纵轴的反向转动的运动形式称之为躯干的扭转。

(三)相向运动

人体处于无支撑的腾空状态完成动作时，由于身体两端均无约束，因此身体某一部分向某一方向活动时身体另一部分会同时产生相反方向的活动，因此把这种身体两部分相互接近的运动形式称之为相向运动。例如背越式跳高中头部和小腿部的相向运动。

第四节 动作分析

一、静力性动作分析

(一)描述环节的运动状况

准确地说明参与运动的各个环节在相应关节处的运动，是顺利地分析肌肉工作的前

提。静力性动作分析主要是围绕支持性的静力性动作进行。加固与固定性工作可直接得出结论。

静力性动作如支撑性动作（燕式平衡、马步、直角支撑）和悬垂动作（直臂悬垂、挺身悬垂）等。

（二）分析肌肉的工作

描述动作的身体姿势，准确说明身体各动作环节的相对位置和身体各环节的支点。

● 当身体某部位环节处于水平状态或倾斜状态，从而产生了重力矩时，肌肉拉力矩与身体相应部分环节的重力矩保持平衡，肌肉完成支持工作。

例：双杠直角支撑

● 当身体处于上支撑的情况下，它的各部环节成垂直状态，也就是当重力试图将身体的一部分拉离上位支点时，肌肉完成加固工作。

例：吊环挺身倒悬垂

● 当某种静力性动作要求身体某部环节须在相对位置加以固定，此时肌肉则完成固定工作。

例：马步动作、躯干固定正直位时。

在这一步中首先要寻找原动肌，可任选环节受力分析法中环节运动方向与阻力作用方向相反的情况，或环节运动方向与阻力运动方向相同情况中的慢速运动中的一种方法寻找原动肌，所得结果是一样的。此外，还要确定肌肉工作的性质及工作条件。

二、动力性动作分析

（一）划分动作阶段

要先将动作划分成几个阶段，这样做的目的是为了便于分析。通常是根据环节运动方向的变化，将一个连贯的动作人为地分为几个阶段。不同阶段的原动肌被寻找出来后，一个动作，以至整套动作的原动肌也会被寻找出来。

（二）确定各阶段中运动环节及其运动情况

这是动作分析的重点，首选要能准确地说明参与运动的各个运动环节，然后要明确环节在相应关节处的运动，这是顺利地分析肌肉工作的关键。

（三）分析各环节运动时的原动肌及其工作情况

主要是运用环节受力分析法，首先寻找外力，然后再分析运动环节、运动方向与阻力作用方向之间的关系，结合实际，具体分析，寻找原动肌，并说明肌肉工作的性质及条件。

● 环节运动方向与外力作用方向相反：

原动肌位于环节运动方向同侧，可用“反同”二字概括。“反”：表示环节运动方向与外力（阻力）作用相反，“同”：表示原动肌位于环节运动方向的同侧。

● 环节运动方向与外力运动方向相同。这种情况有动作快慢之分：

动作慢：说明肌力小于外力，有部分肌力克服了一部分外力（阻力），这时原动肌位于环节运动的反侧或对侧。可以概括为“慢反”二字。“慢”，表示环节运动方向与外力作用方向相同，但运动环节速度慢；“反”，表示原动肌位于环节运动方向的反侧或对侧。

动作快：说明环节运动方向与外力作用方向相同，肌力补充外力，这时原动肌位于环节运动方向的同侧。可以概括为“快同”二字。“快”，表示环节运动方向与外力作用方向相同，运动环节速度快；“同”，表示原动肌位于环节运动方向的同侧。

三、动作分析举例

（一）引体向上

（图 3–3）

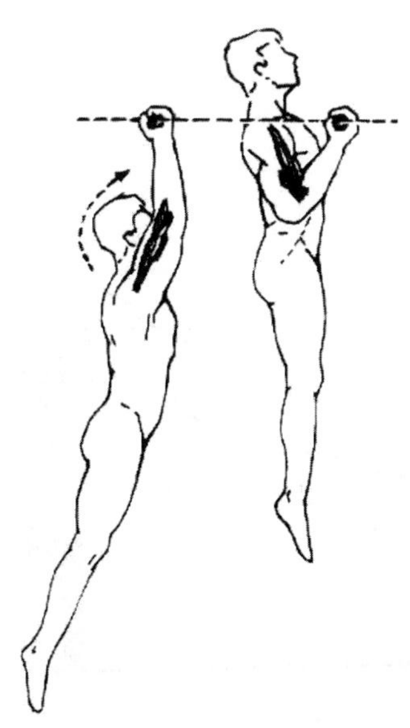

图3–3 引体向上

表 3-1 向上阶段

关节的运动	原动肌名称	肌肉工作条件	肌肉工作性质
肩关节伸	背阔肌、三角肌后部	远端固定	克制性工作
肘关节屈	肱二头肌、肱肌	远端固定	克制性工作
腕关节屈	前臂屈肌群	远端固定	克制性工作

表 3-2 向下还原阶段

关节的运动	原动肌名称	肌肉工作条件	肌肉工作性质
肩关节屈	背阔肌、三角肌后部	远端固定	退让性工作
肘关节伸	肱二头肌、肱肌	远端固定	退让性工作
腕关节伸	前臂屈肌群	远端固定	退让性工作

（二）俯卧撑

（图 3-4）

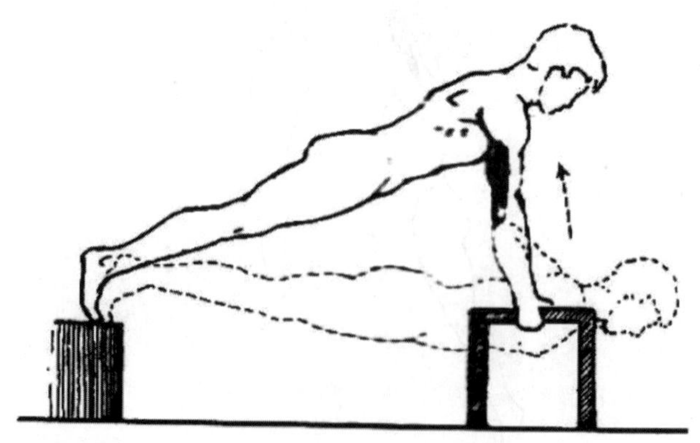

图3-4 俯卧撑

表 3–3　撑起阶段

关节的运动	原动肌名称	肌肉工作条件	肌肉工作性质
肩关节屈	胸大肌、三角肌前部	远端固定	克制性工作
肘关节伸	肱三头肌、肘肌	远端固定	克制性工作
腕关节屈	前臂屈肌群	远端固定	克制性工作

表 3–4　向下还原阶段

关节的运动	原动肌名称	肌肉工作条件	肌肉工作性质
肩关节伸	胸大肌、三角肌前部	远端固定	退让性工作
肘关节屈	肱三头肌、肘肌	远端固定	退让性工作
腕关节伸	前臂屈肌群	远端固定	退让性工作

（三）立定跳远

（图 3−5）

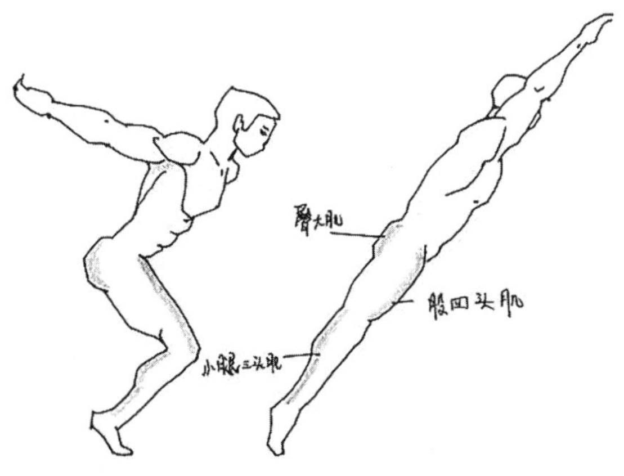

图3–5　立定跳远

表 3–5　向上起跳阶段

关节的运动	原动肌名称	肌肉工作条件	肌肉工作性质
髋关节伸	臀大肌、股后肌群	远端固定	克制性工作
膝关节伸	股四头肌	远端固定	克制性工作
踝关节屈	小腿三头肌、胫骨后肌	远端固定	克制性工作

表 3–6　落地缓冲阶段

关节的运动	原动肌名称	肌肉工作条件	肌肉工作性质
髋关节屈	臀大肌、股后肌群	远端固定	退让性工作
膝关节屈	股四头肌	远端固定	退让性工作
踝关节伸	小腿三头肌、胫骨后肌	远端固定	退让性工作

第四章　健身运动的营养补给

营养是实现肌肉生长的根本条件，健美界的传统说法是“一半靠吃，一半靠练”。训练和营养是健美运动的两大支柱，运动营养补剂是营养的重要组成部分，营养的补充主要来自于自然食物，人造补剂主要有蛋白质、肌酸类和氨基酸类等。

第一节　人体的构成

人体由无数的细胞和细胞间质构成。许多细胞集合在一起就形成组织，许多组织结合起来就构成器官，而若干相互关联的器官一起便组成了系统。人体内有八大系统，各个系统都有其结构和功能上的特点，它们相互联系形成一个完整的人体。

一、运动系统

运动系统主要由骨、骨连接和骨骼肌三种器官组成，它们构成人体轮廓。人的运动是很复杂的，包括简单的移位和高级活动如语言、书写等，都是在神经系统支配下，通过肌肉收缩而实现的。人体姿势的维持除了骨和骨连接的支架作用外，主要靠肌肉的紧张度来维持。

二、呼吸系统

人体的呼吸系统主要包括呼吸道和肺泡。它们在呼吸中枢的控制下，使呼气和吸气有节律地交替进行，并可改变呼吸的频率与幅度。呼吸道是气体进入体内的通路，其分泌的黏液、浆液具有润湿和净化空气的作用。肺泡是肺组织的基本组成单位，其表面丰富的毛细血管网对气体有很强的通透性。

三、循环系统

循环系统是封闭的管道系统，它包括心血管系统和淋巴系统两部分。淋巴循环是血液循环的辅助部分。

四、神经系统

在人体内神经系统起主导作用，它如同网络遍布全身，不断接受来自体内和体外的各种刺激，通过自身的活动与调节，保证各器官或系统之间发生协调的反应，使人体与外界环境保持相对的平衡。

五、消化系统

消化系统由消化道和消化腺两大部分组成。消化道是一条自口腔延至肛门的很长的肌性管道。消化腺有小消化腺和大消化腺两种。人体的新陈代谢不仅要从外界环境摄取氧气，还要摄取多种营养物质。而主要营养物质如蛋白质、脂肪和糖类，都是结构复杂的有机物，不能直接吸收，必须要在消化管内经过分解，变成结构简单的小分子物质，才能通过消化道黏膜，进入血液循环，供组织细胞利用。

六、泌尿系统

泌尿系统主要由肾、输尿管、膀胱和尿道组成。机体在新陈代谢过程中所产生的废物及过剩的水分，需要不断地通过血液循环由排泄器官排出体外。泌尿系统有时也被称为排泄系统。

七、生殖系统

生殖系统是产生生殖细胞，繁殖后代，分泌性激素维持副性征的器官。生殖系统是否完好与健康，关系到新生一代的健康与否。为此，我们必须得重视生殖系统的健康。

八、内分泌系统

内分泌系统是指许多腺体，他们分泌的各种激素通过血液循环影响体内各器官或系统的生理功能。

第二节 营养素

营养是供给人类用于修补旧组织、增生新组织、产生能量和维持生理活动所需要的合理食物。营养素是指食物中可以被人体吸收利用，为人体提供能量、机体构成成分和组织修复以及生理调节功能的化学成分。凡是能维持人体健康以及为生长、发育和劳动所需要的各种物质均称为营养素。

一、营养素的种类

人体所需要的营养素概括起来包括七大类别：蛋白质、脂肪、糖类、矿物质、维生素、水分以及膳食纤维。其中每一类营养素都是维持生命所必需的。蛋白质、脂肪和糖类在人体内代谢的过程中产生能量，因此这三类营养素又被称之为产能营养素。

（一）蛋白质

蛋白质是形成细胞结构的主要成分，是生物化学的催化剂，是基因表达的重要调控者，人体的任何生命活动都离不开蛋白质的作用。蛋白质是生命的物质基础，没有蛋白质就没有生命。人体的血液、肌肉、神经、皮肤、毛发等都是由蛋白质构成的，蛋白质占人体重量的 16.3%。另外蛋白质还参与组织的更新和修复，调节人体的生理活动，增强抵抗力等。

（二）脂肪

脂肪是由碳、氢、氧元素所组成的一种很重要的化合物，是组成人体组织细胞的一个重要成分，又是含热量最高的营养物质，它被人体吸收后供给热量，是同等量蛋白质或者糖类供应能量的 2 倍，同时脂肪还是人体内能量供应的重要的储备形式，促进脂溶性维生素的吸收并维持人体正常的生理功能。另外体表脂肪可隔热保温，减少体热散失，支持、

保护体内各种脏器以及关节等不受损伤。

（三）糖类

糖类是由碳、氢和氧三种元素组成，由于它所含的氢氧的比例为二比一，和水一样，故又称为碳水化合物。糖类是热量的主要来源，并参与许多生命活动，是细胞膜及有关组织的组成部分，具有维持正常的神经功能，促进脂肪、蛋白质在体内的代谢作用。

（四）维生素

维生素是维持人体正常生理功能必需的一类化合物，是维持人体生命活动必需的一类有机物质，也是保持人体健康的重要活性物质。维生素在体内的含量很少，它们不提供能量，但在人体生长、代谢、发育过程中却发挥着重要的作用，是在膳食中绝对不可缺少的。如某种维生素长期缺乏或不足，即可引起代谢紊乱，以及出现病理状态而形成维生素缺乏症。

（五）矿物质

矿物质是除了碳、氢、氮和氧之外，生物必需的营养元素之一，也是构成人体组织、维持正常的生理功能和生化代谢等生命活动的主要元素。它包括人体所需的钙、磷、铁、锌、铜等，和维生素一同被称为微量营养素。机体对矿物质的需要量比蛋白质、脂肪和糖类的需要量要少得多，但它们对保持良好的营养是必不可少的。它们帮助机体正常工作和保持健康，如调节体内酸碱平衡、肌肉收缩、神经反应等。

（六）水

水是一切生命赖以生存和发展的重要物质基础。人体内一切生命过程都需要水，水是维持人体正常生理活动的重要物质，当机体丧失水分到体重的 20% 时就无法维持生命。

水是构成人体的重要成分，如血液、淋巴液以及身体的分泌物等都与水有关，水约占成人体重的 60%~70%，血液中含水量约达 79% 以上。我们进食后，吞咽、消化、运送养分以至排泄废物，各个环节都需要水的帮助才能顺利进行。

正常人每天喝多少水量才算是适当的呢？

一般而言，人体每天从尿液、汗液或皮肤排泄等流失的水分，大约是 1 800~2 000 毫升，因此，多年来人们一直在说，健康成年人每天需要补充 2 000 毫升左右的水分。

（七）膳食纤维

膳食纤维是健康饮食不可缺少的，属于一般不易被消化的食物营养素。它在保持消化系统健康上扮演着重要的角色，同时摄取足够的纤维也可以预防心血管疾病、癌症以及糖尿病等。另外，纤维还可以清洁消化壁、增强消化功能，同时还可稀释和加速食物中有毒物质的清除。

二、富含各类营养素的食物

一般食物中都不仅仅只含有单一的营养素，不同的食物当中所含的营养素的比例也各不相同，不同食物所含的营养素比例都有所侧重。以下将各类营养素含量较高的食物进行了分类（表 4–1），以供大家参考。

表 4–1　富含各类营养物质的食物

营养素	富含营养素的食物
蛋白质	动物性食物中以蛋类（鸡、鸭、鹅、鹌鹑蛋）、瘦肉（猪、羊、牛、家禽肉等）、乳类（人、羊、牛乳）、鱼类（淡水、海水）、虾（淡水、海水）等含量丰富。植物性食物中以黄豆、蚕豆、花生、核桃、瓜子含量较多，米、麦中也有少量的蛋白质
脂肪	动物油：如猪油、鱼肝油；植物油：如菜油、花生油、豆油、芝麻油。肉类、蛋、黄豆等也含有脂肪。坚果类：核桃、松子等
糖类	谷类：米、小米、面、玉米；淀粉类：山芋、土豆、芋头、绿豆、豌豆；糖类：葡萄糖、果糖、蔗糖、麦芽糖；还有水果、蔬菜
矿物质	1.含钙较多的食物：豆类、奶类、蛋黄、骨头、深绿色蔬菜、米糠、麦麸、花生、海带、紫菜等 2.含磷较多的食物：粗粮、黄豆、蚕豆、花生、红薯、土豆、硬果类、肉、蛋、鱼、虾、奶类、动物肝脏等 3.含铁较多的食物：以肝脏中含铁最丰富，其次为血、心、肾、木耳、瘦肉、蛋、绿叶菜类、芝麻、豆类、海带、紫菜、杏、桃、李等。谷类中也含有一定量的铁质 4.含锌较多的食物：海带、奶类、蛋类、牡蛎、大豆、茄子、扁豆等 5.含碘较多的食物：海带、紫菜等 6.含硒较多的食物：海产品、肝、肾、肉、大米等
维生素	1.含丰富维生素A的食物：鱼肝、牛奶、蛋黄、蔬菜（苜蓿、胡萝卜、西红柿、南瓜、山芋等）、水果（杏、李子、樱桃、山楂等）。蔬菜及水果中所含的胡萝卜素（维生素A的前身） 2.含维生素B_1较多的食物：谷类、麦麸、糠皮、豆类、肝类、肉类、蛋类、乳类、水果、蔬菜等

续表

营养素	富含营养素的食物
维生素	3.含维生素B_2较多的食物：肝、肾、蛋黄、酵母、牛奶、各种叶菜（菠菜、雪里蕻、芹菜等） 4.含维生素C较多是食物：新鲜蔬菜、水果和豆芽等 5.含维生素D较多的食物：鱼肝油、蛋黄、牛奶及菌类、干菜 6.含叶酸较多的食物：酵母、肝及绿叶蔬菜
水	各种食物和饮水
膳食纤维	水溶性纤维主要来源：大麦、豆类、胡萝卜、柑橘、亚麻、燕麦和燕麦糠等 非水溶性纤维主要来源：小麦糠、玉米糠、芹菜、果皮和根茎蔬菜

第三节　食品的营养价值

食品按其来源可分为三大类别：动物性食品、植物性食品和各类食品的制品。不同食品由于营养素的构成不同，其营养价值也就不同。其营养价值的高低取决于食品中营养素数量的多少，种类是否齐全，相互比例是否适宜，是否容易消化吸收等方面。

一、谷类

谷类食品主要包括小麦、大米、玉米、小米、高粱、薯类等杂粮。谷类食品在我国膳食结构中占有重要地位，所占比例约为49.7%。

（一）谷类的结构和营养素分布

谷类的种子具有类似的结构，一般将其分为谷皮、胚乳和胚芽三部分。谷皮为谷粒的外壳，含纤维素，半纤维素较多，含较高灰分和脂肪。介于谷皮和胚乳之间的是糊粉层，含较多的磷和丰富的B族维生素及无机盐。胚乳是谷类的主要部分，内部是淀粉细胞，整个籽粒所含淀粉集中在胚乳中，蛋白质居第二位。胚芽位于谷粒的一端，富含蛋白质、脂肪、无机盐、B族维生素和维生素E。

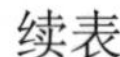

（二）谷类的营养成分（表4-2）

表 4-2 各种营养素以及含量特点

营养素	含量及特点
蛋白质	谷类蛋白质含量一般变动约在8%~15%之间，主要由谷蛋白、白蛋白、醇溶蛋白组成。一般谷类蛋白质因必需氨基酸组成不平衡，赖氨酸含量很少，苏氨酸、蛋氨酸等偏低，但可采用氨基酸强化和蛋白质互补的方法提高谷类蛋白质的营养价值
脂肪	谷类籽粒的脂肪含量一般都不高，大约为2%，主要集中在糊粉层和胚芽，在谷类加工时，易转入副产品中。谷类脂肪多为不饱和脂肪酸，如玉米、小麦胚芽提取的胚芽油，80%以上为不饱和脂肪酸，具有降低血清胆固醇，防止动脉粥样硬化的作用
糖类	谷类所含有的糖类主要为淀粉，集中在淀粉细胞内。玉米胚中含淀粉约70%。谷类淀粉中含有两种不同形式的淀粉——直链淀粉和支链淀粉
矿物质	谷类无机盐含量约为1.5%~3.0%，主要在谷皮及糊粉层，其中主要是磷、钙。由于多以植酸盐的形式存在，消化吸收相对比较差
维生素	谷类是膳食中B族维生素的重要来源。主要集中在糊粉层、胚芽部。谷类加工的精度越高，保留的胚芽和糊粉层越少，维生素损失就越多

二、豆类及其制品

根据营养成分的含量，豆类大致可分为两类：一类是大豆，包括黄豆、黑豆和青豆；另一豆类包括豌豆、蚕豆、绿豆和芸豆等。

（一）大豆的营养价值

大豆含有 35%~40% 的蛋白质。大豆蛋白质是最好的植物性优质蛋白质，含有丰富的赖氨酸，是与谷类蛋白质互补的天然理想食品。大豆含 15%~20% 的脂肪，大豆油脂中含不饱和脂肪酸高达 85%。另外，还含有较多的磷脂和维生素 E。

（二）其他豆类的营养价值

其他豆类含脂肪不多却含有 50%~60% 的淀粉，蛋白质含量约 20%，其他营养素的含量与大豆近似。

三、蔬菜、水果类

蔬菜和水果含有人体所需要的多种营养成分，其特点是蛋白质和脂质含量很低，而膳食纤维、无机盐和某些维生素（维生素 C、胡萝卜素）的含量很丰富。其在膳食中不仅占有较大的比例，而且它们具有良好的感官性质，对于增进食欲，丰富膳食具有重要的意义。

（一）糖类

蔬菜水果所含的糖类包括糖、淀粉、纤维素、半纤维素和果胶等。含糖量较多的有胡萝卜、番茄、甘薯和南瓜等。含淀粉较高的有各种芋类、薯类及藕。含果胶较多的有南瓜、胡萝卜和番茄等。水果中仁果类（苹果、梨等）以果糖为主，葡萄糖和蔗糖次之；浆果类（葡萄、草莓、猕猴桃等）主要是葡萄糖和果糖；核果类（桃，杏）和柑橘类则蔗糖含量较多。

（二）维生素和矿物质

蔬菜水果是供给维生素 C、胡萝卜素、核黄素和叶酸的重要来源，也是人体无机盐的重要来源，对维持机体的酸碱平衡也很重要。

蔬菜水果内含有的常量元素主要包括钙、磷、钠、钾、氯和硫，微量元素主要包括铁、碘、氟、砷、锌、铜等。

（三）芳香物质，色素和有机酸

蔬菜、水果类常含有各种芳香物质，主要成分为醇、酯、醛酮，烃等，芳香物质赋予食物香味，能刺激食欲，有助于食物的消化吸收。

四、肉类及鱼类

（一）肉类的营养价值

1．蛋白质和脂肪

蛋白质大部分存在于肌肉组织中，含量约为 10%~20%，为优质蛋白质。脂肪含量因肉的肥瘦程度及部位不同有较大差异，以饱和脂肪酸为主，胆固醇多存在于内脏。

2．糖类

以糖原形式存在于肌肉和肝脏中，含量极少。

3. 维生素和矿物质

动物内脏中富含维生素 A、核黄素，矿物质以铁、磷较多，铁以血红素铁的形式存在，是膳食铁的良好来源。

（二）鱼类的营养价值

1. 蛋白质和脂肪

鱼类蛋白质含量为 15%~25%，肌纤维短，间质蛋白少，更易消化。脂肪含量约为 1%~3%，多由不饱和脂肪酸组成，消化吸收率达 95%。海鱼中含多不饱和脂肪 EPA、DHA。鱼子胆固醇含量高。

2. 维生素和矿物质

鱼类是维生素 B_2 的良好来源，海鱼肝脏富含维生素 A 和维生素 D。矿物质方面钙的含量较高，海产鱼类含碘丰富。

五、奶类

（一）奶的营养价值

奶类是由水、乳糖、水溶性盐类、维生素、蛋白质等构成的多级分散体系的乳胶体。密度与脂肪含量可作为评定鲜奶质量的指标。

（二）各种营养素以及含量特点（表4−3）

表 4–3　各种营养素以及含量特点

营养素	含量及特点
蛋白质	奶中蛋白质含量约3.0%，消化吸收率约87%~89%，其必需氨基酸含量及构成比与鸡蛋近似，利用率高，为优质蛋白质。蛋白质主要为酪蛋白、乳白蛋白和乳球蛋白
脂肪	奶中脂肪含量约为3.0%，呈较小的微粒分散于乳浆中，易消化吸收；乳脂中油酸含量占30%，亚油酸和亚麻酸分别占5.3%和2.1%
糖类	奶中所含糖类为乳糖，其含量约为5%。乳糖有调节胃酸、促进胃肠蠕动、有利于钙吸收和消化液分泌的作用
矿物质	富含钙、磷、钾，是钙的良好来源，铁含量低
维生素	维生素含量非常丰富

第四节　科学膳食

科学合理的营养是满足生命需求、保证健康、满足运动需要、恢复体力、提高机体工作能力和运动技能必不可少的重要条件。在健美界提出“一半靠吃，一半靠练”之说，可见科学合理营养的重要作用。

科学膳食是一门极其复杂的学问，而且因人而异；加之饮食环境有别，不可能详细叙述，只能概而言之。

（一）平衡是第一位的

俗话说“民以食为天”。不管吃什么，怎样吃，有一条规律是不能违背的，即营养素的齐全，比例合理。作为三大营养素的热源蛋白质占15%，糖类占60%，脂肪占25%。对于需要肌肉围度的竞技健美来说，蛋白质占的比例为30%~35%，脂肪相应减少，还需要充足的维生素[维生素A（2毫克/日）、维生素B（6~10毫克/日）]，充足的无机盐和微量元素[镁（500毫克/日），钾（3~4克/日），钙（0.8~1克/日），铁（15~20毫克/日）]。蔬菜水果占膳食食物构成的30%~40%，食用油占3%。此外必须有足够量的水。

（二）食物种类的选择

谷类食物以米饭馒头为主，蔬菜以西红柿、小白菜、芹菜梗、油麦菜、黄瓜为主，水果以香蕉、西瓜和苹果为主，肉蛋类以牛肉、蛋清、无皮鸡胸、鱼为主。

（三）食用方法

肉类食物以水煮或清蒸为主，蔬菜以生吃为主，限制烹调用油及盐的摄入量。

（四）进餐时间、次数

除日常的基本三餐之外，再增加两次。餐后1个半~2小时后再进行运动，运动结束后要休息30分钟后再进餐。

（五）增加纤维素

纤维素不仅可以增加食物的体积，使高密度的食物（如肉类）更易消化，还能帮助机体从同等体积的食物中吸收更多的营养物质。纤维素的摄入量为 30 克 / 天。

（六）合理的运用补剂

补剂是科学膳食的一个重要组成部分。目前品种繁多，多达二十几种，主要是肌酸类、蛋白类、氨基酸类。适当地补充一些补剂是有益处的，但一定要记住多则无益，甚至有害。

补剂当中应首选肌酸，它是补剂中的“大哥大”，能迅速提高肌肉的力量和耐久性，还有明显的抗疲劳、促进体力恢复的作用。摄入量以 3~5 克 / 日为宜。

其次应选蛋白补剂，这种补剂人体利用率高，能够改善体内促合成代谢，使蛋白质释放期延长。摄入量为 25 克 / 每千克（体重）/ 日。

第五节　不同人群的营养膳食

人的生命中每个阶段对各种营养素的需求是不相同的，饮食方面也各有差异。在人成长的过程当中培养正确良好的饮食习惯，坚持正常的饮食营养结构，讲究科学的膳食将对人的健康起到重要的保障作用。要做到膳食科学必须对个人所处生理阶段有个明确的定位，对个体新陈代谢的特点进行详细的了解，同时还要对自身的身体健康状况和身体活动水平作出科学的评估。在此向大家介绍国内外关于大众科学膳食的原则和具体建议。

科学膳食的指导原则

我国居民膳食指南

我国营养学会专家委员会对原有《指南》进行了相应的修改，于 1997 年公布了新的《中国居民膳食指南》，其中对科学膳食提出了八条宏观的指导原则：

- 食物多样，谷类为主
- 多吃蔬菜、水果和薯类
- 常吃奶类、豆类及其制品
- 经常吃适量鱼、禽、蛋、瘦肉，少吃肥肉和荤油
- 食量与体力活动要平衡，保持适宜体重

- 吃清淡少盐的膳食
- 如饮酒要适量
- 吃清洁卫生、不变质的食物

美国农业部2005年公布的食物金字塔将食物分成了6个类别，并根据个人的性别、年龄状况以及自身的身体活动水平等方面分别给出了个体在各个食物组上大约所需消耗的数量，结合这些数据和建议我们可以更加合理有据地实现科学膳食。

1．谷物

（1）每日谷物食品的需求量

每日谷物食品的摄入量取决于你的年龄、性别和日常的身体活动数量，据此每日推荐谷物食品的摄入量如表4–4所示。多数美国人消耗了足够的谷物食品，但是全谷物食品的数量较少，至少在消耗的谷物食品中要占有1/2的比例。

表4–4　各年龄阶段人群食物推荐量

单位：1盎司＝28.3克

人群	年龄（岁）	日推荐量*（盎司或与之相当的量）	每日全谷物食品的最少量（盎司或与之相当的量）
儿童	2~3 4~8	3 4~5	1.5 2~2.5
女孩	9~13 14~18	5 6	3 3
男孩	9~13 14~18	6 7	3 3.5
成年女子	19~30 31~50 51＋	6 6 5	3 3 3
成年男子	19~30 31~50 51＋	8 7 6	4 3.5 3

*这些推荐数量适合于每日参加中等强度身体活动小于30分钟的群体，包括日常的身体活动。参与长时间身体活动的群体可以摄入多些，以保证能量的需求。

（2）常识介绍

1盎司=28.3克

与1盎司谷物相当的谷类食品量：

谷类相当于1盎司数量（单位：英寸，1英寸=2.54厘米）

面包一片　　　　　　　　　　爆米花一碗（直径 16.5 厘米）

全麦片一盘（直径 15.2 厘米）　　饼干 5 片

以下相当于 2 盎司

饼一张（直径 20.3 厘米）　　　米饭一碗

以下相当于 2.5 盎司

圆面包一个

2．蔬菜类

（1）蔬菜类的食品包括哪些？

任何蔬菜或者 100% 纯度的蔬菜汁都可视为蔬菜类的食品。蔬菜可能是未经加工新鲜的或者烹饪过的、冰冻的、罐装的或者晒干的，可能是整个的、切碎的或者碾碎的。根据所含的营养成分，蔬菜被分为如下 5 种类别：绿色蔬菜，橘黄色蔬菜，干豆类蔬菜，新鲜豆类，土豆等和其他蔬菜。

（2）每周或者每天蔬菜的需求量是多少？

蔬菜的摄入可以在各个类别中加以选择，没有必要每天都从各个类别中选择，但是在一周之内个类的摄入量必须达到表 16 的推荐要求。蔬菜的消耗量依赖于你个人的年龄、性别和个人身体活动水平，表 4–5 为蔬菜每日的推荐消耗量，表 4–6 为每周的推荐消耗量。

表 4–5　每天蔬菜推荐量

人群	年龄岁	日推荐量（杯）*
儿童	2~3 4~8	1 1.5
女孩	9~13 14~18	2 2.5
男孩	9~13 14~18	2.5 3
成年女子	19~30 31~50 51＋	2.5 2.5 2
成年男子	19~30 31~50 51＋	3 3 2.5

* 这些推荐数量适合于每日参加中等强度身体活动小于 30 分钟的群体，包括日常的身体活动。参与长时间身体活动的群体可以摄入多些，以保证能量的需求。

以下是关于每一个类型的蔬菜在每周的推荐摄入量，在保证一周摄入量的前提下没有必要每天都食用涵盖各个类型的蔬菜，但是在一周内，尽量去消耗表中给出的各种类型蔬菜的推荐量，这也是一种保证你完成每日蔬菜推荐消耗量的方法。

表 4–6　每周蔬菜推荐量

单位：杯

人群	年龄（岁）	绿色蔬菜	橘黄色蔬菜	干豆类	新鲜豆类土豆等	其他蔬菜
儿童	2~3 4~8	1 1.5	0.5 1	0.5 1	1.5 2.5	4 4.5
女孩	9~13 14~18	2 3	1.5 2	2.5 3	2.5 3	5.5 6.5
男孩	9~13 14~18	3 3	2 2	3 3	3 6	6.5 7
成年女子	19~30 31~50 51+	3 3 2	2 2 1.5	3 3 2.5	3 3 2.5	6.5 6.5 5.5
成年男子	19~30 31~50 51+	3 3 3	2 2 2	3 3 3	6 6 3	7 7 6.5

（3）蔬菜组“1 杯”的概念

相当于 1/2 杯的蔬菜数量［单位 inches（英寸），1 英寸 =2.54 厘米］

菜叶多半碗（直径 14.7 厘米）　　江豆少半碗（直径 14.7 厘米）

西兰花 5 朵　　大白菜 4 大片

3．水果

（1）水果类包括哪些食品？

任何水果或者 100% 纯度的水果汁都被视为水果组的成员。水果可能是新鲜的、罐装的、冰冻的或者是晒干的，可能是完整的、切碎的或者是酱状的。

（2）每日水果的需求量是多少？

每日水果的需求量依赖于你的年龄、性别以及自身身体活动的水平，表 4–7 为每日推荐消耗量。

表 4–7 每月水果推荐量

人群	年龄（岁）	日推荐量（杯）*
儿童	2~3 4~8	1 1~1.5
女孩	9~13 14~18	1.5 1.5
男孩	9~13 14~18	1.5 2
成年女子	19~30 31~50 51＋	2 1.5 1.5
成年男子	19~30 31~50 51＋	2 2 2

* 这些推荐数量适合于每日参加中等强度身体活动小于 30 分钟的群体，包括日常的身体活动。参与长时间身体活动的群体可以摄入多些，以保证能量的需求。

（3）水果组中“1 杯”的概念

1 个小苹果相当于“1 杯”　　1/2 桃子相当于 1/2 杯

6 颗草莓相当于 1/2 杯　　2 个较大的李子相当于 1 杯

半橙汁相当于 1/2 杯　　1/2 个橘子相当于 1/2 杯

4．含奶类

（1）含奶类成员包括哪些？

液体奶类产品和含奶食品都可以视为该组成员，但用于生产这些食品的奶类的钙含量不能丢失，含钙量较少或者不含钙的则不被视为该组内成员，例如冰激凌、黄油、奶油。多数的选择应该是低脂肪或者无脂肪的。

（2）含奶类食品每日需求量是多少？

含奶类食品选择数量主要取决于你的年龄和性别，表 4–8 为每日推荐消耗量。

表 4–8 奶类食量推荐

人群	年龄（岁）	日推荐量（杯）*
儿童	2~3 4~8	2 * 2 *

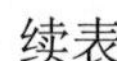

续表

人群	年龄（岁）	日推荐量（杯）*
女孩	9~13 14~18	3 * 3 *
男孩	9~13 14~18	3 * 3 *
成年女子	19~30 31~50 51+	3 * 3 * 3 *
成年男子	19~30 31~50 51+	3 * 3 * 3 *

（3）关于"1 杯"的概念

8 盎司量装牛奶相当于 1 杯

8 盎司量装酸乳酪相当于 1 杯

巧克力布丁（奶制）少半碗（直径 15.2cm）相当于 1/2 杯

冰冻酸乳酪 1 小份相当于 1/2 杯

5．肉类（高蛋白）

（1）肉类食品的成员包括哪些？

由各种肉类、鱼类、干菜豆，豌豆类、蛋类、干果类等加工而成的食品都被视为该组成员。干菜豆、豌豆也被视为该组成分，虽然其属于蔬菜组。肉类的选择要注意精瘦、低脂肪，种子坚果类要求含有利于健康的食用油。

（2）我们每日需要多少肉类的摄入量？

数量的摄入取决于个人的年龄、性别和身体活动的水平，绝大多数的人每天都应摄入足够的该组食品。但是要求我们在具体选择的时候要注意常变常换，均衡搭配。参照每日推荐摄入量。（表 4–9）

表 4–9　肉类食量推荐

单位：盎司

人群	年龄（岁）	日推荐量* （盎司或与之相当的量）
儿童	2~3 4~8	2 3~4

续表

人群	年龄（岁）	日推荐量* （盎司或与之相当的量）
女孩	9~13 14~18	5 5
男孩	9~13 14~18	5 6
成年女子	19~30 31~50 51＋	5.5 5 5
成年男子	19~30 31~50 51＋	6.5 6 5.5

* 这些推荐数量适合于每日参加中等强度身体活动小于 30 分钟的群体，包括日常的身体活动。参与长时间身体活动的群体可以摄入多些，以保证能量的需求。

（3）数量形象化

牛肉一块相当于 5 盎司　　　　肠类制品 6 薄片相当于 2 盎司

熟鱼类一块相当于 8 盎司　　　熟虾仁 7 个相当于 2 盎司

花生大约 25 粒相当于 2 盎司　　混合坚果 25 粒相当于 2 盎司

以下相当于 2 盎司的量

黑豆少半碗（直径 15.2 厘米）　　芸豆半碗（直径 15.2 厘米）

6．食用油

（1）什么是“食用油”？

食用油是常温下呈液态的脂肪，例如食用植物油。食用油可以来自于很多不同种类的植物以及鱼类之中，一些常见的食用油如下：

- 花生油
- 玉米油
- 棉籽油
- 橄榄油
- 大豆油
- 葵花油

食用油常被用作调味品，如胡桃油、香油等。某些食物天然的含油量也比较高，如：

- 坚果类

- 橄榄
- 某些鱼类
- 油梨

植物油不含胆固醇，事实上植物食品都不含有胆固醇。

（2）我们每日需要摄入多少食用油？

绝大多数人主要从其所食用的食物中来间接地获得足够的食用油，例如：

- 坚果
- 鱼类
- 食用油

个人食用油允许的摄入量取决于年龄、性别以及自身身体活动的水平。参照每日的推荐摄入量。（表 4–10）

表 4–10　每天食用油的摄入量

人群	年龄（岁）	每日允许的摄入量（汤匙）*
儿童	2~3 4~8	3 4
女孩	9~13 14~18	5 5
男孩	9~13 14~18	5 6
成年女子	19~30 31~50 51+	6 5 5
成年男子	19~30 31~50 51+	7 6 6

* 这些推荐数量适合于每日参加中等强度身体活动小于 30 分钟的群体，包括日常的身体活动。参与长时间身体活动的群体可以摄入多些，以保证能量的需求。

7. 可酌情增加的热量

（1）什么是可酌情增加的热量摄入？

你需要一定的能量来维持身体的正常功能以及身体的活动。把这些能量的消耗想象成必须花费的钱，在能量的花费上我们同样可以预算，这种预算可以被划分为两个部分——“必要的部分”和“额外的部分”。必要部分就像是衣食住行的花费，而额外部分就好像是度假或者观看电影的花费。在能量消耗的预算中，必要的部分决定了你摄入能量的下限。

在各族食品中选择低脂肪，不含糖食品，实现最实惠的营养“购买”。基于你所选择的食物类别，在满足正常的营养需求之余，你可能会消耗额外的能量，这部分多出的能量被称为是“额外的部分”。这些能量可能来自脂肪、糖类、酒精或者其他，它们被称之为“可酌情增加的能量摄入”。每个人都允许摄入这部分能量，但是多数人可能在午饭之前把这部分能量摄入的任务完成了！可酌情增加的能量摄入数量较小，大约在100~800千卡，特别是那些身体活动水平较低的群体。对大多数人来说，可酌情增加的能量都来源于他们所选择的各族食物，比如含脂肪较高的肉类、奶酪、纯牛奶或者其他的含糖食品。

鉴于这部分可酌情增加的能量摄入，你可以尽情地享受一把：

- 除推荐摄入量外，可以任意地从各族食物中选择你所喜好的食品；
- 食用一些高热量食品；
- 在食品中加糖或者脂肪。

例如，假设你的能量预算为2 000千卡，其中你需要支付1 735千卡来保证必要部分营养的摄入，这样就剩下一部分（265千卡）的能量让你来选择其他食物的摄入，那么你就可以通过摄入自己所喜好的食品或者饮料来弥补，比如碳酸饮料、啤酒、含糖的谷类食物或者高脂肪含量的肉类等。

（2）我可以酌情增加多少能量摄入？

可以酌情增加的能量取决于个体性别、年龄，身体活动的增加可以带来能量消耗的增多，所以对身体活动水平较高的群体来讲，将需要更多的总能量和更多的可以酌情增加的能量，具体各自的数目给出了相关的指导。（表4–11）

表4–11

单位：千卡

年龄（岁）和性别	不参加身体活动的群体*		参加身体活动的群体**	
	估计能量需求总量	可酌情增加的量	估计能量需求总量	可酌情增加的量
儿童2~3	1 000千卡	165***	1 000~1 400千卡	165~170
儿童4~8	1 200~1 400千卡	170***	1 400~1 800千卡	170~195
女孩9~13	1 600千卡	130	1 600~2 200千卡	130~290

续表

年龄（岁）和性别	不参加身体活动的群体*		参加身体活动的群体**	
	估计能量需求总量	可酌情增加的量	估计能量需求总量	可酌情增加的量
男孩9~13	1 800千卡	195	1 800~2 600千卡	195~410
女孩14~18	1 800千卡	195	2 000~2 400千卡	265~360
男孩14~18	2 200千卡	290	2 400~3 200千卡	360~650
成年女性19~30	2 000千卡	265	2 000~2 400千卡	265~360
成年男性19~30	2 400千卡	360	2 600~3 000千卡	410~510
成年女性31~50	1 800千卡	195	2 000~2 200千卡	265~290
成年男性31~50	2 200千卡	290	2 400~3 000千卡	360~510
成年女性 51+	1 600千卡	130	1 800~2 200千卡	195~290
成年男性 51+	2 000千卡	265	2 200~2 800千卡	290~425

* 这些推荐数量适合于在大多天数内参加中等强度身体活动小于30分钟的群体，包括日常的身体活动。参与长时间身体活动的群体可以摄入多些，以保证能量的需求。

** 这些推荐量适用于在大多天数从事中等强度身体活动介于30分钟（低能量水平）到60分钟（高能量水平）的群体。

*** 在总能量消耗相同的条件下，与大于8岁的或者少年群体来比，8岁或者8岁以下儿童可以酌情增加的能量摄入量较高，因为他们的“必要热量”（维持基本的生命活动和日常活动所消耗的能量）相对较小。

第六节 运动营养补给

在体育锻炼的过程中，人的新陈代谢加速，人体要消耗许多体内的糖类、脂肪和蛋白质及各种其他物质来满足运动需求。这些物质是影响锻炼者运动状态的重要因素，合理地利用运动营养补给是促进机体快速恢复的重要手段。

何谓运动营养补给?

运动营养补给是根据运动科学的理论知识研制和生产，从自然食物中提炼精制而成的精华营养素，容易消化吸收，并且可以针对不同的体育运动有选择性地使用。运动营养补剂类别：蛋白粉，肌酸，氨基酸胶囊，减脂素和运动饮料等。

运动营养补给的功能

1．蛋白质

蛋白质是机体组织的重要组成成分，而抗生物素蛋白是与人体最接近的蛋白质，也最利于吸收。蛋白粉是从鸡蛋和牛奶中提取的纯度极高的蛋白质，经过精心的设计与处理，去除了大部分的废物，并与优质的糖类、微量元素及矿物质混合而成。

2．肌酸

肌酸是一种存在于人体中的天然氨基酸，主要作用是能使肌肉更结实更有力；帮助肌肉细胞储存能量，防止机体产生过多的乳酸，从而减少肌肉细胞的疲惫感，提高运动耐力；此外肌酸还能促进蛋白质的合成。

3．氨基酸

人体所需蛋白质由20种氨基酸按不同组合构成，其中有8种氨基酸人体不能合成或合成速度远不能满足机体的需要。氨基酸胶囊富含各种必需氨基酸和非必需氨基酸，正好能满足机体的需求。

4．减脂素

这可能是广大减肥者所需要的，主要成分是铬元素、左旋肉碱等。铬元素能提高人体新陈代谢水平，而左旋肉碱是脂肪酸的载体，能很好地促进脂肪分解代谢。运动并结合服用减脂素，能达到事半功倍的减脂效果。

5．运动饮料

我国1994年就颁布了运动饮料的国家标准（2000年修订），其中将运动饮料定义为：营养素的成分和含量能适应运动员或参加体育锻炼、体力劳动人群的生理特点、特殊营养需要的软饮料。运动饮料是根据运动过程中能量消耗的特点而配制的，可以有针对性地补充运动时丢失的能量、水分和电解质等，具有保持并提高运动能力、加速疲劳消除的功能。对健身爱好者来说，适当地辅以高价值的运动营养品，才能达到更佳的运动效果。

运动饮料所具有的基本特点

- 一定的糖含量
- 适量的电解质
- 不含有碳酸气、无咖啡因、无酒精

第五章　健身运动的医疗保护

健身运动的过程中不可避免地会发生运动损伤或者一些身体不适的反应，因此在运动中应该加强对运动损伤的预防，避免意外情况的发生。

第一节　人体形态的测量与评价

人体的形态在一定程度上可以反映出其发育状况、健康状况和锻炼水平，通过人体形态的测试和评估，我们可以对受试者肥胖程度、身体形态的协调程度作出客观的评价，并为受试者健身目标的设立和运动处方的制订提供科学的理论依据。

一、身高的测量

身高是反映人体骨骼生长发育和人体纵向高度的主要形态指标。通过与体重、其他肢体长度及围、宽度指标的比例关系，可以反映人体匀称度和体型特点。此外在计算身体指数、评价体格特征和相对运动能力上也有较为重要的应用价值和实际意义。

（一）测试仪器

电子或机械标准身高计。使用前应用标准钢尺校正，1 米的误差不得大于 0.1 厘米。同时应检查立柱与底板是否垂直，连接处是否紧密，有无晃动，零件有无松脱等并及时修正。

（二）测试方法（图5-1）

受试者赤足，背向立柱，站立在身高计的底板上，躯干自然挺直，头部正直，两眼平视前方，耳屏上缘与眼眶下缘最低点呈水平位。

上肢自然下垂，两腿伸直。两足跟并拢，足尖分开约 60°。

两肩胛间、骶骨部、足跟与立柱相接触，成“三点一线”站立姿势。

测试人员单手将水平压板沿立柱向下滑动至受试者头顶，等显示屏上显示的数值稳定后，记录显示的数值。

记录以“厘米”为单位，精确到小数点后一位，填入方格内。

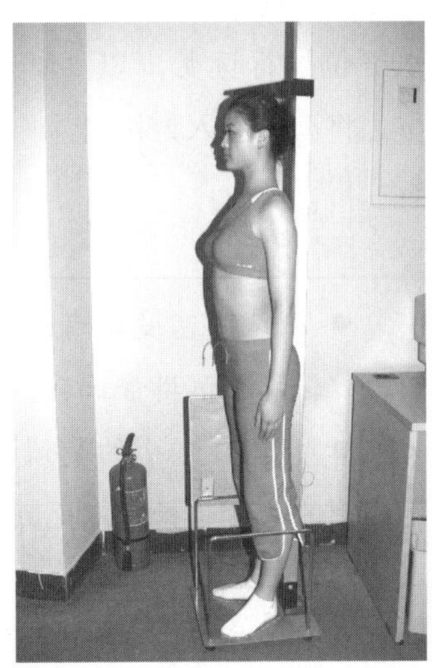

图5–1

注意事项

- 身高计应选择平坦靠墙的地方放置，立柱的刻度尺应面向光源。
- 严格掌握“三点靠立柱”、“两点呈水平”的测量姿势要求，测试人员读数时两眼一定与压板等高，两眼高于压板时要下蹲，低于压板时应垫高。
- 板与头部接触时，松紧要适度，头发蓬松者要压实，头顶的发辫、发结要放开，饰物要取下。
- 测试完毕，立即将水平压板轻轻推向安全高度，以防碰坏。
- 测试身高前，受试者不应进行体育活动和体力劳动。

二、坐高的测量

坐高通常表示躯干的长度，可以间接地了解内脏器官的发育状况。另外，坐高与身高或体重的比值，对于评价学生体型和营养状况具有一定的实际意义。

（一）测试仪器

身高坐高计。测试前校正坐高计 0 点，以三角尺一边平放于坐板上，尖端朝外，直角朝内检查坐板与立柱是否垂直，用钢尺校对 1 米，误差不大于 0.1 厘米。

（二）测试方法（图5–2）

受试者坐于身高坐高计的坐板上，使骶骨部、两肩胛间靠立柱，躯干自然挺直，头部正直，两眼平视前方，以保持耳屏的上缘与眼眶下缘呈水平位。两腿并拢，大腿与地面平行并与小腿呈直角。上肢自然下垂，双手不得支撑坐板，双足平踏在地面上。如受试者小

腿较短，适当调节踏板高度以维持正确测试姿势。测试人员站在受试者右侧，将水平压板轻轻沿立柱下滑，轻压受试者头顶。测试人员两眼与压板呈水平位进行读数，以“厘米”为单位，精确到小数点后一位。将读数记入方格内。

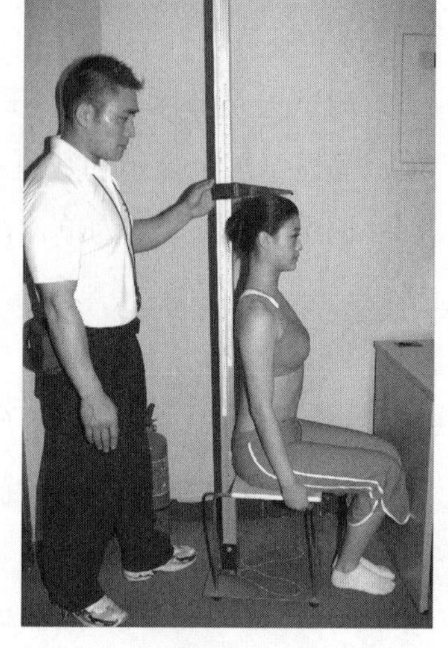
图5–2

注意事项

- 测试时，受试者应先弯腰使骶骨部紧靠立柱然后坐下，以保证测试姿势正确。
- 身体较矮小的受试个体应选择宽度适宜的坐板和合适高度的足踏垫板，以免测试时受试者向前滑动，而影响测试值的准确性。
- 其他注意事项与身高测试相同。

三、体重的测量

体重是反映人体横向生长及围、宽、厚度及重量的整体指标。它不仅能反映人体骨骼、肌肉、皮下脂肪及内脏器官的发育状况和人体充实度，而且可以间接地反映人体营养状况。

（一）测试仪器

指定的电子体重秤。使用前需检验其准确度和灵敏度，准确度要求每千克误差小于0.1千克。

（二）测试方法

电子体重秤应放置在平坦地面上，按形状键回0。男性受试者身着短裤，女性受试者身着短裤和短袖衫（背心），站立于秤的中央。待受试者站稳后，测试人员将显示屏的数据记录下来。记录以千克为单位，精确到小数点后一位。

注意事项

- 受试者站在秤中央，上、下体重秤时动作要轻。
- 测试的过程中身体不要晃动，保持重心的稳定。

运用 BMI 来评价你是否超重的标准？

● 体重指数（body mass index简称BMI）

体重指数这一指标简便易行，国际通用，适用于绝大多数个体，与个体体脂百分数有明显相关性，能较好地反映机体的肥胖程度，而且与多种疾病死亡率有明显的相关性。

该指标的简易之处就在于只需你测出自己的体重（千克）和身高（米）就可以很快地计算出指标数值，测量体重时应脱掉鞋子，并穿最少的衣服。

计算体重指数的方法是：身高的平方，除以体重。即 BMI ＝体重（千克）/ 身高的平方（米^2）

例如：一个体重为 70 千克身高为 1.68 米的个体体重指数为：BMI ＝ $70/1.68^2$ ＝ 24.80

根据测得数据对照图表即可查出自己的体重指数是正常还是超重或者超重的程度，进而为自己制定减肥处方提供重要参考。（表 5-1）

表 5-1　BMI 的判断标准

分类	体重指数	危险性程度
体重过低	＜18.5	无
体重正常	18.5~23.9	无
超重	24~27.9	低度
轻度肥胖	28~34.9	中度
中度肥胖	35~39.9	高度
重度肥胖	≥40	极高度

四、胸围的测量

胸围是胸廓常态下的最大围度，可以表示胸廓大小和肌肉发育状况，是人体宽度和厚度最有代表性的指标，是一定程度上反映身体形态和呼吸器官的发育状况，同时也是评价人体生长发育水平的重要指标。

（一）测试仪器

衬有尼龙丝的塑料带尺。使用前将钢卷尺校对，每米误差不超过 0.2 厘米。

（二）测试方法（图5-3）

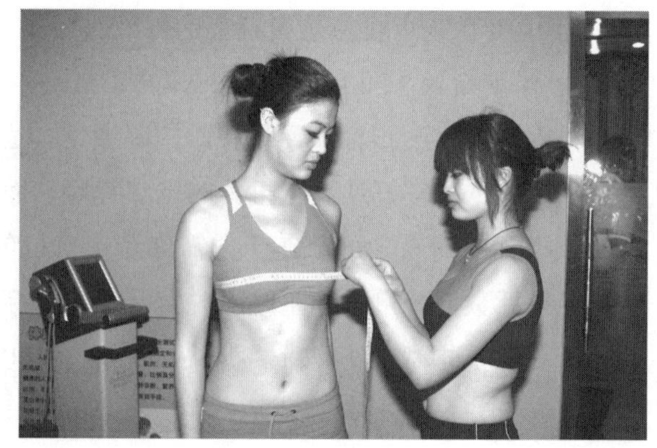
图5-3

受试者自然站立，两足分开与肩同宽，双肩放松，两臂自然下垂，平静呼吸。测试人员立于受试者前面，将带尺上缘经背部肩胛下角下缘围向胸前乳头上缘，对已发育的女性，带尺经第四胸肋关节处。带尺围绕胸部的松紧度应适宜，以对皮肤不产生明显压迫感为度，并在受试者呼气末时读取数值，带尺上与0点相交的数值即为胸围值。以“厘米”为单位，精确到小数点后一位记录。

注意事项

- 测试人员进行测试时，注意受试者姿势是否正确，有无低头、耸肩、挺胸、驼背等，及时予以纠正。
- 测试人员应严格掌握带尺的松紧度，并做到测试时全过程的一致性，以求减小误差。
- 肩胛下角如触摸不到，可令受试者挺胸，触摸清楚后受试者应恢复正确检测姿势。
- 两侧肩胛下角高低不一样时，以较低侧为准。

五、腰围的测量

（一）测量仪器

衬有尼龙丝的塑料带尺。使用前将钢卷尺校对，每米误差不超过0.2厘米。

（二）测试方法（图5-4）

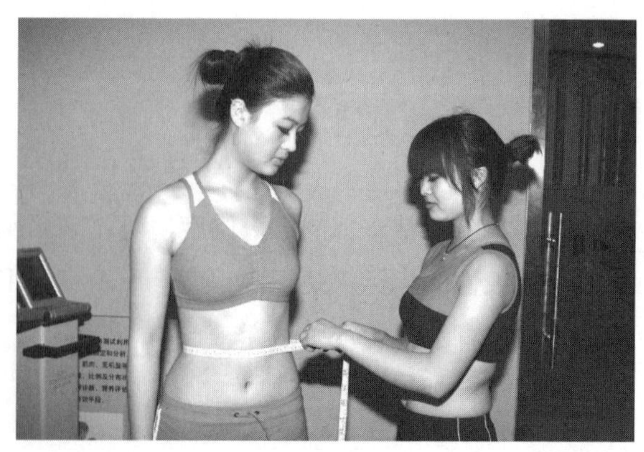
图5-4

腰围的测量方法是选择在脐上0.5厘米处，测量时自然站立平静呼吸，皮尺形成的圆面平行于地面。

注意事项

- 塑料带尺的松紧度适宜。
- 皮尺形成的圆面平行于地面。

运用腰围的评价？

腰围在一定程度上也能反映出个体的肥胖程度，和身高结合起来将更加客观。鉴于我国居民的具体情况建议男子在 3 尺（1 市尺＝ 33.33 厘米）和女子在 2 尺 5 寸要考虑控制体重。

从视觉效果上看女性腰围小于 60 厘米为苗条，60 厘米到 70 厘米之间为匀称，70 厘米到 80 厘米之间为丰满，大于 80 厘米时为臃肿。

六、臀围的测量

（一）测量仪器

衬有尼龙丝的塑料带尺。使用前将钢卷尺校对，每米误差不超过 0.2 厘米。

（二）测量方法

受试者成立正姿势，双脚并拢，塑料带尺经臀部股骨大转子处并平行于地面取值。（图 5-5）。

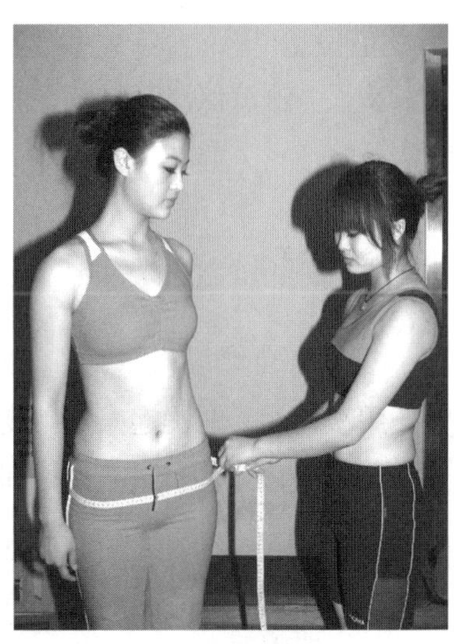

图5–5

七、腰臀比

腰臀比＝腰围 / 臀围，腰臀比是一个复合指标，腰围指标在实际操作时常与臀围结合起来用腰臀比来进行评价。

运用腰臀比的评价标准

美国运动医学会推荐：当成年男性的腰臀比大于或等于 0.94，成年女性大于或等于 0.82，老年男性大于或等于 1.03，老年女性大于或等于 0.90 则患病的危险性大大增加。

运用三围的评价标准

女性最佳三围 91 厘米：63 厘米：91 厘米，即三围之比为 1 ：0.69 ：1，一般健康女性的腰臀比在 0.67 至 0.80 之间，最佳值为 0.69。

八、皮褶厚度

皮褶厚度的测量，是了解人体脂肪百分比和胖瘦程度的一种简易方法。过胖或过瘦，都会给人的健康带来很大影响。现代社会的许多文明病，如高血压、心血管疾病和肥胖症等，都与人体内脂肪的含量高度相关。（表 5–2）

（一）测试部位

上臂部、肩胛下角和腹部。

（二）测试仪器

皮褶厚度计。

（三）测试方法

受试者自然站立，被测部位充分裸露。测试人员用左手拇指、食指和中指将被测部位皮肤和皮下组织捏提起来，用皮褶厚度计在提起点皮褶下方距手指 1 厘米处测量其厚度，共测试三次，取中间值或两次相同的值。记录以毫米为单位，精确到小数点后 1 位。（图 5–6）

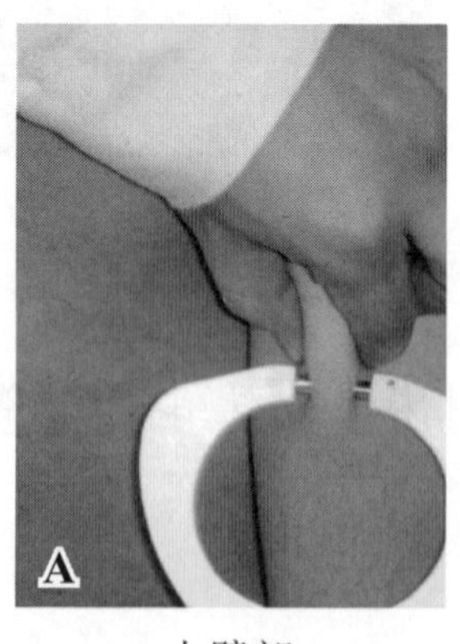
A
上臂部

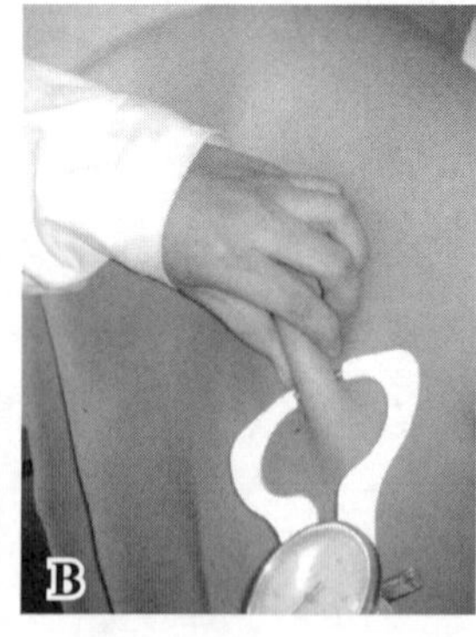
B
肩胛下角

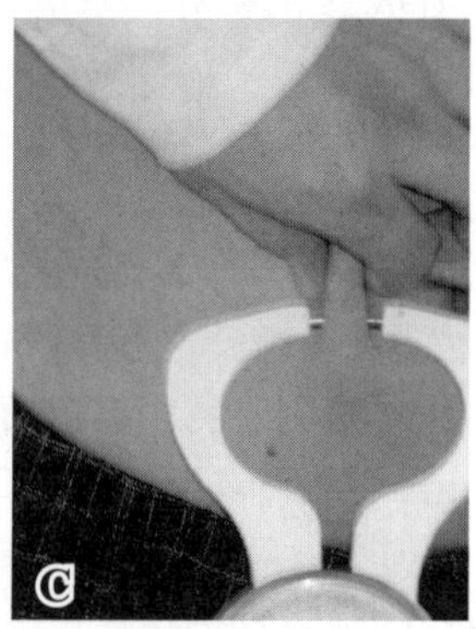
C
腹部

图5–6

● 上臂部皮褶厚度：测试右上臂后面肩峰与鹰嘴连线中点处，与上肢长轴平行的皮褶，纵向测试。

● 肩胛下角皮褶厚度：测试右肩胛骨下角下方1厘米处，皮褶走向与脊柱成45° 角。

● 腹部皮褶厚度：脐水平方向与右锁骨中线交界处（约在脐旁右侧2厘米处），纵向测试。

注意事项

● 受试者自然站立，肌肉放松，体重平均落在两腿上。

● 测试时要把皮肤与皮下组织一起捏提起来，但不能把肌肉捏提起来。

● 测试过程中皮褶厚度计的长轴应与皮褶的长轴一致，以免因组织张力增加而影响测试的精度。

● 测试前应将皮褶厚度计校准。测试过程中，卡钳的刻度盘和钳口压力应经常校正。

表 5–2 脂肪含量（百分比）与胖瘦程度的判断标准

性别	过瘦	偏瘦	正常	偏胖	肥胖	痴肥
男	≤7	8~13	14~19	20~24	25~29	>30
女	<11	12~17	18~24	25~29	30~35	>35

第二节 人体机能的测量与评价

一、心率

心率作为血液循环机能的重要生理指标而在运动中被广泛地应用。运动中，心率随机体代谢需要而增加，在一定范围内可反映运动强度、机体的代谢水平，在有氧运动中常用心率作为控制运动强度的指标。运动后，心率的恢复又可作为评定运动负荷适宜与否以及心脏机能状态的指标和依据。安静状态时基础心率的测定，在医务监督中则可作为判断某一阶段机体是否有过度疲劳和评定运动员训练程度的指标。

（一）测试仪器

计时器（钟表）。

（二）测试方法（图5–7）

盯住表的秒针，并用一只手的食指和中指找到手腕部桡动脉可以感觉到脉搏的地方，开始数脉搏的跳动次数，直到秒针达到 10 秒钟，将所得的次数乘以 6 就得到你的心率（次 / 分钟），也可以直接数出 1 分钟内的次数，这样更为精确。

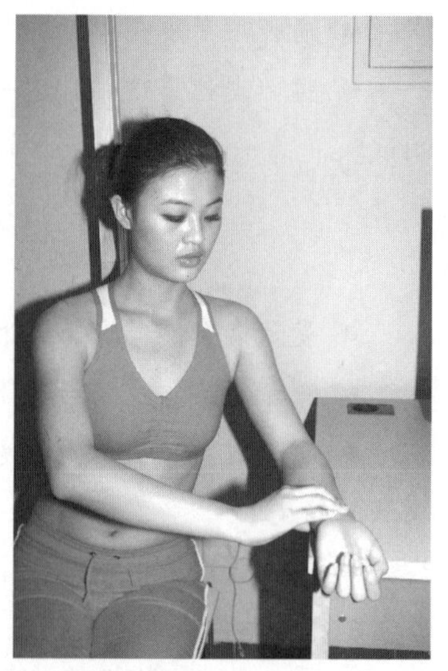

图5–7

注意事项

- 测试前一定要找准脉搏比较明显的位置。
- 计时与计数要保证同步性。
- 为了保证测量的准确性可以采取重复测量取均值的方法。

（三）心率的评价

正常成年人安静时的心率也有显著的个体差异，平均在 75 次 / 分左右，正常范围为 60~100 次 / 分。心率可因年龄、性别及其他生理情况而不同。初生儿的心率很快，可达 130 次 / 分以上。在成年人中，女性的心率一般比男性稍快。运动员尤其是耐力性项目选手个体可能低于 60 次 / 分，甚至会低于 50 次 / 分。

二、血压

血压是评价体质机能水平和衡量健康状况的一个重要指标。它是指心脏收缩时血液流经动脉管腔时对管壁的侧压力，是心室射血和外周阻力共同作用的结果。包括收缩压和舒张压两个指标。血压的正常值应该是 120/80 毫米汞柱，40 岁以后每增长 10 岁血压大概增长 10 毫米汞柱。

心率、心排血量、外周阻力和动脉弹性等因素都与血压的变化有密切的关系。一般说收缩压主要反映心脏每搏输出量的大小，舒张压主要反映外周阻力的大小，而脉压差则反映动脉管壁的弹性。血压的测试是检查和评价心血管系统功能的重要指标，血压过低或过高，都会对机体带来严重的影响。动脉粥样硬化、冠心病和脑溢血等都是高血压病的并发症。因此血压维持在正常范围内，对于保证人体各器官系统功能具有重要意义。

（一）测试仪器

水银血压计、医用听诊器。测试前应检查血压计水银柱是否在零位校正。应观察水银柱有无气泡，如有应予排除。血压计应平放，袖带以覆盖受试者上臂长的1/2~2/3为宜。

（二）测试方法（图5–8）

受试者坐于测试人员左侧，左臂自然前伸，平放于桌面。要求血压计零位与测试者心脏和右臂袖带处于同一水平。捆扎袖带时，要求平整、松紧适度，肘窝部应充分暴露。摸准桡动脉的位置，使之位于听诊器听头中央，听诊器听头应与皮肤密切接触，但不能用力紧压或塞在袖带下。然后打气入带，使水银柱急速上升，直到听不到桡动脉搏动声时，再升高20~30毫米汞柱。随后缓缓放气，以听到收缩压后每次搏动下降2~3个毫米汞柱为宜。当第一次听到脉跳声时，水银柱高度即为收缩压。继续放气，经过一系列变化，脉跳声消逝瞬间水银柱高度为舒张压，血压测试力求一次听准。

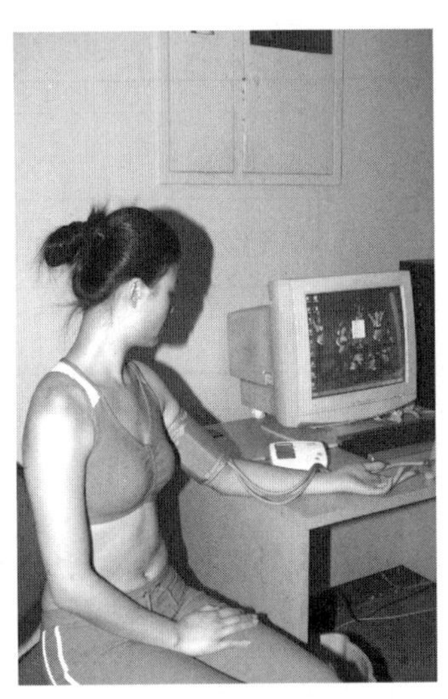

图5–8　血压测试图

注意事项

- 测试前1~2小时内，受试者不得从事任何剧烈运动（包括体育活动）。
- 受试者静坐10分钟以上，接受测试血压要求的讲解，消除精神紧张，保持情绪安定接受测试。
- 测试血压时，上臂避免受到过紧衣袖压迫。
- 需重复听取血压值时，应使血压计水银柱下降至零位后进行。
- 血压复测时，必须令受试者再休息10~15分钟。对血压持续超出正常范围者，应请现场医务人员注意观察受试者的情况。

（三）血压的评价标准（表5–3）

表 5–3　血压状况的评价标准

单位：毫米汞柱

血压级别	收缩压	舒张压
正常血压	<120	<80

续表

血压级别	收缩压	舒张压
正常高值	120~139	80~89
高血压	≥140	≥90
一级高血压	140~159	90~99
二级高血压	160~179	100~109
三级高血压	≥180	≥110
单纯收缩期高血压	≥140	<90

——摘自《中国高血压防治指南》2004.10

● 什么是低血压？

成人上臂血压低于90/60毫米汞柱，老年人低于100/70毫米汞柱，称为低血压。低血压可分为急性和慢性两种。平时我们讨论的低血压多为慢性低血压，即血压长期偏低，并伴有头晕、头昏、乏力、易疲劳等症状。据统计，低血压发病率为4%左右，老年人群中可达10%。

三、肺活量

肺活量是测试人体呼吸的最大通气能力。它的大小反映了肺的容积和肺的扩张能力，是评价人体生长发育水平和体质状况的一项常用机能指标。

（一）测试仪器

电子肺活量计。

（二）测试方法（图5-9）

使用电子肺活量计测试时，首先将肺活量计接入电源（可以用电池或用外接电源），按电源开关，显示屏上先闪耀“8888”，后显示0，表示仪器处于工作状态。测试时，先将吹嘴装在文式管的进气口，受试者手握文式管手把，保持导压软管在文式管上方的位置，头部略向后仰，尽力深吸气直至不能再吸气为止，然后将嘴对准仪器吹嘴做尽力的深呼气，直到不能呼气为止。此时显示器上显示的数据即为肺活量值。测试两次，取最大值，记录以毫升为单位，不计小数。

注意事项

- 肺活量计使用前必须进行检验，仪器误差不得超过2%。
- 测试前应向受试者讲解测试方法和动作要领，并做示范。受试者可试吹一次。
- 受试者吸气和呼气均应充分，呼气不可过猛，防止因呼吸不充分、漏气，特别要防止用鼻子反复吸气影响测试结果。
- 测试必须用一次性吹嘴，如果更换确有困难，对重复使用的吹嘴，使用前需进行严格消毒。
- 对个别始终不能掌握要领的受试者，要在记录数字旁注明，不予统计。

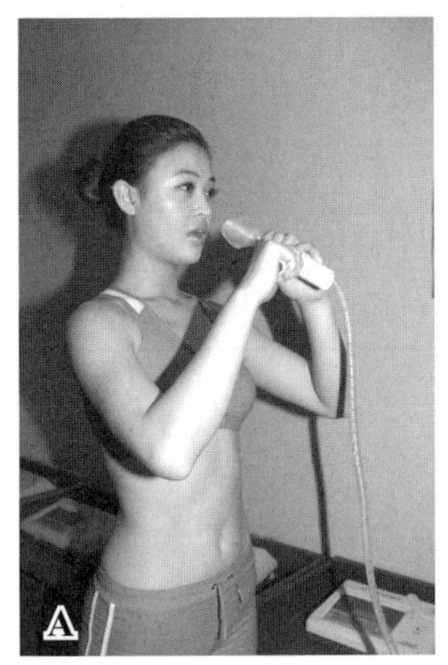

图5–9

（三）肺活量的评价标准（表5–4）

表 5–4　肺活量的评价标准

单位：毫升

肺活量值 年龄　性别		分值				
		1分	2分	3分	4分	5分
18~20岁	男 女	2 500~2 849 1 600~1 849	2 850~3 249 1 850~2 249	3 250~3 899 2 250~2 749	3 900~4 349 2 750~3 099	4 350以上 3 100以上
21~25岁	男 女	2 500~2 950 1 600~1 949	2 951~3 300 1 950~2 249	3 301~3 900 2 250~2 749	3 901~4 500 2 750~3 099	4 501以上 3 100以上
26~30岁	男 女	2 500~2 949 1 500~1 849	2 950~3 349 1 850~2 149	3 350~3 940 2 150~2 649	3 941~4 449 2 650~3 049	4 450以上 3 050以上

续表

肺活量值 年龄	性别	分值 1分	2分	3分	4分	5分
31~35岁	男 女	2 350~2 749 1 500~1 749	2 750~3 249 1 750~2 149	3 250~3 799 2 150~2 649	3 800~4 299 2 650~3 049	4 300以上 3 050以上
36~40岁	男 女	2 250~2 699 1 500~1 749	2 700~3 149 1 750~2 149	3 150~3 749 2 150~2 649	3 750~4 249 2 650~2 999	4 250以上 3 000以上
41~45岁	男 女	2 150~2 499 1 400~1 749	2 500~2 999 1 750~2 049	3 000~3 599 2 050~2 549	3 600~4 099 2 550~2 999	4 100以上 3 000以上
46~50岁	男 女	2 000~2 349 1 400~1 699	2 350~2 799 1 700~1 999	2 800~3 449 2 000~2 499	3 450~3 949 2 500~2 899	3 950以上 2 900以上
51~55岁	男 女	2 000~2 249 1 500~1 699	2 250~2 749 1 700~1 999	2 750~3 299 2 000~2 499	3 300~3 799 2 500~2 849	3 800以上 2 850以上
56~60岁	男	1 850~2 149	2 150~2 599	2 600~3 249	3 250~3 749	3 750以上

——摘自《国民体质测定标准》2003 年

四、台阶试验

台阶试验是一种简易的评价心血管系统机能的定量负荷实验。主要是观察定量负荷持续运动的时间、运动中心血管的反应及负荷后心率恢复速度的关系（台阶指数）以评定心血管系统机能水平。

（一）测试仪器

台阶若干个（高度：男台为 30 厘米，女台为 25 厘米），电子台阶试验仪、秒表（备用）。

（二）测试方法（图5-10）

受试者站立在台阶前方，按照节拍器（测试仪含此节拍器）发出的 30 次 / 分频率的提示音上下台阶。即从预备姿势开始，当听到第一响声时，一只脚踏在台上，第 2 响时踏台腿伸直另一只脚跟上成台上站立，第 3 响时，先踏台的脚下来，第 4 响时另一只脚下地还原成预备姿势。在测试中采用 2 秒上、下踏台一次的速度，连续做 3 分钟。运动完毕后，令受试者立刻静坐在椅子上，将测试仪的指脉夹夹在受试者的中指前方，测试仪将自动采集受试者的三次脉搏数。整个测试结束后将运动时间及三次心率值填入卡片。如果受试者在运动中坚持不下去或跟不上上、下台阶频率三次者，测试人员应立即停止受试者运动，同时按下功能键，然后以同样方法测取脉搏数并记录。人工测试脉搏的方法是测试运动停止后 1 分到 1 分半钟，2 分到 2 分半钟，3 分到 3 分半钟的三次脉搏数。

图5-10

注意事项

- 受试者必须严格按照节拍器的节奏完成上下台阶的运动。
- 受试者在每次登上台阶时，姿势要正确，腿必须伸直，尤其是膝关节不得弯曲。
- 测试人员必须严格按照测试方法的要求准时、准确地记录3次30秒的脉搏数。
- 受试者在测试前不得从事任何剧烈活动，心脏功能不良或有不同程度心脏疾患者，不能进行此项测试。
- 测试人员在仪器测试脉搏时应经常用手号脉，与测试仪器进行对比，如果10次脉搏误差超过两次的可视为仪器不准，应及时改用人工测试方法。

（三）台阶试验的评价标准（表5-5）

表 5-5　台阶试验的评价标准

单位：心率波动次数

台阶试验值 年龄　　性别		分值				
		1分	2分	3分	4分	5分
18~20岁	男	45.0~48.5	48.6~53.3	53.6~62.4	62.5~70.8	70.9以上
	女	44.6~48.5	48.6~53.2	53.3~62.4	62.5~70.2	70.3以上
21~25岁	男	45.0~48.5	48.6~53.5	53.6~62.4	62.5~70.8	70.9以上
	女	44.5~48.3	48.4~53.0	53.1~62.0	62.1~70.0	70.1以上

续表

台阶试验值 年龄　　性别		分值				
		1分	2分	3分	4分	5分
26~30岁	男	45.0~48.0	48.1~52.5	52.6~61.8	61.9~70.6	70.7以上
	女	44.5~48.0	48.1~52.6	52.7~61.8	61.9~69.9	70.0以上
31~35岁	男	43.5~47.5	47.6~52.5	52.6~61.6	61.7~70.1	70.2以上
	女	44.5~47.5	47.6~52.0	52.1~61.5	61.6~69.9	70.0以上
36~40岁	男	42.0~47.0	47.1~52.5	52.6~61.5	61.6~69.9	70.0以上
	女	43.0~47.0	47.1~51.5	51.6~61.0	61.1~69.5	69.6以上
41~45岁	男	42.0~47.0	47.1~52.5	52.6~61.0	61.1~69.5	69.6以上
	女	37.9~47.0	47.1~52.5	52.6~61.0	61.1~69.5	69.6以上
46~50岁	男	38.5~46.0	46.1~52.0	2.1~61.0	61.1~69.4	69.5以上
	女	32.5~46.5	46.6~51.0	51.1~61.0	61.1~69.4	69.5以上
51~55岁	男	32.8~45.3	45.4~51.5	51.6~61.0	61.1~69.4	69.5以上
56~60岁	女	30.0~41.6	41.7~50.9	51.0~61.0	61.1~69.4	69.5以上
	男	29.4~45.0	45.1~51.5	51.6~61.0	61.1~69.4	69.5以上

——摘自《国民体质测定标准》2003年

第三节　身体素质的测量与评价

身体素质的测量与评价可以为科学地评价受试者的身体发育水平和健康状况提供客观的依据，通过各项素质的测试和评价可以全面地了解个体各项素质的发展水平和训练需求，为受试者参与健身运动提供科学的指导建议。

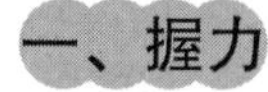

一、握力

握力测试的目的是了解受试者上肢肌肉力量的发展水平。

（一）测试仪器

电子握力计或合格的弹簧式握力计。

（二）测试方法（图5-11）

图5-11　握力测试图

- 受试者两脚自然分开成直立姿势，两臂下垂。
- 受试者用有力手握住握力计内外握柄。
- 另一只手转动握距调整轮，调到适宜的用力握距，准备测试。
- 记下握力计指针的刻度，如刻度不足1千克四舍五入。
- 用有力手握两次，取最大值，以千克为单位，测试时保留后1位小数。

注意事项

保持手臂自然下垂姿势，手心向内，不能接触衣服和身体。

（三）握力的评价标准

为了保证握力评价的客观性和准确性，建议在实际的评价中考虑受试者的体重，用力值（牛顿）/ 体重（握力指数）这一相对指标来进行评价。（表 5-6）

表 5-6　握力评价标准

单位：千克

握力值（N）		分值				
年龄	性别	1分	2分	3分	4分	5分
18~20岁	男	310~360	361~410	411~485	486~539	540+
	女	170~199	200~249	250~299	300~339	340+
21~25岁	男	310~360	361~410	411~485	486~539	540+
	女	165~199	200~249	250~299	300~349	350+
26~30岁	男	310~360	361~410	411~485	486~539	540+
	女	160~199	200~249	250~309	310~349	350+

续表

握力值（N）		分值				
年龄	性别	1分	2分	3分	4分	5分
31~35岁	男	310~350	351~400	401~480	481~530	531+
	女	150~185	186~230	231~295	296~330	331+
36~40岁	男	300~349	350~399	400~475	476~529	530+
	女	150~180	184~225	226~290	291~325	326+
41~45岁	男	300~349	350~395	396~449	450~400	491+
	女	150~175	176~220	221~280	281~320	321+
46~50岁	男	300~349	350~390	391~445	446~489	490+
	女	150~175	176~220	221~280	281~319	320+
51~55岁	男	300~339	340~380	381~420	421~480	481+
	女	150~175	176~220	221~280	281~319	320+
56~60岁	男	290~319	320~379	380~420	421~479	480+

——摘自《国民体质测定评价标准》2003 年

二、坐位体前屈

坐位体前屈测试目的在于了解受试者在静止状态下的躯干、腰、髋等关节可能达到的活动幅度，主要反映这些部位关节、韧带和肌肉的伸展性、弹性及受试者身体柔韧素质的发展状况。

（一）测试器材

使用坐位体前屈测量计测量。将仪器放置在平坦地面上。测试前，用尺进行校正，即将直尺放在平台上，使游标的上平面与平台呈水平，将游标的刻度调到 0 位。

（二）测试方法（图5-12）

受试者坐在连接于箱体的软垫上，两腿伸直，不可弯曲，脚跟并拢，脚尖分开约 10~15 厘米，踩在测量计垂直平板上，两手并拢，两臂和手伸直，渐渐使上体前屈，用两手中指尖轻轻推动标尺上的游标匀速前滑，直到不能继续前伸时为止。测试计的脚蹬板内沿平面为 0 点，向内为负值，向前为正值。以厘米为单位，保留后一位小数点。如为正值则在数值前加“＋”符号，负值则加“－”符号。

注意事项

● 测试前受试者应充分热身做好准备活动，以防受伤。

● 测试时两腿不能弯曲且上臂不可以突然前伸。

● 测量计应固定好，保证不会因受试者蹬踏而移动。

图5–12　坐位体前屈测试图

（三）坐位体前屈的评价标准（表5–7）

表 5–7　坐位体前屈评价标准

单位：厘米

测量值（厘米）年龄	性别	分值 1分	2分	3分	4分	5分
18~20岁	男 女	–0.2~4.4 –0.6~3.7	4.5~9.9 3.8~8.9	10.0~17.3 9.0~16.1	17.4~22.7 16.2~20.9	22.8+ 21.0+
21~25岁	男 女	–3.2~2.4 –3.0~2.4	2.5~8.3 2.5~7.4	8.4~16.3 7.5~14.5	16.4~21.9 14.6~18.0	22.0+ 18.1+
26~30岁	男 女	–3.6~0.5 –3.0~1.9	0.6~6.0 2.0~6.4	6.1~14.4 6.5~13.0	14.5~19.9 13.1~18.0	20.0+ 18.1+
31~35岁	男 女	–7.9 –4.4~0.9	–0.8~4.9 1.0~6.2	5.0~12.9 6.3~12.5	13.0~18.7 12.6~17.8	18.8+ 17.9+
36~40岁	男 女	–8.3~2.1 –5.1~0.4	–2.0~4.3 0.5~5.9	4.4~12.4 6.0~12.0	12.5~17.5 12.1~17.5	17.6+ 17.6+
41~45岁	男 女	–9.4~3.3 –6.4~0.1	–3.2~2.6 0~4.9	2.7~11.0 5.0~12.0	11.1~17.1 12.1~17.4	17.2+ 17.5+
46~50岁	男 女	–10.5~5.1 –1.2~1.1	–5.1~1.4 –1.0~4.4	1.5~9.9 4.5~11.9	10.0~15.4 12.0~17.2	15.5+ 17.3+
51~55岁	男 女	–11.5~6.4 –7.5~1.3	–6.3~0.9 –1.2~4.2	1.0~8.8 4.3~11.9	8.9~14.6 12.0~17.0	14.7+ 17.1+
56~60岁	男	–13.2~7.7	–7.6~0.1	0~7.9	8.0~13.4	13.5+

——转自《国民体质测定评价标准》2003 年

三、闭眼单脚站立

通过对受试者闭眼单脚站立测试评价，可以间接了解受试者身体平衡能力。

（一）测试仪器

闭眼单脚站立测试仪。

（二）测试方法（图5–13）

受试者双脚依次踏上测试板后，习惯支撑脚站在中间踏板上另一只脚站在周边踏板上，显示屏上显示“0”，同时蜂鸣器发出声响。

受试者闭眼抬起周边踏板上的脚时，蜂鸣器停止发声，测试仪计时开始。

当受试者的支撑脚移动或抬起脚着地时，蜂鸣器发出声响，表明测试结束，显示屏上显示测试值。

图5–13　闭眼单脚站立测试图

注意事项

测试时，注意安全，加强保护和防范措施。

（三）闭眼单脚站立的评价标准（表5–8）

表5–8　闭眼单脚站立评价标准

单位：秒

闭眼单脚站立 年龄	性别	分值				
		1分	2分	3分	4分	5分
41~45岁	男	2~11	12~25	26~42	43~59	60+
	女	1~9	10~19	20~31	32~41	42+
46~50岁	男	1~8	9~22	23~37	38~51	52+
	女	1~8	9~18	19~29	30~39	40+
51~55岁	男	1~8	9~18	19~30	31~40	41+
	女	1~8	9~17	18~28	29~37	38+
56~60岁	男	1~5	6~14	15~25	26~34	35+

——转自《国民体质测定评价标准》2003 年

四、选择反应时的测试

通过选择反应时的测试可以间接评价人体神经与肌肉系统的协调性和快速反应能力。

（一）测试仪器

反应时测试仪器。

（二）测试方法（图5-14）

开始测试时，受试者五指并拢伸直，用中指远节按住“启动”键，当任意一个“信号”键发出信号时（声、光同时发出），用同一只手以最快速度按向该“信号”键，然后，再次按住“启动”键，等待下一个信号的发出，每次测试须完成五个信号的应答。当所有“信号”键都同时发出声、光信号时，表示测试结束，显示屏上显示测试值。测试两次，取最好成绩，记录以秒为单位，保留后两位小数点。

图5-14　选择反应时测试

注意事项

测试时，受试者不得用力拍击信号键。

（三）选择反应时评价标准（表5-9）

表 5-9　选择反应时评价标准

单位：秒

选择反应时 年龄	性别	分值				
		1分	2分	3分	4分	5分
41~45岁	男 女	0.28~0.26 0.30~0.28	0.25~0.23 0.27~0.25	0.22~0.20 0.24~0.22	0.19~0.17 0.21~0.19	0.16以下 0.18以下
46~50岁	男 女	0.30~0.28 0.31~0.29	0.27~0.25 0.28~0.26	0.24~0.22 0.25~0.23	0.21~0.19 0.22~0.20	0.18以下 0.19以下
51~55岁	男 女	0.30~0.28 0.32~0.30	0.27~0.25 0.29~0.27	0.24~0.22 0.26~0.24	0.21~0.19 0.23~0.21	0.18以下 0.20以下
56~60岁	男	0.31~0.29	0.28~0.26	0.25~0.23	0.22~0.20	0.19+

——转自《国民体质测定评价标准》2003 年

五、50米跑测试（仅针对特殊人群）

测试学生速度、灵敏度、协调素质及神经系统灵活性的发展水平。

（一）场地器材

50米直线跑道若干条，地面平坦，跑道线要清楚。发令旗一面，哨一个，秒表若干块。秒表使用前应用标准秒表校正，每分钟误差不得超过0.2秒。标准秒表选定，以中央台标准时间为准，每小时误差不超过 ±0.3 秒。

（二）测试方法

受试者至少两人一组测试。站立起跑，受试者听到“跑”的口令后开始起跑。发令员在发出口令同时要摆动发令旗，计时员视旗动开表计时，受试者挺胸部到达终点线的垂直面停表。记录以秒为单位，精确到后一位小数点。小数点后第二位数按非零进1原则进位，如10.11秒读成10.2秒记录之。

注意事项

- 受试者测试最好穿运动鞋或平底布鞋，赤足亦可，但不得穿钉鞋、皮鞋、塑料凉鞋。
- 发现有抢跑者，要当即召回重跑。
- 如遇风时一律顺风跑。

第四节　健身运动中的医务监督

在运动过程中对练习者进行的医务监督主要来自两个方面：教练员的监督和练习者自身的自我监督。在训练实践中练习者应该主动地与教练进行沟通，这样才能更有效地发挥医务监督的作用，避免运动中意外情况的发生。

一、教练监督

要做好医务监督，教练必须详细地了解练习者的情况，做到细心周到。教练进行的医务监督主要通过以下几个途径来进行：

（一）训练的积极性

练习者训练的积极性在不同身体机能状态下会有不同的表现，教练员要善于观察细节，如果练习者的积极性明显下降则应该主动进行询问，采取相应措施。

（二）完成相同训练量的努力程度

在完成相同的训练负荷或者训练量时，如果练习者的反应相对以往较大，例如在进行力量训练时，同样的重量重复的次数明显下降，或者所能举起的最大重量明显下降，都应当引起注意。

（三）出汗情况

教练员可以通过练习者出汗的情况来进行判断，比如在完成较小运动量时，却出现大汗淋漓的现象。

二、自我监督

自我监督是指锻炼者采用简单易行的医学检查方法，对本人的健康状况和身体反应进行观察。自我监督是教练员与锻炼者进行对话的媒介，也是掌握适宜运动量、科学地安排运动训练的重要依据，对预防伤病、提高锻炼的效果，具有重要意义。自我监督的内容包括：主观感觉和客观检查。

（一）主观感觉

● 运动情绪

在练习者身体机能状态正常的情况之下，一般精神饱满体力充沛时参与训练的积极性比较高。如果身体状态机能状况不佳或者尚未恢复，在参加训练时就会出现心情不佳，训练积极性较低或者厌烦训练的现象。这就要求锻炼者在填写自我监督表时，根据具体情况加以选择记录，比如渴望训练或厌烦训练等。

● 不良感觉

练习者的身体机能正常时，自我感觉应该良好，不具有身体不适的感觉。如果在运动中或运动后，出现异常情况，比如疲劳、恶心、呕吐或头晕以及身体某部位疼痛，说明身体状况不佳。在自我监督表中，应如实选择或者填写自己的具体感觉。

● 睡眠情况

睡眠良好，不会存在入睡迟、失眠、易醒等现象，而且不应在睡醒之后仍感身体疲劳。若出现以上情况，表明睡眠失常。良好的睡眠应该是入睡快，睡眠后精力充沛。

● 食欲

正常情况下，练习者在参与过运动之后应该是食欲较强，进食的量也比较大。如果在训练后出现不想进食或者进食数量大减的情况，这在一定程度上表明练习者身体机能或健康状况不佳，应该加以警惕。

● 排汗量

运动时的排汗量，可以间接地反映运动的数量或者训练的强度。如果在其他条件都一样的情况之下，练习者的出汗量明显增多，说明身体机能尚未恢复，还处于疲劳状态，也可能是内脏器官患病的征兆，应加以注意。

（二）客观检查

1．脉搏

● 晨脉

在测量晨脉时，除了解晨脉的频率之外，其节律也应该加以重视。晨脉的测量对于了解身体机能的状态和训练后的反应具有十分重要的意义。

在训练期间，若每分钟晨脉率比过去减少或无明显改变而且节律齐，说明运动员身体机能反应良好；若每分钟比过去多 12 次以上，表明机能反应不良，可能与疲劳未消除或身体有病有关。如果出现晨脉数比过去增加明显，且长期恢复不到常规水平，可能存在过度训练现象。如果脉搏节律不齐或有停跳现象，应做进一步检查。

● 运动中的心率

运动中的心率是进行运动监控的重要指标之一，通常在运动当中运用心率来进行运动状态监控非常普遍。运动中心率的测量具有以下功能：

第一，判断机体的疲劳程度

在定量负荷运动时，运动员心率较平时明显增加，说明运动员的机能水平下降或机体已经疲劳。

第二，控制运动强度

用心率控制运动强度，要因人而异，因训练目的不同而有所不同，比如是发展速度还是发展耐力，是发展无氧耐力还是发展有氧耐力等。概括的来讲，为实现同样的运动目的强度是不可以变化的，只是在运动强度的选择范围上偏上一些或者偏下一些。

● 运动后的心率

在定量负荷后的规定时间内测定运动员心率的恢复速度，也可反映运动员的疲劳程度。身体机能良好时，运动员的心率恢复较快，而疲劳或过度疲劳时则恢复速度减慢。

2．血压

血压是由心室射血和外周阻力两者互相作用的结果，也是反映运动员机能状态及疲劳程度的常用指标。

● 晨血压

在身体机能正常时晨血压较为稳定。若安静时，血压比平时升高 20% 左右且持续两天以上不恢复，往往是机能下降或疲劳的表现。

● 运动状态下血压

通常收缩压随运动强度的加大而升高，舒张压不变或有轻度的上升或下降。但出现以下情况说明运动员机能下降或疲劳：运动时脉压差增加的程度比平时减少，出现梯形反应，出现无休止音。

3．体重

在训练期间如果出现体重持续性下降现象，一般会伴有其他异常征象如睡眠失常、情绪恶化等，可能是早期过度训练或身体有疾病的表现。

4．肌力检查

在肌体良好时，肌力不断增加或稳定在一定水平上，如果运动员的肌力明显下降，则说明运动员疲劳。

（三）填写自我监督表

练习者每次锻炼后，如实填写自己在锻炼期间的健康状况和由运动所引起的身体变化，然后根据指标分析自己的运动是否适宜。如有异常，尽快向教练反映，以便教练及时总结经验，调整训练。练习者的自我医务监督指标是实施训练的重要依据，也是促进身心健康避免异常情况发生的关键。（表 5−10）

表 5–10　自我医务监督表

年　月　日

	指标	自我评价或测试						备注
主观感觉	运动心情	渴望训练		厌恶训练		一般		
	不良感觉	恶心		眩晕		胸痛等		
	睡眠	良好		入睡困难		失眠		
	食欲	良好		不佳		减少		
	排汗量	一般		增多		盗汗		
客观检查	脉搏	次/30秒		节律		晨脉数		

续表

	指标	自我评价或测试						备注
客观检查	体重	千克						
	肌力	千克						
	运动成绩/项目							
既往病史								

以上各项指标除具体数字以外均可用“√”来标记，少数指标如体重的测量可以一周或者半个月进行一次。

第五节　运动损伤的预防和处理

在体育运动过程中所发生的各种损伤统称为运动损伤。虽然我们可以在健身中获得诸多的收益，但事物发展必然有两重性。我们在享受健身带给自己的快乐与诸多益处的同时，也难免会有各种各样运动损伤的发生。对健身参加者而言，运动损伤将会影响其健康、学习和工作，也对健身参与者造成不良的心理影响，妨碍体育健身的正常开展。运动损伤的发生与运动模式、训练安排、运动环境、运动者的自身条件以及技术动作有密切的关系。在健身中，我们对运动损伤的预防应有充分的认识，需要很好地掌握运动损伤的发生规律，切实做好预防工作，最大限度地减少或避免运动损伤。同时，还应了解和掌握一些健身运动中常见的运动损伤预防与处理方法，从而使健身更加安全而富有成效。（图 5–15）

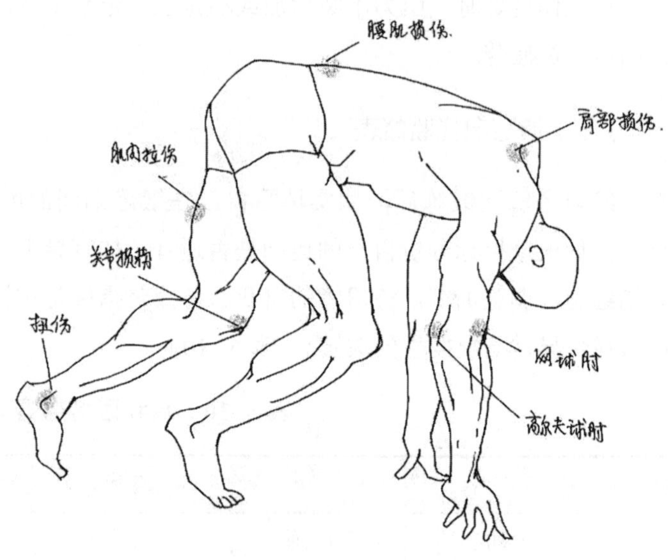

图5–15　人体容易发生损伤的部位及其类型

常见的运动损伤及处理

（一）踝关节扭伤

1. 原因

脚踝受伤是关节损伤中最常见的，运动中跳起落地时失去平衡，使踝关节过度内翻或外翻，都会导致损伤的发生。例如打篮球、踢足球或跳高之后，双脚着地不稳，均会令足踝出现不正常的扭动。在准备活动不充分、场地不平坦的情况下，也容易造成这类损伤。内侧和外侧的脚踝关节韧带都有可能受伤，多数的伤患是在外侧韧带发生，这与其解剖结构有着密切的关系。（图 5-16）。

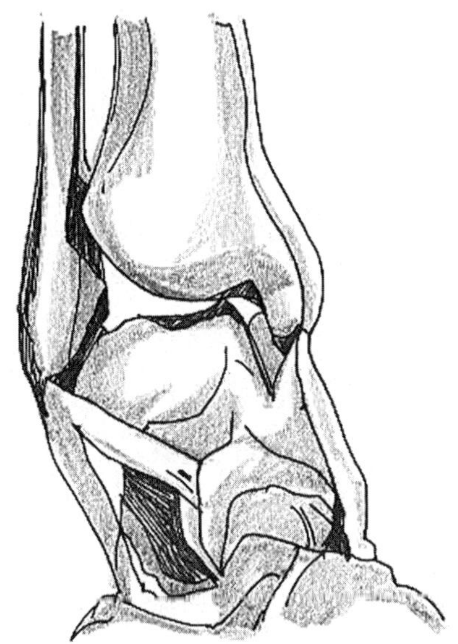

图5-16 踝关节扭伤图

2. 症状

踝关节周围的组织拉伤，导致组织出血和红肿，并有触痛感觉。主要症状表现为：伤处疼痛、肿胀、韧带损伤处有明显压痛、皮下淤血。

3. 处理方法

受伤后，急救可以采用 R-I-C-E 法即：

● R（Rest）——休息

在这段时间内应充分休息，不能过度用脚，不能做任何活动量大的事情，以免延缓损伤的治疗进程，从而使疼痛时间延长。

● I（Ice）——冰敷

将脚踝冷敷 15 分钟，然后停 15 分钟，如此反复，尽可能多做几次。建议，或者用毛巾把冰包一下，或者用外科用的冷敷布。

● C（Compression）——固定包扎

轻轻地用敷布压缠住脚踝，使其更加稳定。不要过度用力，以免阻滞脚的血液供应，不利于损伤恢复。

● E（Elevation）——抬高

坐位时，可以把脚放在几个枕头或其他垫衬物上以使踝关节位置比心脏位置高些，这样会有利于减轻脚部肿胀，促进恢复。

如果在短期内你的脚踝扭伤没有好转，就必须尽快去医院检查治疗，对严重患者，可用石膏固定。韧带完全断裂者，需固定4~6周，解除固定后配合按摩、理疗、中药熏洗和功能锻炼。

（二）肌肉拉伤（图5–17）

1．原因

造成肌肉拉伤的原因主要包括以下几个方面：

● 肌肉力量发展的不平衡性

当主动肌群与对抗肌群发展不平衡时，则强的一方拉力大于弱的一方，很容易引起肌力较弱的肌肉群拉伤。例如：大腿后侧的股二头肌力往往比前侧的股四头肌弱，因此在跑步中后群肌肉的拉伤现象较为常见。

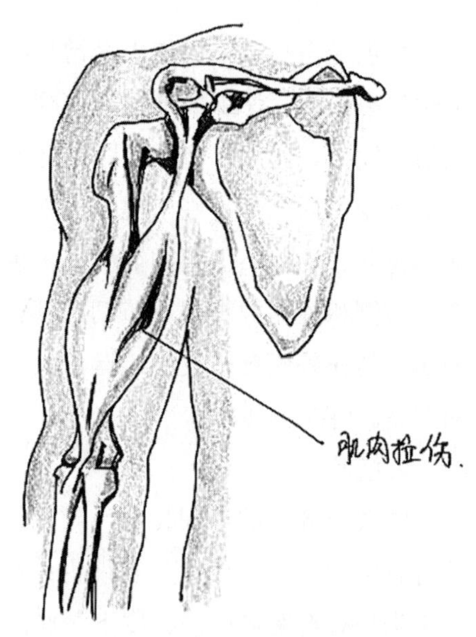

图5–17　肌肉拉伤举例

● 肌肉僵硬柔软度差

训练过程中缺乏对肌肉的拉伸放松，久而久之就会出现肌肉僵硬现象。和琴弦一样，越硬肌肉越容易出现拉伤断裂。

● 矿物质的缺乏

激烈运动过程会造成钠、钾、镁等离子因过量出汗损耗而缺乏，再加上代谢废物的积存，导致肌肉不良收缩而产生拉伤。

● 训练方法不当或训练过度

训练应该本着循序渐进的原则。若太急肌肉承载负荷过大，容易导致拉伤。过度疲劳状态中坚持训练或者比赛也是导致拉伤的原因。

2．症状

肌肉拉伤比较突然，通常会有急速的疼痛感，然后慢慢觉得有酸麻感，并有不同程度的肿胀和痉挛收缩，还有因内部微血管的断裂，从轻度的点状出血到整片的肌肉出血（血肿），即俗称的黑青现象。

3．处理方法

● 首先是预防或降低血肿的形成；

● 其次是加速已形成的血肿溶解；

● 最后是预防过度的瘢痕组织或黏结产生。

除了严重肌肉拉伤出现断裂时需要更进一步的外科手术处理外，大多数的肌肉拉伤均可遵循前述原则治疗，在受伤当时按R–I–C–E方法处理。

（三）跟腱损伤

1．原因

跟腱损伤是由关节部位突然过度扭转、超出正常生理范围造成的，轻者造成韧带拉伤，重者造成韧带断裂。最易发生韧带损伤的部位有膝关节、踝关节、腰椎以及腕掌等部位，现以跟腱处为例介绍。（图 5–18）

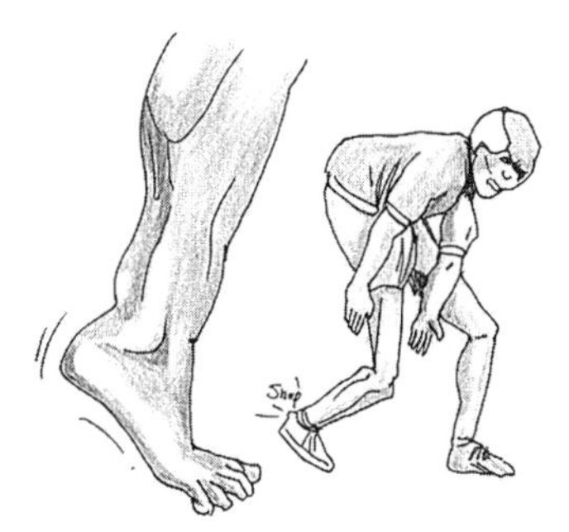

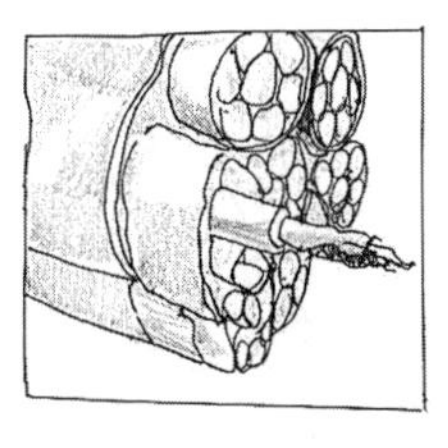

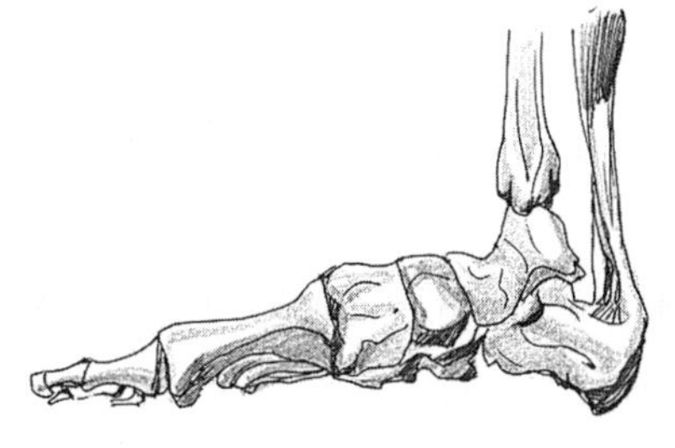

图 5–18　跟腱损伤图示

2．症状

足跟部位突然发生剧烈疼痛，有被东西打击的感觉，局部明显肿胀。

3．处理方法

进行 R–I–C–E 处理，必要时送往医院治疗。如果出现跟腱断裂应尽快进行手术治疗，最好在两天内进行手术治疗。

（四）骨折

1．原因

运动中，身体某部位受到直接或间接暴力撞击时，造成骨折。如在踢足球时，小腿被踢伤发生的胫骨骨折，跪倒在地引起髌骨骨折等。骨折是比较严重的损伤，但发生率很低。（图 5–19）

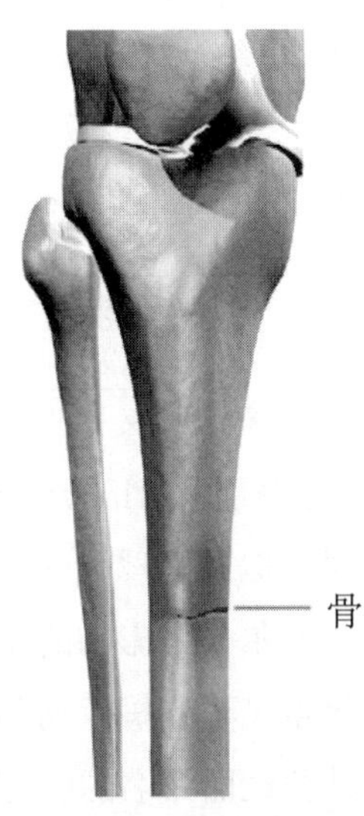

图5–19　骨折图举例

2．症状

骨折发生后，患处立即出现肿胀，皮下淤血，有剧烈疼痛感，肢体失去正常功能，肌肉产生痉挛，有时骨折部位发生变形。严重骨折时，伴有出血和神经损伤、发烧、口渴甚至休克等症状。

3．处理方法

骨折发生后要立即停止伤肢的活动，不要乱拉乱拖，采

取 R–I–C–E 法，在原位置用夹板固定。若伴有休克时，应先进行抗休克处理，平躺休息，点按人中穴，并进行对口人工呼吸或心脏胸外按摩，若伴有伤口出血，应同时实施止血和包扎，及时护送医院检查并进行相关针对性治疗。

（五）网球肘

1．原因

网球肘学名为“肱骨外髁炎”，其形成多是由打反手击球造成的。在打反手时，平时不用的肌肉常常用到，这些肌肉力量小，锻炼机会少极易受伤。网球肘是前臂肌腱与骨骼因长期经受非规范性运动或过分压力与扭转而产生的一种急、慢性运动炎症。（图 5–20）

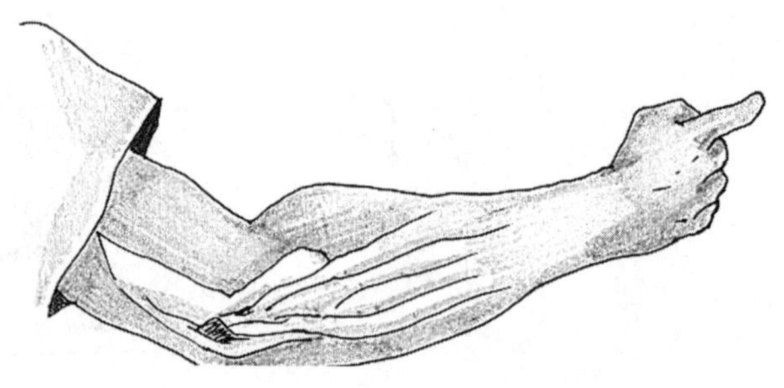

图5–20　网球肘

2．症状

肘的外侧隐隐的酸痛感以及持拍打球时产生强烈的疼痛感。

3．处理方法

- *初始发病阶段*

首先停止运动，保证休息，防止发展为慢性病或加重病情。

- *如果病情没有缓解*

采用冰敷 20 分钟后，再用一些湿的绷带或其他类型的保护带，加压包扎受伤的部位；或用冰直接按摩伤痛的部位 7~10 分钟。

- *采用抗阻练习进行康复治疗*
- *在进行康复疗法的时候要本着“宁少勿过”的原则，做手腕的屈伸练习。*

（六）高尔夫球肘

高尔夫球肘又称“肱骨内上髁炎或者投手肘”（Thrower’s elbow），是一种类似于网球肘的损伤。区别仅仅在于高尔夫肘影响的是肘关节内侧面。因常见于投掷运动和高尔夫球运动者才由此而命名的。（图 5–21）

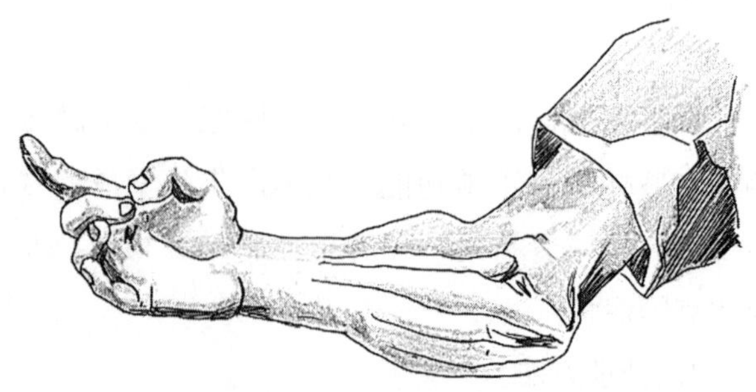

图5–21　高尔夫球肘

1．原因

在投掷棒球、标枪及提携重物时，由于反复屈肘并旋转前臂，容易导致屈肘肌和旋前肌肌腱的慢性疲劳性损伤。

2．症状

肘的内侧隐隐的酸痛感。

3．处理方法

同网球肘的处理方法。

（七）关节脱位

1．原因

关节处受到直接的打击、撞击或者猛然的牵拉。

2．症状

受伤处出现麻木和刺痛。

3．处理

关节脱位后首先是关节复位，其次进行损伤处冷敷、加压、包扎、抬高伤处，并及时地送往医院或者急救援助中心进行治疗。在原来的位置固定，有利于关节恢复。

（八）半月板损伤

1．原因

通常是由膝关节过伸、膝关节屈伸的同时加扭转或者内侧副韧带拉伤导致。

2．症状

膝关节发生“交锁”或者不能移动，膝关节出现不稳定或者内部的疼痛。

3．处理

- 局部冷敷、加压、包扎、抬高肢体；
- 严重损伤禁止用伤肢走路，同时用夹板固定并送往医院治疗。

（九）挫伤

1．原因

受伤部位受到直接的打击或者剧烈的冲撞。

2．症状

出现麻木疼痛，挫伤部位出现肿胀淤血并伴有压痛。

3．处理

损伤处进行冷敷、加压、包扎、抬高伤处，必要时进行固定并送往医院或者急救中心治疗。

第六节　女子运动卫生

健身的目的是为了获得健康，在正常情况下，月经期适当的运动是有益无害的。参加体育活动能够改善人体的机能状态，促进血液循环，改善盆腔内血液供应，对于促进女子健康是大有益处的。一般在经期运动时运动量不宜过大，运动强度也不宜过强。不宜安排剧烈运动，如跳跃、速度和腹压加大的练习。

经期健身的卫生要求：

由于经期子宫内膜脱落出血，盆腔充血生殖器官抗感染力下降，全身神经血液方面有较大变化，此时进行健身锻炼应注意下列卫生要求：

● 经期应避免过冷、过热的刺激，特别是下腹部不宜受凉，以免引起痛经或月经失调。

● 经期第1~2天应减小运动量及强度，运动时间也不宜过长，特别是月经初潮不久，周期尚不甚稳定的女子少年运动员更应注意，否则易造成月经失调。

● 经期不宜从事剧烈运动，尤其是震动强烈、增加腹压的动作，如疾跑、后蹬跑、高抬腿跑、跳跃、跳起扣球等负荷过大的力量性训练等，以免造成经血过多或影响子宫的正常位置。

● 经期不宜下水游泳，以免在生殖器官自洁作用降低时病菌侵入造成感染，如需下水训练时，必须采取相应的安全措施。下水游泳因水温较低，冷刺激不利于经期，容易感染，同时还会污染水，有碍卫生。

● 有痛经、月经过多或月经失调者，经期应减小运动量、强度及训练时间，甚至停止体育活动。

第七节　运动按摩

按摩在我国有着悠久的历史，是徒手操作的一种强身治病的保健方法。按摩运用到运动实践当中即称之为运动按摩。运动按摩的目的是为了改善运动员的运动机能，提高比赛成绩，提高运动员的健康水平和促进疲劳的恢复，并预防运动员创伤的发生。

按摩的功效

（1）舒筋活络、消肿止痛：按摩可以促进局部血液和淋巴的循环，加速局部淤血的吸收，改善局部组织代谢，理顺筋络，并可以提高局部组织的痛阈，使气血通畅，从而起到舒筋活络，消肿止痛的作用。

（2）整复错位、调正骨缝、肌肉、肌腱、韧带：按摩可以使损伤的软组织纤维抚顺理直，错缝的关节和软骨恢复到正常位置。

（3）解除痉挛、放松肌肉：按摩又可以直接作用于痉挛的软组织，使之放松，打破恶性循环，帮助肢体恢复正常功能。

（4）松解粘连、滑利关节：按摩直接作用于损伤部位，加强损伤组织的血液循环，促进损伤组织的修复。对关节因粘连而僵硬者，起到松解粘连，滑利关节的作用。对局部软组织变性者，改善局部营养供应，促进新陈代谢，从而使变性的组织逐渐得到改善或恢复。

一、运动按摩的种类

（一）预备按摩

预备按摩是比赛将要开始时所进行的按摩，这时几乎不存在疲劳状态，因此只是为了调整好比赛条件，抑制临赛前的精神兴奋而进行全身性的轻按摩。

注意：要避免用强擦法、按压法，禁止用强力的揉法。一般认为在此时用肌肉按摩不如考虑用皮肤按摩为好。

（二）竞赛中按摩

这是应用运动按摩最重点的阶段。为了防止疲劳和恢复体能，选择在疲劳最显著的部位，进行重力的揉捻、强擦和叩打。根据比赛的项目和比赛进行的方法不同，按摩的时间往往会受到限制，所以竞赛中按摩操作时间要短，而且手法要得当。

（三）比赛后按摩

这是比赛后所进行的按摩。此时运动员的精神和身体已达极度的疲劳，肌肉僵硬，有时会发生肌肉痉挛，所以通过强擦、揉捻、按压法可缓解疲劳肌肉的紧张，改善代谢机能，轻擦法可排除疲劳产物。用叩打、震颤法镇静神经，用伸展法治疗肌肉的痉挛状态。

（四）治疗按摩

治疗按摩是对治疗身体不均匀发展和运动创伤而言，不单是使用按摩而且要综合应用运动疗法、手法整复和物理疗法等。

二、运动按摩的基本手法

运动按摩所用之基本手法，与一般医疗按摩相同。

（一）轻擦法

用于治疗运动创伤（挫伤、扭伤、骨折、脱臼痊愈后的功能恢复等）、水肿、减缓肌肉疲劳、排除关节内的炎性分泌物。轻擦法是预备按摩时的主要手法。

（二）揉捏法

是运动按摩的主要手法，对于减缓疲劳最有效。另外可用于治疗运动创伤。

（三）强擦法

本法对关节腔内的外伤、关节强直、痉挛、消除赛中或赛后的疲劳有效，是治疗按摩和消除疲劳按摩的重要方法。

（四）叩打法

在运动按摩中，要使疲劳在短时间内得到减轻时可用本法，最好是选择肌腹部进行叩打。

（五）震颤法

用于缓解肌肉和精神的过度紧张，但是在运动按摩中应用较少。

（六）伸展法

伸展法是主要用于四肢的手法。在欧美的按摩中，是把本法作为手法整复的一部分来进行的。可用于治疗肌肉疲劳、肌肉痉挛和神经痛等症。

（七）按压法

是用于抑制神经过敏的手法，可用于桡神经的拇指按压揉捻法、尺神经的食指按压法、肺神经的拇指按压法、胫神经的拇指按压法和三叉神经的双手拇指按压法等。

第六章 健身运动与心理测评

心理测评是利用一组能够引发个体特定反应的问卷在短期内获得个体的心理特质或心理障碍的量化资料，经过与大样本的常模资料作对照或参照专业的效标，了解人类自身的心理现象的科学测量。心理测评广泛应用于人才选拔、职业指导、教育评估、司法鉴定等领域。在运动领域中，心理的测试与评价主要应用于运动员的选材和体育运动参与者从事运动的心理状态。心理测评是非常有效的工具和手段，因为它能快速而准确地反映出受试者的个性、气质、情绪等心理特点，诊断出受试者的不良心理症状，在此基础上“对症下药”，采用有效的措施进行干预，最终取得理想的疗效。

第一节 运动心理的测试

一、运动心理测试的主要形式

（一）填写心理量表

填写心理量表的测试方法是一种比较传统的方法，给受试者一份心理问卷，让其如实填写，然后由咨询者统计问卷的各项得分情况，并根据分数做出判断，整个过程需要严格操作如实填写。心理量表的种类繁多，形式多样。在使用心理量表时首先要明确测试的主要目的，根据测试的主要目的选择适当的量表。在选取心理量表时要具有针对性，同时所选取的心理量表必须是成熟的量表，具有较高的信度和效度，这样才能保证测量的科学性。

（二）运用心理测试软件

由于计算机软件技术与心理学的结合，心理测评也计算机化了，受试者可以直接在计

算机上填写心理量表，填写完成后进行简单的操作，计算机马上给出结果反馈，包括得分和详细的文字说明。这种利用心理测试软件进行的心理测评比较快捷方便，节省了时间同时又保证了测试结果的客观性。

二、运动心理测试的主要目的

目前在运动领域进行心理测试的主要目的是为了了解受试者以下几个方面的心理状况：动机、意志、情绪、人格、态度、自信自尊、心理技能、训练状态和认知能力。了解以上几个方面主要是为了服务于竞技体育前期的运动选材、运动训练以及健身当中的运动锻炼。在竞技运动项目当中，由于运动项目的特点各异，使得在进行运动选材时不得不对意志、情绪、人格和态度等方面进行了解，哪些心理类型适合哪些运动项目，这样才能使得运动员在后期具有更大的挖掘潜力。另外，无论是在竞技体育训练还是在健身锻炼中，为了使锻炼者获得更大的收益，促进锻炼者参与运动的积极性是至关重要的，但是做到这一点必须对锻炼者或者训练者的动机等心理状态进行测试和评价。

三、运动心理测试的程序

第一步：确定所测试的目的是为了评定受试者哪方面心理状态；
第二步：针对性地选择适宜的心理量表，保证所选择的心理量表的科学性；
第三步：保证受试者严格地按照填写要求进行填写，不得隐瞒回避；
第四步：统计数据，计算得分，根据评定标准进行评价。

第二节　运动心理的评价

一、心理量表的应用特点

（一）不同类型的量表其测量的内容和作用不同

症状自评量表是常用的心理症状调查表，近几年在国家一级心理学刊物上发表的关于SCL-90等工具的研究报告有数十篇之多。SCL-90可针对不同的人群检查精神病的症状表现作为初级筛查的量表，而忧郁、焦虑等自评量表在评定疗效方面则有独到的优势。智力测验测查出受测者可能达到的最高水平，可以作为学术和职业成功的较好预测。瑞文测验是深受国内外研究者欢迎的、有效的智力测查工具。关于兴趣、态度、价值观的问卷，测量的是受测者的典型行为，可以作为能力测验的补充。

（二）同种类型的量表由于其构成特点不同造成其适用范围不一样

由于量表本身构成特点不同造成其适用范围不一样，例如：虽然16PF和EPQ都用于测量人格，但16PF通常用于测查正常人的基本人格特质，可作为大规模人群的人格普查工具。从应用上来说，已有研究表明16PF问卷曾被用于测查多种人的人格特征，例如学生、医护人员等，还可以用于进行厂矿企业的人员选拔和安置。而EPQ测量人格，省时省力，在我国也应用于临床研究工作。

（三）不同类型的量表之间可以联合使用

几种不同的量表可以联合使用，如测量人格的问卷和评定心理健康的问卷相结合，可用于学校建立心理档案。16PF测量的是稳定的人格特质和人的心理调节能力，SCL-90的测量结果可以被结合来分析个体的心理状况。

在进行运动心理测试时一定要选择合适的量表，具有明确的针对性，同时又是成熟的、信度和效度均高的优秀量表。建议在进行运动心理测评时心理量表的选择可以参考张力为和毛志雄主编的《体育科学常用心理学量表评定手册》或者运用专门的心理测试软件进行。

二、针对大众健身的几种量表

1．运动情境动机量表

仔细阅读下面量表的每一道题目，并在适合您的情况下的数字上面画圈。答题没有对错之分，只是出于研究的目的，了解您对运动的看法，回答每一道题目时依据下面的标准：

1＝一点也不对　2＝不太对　3＝适当　4＝较对　5＝非常对

为什么您当前从事这项运动？

1．因为我觉得这项运动有趣	1	2	3	4	5
2．因为它能为我带来好处	1	2	3	4	5
3．因为我乐意去做	1	2	3	4	5
4．从事某项运动并不需要很好的理由	1	2	3	4	5
5．因为我认为这种运动是令人愉快的	1	2	3	4	5
6．因为我认为这项行为能为我带来快乐	1	2	3	4	5

7. 因为这项运动对我有益　1 2 3 4 5

8. 从事这项运动，但我不确定是否值得去做　1 2 3 4 5

9. 因为某种原因我不得不从事这项运动　1 2 3 4 5

10. 因为我没有别的选择　1 2 3 4 5

评分方法：

此表中积极动机为1、2、5、6、7分数越高，动机越好，消极动机为8、4、9、10、3分数越高，动机越欠佳。

2. 主观锻炼体验量表

本问卷的目的是测量你在锻炼后对于下列每种情绪体验到的程度，请根据自己的真实感受，在每个句子后面的数字中选择一个答案并画圈。

1＝非常不符合　2＝不符合　3＝比较不符合　4＝折中　5＝比较符合　6＝符合　7＝非常符合

1. 我感到伟大　1 2 3 4 5 6 7

2. 我感到糟糕　1 2 3 4 5 6 7

3. 我感到耗尽了　1 2 3 4 5 6 7

4. 我感到积极向上　1 2 3 4 5 6 7

5. 我感到不愉快　1 2 3 4 5 6 7

6. 我感到疲惫　1 2 3 4 5 6 7

7. 我感到强壮　1 2 3 4 5 6 7

8. 我感到沮丧　1 2 3 4 5 6 7

9. 我感到疲乏　1 2 3 4 5 6 7

10. 我感到非常棒　1 2 3 4 5 6 7

11. 我感到痛苦　1 2 3 4 5 6 7

12. 我感到累　1 2 3 4 5 6 7

评分方法：

此表有积极幸福感，心理烦恼和疲劳程度。共12条项目。

积极幸福感分量表为1、4、7、10，4个条目的得分相加，分数越高，积极的幸福感体验越强烈。

心理烦恼分量表为2、5、8、11，4个条目的得分相加，分数越高，烦恼程度越严重。

疲劳量表为3、6、9、12，4个条目的得分相加，分数越高疲劳程度越严重。

3. 锻炼诱导情绪问卷

在身体锻炼中（或后），我……完全没有感到←→非常强烈地感到

1. 精神振奋　0 1 2 3 4 5

2．平静	0　1　2　3　4　5
3．疲乏	0　1　2　3　4　5
4．充满激情	0　1　2　3　4　5
5．放松	0　1　2　3　4　5
6．精力充沛	0　1　2　3　4　5
7．快乐	0　1　2　3　4　5
8．厌倦	0　1　2　3　4　5
9．恢复活力	0　1　2　3　4　5
10．安宁	0　1　2　3　4　5
11．筋疲力尽	0　1　2　3　4　5
12．愉快	0　1　2　3　4　5

评分方法：

此表包括 4 个分量表

活力激发量表为：1、6、9 得分越高，活力和精力就越得到恢复激发。

身心平静量表为：2、5、10 得分越高，身心就越平和、放松。

生理疲惫量表为：3、8、11 得分越高，生理上就越疲劳。

积极投入量表为：4、7、12 得分越高，对锻炼活动就越投入。

第七章　健身运动的训练体系

第一节　运动训练的内容

一、运动训练的目的

简单地说，在竞技体育中，运动训练的目的就是为了提高运动员的竞技能力，争取在比赛中获得优异成绩；在群众健身中，运动训练的目的就是为了增强体质，促进健康，使锻炼者更有效地从运动中获益。

二、运动训练的特点

（一）运动训练对于大众来讲，主要是增强体质，提高健康水平。更具体地说，就是增强心血管系统的功能，增加肌肉力量，祛脂减肥，提高机体的免疫力。在大众健身的基础上进一步训练，就是为了提高竞技能力，期望在国内外的竞赛中获得优异成绩。

（二）健身运动训练可以改善体形体态、矫正畸形、促进骨骼和肌肉的协调发展。

（三）健身运动训练可以提高锻炼者的兴趣，比如各种健身操、健美操、韵律操、各种不同器械的练习等，在饶有兴趣的练习中提高了健康水平。

（四）健身运动训练可陶冶情操，促进人际的交往。随着训练带来的身体形态美，肌肉线条美，继而带来语言美、行为美，增进了人们之间的了解和友谊。

三、运动训练的内容

（一）体能训练

人的体能指的是机体的基本运动能力，是由身体形态、身体机能和运动素质的发展状况所决定的。组成体能的以上三个方面都具有各自相对独立的方面和作用，但是彼此又是相互联系相互制约的，其中任何一个因素的水平都会对体能产生不同程度的影响。

（二）心理训练

心理能力指的是运动参与者与训练竞赛有关的个性心理特征，以及依据训练竞赛的需要把握和调整心理过程的能力。心理训练一方面要结合练习者所从事的运动项目特点，另一方面要兼顾其自身心理特征和类型。

（三）技术训练

运动技术指的是完成运动动作的方法。各个运动项目所需求的运动技术是不相同的，但是在技术的训练当中都必须符合人体运动力学基本原理的标准及其规范的技术要求。具体到个人，还要考虑练习者本身的生理特点。

（四）智能训练

运动智能是智能的一种，是指以运动参与者一般智能为基础，运用包括体育运动理论在内的多学科知识，参与运动训练和比赛的能力。

第二节　运动训练与适应

一、运动训练适应过程

适应是生存的关键，遇到压力或者危险时，人类或动物必须采取有效措施化解它，如果压力过大而不能适应，就会导致伤害甚至毁灭。环境的变化带来的外来压力常常是巨大的，譬如在高温环境下，机体能够调节保持体温的相对恒定。部分动物能够随季节的变换

而长毛或者褪毛，以防止身体的过热或过冷等，这些现象都是生命体适应外界环境变化的表现。在这种环境的变化中以适当的反应来保持自身的生存，克服因这种变化造成危害的特性叫做适应。

（一）何谓运动训练适应

当然并不是所有的压力都会威胁生命，多数的压力仅会使我们感觉到不舒服而已，但是我们的身体除了想继续生存之外，还想更舒服一些，它倾向于避免疼痛和竭尽全力地工作以改变现有不适状态。如果某个压力使它不舒服，身体就会努力调整，设法适应它，以便下次能够轻松地化解它。

压力的施加是产生运动适应的前提，如果没有压力，机体就谈不上什么适应。就像是要通过训练来增加我们的摄氧能力一样，每次仅做几分钟轻轻松松的步行是远远不够的，因为从改善摄氧能力所需要的训练强度和训练量上来讲，几分钟的步行对于机体来讲算不上什么压力，其摄氧能力也不会因此而提高。

在运动训练的过程中，人体要面临的压力体现在循序渐进而持续不断的外在负荷的增加。在适宜负荷的范围内，机体不断地接受着外来压力的挑战，逐渐去适应这种压力的变化，就这样周而复始，机体的自身水平也在日益提高。例如在抗阻练习中，我们开始举起60千克的重量感觉就会很费力，但是随着训练进行，机体为了适应这个外在压力就会变得更加强壮，神经的调节能力也得到了很好的改善，使得我们再去举起这个重量时变得很轻松。这样接着再去挑战更大的重量就形成了一种“压力—不适应—适应—增大压力—不适应－适应”的循环状态，促使机体不断向更高水平发展，最终实现运动训练的目标。这种在运动训练的过程当中，机体随着外在压力变化（负荷的增加）自身水平随之改变的能力便称之为运动训练适应。

（二）运动训练适应的意义

运动训练就是给予机体以某种刺激（包括强度、数量、时间等），初始机体会产生不适应。待到给机体一定的休息时间，并补充营养就会恢复到原先水平，甚至要超过原来的水平，这就是适应。经过长年累月的刺激，机体从不适应到适应，再从不适应到再适应，每一次反复机体的机能就提高一步。每一次的提高就会进一步增进健康，增强体质，运动成绩也就不断提高，继而在各种大赛中获得优异成绩，为祖国争光。

（三）运动训练适应的生理解释

人体是具有可塑性的，训练就是给机体以刺激。这种刺激是在中枢神经系统的支配下，以骨骼为杠杆，以关节为枢纽，以肌肉为动力而产生的运动。刺激强度的大小与机体适应的强弱有着密切的关系。太弱的刺激不能引起机体的功能性的变化，而过强的刺激可以损伤身体，只有在正常的生理极限范围内，采用较大的强度刺激，机体才能产生强烈而深刻的良性反应。训练时人的体内能量物质分解代谢加强，训练后机体内能量物质合成代谢加强，当超过原有水平时，这就是“超量恢复”——即新的适应。在此阶段施以新的刺激是最高明的做法了。

（四）运动训练适应的特性

1．运动适应的必然性

适应是在有机体和外界环境取得相对恒定的过程中，由于生物力（运动或劳动）的影响与作用，致使机体在形态结构、生理功能和生物化学等各方面得到发展与扩大的一种现象。因此，适应的产生是由于运动的结果。故运动与适应是生命体存在和发展的两个不可分割的相互联系着的一条自然规律。人体参加运动而增强体质就是从属这一规律的。

2．运动适应的连续性

人体参与运动想获得适应的效果，必须遵循一个“长期的持之以恒的参与运动”的前提条件。因为适应不是一朝一夕的举动就能得到的，而是长期的参与运动后获得的。人的机体若想在运动中获得健身效果，就要保持连续地，不间断地参加运动。

3．运动适应的差异性

由于人体存在着不同的差异，包括年龄、体重、身高、运动经历、职业等。这些差异决定了进行同一个负荷、运用同样的方法进行健身时，机体会呈现出不同的适应表现。

对于一个适应水平较低的健身者来说，20~30 分钟的锻炼就可提高心肺适应水平，而适应水平高的则可能需要 40~60 分钟。

4．适应的循序渐进性

机体对于运动适应，需要经历很多个阶段，由不适应到适应。由对低强度的运动负荷进行适应，然后慢慢地对高强度运动进行适应。假如一开始就让机体进行高强度的运动，势必会对机体造成损伤。因此人体对运动一定要有一个循序渐进的过程。

（五）运动训练适应的种类

1．急性适应

急性适应是指对运动产生的“反应”，是训练后短时间内身体产生的变化。比如在进行一项运动之后，机体内的某种能源物质消耗得过大。

2．慢性适应

慢性适应指的是重复训练之后身体产生的变化，并能够在训练结束之后持续较长的时间。例如长期从事有氧运动所产生的最大摄氧量的增加或者长期从事抗阻训练带来的形体的改变以及力量的增大等。

二、运动训练中的负荷与恢复

运动负荷和运动恢复的关系非常密切，负荷的大小影响机体恢复的时间长短；恢复时间的长短，又会决定下一次施加负荷的时机。所以要想实现运动获益的最大化，我们必须深刻地理解负荷与恢复之间的关系。

（一）运动负荷

运动训练的负荷简单来讲就是机体所承受的重量，即主动肌所克服的外界阻力。

（二）恢复与超量恢复

1．恢复

人体运动时，身体要承受一定的运动负荷，体内异化作用加强，能量物质储备逐步下降。这一时期称为工作阶段。由于能量物质大量消耗等原因，运动后便会产生一定的疲劳，但经过休息，消耗的能量物质又逐渐恢复到接近或达到运动前的水平，疲劳也随之逐渐消失。从疲劳到疲劳消失的这一过程叫恢复。

2．超量恢复

在运动后恢复的过程中，有时候会出现这种现象，即消耗的能量物质不但能恢复到原来的水平，而且经过合理的饮食休息后，在一定的时间内，机体的能量物质储备及体能等方面还会超过原来的水平，这种现象是运动后恢复阶段常见的一种生理现象，称之为“超量恢复”。

什么是“超量恢复”？

当我们给身体施加压力（训练负荷），导致体能下降而低于基础体能，经过休息，体能会恢复和反弹回原来并超过原来的体能水平的现象称之为“超量恢复”。

正是因为超量恢复现象的存在才使得我们在训练当中体能水平不断的提高，但是并不是所有训练负荷都能够带来超量恢复现象的发生。如图 1，人体在基础体能水平上接受来自外界施加的训练负荷，导致能量物质的消耗，机能水平的暂时性下降，经过一段时间的恢复达到了原来水平。但是此时机体的恢复尚未结束，体能水平继续恢复并最终实现超量恢复，机体体能明显高于训练前的基础状态。此时机体所能够承受的训练负荷会更大，但是如果把握不住这一时机，也就是说掌握不住出现超量恢复的时间，就有可能使得接下来的训练效果不显著，或者造成疲劳的积累。只有科学地把握住了施加负荷的时机和施加负荷的大小，才能够使机体在超量恢复的顶点再次施加负荷，使得机体体能不断积累并提高。（图 7–1）

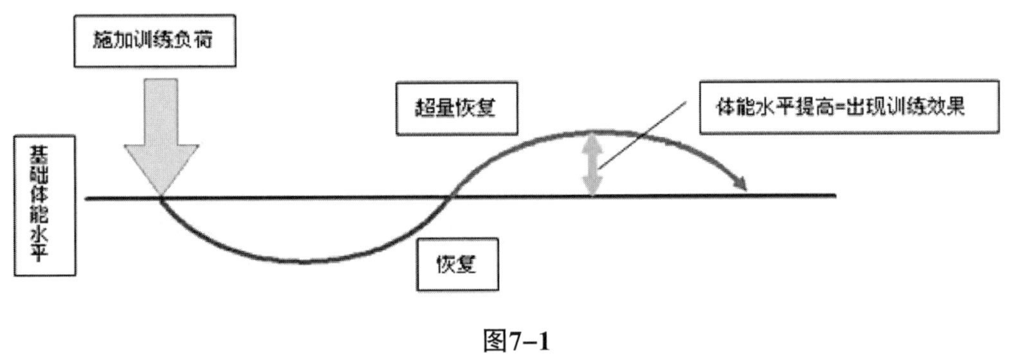

图7–1

三、负荷、恢复与适应的关系

（一）有效训练负荷是训练适应的先决条件

在施加负荷之前我们必须考虑两个方面的因素：施加负荷的手段（定性）和施加负荷的量和强度。训练负荷的有效性还必须考虑训练者的练习目标，偏离目标地去选择施加负荷的手段必然会导致负荷有效性的下降。在目标规范之下选择了正确的负荷施加手段，那么负荷的有效性就体现在负荷施加的量和强度上。在确定训练负荷施加的数量和强度时，应考虑训练者自身的恢复能力以及负荷施加的频率两个主要方面。根据训练者的目标已经确定了训练者的训练频率（即两次训练之间的恢复时间），那么如果施加的负荷太弱，就不会实现超量恢复或者超量恢复的效果不明显。（图 7–2）

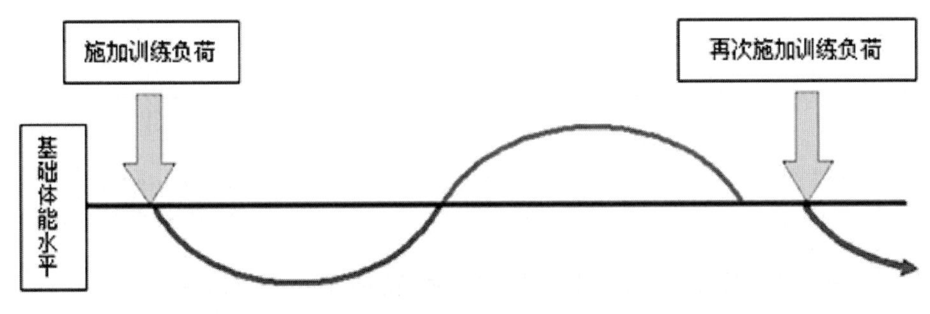

图7–2　如果训练负荷太弱没有体能提高的效果

相反，如果施加的负荷太大就会导致体能的持续下降，形成慢性疲劳。即以下（图 7–3）情况的发生：

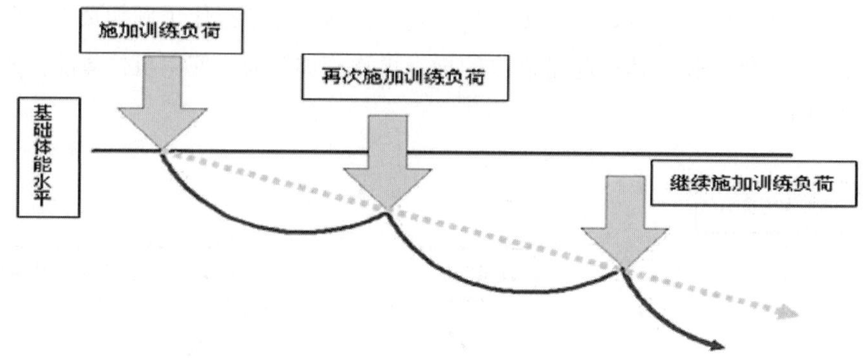

图7–3　如果训练负荷太强导致体能的持续下降形成慢性疲劳

（二）训练负荷与恢复具有相关性

外在恢复手段相同的情况下，在机体所能够承受的训练负荷范围内，对锻炼者施加的训练负荷越强或者越多，那么锻炼者所需要的恢复时间就越长，这体现了训练负荷与锻炼者恢复之间的相关性。因此在实施训练操作的过程当中，能够准确地把握锻炼者的恢复情况，并适时地施加训练负荷才是提高训练效果的关键所在。如果把握不住锻炼者恢复的时间，过晚地施加训练负荷那么就会出现图 2 所示的情况的发生，没有训练的效果；如果在机体尚未恢复之前而过早地去施加训练负荷那么就会出现图 3 所示的现象，训练过度出现慢性疲劳的发生。只有把握住了恰当的恢复时间，适时地去施加负荷，才会使得机体的机能水平产生良好的适应并不断地获得训练效果，提高自身机能水平（图 7–4）。

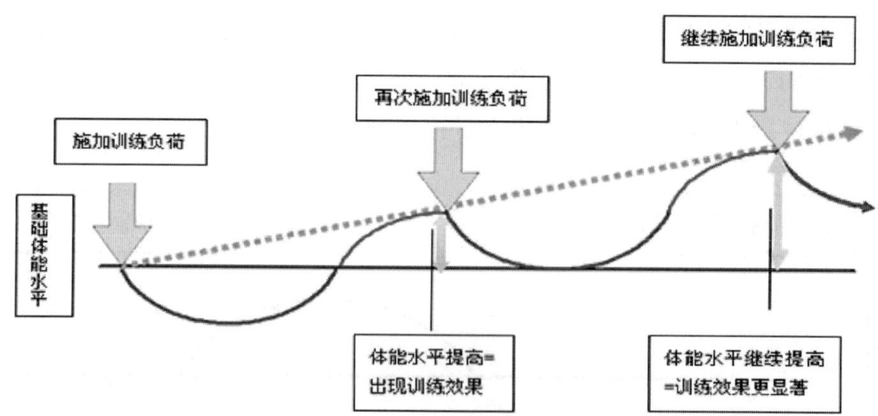

图7–4　理想的训练就是把握恢复时间的基础上对机体施加适量的训练负荷才能使体能得到持续地提高

（三）有效恢复是训练适应的前提

有效恢复是训练适应的前提。在锻炼者参与健身锻炼之前，我们根据其健身锻炼的目标及技能水平选择了其所参与健身锻炼的频率。在训练频率既定的情况之下，锻炼者所拥有的恢复时间就确定了。此时要想在既定时间内实现机体的有效恢复，还取决于训练负荷的施加，这一点是教练员和锻炼者需要共同面对和必须解决的问题。只有这一个问题解决了，运动负荷的施加才能做到适量。

在恢复时间一定的情况下，负荷施加过少或过弱，练习者能够轻松承受，不会产生适应，就会导致图 2 所示现象的发生；负荷施加的过多或者过强，练习者不能够很好地承担负荷，机体很难适应，就会导致图 3 所示现象的发生。所以在既定的休息时间段内，实现机体的有效恢复是训练适应产生的前提。

（四）适应能力水平依赖于训练负荷

施加一定的负荷，机体能不能适应取决于很多方面。但是针对某一特定个体，在训练目标确定（训练计划一定）的情况之下，个体的适应能力水平主要取决于训练负荷。训练负荷过多或者过强对于机体会产生损害，如会导致运动损伤的发生等，而不能够产生适应。训练负荷过少或者过弱，机体能够从容应对，不会产生适应，也不会带来训练效果。只有当训练负荷适宜（发挥一定潜能能够承受，而不能够从容应对），机体才能够产生良好的适应，形成良性循环，不断获得新的训练效果。

四、过度训练

疲劳是训练过程中产生的正常的生理现象，而过度训练则是由于训练的组织不当所产生的一种特殊的神经机能病，即大脑皮层神经动力过程发生紊乱，引起周围器官及系统机能失调。造成机体的慢性不适应所引起的综合征，是锻炼者生理或精神上过度紧张及异常的心理和生理反应的结果。疲劳是较容易恢复的，而过度训练则不然，必须经过较长的时间才能恢复。

（一）过度训练的分类和表现

过度训练有交感型过度训练和副交感型过度训练两种。两种不同的疲劳在发生后的主要症状上来看也各有不同（表 7–1）。但发生过度训练时，也并非上述症状同时都出现，往往只是其中的一些症状出现，如交感型的心率升高、体重下降、睡眠障碍等，这给诊断带来了很大的困难，副交感型过度训练的症状有时更不典型。

表 7–1　不同类型过度训练的症状

过度训练的类型	主要症状
交感型过度训练	安静时心率增高，体重下降，睡眠障碍，安静血压升高，直立性低血压，抵抗力下降，食欲下降，运动后恢复慢，情绪不稳定，训练、比赛欲望丧失，运动中最高血乳酸水平降低，运动成绩下降。
副交感型过度训练	运动能力下降。安静时心率降低，运动后恢复快，运动中容易发生低血糖症，运动中最高血乳酸水平降低，运动时血乳酸生成量减少，反应迟钝。

（二）导致过度训练的原因

在日常健身训练中，能够导致过度训练的因素比较多，概括为以下几个方面：

1．教练对健身者初始水平评估存在偏差

由于某种原因使教练对健身者的训练水平的初始评估的偏差太大，导致训练内容的安排在最初时量就比较大，致使在随后的训练当中，锻炼者每次都需要承受高于自身承受能力的训练量。在最初可能还可以坚持，但是随着一次又一次的超负荷的刺激，身体疲劳还未恢复，又进行下一次大负荷训练，必然会导致锻炼者疲劳的连续积累，进而导致过度训练现象的发生。

2．忽视了锻炼者的个体差异性

训练中未充分注意个人特点，健身者由于年龄、训练水平等情况不同，身体对训练量及强度的适应能力以及训练后的恢复能力也会各有不同。如安排训练计划时不考虑个体差异，就会发生两种情况：一部分锻炼者训练量不够，训练效果差；另一部分又因承受不了而引起过度训练的发生。

3．急于求成导致欲速则不达

在健身当中，很多健身者抱着急于求成的心理，在锻炼的过程当中不能够按照原有的计划来一步一步地进行，而是在原有训练内容的基础上，来安排更多的训练内容，违背循序渐进的规律，不仅得不到良好的训练效果，反而导致自身疲劳的积累，出现过度训练的现象。

4．过多从事训练计划外的身体活动

在健身的队伍里，多数健身者都是比较热爱运动的。在健身房之外，作为朋友之间很好的交流手段，多数人会聚在一起打打篮球，踢踢足球或者打打网球。这些训练计划以外的活动是不为教练员所知晓的，因此，如进行健身时，再按照原有的锻炼内容来进行，势必会导致训练过量的现象发生。

5．身体机能状况不佳时仍参加锻炼

有时锻炼者会出现发烧、头晕、头痛、食欲下降等症状，这些是身体有病或机体疲劳的表现。有些教练和健身者却认为头疼脑热只是一点“小毛病”，练一练出身汗就好了，这也是引起过度训练的原因之一。

6．季节环境变化未能适时调整训练

主要是没有考虑季节、气候的变化而及时调整训练计划。当人体处于一个新的环境条件下时，机体对环境改变有个适应的过程，即身体机能水平会有所下降，如这时仍按正常情况的训练计划进行训练，就容易导致负荷量过大。

7．教练员与健身者间缺乏必要沟通

健身者如果发生过度训练，教练员有着不容推卸的责任。因为教练的任务就是使得健身者在安全的情况下，从健身中获益。发生过度训练现象说明教练对健身者的了解程度不够，作为教练来讲，必须与健身者实现良好的沟通。

（三）预防过度训练的方法

1．教练员应与健身者实现良好的沟通

教练员要对健身者的训练内容进行安排，对训练的实施进行指导和监督，要实现科学训练，使得整个流程通畅。前提是教练必须对健身者有一个全方位的了解，包括他们的训练水平、健康状况、饮食起居、生活状态、性格特点等各个方面。

2．遵循循序渐进的原则

注意队员身体素质的全面发展，训练应遵循循序渐进的原则，同时注意节奏和不同运动量间的合理安排。

3．加强医务监督

加强医务监控和自我保护。不要带病训练，伤病后要逐步恢复训练。感冒发烧时停止训练，未恢复不进行大运动量训练。注意环境、气候、季节变化等对机体的影响。

4．加强知识的宣传

更多地向健身锻炼者介绍过度训练的知识，让他们全面地了解过度训练发生的前兆，以更好地在训练当中做到自我监督。

5．做好热身和放松练习

注重训练前的热身，加强训练后的放松练习。

（四）过度训练的处置

在过度训练的早期，首先应减小运动量。当过度训练现象明显时，最好让练习者进行

积极性休息，暂时停止训练。还可以进一步采取治疗方法，其主要手段与方法如下：

● 利用温水浴和蒸汽浴消除疲劳

利用温水浴或蒸汽浴是一种最简单而又有效的消除疲劳的方法，它可以促进全身血液循环，调节全身血液分布，使肌肉中毛细血管扩张，促进新陈代谢。

● 进行按摩消除疲劳

按摩是利用专门的手法，给予机体各种不同的刺激，通过神经的反射作用，以达到消除疲劳的目的。按摩直接使组织受到牵扯和挤压，能促进局部和全身的血液和淋巴循环，反射性地改善和调节中枢神经系统的机能，消除疲劳。

● 通过睡眠和休息可以消除疲劳

睡眠和休息是消除疲劳最重要的手段之一。熟睡是最好的休息，它可以使大脑机能部分处于抑制状态，训练必须遵循人体这种周期规律。对于存在过度训练的个体，应千方百计为其创造适宜的睡眠和休息的条件和环境。

● 通过理疗来消除疲劳

如蜡疗、光疗、电疗、磁疗等都具有促进血液循环，加快新陈代谢过程，促进排除废物，尽快消除疲劳的功能。

● 通过补充营养能迅速恢复和消除疲劳

营养物质补充不足，会导致过度疲劳。因此，根据运动量需要，及时补充营养，即足够的蛋白质、多种维生素、无机盐和碳水化合物各类物质。应注意提高练习者饮食质量。

第三节　运动训练的原则

一、明确目的　有的放矢

人从事任何一项活动都具有其目的性，没有目的的实践活动是盲目的，在健身行业内也不例外。人们在走进健身房的那一刻起，或者之前就已经确定了到这里来是为了什么，不少人会说：“为了健康”。当然这个目的是毫无异议的，但是，同样去医院的人也会这样说，这也没有什么疑义。为什么呢？因为这个目的不够明确。同样是为了健康，健身房和医院所起的作用是不同的，我们究竟是为了什么而健身？

健身者进入健身房，教练员要做的第一件事情就是全面了解其基本情况，主要包括他们的身体健康状况、既往病史以及现有的训练水平，并在此基础之上为健身者制订健身计划。而训练计划的制订程序的首要考虑因素就是个人目标，即明确目的。如果笼统地说为了健康，那么，几乎没有什么健身计划是不适合你的了，教练为你设定运动计划或者运动处方也没有什么意义可言了。目标明确化才能使训练者在实际操作中做到有的放矢，比如我来健身是为了减少脂肪，适当的增加肌肉；或者我想加强一下我的心肺功能等，对于教练来讲，这些目标都直接具有可操作性。

二、循序渐进　由易到难

循序渐进是健身锻炼中的一个重要原则。它是根据运动条件反射的建立和巩固规律以及生物机体对负荷刺激的适应性原则而提出来的。神经生理学研究表明，多级的、复杂的条件反射只能建立在简单的条件反射的基础上。因此在健身锻炼中，动作技术的难易与否，必须遵循运动条件反射的建立和巩固规律原则，从易到难，由简到繁。运动训练也应遵循神经过程的内抑制的发展规律，从机体分化抑制发展到较为粗糙分化，并逐渐发展到精细分化。故在教学中，动作技术的教与学也必须遵守这一规律。有机体在外界条件的刺激下，逐渐产生适应的过程是渐进的，是在多次重复的刺激下产生的。因而健身锻炼使人体的各器官、系统的形态、机能、生理功能等发生适应性变化也绝非一朝一夕之功，而是在多次、乃至长期的锻炼刺激作用下，产生逐渐适应的过程。当然，训练对人体神经肌肉的刺激强度一定要适量，过弱、过小的量不能使人体得到锻炼，而过强、过大的量对人体又有不良反应，既会造成运动性疲劳，又会造成运动性伤害，所以在健身训练的负荷安排上也要遵循递增负荷的原则。

不积跬步，无以至千里；不积小流，无以成江海。
卓越目标的实现源于点滴的积累！

三、量力而行　宁缺勿过

健身运动讲究量力而行，在运动时锻炼者应该在自己所能承受的负荷范围内进行，即使负荷偏小也不能训练过度。负荷偏小仅仅是带给我们的锻炼收益较小，而如果负荷超出了自己的承受，这将会损害练习者的健康。古代关于养生保健方面也有相关的论述，比如著名唐代医学家孙思邈讲道：“养生之道，长欲小劳，体欲常劳，劳勿过极。”这说明古代养生就注重“常劳”，也就是经常活动，但不可“过极”，因此在健身中就要把握一个“度”的问题。

“体欲常劳，劳勿过极”——唐代医学家孙思邈

四、不偏不废　全面发展

健身锻炼实行这一原则，即要求全面提高身体各器官系统的机能和全面增强身体素质，对促进锻炼者身体的发育或者提高各种基本活动能力，具有重要意义。在健身活动中必须贯彻全面锻炼的原则，运用各种手段和教法，全面锻炼身体，促进身体全面协调地发展。

全面发展要求锻炼要讲究“内外合一”，即一方面要注重内在心肺功能的健康，另一方面要注重外在形态的健康。一个完整的健身计划需要包括增强心肺功能的有氧运动锻炼和塑造形体的抗阻性练习这两个最基本的部分。

五、灵活多样　常换常新

这一原则也是健身锻炼中非常重要的原则。健身锻炼中要求常换常新、灵活多样，主要考虑到两个方面的因素：首先是健身锻炼者参与训练的兴趣；其次是为了训练的需求，打破锻炼产生的适应。在实现同一目标的要求之下，会有很多途径。如果长久地采取同一种方法，不仅不利于调动锻炼者的训练积极性，还会带来机体的适应。因为要改变机体适应的状态才是获得健身收益的关键，所以，从这一方面来看，采取灵活多样常换常新的训练方法是完全必要的。

六、持之以恒　终生健身

持之以恒是健身锻炼中又一重要原则，健康的收益需要长期地积累，不是一朝一夕之事，这是由机体本身的适应规律决定的，只有我们不断地让身体承受一定的外在训练压力，才能不断地从健身运动中获益。如果不能长久坚持，那么，即使是已经获得的健康受益也会逐渐丧失。

行之贵有恒，久久自芬芳。只要您持之以恒，坚持不懈，长此以往，定会大获裨益，大见功效。长寿之神定会青睐于您，生命的春天定会长久与您相伴。您的生命之花定会长开不败，芬芳无比，生机无限……

第四节 运动训练的方法

一、运动训练方法

运动训练方法是指在运动训练活动中，为了提高竞技运动水平，增强身体机能，完成训练任务所采取的途径和办法。运动训练方法在教练的“训”和运动员的“练”的过程中被赋予应用，是教练员和运动员在双边活动中共同完成训练任务的方式。运动训练方法是对运动训练过程中各种训练方式和办法的概括，是对各种具体训练方法的集中表述。

运动训练的方法具有很多种类，但基本的操作方法主要包括以下八种：

（一）分解训练法

分解训练法指的是将完整的技术或者战术配合过程，合理地分解成若干部分或者环节，然后，再根据具体的部分或者具体的环节来实施训练的办法。在技术动作难度较大时，一般采取分解训练法，另外如果所训练的内容较长而又彼此连贯时，也应采用分解训练法。

（二）完整训练法

完整训练方法是指从技术动作或者战术配合的开始到结束，不分部分和环节，完整地进行练习的训练方法。该方法能够保证完整动作之间的衔接以及各部分之间的内在协调。

（三）重复训练法

重复训练法是指多次重复同一练习。两次练习之间，安排相对充分的休息时间的练习方法。该方法通过多次的重复可以强化运动条件反射的过程，有益于尽快巩固并掌握技术动作。

（四）间歇训练法

间歇训练方法是指对多次练习的间歇时间作出严格规定，使机体处于不完全恢复状态下，反复进行练习的训练方法。根据中间间歇时间的长短，可以把间歇性训练方分为三种类型，即短时间间歇、中等时间间歇和长时间间歇，间歇的时间长短分别为 10~30 秒、30~60 秒和 60~180 秒。

（五）持续训练法

持续性训练方法是指负荷强度较低，负荷时间较长，无间断地连续进行练习的方法。

（六）变换训练法

变换训练方法是指变换运动负荷、练习内容、练习形式以及条件，以提高练习者练习的积极性和趣味性，增强应变能力及适应性的训练方法。

（七）循环训练法

循环训练法是指根据训练的具体任务，将练习手段设置为若干个练习站，锻炼者按照既定顺序和路线，依次完成每站练习任务的训练方法。运用循环训练法可以有效地激发锻炼者的积极性。

（八）比赛训练法

比赛训练法是指在近似、模拟或真实、严格的比赛条件下，按比赛的规则和方式进行的训练方法。

二、常见的运动训练具体方法

（一）教的方法

1．语言叙述法

语言叙述法是指在技术学习中运用各种形式的语言，指导学习者掌握技术动作的教学方法。其主要的功能是借助语言来帮助学习者建立正确的动作概念，纠正错误的技术动作，促进动作技术的学习。

语言叙述法以“讲解”为主要手段，在讲解的过程中，要求讲解者要具有明确的目的，使用通俗易懂的语言，简明扼要，抓住内容的关键并富有启发性。根据不同阶段学习者的具体情况，适时地选择讲解的时机，使学习者能够在领悟启发中学习，在学习锻炼中深刻掌握动作的要领。

2．动作示范法

动作示范法是教师（或教师指定的学生）以自身完成的动作作为范例，用以指导学生进行学习的方法。该方法是体育教学中最常用的比较直观的方法，它在使学生了解所学动作的表象、顺序、技术要点和领会动作特征方面具有独特的作用。熟练优美的动作示范还能激发学生学习的兴趣，促进学生学习的积极性。

（1）动作示范法的要素

①动作示范的“示范面”：示范面是指学生观察示范的视角，包括正面、背面、侧面和镜面。

②速度：示范者应根据情况运用不同的速度进行示范。一般可用常规的速度进行示范，但当所示范的动作其结构复杂时则应采用慢速示范。

③距离：应根据完成动作示范的活动范围、学习者数量等，恰当选择学生观察动作示范的距离。

④视线：学生视线与动作示范面越接近垂直越有利于观察。因此，学习者观察示范动作时的站位不宜拉得太宽，同时应注意让学生背向或侧向阳光和风向，以避免视线干扰。

此外，示范应结合讲解以启发学生思维，争取更好的动作示范效果。

（2）运用动作示范方法的基本要求

①明确目的—区别以下三种动作示范类型

- 认知示范：示范要引导学生注意整体，不要拘泥细节，以帮助学生建立动作的整体形象。
- 学法示范：目的是使学生了解动作完成的顺序、要领和难点等，要求引导学习者注意关键的动作环节。
- 错误示范：目的是使学习者了解错误动作的特征。示范要求突出错误的特征，但又不能夸张。

②示范要正确美观

正确是指示范要严格按动作技术的规格要求完成，以保证学生建立正确的动作表象；美观是指动作示范的生动和诱人，以保证动作示范可以引起学生学和练的兴趣。

3．辅助训练法

在某种情况下，利用视听手段进行教学也会收到良好的效果，促进技能的学习。如现在已普遍使用的电脑多媒体教学。电脑教学可以呈现全部学习过程，学习者可观察整个情况，而且可供多人观看。学习者集体参加示范训练，互相纠正错误，是一种既经济又有实效的好方法。

（二）练的方法

练习的方法具有很多种类型，以下对训练中常见的训练方法作简要介绍，以便练习者根据需求来选择适宜的训练方法。

1．循环训练法

循环训练法是指根据训练的具体任务，将练习手段设置为若干个练习站，锻炼者按照

既定顺序和路线依次完成每站练习任务的训练方法。运用循环训练法可以有效地激发锻炼者的训练情绪，避免枯燥；交替刺激不同的身体部位，提高不同层次和水平锻炼者的训练积极性，进而有效地增大运动训练的密度。图 7–5 是关于循环训练法的举例：

循环训练法的结构因素包括每站的练习内容，每站的运动负荷，练习站的安排顺序，练习站之间的时间间歇，每遍循环之间的间歇，练习的站数与循环练习的组数。该训练方法的优点在于训练中丰富了训练内容，实现了训练手段的多样化，能够有效地激发练习者的兴趣。

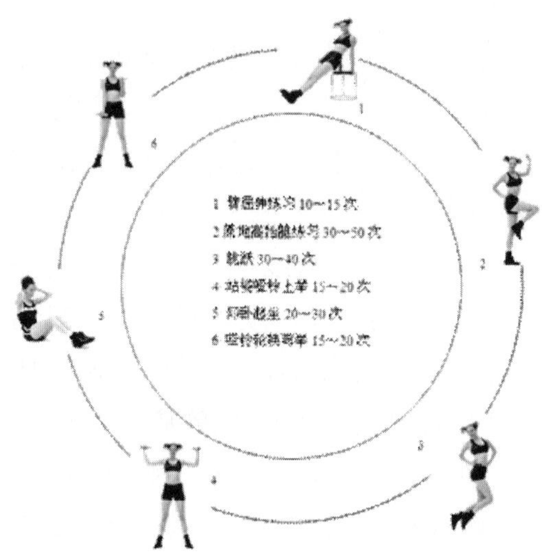

图7–5　全身不同肌群力量耐力循环练习

2．变换训练法

变换训练法是指变换运动负荷、练习内容、练习形式以及条件，以提高练习者积极性、趣味性、适应性以及应变能力的训练方法。通过变换训练的内容可以使得锻炼者的各项身体素质得到全面的发展。

变换训练法的类型可以分为三种，即负荷变换训练法、内容变换训练法和形式变换训练法。（表 7–2）

表 7–2　变换训练法基本类型及特点

类　型	负荷变换训练	内容变换训练	形式变换训练
负荷强度 动作结构 供能形式	变化最大 相对稳定 可以在多种代谢形式之间变化	可变或不变 变换 以某种代谢形式供能为主	可变可不变 固定或变换 以某种代谢形式供能为主

——（胡亦海，1998 年）

3．持续训练法

持续训练法是指训练的负荷强度较低、无间断地连续进行练习的训练方法。练习时平均心率应该在每分钟 130~170 次之间。持续训练法主要运用于发展一般耐力素质，并有助于完善负荷强度不高但过程细腻的技术动作。

根据持续时间的长短，可以将持续训练法分为三种类型：短时间持续训练方法、中长

度时间持续训练法和长时间持续训练方法。在实际的训练中，可以根据自身的需求选择相应的持续时间。（表 7–3）

表 7–3　持续训练方法基本类型及特点

时间单位：分钟

基本类型	短时间持续训练	中长度时间持续训练	长时间持续训练
负荷时间	5~10分钟	10~30分钟	>30分钟
心率强度	170次左右	160次左右	150次左右
间歇时间	无	无	无
动作结构	基本稳定	基本稳定	基本稳定
有氧强度	最大	最大	次大
供能形式	无氧有氧代谢系统混合供能	有氧代谢供能为主	有氧代谢供能

——（胡亦海，1998年）

通过该方法，可以使练习者机体的运动机能在较长时间的负荷刺激下产生稳定的适应，心肺等器官产生适应性的变化，提高有氧代谢系统功能能力以及该供能状态下有氧活动的强度。

4．间歇训练法

间歇训练法是指对多次练习时的间歇时间做出严格规定，使机体处于不完全恢复状态下，反复进行练习的训练方法。

该方法多用于提高练习者的无氧耐力，在运用间歇性训练方法时需要考虑时间和间歇两个因素匹配，国外相关研究发现：假如休息时间固定不变为 15 秒，则练习时间越长产生的乳酸越多。相反，如果练习时间不变（为 15 秒），则血乳酸随休息时间的延长而减少。

低乳酸值的间歇训练，主要发展磷酸化功能系统，提高速度素质。若要发展无氧耐力素质，须设法达到高乳酸水平，增加练习时间 30 秒以上，休息时间相应缩短。强度低的长时间练习主要发展有氧耐力素质。

5．运动游戏法

教学中创设一定的情境和比赛活动，使学生通过更生动的运动实践，陶冶他们的性情，提高运动能力、运动参与兴趣的教学方法。运动游戏法通常有一定的情节和竞争成分，内容与形式多种多样。有助于在教学的过程中，培养学习者思考和判断能力，陶冶学习者的情操，对学习者进行心理锻炼等，因此在体育教学中游戏法的使用比较普遍。运用运动游戏法应注意以下几点：

(1) 根据发展体能的需要，选择游戏法的内容与形式，要有明确的目的，并采取相应

的规则和要求。

（2）严格遵守规则，鼓励学习者在规则许可的范围内，充分发挥自己的主动性和创造性去争取优胜。

（3）裁判应公正、准确，只有客观评定游戏的结果，才能激发学习者参加游戏的兴趣。

（4）要布置好游戏的场地与器材，加强游戏的组织工作。并在游戏结束时，做好讲评，指出优点与缺点。

6. 运动竞赛法

运动竞赛法是指通过组织学习者比赛进行技能学习和练习的一种教学方法。严格地讲，比赛也是游戏的一种形式，但比赛和前述的游戏法有如下两个主要区别：

（1）游戏有竞争、合作、表现等多种类型，而比赛则偏重于竞争；

（2）游戏不限于某个项目，而比赛往往是与某个运动项目有关。

比赛往往是实战，对学习者的技战术和体能具有综合性的要求，因而在体育教学中是一个很重要的教学方法。运动竞赛法是一个广受重视的教学方法，目前常见的形式有“尝试性比赛”、“限制性比赛”和“总结性比赛”等。

运用比赛法应注意以下几点：

①要依据教学目标、教材性质、教学过程的时机、学习者的技能熟练程度和场地器材的条件等合理地运用比赛的方法，确保方法选择的合理性。

②在一般情况下，两队水平应接近，使用的器材设施应基本一致，使学习者在实力均衡和条件相当的条件下竞争，这样的竞争才能激烈而富有情趣。

③比赛时，体育教师要严格控制与调节学习者的运动负荷，使学习者既有平等的比赛机会，又不至于过度劳累。

7. 多组练习法

多组练习法是乔·韦德健美法则初练者训练法则的一个类型。在韦德系统的初建时期，多数专家建议健美运动员对其所选用的每个动作，只需各做一组。如果在一次锻炼课程中，选用锻炼到全身的12个动作，那就共做12组。但韦德法则提出每个动作要练多组（3~4组）的训练法则，以使每一肌肉群都能得到彻底的锻炼而增大到其最大限度。这种针对一个锻炼部位，同一个练习动作训练重复3~4组的方法即称之为多组训练法。

多组训练法的使用，有益于实现增加某一特定部位训练刺激的深度，可以有效地打破机体适应，充分挖掘训练部位的内在潜力。随着训练水平的不断提高，不断地增加训练的组数是获得训练效果的必要途径。

第五节 身体素质及其训练

一、概论

（一）身体素质定义

人体的一切活动都是在大脑皮层支配之下的肌肉活动，这种肌肉活动的基本能力又表现在若干方面，如力量的大小，完成单个动作的快慢，一段位移的速度，长时间持续工作的能力，以及各种突然变换的条件下，运动员能够迅速、准确改变身体运动的空间位置和运动方向，进而适应外界环境变化的能力等，此外，这种基本能力还体现在关节活动范围的大小、动作的协调、舒展等方面。通常意义上我们把身体素质定义为：人体在运动当中所体现出来的力量、速度、耐力、灵敏和柔韧五大素质机能能力的综合体现。

人们所从事的各项运动，一方面是对身体素质的检验，其身体素质的水平的高低或者某一项素质的强弱，都可以通过对运动能力的测评来间接的衡量；另一方面各种不同的运动又共同促进了身体素质的全面发展。身体素质机能水平主要体现在力量素质、速度素质、耐力素质、灵敏素质和柔韧素质五个方面。不同项目运动对以上五大素质的发展有着不同的侧重点，例如我们通常做的有氧运动有利于促进耐力素质的提高，而通常我们所做的抗阻训练更有利于促进力量素质的发展等，这也是我们在健身当中为何倡导采取运动模式选择多样化原则的缘由所在。

（二）发展身体素质的意义

发展身体素质的重要意义主要体现在两个方面：

第一，对于从事大众健身运动的群体来讲是增强体质，促进健康；

第二，对于从事竞技体育运动的运动员来讲是提高竞技能力，争取优异成绩，促进自我价值的实现。

（三）身体素质训练的内容

根据以上对身体素质定义的阐释，身体素质的训练内容主要包括力量素质的训练、速度素质的训练、耐力素质的训练、灵敏素质的训练和柔韧素质的训练五个方面。

二、力量素质的训练

（一）概念

力量素质是指人体肌肉神经系统在工作时，克服或对抗阻力的能力。无论是在劳动、工作中，还是在体育健身中所表现出来的力量，它们均来源于人体肌肉的收缩。肌肉收缩所克服的阻力包括内部阻力和外部阻力，其中内部阻力来源于运动器官，如肌肉的黏滞性、各肌肉间的对抗力等；外部阻力如物体重量、摩擦力以及空气的阻力等。

在健身运动中，通过抗阻训练而带来的力量素质的提高和自我形体的改善，也是我们获得健美体魄和优良体质的一个行之有效的途径。在众多的竞技体育项目当中，无论是体能主导类项目，还是技能主导类对抗性项目，身体素质对运动水平的发挥和竞技能力的展现都起着决定性的作用。作为五大身体素质之一，力量素质训练水平的提高，不仅能够使得我们在竞技比赛中充分的展现自我，同时还可以使我们在高强度运动当中避免运动损伤的发生。

（二）力量素质的分类

在运动训练学研究领域，由于各种研究的需求根据不同的分类标准，力量素质可以分成以下不同的类别，无论是作为健身参与者还是健身指导者，我们都有必要对力量素质的分类作一下简要的了解，以便更好地引导以力量训练为主的健身运动的开展。（表 7–4）

表 7–4　力量素质的常见分类标准及分类

分类的标准	力量素质的种类
不同项目所需力量素质的不同特点	最大力量、快速力量和力量耐力
力量素质与运动项目的关系	一般力量和专项力量
力量素质与运动员体重	绝对力量和相对力量

近几年来，尤其是随着竞技体育训练的发展需求不断加大，相关力量训练研究也不断深入，关于力量素质的分类也越来越细化，在这里我们不再过多地去涉及。在健身运动当中我们没有必要把力量素质的分类复杂化，为了记忆和操作上的方便我们就选择一种比较常见的传统的力量素质分类方法，以便于在随后的内容当中，更进一步阐述健身运动中力量训练的实施。（见图 6）

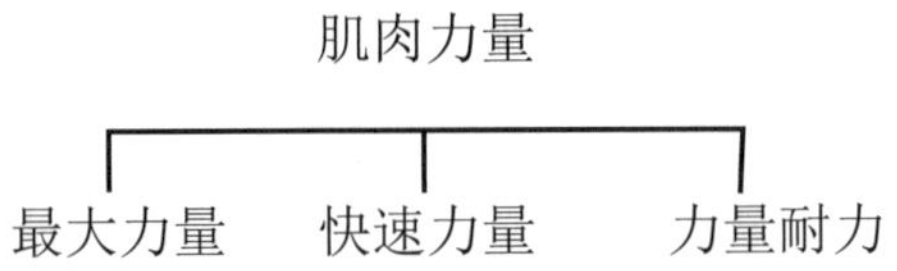

肌肉力量

最大力量　快速力量　力量耐力

图6　传统的力量素质分类

（三）力量素质的相关因素

影响力量素质的因素是众多的，在日常生活当中，我们不难发现，不同个体、不同年龄或者不同性别之间的力量素质的差异性比较显著，即使是同一个人，在不同的年龄阶段或者不同的训练水平其所具有的力量素质的水平也是不同的。但总的来讲，力量素质不外乎以下两种类别：可训因素（训练可以使之改变的因素）和非可训因素。在健身活动中为了更好地发展我们的力量素质，掌握可以训练使之改变的因素是至关重要的。（表 7–5）

表 7–5　肌肉力量素质的影响因素

影响因素的类别	肌肉力量的影响因素
可训因素（通过后天的训练可以改变）	体重、脂肪含量、睾丸酮激素水平、肌肉的生理横断面积、参与活动的肌纤维数量、红白肌的比例、中枢神经的调节能力、营养系统的供能能力、疲劳程度和心理因素等
非可训因素	性别、年龄、身高、肌肉收缩时的初长度、肌肉的收缩形式、肌肉收缩时的起止点、肌肉拉力角、营养物质的补充和吸收、环境温度和紫外线照射等

从单纯增长力量这一方面来讲，弄清楚影响肌肉力量大小的因素是实施训练的前提，也能够使从事运动训练的运动员和教练员在发展力量素质的过程中做到有的放矢，进而提高竞技训练的效率。但是作为健身者来讲，我们从事力量训练追求的是什么呢？如果说仅仅是为了增长力量的话，那么这显然是很片面的。当然在从事力量素质训练的过程当中，肯定会多多少少带来力量素质的提高，但力量素质的提高往往不是更多健身者所追求的直接目的。我们知道从事力量素质练习，也就是健身当中常提到的抗阻训练所带来的益处是众多的，追求的目标也是因人而异。

（四）力量素质的训练

作为一个健身者或者是一个健身指导者在进行力量训练之前，有一个问题是我们必须

面对的，那就是："我选择力量练习是为了什么？"因为个人的目的不同，在力量训练的方法和手段上也是不同的。没有一个明确的目标，训练的效率是低下的，训练过程也只能是盲目的。因此，在这里提出来，在从事力量训练之前一定要铭记：明确训练的目的，即在训练之前，制订力量训练计划之时，应当为锻炼者确立一个初始的明确的训练目标。

1．力量训练的目标确立

从对健身锻炼者从事健身运动所追求目标的调查结果来看，他们所从事力量训练的目标，主要涵盖以下三个主要方面：

● 肌肉耐力的改善

● 肌肉围度的增长

● 肌肉力量的提高

健身者在表述自己的目的时，往往会各有不同。即使是为了达到相同的训练目标，他们的表述也可能是千差万别的。比如同样是为了增大自己的肌肉体积，有的人会这样表述："我很羡慕施瓦辛格，我想拥有他那样健壮的体魄"，或者有的人会说："我想使自己的肌肉看起来更好一些""我想让我的肩变得更宽一些，以便在穿衣服时更好看"等。同样在关于其他两个目标的表述上，也会存在类似的情况。因此从健身者的各种表述中去洞察其训练的目的，就成为摆在健身指导者面前的首要任务，这也是在确立目标时需要考虑的一个不可忽视的因素。

2．力量训练的原则

● 超量负荷原则

在训练的过程当中，坚持超量负荷原则是锻炼者逐渐获得训练效果的前提，超负荷原则要求在训练时，训练者要采取比以往训练稍大一些的强度。强度的增加最常见的体现在训练重量的增加上或者训练组间间歇的缩短上。总之，所谓强度的增加，就是提高锻炼者工作的效率，即功率（P）。通俗地讲，就是与上次训练相比，在相同的时间内，锻炼者做了更多的功。

● 循序渐进原则

因为训练者的水平将会随着训练的进行而持续逐渐提高，因此，教练要随时调整增加强度以适应超量负荷的原则，使得训练实施的强度稍微大于训练者的适应强度，以促进训练水平的进一步提高。

实施循序渐进的原则是符合人体适应性规律的。在向锻炼者施加训练的压力时，机体的适应是实现训练目标的生理学基础，但是这种适应是缓慢的。适应的缓慢性决定训练压力的施加必须循序渐进。无论是练习强度还是训练量的骤然增加，都必然导致机体的不适应，进而导致诸如运动损伤或者过度训练等各种情况的发生，造成与健身运动的目标背道而驰的结果。

● 持之以恒原则

机体训练适应的慢性过程，也决定锻炼者要想从力量训练中获益，必须具有长久坚持的毅力。即使锻炼者在顶级的健身房，拥有高级的私人健身教练指导，倘若缺乏了持之以恒的决心，那么对于实现训练的目标来讲，也是无济于事。天道酬勤的道理在“坚持训练方可获益”上体现得可谓是淋漓尽致。无论你是谁，或者从事什么样的职业，拥有多高的社会地位，如若不能够做到持之以恒，那么在健身的队伍里你也注定只能是一个失败者。

作为教练员应该更多地去使用各种措施，诸如训练手段和方法的多变以及训练动机的促进等，来激发健身者的兴趣，调动健身者训练参与的积极性，鼓励锻炼者增强长久坚持的毅力，以更好地去接近或者实现自己的训练目标。

3．力量训练的手段与方法

（1）力量训练的手段

力量训练的手段具有很多种，我们不去过多地介绍。健身运动当中常见的手段主要包括利用力量练习器械的练习，负重抗阻练习，克服自身体重的练习和克服弹性物体的练习等。从多数的健身俱乐部所提供的器械设备来看，主要局限于前两种手段。作为健身者本身在执行训练计划时，一般为更好地把握健身运动的强度，锻炼者更多地还是采取运用力量练习器械的练习和负重抗阻练习这两种主要手段。

如何实施训练手段是与训练目的具有密切关系的，因为从增大肌肉的围度、改善肌肉的耐力或者增大肌肉力量上来讲，在训练手段的实施上是截然不同的。根据我们上述关于训练目标的阐述，针对三种目标各自的特点，结合现代运动训练学原理，将不同目标下训练手段实施的具体细节阐述如下（表 7–6，表 7–7）

表 7–6　不同目标力量素质训练强度、组数和次数选择依据

要求目的	强度	组数	次数
快速力量	30%~100%1RM	不降低每次练习速度和每组重复次数为限	1~5次
最大力量	≥90%1RM	重复4~8组	1~3RM
肌肉耐力	RPE=12–13；即55%~69%HRmax		20次以上或者至力竭
肌肉体积	70%~85%1RM	重复4~8组	6~12RM

（RPE 主观疲劳感觉系数，12~13 之间既属于中等强度，自我感觉可承受）

表 7–7　不同训练目标的组间间歇时间

训练目标	休息时间间歇
肌肉力量	2~5分钟
肌肉耐力	≤30秒
肌肉体积	30~90秒

从表 7 关于运动强度的定义中，我们可以清晰地看到 1RM 频繁的出现，可见这一重量在确定运动强度中的重要意义，其准确程度直接影响到运动强度选择的合理性。因此，为了保证训练的科学性，有必要针对 1RM 的测量确定作以下阐述：

A．关于传统的 1RM 推算的简介

1RM 代表的是人体某个部位所能承受的最大重量，是仅能够完成 1 次的重量。因此，不同的个体其数值存在差异，它并不是一个确切的数值，即使同一个机体在不同的训练阶段也是不同的。

B．关于 1RM 如何确定的研究很多，一般常用的方法是间接推算法，其重复的次数与最大重量的百分比之间的关系如表 7–8。

表 7–8　1RM 的百分比负荷与所能重复次数之间的关系

%1RM	估计可能重复次数
100	1
95	2
90	4
85	6
80	8
75	10
70	11
67	12
65	15

目前多数人常用 10RM 间接推测 1RM 值，在测试完 10RM 负荷重量后，健身指导者就可以利用上表的对应关系，来间接地估计被测试者的 1RM 负荷重量的数值。但在这里有一点，在 10RM 测试中我们不可能一次就成功，而多次的测量势必又会影响到其测量的

准确性。因为有可能在未测得10RM之前，受试者已经出现了疲劳状态，因此影响了测量以及最终推测的准确性，所以在进行10RM测试时还要掌握一定的技巧。

C. 间接推测1RM的新方法推荐：

据美国新墨西哥州大学（New Mexico University）的相关专家研究报道：运用5RM间接推测1RM更为科学。在推测上身练习（upper-body exercise 图1-1示）时的准确率高达99%，在推测下身练习（Lower-body exercise），例如腿举（Leg press 图1-2示）的准确率也能高达97%。但同时指出，如果运用重复20次的重量去衡量1RM的话，其准确率就下降了不少。另外就上身动作练习和下身动作练习，如何根据5RM间接推测1RM，还分别给出了各自的计算公式，以下将相关的具体内容和使用方法推荐给大家，以供参考使用：

上身动作练习的推算公式：

（5RM×1.1307）＋0.6998千克

如果卧推的5RM是90千克，那么1RM重量就可以利用上述公式去计算得出即：

1RM＝（90×1.1307）＋0.6998＝102.4628千克

因此，根据公式我们即可计算得出自己的1RM重量大约为102千克。

下身动作练习的推算公式：

（5RM×1.09703）＋14.2546千克（图7-7-1～图7-7-2）

图7-7-1 卧推

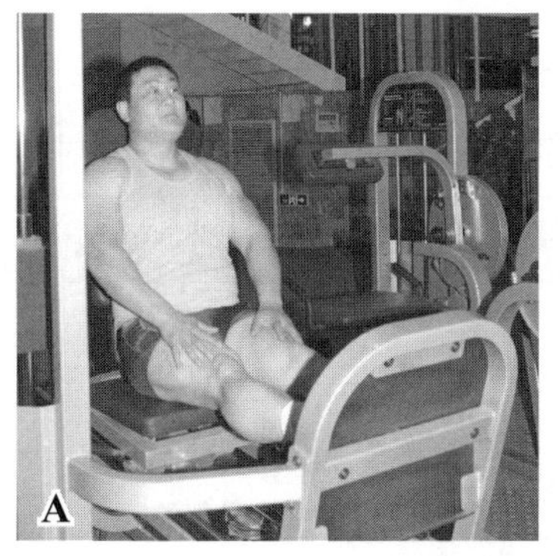

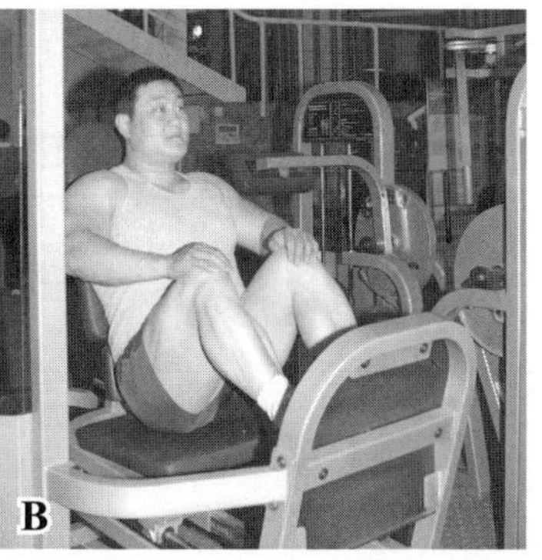

图7-7-2 腿举

第一部分 基础篇

（2）力量训练的方法

力量训练的方法即实现力量训练目标的途径，在健身活动中，锻炼者从事力量训练的目标，我们在上述的内容中已经谈到，包括肌肉围度的增长、肌肉耐力的改善和肌肉力量的提高三个主要方面。以下来举例说明进行力量训练的方法：

举例说明：

第一步，确定目标。我要进行力量训练，我的目标是——增大胸部肌肉围度。

第二步，我可以选择的动作有：a 卧推（a_1 平板、a_2 上斜、a_3 下斜；a_4 宽握距和 a_5 窄握距）、b 飞鸟（b_1 平板、b_2 上斜、b_3 下斜）、c 蝶形夹胸器、d 坐姿推胸、e 双杠臂屈伸、f 俯卧撑和其他。（图 7–8）

图7–8

第三步，我该怎么练？

- 确定自己的基础水平，并依据表7–9选择自己的训练频率。

表 7–9　确定每周频率的指导依据

训练阶段	推荐每周训练次数
初级	2~3
中级	3~4
高级	4+

- 依据表7–9选择自己的训练强度、组数、每组次数以及组间的时间间歇；

● 依据高峰平台式的加重方法来依次调整同一动作的重量，但这不是唯一的安排方式，是目前最常用的一种，在这里推荐使用。

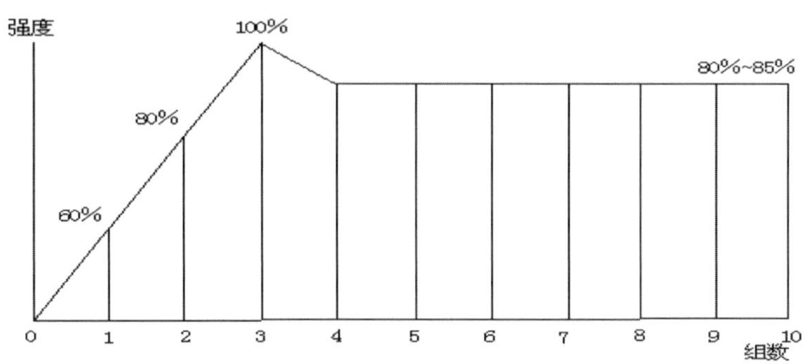

第四步，掌握构成练习方法的其他变化因素。

为了不断地在训练上见成效，需要不断地打破肌肉的生理适应。那么，就要不断地变化。而不断地变化的前提，是我们必须弄清影响练习方法的可变因素。结合现代运动训练学和生理学等相关的知识，将这些变化因素概括如下：

a. 肌肉的收缩形式

a_1 超等长收缩

a_2 等动收缩

a_3 静力性等张收缩

a_4 动力性等张收缩

b. 肌肉的收缩速度

b_1 快速

b_2 慢速

c. 练习动作的选择

c_1 种类

c_2 数量

d. 练习动作的完成路线

d_1 半程

d_2 全程

e. 多个练习动作的组合顺序

f. 单个动作完成组数

g. 单组完成的次数

h. 训练的强度

i. 多组之间的组间间歇

j. 器械的使用方法（握法、角度）

上述所有的影响因素，除了画点线的因素在训练目标下为已定因素外，其他因素都是可调节的。在练习的过程当中，我们可以改变肌肉收缩的形式、动作的数量、动作的种类、动作的组合顺序以及单个动作的完成组数。

为了更加直观地理解，我们结合韦德部分法则及表 7–10 以调节动作数量的变化为例来进行说明：

韦德部分法则表述

法则一：多组练习法则

每个动作要练多组（3~4 组）的训练法则，以使每一肌肉群都能得到彻底地锻炼而增大到其最大限度。

法则二：大量充血法则

采用同类的不同动作刺激某一部位，使该肌肉大量充血促其生长。

法则三：三组合法则

对同一块肌肉，接连做 3 个不同动作，中间不休息，以加深刺激，增粗血管。

法则四：复合组训练法则

把 2 个锻炼同一部位肌肉的动作接连进行，以加深刺激。

法则五：巨型组法则

把锻炼同一肌肉的 4~6 个动作，连接起来做，不加或稍加休息。

表 7–10　不同方法变化因素的分析

变化因素 韦德法则	动作数量	训练组数	组间间歇
多组练习法则	1	3~4	
复合组训练法则	2*		
三组合法则	3*		中间不休息
大量充血法测	4*	4，8，12……	
巨型组法则	4~6*		不加或稍加休息

* 每个动作都是针对同一个部位的练习

从上述的变化因素分析来看，以上 5 个训练法则主要体现在动作数量的变化上，通过动作数量的调节可以获得不同的训练方法。关于其他变化因素的举例说明，在此不作详细的介绍。

● 小结

训练目标无论是增大肌肉围度、增加肌肉力量或者改善肌肉的力量耐力，在确定训练目标规范下的固定因素之后，对其他影响训练方法的可变因素进行调节，可以获得不同的训练方法。这些不同的方法，可以在不同的训练阶段变换使用，以此来打破肌肉训练的适应，提高健身者参与练习的新鲜感。

（五）力量素质训练应注意的问题

1．注重准备活动和训练后的放松

准备活动使得机体能够在投入训练之前达到一个良好的状态，尤其是在气温较低的环境下进行训练时，热身活动可以更快地降低肌肉内部的黏滞性，提高肌肉工作效率，使肌肉达到预热的状态，从而避免训练部位因骤然受力而发生损伤。同时训练之后的恢复也异常重要，偶尔几次的训练后不进行放松，可能不会对肌肉产生什么影响，但是如果长此以往，必然会导致肌肉僵硬的现象，使肌肉的质量下降，硬度增加。这不仅不利于训练后的恢复，更会导致肌肉发生损伤的概率随之增加。

2．不同肌肉群之间力量素质的协同发展

力量素质发展的均衡性体现两个方面：一是力量大小的均衡性；二是外在力量训练适应的均衡性，即肌肉外在形态的协调化等。如果力量的大小不均衡，那么在运动当中就会很容易出现运动损伤。例如，主动肌群和对抗肌群发展的差异性较大，很容易在运动中出现肌肉拉伤的现象。长期进行力量训练必然会对人体的外在形态产生影响，如果不同肌群之间力量素质发展不均衡，就很容易造成人体形态的不美观，更甚者会导致身体形态的畸形化。例如，长久的进行身体前部肌群的练习而过少的锻炼躯干后部肌肉群的话，就会使人出现驼背现象。

3．激发锻炼者训练的兴趣

力量训练是一件非常辛苦的事情，很容易导致练习者产生枯燥感，因此有效地调动练习者训练的积极性非常重要。通过激发健身者的兴趣来间接地调动健身者从事健身锻炼的积极性，是提高健身锻炼效果的良好手段。

三、耐力素质的训练

（一）概念

耐力素质是指机体坚持长时间运动的能力，亦称为抗疲劳能力。在很多运动项目中，

诸如长跑、游泳、网球、自行车以及拳击等对耐力素质的要求非常高。在一定程度上耐力素质的强弱往往成为一场比赛胜败的主导因素，尤其是纯耐力性项目（长跑类项目），该项素质在其中更是起着主导性的地位。

（二）耐力素质的分类

根据不同的分类标准，耐力素质可以分为不同的类别，先将其简单介绍如下。（表 7-11）

表 7-11　耐力素质的分类标准及其类别

分类标准	耐力素质类型
a按运动时的外部表现	a_1力量耐力，a_2速度耐力，a_3静力耐力
b按运动时参与能量供应的特点	b_1有氧耐力，b_2无氧耐力

a_1 力量耐力

力量耐力是指人在克服一定外部阻力时，能长时间保持肌肉紧张用力而不降低工作效果，尽可能长的时间或重复尽可能多的次数的能力。

a_2 速度耐力

速度耐力就是无氧耐力，是指机体在无氧代谢供能的状态下坚持长时间工作的能力。

a_3 静力耐力

静力性力量耐力则主要表现在射击、射箭、摔跤和支撑性运动项目中。

b_1 有氧耐力

有氧耐力是指机体在氧气比较充足的情况下，能坚持长时间工作的能力。有氧耐力训练的目的在于提高运动员机体摄取氧气、运输氧气和利用氧气的能力，促进有机体的新陈代谢。

b_2 无氧耐力

无氧耐力又叫速度耐力，是指机体在无氧代谢供能的状态下，坚持长时间工作的能力。无氧耐力又可以划分为磷酸原供能无氧耐力和糖酵解供能无氧耐力两种形式。在此不过多介绍。

（三）耐力素质的相关因素

1. 遗传因素

克索拉斯（Klissuras）对 15 个同卵生者的研究结果显示：最大吸氧量的 93% 取决于

遗传因素（表 7–12），后天训练只能提高 7%；其次对无氧耐力中乳酸供能的机制进行研究后表明，能量物质的变化明显受遗传因素影响（无氧代谢能力的遗传力 H=0.70~0.99）。根据解剖学、生理学的实验结果认定：长跑、长距离游泳运动员的红肌纤维比例占有明显优势，这也进一步证实遗传对耐力的影响。

表 7–12 遗传因素对反映耐力水平各项指标的影响程度

	遗传因素	环境因素
最大吸氧量	93.4%	6.6%
最大心率	85.9%	14.1%
最大乳酸浓度	81.4%	18.6%

Klissuras

2. 年龄和性别因素

耐力素质与年龄有关，少儿时期即可发展有氧能力，青春期是发展有氧能力的最佳时期。男女性别不同，但耐力素质的增长期或衰退期略同，在 18~20 岁时最大，65 岁时约为25 岁时的 70%。男性的最大吸氧量明显大于女性，通过运动训练后，两性差异应更大。

3．环境因素

在阳光明媚空气清新的自然环境中，由于大气中氧气和负离子含量充足导致心血管、呼吸系统能力得到提高，使人们常感到精神振奋，不易疲劳。长期生活在高原环境，尽管大气氧含量较低，但为了适应外界环境，在不经意中被动地接受适应自然环境的锻炼，同样也能达到增强耐力水平的功效。

4．训练因素

长期参加体育锻炼或者运动训练，可使人体的心肌发达，心肌收缩力增强，心脏功能改善，心脏的潜在能力被充分发掘。同时胸廓的活动性也随之增强，使多数肺泡参与气体交换，提高肺循环效率，大幅度增加肺通气量，最终实现提高持久运动的目的。

5．心理因素

由于耐力锻炼通常要求的时间较长，运动锻炼的方式又比较单调乏味，这有碍于培养与激发锻炼的兴趣。很多锻炼者认为耐力训练太苦、太累。由于认知上的偏离，便引起抵触、反感等消极情绪，接踵而来的是表现出不良的行为方式，如回避练习、应付训练、偷偷减量等。这些心理因素很大程度地影响耐力练习的效果。

（四）耐力素质训练的方法与手段

1. 有氧耐力训练

● 有氧锻炼作为主要手段

首选有氧练习为耐力锻炼的主要途径，并综合性地选择步行、跑步、骑自行车、游泳、原地跑等作为核心练习方式。在氧供应充分的条件下，强度适中、持续时间较长的锻炼，可以为发展有氧耐力创造良好条件。

● 以持续练习为手段

长时间、长距离、慢节奏及中等强度（约70%最大心率）的锻炼，可称为以持续练习为手段的一种较好的耐力锻炼方法。

● 采用间歇练习法

以重复进行强度、时间、距离和间隔时间都较固定的间歇练习，比较适合有一定耐力基础及期望能获得更高适应水平的锻炼者。间歇练习较持续练习能使人完成更大的运动量，原因是每次练习后有一个休息期。

● 高原训练法

在高原训练时，人体要经受高原缺氧和运动缺氧两种负荷造成缺氧刺激，比平原更为深刻，促使HB和红细胞数量增加。

2. 无氧耐力训练

● 发展ATP-CP供能能力

主要采用无氧的乳酸的训练方法，其原则是：

①最大速度或最大练习时间不超过10秒；

②每次练习的休息间歇时间不短于30秒。

● 提高糖酵解供能能力

机体生成乳酸的最大能力和机体对它的耐受能力，直接与运动成绩有关。血乳酸在20~12mmol/L是最大无氧代谢训练所敏感的范围。为使运动中产生高浓度的乳酸，练习强度和密度要大，间歇时间要短。建议时间：30秒~2分钟。

（五）耐力素质训练应注意的问题

1. 循序渐进

耐力素质的提高一般需要较长的时间，在训练的过程当中要遵循循序渐进的原则，不可操之过急。

2. 常变常换

这里主要是指发展耐力素质的途径。一般情况下耐力素质的发展所花费的时间比较长，所采取的方法多为周期性的运动，所以为了避免训练时产生的枯燥感，需要经常变换训练的途径，刺激练习者参与的积极性。

3．持之以恒

耐力素质的水平标志着心肺功能的高低。耐力素质的提高需要的时间较长，但下降的速度较快。因此，为了保证已获得的训练效果，要求经常性地去做耐力性的练习，这对于促进练习者心肺功能的提高，具有非常积极的意义。

四、速度素质的训练

（一）速度素质的概念分类

速度素质指的是人体快速运动的能力，它主要包括反应速度、动作速度和移动速度三种基本类型。反应速度指的是运动员个体对外界信号刺激快速反应的能力，动作速度指的是运动员个体快速完成动作的能力，移动速度指的是运动员个体快速位移的能力。

（二）速度素质的相关因素

与速度素质的相关因素较多，主要与力量水平、柔韧性、协调能力紧密相关，还与人的肌肉类型、神经调节的灵活性和运动技术水平有关等。

1．反应速度

- 感受器的敏感程度
- 中枢延搁
- 效应器的兴奋性
- 条件反射的巩固程度
- 注意力集中程度

2．动作速度

- 肌纤维百分比组成及其面积
- 肌肉力量
- 肌纤维的兴奋性
- 条件反射的巩固程度
- 身体形态
- 注意力集中程度

3．位移速度

- 神经过程的灵活性

- 快肌纤维百分数及其肥大程度
- 各中枢间的协调性
- 身体形态
- 技术水平

（三）速度素质训练的方法与手段

1．反应速度

- 听口令变向跑；
- 起跑练习。

2．动作速度

- 快速高抬腿跑。除跑之外的其他练习如：出拳速度、扣球速度等；
- 固定距离折返跑；
- 快速跳绳；
- 原地或行进间快速小步跑。

3．移动速度

- 短距离冲刺跑；
- 10~15米折返跑；
- 快速后退跑；
- 前脚掌着地慢跑或跳绳，加强踝关节的力量。

（四）速度素质训练应注意的问题

1．反应速度训练的注意问题

- 练习者首先明确信号的含义，在既定信号发出后进行练习，信号的含义不可以一成不变，要常变常换，避免产生适应；
- 训练时间的选择在练习者体力比较充沛的阶段，不宜在疲劳时期进行；
- 练习前要求练习者做好热身，练习中要求练习者注意力集中。

2．移动速度训练的注意问题

- 要求练习者不要过于慌张，控制好身体的平衡；
- 加强踝关节的力量，防止运动损伤。同时训练前要热身充分，尤其跟腱部位要做好充分的拉伸。

3．动作速度训练的注意问题

- 训练的持续时间适度，不可太长，要使练习者保持较高的兴奋性；
- 训练的间歇时间不宜过长，以免降低练习者的神经兴奋性；

● 合理的变换运动的速度，高速低速结合起来进行。

五、柔韧素质的训练

（一）概念

柔韧素质是指人体各关节的活动幅度，即肌肉、肌腱、韧带等软组织跨过关节的弹性与伸展能力。人体在运动当中所发挥出来的力量、速度等其他素质都与柔韧素质具有密切的关系。柔韧素质对于完成技术动作的力度与幅度以及有效地预防运动损伤，都具有非常重要的作用。

柔韧性素质练习可以带来的益处

- 降低肌肉和关节的紧张度使身体感觉更轻松；
- 增加运动当中动作的幅度并改善身体的协调平衡能力；
- 预防诸如拉伤、扭伤和撕裂等运动损伤的发生；
- 可以使你的意念更加集中注意于肌肉组织；
- 改善肌肉内的血液循环状况；
- 加速运动损伤康复和过度训练肌肉群的恢复；
- 局部机群的拉伸有助于避免肌肉僵硬、增大肌肉围度以及改善肌肉质量；
- 通过拉伸性的热身准备，可以使你更加轻松地参与到高强度的运动当中。

（二）柔韧素质的分类

根据当前相关柔韧性素质的研究，可以将其分为以下三种主要的类别。（表 7–13）

表 7–13 柔韧素质的分类

柔韧素质的类别	定义
动力性柔韧素质	是指肌肉、肌腱、韧带根据动力性动作需要，利用肌肉的动力运动，使肌体拉伸到解剖学允许的最大限度的能力
静力性主动柔韧素质	是指仅靠主动肌的收缩，保持对抗肌被伸展位置的能力。例如在没有外力的帮助下，仅靠自己腿部肌肉的收缩，把腿举至一定的伸展位置

续表

柔韧素质的类别	定　　义
静力性被动柔韧素质	是指靠自身体重、肢体支持或其他器械（例如椅子等），将肌肉、肌腱或韧带拉伸到一定位置的能力。注意这种能力不是唯一来自肌肉的收缩力量。劈叉是静力性被动柔韧性的典型例子

（三）柔韧素质的相关因素

影响柔韧素质水平的因素是众多的，根据当前国内外一些最新的研究，最主要的影响因素概括如下：

1. 生理因素

● 肌肉、韧带和肌腱中结缔组织的特性

韧带和肌腱中都包含有不同形式的非弹性蛋白质，称胶原蛋白。它混有不同数量的其他蛋白质，如弹性蛋白，这些弹性蛋白比胶原蛋白弹性要大。肌肉的伸展性很大程度上依赖于这些组织的弹性程度。

● 关节面结构

这基本是由遗传决定的，是影响柔韧性最不容易改变的因素。虽然训练可以使关节软骨增厚，但这种变化只能在关节面结构所许可的范围内进行。

● 关节周围组织的体积

关节周围组织的大小对关节活动有一定影响，它一方面受先天性遗传的影响，另一方面也受后天训练的影响。身体脂肪或肌肉体积过大，都将限制邻近关节的活动幅度而使柔韧性降低。

● 肌肉力量素质水平

力量大，主动柔韧素质相对就好，但进行较大力量的训练会使关节的灵活性受影响，不过这种不良的影响是可以克服的。采用力量素质训练和柔韧素质训练的合理结合，可以使这两种素质的发展都达到很高的水平。

● 疲劳程度

在疲劳的情况下，其弹性、伸展性、兴奋性均降低，造成肌肉收缩与放松的不完善，各肌群不能协调工作，从而导致主动柔韧素质下降，但被动柔韧素质却有所提高。

● 中枢神经系统

中枢神经系统对骨骼肌调节功能的改善，主要是通过主动肌和对抗肌之间协调关系的改善以及肌肉收缩与放松调节能力的提高。使主动肌收缩时对抗肌充分放松，降低由于对抗肌紧张而产生的阻力，保证运动幅度的加大。

2．个体因素

● 性别

根据生理解剖特点，男子的肌纤维长，横断面积大于女子，伸缩度较大；而女子的肌纤维细长，横断面积小于男子，伸展性好，对关节活动限制小，因此女子关节的灵活性好于男子。

● 年龄

儿童关节面软骨相对较厚，关节囊及韧带的伸展性大，关节周围的肌肉细长，关节活动范围较大。随着年龄的增长，人的柔韧素质会随着软组织弹性能力的改变而逐渐地变差。

● 体温

当肌肉温度升高时，新陈代谢加强，供血增多，肌肉的黏滞性减少，从而提高了肌肉的弹性和伸展性，柔韧素质得以提高。

3．影响柔韧素质的各因素比较，表 7−14 进行简要说明。

表 7–14 关节柔韧性受不同软组织的影响程度

组织结构	柔韧性障碍系数
韧带	0.47
肌肉	0.41
肌腱	0.10
皮肤	0.02

——选自 Powers， S.K.Total Fitness 1999

（四）柔韧素质训练的方法与手段

相关研究发现，通过训练最容易改变的影响柔韧性水平的因素是肌肉、韧带和肌腱内组织的伸展性。所以，柔韧性训练计划的目的是尽可能地使这些组织拉到最长，并维持尽可能长的时间。

肌肉拉长时，其收缩部分和结缔组织都被拉长。在长度改变上有两种类型：弹性改变——这种改变会很快恢复，如准备活动；黏滞性改变——这种长度改变相对较为持久。相关研究表明，大力量、短时间的伸展可以改变弹性，这种改变会很快恢复。而产生较为持久的黏滞性改变，要采用小力量、长持续时间的方式。这些研究成果说明，进行充分的准备活动后，长时间、缓慢的伸展是增加结缔组织的长度和提高柔韧性的最好

方法。根据国外的相关柔韧性的研究，将具体的柔韧素质的训练方法分为以下几种主要类别。（图 7–9）

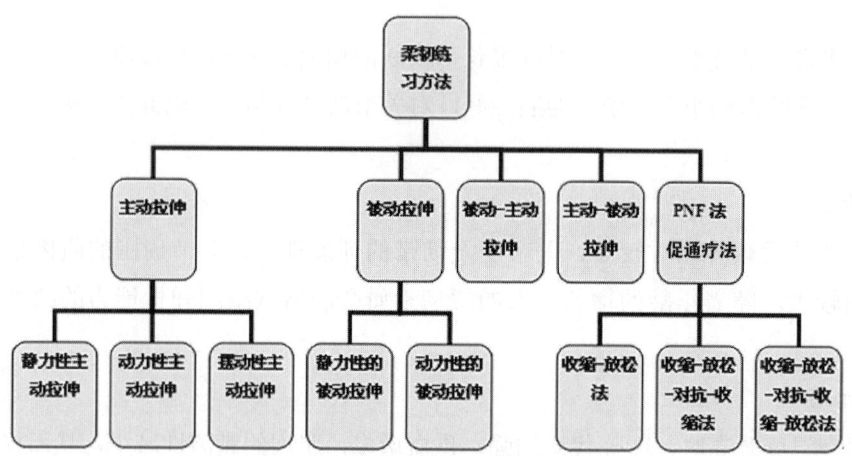

图7–9　柔韧性训练方法结构图

（1）主动拉伸

主动拉伸指的是不依靠任何外力，仅依靠自己主动肌的收缩力量，拉伸到一定的活动范围。主动拉伸又分为：静力性主动拉伸、动力性主动拉伸和摆动性主动拉伸三种类型。（图 7–10～图 7–11）

图7–10　　**图7–11**

● 静力性主动拉伸

静力性主动拉伸指的是利用主动肌的收缩力量拉伸到一定的位置，然后保持在这个位置。这种拉伸方式能提高主动柔韧性和增强主动肌的收缩力量，但是这种拉伸方式很难保持到超过 10 秒，也很少需要保持超过 15 秒。

● 动力性主动拉伸

动力性主动拉伸是指使一部分身体运动逐渐达到最大活动范围。在这种拉伸方式中，手臂和腿部都是缓慢的拉伸，且接近于关节的最大活动范围；没有弹动，也没有“猛烈的”动作。这种拉伸方法能提高静力伸展性，可以用作准备活动中的组成部分。

● 摆动性主动拉伸

摆动性主动拉伸指的是身体或者肢体利用自身的运动冲量，试图超过其正常的活动范围。这种拉伸被认为对提高柔韧素质没有很大的效果，也可能会导致损伤。

（2）被动拉伸

被动拉伸是指利用身体其他部位、同伴或者其他外界器械的帮助，使运动员的软组织得到拉长的练习方法。它又分为静力性的被动拉伸和动力性的被动拉伸。（图 7-12～图 7-13）

图7-12

图7-13

● 静力性的被动拉伸

指运动员软组织被动拉长后，保持这个姿势 段时间。这种练习方式可以很好地应用于训练后的恢复，可以帮助减少肌肉过度疲劳和酸疼。

● 动力性的被动拉伸

指运动员软组织被动拉长后，再利用外界帮助有节奏地、多次重复同一动作，使软组织按刚才拉伸的方向，再逐渐地被拉长的练习方法。

（3）被动——主动拉伸

此拉伸方法和被动拉伸有稍微的区别，它开始是利用外界的拉力使肌肉达到最大的伸展长度，然后让外界的拉力消失，让练习者靠自身主动肌的收缩，保持这个伸展位置。通过这种练习方式，可以使练习者主动肌的力量得到有效的提高。

（4）主动——被动拉伸

主动——被动拉伸法是指练习者靠自身主动肌的收缩使肌肉达到最大的伸展长度，此时，练习者完全放松主动肌，然后同伴帮助其按相同方向继续伸展。

（5）PNF 法（促通疗法）

PNF 法一般译为本体感觉神经肌肉促进法，最早用于临床医疗康复、偏瘫一类，也译为促通疗法，作为牵伸练习、康复方法的一部分。PNF 法目前被认为是提高静力性被动柔韧素质最快、最有效的拉伸方法。具体方法是在同伴的协助下，肌肉被拉伸到一定的位

置，然后，主动肌等长收缩对抗同伴帮助施加的力，然后再被动拉伸至更大的活动幅度。

PNF 法常见的有以下三种模式：

● 收缩—放松法

收缩—放松法简称“CR”。具体操作练习者的肌肉被帮助者拉伸至一定程度后，在这位置被拉伸的肌肉主动收缩 7~15 秒，然后再放松 2~3 秒，再立即被拉伸到更大的伸展长度，持续 10~15 秒。休息 20 秒，再进行下一次拉伸。

● 收缩—放松—对抗—收缩法

收缩—放松—对抗—收缩法包含着两次肌肉等长收缩：第一次是主动肌，然后再是对抗肌。第一部分和“收缩—放松法”是相似的，被拉伸的肌肉主动收缩 7~15 秒后，然后再放松，此时，对抗肌作 7~15 秒的对抗等长收缩。休息 20 秒，再进行下一次拉伸。

● 收缩—放松—对抗—收缩—放松法

这种方法与“收缩—放松—对抗—收缩法”的前面部分是相同的，只是在对抗肌等长收缩后，再进行最后的被拉伸。尽管这能导致柔韧性的进一步提高，但也可能增加受伤的可能性。

（五）柔韧素质的训练要素

1. 练习强度的把握

柔韧素质训练练习强度与呼吸有关，建议每次拉伸应在无疼痛的情况下进行。在拉伸时，如果屏住了呼吸或想要屏住呼吸，那说明拉伸强度过大；如果觉得呼吸深而充分，或者不用费力，就可进一步增大拉伸幅度，那说明拉伸强度刚好。

● 静力性拉伸法：拉伸力量的大小一般应以运动员感到酸、胀、痛为界限（或者还可略微超过一点）；

● 动力性拉伸法：重要的一条原则是贯彻循序渐进的原则，不可用力过猛；

● 被动拉伸：以运动员的感受为依据，肌肉感到酸时可减少点力量，感到胀痛时可坚持一会儿，当肌肉感到麻时，则应停止练习。

2. 练习持续时间的把握

目前在拉伸应持续时间方面相关研究专家并无统一的见解。国外相关专家认为在轻度拉伸 10~30 秒后再进行强度较大的拉伸 10~30 秒（总时间为 20~30 秒），这样的练习效果较好。根据运动训练学相关阐述：运用静力性拉伸法时，当软组织拉伸到酸、胀、痛时，持续时间为 8~10 秒。运用动力性拉伸法时，一次训练课的练习可控制在 15~25 个之间，每个练习可做 7~10 次。

在进行“PNF”法练习时，每次收缩时间应该在 6 秒以上，每次练习 2~5 组，每组收缩放松后，要保持伸展 10~15 秒。

3. 练习频率的把握

练习频率指的是每次拉伸重复的次数或者每周练习的次数。一般建议每周训练的次数在3~5次为宜（表7-15）。

表7-15　柔韧性练习的时间次数安排

周次	阶段	每种练习重复次数	每周锻炼次数
1	起始	1	1
2		2	2
3		3	3
4	逐渐进步	4	3
5		4	3~4
6		4	4~5
7		4	4~5

（六）柔韧素质训练应注意的问题

1. 练习之前先热身。

2. 力量练习后，应尽快进行牵拉练习。

3. 进行PNF法练习时，收缩可能造成心率和血压的升高，特别是老年人进行PNF法练习时，要注意医务监督。

4. PNF的不同模式对血压的影响也不同，在制定PNF练习方案时，要充分考虑到针对不同的对象和目的采用不同的方法。

六、灵敏素质的训练

（一）概念

灵敏素质是指在各种突然变换的条件下，运动员能够迅速、准确、协调、灵活地改变身体运动的空间位置和运动方向，以适应变化着的外界环境的能力。它是人们的活动技能、神经反应和各种身体素质在活动过程中的综合表现。在运动的过程当中，不同的体育项目对灵敏素质的要求也是各不相同的，而且也是不可转移的。例如乒乓球运动员虽在乒

乓球场上能显得得心应手，灵巧多变，但在打网球时却显得力不从心。反之网球运动员在打网球时虽能轻松自如，但在乒乓球场上的灵敏性却不如乒乓球运动员。

（二）分类

灵敏性与多项身体素质密切相关，如反应能力、速度力量、平衡感，协调性、观察判断能力等，尤以大脑皮质神经过程的灵活性最为重要。

灵敏若分类，与快是分不开的。

1．反应快。根据各种信号，启动、变向、躲闪、急停等。

2．动作快。如各种击打动作出手快，判断准确，命中率高。

3．位移快。主要是克服自身体重的灵活性，协调性。如球类项目中最能代表人的灵敏性、协调和判断能力的项目是篮球运动。

（三）影响灵敏素质的因素

1．生理因素

影响灵敏素质的生理因素主要有：大脑皮质神经过程的灵活性、运动分析器的功能、前庭分析器的机能等。运动分析器的灵活性与准确性，以及肌肉收缩的协调性与节奏感是影响灵敏素质的重要因素。在运动实践中表现出来的灵活性，是因为支配该运动器官的神经中枢的分析综合能力高度完善的结果。前庭分析器对空翻、转体及维持身体平衡、变换身体的方向位置的灵活性有很大作用。

2．动作技术的熟练程度

经过反复练习，最后形成熟练动作。动作越熟练，技术运用显得越灵活，越富有创造力，表现的灵敏素质也就越高。在实际动作学习的过程中，我们不难发现，当处于动作学习的初级阶段时，一般运动员的表现都是不很协调的，随着学习的进一步进行，当动作技术经历过泛化、巩固阶段，达到动作的自动化阶段时，动作完成得就比较完美。不断积累运动经验和重复单个动作技术练习，有利于提高练习者的灵敏性。

3．疲劳程度

疲劳将导致中枢神经系统灵活性与机体活动能力降低。由于大脑皮质的能源物质供应不足，从而产生保护性抑制，导致反应迟钝，速度下降，动作不协调，灵敏性显著下降等。及时消除疲劳，保持良好体力，是发挥灵敏素质的最佳良方。

4．身体素质发展水平

灵敏素质的发展，是建立在其他素质发展的基础之上的，是各项素质综合能力的体现。通过爆发力量，控制身体的加速或减速；通过速度，控制身体的移动、躲闪、变换方向的快慢；通过耐力素质的提高来保证长时间的工作能力；通过柔韧素质的增强保证力量、速度的发挥。因此灵敏素质受到其他身体素质发育水平的影响。

5．身体形态

在运动实践中很容易看到身体外形臃肿的个体，一般灵活性就比较差。比如一位体重100千克的个体，由于他运动起来的惯性比较大，要想灵活的改变在运动中的方向，相对就比较困难，所以它自身的灵活性必然也因此而降低。肌肉发达适度的中等身高或者较为矮小的个体，往往有高度的控制力，实际运动当中也会表现得非常灵活。

6．心理因素

由于各种原因引起的情绪的变化，可能会过度兴奋或过度抑制，就会使肌肉和神经都处于迟钝状态，影响到灵敏素质的发挥，造成身体僵硬、动作不协调，而良好的心理状态对灵敏素质的发挥能起积极的作用。

7．环境温度

如果天气较冷，温度较低，肌肉的黏滞性相对就比较大，韧带等软组织的弹性也比较差，因此会影响肌肉收缩的速度，降低关节的灵活性与肌肉韧带的伸展性，进而造成灵敏性的下降。

（四）灵敏素质训练的方法与手段

1．十字变向跑

操作：听到开始的信号后，练习者按照箭头所示的方向尽快跑完全程。跑进中，不可触及障碍物。跑动路线：（图7−14）

注：在实际操作中路线方向的选择可以自拟，根据具体情况进行改变。

图7−14　十字变向跑路线

2．“象限”双脚跳

操作：练习者从起点开始，听到信号后迅速以双脚并跳，依次跳入A、B、C、D“象限”，在练习的过程中，跳动的路线可以发生变化，或者练习者根据指挥者的指定区域，进行无规律移动。打破练习中较长时间按照既定顺序带来的适应性现象，更有效地发展练习者的灵敏素质。

另外还可以在此基础上增加难度，以提高练习的效率，比如叫号“A”沿对角线方向移动至“C”等。

3．其他方法

- 跳绳练习；
- 游戏——贴膏药；

- 足球抢球练习大约10分钟；
- 在慢跑中听口令做急停、急起、变向、转身或后退跑等动作。

灵敏素质的训练多采用变换训练的方法，以此来打破常规的训练适应和动作自动化。在实际的练习当中，各项训练要素的具体操作要求见表 7–16。

表 7–16　灵敏素质各个训练要素的具体操作要求

训练要素	具体要求	依据
训练强度	一般较大	机体疲劳带来的力量下降，速度变慢和反应迟钝，不宜于灵敏素质的发展；组间休息时间适宜，既要充分休息，也要避免太长时间休息带来的神经兴奋性的下降。一般练习时间与休息时间的比值应该控制在1∶3左右
动作完成速度	速度较快	
练习次数	不宜过多	
持续时间	不要过长	
组间间歇	适宜的时间间歇，但不宜太长	

（五）灵敏素质训练应注意的问题

1．采取多种训练方法手段

灵敏素质的发展与各种分析器和运动器官功能的改善有密切的关系。单一练习重复使用，很容易达到自动化的程度。此时，这一动作在发展灵敏素质上意义就不大了。因此，在进行灵敏素质训练的时候，所采取的方法要注意具有多变性。这样不仅能够提高效果，还可以避免枯燥，提高练习者的训练积极性。

2．全面发展综合提高

在影响灵敏素质的因素中，我们已经谈到灵敏素质是身体素质的综合表现，发展灵敏素质必须从培养其他各项素质和技术动作入手。因此，灵敏素质的发展应该与各项素质的发展结合在一起，不能一味只求发展灵敏单一素质。同时，灵敏素质的发展还要与具体的技术动作结合在一起，因为不同运动项目对灵敏素质的要求是各异的。

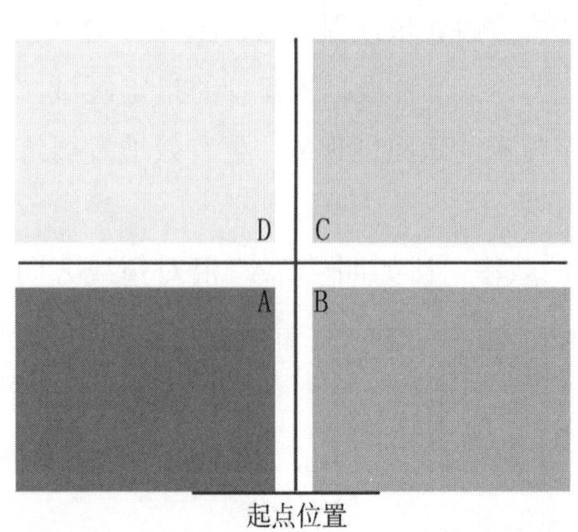

3．适宜负荷

灵敏素质的练习时间不宜过长，重复次数不宜过多。在进行练习过程中，应有足够的间歇时间，但休息时间又不可过长，这样既不会使机体过于疲劳，又不会使中枢神经系统的兴奋性下降而影响灵敏素质的发展。一般练习的时间如果达到1分钟的话，休息时间应该在3分钟左右。

七、运动技能的迁移

（一）定义和类别

所谓迁移，是指已经学习、掌握的知识和技能在新情境中的运用，并影响新知识的掌握和新技能的形成。迁移存在两种类型，如果已经掌握的知识技能对新的知识或技能掌握的影响是积极的，即有利于加速新知识和技能的掌握，那么这种迁移称之为正向迁移；反之称之为负向迁移。只有正确掌握和合理运用迁移规律，采取有效的教学方法，才能最大化产生正向迁移的效果，同时减小或者避免负向迁移的影响，更好地促进知识和技能的掌握。

（二）运动技能迁移的原因

1．正向迁移是如何发生的

关于正向迁移发生原因的解释，目前存在以下两种为多数人所接受的理论假说：

（1）技能和情景结构的相似性

传统观点更多地认为，迁移是由于两种技能或两种技能操作情形之间的结构相似引起的。即如果两种技能或两种技能操作情境的构成有很多的相似之处，那么两者间将会产生大量的正迁移。所以说要达到更多的迁移，关键取决于技能间的相似性。相似部分有两个方面表现，一个是两种运动技能中任何能够看得见的部分相关，如一个上臂动作或一个击球动作。教练通常期望在具有相似程度的任何技能之间都产生正迁移，在相似程度不同的两项技能间，也尽可能地产生一定的正迁移。例如，棒球的投球和足球的边线发球，这两种动作技能。另一种相似部分是指任务特定的协调动力学模式相似，例如，从运动控制的动力学模式来看，相同任务之间相同的趋势和相关关系将对正迁移的发生起到积极的促进作用。

（2）操作任务认知过程的相似性

迁移的发生是由于两项技能或两种操作情境所需认知过程的相似性。为了在训练和目标任务之间获得正迁移，训练任务也必须包括操作实际任务所需的认知过程，如决策制定、规则运用和注意力控制等。

有许多活动虽然项目不同，但在操作中却有相似的策略、规则、指导方针或概念。例如，在不同的场地和使用不同的球拍，但比赛的规则相似；网球、壁球和板球等都需要建立一个回击反弹球的决策过程，在一种情境中学习对这些问题的反应，如有关球的反弹速度、方向、启动角度、球的旋转等一般特征，可以对其他一些知觉因素相似的情境提供更

多的积极性迁移。

2．负向迁移产生的条件与原因

尽管负向迁移在运动技能的学习中较少出现，并且持续的时间很短暂，但对于教练员来讲，了解可能发生负迁移的情况还是很有必要的，它可以使我们懂得如何避免这种负向迁移的发生。

负向迁移产生的原因：

已经掌握的知识或者技能，阻碍了新技能的学习或在新环境中操作该技能，即产生了负迁移。产生负迁移的两种技能操作间的情境是相似的，但是运动的特征是不同的。运动空间位置的改变和运动时间结构的改变是产生负迁移的两种重要情境变量。例如当你驾驶一辆别人的车时，这辆车的变速挡的位置与你已经习惯的位置正好相反，将会发生什么样的情况？

时间结构改变之一是动作节奏模式的改变，当练习者在时间相关模式下学习一系列的有序动作时，如学习一段音乐、舞蹈等，需要进行多次的尝试才能建构新的节奏结构模式。影响负迁移产生的另一重要原因是认识的模糊性。在汽车换挡的例子中，司机已经习惯并记忆了自己车子的换挡模式，如果要求这名司机再去开未驾驶过的，并且挡位与自己车子相反的新车时，在换挡时肯定会再认已有的记忆程序，这就是认识的模糊性。

认识了负迁移产生的原因，就可以正确地面对和积极地通过练习来克服。无论是不同的汽车换挡或是不同的打字键盘，通过一段时间的练习，我们都能运用如前，因为负迁移的影响只是暂时的。

3．教学中如何促进正迁移

要实现这一目标，首先在教学中要指出技能间的相似性。所学内容与已掌握的某项技能存在相似性，在哪些特征上有相同点，知道这些会更有利于新技能的学习。

其次，教练可以使用教学线索强调来实现迁移。可以用各种教学线索来强调动作间的相似性，如在体操中对各种技能使用一致性分类是有用的，如强调臀部动作在平衡木上、在吊环上和在垫子上是相同的，这有利于臀部动作在这几个项目上的迁移。

另有一个重要方面，就是教学中强调对未来技能的迁移。强调对当前学习技能的迁移是最具直接效应的，可以获得较好的练习绩效。例如，在儿童的运动学习中，教练应尽可能用多种方法让学生练习一个垫子滚翻动作，希望学生能形成完成这个动作的一般能力，这种练习可以使学生进行有效的概括化学习。

（三）应用运动素质转移原理的注意事项

1．为了达到正向迁移的良好效果，尽量减少负向迁移的不良影响，采取有效的教学方法是最重要的。

2. 在教学中清晰、正确的技术概念是提高正向迁移的首要条件。通过讲解示范，录像和电影等，使初学者明确运动技术原理，了解技术动作结构以及技术各环节的有机联系，把握住动作的关键部分。

3. 在技术练习中，基本技术要过硬，无论在什么情况都不变形。对于复杂的技术动作，可先分解练习。待各个动作阶段都能很好地掌握后，再进行综合练习。唯一的途径就是反复强化练习达到自动化的程度。

4. 重视多种运动技术的掌握，广泛参加不同的运动项目，搞清各个项目之间的共同点和不同点，不同的运动项目偏重发展某一种素质，动力定型建立的数量越多，就能越顺利地建立条件反射，较快地掌握新的技术动作。

第二部分

第八章 概 述

健康、健美和长寿是人人所向往的，事实证明健康的生活方式配合科学合理的体力活动和饮食可以帮助人们实现这个美好的愿望。但是，在当今的城市生活中，体力活动越来越少，为了弥补体力活动的不足，人们有意识地在生活中通过各种方式增加一些消耗体力的活动，其中一种合理有效的体力活动方式就是体育健身运动。体育健身运动的形式多种多样，比如跑步、骑车、游泳、武术、跳绳以及各种球类等运动。近几十年来，在许多经济发达国家，一项叫做健身健美（又称健康运动）的运动形式更是迅速而广泛地发展起来，体育健身俱乐部遍及每个城市，健身爱好者们有计划、有规律地投入其中，将其视为生活中不可缺少的组成部分，主要原因就是因为它是一项健身价值很高的体育健身运动。

某个体育健身运动项目的健身价值指的是长期通过这项运动的锻炼，全面提高人的综合体质的成效。综合体质水平包括一个人的体格、体能水平和心理状态等。具体地讲，看一个运动项目健身价值的高低，可以通过“一个目的”和“两个全面”来衡量。“一个目的”就是看这项运动的直接目的是什么，健身价值较高的运动的直接目的应该是为了提高人体的健康水平，而不是单纯为提高某方面的运动成绩或运动技术水平；“两个全面”指的分别是“身体部位”的全面和“身体素质”的全面，也就是看看这项运动是否可以锻炼到胸、肩、背、臂、腰、腹、腿等各主要部位，还是仅仅主要锻炼了身体的某些局部，以及通过这项运动的锻炼是不是可以使人体的力量、速度、耐力、柔韧性和协调性等各项运动素质都得到提高，还是只提高了某项或某几项素质。健身价值比较高的运动项目应该是可以锻炼到全身各主要部位，而且，通过运动锻炼可以使人体的力量、速度、耐力、柔韧性和协调性等各项身体素质都得到提高，而不是只锻炼身体的某些局部或只能提高某几项身体素质。

健身健美运动是一个独立的运动项目，有其独特的运动方式。它是根据人体解剖结构和生理特点，遵循人体运动科学原理，利用各种健身器械或徒手，运用专门的训练手段和方法，主要通过主动的肌肉锻炼的方式，以增进健康、美化体形、陶冶情操、延年益寿为目的的运动。与其他运动项目最大的不同是它的主要运动目的是提高人的健康水平，美化人的体形。而且健身健美运动讲究全身性锻炼，而不是只练局部肢体，并且通过其独特的

锻炼方式，可以提高人体的各项身体素质，使人体的综合体质水平有所提高，所以健身健美运动又被称为各项运动的基础，是一个健身价值很高的运动项目。

第一节　健身运动的组成与分类

一、健身运动的组成

一般来说健身健美运动包括三大部分，即伸展运动、有氧运动和肌肉负荷运动，俗称三大健康运动。在有计划的健身健美锻炼当中，应该根据个体情况，按一定的比例合理安排三个部分的练习。

（一）伸展运动

伸展运动是一种以发展柔韧性为主的运动形式，其主要作用是可以使处于安静状态下的身体适应运动状态，使剧烈运动后的身体恢复正常状态，使身体更加灵活。一般安排在每次健身健美锻炼的开始（作为热身运动的一部分）和结束部分（作为整理和放松运动的一部分），或在专门的柔韧性训练课程里。

（二）有氧运动

有氧运动是一项以提高人的心肺功能和有氧耐力为主的运动。通过有规律的有氧运动，可以明显地提高人的心脏、血液循环系统的功能和肺脏的气体交换能力，同时还可以促进人体的新陈代谢，尤其是综合运动后的恢复代谢。一般可将有氧运动安排在每次训练的开始（作为热身准备活动的一部分）和放松整理活动之前（10分钟以内短时间的），或安排在非肌肉负荷锻炼日（一般30～60分钟/次）。

（三）肌肉负荷运动

肌肉负荷运动是健身健美运动的主体，它可以比较全面地发展人的体格和体能。经过长期的肌肉负荷锻炼，不仅可以使人的各项生理机能和身体素质得到明显的提高，使人的体形更加的优美，同时还可以陶冶人的情操，使人的心理素质也得到提高，从而提高人体的整体健康水平。肌肉负荷锻炼一般安排在热身准备活动之后、放松整理活动之前的大段时间里（60～90分钟），作为健身健美锻炼的主体。

二、健身运动的分类

从性质上分，健身健美运动可以分为以一般健身为主要目的的大众健身健美运动和以健身健美竞赛为目标的竞技健身健美运动两大类。

（一）大众健身健美

大众健身健美运动是健身健美运动的主流，大多数参加这项运动的人是为了提高健康水平、美化体形、愉悦心情。比如体质比较差的想要得到增强，过于肥胖的想要减脂瘦身，太过瘦弱的想要强壮体魄，有体形缺陷的想要得到矫正以及缓解工作的压力，扩大人际交往，甚至伤病后的康复等，这些目标都可以通过大众健身健美锻炼得到实现。

（二）竞技健身健美

经过一段时间的健身健美锻炼，很多人的体质发生了明显的良性变化，身体更强健，体形更漂亮，性格更健康。为了展示自己健美的体格、评价健美的程度，一部分人在经过一段有规律、有计划的大众健身健美锻炼之后，加入到竞技健身健美运动中。

竞技健身健美运动与大众健身健美运动相比，在训练目的上更倾向于竞赛。所以，训练强度更大、更专业、更具系统性。

竞技健身健美运动的竞赛项目包括健身小姐、健身先生、男、女健美等比赛。其中健身小姐和先生比赛是按身高分组，男、女健美比赛是按体重分级别进行比赛。另外，按年龄分还有青年组和元老组的健美比赛。健身比赛主要比形体和体能特长表演，而健美比赛则侧重肌肉发达程度、清晰度和形态及身体比例的匀称度等。

第二节　健身运动的内容及特点

一、伸展运动的内容及特点

伸展运动又称柔韧性练习，是一类可以通过徒手或借助他人外力增加人体各关节活动范围和稳固性，提高人体柔韧性和灵活性的运动形式。

在三大健康运动当中，伸展运动可能是最容易被忽视的运动形式，然而它是最不应该被忽视的部分！因为无论是从安静的状态进入运动的状态还是从运动的状态回到正常的状态都需要有一个“过渡”，而伸展运动就是这个“过渡”的主要内容之一，缺乏这个“过渡”就极容易造成运动伤害问题。

伸展运动的内容主要包括：

静态伸展：将某一肌肉及其相关组织拉长到可承受的某一程度并保持15～30秒；

动态伸展：让将要在运动中用到的肌肉及相关组织做有节奏的、柔和的重复性伸展；

冲击伸展：用冲击力使目标肌肉及其相关组织拉长到运动范围的极点，并迫使其过度伸长的伸展；（此种练习十分危险，容易受伤，一般只适用于需要冲击力和爆发力的运动项目的运动员，而且是在充分热身后）

渐进伸展（PNF）：先做静态伸展接着对目标肌肉及相关组织施加一定的外力，使其有适当的拉长，并保持5～6秒，然后再回到静态伸展，重复进行。（目前认为是效果最佳的伸展练习方式）

伸展运动的特点：

1. 运动强度比较低，一般不会使人的心率有较大的提高；
2. 可以提高人的整体柔韧性，使人感觉轻松、自如，避免在运动中受伤；
3. 练习动作讲究正确、适度，否则容易造成软组织拉伤；
4. 除专业要求，一般训练时间较短，5～10分钟左右即可。

二、有氧运动的内容及特点

有氧运动指的是那些在运动中身体能量的供应主要来自于有氧代谢的运动，有氧代谢即体内的能源物质糖类、脂肪或蛋白质等在氧气充足的条件下，在组织中充分燃烧产生二氧化碳和水，同时释放能量供给ADP再合成ATP以维持运动继续。通俗地讲，凡是可以持续3分钟以上的连续运动都可以叫做有氧运动，比如长时间的走、跑、骑车、爬山、游泳、划船、滑冰、打太极拳、跳舞、小负荷的肌肉练习、各种有氧健身操等运动都属于有氧运动。

一般来讲，有氧运动有以下几个特点：

1. 可持续时间长。如果不考虑健康问题，人可以连续跑上数小时，甚至更长（一般合理有氧跑练习为25～90分钟/次）；

2. 运动强度中低。一般有氧运动心率为最大心率的55%～80%［最大心率=（208−本人年龄）×70%］；

3. 同时参与运动的肌肉多，有大肌群参与运动，如骑车、游泳、跑步、滑冰等运动；

4. 简单重复性动作。大多数的有氧运动形式都是持续做比较简单的重复性动作，如跑步、游泳、划船、骑车等（也有例外，如太极拳等）；

5. 可以明显地提高人体的心肺功能和肝肾功能，增强工作耐力，使安静心率低于常人，可长时间高效率工作。

三、肌肉负荷运动的内容及特点

肌肉负荷运动又被称为力量练习，是利用各种健身器械或徒手的方式对人体各部位的肌肉进行多组的、力竭性的训练。通常这种练习是以无氧代谢为主有氧代谢为辅的混合运动，也就是说每组练习时间一般不超过3分钟。根据身体素质水平不同，每个部位可以安排1～4个动作，比如锻炼腹肌可以采用负重仰卧起坐和悬垂举腿的方式，每个动作做3～5组，每组做20次；再如锻炼胸部肌肉，可采用杠铃卧推和仰卧飞鸟等练习，每个动作做3～5组，每组分别做6～15次等。

肌肉负荷运动的特点：

1. 肌肉负荷练习一般是分组进行，而且要求每组基本做到力竭，组与组之间的组间歇比较短（1～3分钟），每个局部肌肉群可进行多组练习；

2. 总运动量可大可小，总练习时间可长可短（20～90分钟，局部肌肉群20～60分钟）；

3. 运动强度中高。运动心率一般控制在最大心率的55%～85%；

4. 练习动作简单易学，安全有效；

5. 肌肉负荷练习能够有针对性地锻炼到全身的各个部位，从而可以调整和矫正人的体形结构，美化体形；

6. 能量消耗效率比较高，是减脂的首选运动方式之一；

7. 可全面提高人体生理机能和各项身体素质，是提高健康水平、人体素质，延长健康寿命的最佳运动方式之一。

第九章 伸展运动

第一节 伸展运动及其作用

一、什么是伸展运动

简单地说，为了提高人体各关节的活动范围和灵活性而进行的身体练习即为伸展运动。由于一般构成人体各关节的主要组织包括关节囊、关节周围韧带、肌腱以及关节骨和骨骼肌等，所以大多数的伸展运动都是针对这些组织的牵拉、挤压和扭转等。具体操作上多为在各个相关关节处进行可能范围的屈、伸、水平屈、水平伸、外展、内收、外旋、内旋、环转和扭转等练习。例如为了提高身体向前的屈体能力，可以通过坐式体前屈练习来进行锻炼，它可以使髋关节、脊柱的各可动脊椎之间关节的活动范围得到适度地扩大，从而提高人体活动时的柔韧性和灵活性。

从运动训练学角度来讲，可以将伸展运动分为一般伸展运动和专项伸展运动两大类。一般伸展运动也叫做一般柔韧性素质运动，是指为进行一般性运动而进行的柔韧性训练，难度、要求相对较低。专项伸展运动又称专门柔韧性素质运动，特指为进行某些专项运动而做的有特殊要求的柔韧性锻炼，难度和要求都相对较高。专门柔韧性素质是建立在一般柔韧性素质基础上的。

二、伸展运动的作用和意义

根据人体最大节省化原理，人的身体如果不经常使各个关节在较大可能范围活动的话，那么他身体各关节的活动范围就会缩小到能维持生活需要的较小范围。这样不仅仅是给生活带来不便，而且更容易在活动中受伤。如果一个人长期不活动，他的运动能力就会快速下降，使身体变得虚弱、僵硬，最终影响健康和寿命。

伸展运动的最大好处在于：

1. 加大了人体各关节的活动范围，使身体更加灵活方便地运动；

2. 运动前进行伸展运动有利于人体在生理和心理方面进入运动状态，从而大大降低了运动损伤的危险性；

3. 伸展运动的练习在提高柔韧性的同时也锻炼了关节周围的相关组织，进而加强了关节的稳固性；

4. 伸展运动对运动训练后身体的紧张、僵硬有很好的缓解作用，能够促进机体的快速恢复；

5. 合理有效的伸展运动可以通过运动素质的转移促进其他运动素质的发展，从而提高人体的综合运动素质水平。

三、影响伸展运动能力的因素

可以影响人体各部关节组织柔韧性的因素有很多，在实际操作中应当根据具体情况加以注意，有针对性地分别对待。对可以改善和利用的因素要充分利用，不能通过训练改善和提高的不能盲目操作，以避免不必要的伤害。

（一）可以通过锻炼改善和利用的影响因素

1. 关节周围组织的弹性：关节周围的骨骼肌、韧带、皮肤等组织的弹性明显受中枢神经系统兴奋性的影响。在中枢神经系统亢奋时，肌肉和韧带组织的弹性显著增强，使关节的柔韧素质有适度提高。

2. 关节周围组织的体积：有些关节大范围活动时对一部分周围肌肉等组织有挤压的趋向，而同时对另一部分肌肉、肌腱等有抻拉的作用，如果使这些组织体积过度增大，势必会影响关节的活动范围。

3. 关节周围骨骼肌的力量：关节周围骨骼肌的力量越大该关节的主动柔韧性就越好（在培养肌肉力量的同时注意加强柔韧性的锻炼）。

4. 神经中枢系统协调性：运动中肌肉的张力控制与神经系统兴奋和抑制的转换能力相关。肌肉的随意放松能力也取决于神经过程分化抑制的发展程度。所以，神经过程转换的灵活性会直接影响柔韧素质。神经过程转换的灵活性强，则肌肉的兴奋性强，关节周围组织的弹性和伸展性好，控制肌肉收缩及舒张的能力高，使参与运动的各个肌肉群协调工作，促进柔韧性素质的提高。

5. 心理状态：不良的心理状态会通过中枢神经系统影响到人体的活动状况。长时间过度紧张会使神经过程由兴奋转向抑制，从而影响身体各部的协调能力，进而影响整体的柔韧性。

6. 温度：人体自身的温度和外界环境的温度对人体的伸展能力都有明显的影响。人体在常温安静状态时，由于各关节内的关节液少，运动组织不兴奋，伸展能力明显下降。人体的最佳运动温度大约是38℃，这时各项素质都表现出较高水平。外界环境温度低于18℃时，人体表现出明显不适应，各项素质水平不高；而在18℃以上运动时，人体的柔韧性素质表现较好。

7. 时间段：在一天当中，早晨和刚睡醒时柔韧性较差，中午时逐渐提高，下午3～5点钟时状态最好，晚上又变得差些。

8. 体能状态：精力旺盛、体力充沛时由于主动柔韧性强等原因，伸展能力较好；疲劳时关节周围组织的弹性、伸展性、兴奋性等均降低，致使各肌肉群收缩舒张不协调，导致关节柔韧性水平降低。

（二）不能通过训练改善和提高柔韧素质的影响因素

1. 性别：一般来说，女性的身体柔韧性比男性好（从少年到成年）。

2. 年龄：在自然条件下，人在约十岁以前柔韧性最好，十三四岁期间最差，此后各关节的伸展能力略有提高。如果不经常加以锻炼，人的柔韧性素质会随着年龄的自然增长而下降。十岁以前是发展柔韧素质的最好时期。

3. 关节生理解剖结构：人体骨骼由于生活环境不同，在先天遗传和后天初期活动的影响下有些人骨骼粗大，另一些人骨骼细小，使得骨关节的活动范围不尽相同。一般来说，骨骼粗大的个体比骨骼细小的个体关节柔韧素质稍差些。

第二节 伸展运动训练的方法

一、伸展运动训练方法的分类

总体上来说，伸展运动的训练方法可以分为两大类，即动力性的伸展运动和静力性的伸展运动。两类伸展运动又可以分别分为主动性的和被动性的动力伸展。

（一）动力性伸展的训练方法

在进行伸展训练练习时，与被伸展部位相关的组织环节处于活动的运动状态，而不是处于相对静止的状态，例如躯干或四肢的摆动、震颤、挤压、有节奏的抻拉、扭转等。

1. 在进行动力性伸展练习时，动力来自于自身的为主动性动力伸展。如手扶把杆的踢腿练习、摆腿练习等；

2. 在进行动力性伸展练习时，动力来自于自身之外（如训练伙伴或教练等）的为被动性动力伸展。例如分腿坐地，上体前屈，教练从背面由上向下反复下压的坐式体前屈练习等。

（二）静力性伸展的训练方法

在做伸展练习时，被伸展的部位及其相关组织环节保持相对静止的运动状态。如将身体的某一关节尽量屈或伸到尽头，并保持紧张状态数秒或十几秒。

1. 在进行静力性伸展练习时，动力来自于自身的为主动性静力伸展。如坐位体前屈时，双手主动尽力向前伸，并在最远处停留15秒。

2. 在进行静力性伸展练习时，动力来自于自身以外的为被动性静力伸展。例如坐位体前屈时，由教练从背后自上向下略施压力，至练习者感觉腘绳肌及其相关组织被拉紧时，保持不动15秒。

二、常用的伸展运动练习方法

在实际的伸展运动训练中经常用到的练习方法有以下几种：

（一）提高关节周围组织柔韧性和弹性的训练

如前所述，提高人体伸展能力的主要途径大都是通过改善关节周围组织的弹性和柔韧性来进行的。通常可以通过以下几种方法进行：

1. 静力性伸展法：通过主动的或被动的方式使身体某一个或几个关节向某个方向运动至感觉相关组织被拉紧略有痛感时，停止并保持15～30秒，其间若痛感加强，可适当减小紧张度。

2. 动力性冲击伸展法：通过主动的或被动的方式使身体某一个或几个关节向某个方向加力快速运动至接近极限位置（一般会引起反弹现象），随后返回初始位置，重复数次。由于在伸展运动过程中，关节及其相关组织被过分拉长、挤压或扭转，所以极容易造成运动损伤，在实际操作时应该特别注意循序渐进，而且应当在充分的热身准备活动之后

进行。

3. 功能性（关节可活动范围的动力性）伸展法（ROM）：一般是通过主动的方式以中等或慢速度和中等力度使身体某一个或几个关节向某个方向运动到自然尽头，但不引起反弹，然后返回原位，多次重复。由于此类伸展练习比较柔和，不易造成损伤，因此，在热身准备活动中经常使用。

4. PNF牵拉法（本体感觉神经肌肉促进法）：此种方法是基于骨骼肌组织中腱梭感受到肌肉收缩力量过大时，会使肌肉放松的神经—肌肉反射原理。具体操作一般是在肌肉放松的情况下对运动关节及周围组织进行10秒钟左右的静力牵拉，随后，在外力作用下使相关组织进一步伸展至略有痛感，然后保持关节不动，相关肌肉等长收缩约6秒钟，之后放松1～2秒钟，再次施加外力做被动牵拉30秒钟左右，这样重复做若干次。在外力长时间施加的压力下，肌肉会慢慢放松下来，使牵拉的幅度有所增加。有资料显示，目前PNF牵拉法是发展伸展运动能力最有效的方法之一。其发展柔韧性的效果是静力伸展法、动力性冲击伸展法的2倍以上。

（二）加强关节周围肌肉组织力量的训练

主要是通过关节周围骨骼肌的常规力量锻炼，加强主动伸展力度以促进关节柔韧性的发展。常用的方法可参见本书后面有关肌肉负荷训练的方法和手段的章节。

（三）提高中枢神经系统协调性的训练

与柔韧性相关的中枢神经系统协调性主要是指对抗肌群的兴奋和抑制的相互转换能力。在伸展运动训练中，对抗肌的神经系统不协调往往使身体表现出僵硬，柔韧性差。提高对抗肌协调性的常用方法有两种：

1. 大重量训练法（只适合有一定训练基础的人）：在做常规的骨骼肌训练时，使用最大力量90%以上的重量负荷来进行，一般每组不超过3次。用这样的方法可以迅速、有效地提高训练者的协调性。

2. 意念控制训练法：所谓意念控制指的是在进行旨在提高身体伸展能力的练习时，主动地从主观上命令、强迫对抗肌逐渐地放松。经常反复地进行这样的练习，可以明显地提高中枢神经系统的专项协调性，进而提高人体的伸展能力。

第三节 身体各主要部位伸展练习的手段

一、做伸展运动常用的器械

为了更好、更全面地进行伸展练习，除了在地面上的垫上练习之外，还可以利用一些辅助器械来进行。常用的辅助器械有肋木、把杆、跳箱、单杠、双杠、吊环、橡皮条、绳索、木杆、杠铃、哑铃等。

二、伸展运动常用的手法

伸展运动经常使用的手法包括：按压、扭转、震颤、挤顶、抽踢、抡摆、环转、弯曲、悬吊等，借助他人外力时还可以抬举、搬压、推挤、压按、拉拽、顶拉等。

三、身体各主要部位常用伸展练习的手段

（一）腕部的伸展练习

1. 腕挤压：双手四指交叉对握，两腕一个向上顶，一个向下压，使两腕一屈一伸，双臂同时向内用力挤压，使两腕分别屈伸到尽头，交换位置关系，反复进行。

2. 腕扭转：双手四指交叉对握，两腕一个向前，一个向后，使两腕一内收，一外展，双臂同时向内用力挤压，至两腕分别外展内收到尽头，交换位置关系，反复进行。

（二）颈部的伸展练习

1. 仰卧伸颈：仰卧在一长凳上，使头颈探出凳外。顺着重力方向将头部慢慢向后仰，至尽头，再分别向左右两侧慢慢扭转至尽头，还原后重复进行。

2. 俯卧屈颈：俯卧在一长凳上，头颈部探出长凳，使头颈部沿着重力方向尽力慢慢向下屈，至接近极限位置，然后分别再向左右两侧慢慢扭转至尽头，还原后再重复进行。

（三）肩部的伸展练习

1. 正向压肩：面对齐腰高的把杆一大步远站立，双手与肩同宽抓握把杆，两臂微曲，两腿伸直，头和上体尽量向下压，至两肩关节处完全拉紧，停留，重复进行。

2. 反向压肩：背对齐腰高把杆一步远站立，双手略宽于肩抓握把杆，两臂伸直，上体挺直，双腿慢慢弯曲下蹲，至两肩关节完全拉紧、停住、还原，反复进行。

（四）躯干部的伸展练习

1. 立式体前屈：双脚并立，站在一台阶的边缘处，双腿伸直，屈髋使上体尽量贴近双腿，同时，双臂自然下垂，双手尽量向下够，至腰、臀、腿部均被拉紧、停止，重复进行。

2. 反弓下腰：背对一立柱（小树、电线杆、肋木等）一步远站立，上体略向后仰，双腿微曲，双手抓扶住立柱，慢慢向下移动，身体随之形成反弓，至身体伸展接近尽头，停止、还原后重复进行。

（五）髋部的伸展练习

1. 立式摆腿：面对齐腰高的把杆一步远站立，双手略宽于肩抓扶把杆，一条腿伸直站立，另一条腿在体前分别向左右两侧尽力摆动。

2. 仰卧别腿搬膝（以左侧髋部为例）：仰卧在垫子上，将左腿的外踝部置于右腿膝上的大腿前端，屈曲右侧的大腿和小腿，使左小腿向上体靠近，双手抱住右小腿，慢慢用力向胸前拉引，至左髋部被完全拉紧、停住，然后慢慢放松，反复进行。

（六）膝部的伸展练习

1. 立式后拉足（以左膝为例）：面对齐腰高的把杆半步远自然站立，右手抓扶在把杆上，屈左膝使左脚向后上方抬起，左手抓住左脚背，尽力使脚跟贴近臀部，再令左膝慢慢向后移动，至左腿股四头肌被完全拉紧、停住，再慢慢放松，重复进行。

2. 坐式单腿体前屈（以左腿为例）：坐在垫子上，左腿伸直，右腿屈曲使右脚底面贴近左腿自然摆放，挺胸直腰，上体前屈，双手抓握左腿踝部，双臂慢慢用力拉引上体向左腿靠拢，至左腿后群肌肉被完全拉紧，保持收紧状态，再慢慢放松还原，重复进行。

（七）踝部的伸展练习

1. 跪式压足：两脚面绷直跪坐垫上，双手向后抓握双脚跟部，上体挺直，身体重心由前向后慢慢转移，至足背感到压力为止。动作应缓慢、均匀，注意用双臂控制重心的移动。

2. 半蹲式顶足：双手齐腰高抱握住一立柱，单腿屈曲下蹲，另一腿伸直，脚跟着地，将脚底面紧抵在立柱上，双臂用力拉引，同时弯曲腿慢慢用力站直，顶立柱腿的膝关节向立柱尽量前顶，至小腿后群肌肉完全拉紧，反复进行。

第四节　伸展运动训练当中应该注意的问题

伸展运动是健康运动的重要组成部分，在健身健美训练时应该给以足够的重视。但是，伸展运动也是一项有一定危险的运动，如果操作不当，有可能造成不必要的运动损伤，所以在训练中要加以注意。一般来说，应当特别注意以下几个问题：

1. 循序渐进，稳步发展

人体柔韧性的发展有其规律性，通常柔韧素质是通过长期训练慢慢提高的，不能盲目地求快、求进展。一般来说，每次伸展训练不能过于剧烈，不能时间过长，拉伸时以略有疼痛感为度。如果奢望在短期内获得大发展，极容易造成严重的运动损伤。

2. 方法得当，防止受伤

非专业运动员除非特别需要，一般尽量少采用动力性冲击伸展法进行柔韧性训练。另外，在运用其他方法进行柔韧性训练时，特别是做被动性的伸展练习时，亦应该注意动作的幅度和力度要适度，不可单纯为了快速进步而急于求成，避免造成相关组织的损伤。

3. 先做热身，后做伸展

在诸多影响柔韧素质的因素当中，温度是一个主要影响因素。如果不做热身运动，一上来就做大范围、强力的伸展运动，非常容易出现拉伤现象。所以，伸展运动应该在充分的热身准备活动之后进行。

4. 伸展水平，因人而异

应该明确指出，不是所有的人都要求有很高的柔韧素质水平。除少数运动员和特殊职业者对专项柔韧性有较高的要求外，一般普通人没有必要具备高水平的柔韧素质。所以，普通人只需要具备一般柔韧性水平即可。

5. 伸展之后，放松整理

通常伸展运动练习都是使关节、韧带、肌肉、血管、神经等组织做接近浅极限的拉伸、扭转、挤压等运动，所以在伸展运动结束后，应当做一些相关部位的按摩、放松和整理活动，以促进相关组织的恢复。

6. 专业训练，从小培养

如想要成为柔韧性要求较高的运动项目的运动员，最好是从10岁以前就开始进行柔韧性素质的训练。这个时期培养出的柔韧性素质，容易发展、保持、不易消退。

第五节 人体几个身体部位伸展能力的测评方法

对于普通人来说，如无特殊要求，一般不需要保持超好的柔韧性，只要能够比较好地完成人体各关节的正常活动即可。通常在进行柔韧性锻炼时，也不是要求面面俱到，对每个关节分别做专门的练习，而是做一些有多关节（特别是大关节）同时参与的综合性练习，以保持身体有较好的伸展能力。

人体伸展能力的好坏可以通过多种方法测试，下面简单介绍几种简便易行的柔韧性测试方法，健身者可以参照评价标准测评自己的伸展能力水平，以便有的放矢地进行柔韧性锻炼，提高身体的综合素质水平。

1. 坐式体前屈

通过此种方法主要可以测评人体整体屈的能力，包括肩、脊柱、髋等各关节。

测试方法：端坐在地上的垫子上，两腿伸直、并拢，用双手尽量向前伸出。

评比标准：双手不能触及脚尖的为柔韧性较差，能够触及脚趾尖为一般，手指尖能超过脚趾尖一手长是良好，小臂中部可接近脚趾尖为非常好。

注意事项：测试前要做好充分的热身准备活动，防止发生软组织拉伤现象。

2. 仰卧单屈腿

测试方法：仰卧在地上的垫子上，一腿平伸在垫子上，另一腿伸直抬起，由测试人员侧站在旁边，用手扶住抬起的腿，轻推其脚跟部，使其直腿屈髋，至接近最大屈度。

评比标准：躯干与大腿夹角大于90°为柔韧性较差，90°左右是中等，大腿与地面夹角小于75°者为优秀。

注意事项：在此项测试过程中，除在测试前测试者要做好热身准备活动外，还应该特别注意两条腿都要始终保持伸直状态，不可有弯曲现象。再有，在地面上的腿不能离开地面。另外，测试人员在推动测试者脚跟时，动作应轻缓，不能动作过猛过快或使用过大的力量，防止拉伤现象发生。

3. 俯卧屈膝

测试方法：俯卧在地上的垫子上，一腿完全伸直置于垫上，另一条腿屈膝，使脚跟尽量接近臀部，由测试人员在旁边用手轻轻向下按压测试者的脚背，使其脚跟尽量贴近臀部。

评分标准：脚跟不能碰到臀部者为柔韧性较差，刚好可以触及臀部为良好，脚跟可以很轻松地触及臀部者为优秀。

注意事项：实施测试前做好热身准备活动。测试中测试者弯曲腿的大腿部分应始终放在垫子上，不可抬起。测试人员向下按压测试者脚背时，用力要轻缓，力度合适，而不能速度太快、力道过猛、过大，防止出现拉伤现象。

4. 坐式双臂举

测试方法：测试者端坐在直角凳上（垂直靠背的高度不超过测试者的肩部），背部紧靠在直角凳的靠背上，两臂伸直，手心向前垂直向上举起，测试者保持上体挺胸直腰，测试人员站在旁边轻轻地向后推动测试者的手掌，直至接近最大伸展度。

评分标准：双手在肩部额状面以前者柔韧性为较差，双手可达双肩的垂直上方者柔韧性为良好，如双臂垂直向上伸直，双手可向后超过双肩额状面，则该测试者的柔韧性为非常优秀。

注意事项：测试前应做好充分的热身准备活动，测试过程中测试者的臀部和背部均要始终紧贴在直角凳的垂直靠背上，以保证肩部在臀部的垂直上方。测试者的双臂应始终保持伸直状态，不能弯曲。测试人员在向后推动测试者的手掌时，要注意用力的速度和力度，不能过猛，力量过大，防止运动损伤的发生。

第十章　有氧运动

第一节　有氧运动及其特点

一、什么样的运动叫做有氧运动

所有运动中所需能量主要来自于有氧代谢的运动，都可以称作是有氧代谢运动，简称有氧运动。有氧代谢指的是在人体内，在氧气供应充足的条件下，糖原、葡萄糖、脂肪酸或氨基酸等物质被充分氧化分解为二氧化碳和水，同时释放出能量供给肌肉收缩使身体运动的代谢过程。

由于在有氧代谢运动时，大部分能量是依靠有氧代谢提供的，而有氧代谢供能的速率比较慢，所以，有氧代谢运动通常都不能是很剧烈的。因为如果运动太过剧烈，供给运动能量的主要来源就转为无氧代谢能量，成为无氧代谢运动了。一般可以用最大运动心律百分比来判别运动的剧烈程度。有效的有氧运动的运动心律大都在最大运动心律的55%～80%范围内，最大运动心律为（208−本人年龄）×70%。简单一点说，可以持续进行3分钟以上的连续运动都可称作是有氧运动。

所以，人类的一般活动均为有氧代谢运动，常见的有氧健身运动形式包括长走、长跑、非竞赛性的各种球类运动、自行车、爬山、攀岩、游泳、划船、滑冰、轮滑、滑雪、太极拳、小重量器械练习、健身操、舞蹈、跳绳等。

二、有氧运动具有哪些特点

虽然有氧运动的种类、形式多种多样，但它们都有一些共同的特点：

1. 此类运动的运动强度一般不是很大，健身者的运动心律通常在他本人最大心率的55%～80%左右，所以非常适合普通健身者长期从事，包括运动能力较低的和有一定运动基础的各类人群；

2. 运动时间可长可短，每次有效的（对人的体质能够产生良好影响的）有氧锻炼时间从20分钟到90分钟，均可收到一定的效果；

3. 有效的有氧运动一般都有多肌群特别是有大肌肉群同时参与，如跑步、游泳、健身操、舞蹈、徒手深蹲练习等；

4. 长期从事可明显提高人体的心肺功能、肝肾功能、神经系统功能以及相关的运动器官的功能，从而在一定程度上提高人体的健康水平；

5. 健身类的有氧运动通常都比较安全，只要遵守训练原则，一般不易在运动中受伤，是普通大众运动健身的主要形式之一。

第二节 有氧运动的作用和意义

有氧运动对人体的作用是多方面的，只要操作得当，无论是对个体健康，还是对整个社会都是大有裨益的。

一、有氧运动对人体的主要作用

（一）对人体心脏血液循环系统有突出的好处

通过长期有规律的有氧健身运动，可以实质性地改善心脏的形态，使心脏的各腔室径明显增大，这样就使得心脏的每搏输出量增多，心脏的工作效率提高，所以一般从事有氧运动项目的运动员平常安静心率都低于常人。比如常人每分钟心率为70～80次，而有氧运动项目的运动员通常每分钟心率都低于60次。如果每分钟差10次，一天就能差出近14 400次。

另外，有规律的有氧运动锻炼能够使人体的心血管系统机能得到良好的改善，使全身血管开放量的调节水平得到提高，使血液的重新分配机能更灵活、高效。

（二）对人体呼吸系统机能水平有明显的提高

有氧运动的另一个突出的作用就是明显提高呼吸机能能力。长期的有氧运动锻炼，可

以使得人的呼吸肌更加发达，其直接结果是加大了呼吸的深度，在长时间连续运动时，全部的肺脏几乎都投入到工作中去（平时只用到四分之三左右），从而增大人体的肺活量和气体的交换量。

（三）帮助人体及时清理体内生化环境

人体的体液pH（酸碱度）正常情况下应该是7.35～7.45，但是在长时间剧烈活动之后，身体内会产生许多酸性物质，如乳酸、酮体等，如果不及时清理，这些酸性物质就会使人体的pH下降，导致酸性体质。经常性的中等强度的有氧运动有利于帮助身体将这些酸性物质及时地清理掉（氧化利用），使体内环境总是处于良好的正常状态。

（四）提高人体抗氧化系统的机能能力

众所周知，过氧化自由基可以破坏人体正常细胞，造成各种疾病，可以说是万病之源。病菌、病毒、不良心理以及过量的体力消耗等都是产生自由基的根源。

适量的、有规律的有氧运动不但不会使人体内产生自由基，相反还可以提高机体消除自由基系统中酶的活性，抑制超氧化物歧化酶的下降，阻止血清过氧化脂质的升高，减少自由基对正常细胞的攻击。

（五）可以强化人体免疫系统的机能

长期合理的有氧运动，还可以帮助提高T淋巴细胞、NK（自然杀伤）细胞等的活性，并可提高其在体内的百分比，使T细胞的增殖反应上升。所有这些都可以增强人体的免疫能力，抵御疾病的侵害。

（六）能够很好地改善人体的体温调控能力

人是恒温动物，人体的正常体温约为37℃，情绪、环境、进食以及肌肉运动后通常体温会明显变化，人体会通过辐射、传导、蒸发和对流等方式调节体温。长期通过在自然环境里进行有氧运动锻炼的人，可以明显提高对环境温度变化的适应能力和自身温度的调控能力。

再有，长时间连续运动可使体温有适度的升高，有时可达40～41℃，并且保持一段时间，这非常有利于杀灭体内一些对温度敏感的病源，像有些致癌因子。经常性的有氧运动锻炼，可以在某些疾病还未形成时，就把它们消灭在萌芽状态。

（七）可以改变人体骨骼肌组织的内部构成比例

长期进行有氧运动锻炼，可以使骨骼肌组织中毛细血管增多，能量代谢的工厂——

线粒体的数量增多，肌红蛋白增多，肌肉体积适度增大。另外，肌肉组织中氧化酶活性提高，从而使骨骼肌的有氧代谢运动能力提高。

（八）提高人体内分泌系统的调节能力和潜在机能

内分泌在中枢神经系统的控制下进行，是人体机能调节的主要组成部分之一。合理有效的有氧运动锻炼可以刺激神经系统，调节内分泌腺的功能，促进人体新陈代谢和正常的生长发育。运动时内分泌腺能产生适应性反应，对协调肌肉活动，提高人体机能能力起重要作用。比如经过有规律的、系统的有氧运动锻炼，人体对糖的消化、吸收、储存和利用的能力可以通过调节消化腺、胰岛腺、肾上腺和性腺等腺体的分泌，达到最优化，使平时糖原储备量增加，运动时糖的供应量迅速、充足，以适应有一定强度的耐力性工作，同时保持血糖水平平稳，保障中枢神经系统的正常血糖供应。

（九）对人体内各个内脏器官有特殊的锻炼作用

在各种各样的运动形式中，类似跑步、跳绳等有氧运动，对人体还有特殊的锻炼作用。在进行这类运动锻炼时，由于身体的重心不断地、有规律地上下振动，使得人体内各个内脏器官都能受到一定的挤压、抻拉、摩擦等作用，这些作用对各脏器本身及其周围的固定组织如韧带、网膜、系膜、膈以及神经、血管等组织都是一种良性的刺激，使其在得到机能锻炼的同时，还能得到保养和理疗。

二、有氧运动的意义

在三大健康运动中，有氧运动作为主要内容之一，具有重大的意义有不可替代的作用。

（一）由于有氧运动的强度不大，而且安全、易行，适合男女老少广大健身爱好者采用，具有普遍推广的意义。

（二）与单纯的伸展运动和肌肉负荷运动不同，有氧运动不仅可以提高人体长时间工作的能力，对内脏器官还有其他运动不具备的“维护和保养”功能（如跑步、跳绳等运动）。

（三）长期从事有氧代谢运动锻炼，可以预防高血压、糖尿病、高血脂、肥胖症以及心脑血管疾病等慢性病，对中老年人还有特别的健身、保健作用。

（四）有氧代谢运动形式多种多样，简便易行，不会使健身爱好者产生厌烦感，便于常年坚持。

第三节　有氧运动训练常用的形式

符合有氧运动定义的运动形式多种多样，只要负荷小，几乎大部分的运动形式都可以做成有氧代谢运动。但通常大多数人选作有氧运动的形式一般有以下几种：

一、走步、跑步、跑步机、椭圆机等走跑运动

在诸多的有氧运动形式中，走步、跑步等是最常见的运动形式。这些运动都是在人体直立状态下，主要依靠下肢大肌肉群作为主要动力，辅以上肢的摆动配合，左右肢交替支撑体重的连续运动。走和跑的区别是：走时人体重心不离开地面（至少有一只脚踩在地上），而跑时身体重心有腾空的过程（两只脚同时离开地面）。一般来说跑的速度比走的速度要快些，运动强度也要大一些。除了在自然环境里的走、跑运动之外，在健身房里，还可以利用跑步机和椭圆机进行类似的锻炼。

主要优缺点：

因为有大肌肉群参与运动，所以走跑运动对人体的锻炼刺激效果比较明显，尤其是对人体心肺功能有比较好的强化作用。运动时速度可快可慢，强度可大可小，适合各种体质水平的人采用。

但是，这些运动形式也有一些突出的问题。比如，在走步、跑步运动过程中，各个关节的活动范围不大，属于大关节小活动，不能使各个运动的主要关节有大范围或全范围的活动。另外，上肢、上体在运动中只是简单的摆动，缺乏力量锻炼。如果长期只做走步、跑步运动，就不能全面地锻炼身体的各部，也不能全面地发展身体的各项素质，特别是各项素质之首的力量素质。所以，应当配合走跑运动，另外安排一些伸展运动和上肢上体的肌肉负荷锻炼，以便全面发展身体的各个部分，提高各项身体素质。

二、自行车、健身车运动

骑自行车对大多数人来说并不陌生。自行车运动也是靠下肢大肌肉群作为主要动力，左右肢交替蹬踏自行车脚踏板，上肢上体主要是配合下肢平衡身体。在健身房里也有类似的健身车（坐式的、仰卧式的）、风扇车、电磁车等，所不同的是供健身用的健身车只需下肢运动，上肢和上体不需要调整平衡，没有太多的运动。

自行车运动的主要优缺点：

与走跑运动相似，自行车运动也是靠下肢大肌肉群作为主要动力进行运动的。所以这些运动也可以明显提高人体的心肺功能、肝肾功能等。动作比较简单，运动时强度和运动量也比较容易控制，相对比较安全，适合各种年龄层次的人选用。

由于自行车运动过多地依靠下肢运动，而上肢上体得不到充分的锻炼，所以说单纯的自行车运动也是不完全运动，应该配合伸展运动和上肢上体的肌肉负荷锻炼进行，以便能够比较全面地增强身体体质。

三、爬山、爬楼、攀岩、台阶器、攀岩机等运动

攀爬运动比起走跑运动和自行车运动来说相对难度要大一些，而且，对全身各部的锻炼也更全面些。虽然在攀爬过程中，主要是靠下肢作为动力，但上肢和上体不是消极的不动，而是积极参与其中，尤其是有上下坡或坡度较大的地段，几乎要全身都参与到运动中。

主要优缺点：

攀爬运动要求上、下肢和躯干等各部分环节都要适度地参与到运动中去，所以相对来说运动强度要求比较高，甚至还要有一定的技巧。这类运动可以显著提高人体的肺活量和有氧运动能力，提高人体的协调性，比较全面地锻炼到全身各部分。

但正是由于这项运动能够同时比较全面地锻炼到身体的各部分，且有一定的强度，所以对锻炼者的要求也比较高，一般应该是有一定运动基础的人才适合经常参加。再有像爬山运动，不适合老年人经常参加。因为一般爬山运动路途较远，时间较长，难度较大，长期从事，容易出现各种严重的运动性劳损疾病和代谢疾病。

四、小重量的肌肉负荷运动

肌肉负荷运动指的是利用各种健身器械或徒手，对全身各主要肌肉群分别进行锻炼的练习，也可以叫做举重运动或力量练习。当所使用的重量阻力比较小时，这类练习可以连续不停地做三分钟以上，这时就是有氧运动了，利用这种方法进行有氧运动锻炼是近十几年来发展起来的有氧运动的新形式。

主要优缺点：

一般来说一次有效的有氧运动应该做30～60分钟，如果在这么长的时间里只做走跑运动或自行车运动等，可能会使下肢劳损（尤其是常年单纯坚持走、跑、骑自行车等运动），可上肢还没有得到任何有效的锻炼！而小重量的肌肉负荷运动在同样的时间里，可

以锻炼到身体的各个部分，还不会使任何一个部位造成疲劳损伤。只要方法得当，既安全，锻炼的效果还明显。所以小重量的肌肉负荷运动是一项非常好的、可以比较全面发展身体体质的运动形式。

但是，小重量的肌肉负荷运动缺乏趣味性，不易持久，需要更多的毅力去坚持。

五、跳绳运动

跳绳运动主要是借助绳索作为运动器材，身体在直立状态下跳动（原地或跑动着），上下肢配合的连续运动。运动方式多种多样，可难可易。总体上说，跳绳运动相对比较剧烈，对协调性和下肢的要求比较高，能比较好地锻炼人体的有氧运动耐力和协调能力。

主要优缺点：

可以比较充分地锻炼下肢各部，提高人体的协调性，对上肢也有一定的锻炼作用，可以改善人体的有氧代谢运动能力。

由于上肢用得少，下肢用得多，使得人体上肢和下肢发展不易平衡，特别是有可能会使小腿的肌肉过度发达，这是女孩子们所不希望的。

六、划船、划船器运动

划船运动是一个非常好的运动形式，特别是坐椅可以滑动的划船运动，可以使全身几乎所有的部分都投入到运动中。长期从事这样的运动，不仅可以提高心肺功能、肝肾功能等，还可以提高身体的协调性。如果是水上划船，还可以提高身体的平衡能力等。

主要优缺点：

可以比较全面地提高各项身体素质，锻炼到身体的各个主要部分，是比较理想的健身锻炼方式之一。

由于是全身运动，所以属于比较剧烈的运动，对没有锻炼基础的人来说有一定的难度。如果是在水上划船，还有安全问题要特别注意，不可大意，对中老年人更是如此。

七、滑冰、轮滑、滑雪运动

滑冰、滑雪、轮滑等运动的共同特点是靠下肢作为主要动力源，辅以上肢的运动。对运动技术和体能要求都比较高。如果技术好，它几乎可以适合于任何年龄段的健身爱好者，而且也可以明显提高有氧代谢运动能力和下肢的力量及耐力等。越野滑雪运动对上肢上体也有很好的锻炼作用。

主要优缺点：

一般的滑冰、轮滑、滑雪等运动的活动时间都比较长，是比较典型的有氧代谢运动，长期有规律的锻炼能够明显地提高人的心肺功能、肝肾功能和神经控制系统的功能，尤其是对人体的平衡的能力，还有突出的锻炼作用。这些运动均能够很好地锻炼到人体的下肢和躯干部的大部分肌肉群，对发展人体整体体力有很好的促进作用。

但是，这些运动对平衡感和下肢特别是踝关节的控制能力有比较高的要求，滑行的技术难度也比较大，初学者刚开始学习时比较困难。另外，如果控制不好，摔跤和碰撞是不可避免的，这对小孩和老年人来说是非常危险的，有可能会发生比较严重的伤害事故，所以还要特别注意安全问题。

八、游泳运动

在水中的游泳运动是利用水对人体的浮力和阻力等物理作用，采用特定的动作，使人体可以在水中自由自主地活动的运动方式，也是一种非常好的健身方式。根据个人的爱好和体力情况可采用仰泳、自由泳、蛙泳、蝶泳等各种不同的姿势进行锻炼，也可以做水中舞蹈练习和花样游泳等活动达到锻炼身体的目的。

主要优缺点：

运动的时间可长可短，强度可大可小。而且游泳运动几乎可以活动到身体的各个部分，可以比较全面地锻炼身体。游泳时，骨骼肌一般是做等动收缩，所以还不易造成肌肉的酸痛感。

但由于一般游泳时，水温低于人体体温（温差10℃左右），冷水对人体的刺激会促使人体多长些脂肪，以保持将要回流心脏的静脉血的温度。常见的现象就是游泳后又渴又饿，胃口大开，所以很多人游泳后不减脂，反而变胖了。另外，因为游泳时人体是漂浮在水面上，减少了对骨骼的压力，对增强骨质帮助作用不明显。再有，游泳也需要一定的技术，对人体的协调性要求比较高，不会游泳的人要特别注意安全问题。除此之外，还要注意水中卫生，防止传染病的侵害。

九、几种球类运动

（一）乒乓球、羽毛球、网球

乒乓球、羽毛球、网球等运动统称为小球运动，是没有直接身体接触的对抗性运动形式，通常是单人或双人以单手持拍，击打球体，力图将球击落在对方的场地里以获取得

分。这类运动的动作速度非常快，对人的反应速度、移动速度和动作速度要求都很高，同时，还要求有相当的准确性和稳定性，是一类比较激烈的运动。

主要优缺点：

由于小球运动的特点是速度快、变化多端、无直接身体接触等，所以一般通过长期的锻炼，可以明显提高人体的力量素质、速度素质、耐力素质和灵敏性素质等，对下肢的锻炼作用也不错。

可是，因为是单手持拍，使持拍侧身体运动较多，而另一侧运动相对较少，长期从事这样的运动，使得人体发展不平衡，不仅是两侧肢体粗细不一，甚至长度也有较大差别，所以有人形象地将这类运动戏称为"半边身体的运动"。另外，由于运动中急停、急转动作比较多，对下肢和躯干组织冲击较大，容易造成运动性损伤。再有，因为这类运动太过剧烈，所以不太适合老年人采用。

（二）足球、篮球、手球

足球、篮球、手球运动统称为大球运动，是双方有多人同时参与，力图单纯通过手或脚持带球突破对方防线，最终将球送入对方的网袋中。一般在运动中有直接身体接触的同场对抗的运动项目，运动中除需要个人体能和技术外，还要讲究团队作战的相互配合。通常这类运动的场地面积较大，球体运动距离较远，对参与者的体能和技能要求都比较高，可以比较全面地活动到身体的各个部分，但也有侧重（上、下肢，左、右侧使用不均），在各项素质方面，主要强化了速度素质、耐力素质和协调性素质等。

主要优缺点：

大球运动可以比较全面地锻炼身体的各个部分，对身体的某些素质有较好的促进作用，可以加强团队意识，强化合作精神。

由于大球运动相对比较激烈，而且运动中有身体的直接接触，所以极容易造成运动损伤，甚至是严重的伤害。另外，大球运动一般缺乏力量素质和柔韧性素质的锻炼，应该在专项锻炼之外适当配合一些常规力量训练和柔韧性训练。再有就是大球运动不适合老年人参加，特别是比赛，是相当危险的，容易造成急性外伤和劳损伤。

（三）老年门球

老年门球是一项非常柔和的运动，运动强度不大，对体能要求也不高，对协调性有较高的要求，且对全身各部都有一定的锻炼作用，是中老年人运动健身的好项目。

主要优缺点：

作为中老年人的健身运动，门球对人体各部都有一定的运动刺激作用，对各项身体素质也有一定的锻炼作用。

由于项目本身不要求各个关节有比较大的活动范围，击球的方式也比较简单，造成全身肌肉群动用不均匀，多数关节活动不充分。所以，应当配合一些全身各部的柔韧性训练和适当的力量练习，以提高综合体质水平。

十、太极拳运动

具有中国特色的太极拳运动是近年来在国际上比较流行的有氧代谢健身运动形式之一，虽然太极拳的流派繁多，风格不同，各有特色，但总体来说太极拳运动具备了有氧运动的主要特点，而且太极拳运动要求人体在运动中充分调动全身各部的能力协调用力，对各项身体素质都有一定的要求，是比较完美的健身运动形式之一。

主要优缺点：

太极拳的动作流畅舒展，松而不懈，神似意足，慢中有快，快中有慢，虚中有实，实中有虚，全身上下协调如一，如行云流水，连绵不断。运动难度难易可选，运动强度大小可控，运动时间长短可调。特别是为了配合全民健身运动，国家体育总局经过在民间大规模的搜集和整理，创编出的简化太极拳24式、48式等，简便易学，实用有效，适合各种体质和年龄的人进行练习。既可以比较全面地锻炼到全身各部，又可以有效地提高人的各项身体素质，还不易造成运动损伤。

如果以太极拳运动作为长期的健身运动形式，还应该适当配合一些力量训练，特别是上肢、上体的锻炼，以培养高水平的力量素质。

第四节　各种健身操、健身舞

一、芭蕾形体

（一）芭蕾形体运动场地与衣着

芭蕾形体必须在练功房和专业的舞蹈教室进行，训练时的服装是专门的芭蕾舞练功服。如今的芭蕾舞蹈服装随着时尚千变万化，非常的美丽，一般选择棉质吸汗弹力强的紧身衣，配上贴身的长筒舞袜，有时我们会配上半截的纱裙来衬托曼妙的身姿。舞鞋的选择也很重要，初学者最好穿简单的软底练功鞋，先不要穿足尖鞋，以免伤到脚踝。

（二）学习芭蕾形体须知

学习芭蕾需要有个很严肃认真的态度，首先要把头发整理好，在脑后梳成个“髻”以便把头部和颈部的线条完全的展露出来。同时要懂得站有站相，站姿、行姿腰部要挺直，臀部夹紧，脚部拉直，颈部向上拉长，眼睛的视线要水平向前，下巴稍稍抬起，给自己一个很好的心理暗示：“我是公主，我是最美丽的女性”。

这样，我们就可以来学习芭蕾啦！

（三）芭蕾形体训练的基本手位

1. 手型：大拇指指尖轻轻碰到中指指根部位，其余四指稍微弯曲合并放松，指型线条保持修长秀美。

一位手：两臂自然置腿部前侧，呈椭圆形，指尖相对，两手与身体保持一拳的距离。（图10–1–1）

二位手：两臂体前伸呈环抱状，与肋下平行端方。（图10–1–2）

三位手：保持手臂状态上举至额前，肩不下压，放松。（图10–1–3）

图10–1–1

图10–1–2

图10–1–3

四位手：一手臂下划至二位手，一手臂保持在三位手。（图10–1–4）

五位手：一手臂由二位平行向体侧打开平端，一手臂保持在三位手。（图10–1–5）

六位手：一手臂呈二位，一手臂向体侧平端打开。（图10–1–6）

图10-1-4

图10-1-5

图10-1-6

七位手：双臂体侧平端展开，小臂架起，双手向两侧伸展……呼气放松还原手臂至一位。（图10-1-7）

A

B

图10-1-7

2. 注意事项：

保持身体的挺拔，注意手眼身体的协调配合，要遵循眼随手走，要认真体味手位中的内在力量，要训练用手的动作来表达情感。

（四）芭蕾形体训练的基本脚位

一位：两脚外开，脚跟相对，双腿内侧夹紧，双脚掌平铺地面，尽量形成一字。（图10-1-8）

二位：两脚分开相距一只脚的距离，膝盖保持外开收紧大腿内侧肌肉。（图10-1-9）

三位：两脚前后平行相并，一只脚紧贴另一只脚的中央，双腿肌肉并合夹紧。（图10-1-10）

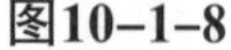
图10-1-8

图10-1-9

图10-1-10

四位：双脚前后开立，相距一只脚的距离，重心置两脚之间。（图10-1-11）

五位：双脚紧贴平行并合，前脚脚跟对后脚脚尖站立。（图10-1-12）

图10-1-11

图10-1-12

（五）芭蕾热身训练

1. 集中意识在动作和呼吸上，吸气时尽量伸展身体，感觉肢体在向两边用力无限扩展，吐气时放松身体，感觉身体如水波一样柔和舒畅。（图10-1-13）

2. 调整姿态：芭蕾的站立姿态，要求肩部下沉，突出胸部和颈部的美好线条，腿部收紧腰部直立，以使姿态挺拔仪态端庄。这个动作除了美观，对健康和减肥也有直接的帮助。（图10-1-14）

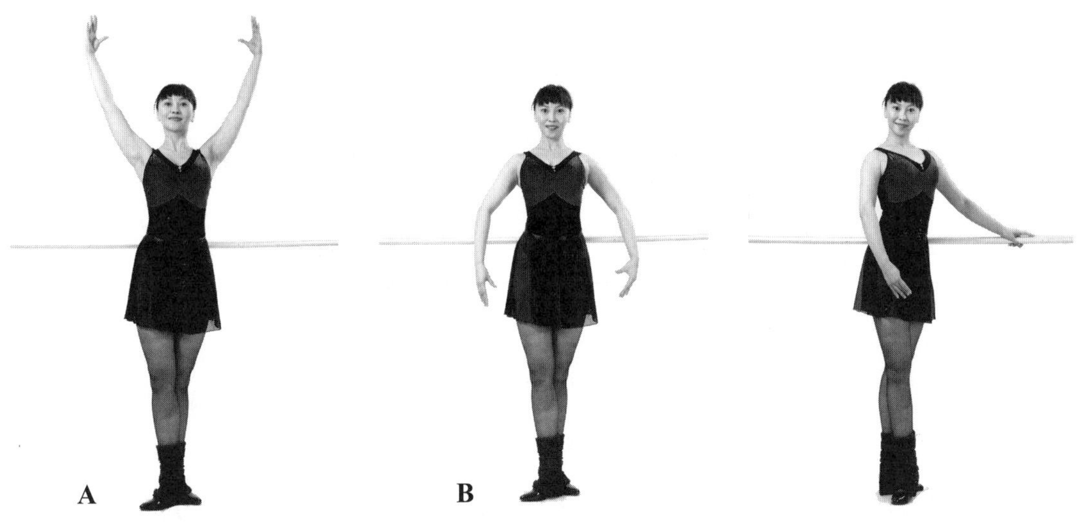

图10–1–13　　　　图10–1–14

3. 扶把训练：保持芭蕾体态，分单手扶把、双手扶把。扶把训练是美的舞姿和动作的舒展与重心的平稳有直接关系，扶把练习帮助舞蹈者调整姿态重心平衡，使舞姿更稳定。（图10–1–15）

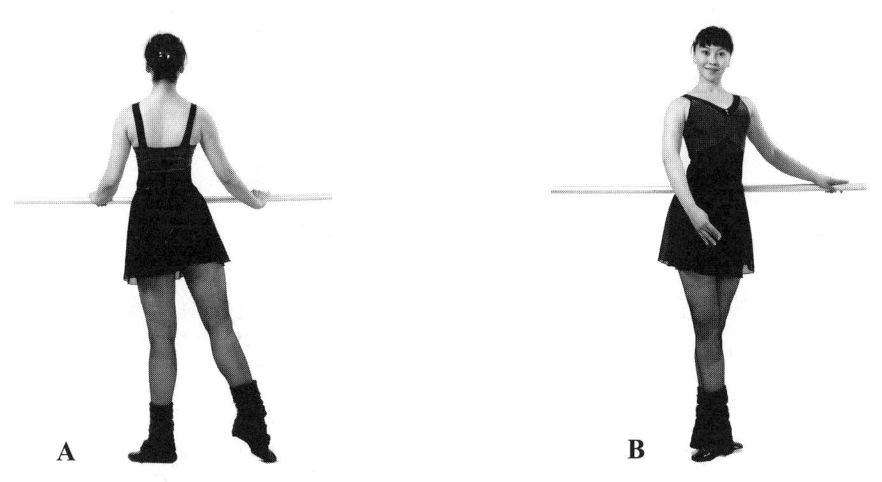

图10–1–15

4. 压腿训练：压腿不仅是为了舞姿的优美，在健身方面还有许多好处。它可以促进血液循环、减轻肌肉的疲劳感、塑造肌肉的线条等。

前腿：压腿腿要开，同时脚尖向外打开，动力腿尽量向外转开，身体保持直立平衡，右腿前伸放在把杆上，压腿时小腹尽量去贴近大腿，上身尽量保持笔直，注意绷脚尖。（图10–1–16）

图10-1-16

旁腿：压旁腿右手扶把，左手位于三位，向旁压腿，主力腿外开，动力腿脚背尽量向外打开，收紧臀大肌，旁腰打开时，要保持髋部的稳定，反方向同上。（图10-1-17）

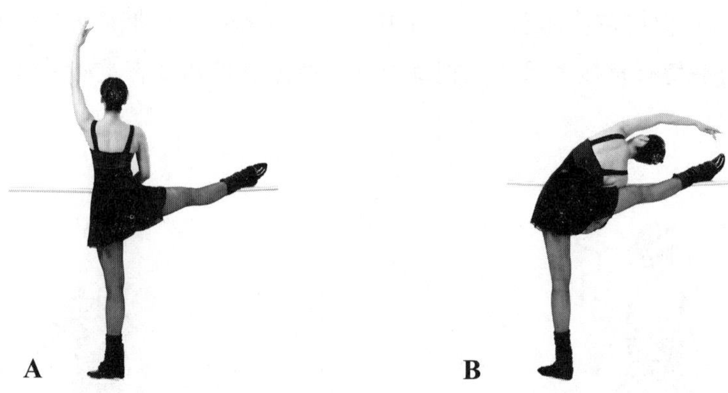

图10-1-17

后腿：身体缓缓向左转，旁腿在把杆上向后伸直，主力腿深蹲，然后再缓缓伸直。反方向同上。（图10-1-18）

图10-1-18

（六）以上热身动作训练6分钟后再进行下面的把杆组合训练

把杆芭蕾形体训练组合：（共16个八拍）

1. （1×8拍）一位擦地：

（1~4拍）双手扶把站一位，右脚向旁擦地出去，保持主力腿的平衡，然后收回。（图10-1-19）

A

B

C

图10-1-19

（5~8拍）重复（1~4拍）的动作。

2. （2×8拍）一位擦地：

（1~2拍）快速的擦出和收并。右脚重复动作4次共八拍，后一拍右脚置左脚前并立变三位脚侧转单手扶把站立。（图10-1-20）

图10-1-20

3. （3×8拍）三位擦地：

（1~4拍）单手扶把站三位，右脚向前擦地出去，保持主力腿的平衡，然后收回。（图10-1-21）

图10–1–21

（5~8拍）重复（1~4拍）的动作。

4. （4×8拍）三位擦地：

（1~2拍）右脚旁擦出收到后。（图10–1–22）

（2~4拍）右脚旁擦出收到前。（图10–1–23）

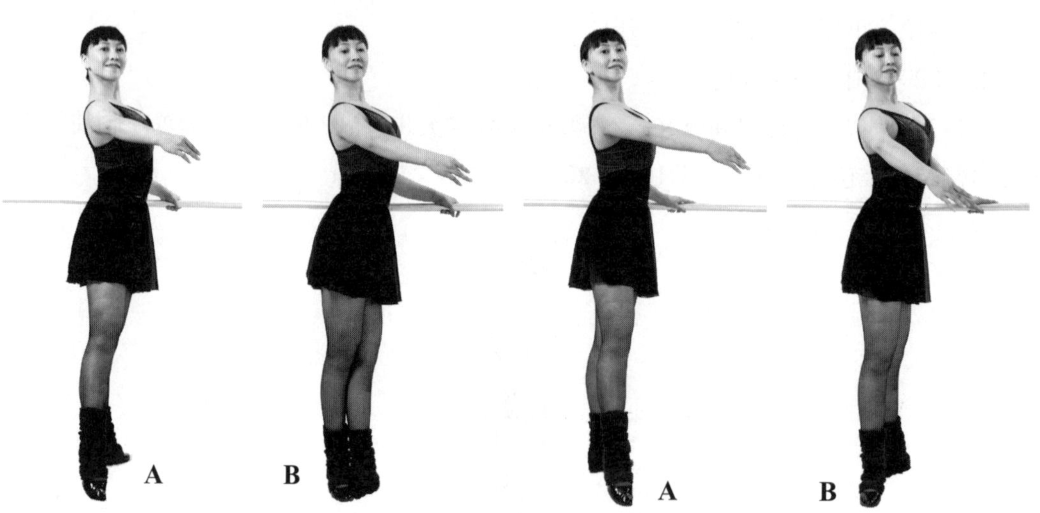

图10–1–22　　图10–1–23

（5~8拍）重复（1~4拍）的动作，最后一拍变二位站立。

5. （5×8拍）二位蹲：

（1~4拍）左手扶把，右臂二位，二位开立蹲，保持上身的直立，然后再立起。（图10–1–24）

图10–1–24

（5~8拍）重复（1~4拍）的动作。

6. （6×8拍）二位深蹲：

（1~4拍）二位深蹲，双脚脚跟立起，同时右臂由二位手上划变三位手。（图10–1–25）

（5~8拍）缓缓立起，双脚脚跟落地，同时右臂由三位划至二位手，移重心到左脚，右脚收回全左脚后变四位脚站立。（图10–1–26）

图10–1–25

图10–1–26

7. （7×8拍）四位蹲：

（1~4拍）四位蹲，保持上身的直立，然后再立起。（图10–1–27）

图10-1-27

（5~8拍）重复（1~4拍）的动作。

8. （8×8拍）四位腰部训练：

（1~4拍）四位站立，右手变三位手上举抬头后仰身体，腰背部需要有控制的弯曲。（图10-1-28）

（5~8拍）缓缓回腰直立站姿，右手臂划开变二位手，同时右脚擦出变三位脚。（图10-1-29）

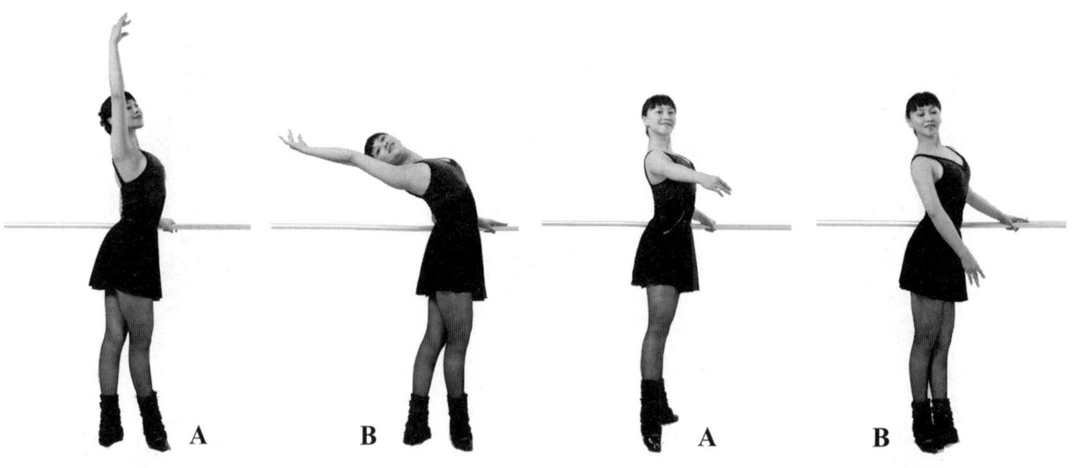

图10-1-28　　图10-1-29

9. （9×8拍）三位腰部训练：

（1~8拍）向右侧伸展右手臂然后向左方上举变三位手侧拉腰部控制住。（图10-1-30）

图10–1–30

10. （10×8拍）三位腰部训练：

（1~4拍）保持腰部侧拉动作四拍。

（5~8拍）回腰直立上身右手变二位。

11. （11×8拍）三位前踢腿：

（1~4拍）右脚前踢90°，注意始终要保持身体的姿态，上踢到自己能力的范围内，然后收回到三位脚。（图10–1–31）

图10–1–31

（5~8拍）重复前踢的动作。

12. （12×8拍）重复（11×8拍）的动作。

13. （13×8拍）画圈：

（1~4拍）右脚重复前踢腿动作，落下时绷脚点地步站姿。（图10–1–32）

图10-1-32

（5~8拍）右脚绷直向侧向后划圈，然后擦地收脚到后三位。（图10-1-33）

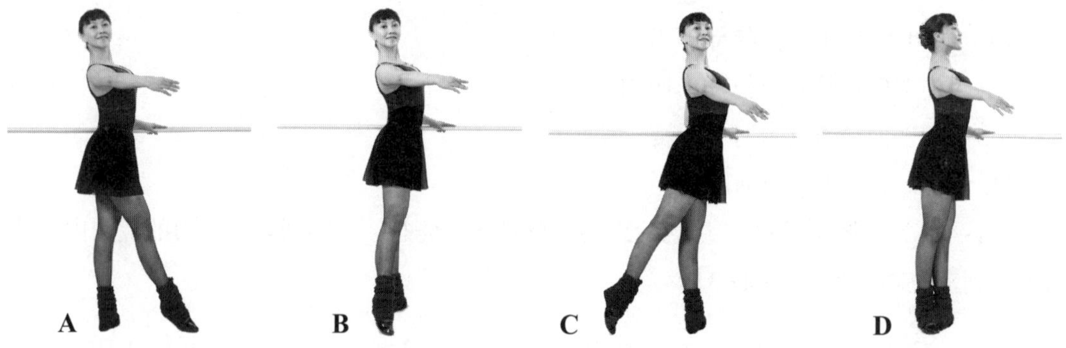

图10-1-33

14. （14×8拍）三位后踢腿：

（1~4拍）右脚绷直后踢，保持上身的基本姿态，并上踢到自己能力范围内，然后收回到三位脚。（图10-1-34）

图10-1-34

（5~8拍）重复后踢的动作。

15. （15 × 8拍）重复（14 × 8拍）的动作，最后一拍右脚落点地绷脚准备。（图10−1−35）

图10−1−35

16. （16 × 8拍）直立抱腿伸展训练：

（1~4拍）上身前含右手臂抱腿，注意头尽量贴近腿部，右脚向上伸绷直。（图10−1−36）

（5~8拍）慢慢的上身恢复立起，缓缓收点地右脚，主力腿左腿弯曲双臂伸直后展。（图10−1−37）

图10−1−36

图10−1−37

17. 恢复一位基本站姿反方向16个8拍的把杆动作重复一遍。

（七）芭蕾地面伸展放松

1. 腿部柔韧放松

平坐地面，双腿尽量夹紧，腰背部尽量伸直，收紧腹肌，双手自然置身体两侧，指尖轻轻点地，双腿外开绷直准备。（图10−1−38）

吸气，抬起右脚，上抬时脚后跟和腿内侧尽量外开，膝盖要伸直，然后呼气，缓缓贴近上身，双手抱住腿部，并保持身体的直立，收紧背肌、腹肌控制动作2~3个8拍。（图10-1-39）

图10-1-38

A

B

图10-1-39

呼气，双手缓缓放下腿，还原准备姿态。

双腿交替重复动作10遍。

2. 腹部训练

平躺地面，双膝屈膝开腿踏地与肩同宽准备。（图10-1-40）

双手前平伸起身，保持尾椎到颈椎的笔直，将所有的力量用在腹部上，并下意识把力量用在腹肌上，控制动作1个8拍，呼气，缓缓恢复到准备姿态。（图10-1-41）

图10-1-40

图10-1-41

重复动作10遍。

3. 臀部肌肉训练

平躺地面，双膝屈膝开腿踏地与肩同宽，准备。（图10－1－42）

臀部缓缓向上抬起，收紧腰背部肌肉，同时加紧大腿内侧肌肉和臀部的肌肉，收紧腹肌，尽量做大的幅度，后背部上挺，保持收紧动作1个8拍，呼气，缓缓恢复到准备动作。（图10－1－43）

图10－1－42

图10－1－43

重复动作10遍。

4. 背部训练

俯身双手肘撑地，双腿绷脚伸直并拢，双肩胯部保持平衡准备。（图10－1－44）

上身保持姿势，缓缓抬起左腿，有意识地去收紧腰背肌和臀部肌肉，后踢尽量上抬伸直控制，保持此动作2个8拍后缓缓落下，恢复准备姿态。（图10－1－45）

图10－1－44

图10－1－45

然后进行反方向动作。

5. 整体放松呼吸训练

盘腿直坐，保持上伸上挺直立，收紧腹肌，吸气，挺胸抬头，呼气，胸部前含，向前贴腿，双手前伸低头，保持动作1个8拍。（图10－1－46）

A　　B

图10-1-46

吸气，上身缓缓挺直立起，双臂上举，有意识地将身体向上拔，呼气，双手臂打开挺胸腰抬头后仰，保持这个姿势1个8拍。（图10-1-47）

A　　B

图10-1-47

右手臂上举，侧拉旁腰，震颤抻拉一个八拍，呼气，放松落下，恢复准备姿态。然后反方向抻拉。（图10-1-48）

A　　B

图10-1-48

闭目调节呼吸，活动头部，向前伸展双腿，缓缓站立起身结束课程。（图10–1–49）

A

B

C

图10–1–49

经过一段时间坚持不懈的芭蕾训练，你的身体各部位将均衡发展，姿态优美挺拔，伴随悠扬的音乐起舞，我们已经由丑小鸭变成了美丽的天鹅公主。让我们的美丽不仅仅流于外表或藏于内心，让我们用美丽的舞姿尽显魅力吧。

二、健身大球操

（一）健身大球操的特点

健身球是一种新兴、有趣、特殊的体育健身运动。1963年健身球最早在瑞士出现，当时只是作为一种康复医疗设备。之后健身球又被传到澳大利亚、美国、欧洲等国家和地区用来治疗腰背疾患及精神紊乱等疾病，用于膝盖和肩部的康复治疗，纠正体态，提高病人的平衡能力。由于健身球在提高某些（肌肉、腰背、骨盆）方面的显著作用，这项运动被逐渐向社会推广。现在，健身球不再仅仅作为一种理疗方法，而成为一项新兴的体育健身运动。正因为如此，它适合所有的人锻炼，包括需要康复治疗的人。健身球操对运动损伤有很好的康复功能，对腰背疾病疗效特别显著。而且，健身球操在锻炼时比较安全，不容易出现损伤，技术难度不大，还可以锻炼人的柔韧、力量、平衡、姿态及增加心肺功能。现在融入舞蹈元素和健身操元素，使锻炼更具趣味性！

（二）大球操训练的健身功效

健身球的主要作用是训练人体的平衡能力，增强人对肌肉的控制能力，提高人体的柔韧性和协调性。球操所采用的健身球，一般采用对人体无害的PVC材料制成，直径在60～70厘米之间，内部为空心结构，需充气使用。这种健身球能承受高达300千克的压力，所以既柔软舒适又非常安全。健身球的用途和优点很多：它是适合所有人的锻炼（包

括需要康复治疗的人）；它的健身效果良好（特别对脊柱和骨盆的锻炼）；健身球有很好的损伤恢复和康复功能（对腰背疾病疗效显著）。球操的适用群体很广泛，很多力量训练都不适合一些年龄较大、体质较弱的人，特别是那些心脏病、高血压患者，而做球操时运动者的心率保持在每分钟115～135次之间，人不会感到气喘，但消耗的热量却达到每45分钟3～6千卡，所以可以达到非常出色的减肥美体效果。

（三）大球热身舞蹈组合

注意：集中意识在动作和呼吸上，吸气时尽量伸展身体，感觉肢体在向两边用力无限扩展，吐气时放松身体，感觉身体如水波一样柔和舒畅。

1. （1×8拍）

1~4拍：端坐于球上，双手扶膝盖，注意保持身体在球面上的稳定平衡。准备，吸气，双手臂上举，呼气，双臂放下至膝盖，准备动作。（图10−2−1）

A

B

图10−2−1

5~8拍：保持准备动作和身体在球面上的平衡，在球面上顺时针旋转滚动腰胯部两次4拍。（图10−2−2）

A

B

图10−2−2

2. （2×8拍）

1~8拍：吸气，双臂展开上举，同时双腿伸直两侧展开，保持上身的平衡，呼气，上身前含，双臂向前伸直支撑地面，保持身体在球面上的稳定，缓缓抬头。（图10-2-3）

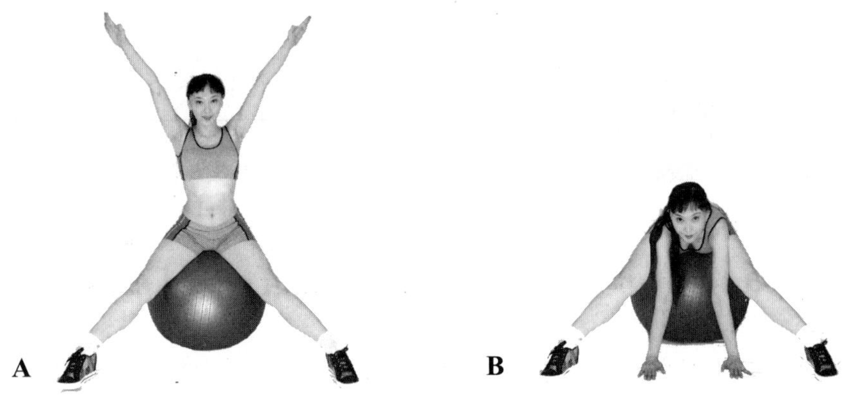

图10-2-3

3. （3×8拍）

1~4拍：保持双腿展开动作，两臂伸直，上身躯干保持挺直，扭转腰部右手臂贴近左脚，反方向扭转腰部，左手臂贴近右脚。（图10-2-4）

图10-2-4

5~8拍：重复1~4拍的动作。

4. （4×8拍）

1~4拍：重复左右扭摆的腰部训练动作两次。

5~8拍：吸气，起身，上身挺立，双手臂伸直上举，呼气，双臂放下至膝盖，保持身体在球面上的平衡。（图10-2-5）

A

B

图10–2–5

5. （5×8拍）

1~4拍：呼气，上身前含，双手臂伸直扶住地面，抬头并保持身体的挺立，不要弓背。（图10–2–6）

5~8拍：保持身体贴紧球面的平衡，双腿慢慢离开地面并贴紧球面，保持对平衡的控制。（图10–2–7）

图10–2–6

图10–2–7

6. （6×8拍）

1~4拍：身体带动球有控制地缓缓向左侧滚动，左膝落地与双臂支撑地面，右腿在球面上伸直并保持平衡。（图10–2–8）

图10–2–8

5~8拍：保持上面的动作控制4拍。

7. （7×8拍）

1~4拍：反方向身体带动球有控制地缓缓向右侧滚动，右膝落地与双臂支撑地面，左腿在球面上伸直并保持平衡。（图10-2-9）

5~8拍：同样控制左腿的抻拉动作4拍。

图10-2-9

8. （8×8拍）

最后起身，开腿站立准备，双手扶球面向前滚动并颤压肩背和手臂，注意不要弓背，抬头，利用球的弹性，我们的全身都可以得到充分的热身抻拉。（图10-2-10）

A

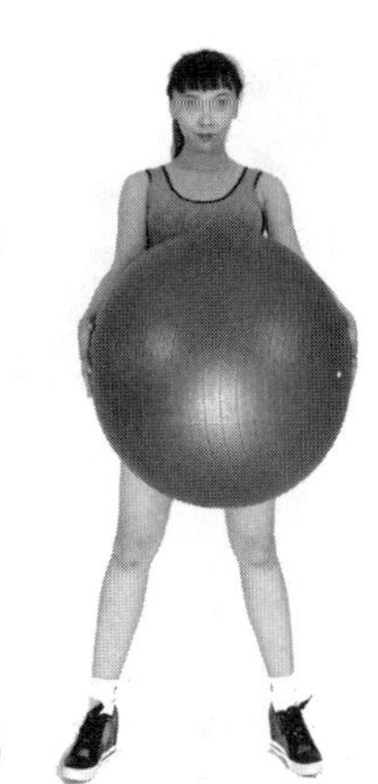

B

图10-2-10

重复热身球操组合3遍后进行下面的大球操组合的训练。

（四）大球操舞蹈组合

1. （1×8拍）

1~4拍：双腿开立，双手臂抱住球部两侧上举，再收至身前两次4拍。（图10-2-11）

5~8拍：保持双腿开立，双臂上举球并左右侧拉，腰部举摆1次。（图10-2-12）

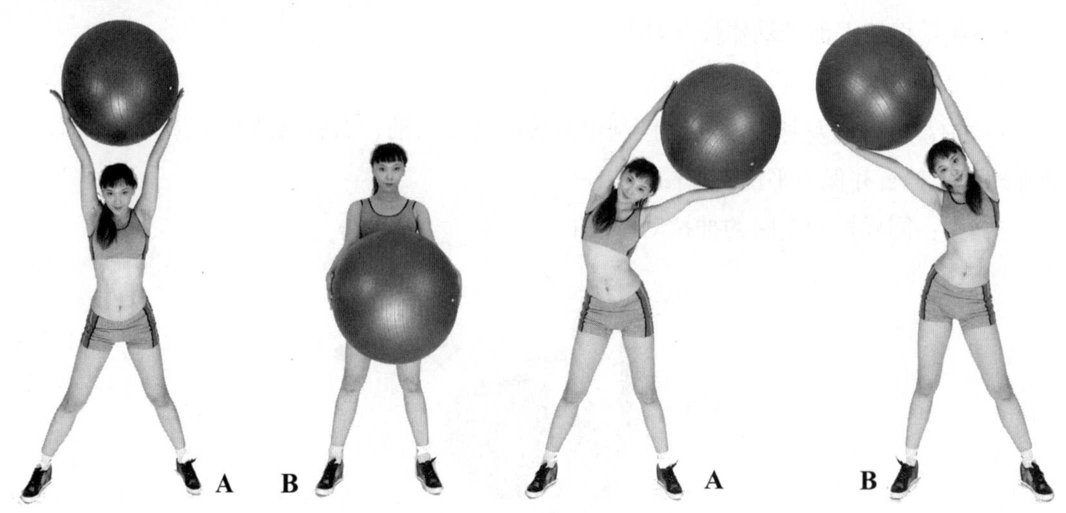

图10-2-11　　图10-2-12

2. （2×8拍）

1~2拍：横向侧踏一字步，即向右踏右脚，双臂向前推球，手臂伸直，左脚向右脚旁跟踏点地步，同时双臂屈肘，收球到胸前。（图10-2-13）

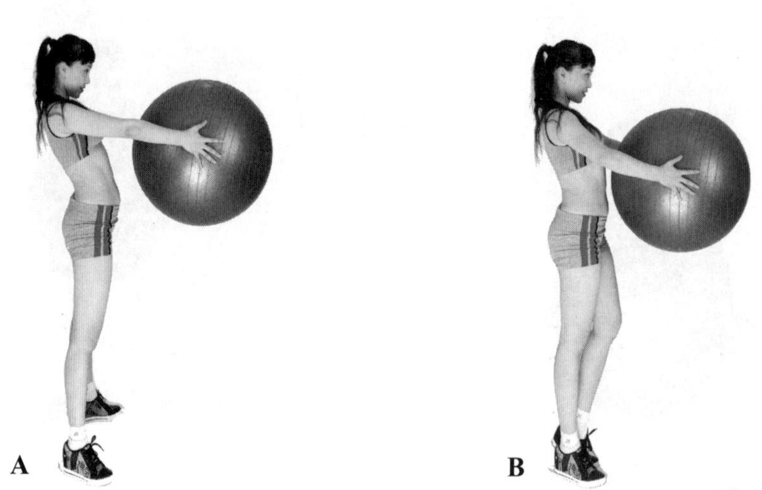

图10-2-13

3~8拍：反方向左脚重复以上动作，双脚交替的一字步两次。

3. （3×8拍）

1~4拍："V"字步，即向右前方踏右脚，同时双臂伸直向斜上方推球，反方向左脚旁踏上步，双腿开立，同时双臂向左上方举摆，右脚后踏，双手臂同时收球至胸前，然后左脚跟踏与右脚并立。（图10-2-14）

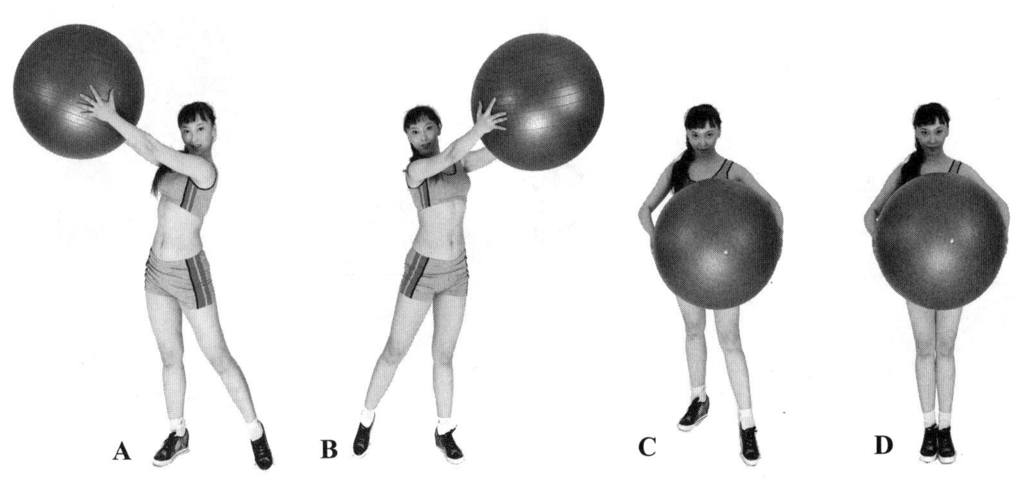

图10-2-14

4~8拍：反方向重复以上“V”字步动作一遍。

4. （4×8拍）

1~2拍：开腿跳同时向下拍球，当球弹离地面时双手抱住球，同时双腿跳并。（图10-2-15）

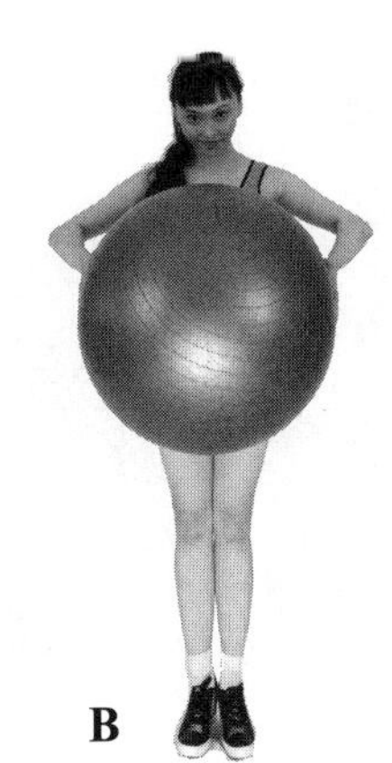

图10-2-15

5~8拍：重复拍球跳步动作3次。

5. （5×8拍）

1~4拍：向左侧旁踏左脚，然后右脚跟并，再重复一次侧行移动步伐，最后右脚前侧点地步站立，双手随步伐顺时针体前抡划立圆，最后一拍随动作双臂上举球。（图10-2-16）

图10–2–16

5~8拍：双手胸前抱球，两脚交替进行抬腿踢跳步一次。（图10–2–17）

图10–2–17

6. （6×8拍）

1~8拍：把球放置地面，双手臂伸直交替扶球面，左右横向滚球，注意上身躯干须保持伸直状态，随球部的滚动带动腰部左右扭摆，此动作做四次。（图10–2–18）

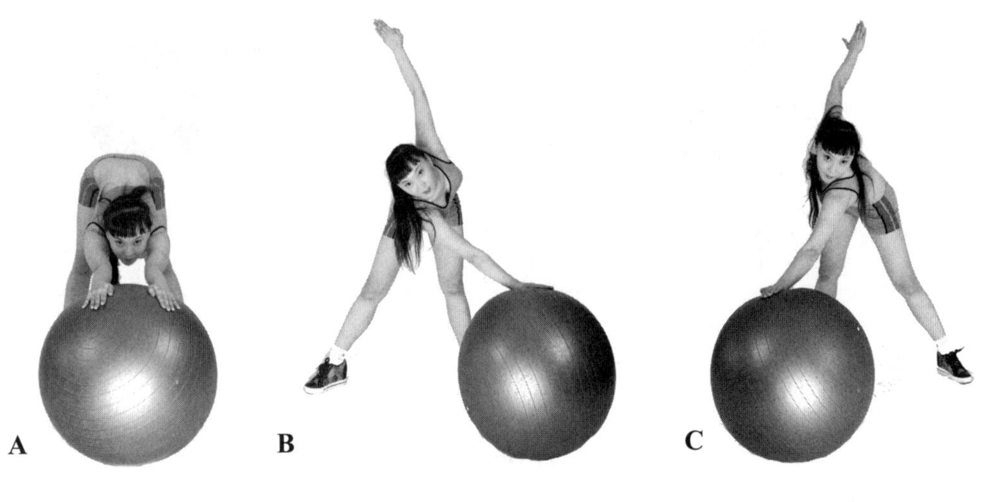

图10-2-18

7. （7×8拍）

1~4拍：双手抱球，右脚先向左前方迈步，同时右手向下拍球，第二拍时球弹起双手抱球，第三拍保持抱球动作，右脚再向右旁踏出，第四拍左脚踏步与右脚并步。（图10-2-19）

图10-2-19

5~8拍：反方向重复动作，左脚向右前迈踏拍球。

8. （8×8拍）

1~4拍：双手抱球屈膝抬右腿，第二拍时右腿右后点地，同时双臂向前推摆球，第三四拍重复一次两拍动作。（图10-2-20）

A

B

图10-2-20

5~8拍：反方向重复1~4拍的动作。

（五）大球操垫上雕塑训练

1. 腿部肌肉素质训练

坐在球上，收腹挺胸，手轻轻扶在球上，然后抬腿绷脚尖，完全收紧大腿肌肉，往外侧伸展。

2. 腿部与臀部肌肉素质训练

头和肩放在球上，大臂后侧贴住球面，五指分开托住自己的后腰部，向上抬臀。两只脚与髋关节同宽，全脚掌着地。这个动作既练臀又练小腿。

3. 腹部肌肉素质训练

侧卧于球上，单腿跪地（脚背贴住地面），一条腿完全伸直，绷脚尖，手臂（伸直腿的同一侧手臂）伸展，另一手臂曲臂90°，同时微微抬起上半身，动作过程腹部感觉抻拉和收紧，可有效减腰部脂肪。

4. 臀部腰部与腿部后侧肌肉素质训练

俯身贴球，双手支撑地面，与肩同宽，两腿紧紧并拢，脚尖支撑地面，下腰部力量带动双腿向上抬起。

随着控制力、平衡能力、肌肉耐力的增强，我们可以选择在这些动作的基础上进行更多的变形动作。

5. 手臂及肩部力量训练

将双腿放健身球上，双手支撑，成俯卧撑形，并保持身体直线，然后用双手做移动，还原，重复。另可以变形做俯卧撑练习，这个练习可以锻炼手臂及肩部力量。

6. 背部扩展训练

动作过程：在开始训练之前应使膝部处于柔软位置，以免受伤。腹部位于健身球上，把双手放颈部，但不要把双手交叉结合，以免实际接触球时未掌握好平衡而滑倒。吸气，拱背挺起，上体尽量向上挺，到最高点时，静止一秒钟，然后慢慢回复。

（六）大球操放松伸展训练

1. （1×8拍）

1~8拍：双腿并拢端坐球面上，同时双手扶球面保持平衡，利用球的弹性交替踢抬腿，1拍1次，共8拍。（图10-2-21）

图10-2-21

2. （2×8拍）

1~8拍：端坐球面上保持平衡，双手扶胸部两侧，进行四次挺含的胸背部的抻拉。（图10-2-22）

图10-2-22

3. （3×8拍）

1~8拍：端坐于球面，双手扶膝盖保持身体的平衡，左右大幅度坐滚球带动腰胯部扭摆，根据自己的柔韧度最大限度的扭摆。重复动作4次。（图10-2-23）

图10-2-23

4. （4×8拍）

1~8拍：端坐于球面，向左旁伸展右手臂，左手臂辅助向身体贴紧，抻拉右臂，控制4拍。反方向右手辅助左臂的抻拉。（图10-2-24）

图10-2-24

5. （5×8拍）

1~4拍：端坐于球面，双腿开立保持身体在球面上的平衡，右臂扶左侧腰部，右臂上举侧抻拉左侧的腰部，根据自己的能力最大限度地抻拉控制，注意不要弓背，抬头挺胸腰。（图10-22-25）

图10-2-25

5~8拍：反方向抻拉右侧腰部。（图10-2-26）

图10-2-26

6. （6×8拍）

1~8拍：端坐于球面，双腿开立保持身体在球面上的平衡，缓缓地滚动球，臀胯向下坐低，上身的腰背部随球的滚动贴紧球面，慢慢过渡到颈部头部贴球面，右手支撑地面，左臂远伸，双腿缓缓伸直，双脚支撑地面，保持身体的平衡控制，身体随球面形成弧形，使身体得到充分的伸展放松，调整呼吸缓缓恢复滚动球面到坐姿。（图10-2-27）

图10-2-27

7. （7×8拍）反方向重复（6×8拍）的动作。

8. （8×8拍）

1~8拍：端坐于球面，双手臂吸气挺胸腰上举，呼气双手臂缓缓落下放松。（图10-2-28）

A

B

图10-2-28

好的。一节完整的球操课程结束了。

三、肚皮舞

（一）什么是肚皮舞？

世界上最古老的舞蹈形式之一的肚皮舞源于中东地区，出现于在对女神的膜拜仪式上。用来叙述有关大自然和人类繁衍的生生不息，赞美女性以及颂扬生命，并通过舞蹈表达了人类与大自然的息息相关。这就可以解释为什么肚皮舞是以腹部的摇摆为主要动作，并且要求光着脚，这是为了保持和土地的联系。这种舞蹈形式逐渐发展为一种民间艺术，现在成为广泛流行于世界范围内的一种独特的娱乐、健身和表演形式。

作为一种优美的身体艺术，肚皮舞通过骨盆、臀部、胸部和手臂的旋转以及令人眼花缭乱的胯部摇摆动作，塑造出优雅性感柔美的舞蹈语言，充分发挥女性身体的阴柔之美。它是一种全身的运动，可以让你的腿部、腹部、肩膀以及颈部都得到充分的活动，从而提高身体的弹性和柔韧性。它是女士探索自身灵性的舞蹈，是对身体和内心世界的探险。

（二）肚皮舞塑身健身功效

肚皮舞适合人群是所有爱美女性，不论环肥燕瘦，只要喜欢就行，现代的肚皮舞是在埃及、土耳其和黎巴嫩等传统肚皮舞和美国部落风格肚皮舞的基础上，融入了时尚的热舞元素，是健身减肥 、舞蹈、表演结合在一起的一种崭新而休闲的健身方式。 通过对腰、肩、胸、胯、颈部以及手臂、手腕、脚部等部位的运动，减去多余赘肉，舒展筋骨，增强身体柔韧性，收紧腰腹臀肌，特别是腹部和体现柔韧性的腹直肌、腹斜肌以及背部。还可以调节女性的内分泌系统，促进盆腔血液流通，内在按摩盆腔子宫器官，对月经不调、痛经等妇科疾病也有一定的疗效。

（三）招式解读

肚皮舞基本体态：身体放松，背部自然挺直，双腿并拢膝盖微屈，双手置于身体两侧，自然放松打开，肘关节弯曲，手心向外，手型为莲指，即拇指贴近于中指第二关节处，其他手指自然伸直。请大家注意，这是大部分动作的基本手型。（图10-3-1）

图10-3-1

1. 钟摆胯

肚皮舞基本体态准备，将注意力集中在腰胯部，做动作时背部要挺直。膝盖交替的屈伸摆动带动胯根有控制的左右摆动上提。（图10-3-2）

A

B

图10-3-2

2. 前后摆胯

基本体态准备，将注意力集中在腰胯部，臀胯主动有控制地向前摆推，然后再向后摆顶，形成塌腰翘起的臀部。往复前后臀胯推摆运动，并掌握平均的节奏和上身的挺直控制。（图10-3-3）

A

B

图10-3-3

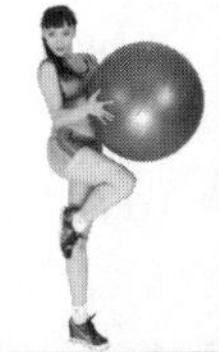

3. 平圆转胯

基本体态准备，将注意力集中在膝盖和胯部，用膝盖伸屈控制胯主动向左旁—前—右旁—后旋摆。注意上半身尽量保持平衡不动。（图10-3-4）

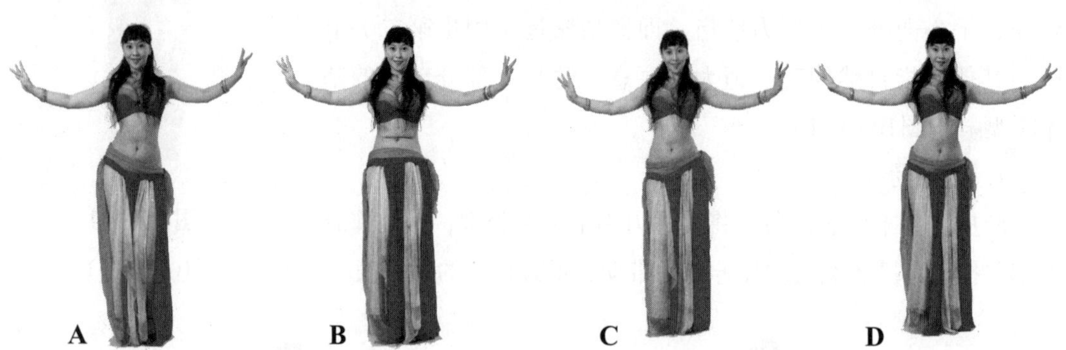

图10-3-4

4. 内绕8字胯

基本体态准备，首先右腿略微伸直向旁推提胯，然后胯根部再主动向旁向上逆时针划立圆再收至准备动作，然后进行反方向的腿胯划圆。左右胯部交替划圆形呈内“8”字运动。（图10-3-5）

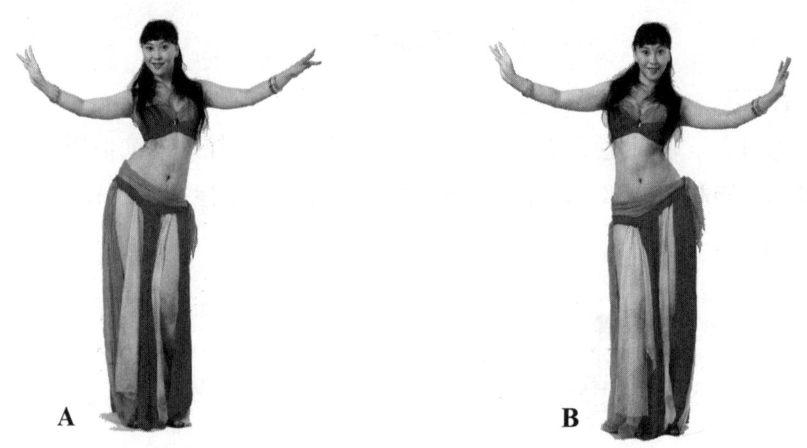

图10-3-5

5. 骆驼峰

双脚并立准备，将注意力集中在腰胯部，首先屈腿腰胯向后推双臂后翘，挺胸抬头—保持屈腿臀部夹紧，向前挺腰胯，含胸腰—最后恢复直立姿态。连续连贯的动作形成骆驼峰一样的曲线运动。（图10-3-6）

A

B

C

图10-3-6

6. 蛇臂

双手臂自然置于身体两侧，首先左肩部上提—带动肘上提—过渡带动腕部上提，同时右肩下摆—带动肘下压—过渡到带动手腕下摆。然后反方向重复手臂过渡动作形成连绵蛇行运动。双臂交替运动，动作幅度尽量大，优美柔软，有力但不可僵硬。（图10-3-7）

A

B

图10-3-7

7. 上摆胯部

身体微微坐低，做动作时腰部要挺直，右腿前侧抬脚跟屈膝点地准备。将注意力集中在胯根部，右腿屈伸带动胯根向上抬高顶摆，然后胯根向下摆压，同时右腿屈膝。（图10-3-8）

A

B

图10-3-8

8. 月牙摆步

身体微微坐低，做动作时腰部要挺直，右腿前侧抬脚跟，屈膝点地准备。首先胯根向上抬顶，右腿膝盖伸直—而后胯根向前下方压右腿屈膝—然后再次上抬顶—最后跨根向后下方压，同时右腿屈膝外开脚前擦出伸直。交替运动形成月牙形摆动。（图10-3-9）

A

B

C

图10-3-9

9. 左右摆Shimmy

肚皮舞基本体态准备，两手臂张开，身体挺立。注意力集中在膝盖部位，首先左腿屈膝臀部自然向左摆动，然后换右腿屈膝臀部自然右摆，交替加快速度屈膝，形成臀部至胯根部肌肉的高频率抖动。注意做动作放松下肢肌肉，控制力量集中在膝盖环节。（图10-3-10）

A

B

图10-3-10

shimmy动作看起来华丽复杂，实际很简单，掌握好膝盖和臀部的发力点，就变得很容易，训练时用心去体会掌握好均匀的频率，根据音乐的节奏把握好摆动的速度。高频率的shimmy动作会减去臀部腰部多余的赘肉，对紧致腹部腰部肌肉有神奇的效果。

（四）肚皮舞舞蹈组合：（共16个8拍）

1. （1×8拍）

1~8拍：原地左右摆胯四次8拍，双手体前交叉，揉动手指，上举至头顶。（图10-3-11）

A

B

C

图10-3-11

2. （2×8拍）

1~4拍：内绕8字胯一次，同时两手臂交替随胯部内摆划圆。（图10-3-12）

5~8拍：8字外绕胯一次，双手臂蛇臂配合。（图10-3-13）

图10-3-12　　图10-3-13

3. （3×8拍）

1~4拍：右脚向左侧迈步侧行，踏步，骆驼峰两个，手臂侧摆波动。（图10-3-14）

5~8拍：右脚保持侧点地动作，上摆胯部两次4拍。（图10-3-15）

图10-3-14

图10-3-15

4. （4×8拍）

1~4拍：双手扶胸部两侧，胸部做顺时针环形绕胸两次4拍。（图10-3-16）

7~8拍：双手扶身体滑下叉腰，骆驼腰部两次4拍。（图10-3-17）

图10–3–16

图10–3–17

5. （5×8拍）反方向重复（3×8拍）动作1遍。（图10–3–18）

图10–3–18

6. （6×8拍）

1~4拍：双手扶胸部两侧，胸部做逆时针环形绕胸两次4拍。（图10–3–19）

7~8拍：双手扶身体滑下至胯部两侧，手心向内侧展开，骆驼腰部两次4拍。（图10–3–20）

图10–3–19

图10–3–20

7. （7×8拍）

1~8拍：吸气，双手上举左右摆shimmy4拍，呼气，双臂划下继续左右摆shimmy4拍。（图10–3–21）

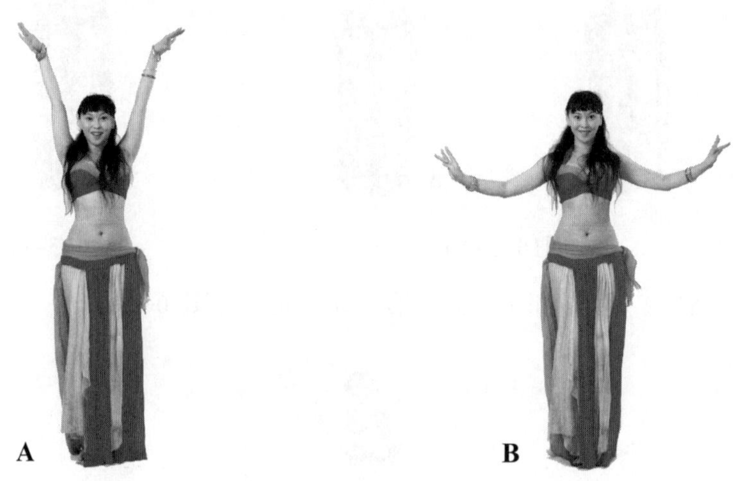

图10–3–21

8. （8×8拍）

1~8拍：右腿侧点地准备，做月牙摆胯步四次，最后一拍右腿离地上踢。（图10–3–22）

图10–3–22

9. （9×8拍）

1~4拍：内绕8字胯一次，同时两手臂交替随胯部内摆划圆。（图10–3–23）

7~8拍：双手臂叉腰，胸部逆时针环形绕胸一次2拍，然后再左右钟摆胯1次2拍。（图10–3–24）

图10-3-23　　　　图10-3-24

10. （10×8拍）

1~4拍：双手交叉上举头顶，原地平圆转胯两次4拍。（图10-3-25）

5~8拍：原地右脚侧点地的平圆转胯两次，逆时针转到背对。（图10-3-26）

图10-3-25　　　　图10-3-26

11. （11×8拍）

1~4拍：背对保持双手臂交叉上举的动作，快速左右摆shimmy4拍。（图10-3-27）

5~6拍：继续保持双手臂交叉上举的动作并波浪手，略下胸腰后仰，左右甩摆头发一次。（图10-3-28）

7~8拍：左手臂叉腰，右手扶头部，扭腰回头侧顶左胯。（图10-3-29）

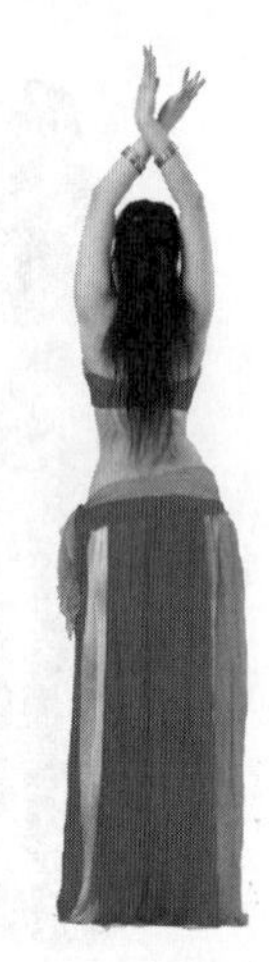
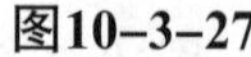

图10–3–27　　图10–3–28　　图10–3–29

12. （12×8拍）

1~4拍：双手交上举头顶，原地右脚侧点地的平圆转胯两次，逆时针转到正对。（图10–3–30）

5~6拍：双手交叉放置胸前，移重心在左脚，上身后仰后摆8字左右甩发1次。（图10–3–31）

7~8拍：双臂展开，由右脚开始向左侧踏步旋转一圈后右腿侧点地步，展臂造型。（图10–3–32）

图10–30–30　　图10–3–31　　图10–3–32

13. （13×8拍）

1~4拍：原地左右脚移重心的大蛇臂1次4拍。（图10–3–33）

7~8拍：右脚前踏弓步单腿跪地，同时快速蛇臂动作两次4拍。（图10–3–34）

图10-3-33　　图10-3-34

14. （14×8拍）

1~4拍：双手臂交叉在胸前，同时左右平移头部4次4拍。（图10-3-35）

5~8拍：右腿跪地与左腿并立，同时双臂由胸部交叉打开至身体两侧基本手位。（图10-3-36）

图10-3-35

图10-3-36

15. （15×8拍）

1~2拍：保持手臂动作，双肩交替左右向前向后摆肩1次。（图10-3-37）

图10-3-37

3~4拍：双手臂扶头，胸部做逆时针环形绕胸两次2拍。（图10-3-38）

7~8拍：双手快速置胯部两侧，胸腹部骆驼峰动作两次2拍。（图10-3-39）

A

B

图10-3-38

图10-3-39

16. （16×8拍）

1~4拍：双臂两侧展开保持基本手位，交替摆动肩部，同时前踏右脚慢慢站立起身。（图10-3-40）

A

B

图10-3-40

5~6拍：移重心到左脚，右脚侧点地步，双手臂交叉胸前，同时上身配合做胸腰骆驼峰，双臂随动作划至腰间。（图10-3-41）

7~8拍：再次上挺胸腰，左右臂上举扶头侧，右臂向下侧展开，最后一拍造型动作是抬头面转向侧，左手扶额头，保持身体的挺拔和柔美曲线。（图10-3-42）

图10–3–41

图10–3–42

（五）肚皮舞放松

肚皮舞练习后的放松，动作以舒展筋骨柔软身体、解除身体的疲劳为主，功能是使肌肉得到充分的解压，排解舞蹈运动后产生的乳酸，减少由于乳酸堆积产生的运动后肌肉的疼痛，为下一次的训练做好准备。注意柔姿美体放松不需要计算拍节，以完成动作为主，尽量做到舒展流畅。

动作练习

第一个单元组

①调息舒展

吸气，双手臂两侧打开，向上伸展于头上顶，向上挺拔身体，感觉气息充满整个胸腹腔，吐气，双手臂缓缓放下回落，屈膝放松，重复1次。（图10–3–43）

图10–3–43

②头肩的活动抻拉

顺逆时针缓缓旋转头颈，左手扶头部向左侧抻拉头颈部，反方向右手臂扶头部向右侧抻拉，双肩同时前绕立圆活动，然后反方向双肩向后绕，注意幅度尽量大，使肩部肌肉得

到充分的放松和抻拉。（图10-3-44）

图10-3-44

③腰部抻拉

双手臂伸直合掌于头顶，向左侧伸展抻拉右侧腰部，保持动作控制数秒，反方向抻拉左侧腰部。双臂打开云臂，同时做大的环形涮腰，顺逆时针各1次。（图10-3-45）

图10-3-45

④手臂与腰部的抻拉

立圆轮转手臂带动腰部抻拉，即双臂顺时针分别在身前轮划圆弧，带动上身腰部作圆周运动，反方向逆时针双臂分别身前轮划圆弧，带动腰部运动。（图10-3-46）

图10-3-46

⑤腿部抻拉

双脚开立与肩同宽，吐气，身体前倾，双手捉住双脚腕，尽量抬头，同时躯干部伸直，膝盖后推抻拉整个腿部肌肉与后侧韧带。控制数秒，吸气，立起上身，重复动作3次。（图10-3-47）

图10-3-47

⑥调息放松

双脚开立与肩同宽，吸气，双臂上展于头顶，感觉身体向上挺拔，吐气，双臂放松置身体两侧，同时膝盖外开屈蹲，再一次吸气，双臂上举于头顶，提拔身体，吐气，双臂两侧展开，缓缓放于体侧。最后屈腿含胸，松懈地抖动双腿和双臂，调息动作结束。（图10-3-48）

图10-3-48

四、大众健美操

（一）大众健美操的特点

大众健美操是以健身为基础，根据人体解剖学、运动生理学、体育美学等多学科理论，为使人体健康健美的发展而编排的。健美操动作讲究健美大方，强调力度和弹性，练习内容讲求针对性和实效性，不仅能使身体各部位的关节、韧带、肌肉得到充分锻炼，使人体匀称和谐地发展，而且还能增强体质，培养健美的体形和风度，塑造健美的身材。

（二）健美操训练的基本原则

1. 健身操训练前需做充分的热身准备活动，促使关节、韧带、肌肉温度升高，增加身体灵活性，提高神经系统兴奋程度和心血管活动水平，从而防止运动伤害的发生。

2. 合理安排锻炼计划，需要根据自己的体质来安排健美操运动的时间、强度等。有心脏病或心血管疾病患者应减少剧烈运动，避免快速旋转头部和突发性动作，患重感冒时最好停止健美操运动。

3. 运动时及时补充水分，特别是在锻炼过程中水分的补充，对于保证机体的正常代谢非常必要。补充水分的方法最好是少量多饮，随时保持体内水分的平衡。

4. 一般进食两小时后进行锻炼，因为我们进食后胃里的食物充盈，立即运动会影响消化，容易出现腹痛、恶心等症状。而且运动前应吃些易于消化的食物，运动后应休息30分钟后再进食。

5. 切忌空腹锻炼，如长期空腹锻炼，会导致体重急剧下降，脏器功能受损，产生疾患，影响健康。

（三）健美操的伴奏音乐选择

●初级课低冲击 140～145拍/分

●中级课中等冲击 145～150拍/分

●高级课高冲击 150～155拍/分

注意要选择有激情的音乐，并且音乐的速度必须采用该课堂类型层次，选择节奏非常清楚明快的，应在建议的每分钟节拍数范围内的音乐来伴奏。

（四）热身训练

在健美操锻炼之前，首先要进行热身运动，然后才能转入正式锻炼的内容，其目的是使健身者从生理和心理上做好充分的准备，使机体从平静的抑制状态逐渐过渡到活动的兴奋状态，为即将进行的较为剧烈的身体活动作好各种准备，从而提高机体的工作效率，预防运动创伤。

热身运动一般以伸、拉动作为主，运动负荷不宜过大，避免做跳跃运动。热身时间的长短、活动量的大小应根据天气情况而定。热天时，由于新陈代谢旺盛，身体容易活动开，故热身运动的时间可短一些；天冷时，由于血液循环比较缓慢，肌肉、韧带和关节均较僵硬，不够灵活，因此，活动时间要稍长些。通常情况下，热身运动的时间应控制在总锻炼时间的20%左右，做到身体感觉发热、微微出汗为宜。

（五）动感节拍组合（共16个8拍）

1. （1×8拍）

1~4拍：双脚交替前点地原地踏点步练习，双手臂握拳在身体两侧自然摆动，注意动作要有力度。（图10-4-1）

A

B

图10-4-1

5~8拍：重复1~4拍动作。

2. （2×8拍）

1~4拍：右脚向右旁点踏，然后移重心到右脚，左脚点踏步，反方向左脚向左旁移踏，右脚点踏步，形成一字的横向步伐训练。（图10-4-2）

A　　B

图10-4-2

5~8拍：重复1~4拍动作。

3. （3×8拍）

1~2拍：左脚前踏，右脚向前跟侧点地。（图10-4-3）

3~4拍：双腿跳踏弓步右侧点地，同时右手平伸，左手臂屈肘打开端在耳边，快速反方向跳踏步，左腿侧点地步，同样左手臂平伸，右手臂屈肘打开置耳边。（图10-4-4）

A　B　　A　B

图10-4-3　　图10-4-4

5~6拍：左脚后踏移重心到左脚，同时右脚点踏于左脚前，双手臂上举挺胸腰。（图10-4-5）

7~8拍：由右脚开始与左脚原地交替踏步1次，双手由上举划下至身体两侧平伸。（图10−4−6）

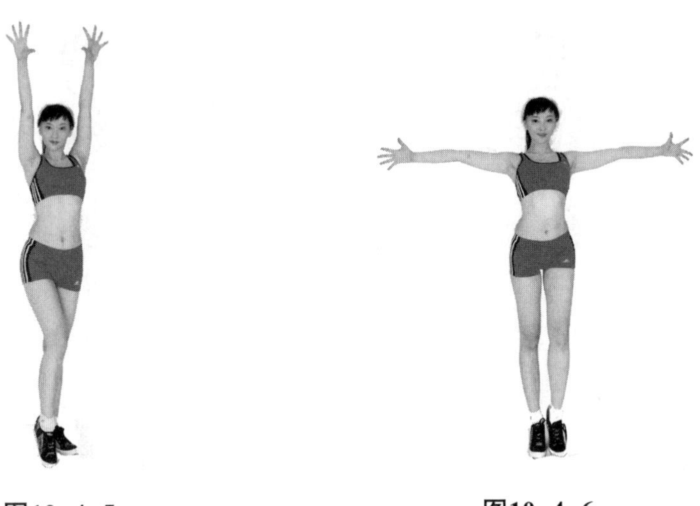

图10−4−5　　图10−4−6

4.（4×8拍）

1~6拍：双手交叉握拳于胸前，双脚原地踏步6次6拍。（图10−4−7）

7~8拍：双腿快速的作弓步侧点动作，两个方向交替进行。（图10−4−8）

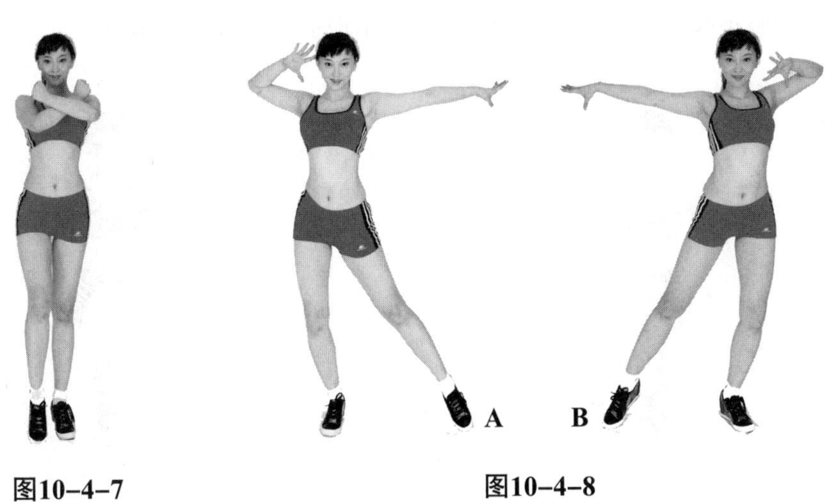

图10−4−7　　图10−4−8

5.（5×8拍）

反方向重复（3×8拍）的动作。

6.（6×8拍）

反方向重复（4×8拍）的动作。

7.（7×8拍）

1~4拍：双手臂叉腰，原地双脚作交替前伸脚跟侧点地动作，注意动力腿要伸直点地，上身保持挺立。（图10-4-9）

A

B

图10-4-9

5~8拍：重复1~4拍的动作。

8. （8×8拍）

1~4拍：吸抬腿小跳步，即右腿屈膝抬起，左脚原地跳踏，反方向同样右脚落地跳踏，左脚屈膝抬起，双手臂握拳身体两侧协调摆动。（图10-4-10）

A

B

图10-4-10

5~8拍：前踏左脚同时上举伸左臂，再前踏右脚上举右臂，左脚后踏移重心同时双手叉腰，后踏右脚于左脚并步。（图10-4-11）

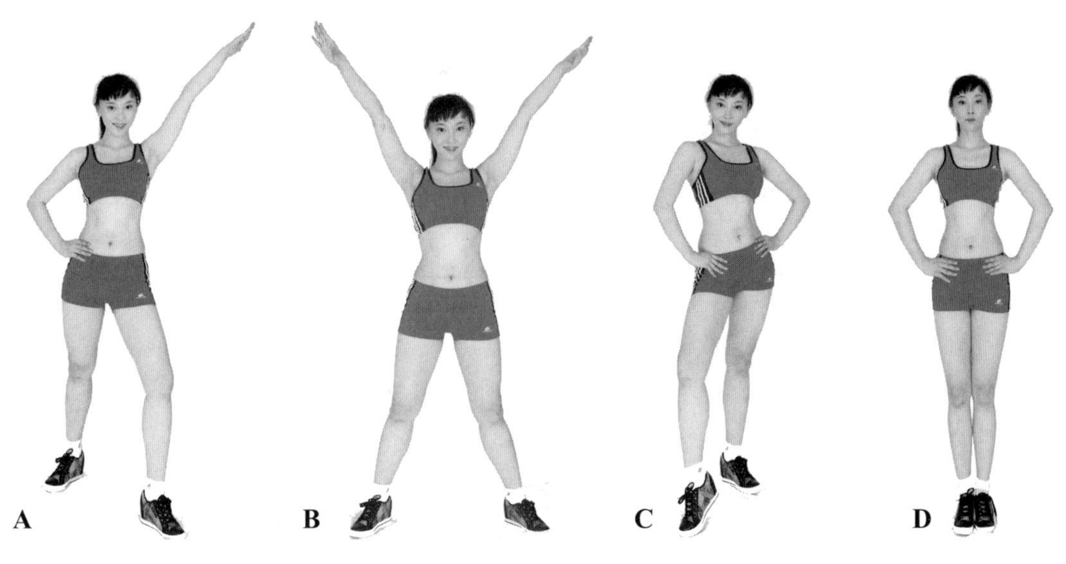

图10–4–11

9. （9×8拍）

1~4拍：向左前迈踏右脚，同时右手臂斜前伸直，左手臂屈肘端开举，然后右脚踏回移重心到右脚，双臂同时体侧伸直打开，左脚为点地步，重复动作向左脚移重心，右脚点地步。（图10–4–12）

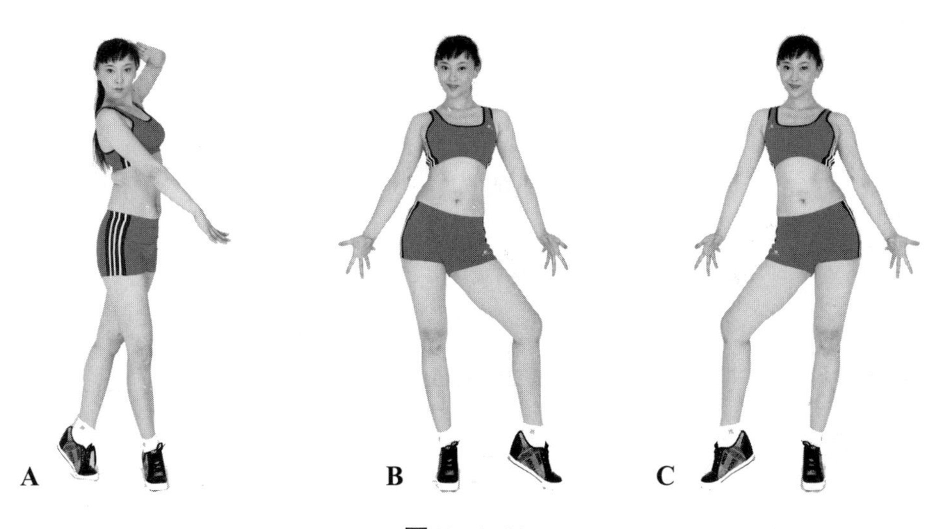

图10–4–12

7~8拍：再次向左前点踏右脚，同时右手臂体侧伸直，展开五指，左手臂伸直上开举，然后右脚踏步与左脚并拢，右手臂收回屈肘端开举至右耳边，左右臂叉腰，原地左右摆胯1次。（图10–4–13）

图10-4-13

10. （10×8拍）

反方向重复（8×8拍）的动作。

11. （11×8拍）

反方向重复（9×8拍）的动作。

12. （12×8拍）

1~2拍：快速的左右两个方向弓步侧点地动作。（图10-4-14）

3~6拍：双手臂上举握拳，原地移重心4次4拍。（图10-4-15）

图10-4-14　　图10-4-15

7~8拍：再次移重心到右脚，双手臂展开五指屈肘至胸前，顶含胸部1次。（图10-4-16）

图10-4-16

13. （13×8拍）

反方向重复（12×8拍）的动作。

14. （14×8拍）

1~4拍：双手叉腰，侧踢右腿，后侧点地步。（图10-4-17）

图10-4-17

3~6拍：右脚旁踏移重心，右顶胯部，左脚移重心，左顶胯部，重复动作1次共4拍。（图10-4-18）

7~8拍：左脚上步点地，叉腰，然后右脚跟并步。（图10-4-19）

图10-4-18　　图10-4-19

15. （15×8拍）反方向重复（14×8拍）的动作。

16. （16×8拍）

1~4拍：开步，双手臂直伸上举，左右摆胯同时手臂左右侧举摆动，重复1遍。（图10-4-20）

图10-4-20

5~6拍：双臂展开，左脚向左前开腿跳踏，然后右脚侧点地走，左手臂叉腰，右手臂端置。（图10-4-21）

7~8拍：双手叉腰，右脚后踏移重心，然后左脚跟踏点地步，同时左手臂侧甩伸直，结束造型动作。（图10-4-22）

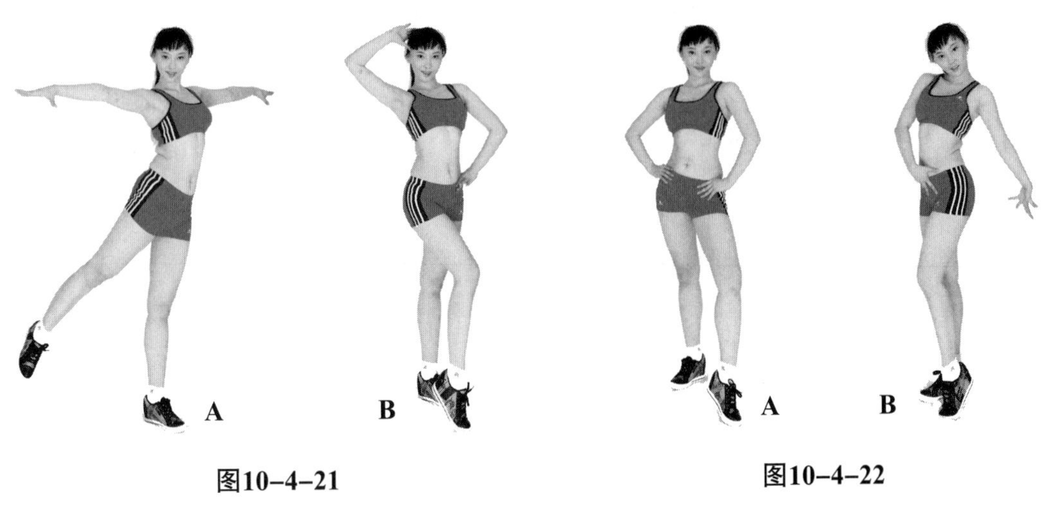

图10-4-21　　图10-4-22

（六）放松伸展训练

放松训练是健美操的内容之一，绝不是可有可无的。所以，健美操教练员及广大健身者应对此高度重视。通过放松运动可以达到以下目的：

1. 放松运动可使静脉血液较快回流到心脏，使心脏较快地恢复到正常工作状态。

2. 放松运动可使神经系统和其他内脏器官由紧张的工作状态逐步转入正常状态，从而能促进整个机体较快地得到恢复。

3. 放松运动能加速乳酸的消除，可避免肌肉充血、僵硬。如不注意放松，肌肉的收缩能力会下降，弹性会减弱，从而会影响力量的提高，妨碍肌肉的增长。

所以我们选择大幅度的线条抻拉的放松练习，以确保运动后身体各方面的平衡。

五、爵士健身操

（一）什么是爵士

Jazzercise=jazz+exercise，指可以激起感性的东西。我们都知道，在舞台上，布兰妮魅力四射的激情舞蹈性感、妩媚，在流畅的舞步中展现女人的所有姿彩。如今，性感妩媚已经是现代女性追求的重点，而爵士健美操是一种全身性运动，动作本质是直接把内心的感受用身体的颠、抖、扭等肢体动作表达出来，是以轻快的舞曲和优美的舞蹈动作组合在一起的火辣风情舞蹈，因此深受大众的喜爱。 传统的爵士舞是随着复杂的爵士音乐的节奏，构思了高难度的动作，所以通常人们难以学会。而Jazzercise是随着优美的流行音乐的节奏，结合了简单的健美操的动作，使人们非常容易学会。在流行音乐的伴奏下，这种快

乐的舞蹈将引领你忘却烦恼，感受全身的活力带给你的激情澎湃，使身体和心灵在音乐的感动中得到充分的释放。

（二）爵士健身操的健身功效

爵士舞优美的舞蹈动作与减肥运动因素结合在一起的Jazzercise是一种增氧运动，强化肺部和心脏机能，刺激血液循环系统，提高氧气吸收能力和持久力，减少体内多余的脂肪，使你保持着苗条健康的身材。与以往的健身操相比，爵士健身操最大的特点是在运动中洋溢着爵士舞蹈特有的欢乐和激情，Jazzercise运动身体的每一个关节，通常运动量少的后肩部位和骨盆部位的肌肉通过运动会得到充分的锻炼，使女性的曲线美更加显出。

（三）热身训练

1. 双腿开立与肩同宽，双手臂手指交叉互握，挺立躯干准备，吸气，双臂向上推举，充分抻拉肩背和手臂的肌肉，呼气，身体前俯，抬头保持躯干的挺直震颤下压，注意腿部需保持开立伸直，抻拉腰背和腿部肌肉。（图10–5–1）

A

B

C

图10–5–1

2. 双腿开立与肩同宽，双手臂手指交叉互握，挺立躯干准备，双臂同时缓慢的进行云臂转腰的抻拉训练，注意需尽量大幅度地围绕头部缓慢旋转，从而抻拉到胸腰和手臂。（图10–5–2）

图10-5-2

3. 双腿开立与肩同宽，双手手臂扶胯部准备，头部缓缓顺时针和逆时针的旋转，注意调整呼吸，慢慢的抻拉颈部肌肉。（图10-5-3）

A

B

图10-5-3

4. 开步站立，双臂两侧展开，最大限度地环转腰胯部。（图10–5–4）

图10–5–4

5. 开步外开膝盖蹲立，双手臂扶膝盖支撑上身保持挺立，慢慢地大幅度左右扭摆腰胯，抻拉臀部和腰腿部肌肉。（图10–5–5）

图10–5–5

6. 保持开立蹲姿势侧伸左腿，双手臂扶膝盖支撑上身保持挺立，注意需轻轻颤压左腿，然后双手臂扶地面移重心颤压右腿内侧的肌肉。然后调整呼吸，站立起身，准备进行爵士组合的训练。（图10–5–6）

图10–5–6

（四）爵士健身操组合

专为在办公室工作的人群设计的组合，由于长时间在办公桌和电脑前工作导致肌肉发展失衡，主要是针对腹肌、髋肌群、肩、背等部位的肌肉训练。纠正身体姿态，放松腰部、颈部，解决肩部问题，收紧手臂、腹部的松弛肌肉。做动作时一定要按要求配合呼吸，注意力集中在训练的部位肌肉上，细心感受体味肌肉的抻拉和收紧，有耐力地控制保持造型动作，掌握好过渡动作和呼吸配合的速度，配合音乐节奏尽量加大动作的扭动幅度。

1. （1×8拍）

1~2拍：右脚前点步，双手臂置体侧端肩，屈肘，双手指展开，然后双手快速扶头部两侧。（图10–5–7）

图10–5–7

3~4拍：右腿旁踏，两腿开立，双手扶腿左右快速摆头甩发1次，2拍。（图10–5–8）

5~8拍：双臂置体侧，平圆转胯1次，再左右地快速摆胯。（图10–5–9）

图10–5–8

图10–5–9

2. （2×8拍）

1~4拍：左右原地交替抬腿跳踏步一次，手臂于体侧自然摆动。（图10-5-10）

5~6拍：再次抬踏左腿跳一次，身体前含，双臂屈肘环抱胸前，然后左腿后踏双手扶头。（图10-5-11）

图10-5-10　　**图10-5-11**

7~8拍：移重心到左腿，右脚前点地步，左右快速潇洒地甩摆头部。（图10-5-12）

图10-5-12

3. （3×8拍）

1~2拍：右脚旁踏双腿开立，双手扶腰胯，旋转头部1次。（图10-5-13）

图10-5-13

3~6拍：双腿屈膝，旋转胯部一次，2拍，然后快速站立，右手臂屈肘端至胸前，同时左右摆胯一次。（图10-5-14）

图10-5-14

7~8拍：后踏左脚并移重心，同时回身向后甩臂，快速移重心到右脚，同时回身向前屈肘展臂。（图10-5-15）

图10-5-15

4. （4×8拍）

反方向重复（2×8拍）动作。

5. （5×8拍）

反方向重复（3×8拍）动作。

6. （6×8拍）

1~4拍：向左踏左脚，移重心，顶左胯，同时右臂向上举摆，反方向同样右脚移重心顶胯，侧踏步举摆左臂。（图10-5-16）

图10-5-16

5~8拍：动作同上1~4拍动作重复左右脚交替移重心，顶胯，侧踏步。

7. （7×8拍）

1~4拍：双腿并拢，原地叉腰，旋转胯部两次。（图10-5-17）

5~6拍：左脚快速旁踏，双腿开立，双手交叉手，逆时针做云臂环转头部一周。（图10-5-18）

图10-5-17

图10-5-18

7~8拍：右脚向左侧前踏，双手合掌侧前平举低头，然后快速右脚后踏点地，双臂上举展开抬头挺胸腰。（图10–5–19）

A　　B

图10–5–19

8. （8×8拍）

反方向重复（6×8拍）动作。

9. （9×8拍）

反方向重复（7×8拍）动作。

10. （10×8拍）

1~4拍：由右脚开始，向右侧点踏步，并步旋转一周，2拍。（图10–5–20）

A　　B　　C

图10–5–20

5~6拍：身体向左脚移重心，屈膝蹲立，同时向左侧移靠上身，头部作一个向左旁钻动的动作。（图10–5–21）

7~8拍：右脚向旁踏点地步，并以左脚为重心站立，右手扶胸部，同时胸部随音乐挺含1次，2拍。（图10–5–22）

图10-5-21

图10-5-22

11. （11×8拍）

1~4拍：反方向由左脚开始向左侧点踏步并步旋转一周，2拍。

5~6拍：以左脚为重心站立，右手扶胸部，同时胸部随音乐旋转一周，2拍。（图10-5-23）

7~8拍：后踏左脚并移重心，同时回身向后甩臂，快速移重心到右脚，同时回身向前屈肘展臂。（图10-5-24）

图10-5-23

图10-2-24

12. （12×8拍）

1~4拍：向左踏左脚，移重心，顶左胯，同时右臂向前摆，反方向同样右脚移重心顶胯，侧踏步摆左臂。（图10-5-25）

5~8拍：向左踏左脚，移重心，顶左胯，同时右臂向上举摆，反方向同样右脚移重心顶胯，侧踏步举摆左臂。（图10-5-26）

图10-5-25

图10-5-26

13. （13×8拍）

反方向重复（11×8拍）动作。

14. （14×8拍）

反方向重复（12×8拍）动作。

15. （15×8拍）

1~2拍：双腿开立，快速左右扭摆腰胯，同时左右甩摆双臂。（图10-5-27）

3~4拍：双手扶头部，然后随双腿屈蹲经身体两侧划下至膝盖支撑上身。（图10-5-28）

图10-5-27

图10-5-28

4~8拍：保持腿部屈蹲动作，上身随头部逆时针旋转1周后低头，然后快速抬头甩发。（图10-5-29）

A　　B　　C

图10-5-29

16. （16×8拍）

1~4拍：双腿交替，原地屈膝抬踏跳步，4次4拍。（图10-5-30）

5~6拍：向左踏左脚，移重心，顶左胯，同时右臂向上举摆，反方向同样右脚移重心顶胯，侧踏步举摆左臂。（图10-5-31）

A　B
图10-5-30

A　B
图10-5-31

7~8拍：吸气，上举双臂，双腿开立伸展身体，呼气，抬头挺胸腰，双臂下摆造型。（图10-5-32）

A

B

图10-5-32

（五）放松训练

爵士的放松训练可以配合慢速抒情的爵士音乐进行自由即兴随意舞动，重点活动从头部、颈部、胸腰、臀胯和腿部，乃至脚腕和手腕关节等各个环节的灵活性，调整好呼吸保持一种自然的身体状态，随着音乐完全地让自己释放，轻松自由的心情使我们的身心得到舒展按摩。

六、拉丁健身操

（一）拉丁健身操的特点

什么是有氧拉丁？这项运动有什么特点？练习起来要注意哪些事项？来源于国标中的拉丁舞，但绝对不强调基本步伐。更确切地说，它是健身操的一种，强调能量消耗，对动作的细节要求不高，注重运动量和对髋、腰、胸、肩部关节的活动。激情拉丁自由随意，热情奔放，节奏明显。它的锻炼侧重点在于腰和髋部，同时使大腿内侧得到充分锻炼。拉丁健身操的另一个特点是在热烈奔放的拉丁音乐中感受南美风情，同时在健身操中增加舞蹈元素，在锻炼之外更可自我享受。

现代人喜欢求新，单纯传统的健身运动越来越满足不了他们的需求，就给它加入新的拉丁舞元素，人们在感受拉丁热力的同时强健身体，可谓两全其美。传统的拉丁舞起源于非洲和拉丁美洲，具有热情、奔放、浪漫的风格特点，其舞蹈动作豪放粗犷，速度多变，手势和脚步内容丰富，充满激情，音乐节奏鲜明强烈。把拉丁舞引入健身房后，拉丁舞便

成了“有氧拉丁”，这个名字一下子道出了将拉丁舞作为一种健身方式的创意。它有别于国标标准的拉丁舞，是在有氧操的基础上，融入拉丁的奔放和激情，使其更具有趣味性，适合范围更广泛。而且有氧拉丁与拉丁舞也有很大区别，拉丁舞里表达情的东西较多，过于热情奔放，而有氧拉丁保留了拉丁的健康和奔放，去掉了繁复和夸张，更倾向于运动。只要身体好，普通大众都可以练习，适合各个年龄段的健身爱好者。

（二）拉丁健身操的健身功效

拉丁健身操具有雕塑形体、展现自信、挺拔身姿和提升个人魅力的作用。跳拉丁可以令心跳由每分钟80次升到120次，有时甚至更多，它的功效等同于任何体力训练和有氧运动，可以增强心脏的强度和耐力。据医学专家报道，跳拉丁还会避免早期关节炎，防止腰间盘突出，有效防止心血管类疾病。拉丁不但能强健你的体魄，最大的好处还能使你更自信，让羞涩和胆怯的人摆脱自卑和交际恐惧，培养你乐观坚定的信心和毅力去面对生活和学习的考验。让我们一起来享受拉丁的塑身魔力吧！

（三）拉丁热身训练

拉丁健身舞蹈的热身训练一般是整堂课程的前6～10分钟，这要由天气和温度、身体状况和训练水平等因素来决定。当天气冷时，人体血液循环较慢，肌肉、关节和韧带等僵硬，那么我们活动的时间就较长些，还有那些年龄较大的人，也需要适当地延长热身的活动时间。

热身需要由简单动作与较慢的音乐节奏配合，以全身性的运动动作为主，要充分地活动全身的关节和韧带，充分地伸展肌肉以达到拉丁健身操的热身要求。为了配合我们的热情拉丁健身操，我们在热身时要着重抻拉胸背部肌肉和大腿的前后部肌肉群，这样将减少我们的运动拉伤。好了——一切准备就绪，让我们来跳一堂漂亮的拉丁舞组合吧！

（四）魅力拉丁健身操组合（共16个8拍）

姿态：挺胸抬头，上身稍微前倾，肩部有意识地下压外展，脚跟稍稍抬起，臀部有意识的后翘，整体看上去自信健康，具有拉美人的热情“S”形性感身姿。

1.（1×8拍）

1~2拍：先从腿部动作开始，原地摆胯踏步，双手臂在体侧自然摆动。（图10-6-1）

3~4拍：重复1~2拍动作。

5~6拍：右脚前踏，同时移重心到右脚，再移重心到左脚，形成两拍的8字扭胯。手臂在体侧展开，随胯部扭摆交替划“∞”字。（图10-6-2）

图10-6-1

图10-6-2

7~8拍：右脚后踏，同时移重心到右脚，再移重心到左脚，形成两拍的8字扭胯。手臂在体侧展开，随胯部扭摆交替划“∞”字。（图10-6-3）

图10-6-3

2. （2×8拍）

1~4拍：横向右侧踏步摆胯，4步4拍，手臂在体侧自然摆动。（图10-6-4）

5~8拍：左腿前踏后踏摆胯步，手臂依然在体侧自然前后交替摆动。（图10-6-5）

图10-6-4

图10-6-5

3. （3×8拍）

1~2拍：右脚向左侧斜前方踢踏步，双手臂叉腰，左脚配合原地抬踏1次，共2拍。（图10-6-6）

3~4拍：重复1~2拍动作。

A

B

C

图10-6-6

5~8拍：右脚向旁踏，并步开步旋转1圈，双手臂打开置于身体两侧平伸。（图10-6-7）

A

B

C

图10-6-7

4. （4×8拍）

反方向重复（1×8拍）

5. （5×8拍）

反方向重复（2×8拍）

6. （6×8拍）

反方向重复（3×8拍）

7. （7×8拍）

1~4拍：双手叉腰，右脚前踢蹬一次，再向右旁踢蹬一次，2拍，然后右脚与左脚并步原地踏步3次，2拍。（图10-6-8）

图10-6-8

5~8拍：左脚反方向重复1-4拍动作。

8. （8×8拍）

1~2拍：右脚向左侧旁踏前交叉步，然后左脚向左旁踏顶左胯，同时左手臂叉腰，右手扶头部，然后右脚再快速原地抬踏1次，三个动作共2拍完成。（图10-6-9）

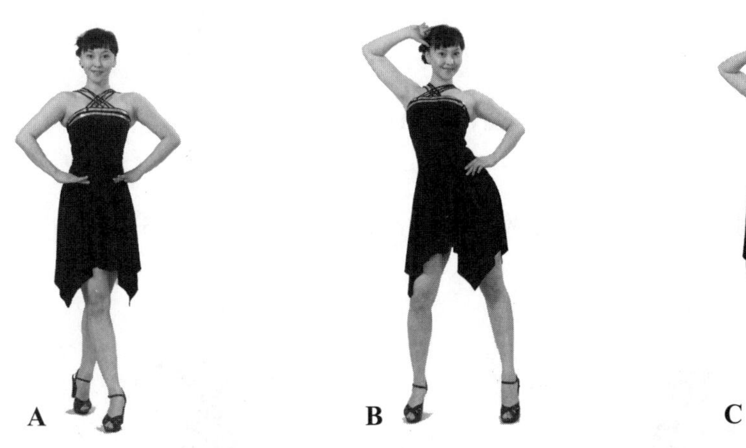

图10-6-9

3~4拍：左脚反方向重复1~2拍动作。

5~8拍：重复1~4拍动作1遍。

9. （9×8拍）

1~6拍：先从右脚开始，向正前做恰恰步3次，共6拍。（图10-6-10）

图10-6-10

7~8拍：左脚前踏一步，右脚跟踏侧点步，身向左旁右手臂由体前后划上举，左手扶右侧腰部，挺胸抬头。（图10-6-11）

图10-6-11

10. （10×8拍）

1~4拍：先从左脚开始，向正后方做恰恰步2次，共4拍。（图10-6-12）

图10-6-12

5~8拍：左脚后踏并移重心到左脚，右脚前点踏步，右手臂前抡划上举，左手臂扶腰共两拍。反方向右脚后踏，移重心，左脚点踏，左手臂前抡划上举，右手臂扶腰。（图10-6-13）

A

B

图10-6-13

11. （11×8拍）

1~4拍：由右脚开始，向前弓步开膝行走4步，4拍，双手臂体前同时“∞”字划臂。（图10-6-14）

A

B

图10-6-14

5~8拍：右脚前侧点踏步，左脚为重心，双手扶头，波浪胸腰2次，4拍。（图10-6-15）

A　　B

图10-6-15

12. （12×8拍）

1~4拍：双臂打开抖动肩胸，同时由右脚开始向后退踏4步，共4拍。（图10-6-16）

5~8拍：双腿并步，双腿微屈“∞”字扭胯1次。（图10-6-17）

A　　B

图10-6-16

A　　B

图10-6-17

13. （13×8拍）

1~4拍：左脚踏向左侧，双脚开并步旋转1圈，双臂打开。（图10-6-18）

A　　B　　C

图10-6-18

5~8拍：反方向重复1~4拍。

14. （14×8拍）

1~4拍：右脚快速地前踏后踏，左脚垫步踏2拍。再重复1次共4拍。（图10-6-19）

图10-6-19

5~8拍：右脚前踢蹬一次，再向右旁踢蹬一次2拍，然后右脚与左脚并步，原地踏步3次，共4拍。（图10-6-20）

图10-6-20

15. （15×8拍）反方向重复（14×8拍）

16. （16×8拍）

1~8拍：原地扭胯踏步，深呼吸双手上举过头顶再放下至身体两侧。（图10-6-21）

A

B

C

图10-6-21

（五）放松伸展训练

放松训练是非常重要的部分，有些人在运动后经常会忽略掉，我们继续把放松做完，选择一段非常舒缓的悠扬音乐，使我们的心律逐渐慢慢降低，这样不但能舒缓心情，也会缓解肌肉的紧张，我们分成三个部分来完成6～10分钟的拉丁伸展训练。第一部分整理恢复，即逐渐的放慢运动幅度，用较缓慢的音乐跳拉丁组合，当心律渐渐降低，就进行伸展部分的训练，依次抻拉身体各部位肌肉，这样不但可以提高柔韧性，也能达到雕塑肌肉线条的作用。最后的部分就是放松训练，充分的呼吸和轻轻拍打肌肉，依次活动身体各个关节，使我们的紧张神经得到放松。那么整堂60分钟的拉丁健身舞蹈课程就圆满结束了！

七、塑型普拉提

（一）普拉提常识和健身要点

普拉提的学名是“静态肌肉强化”，而节奏塑形普拉提是一种糅合东方和西方运动概念之长，将西方的肢体肌肉能力的训练（结合芭蕾和体操）及东方的呼吸和心灵集中统一的训练（结合瑜伽和太极气功及古典身韵舞蹈）紧密结合的训练体系模式。是通过对全身肌肉的训练，提高人体躯干的控制能力、身体协调平衡能力和柔韧性，借由伸张肌肉的动作，通过腹式呼吸，使身心能获得适当协调减压的一种有氧运动。

节奏塑形普拉提与其他有氧运动最大的不同是，它动作舒缓静态，讲究呼吸协调，意识集中，边运动边听柔和的音乐来进入美好境界。普拉提不局限场地、不拘泥动作，真正接触过普拉提运动的人会发现，短短几分钟，身体就会发热冒汗，加上强调左右一起运动，还能够渐渐矫正一般人惯用左边或右边的坏习惯，让身体更为协调平衡。通过对全身肌肉的训练，提高人体躯干的控制能力，矫正人体姿态，减肥燃脂至塑造人体优美“S”曲线。

普拉提不仅是一项健身运动，而且还是一项带有康复功能的运动，它对于某些脊椎损伤、孕妇产后恢复、肌肉不适、运动损伤、便秘、静脉曲张等症状都有着很好的治疗效果。

快乐的第一需求就是身体健康，节奏塑形普拉提是专为在办公室工作的人群设计的，他们由于长时间在办公桌和电脑前工作导致肌肉发展失衡，这种课程主要是针对腹肌、髋肌群、肩、背等部位的肌肉训练。有规律地进行普拉提锻炼可纠正身体姿态，放松腰部、颈部，解决肩部问题，收紧手臂、腹部的松弛肌肉。现在还有很多专业的运动员也用普拉提练习来避免运动损伤。

减肥塑型训练的八大要点：

1. 专注：训练时注意力集中，静静“聆听”身体的感觉。

2. 控制：动作到位，尽量达到要求的位置。

3. 重心：利用自身的重力带来的阻力，达到锻炼肌肉的效果。

4. 呼吸：做动作时，讲究呼气的深度，尽可能地运用腹式呼吸的方法。速度不宜太快，与动作的节奏基本一致。运动时注意呼气，静止时注意吸气，另外注意力要集中。

5. 流畅：力求动作流畅，速度均匀。

6. 准确：姿势准确，动作不准确，锻炼效果就会“大打折扣”。

7. 放松：遐想时仔细感觉身体的部位。

8. 持久力：有意识地收缩需要锻炼的肌肉，保持较长时间的肌肉紧张感，较大程度消耗身体各部位的能量。

女士梦寐以求的平滑、柔软的身体，苗条、健美的双腿，平坦、紧收的腹部，曲线玲珑的“S”形性感身材，在你品尝了节奏塑形普拉提块“甜点”后，你就会拥有。

（二）美体塑身平衡组合的功效

流畅柔美的动作和垫上平衡控制训练，会使身体肌肉紧致匀称，肌肉能力和柔韧性得到提高。垫上平衡训练有助于重新伸展绷紧的肌肉，好似做深层按摩，调整肌肉的弹性和柔韧度。通过造型控制训练肌肉耐力，令身体压力再平均分布，配合呼吸把肌肉塑造得结实而富有线条，让你的身材看起来更健美匀称。

（三）垫上美体塑身平衡组合

1. 腰部柔韧与塑型训练

（1）跪立，深吸气，双臂平行上举，挺拔上身—吐气，跪坐保持上举，加快速度臂

部坐立训练6次，注意臀部立起时收紧前推。自然呼吸，双臂身前平行顺时针画圈3次，带动腰部作环形抻拉。吸气，跪立，向左伸展双臂拉展右侧腰部，保持动作—吐气，臀部跪坐于双腿右旁，双臂保持向左举伸，抻拉右侧腰部，保持动作深长地呼吸，反方向重复1次，动作同上。（图10-7-1）

A　　B　　C

D　　E　　F

图10-7-1

（2）跪立，深吸气，双臂平行上举，挺拔上身—吐气，跪坐，左手臂扶臀后地面支撑，右臂伸直上举—吸气，臀部抬起前推，左手支撑地面保持身体平衡—吐气，头部后仰，上挺胸腰，右臂向后伸展，抻拉前侧腰部肌肉，保持动作均匀呼吸。反方向重复1次，动作同上。（图10-7-2）

图10–7–2

2. 腿部与腰部平衡肌肉塑型柔韧训练

（1）双臂支撑地面侧坐，右腿右旁侧伸直准备。快速侧踢右腿8次，注意膝盖要伸直，上身始终保持直立状态。吸气，侧踢抬右腿—吐气，右手抓右脚脚腕，尽量向体侧抻拉，保持身体平衡控制，深长地呼吸。（图10–7–3）

图10–7–3

（2）放下右腿右旁伸直，吸气，挺拔身姿，双臂合掌上举—吐气，右臂由上划下侧平伸展—吸气，右腿屈膝小腿上抬，右手抓右脚脚腕，小腿与地面呈一垂直线，保持身体

挺立，深长地呼吸—吸气，左臂由上划下向前平伸展—吐气，向右侧回身转腰，左手与右手同时抓右脚脚腕，上身保持挺立，腰部侧拧控制，深呼吸，双臂内拉，右脚尽量贴近腰部，保持动作感受肌肉的抻拉和紧张—吐气，放开右脚恢复侧坐姿态。反方向重复1次，动作同上。（图10-7-4）

A　　B

C　　D　　E

图10-7-4

3. 腿部韧带抻拉训练

（1）上身挺立，双腿屈膝外开，双脚脚掌相对坐于地面，双手抓双脚脚趾，双脚脚跟尽量贴近胯根部位。吸气，挺立上身—吐气，身体向前倾含，躯干部位尽量伸直，抻拉腿部内侧韧带和胯根部肌肉，保持动作并重复动作3次。（图10-7-5）

图10–7–5

（2）上身挺立，双腿向前伸展，吸气，双臂平行前伸—吐气，双腿双臂同时向左右两边打开，手臂两侧平伸，双腿根据自己的能力调整开度—吸气，双臂上举上身保持直立—吐气，双臂向前撑住地面，上身躯干部位尽量保持直立，向前俯身。缓缓含压3次—吸气，立身上举双臂—吐气，向左侧扭转身体，上身躯干部位尽量保持直立向前含俯，同时双手臂抱住左腿，保持动作深长地呼吸，反方向重复抱右腿含压控制。（图10–7–6）

C D

E F

G H

图10–7–6

4. 肢体平衡控制与肌肉塑型训练

（1）深吸气，双臂平行上举，挺拔上身—吐气，上臂展开置于臀后地面支撑—吸气，提臀，挺立身体，由双臂双脚支撑地面，保持身体平衡控制，深长地呼吸，感受全身肌肉的紧张—吸气，臀部坐回—吐气，含胸屈膝双腿并收至胸前，腹部肌肉收紧—吐气，双腿直膝前伸，保持离地面30°位置控制，腹部肌肉收紧，深长地呼吸，保持动作控制，吐气，放下双腿。（图10–7–7）

A

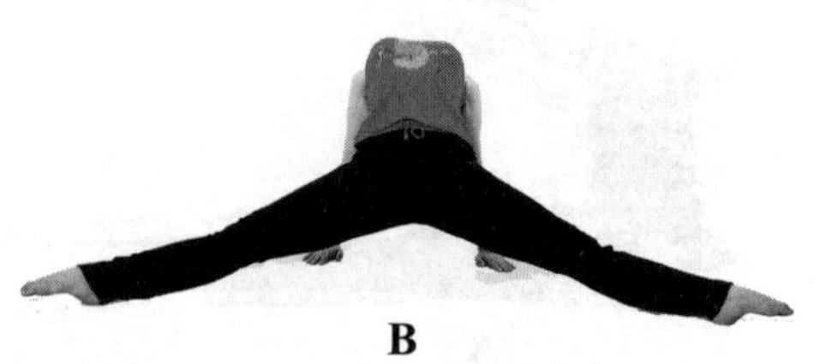
B

C

D

图10-7-7

（2）双手臂保持支撑地面，双腿直伸，坐立准备。吸气，右腿屈膝踏地—吐气，右腿直伸，向左旁地面点踏并与左腿交叠，同时带动腰部向左侧扭转，自然呼吸，上身保持端正，双腿尽量向两侧加大开度呈扇形—吸气，右臂向上伸展拉伸右侧腰部肌肉—吐气，左臂与双脚支撑身体，提臀升离地面，深长地呼吸，身体挺立保持平衡三角支撑控制。吐气，臀部缓缓回落，放松恢复准备姿势，反方向重复一次，动作同上。（图10-7-8）

A B C D

图10-7-8

5. 腰臀胯背部综合肌肉雕塑与柔韧训练

（1）上身挺立，双腿屈膝外开，双脚脚掌相对坐立，双手置身体后侧支撑地面准备。吸气，臀部上提离开地面，双臂与双脚交对支撑地面—吐气，上挺胸腰，臀胯上推到你的极限位置，头部向后倾仰，深长地呼吸保并持控制动作，吐气，臀部缓缓降落坐到地面，恢复准备姿势，重复动一次。（图10-7-9）

A

B

图10-7-9

（2）上身挺立，双腿屈膝外开，双脚脚掌相对坐立，双手抓双脚脚趾，双脚脚跟尽量贴近胯根部位。吸气，挺立上身—吐气，身体向前倾含，躯干部位尽量伸直，抻拉腿部内侧韧带和胯根部肌肉，自然呼吸，身体尽量前趴，同时双臂平行前伸扶住地面，保持并控制动作。吐气，臀部缓缓降落坐到地面，恢复准备姿势。（图10-7-10）

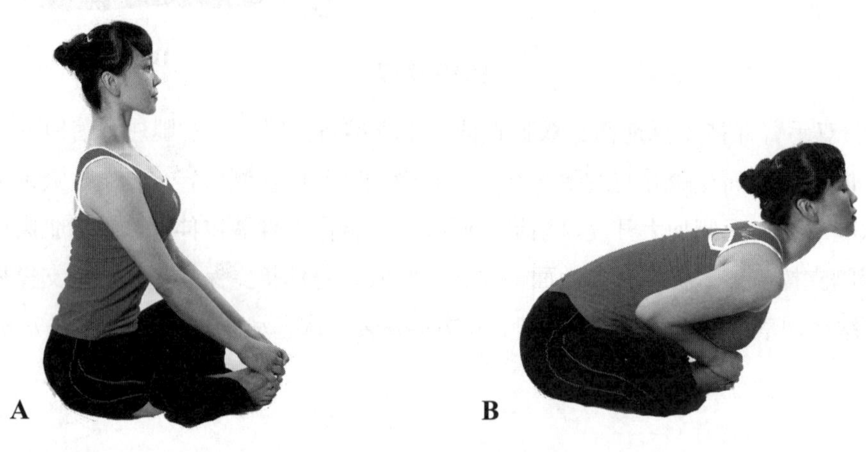

图10-7-10

6. 腿部肌肉素质与平衡训练

（1）双腿屈膝并拢坐立，含胸腰双臂环抱双腿，双脚抬起升离地面，双臀作为支撑，保持身体平衡准备。吸气，双手抓双脚脚腕上抬，小腿与地面平行伸展—吐气，双腿膝盖缓缓伸直，双手臂伸直抓双脚脚腕撑住，躯干尽量挺直，双臀作为支点保持平衡，自然呼吸，保持并控制动作。（图10-7-11）

图10-7-11

（2）吐气，双臂带动双腿向两侧展开—吸气，双臂带动双腿并拢，双腿和躯干始终保持伸直。重复动作一次—吐气，双腿并合前伸于地面保持30°位置，同时双臂平行地面前伸，自然呼吸，腹肌收紧控制并保持动作。（图10-7-12）

图10–7–12

（3）吸气，双腿并合前伸于地面，保持30°位置，双手置身后支撑地面，自然呼吸双腿匀速作交叉打开腿部运动，注意膝盖始终要伸直。重复动作8次。（图10－7－13）

图10–7–13

7. 腰背部曲线塑造

（1）双腿屈膝并拢坐立，双脚抬起升离地面，双手置身后支撑地面准备。吸气，双腿膝盖同时向左倾摆下压—吐气，上身向反方向右侧扭转，腰部如同拧麻花样令肌肉被收紧，自然呼吸保持并控制动作。反方向动作同上，两方向交替重复动作两次。（图10－7－14）

图10–7–14

（2）双腿屈膝并拢坐立，低头含胸腰，双臂环抱双腿，双脚抬起升离地面，双臀作为支撑，保持身体平衡准备。自然呼吸，双手抱住双腿向后滚动，充分地按摩整个背部的

所有肌肉群，然后快速向前滚动坐起，滚动幅度尽量加大，使我们的颈椎腰椎尾椎部位都得到舒展按摩，匀速地来回滚动5次。（图10–7–15）

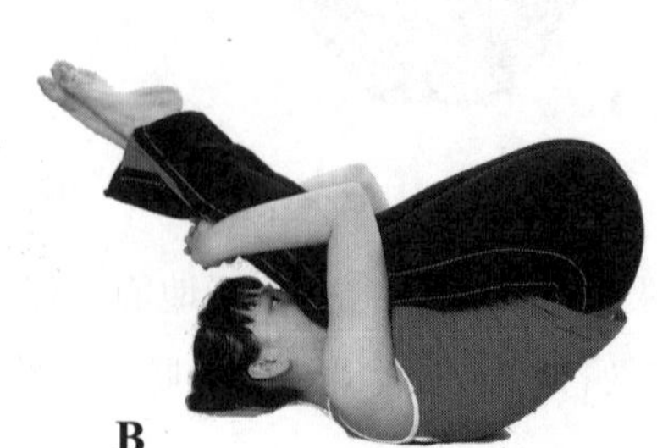

图10–7–15

8. 平衡韧性肌肉按摩训练

（1）双腿并拢平躺垫上，双手臂自然置于身体两侧准备。吸气，双手臂屈肘支撑腰胯辅助臀部上抬，同时带动双腿并举立起垂直地面—吐气，双腿向头后方向伸展，双腿伸直点踏头后部地面，双手扶住腰部保持平衡，深长地呼吸，控制并保持动作。（图10–7–16）

图10–7–16

（2）吸气，双腿直立上举带动臀部上抬，双手扶住腰背部位保持身体平衡，双腿尽量与地面保持垂直，自然呼吸控制并保持动作。保持双腿上举姿势，双腿匀速地做顺时针蹬车运动，蹬动8次，然后逆时针蹬动8次。吐气放松，臀部落坐，双腿缓缓放于垫上恢复准备姿态。（图10–7–17）

图10–7–17

9. 腹、臀、腿部的肢体协调塑型与肌肉素质减脂训练

（1）双腿并拢直立上举平躺垫上准备。吸气，双手扶住双腿膝盖—吐气，双腿两侧外开打开，充分地抻拉腿部内侧韧带和胯根部位，自然呼吸，双手扶住双腿膝盖，向下按压震颤协助韧带抻拉。（图10-7-18）

图10-7-18

（2）保持双腿打开动作，吸气，双臂上摆举过头顶准备—吐气，腹肌收紧，双臂平行前伸，上身抬离地面，保持动作控制，深长地呼吸—吐气，上身缓缓回落躺地，双臂后举恢复准备姿势。重复动作4次，尽量拉长控制时间。（图10-7-19）

图10-7-19

（3）双腿并拢屈膝平躺垫上，双脚打开与肩宽，平行踏地，双手臂自然置于身体两侧准备。吸气，臀部升离地面尽量向上提抬，同时上挺胸腰—吐气，臀部夹紧双膝并合控制。自然呼吸，臀胯上推到你的极限位置较长时间控制。重复动作3次。（图10-7-20）

A

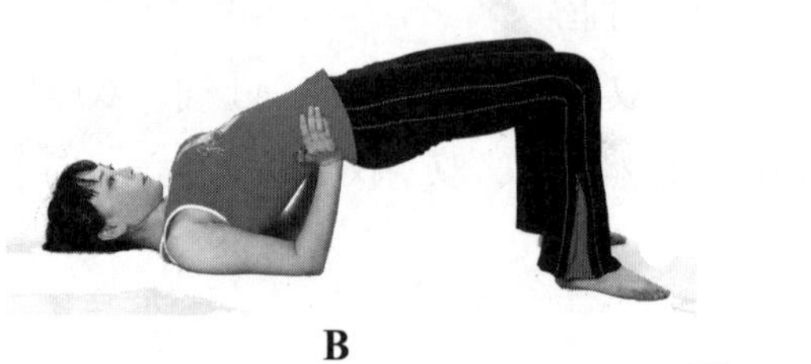

B　　　　　　　　C

图10-7-20

（4）吸气，臀部升离地面尽量向上提抬，同时上挺胸腰准备—吐气，双臂屈肘双手扶腰撑地，高抬右腿伸直上举垂直于地面，自然呼吸，双手由腰部放下，右腿臀部尽量高抬上提到你的极限位置，保持并控制动作。然后吐气放松，臀腿缓缓放下到准备姿势。反方向动作同上重复1次。（图10-7-21）

A　　　　　　　　B

图10-7-21

（5）吸气，臀部升离地面尽量向上提抬，同时上挺胸腰准备—吐气，双臂屈肘，双手扶腰撑地，臀部升离地面尽量向上提抬—吐气，双腿分别伸直前伸支撑地面，双臂放松由腰部放下，自然呼吸，身体呈拱桥形较长时间控制—吐气，双腿屈膝，臀部坐落地面放松—吸气，臀部再次向上提推，双腿膝盖伸直，身体呈拱桥形控制。重复动作4次。（图10-7-22）

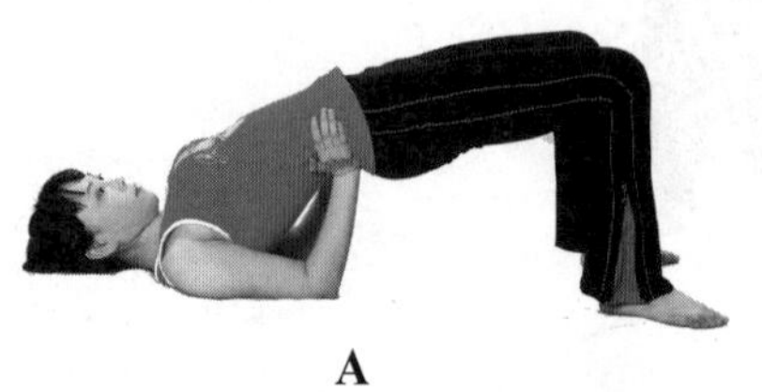

A　　　　　　　　B

C

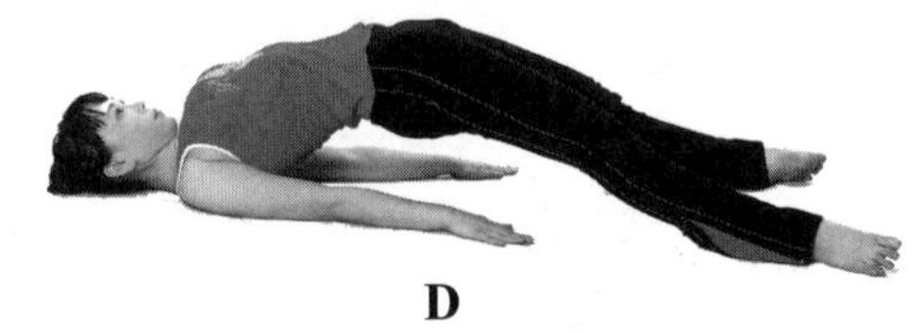
D

图10–7–22

10. 腿腰韧性协调控制训练

（1）双腿并拢向前伸直，坐立，上身挺直，双臂自然放置身体两侧准备。吸气，左腿屈膝向右腿外侧旁踏，同时双手抱左腿膝盖尽量向身体内侧拉近，挺直躯干，抬头，自然呼吸，保持控制动作—吐气，双臂伸直平行撑扶左脚右侧地面，同时右腿屈膝右脚尽量贴近身体，左臀部平置垫上。深长地呼吸，挺胸腰抬头，较长时间保持并控制动作。（图10–7–23）

A

B

C

图10–7–23

（2）保持上面左腿旁踏双臂同侧支撑地面控制动作准备。吸气，身体侧转面向右方，左腿屈膝踏地，同时右腿膝盖支撑地面跪地—吐气，右腿向后平伸，膝盖伸直，左腿保持动作，双臂支撑地面，抬头挺胸腰，自然地呼吸，保持并控制动作—吸气，向上高举左臂—吐气，回身侧转腰部面向左方，同时手臂向左侧伸直与地面平行。保持并控制此动作。（图10–7–24）

A

B

C　D

图10-7-24

（3）保持上面控制动作，右腿屈膝抬起，左手抓右脚脚腕，较长时间保持动作，自然呼吸—吐气，左手放下右脚，左臂收置原处同右臂一起支撑地面—吐气，向后移重心跪立，左腿伸直踏地，同时上身向前含俯，拉展腿部韧带肌肉，保持并控制动作—吸气，向前移重心跪立，上身挺立直身，双手臂胸前合十上举—吐气，双臂体侧展开置臀后，双臂手指交叉手心向外后推，同时上挺胸腰，头部后扬，双肩后夹保持跪立姿势。深长地呼吸，较长时间地控制保持动作。（图10-7-25）

A　B　C　D

图10-7-25

11. 胸背部与腿部的整体三角平衡训练

（1）躯干挺直，跪坐垫上准备。吸气，双手扶双腿膝盖—吐气，双手扶膝盖外开，同时臀部上身立起跪立，双脚脚趾体后相对—吸气，双手胸前合十上举过头顶，挺胸抬头躯干伸直，身体呈金字塔形，自然呼吸较长时间保持并控制动作—吐气，含胸双臂合掌身前落下，同时臀部落坐放松。重复金字塔造型动作3次。（图10–7–26）

图10–7–26

（2）保持膝盖外开，双脚脚趾臀后相对跪坐，准备。吸气，双手抓双脚脚腕—吐气，臀部立起前推，头部后扬，弯腰胸部上挺，双臂伸直扶双脚脚腕支撑控制，自然呼吸，较长时间保持动作—吐气，臀部缓缓回落，恢复准备姿势放松。（图10–7–27）

图10–7–27

（3）保持膝盖外开，双脚脚趾臀后相对跪坐，准备。吸气，身体前倾，双手臂向前平行展开支撑地面—吐气，双臂肘关节弯曲外开支撑，身体前趴，躯干保持直立，胸部尽量触到地面呈蛙趴式，抬头保持控制动作—吸气，双臂伸直支撑起上身，重复起落动作3次。（图10−7−28）

图10−7−28

（4）双臂支撑地面，抬头挺胸，蛙趴姿势准备。吐气，双腿伸直向后伸展，两腿向后打开，脚趾踏地与肩同宽—吸气，由双脚双臂支撑地面身体平行上抬控制，抬头挺胸腰自然呼吸，保持并较长时间控制动作—吐气，缓缓放下臀胯腿部置于垫上，身体由腰部以上挺抬控制，保持双臂伸直支撑地面—吸气，双腿并拢屈膝上抬，臀部收紧，双脚尽量碰触到头部，挺胸腰抬头深长的呼吸，较长时间地保持控制动作。吐气放松，身体缓缓移重心向后坐跪，身体向前俯身弓背低头，双臂抻拉扶撑地面控制。（图10−7−29）

E

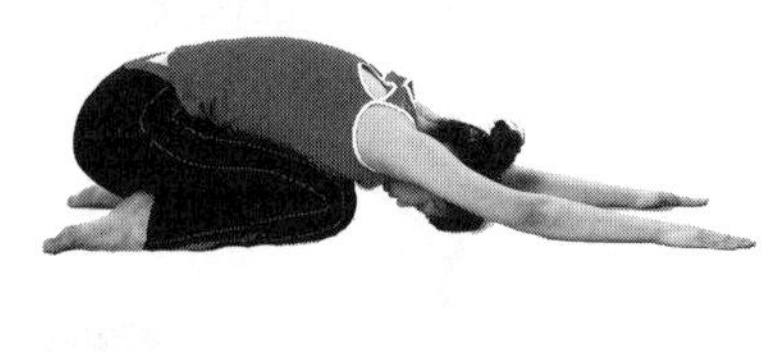
F

图10-7-29

12. 反方向腿腰韧性协调控制训练

（1）双腿并拢向前伸直坐立，上身挺直双臂自然放置身体两侧准备。吸气，右腿屈膝向左腿外侧旁踏，同时双手抱右腿膝盖尽量向身体内侧拉近，挺直躯干抬头，自然呼吸，保持控制动作—吐气，双臂伸直平行撑扶右脚左侧地面，同时左腿屈膝，左脚尽量贴近右臀部平置垫上。深长地呼吸，挺胸腰抬头，较长时间保持并控制动作。

保持上面控制动作，右腿旁踏，双臂同侧支撑地面控制动作准备。吸气，身体侧转面向左方，右腿屈膝踏地，同时左腿膝盖支撑地面跪地—吐气，左腿向后平伸，膝盖伸直，右腿保持动作，同时双臂支撑地面，抬头挺胸腰，自然地呼吸，保持并控制动作—吸气，向上高举左臂—吐气，回身侧转腰部面向右方，同时手臂向右侧伸直与地面平行，保持并控制此动作。

（2）保持上面控制动作，左腿屈膝抬起，右手抓左脚脚腕，较长时间保持动作，自然呼吸—吐气，右手放下左脚，右臂收置原处同左臂支撑地面—吐气，向后移重心跪立，右腿伸直踏地，同时上身向前含俯，拉展腿部韧带肌肉，保持并控制动作—吸气，向前移重心跪立，上身挺立直身，双手臂胸前合十上举—吐气，双臂体侧展开置臀后，双臂手指交叉手心向外后推，同时上挺胸腰，头部后扬，双肩后夹，保持跪立姿势，深长地呼吸，较长时间地控制保持动作。

（四）“S”曲线塑造组合篇

进一步的雕塑刻画身体曲线，组合融入瑜伽、身韵训练、艺术体操等极具女人味的舒展技巧造型动作，训练人体的优雅婀娜的姿态，肌肉柔韧性和肢体表现力，快速溶脂减去多余脂肪，雕塑“S”身体线条。优雅的垫上运动配合优美的背景音乐，使你在享受舞蹈和音乐的过程中细致雕塑腿胯、胸腹、腰臀、颈肩，使她们健康而富有美感，焕发出迷人的风采。

垫上“S”曲线塑造组合

（1）协调曲线塑造训练

①俯身卧趴在垫上，双手臂屈肘支撑地面，抬头挺胸准备。双腿并合上抬30°位置，

自然呼吸，两腿交替加快速度小幅度上下摆动，臀部收紧，根据自己的情况加快速度频率摆动，吐气，双腿并合30°位置保持。（图10-7-30）

图10-7-30

②吸气，双臂向前平行伸直，手心向下，腹胯部支撑地面保持平衡，胸腰腿部两头上抬—吐气，双臂呈水中游泳状划摆，上身和头部随手臂动作立挺含俯，自然呼吸，双腿保持离地状态，做4次—吸气，双手臂向后置于身体背部相交叉，手心向外上推带动胸腰上挺，背部后腰部肌肉收紧抬头—吐气，保持上身动作控制，双腿再次高频率交替小幅度上下摆动，自然呼吸，臀部收紧。然后吐气，双腿缓缓放下，上身俯卧，双臂松开置于身体两侧放松。（图10-7-31）

图10-7-31

（2）造型动作曲线塑造训练

①俯身卧趴在垫上，双手臂屈肘扶胸部支撑地面。吸气，屈腿塌腰，上提臀部离开地面—吐气，抬头挺胸腰保持“S”俯卧姿态控制，自然地呼吸，双小腿上抬垂直地面。然后吐气，膝盖伸直臀部落下，回初始状态放松。重复动作3次。（图10-7-32）

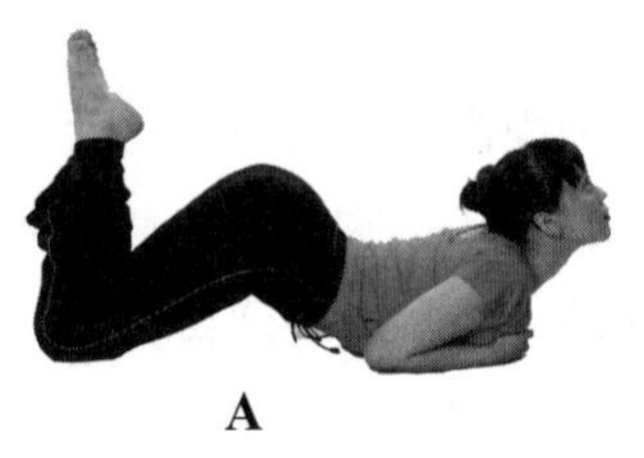
A

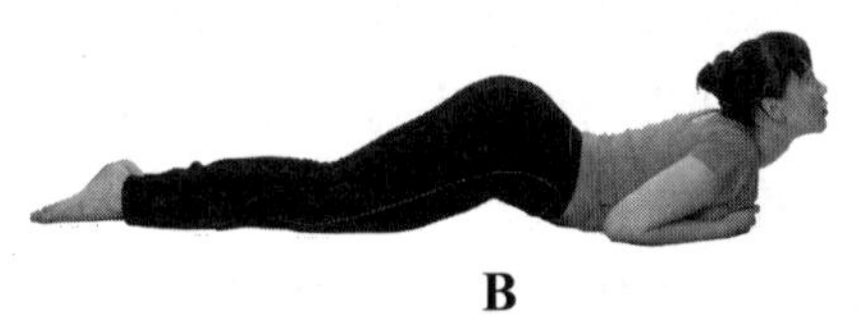
B

图10–7–32

②俯身卧趴在垫上，双手臂自然放于身体两侧准备。吸气，双脚打开与肩同宽，屈膝小腿上抬，双手分别抓双脚脚腕—吐气，挺抬上身头部后仰，同时手臂直抻拉动双腿上提，由腹部胯部支撑地面，腰背部臀部肌肉群收紧。自然呼吸，保持控制动作。然后吐气，双腿落下，上身俯卧放松，反复重复动作3次。（图10–7–33）

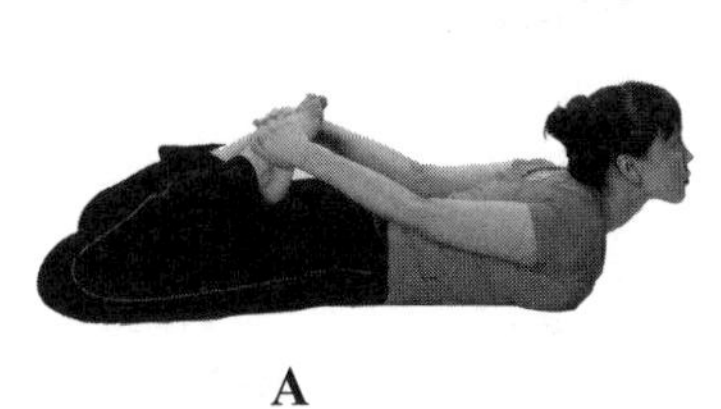
A

B

图10–7–33

③双膝并拢，屈膝跪地，身体前俯，低头，双臂平行前伸扶住地面，保持此动作深长地呼吸，调整和放松腰部腿部肌肉，为继续下面的动作恢复运动状态。（图10–7–34）

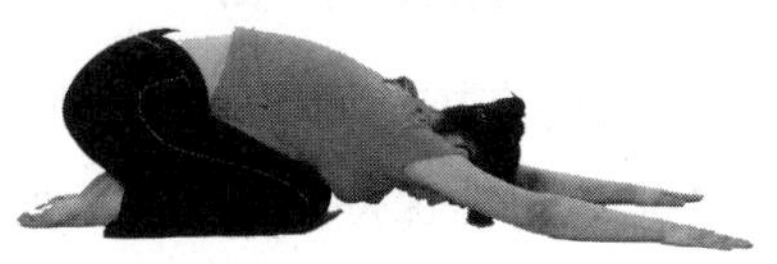

图10–7–34

④双腿并拢，屈膝跪地，俯身抬头，双臂伸直支撑地面准备。吸气，弓背含胸低头—吐气，抬头挺胸塌腰，反复动作5次。（图10–7–35）

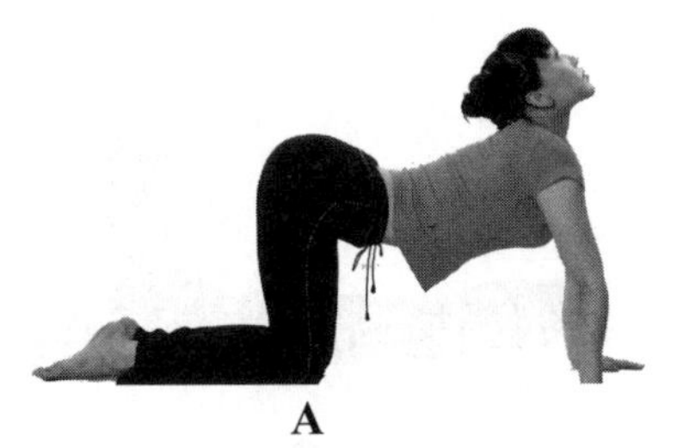
A

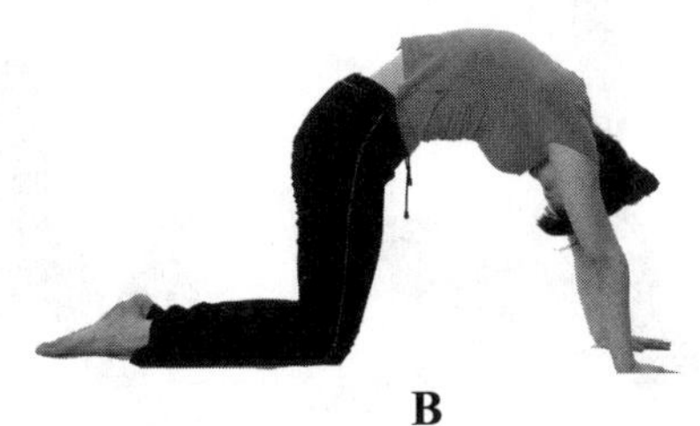
B

图10–7–35

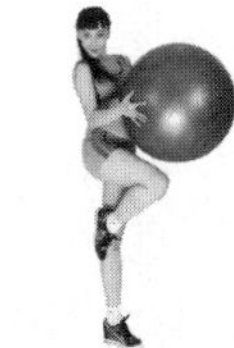

（3）平衡抻拉与曲线造型控制训练

①双腿并拢，屈膝跪地，俯身抬头，双臂伸直支撑地面准备。吸气，向后上抬右腿，然后停摆伸直与地面平行—吐气，左臂前伸与地面平行，抬头挺胸，保持身体平衡，自然呼吸，控制—吸气，左手臂放下，双臂同时屈肘支撑地面—吐气，身体移重心向前，右腿上抬屈膝，右脚尽量向头部前伸，深长地呼吸，保持动作控制。然后吐气，放下右腿恢复准备姿势，换反方向动作同上。（图10-7-36）

图10-7-36

②俯身卧趴在垫上，双手臂屈肘支撑地面，抬头挺胸准备。吸气，双腿脚趾蹬地，双肘支撑身体上提离开地面，控制，双腿保持伸直抬头，保持动作自然呼吸—吐气，身体恢复准备姿势—吸气，双臂伸直手掌撑地，挺胸腰头部向后倾仰—吐气，双腿屈膝上抬小腿，腰部收紧，自然呼吸，双脚尽量贴近头部保持姿势控制。（图10-7-37）

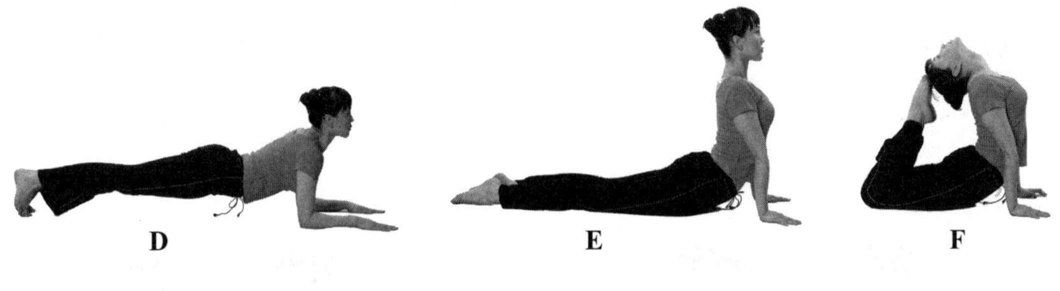

图10–7–37

③双腿并拢，屈膝跪坐，准备。吸气，左手抓左脚脚腕，右臂伸直上举—吐气，臀胯部抬起前推弯腰，左臂伸直支撑，右臂向后伸展，保持动作控制。反方向重复动作1次。（图10–7–38）

图10–7–38

④双腿并拢，屈膝跪地，俯身抬头，双手臂屈肘支撑地面准备。吸气，塌腰抬头，

臀部向上翘立，双腿屈膝，双脚离开地面向上伸展，膝盖顶地，与双肘支撑身体—吐气，臀部匀速左右摆动一次，带动腰侧肌肉抻拉，自然呼吸，加大幅度摆动10次。（图10-7-39）

图10-7-39

⑤双膝并拢，屈膝跪地，身体前俯低头，双臂平行前伸扶住地面，保持此动作深长地呼吸，调整和放松腰部腿部肌肉，为继续下面的动作恢复运动状态。（图10-7-40）

图10-7-40

（4）调解头肩背部肌肉梳理训练

①双腿并拢，屈膝跪地，上身挺直，双臂自然放于身体两侧准备。吸气，抬头双臂向上伸展，感觉气息充满整个胸腹腔—吐气，双臂打开落下。（图10-7-41）

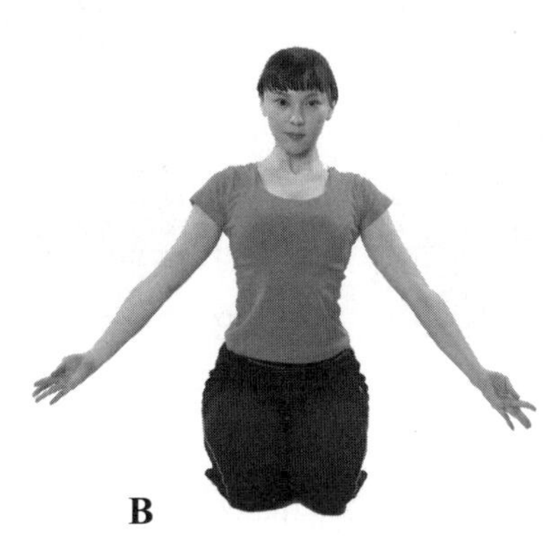

图10-7-41

②自然呼吸，顺时针缓缓转动头部，反方向逆时针缓缓转动头部，抬右手扶头部向右侧按拉，扶住抻拉颈部肌肉韧带，控制，反方向左手扶头，向左侧抻拉颈部，控制，抬头下颏上推抬抻拉颈部前侧肌肉，控制，低头含胸向下颤压，舒展颈后部和背部肌肉。顺时针向前绕动双肩5次，然后逆时针向后绕动双肩5次。（图10-7-42）

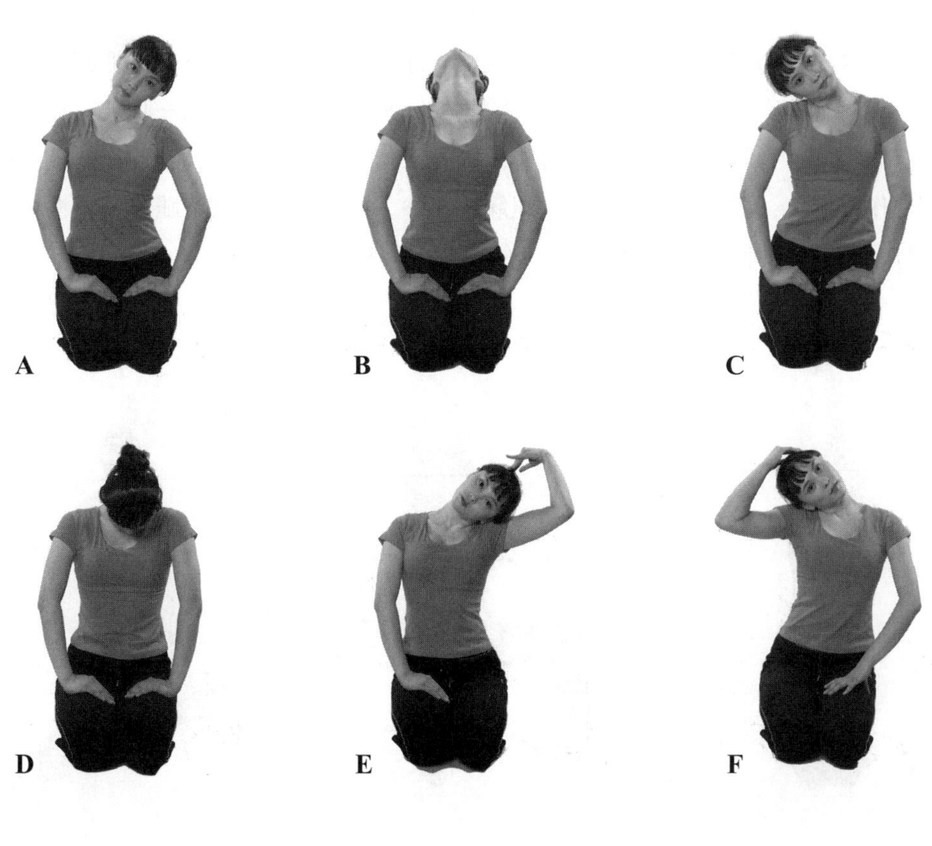

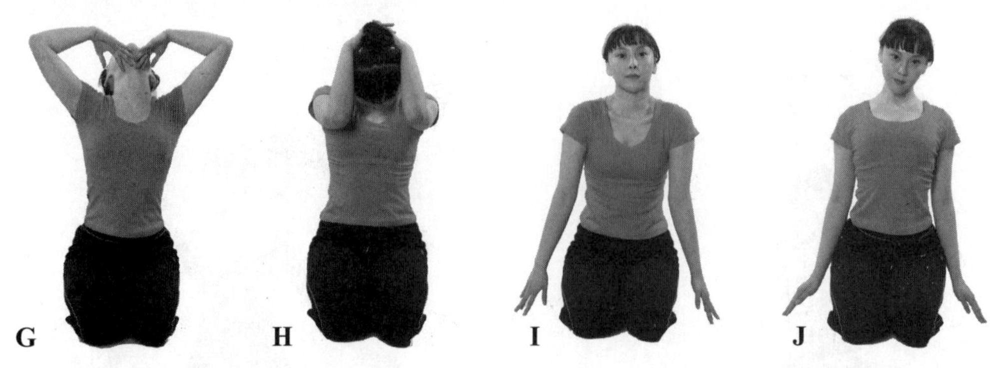

图10-7-42

（5）柔韧与雕塑曲线训练

双腿并拢，屈膝跪地，上身挺直，双臂自然放于身体两侧准备。吸气，双手臂合掌上举过头顶，拉展躯干挺胸，臀部抬起跪立—吐气，右腿向右前踏地，单腿跪立，自然呼吸向右腿移重心，双臂向后推展，抬头，保持动作控制—吸气，移重心到左腿，右脚向左前方直膝伸展踏地，脚外开向前—吐气，右腿屈膝外开，身体重心向右腿，同时抻拉左腿韧带肌肉，自然呼吸，双臂保持后展，抬头挺胸，掌握中心平衡控制—吐气，保持身体动作，双臂打开缓缓下落—吸气，双手臂合十于胸前，上举过头顶，抬头保持控制—吐气，保持身体动作，双臂打开缓缓下落—吸气，双臂身体两侧平举后展，同时上挺胸腰，深长地呼吸，呈雄鹰展翅状保持动作控制—吐气，向前含胸腰，双臂放下支撑地面，同时向左腿移重心，右腿伸直抻拉右腿韧带肌肉，深长地呼吸，保持动作控制—吸气，双手支撑地面保持身体平衡，右腿向左前下叉推滑，两腿开叉伸直，自然呼吸，到达你的极限位置保持控制动作—吐气，双臂支撑地面，左腿缓缓屈膝，身体移重心到左腿，右腿慢慢收回至准备姿势。反方向动作同上，重复1次。（图10-7-43）

图10-7-43

（6）身体梳理雕塑训练

上身挺立，左腿屈膝，脚后跟贴近大腿内侧端坐，右腿向右侧伸直，膝盖向下贴住地面，脚心向上准备。吸气，右腿膝盖弯曲，小腿向上摆垂直地面，右臂体侧平伸—吐气，右臂屈肘勾住右脚，同时左臂向上伸展举过头顶—吸气，左手臂屈肘置于头部后方与右手相抠拉—吐气，挺胸抬头目视左方，深长地呼吸保持造型动作控制住。然后吐气放松，恢复准备动作，反方向动作同上，重复1次。（图10-7-44）

图10-7-44

（7）腿部的放松与调解训练

①双腿平行并拢前伸坐立，双手自然放置身体两侧准备。自然呼吸，右腿屈膝外开，

脚掌放置左腿大腿根上，右手扶右腿膝盖，向下震颤按压，右腿膝盖尽量贴近地面，震颤10次，反方向换腿重复动作。（图10–7–45）

图10–7–45

②双脚脚心相对，膝盖外开，脚跟贴近大腿内侧，双手抓双脚脚趾，上身立直准备。自然呼吸，上身向前俯身含压，躯干尽量伸直向前俯身，保持上身动作，双手分别扶双腿膝盖向下震颤按压，震颤10次。（图10–7–46）

图10–7–46

③吸气，挺立上身，双腿伸直并拢前伸—吐气，上身向前含俯，双臂抱双腿，上身尽量贴近双腿保持动作。（图10–7–47）

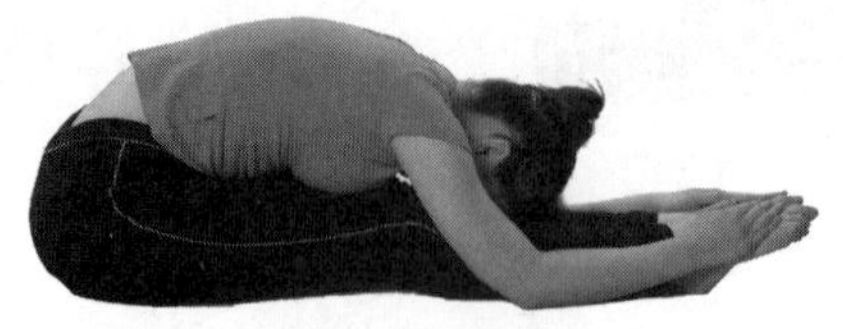

图10–7–47

（8）瑜伽式抻拉造型训练

①上身挺直双腿盘坐，也可根据情况，莲花坐，准备。深吸气，双手合十于胸—吐气，双臂上举过头顶，抬头挺胸充分地抻拉躯干，静止保持动作，深长地呼吸感受身体肌肉的抻拉和收紧控制—吐气，双臂打开向后置于臀后支撑地面。（图10–7–48）

图10–7–48

②吸气，臀部向前推抬升离地面，双膝跪立交盘支撑地面，保持重心平衡—吐气，上挺胸腰，头部后仰，臀胯部前推，深长地呼吸，保持控制动作。然后吐气放松，双臀回落地面恢复准备姿态。上身挺直，双腿盘坐，准备，吸气，向前含俯上身，同时双臂平行向前伸展扶住地面，自然呼吸保持控制动作—吐气，挺立上身，双手臂置身体两侧支撑地面，双腿前伸弹动放松，也可双手协助拍打双腿使肌肉解除压力。（图10–7–49）

图10–7–49

八、踏板健身操

（一）什么是踏板操

“踏板操”作为健美操的基本形式，在国际上是一种时尚的减肥方法。原因是“踏板操” 是把体能测试中的台阶练习与健美操的动作和步伐结合，放在特制踏板上完成。因此，它具备了健美操的所有特点，再加上其高度可以调节，健身者可以根据自身情况很容易地保持运动减肥的有效强度，更有效地提高自身的协调性。 另一个原因：“踏板操”安全性较好。由于“踏板操”主要是在踏板上不停地上下移动，跳跃性动作相对较少，自然使下肢关节具有明显的屈伸和缓冲，这样就能够大大减轻对各关节的冲击，最大限度上避免了长时间跳跃造成的运动损伤。 这种运动在美国风靡了10年，至今仍备受喜爱。借助这块高度可调的踏板，通过各种踏上踏下带有转体和跳跃的动作，达到心肺功能的锻炼。因其动感、激情的特点和对女性腿、臀的良好塑体作用，踏板操在健身房久盛不衰，被人们视为经典的健身方式之一。

目前国际上开始流行舞蹈踏板，把爵士、拉丁、街舞的动作融入踏板训练当中，更增添了训练的美感和趣味性。

（二）踏板健身操运动前后注意事项

1. 健美操服、运动鞋；
2. 上课前一定注意自己活动一下手腕、脚腕、膝关节；
3. 踏板放置要正确，平稳；
4. 上踏板时脚尖从上至下接触踏板，不要使踏板向前，身体中心垂直踏板；
5. 踏板音乐选择每分钟120拍左右的有节奏的动感音乐。

（三）踏板操的功效

踏板操作为有氧健美操，是在供氧充足的状态下进行长时间、中低强度的练习。在这种强度下运动，会使你的腿部结实起来，肌肉的线条更修长，有效地解决臀部下垂的问题，加之踏板操动作中的舒展与抻拉，使你的动作更灵活、更轻盈。它适合所有人群的锻炼，尤其是长期坐办公室、腿部缺乏锻炼的女性，以及希望自己的腿部变得结实健美、改变臀部下垂的朋友们。

（四）踏板操基本技术

踏板操主要有三大基本技术：重心移动、缓冲及身体的控制 。

1. 重心移动

要顺畅完成板上、板下的过渡，身体重心及时、准确的移动是这项练习的前提和基础。为实现身体重心的移动，首先要靠双腿的交替用力以及躯干及时向运用方向跟进，两者同步，才能使整个身体重心完整移动，达到运动练习的要求。

2. 缓冲

缓冲技术是踏板操，甚至是有氧健身练习的基础技术。合理的缓冲技术能够保证身体的安全。对于踏板操，缓冲能为完成下一个动作积蓄力量。缓冲可以通过两种途径来实现：

（1）增加缓冲的距离。如下踏板时，先前脚掌触地，再过渡到脚跟并配合膝、髋关节的弯曲，就可以使下板时对身体的冲击降低许多。

（2）积极主动的退让。这在踏板操中经常被采用。踏板课上经常会出现单腿在板上支撑完成动作的情况，因此大腿前群及臀大肌经常在收缩对抗后，马上转入被动拉长的退让做功，这样保证动作的连贯及安全。

3. 身体的控制

人体整体的运动需要身体各部分运动器官的协调配合。在踏板操中最重要的是腰腹的控制，特别当身体重心在踏板上时，腰腹的控制能起到平衡固定身体的作用，为下肢完成各种动作打好基础。控制身体的运作要靠相关肌肉收缩来实现，而肌肉长时间处于紧张收缩状态，必然使肌肉僵化，从而也使整体动作僵化。所以，调整各部位肌肉的用力强度及时机就显得很有必要。

（五）初级踏板操舞蹈组合

1. （1×8拍）

1~4拍：双腿并步，双手叉腰准备，双脚交替点踏板两次，4拍。（图10−8−1）

5~8拍：继续双脚交替点踏板动作，同时配合手臂前伸，即点踏右脚前伸左臂，点踏左脚前伸右臂，重复做两次。（图10−8−2）

图10−8−1

图10−8−2

2. （2×8拍）

1~4拍："V"字步，首先第一拍左脚踏板，右手臂屈肘向前端立，第二拍右脚上板两脚在板面上开立，左臂屈肘平端，第三拍后踏右脚下板，同时右手臂叉腰，第四拍后踏左脚与右脚并，左手臂叉腰。（图10–8–3）

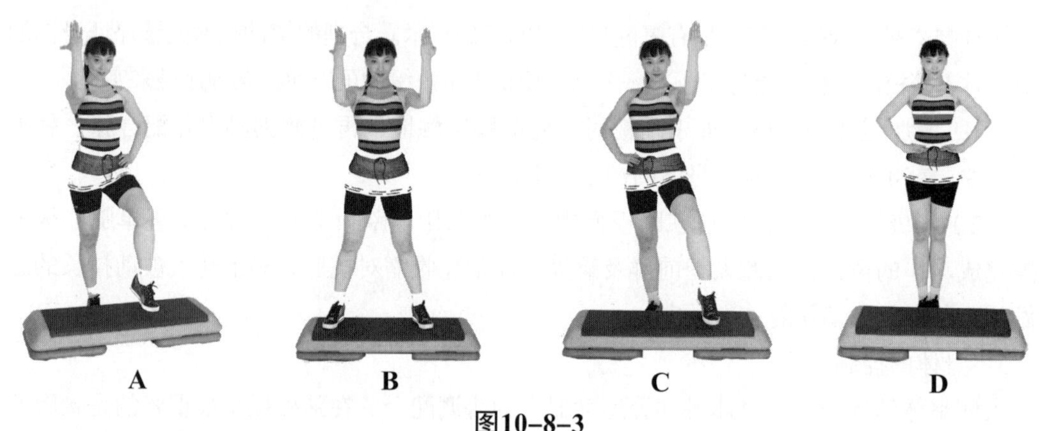

图10–8–3

5~8拍：反方向重复"V"字步1遍。

3. （3×8拍）

1~4拍：重复踏板"V"字步训练，即第一拍左脚踏板，同时左手臂伸直斜上举，第二拍右脚上板两脚在板面上开立，右臂上举，第三拍后踏左脚下板，同时双手臂叉腰，第四拍后踏右脚与左脚并。（图10–8–4）

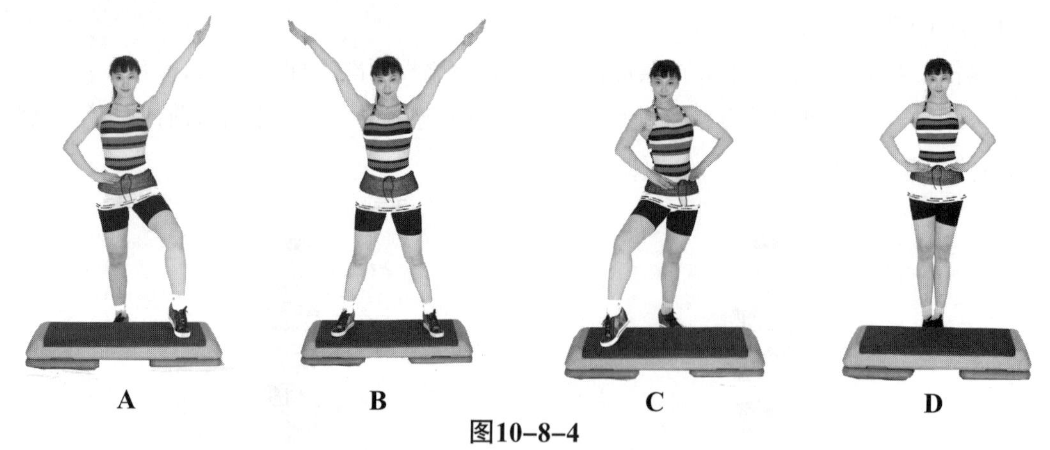

图10–8–4

5~8拍：反方向重复"V"字步1遍。

4. （4×8拍）

1~4拍：重复踏板"V"字步的协调性训练，即第一拍左脚踏板，双臂同时向左侧平行抡摆，第二拍右脚上板两脚在板面上开立，双臂轮摆上举，第三拍后踏左脚下板，同时

双手臂向下轮摆，第四拍后踏右脚与左开立，注意双臂轮摆形成立圆并协调的配合步伐动作。（图10−8−5）

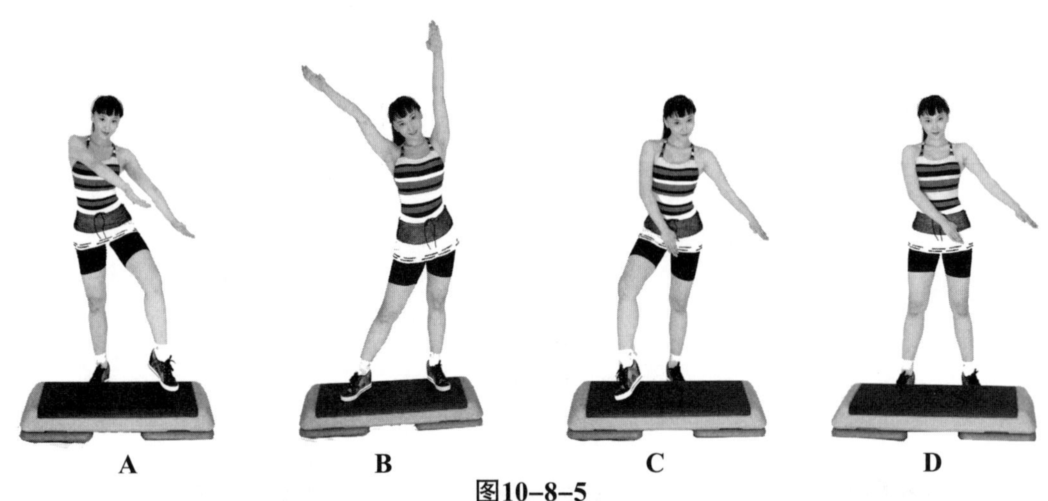

图10−8−5

5~8拍：反方向重复“V”字步1遍。

5. （5×8拍）

1~4拍：“V”字步，首先第一拍左脚踏板，左手臂屈肘向前端立，第二拍右脚上板两脚在板面上开立，右臂屈肘平端，第三拍后踏右脚下板，同时左手臂叉腰，第四拍后踏左脚与右脚并，右手臂叉腰。（图10−8−6）

5~8拍：重复踏板“V”字步训练，即第一拍左脚踏板，同时左手臂伸直斜上举，第二拍右脚上板两脚在板面上开立，右臂上举，第三拍后踏左脚下板，同时双手臂叉腰，第四拍后踏右脚与左脚并。（10−8−7）

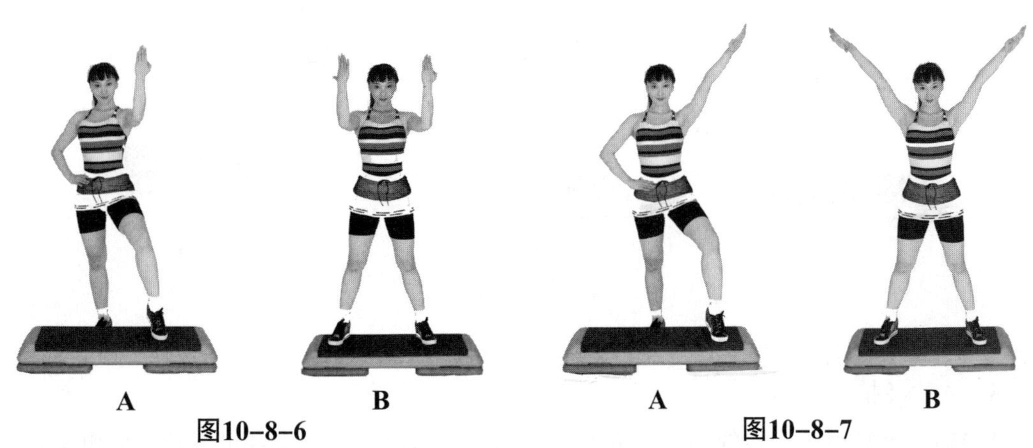

图10−8−6　　**图10−8−7**

6. （6×8拍）

1~4拍：重复踏板“V”字步的协调性训练，即第一拍左脚踏板，双臂同时向左侧平

行抡摆，第二拍右脚上板两脚在板面上开立，双臂轮摆上举，第三拍后踏左脚下板，同时双手臂向下轮摆，第四拍后踏右脚与左脚开立，注意双臂轮摆形成立圆，并协调地配合步伐动作。（图10-8-8）

5~8拍：双脚交替点踏板动作，同时配合手臂前伸，即点踏右脚前伸左臂，点踏左脚前伸右臂，重复做4次。（图10-8-9）

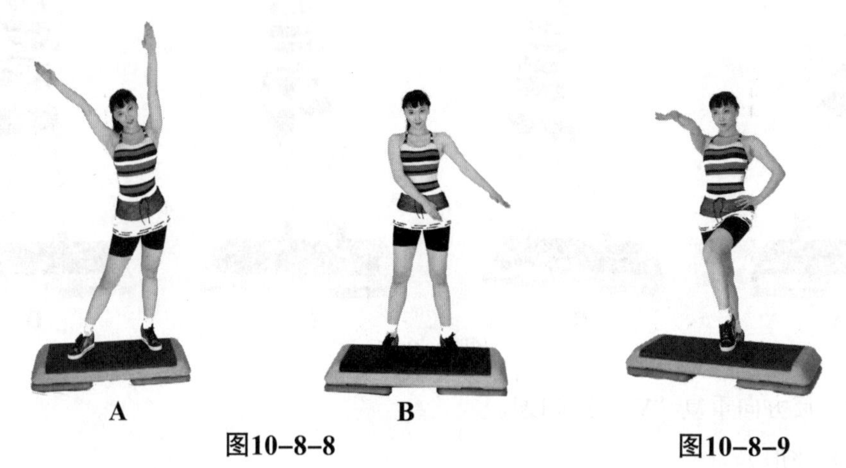

A　B

图10-8-8　**图10-8-9**

7. （7×8拍）

1~4拍：第一拍双手臂叉腰，向侧板踏右脚，第二拍左脚上板同时旋转身体背对板，第三拍旋转身体踏右脚下板，第四拍左脚板上用脚跟点板1次。（图10-8-10）

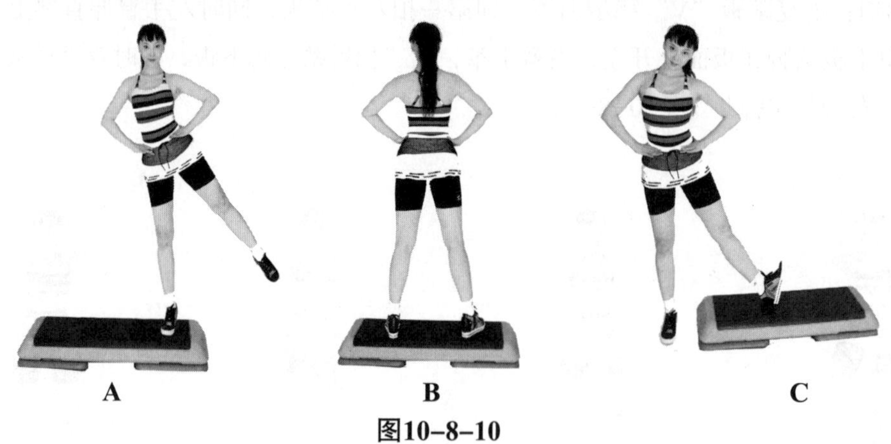

A　B　C

图10-8-10

5~8拍：反方向重复板上旋转步伐动作。

8. （8×8拍）

1~4拍：重复板上旋转的加入手臂的复合训练，即第一拍双手臂平展开，向侧板踏左脚，第二拍右脚上板同时旋转身体背对板，第三拍旋转身体踏左脚下板，第四拍右脚板上用脚跟点板1次。（图10-8-11）

图10-8-11

5~8拍：反方向重复板上旋转步伐动作。

9. （9×8拍）

1~4拍：双手叉腰，并步，准备，上板踏右脚，同时吸抬左脚，双臂体侧握拳，自然摆动两拍，然后下板两拍。（图10-8-12）

5~8拍：反方向上左脚踏板，吸抬右脚。（图10-8-13）

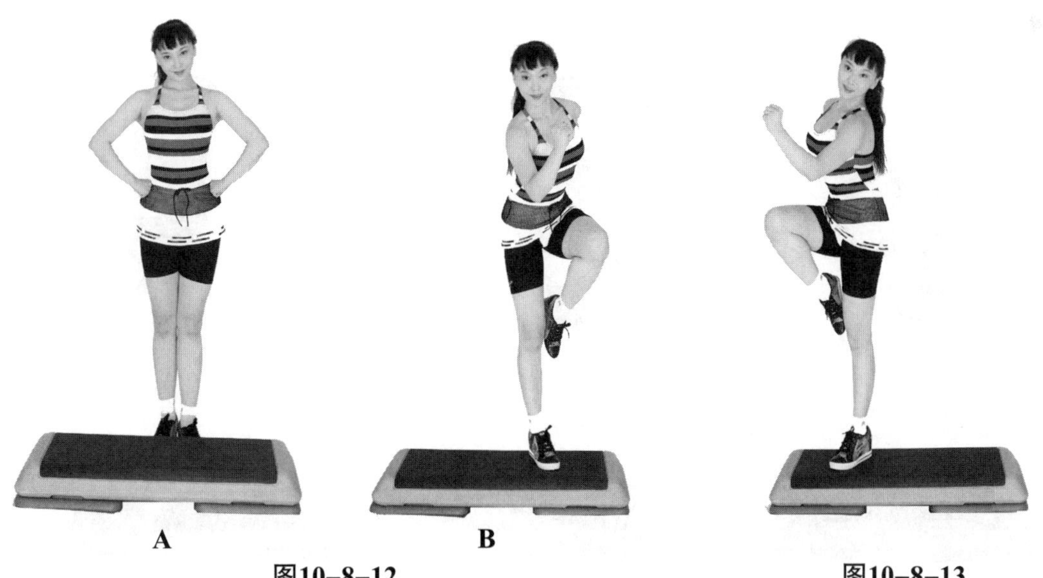

图10-8-12　　图10-8-13

10. （10×8拍）

1~4拍：双手叉腰，并步，准备，左脚上板踏步同时后踢右脚，左手臂向前侧平举，然后下板两拍。（图10-8-14）

5~8拍：反方向上右脚踏板后踢左脚。（图10-8-15）

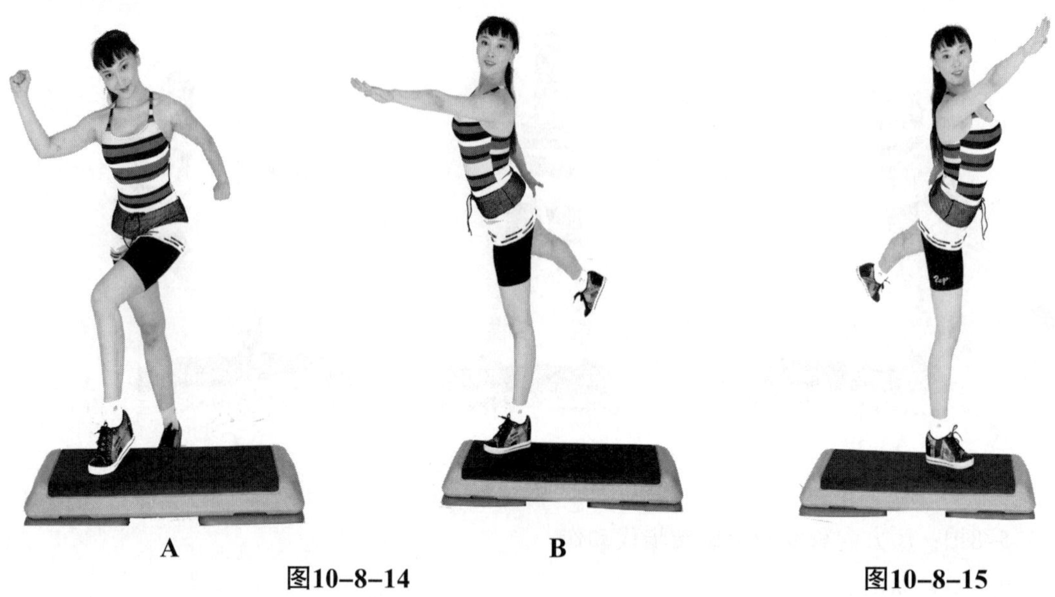

A　　B

图10-8-14　　图10-8-15

11. （11×8拍）

1~4拍：双手叉腰，并步，准备，左脚上板踏步，同时前踢右脚，双臂体侧握拳自然摆动两拍，然后下板两拍。（图10-8-16）

5~8拍：反方向上右脚踏板前踢左脚。（图10-8-17）

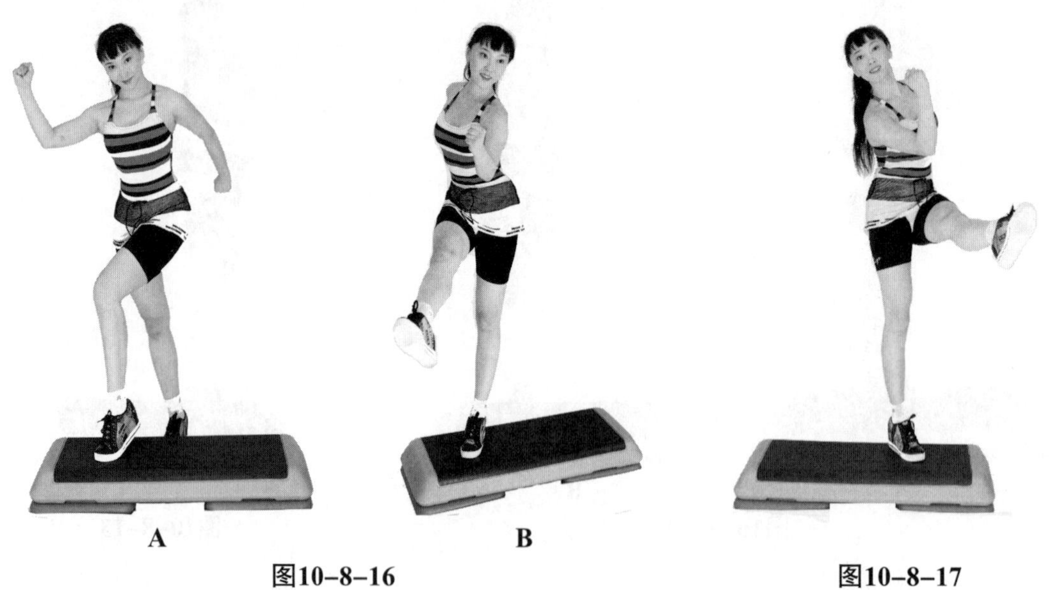

A　　B

图10-8-16　　图10-8-17

12. （12×8拍）

1~4拍：开步吸气，双手上举，舒展身体，呼气，放松，踏左脚，左脚与右脚并屈，同时双手扶住膝盖半蹲立。（图10-8-19）

A

B

图10–8–19

5~8拍：原地保持屈膝动作，环动膝盖放松4拍。

13. （13×8拍）

1~4拍：第一拍上步踏左脚，上举左臂，第二拍上步踏右脚，与左脚于板上开立，同时上举右臂，第三拍吸气，双手交叉握住伸直上推，第四拍呼气，双手臂放下收至胸前。（图10–8–20）

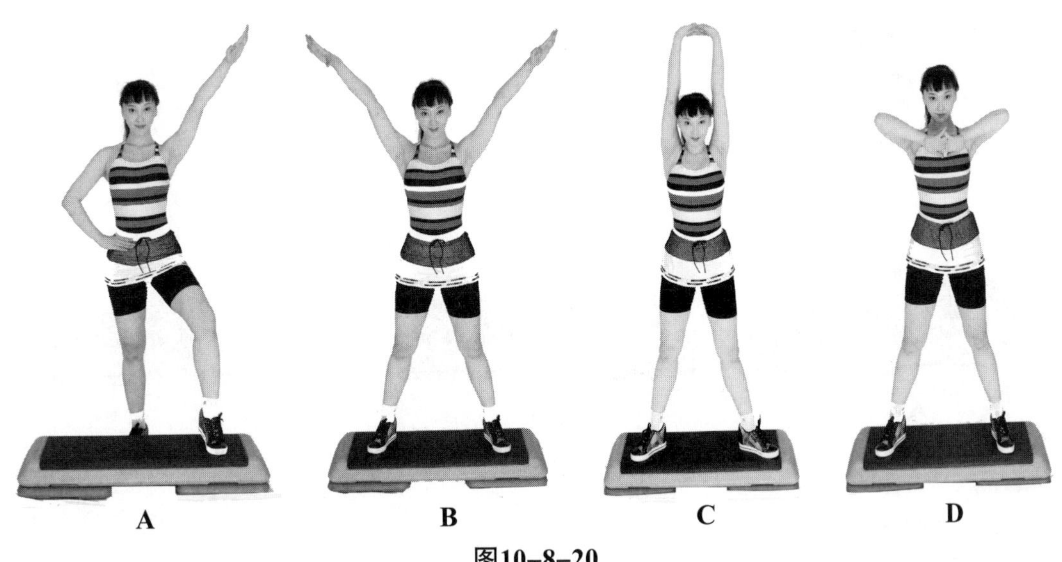
A　B　C　D

图10–8–20

5~8拍：双手臂伸直侧推，同时移重心到右脚，左脚勾脚上身前含，反方向移重心到左脚，右脚勾脚伸直。（图10–8–21）

A

B

图10-8-21

14. （14×8拍）

1~4拍：双手臂叉腰，左脚下板后踏，右脚跟并，原地交替踏步1次。（图10-8-22）

5~8拍：双脚交替点踏板四次4拍。（图10-8-23）

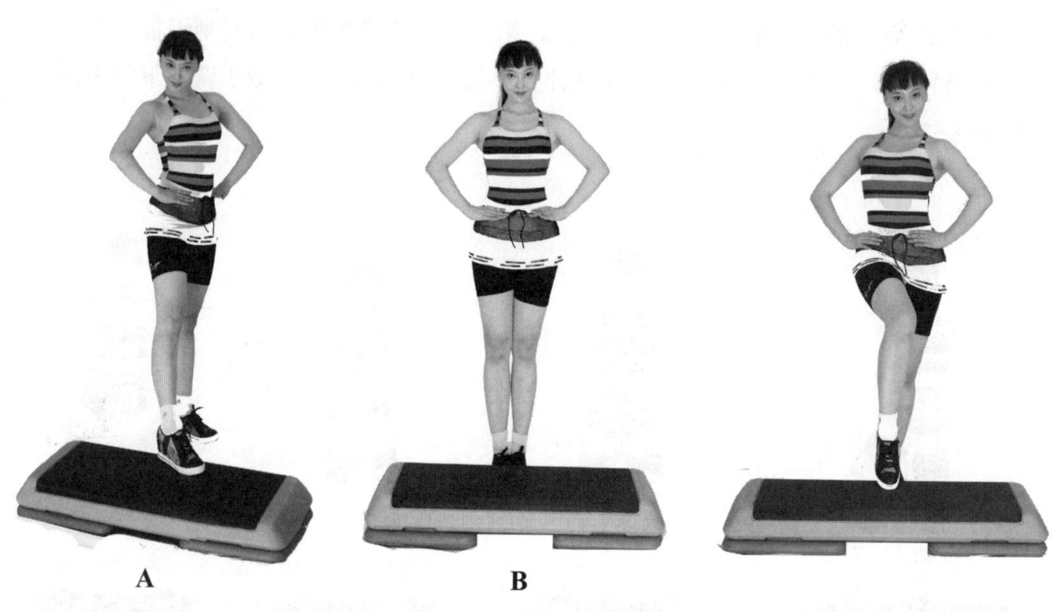
A　　B

图10-8-22　　图10-8-23

15. （15×8拍）

1~4拍：双手臂叉腰，板下并步，站立准备，第一拍右脚向板上迈踏，第二拍时左脚上板，与右脚并侧立板上，第三拍右脚向前迈踏下板，第四拍左脚伸直，用脚跟点板1次。（图10-8-24）

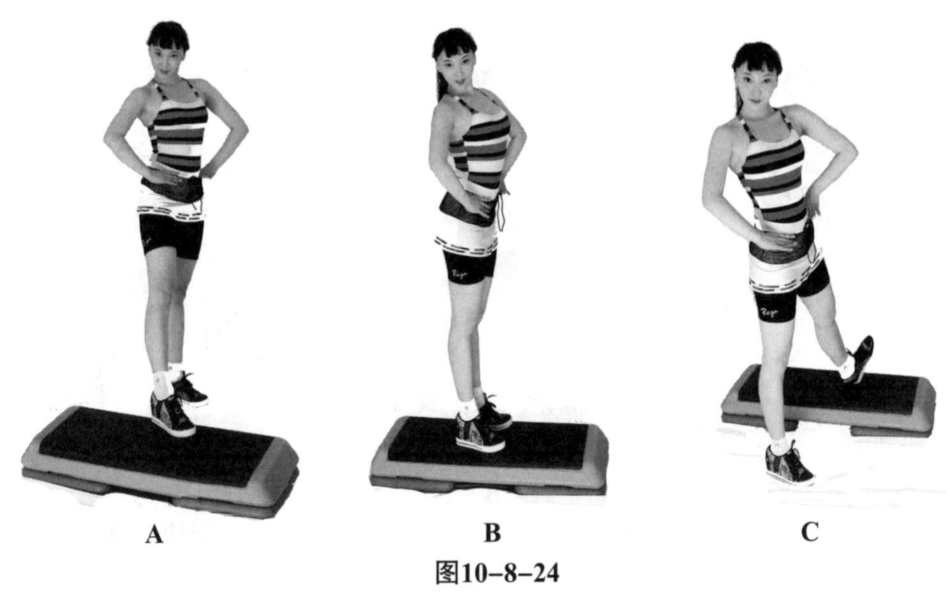
A B C
图10-8-24

5~8拍：反方向重复动作，由左脚起始上板，最后一拍下板，双脚板下并立，面向前。（图10-8-25）

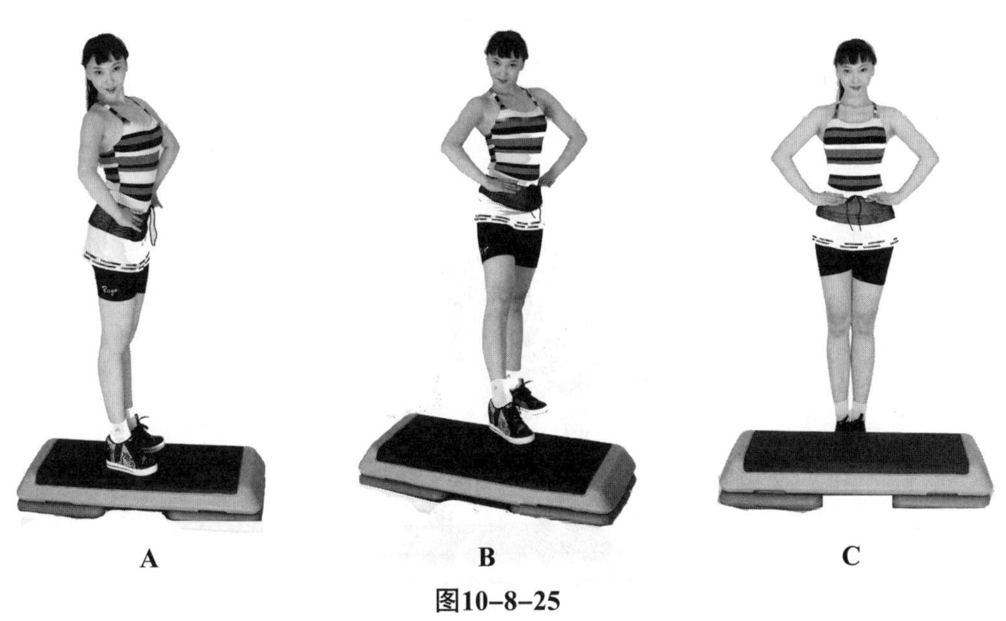
A B C
图10-8-25

16. （16×8拍）

1~4拍：双脚交替点踏板动作，同时配合手臂前伸，即点踏左脚前伸右臂，点踏右脚前伸左臂，重复做两次。（图10-8-26）

5~8拍：双脚开立，吸气，双手臂上举，呼吸时左脚与右脚并步，双臂缓缓下落放松。（图10-8-27）

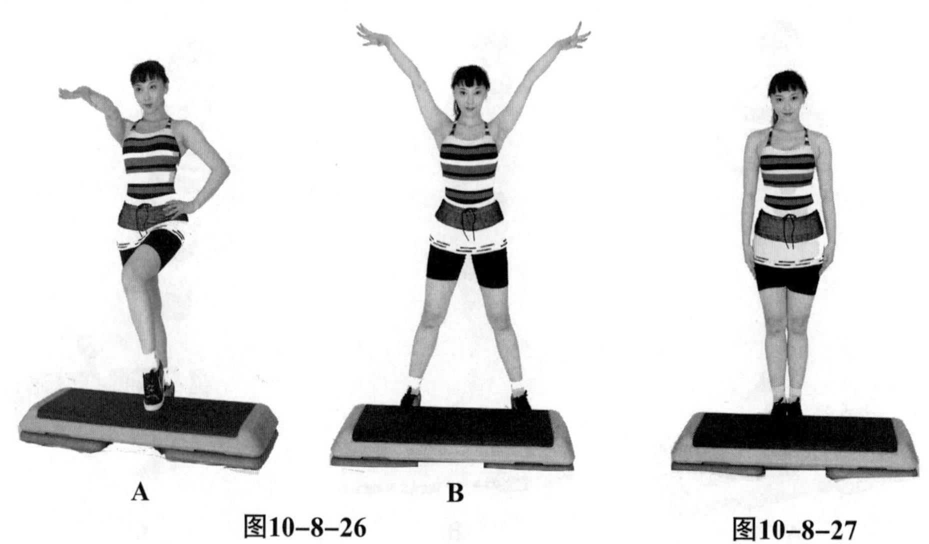

图10-8-26　　图10-8-27

（六）放松伸展训练

1. 腰部抻拉练习

双腿开立，左手臂扶左腿膝盖，右臂上举，挺胸腰，抬头，侧拉腰部肌肉，右腿微屈，右手臂尽量远伸，保持此动作颤压放松。然后移动重心，重复动作，进行反方向的腰部抻拉。（图10-8-28）

图10-8-28

2. 腿部抻拉练习

双手臂叉腰准备，前踏左脚，脚跟置于板上，脚尖尽量向上勾起，左手辅助抓住左脚脚尖，上身前含颤压，注意右腿保持伸直，注意力集中在左腿的后侧肌肉的抻拉上，调整好呼吸，然后进行右腿的抻拉。（图10-8-29）

图10-8-29

3. 肩背腿综合抻拉练习

吸气，上板，双腿开立，双臂上举；呼气，双手交叉握住，向前含胸腰，双手尽量去贴近板面，自然地呼吸颤压，使背部和头颈部以及双腿得到放松和抻拉，注意双腿须始终保持直立。（图10-8-30）

图10-8-30

4. 手臂腿腰综合抻拉练习

板上开腿站立，双臂伸直上举相交互握，向右腿侧移重心，左脚抬脚尖勾脚，抻拉腿部肌肉，保持上身的挺立和重心平衡，向左侧拉伸手臂和侧腰，控制动作1个8拍，然后进行反方向的移重心抻拉。（图10-8-31）

A

B

图10-8-31

5. 手臂抻拉训练

板上开腿站立，右臂伸直，由左手辅助向体侧抻拉控制。反方向同样动作各控制8拍。（图10-8-32）

A

B

图10-8-32

好的，让我们调整好呼吸下板，再开腿深呼吸两次，一节完整的踏板操课程结束了。

九、VIVIAN艺术塑型

（一）什么是形体塑型

形体塑型是综合了芭蕾、舞蹈、艺术体操舒展的舞蹈动作训练人体的优雅婀娜的姿态，融入瑜伽、普拉提、身韵训练人体的柔韧性，结合了现代国外流行模特训练法和有氧操运动，并吸收舍宾内外兼修的完美理论核心概念，打造健康完美女性的一项时尚体育运动。形体塑型针对女性的生理特点进行整体细致的训练雕塑，细致地刻画女人外形和气质，动作集动静于一体，优美而不夸张，动作又不像健美操一样剧烈，训练女性身体各部位的柔韧性和优雅高贵的气质，快速减脂使身体线条流畅，达到极具女人味的“S”曲线健康的性感之美。

（二）美体热身操

首先我们要进行五分钟的运动前热身，抻拉身体和舞姿体态练习。在进行任何运动之前一定要进行热身抻拉，运动前拉伸肌肉，起到热身的作用，使全身肌肉、韧带和骨骼之间得到润滑，减少受伤的可能性，刺激血液循环增加肌肉的力量和耐力。

第一组

1. （1~8拍）站立，双手背手自然置于体后，以左脚为重心，右脚后点踏地准备。吸气，右臂随音乐缓缓上举抬至最高，充分抻拉右侧身体肌肉（4拍）—吐气，手臂缓缓回落至体侧，同时膝盖弯曲蹲立（4拍）。（图10-9-1）

图10-9-1

2. （1~8拍）吸气，右臂随音乐缓缓上举抬至最高，同时膝盖伸直，充分抻拉右侧身体肌肉（4拍）—吐气，手臂缓缓回落至体侧，同时膝盖弯曲蹲立（4拍）。（图10-9-2）

图10–9–2

3．（1~8拍）吸气，右臂随音乐缓缓上举抬至最高，充分抻拉右侧身体肌肉（4拍）—吐气，向左伸展侧腰，左臂同时向左侧侧平举，右臂置头顶上方，向左伸展。保持腿部动作，充分拉伸右侧腰部（4拍）。（图10–9–3）

图10–9–3

4．（1~8拍）吸气，充分向左侧弯腰部，然后向右侧踏右脚，与左脚平行开立，两脚与肩同宽，同时右手臂缓缓由上向下侧摆划至体侧成侧平举（4拍）—吐气，双膝外开蹲，上身保持直立，同时双臂体前交叉（2拍）—吸气，立挺身姿，左脚向右脚后踏，双臂打开置体后，背手（2拍）。（图10–9–4）

图10–9–4

反方向重复以上4个8拍动作，共8个8拍。

第二组

1.（1~8拍）两脚开立与肩同宽，双臂打开成侧平举准备。吸气，向右侧转身体，右臂向上轮转举摆，左臂向下摆—吐气，身体转正面向前，右臂向下轮摆至体侧平举，左臂上摆，与右臂保持平行（2拍）。反方向向左侧转身体，左臂向上轮转举摆，右臂向下摆—吐气，身体转正面向前，左臂向下轮摆至体侧平举，右臂上摆，与左臂保持平行（2拍）。重复两个方向轮转动作1次，共1个8拍。（图10–9–5）

图10–9–5

2. （1~8拍）两脚开立与肩同宽准备。吸气，左腿屈膝，身体向左移重心，弓步蹲立，同时右脚侧点地，右腿伸直，左臂斜上伸展侧举，右臂斜下与左臂平行呈直线侧展（4拍）—吐气右脚向左后侧迈踏，双臂胸前交叉，左腿保持屈蹲，右腿保持膝盖伸直，然后双臂打开侧平举后展，同时挺胸腰后仰头部（4拍）。（图10–9–6）

图10–9–6

3. （1~8拍）两脚开立与肩同宽，双臂打开侧平举准备。吸气，向右侧转身体，左臂向上轮转举摆，右臂向下摆—吐气，身体转正面向前，左臂向下轮摆至体侧平举，右臂上摆与左臂保持平行（2拍）。反方向向左侧转身体，右臂向上轮转举摆，左臂向下摆—吐气，身体转正面向前，右臂向下轮摆至体侧平举，左臂上摆与右臂保持平行（2拍）。重复两个方向轮转动作1次，共1个8拍。（图10–9–7）

图10–9–7

4. （1~8拍）两脚开立与肩同宽准备。吸气，右腿屈膝，身体向右移重心，弓步蹲立，同时左脚侧点地，腿伸直，右臂斜上伸展侧举，左臂斜下与右臂平行呈直线侧展（4拍）—吐气，左脚向右后侧迈踏，双臂胸前交叉，右腿保持屈蹲，左腿保持膝盖伸直，然后双臂打开，侧平举后展，同时挺胸腰，后仰头部（4拍）。（图10–9–8）

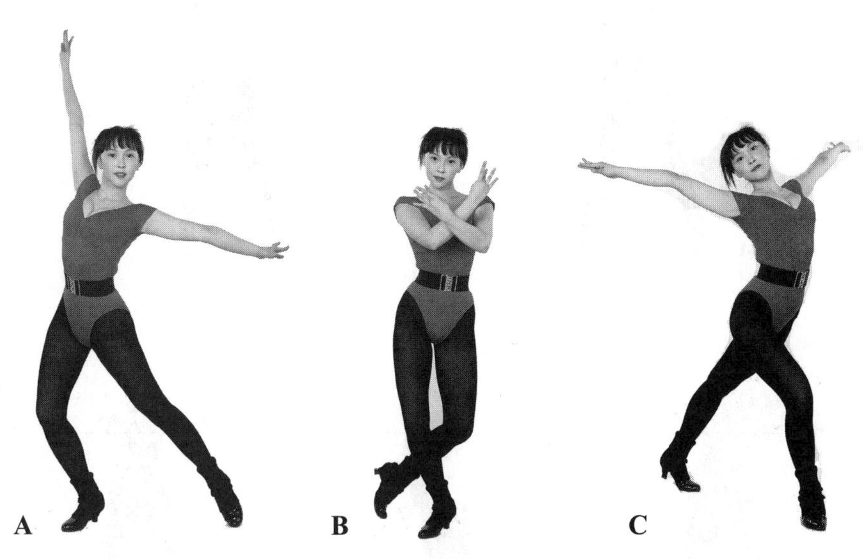

图10–9–8

5. （1~8拍）两脚开立与肩同宽，吸气，双臂侧上举伸展，双腿立脚跟，挺身控制（2拍）—吐气，身体前俯，挺直躯干，双臂侧平举，双脚落脚跟保持直立（2拍）—自然呼吸，保持身姿，上身向下、向上小幅度震颤4次（4拍）。（图10–9–9）

图10–9–9

6. （1~8拍）两脚开立与肩同宽准备，自然呼吸，双臂上举，由右向左逆时针空中划圆，同时带动腰部逆时针涮腰1圈（4拍）—吸气，向左侧转身体，挺胸腰，面向左高举双臂伸展，同时以左脚为重心，右脚成侧点地步（2拍）—吐气，移重心，回转身体面向前，双臂回落置身体两侧侧平举（2拍）。（图10–9–10）

图10–9–10

7. （1~8拍）反方向，自然呼吸，双臂上举，由左向右顺时针空中划圆，同时带动腰部顺时针涮腰一圈（4拍）—吸气，向右侧转身体，挺胸腰，面向右高举双臂伸展，同时以右脚为重心，左脚成侧点地步（2拍）—吐气，移重心，回转身体面向前，双臂回落至身体两侧侧平举（2拍）。

8. （1~8拍）两脚并立，吸气，双臂上举至头顶，感觉气息充满整个胸腹腔（4拍）—吐气，双臂落下，含胸，放松全身肌肉。（图10-9-11）

A

B

图10-9-11

再次重复第二组动作1遍，然后甩摆双臂，向前弹动双腿，转动脚腕，感觉自己体内已经释放了所有的压力，轻松地呼吸调整好心情，继续下面组合训练的动作。

（三）垫上魔鬼曲线塑身训练

全面细致雕塑腿、腹、腰、臀胯训练，优雅的垫上运动。进一步地雕塑刻画身体曲线，组合融入普拉提、身韵训练、艺术体操等雕塑形体溶脂训练，使肌肉紧致结实线条流畅，柔韧训练使人体更加优雅婀娜，增强柔韧性和肢体表现力同时，快速溶脂减去多余脂肪，雕塑“S”身体线条。垫上训练需要根据音乐节奏来协调每个动作所需要的时间，用拍数计量每个动作平均时长来重复训练。根据人体肌肉群分布划分为3组，每组共6个训练方法，可根据自己的情况每天每组选择2～3个来进行训练。

第一组　纤腿塑臀训练

1. 上身挺立侧坐垫上，双臂伸直支撑地面，双腿体侧伸直准备。自然呼吸，上抬右腿直伸向前摆，脚趾点地（1拍）—右腿抬离地面后快速再点地1次（1拍）—抬右腿，直伸向后摆脚趾点地（1拍）—右腿抬离地面后快速再后点地1次（1拍）—重复抬右腿向前点抬1次（2拍）—右腿向后踢摆远伸，臀部收紧，右臂与右腿反向伸展呈水平直线。共1个8拍，重复动作8次，然后反方向左腿训练重复动作8次。（图10-9-12）

图10-9-12

2. 上身挺立侧坐垫上，双臂屈肘支撑地面，双腿体侧伸直准备。自然呼吸，右腿屈膝外开上抬，注意小腿与地面保持平行，膝盖到大腿根部呈一垂直线—吐气，右腿向前回落膝盖点地，注意小腿保持抬立（1拍），重复动作6次共6拍后，吸气，右腿膝盖伸直向体前，脚趾点地（1拍）—右腿快速外开上摆与地面垂直，然后屈膝，脚趾点左腿膝盖（1拍），共1个8拍。重复动作8次，然后反方向左腿训练重复动作8次。（图10-9-13）

图10-9-13

3. 上身挺立侧坐垫上，双臂屈肘支撑地面，双腿体侧屈膝准备。吸气，右腿伸直向前侧踢摆，尽量摆到你的最大限度（1拍）—吐气，右腿平行地面向右侧后方充分踢摆伸展，始终保持上身挺立（1拍），重复3次共1个8拍。重复训练8拍动作4次后，换反方向左腿训练重复动作8次。（图12-14）

图10-9-14

4. 双手臂屈肘，置于背后支撑地面，仰卧坐立，双腿伸直离地垂直地面准备。吸气，双腿屈膝外开，双脚脚趾同时带动腿部向内划圆后膝盖并合（2拍），重复1次共4拍。然后双腿直膝伸直，交替交叉摆动两次（2拍）—吐气，双腿向身体两侧外开摆展（1拍）—吸气，双腿两侧收并恢复准备姿势（1拍），共1个8拍。重复此动作8次。（图10-9-15）

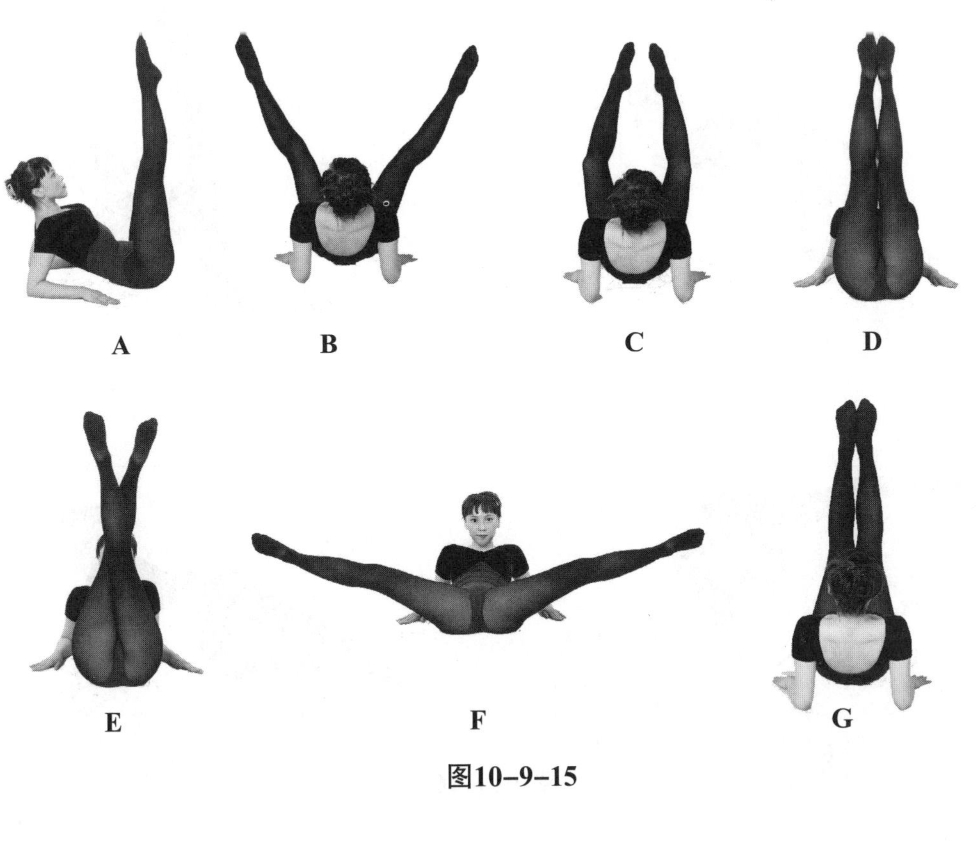

图10-9-15

5. 双腿并拢跪立，俯身，双手臂伸直支撑地面准备。吸气，右腿伸直充分后抬上踢，臀部缩紧（1拍）—吐气，右腿直伸回落，脚趾点地（1拍）—再次吸气，右腿伸直充分后抬上踢，同时抬头，挺胸腰，翘臀，吐气，右腿回落，上身恢复初始姿势（2拍）—吸气，右腿屈膝与地面平行，体侧前推（1拍）—吐气，右腿伸直向后伸展与地面平行（1拍）—吸气，右腿伸直与地面平行向体侧前踢（1拍）—吐气，右腿直伸向后回落脚趾点地（1拍），共1个8拍。重复动作8次，然后反方向左腿训练重复动作8次。（图10-9-16）

A B C

D E

F G

图10-9-16

6. 双手臂伸直，置臀后支撑地面坐立，双腿屈膝，双脚分开与肩同宽踏地准备。吸气，双臂双腿作为支撑，臀部抬离地面，带动身体向上顶推，双臂收紧内夹，推至最高点（1拍）—吐气，臀部稍微放松回落，注意臀部不要贴到地面（1拍）。重复2次6拍后，吸气，双臂再次收紧内夹推至最高点，同时右臂抬离地面伸直，向左侧转身体（1拍），共1个8拍，反方向重复1次。两个方向重复交替共训练8次。（图10–9–17）

图10–9–17

在每节动作作完之后，都必须进行针对性的肌肉抻拉，来缓解局部肌肉的紧张，动作是坐立双腿并拢前伸，双臂扶双腿，身体尽量贴近腿部控制，感觉腿部的韧带肌肉的抻拉。然后仰卧在垫上，双腿膝盖弯曲，双手抱双腿拉近身体，大腿尽量贴近腹部控制。

第二组　腰腹部腿部塑型减脂训练

1. 平躺在垫上，双臂体侧打开自然平放置垫上，双腿上举，交叉直伸垂直地面准备。吸气，上身立起，双手臂尽量平行上举，腹肌收紧卷缩（1拍）—吐气，上身恢复放松置垫上，双臂打开恢复至准备姿势（1拍）。再重复2次共6拍。双腿伸直打开到你的最大限度，上挺胸腰，双臂支撑地面（1拍）—双腿同时外开，直摆至并拢置垫上（1拍）。共1个8拍。此8拍动作重复做4次。（图10–9–18）

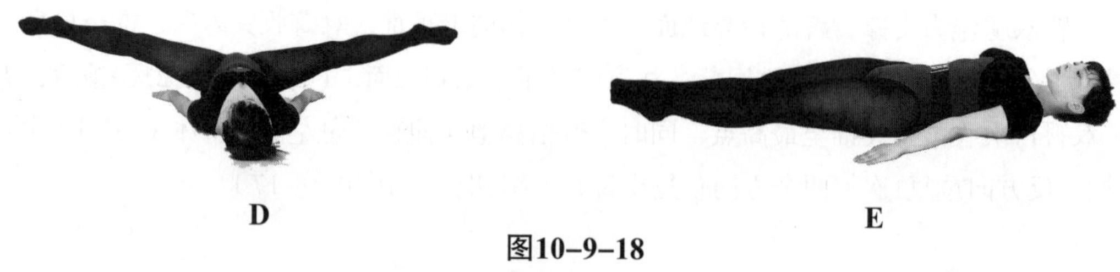
D E
图10-9-18

2. 平躺在垫上，双臂体侧打开自然平放于垫上，双腿上举交叉直伸，垂直地面准备。吸气，双腿伸直，展开到你的最大限度（1拍）—吐气，右腿向T身体左侧摆，右脚尽量点到左侧地面，同时左腿前伸摆落置垫上，腰部因扭动而收紧（1拍）—吸气，双腿再次体侧展开（1拍）—吐气，左腿向身体右侧摆，左脚尽量点到右侧地面，同时右腿前伸摆落置垫上（1拍），重复1次共1个8拍。共做4次。（图10-9-19）

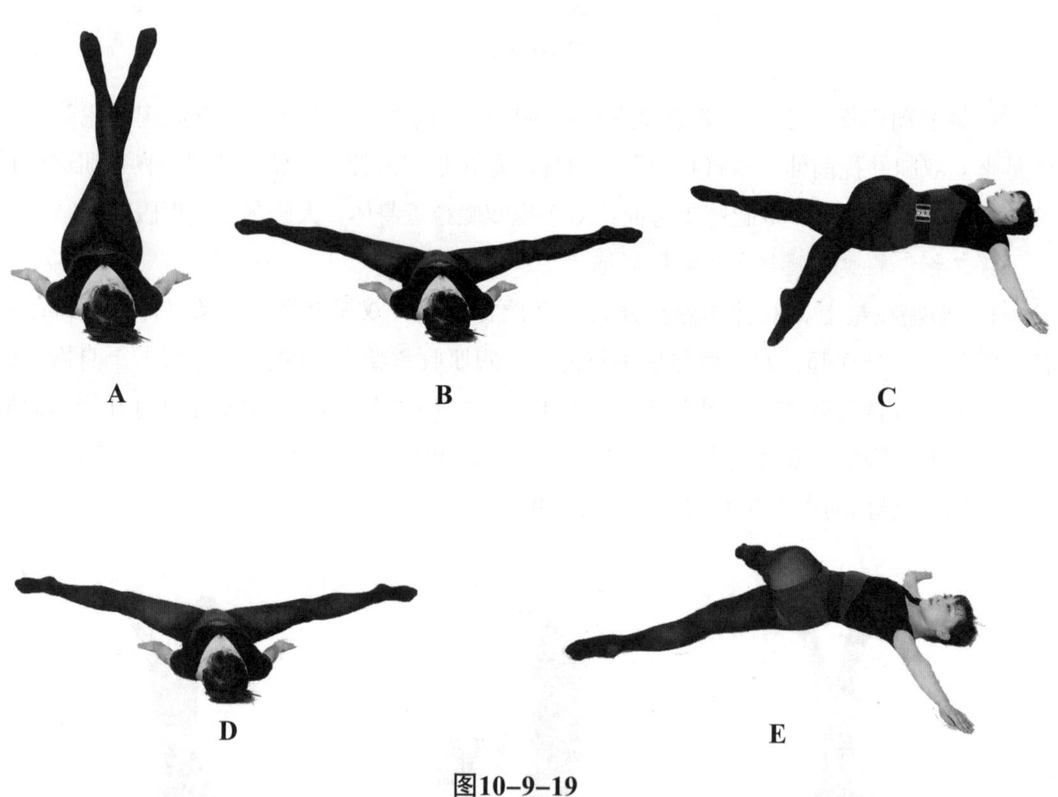
A B C
D E
图10-9-19

3. 平躺在垫上，双臂屈肘，置体侧展开，双手置头部枕放叠交，双腿屈膝踏地，双脚开立与肩同宽准备。吸气，上身上抬，双肘关节内夹，上腹部位收紧（1拍）—吐气，身体回落恢复准备姿势（1拍）—吸气，上身立起，腹肌卷曲收紧，双臂平行直伸，指尖分别触双腿膝盖（1拍）—吐气，身体回落恢复准备姿势（1拍）—吸气，腹肌用力带动上身挺立，双臂伸直上举过头顶。同时双腿膝盖外开（1拍）—吐气，身体回落，恢复准备姿势（1拍）。此动作共1个8拍。重复训练8次。（图10-9-20）

图10-9-20

4. 平躺在垫上，双臂于体侧打开自然平放在垫上，腹肌收紧，双腿并拢，向上抬离地面30°位置准备。吸气，双腿展开划圆弧，并拢上举垂直地面（2拍）—吐气，双腿再次展开向外划弧线，恢复到离地面30°位置并拢（2拍），右脚勾脚上抬（1拍）—左脚勾脚上抬至右脚上方（1拍）—右脚再次举抬与地面垂直（1拍）—左脚上抬与右脚并拢（1拍）。共1个8拍。继续打开双腿划弧，训练4次。（图10-9-21）

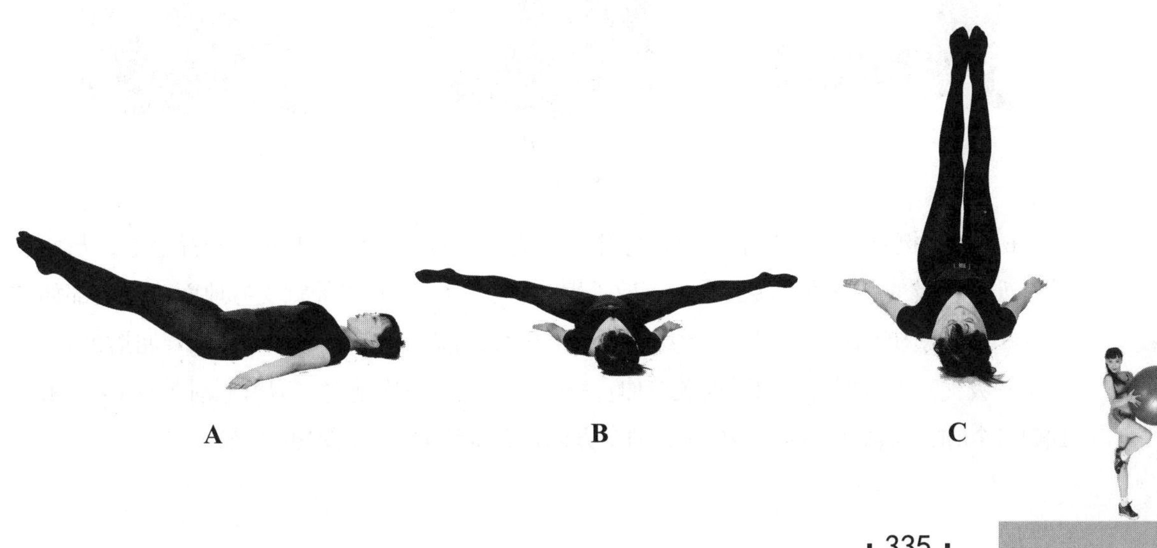

D E F
G H

图10–9–21

5. 平躺在垫上，双臂屈肘于体侧展开，双手置头部枕放叠交，双腿屈膝踏地，双脚开立与肩同宽准备。吸气，左腿上抬离地面，同时上身立起，腰腹部收紧，右肘与左膝点交，此时左肘支撑地面（1拍）—吐气，上身躺回垫上，左腿恢复踏落地面（1拍）。此动作重复4次共8拍。反方向再做8拍。往复训练4次。（图10–9–22）

A B C

图10–9–22

6. 上身挺直坐立于垫上，双臂打开至体侧支撑身体，双腿平伸展开置垫上，与两肩等宽准备。吸气，身体右转面向后，双手臂直伸打开，与两肩等宽支撑地面，腰腹部如拧麻花一样收紧（1拍）—吐气，上身保持躯干挺直，前含胸部触地，同时双臂屈肘外开（1拍）—吸气，上身挺起，双臂肘关节伸直—吐气，上身再次前含，双臂屈肘（1拍）。重复1遍共1个8拍。然后反方向重复1遍，两个方向交替训练4次。（图10–9–23）

图10-9-23

在每节动作作完之后，都必须进行针对性的肌肉抻拉，来缓解局部肌肉训练的紧张，动作是：并屈双腿，向右侧摆置垫上，双臂向身体左侧摆置垫上，腰部肌肉扭摆抻拉放松控制，感觉腰部、腿部充分的抻拉，然后换方向控制抻拉。（图10-9-24）

图10-9-24

第三组　肩胸手臂背部塑型减脂训练

1. 双腿并拢跪立，俯身，双手臂伸直支撑地面，手指相对；双脚抬起，膝盖顶住地面保持平衡准备。吸气，双臂屈肘外开，身体向下俯卧，胸部尽量贴近地面，双臂肌肉紧张支撑住（1拍）—吐气，双臂肘关节伸直，上身恢复初始姿势（1拍）。重复动作4次共1个8拍，重复8拍动作4遍，然后于臀部移动重心，双臂伸直，身体俯趴，抻拉手臂背肩肌

肉。（图10–9–25）

A

B

图10–9–25

2. 站立，双臂屈肘，双手分别置头部、耳后准备，吸气，双臂肘外开，挺胸展肩（1拍）—吐气，肘关节内夹，同时含胸（1拍），交替重复动作2次共6拍，然后吸气，双臂伸直侧展开，挺胸腰呈雄鹰展翅状（1拍）—吐气，双臂快速屈肘收回，恢复准备动作（1拍）。共1个8拍，重复8拍动作8次。（图10–9–26）

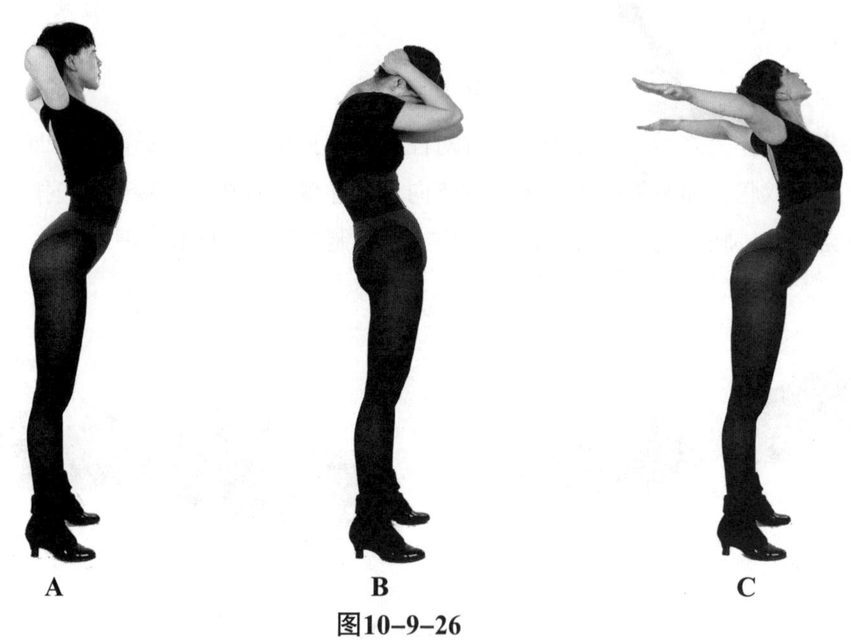

A　　B　　C

图10–9–26

3. 双脚开立与肩同宽，双臂伸直上举过头顶，双手交叉握住准备。吸气，双臂伸直举至头上斜前方（1拍）—吐气，双臂屈肘向后摆推，双手触后颈肩胛间（1拍）。交替重复动作2次共6拍，然后吸气，双臂屈肘，左臂向左侧拉右臂，左臂尽量触左侧腰部（1拍）—吐气，双臂屈肘右臂向右侧拉左臂，右臂尽量触右侧腰部（1拍）。共1个8拍，重复8拍动作8次。（图10–9–27）

A B C D

图10–9–27

4. 双脚开立与肩同宽，身体略微挺身前含，双臂置身体两侧，肘关节弯曲，双手握拳，拳心相对准备。自然呼吸，双肘同时向后顶摆后推，抬头挺胸腰，然后快速收回至准备姿势（1拍）—双臂肘关节快速伸直后摆伸展，然后快速收回到准备姿势（1拍），重复2次共6拍。然后双臂背后伸直，手指展开保持，上身前含，立起震颤两次，然后恢复初始准备姿势（2拍）。共1个8拍，重复8拍动作8次。（图10–9–28）

A B C D

图10–9–28

5. 双脚开立与肩同宽，身体略微挺身前含，双臂于身体两侧抬起，肘关节弯曲端放，双手握拳，拳心向下准备。自然呼吸，双手臂向前直臂与肩平行前伸，拳心相对（1拍）—然后双臂快速两侧屈肘阔胸，与肩平，肘关节尽量后摆到最大限度（1拍），重复2次共6拍。双臂再次平行前伸，然后双臂保持伸直向身体两侧充分展开后摆，手指展开，手心向前，胸部感觉到抻拉，肩胛内夹（2拍），共1个8拍，重复8拍动作8次。（图10–9–29）

图10-9-29

6. 双脚开立与肩同宽，挺胸抬头，双臂肘关节弯曲握拳于胸前交叉准备。吸气，双臂肘关节上摆与肩平，肩胛内夹，双手握紧，保持挺胸姿势（1拍）—吐气，双肘臂回落恢复至胸前叠交（1拍）。重复2次共6拍。吸气，双臂伸直握拳，由体侧展开，上举过头顶相交，充分地抻拉腰、背、手臂、肩部肌肉，然后吐气，双臂由体侧回落至准备姿势（2拍）。共1个8拍，重复8拍动作8次。（图10-9-30）

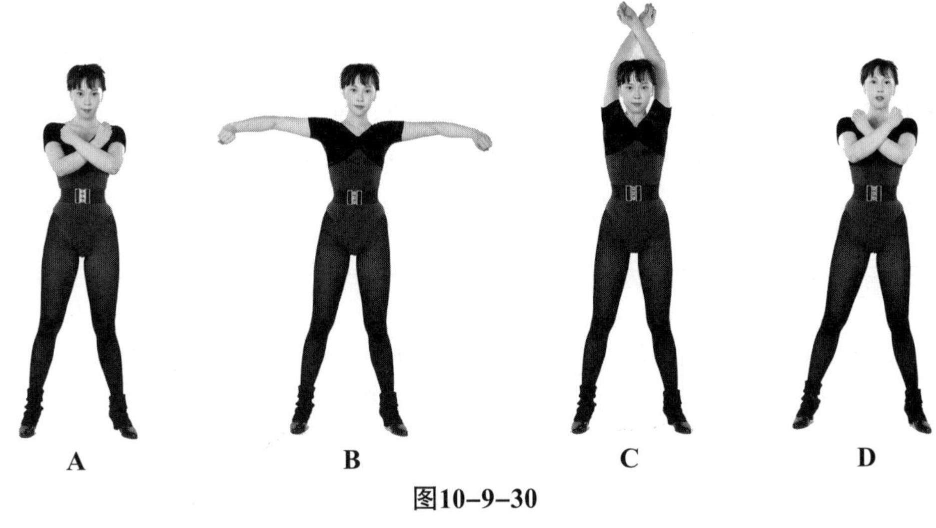

图10–9–30

在每节动作做完之后，都必须进行针对性的肌肉抻拉，来缓解局部肌肉的紧张，动作是双手臂伸直于背后交叉，手心向外，手臂做上抬回落震颤训练，拉伸臂部和肩部，背部肌肉。然后右臂向左侧伸直贴近身体，左手扶右臂辅助右臂韧带和肌肉的抻拉，舒展线条，反方向左臂重复抻拉一次。深呼吸进行垫上形体全面梳理。

（四）运动后形体梳理

优雅舒展身体韧带与肌肤，使肌肉结实富有弹性的艺术体操式美体运动后放松。形体梳理组合是运动后的综合抻拉放松练习，起到放松肌肉和调节运动神经紧张的作用，通过流畅的舞蹈和造型动作使全身肌肉得到放松，排解运动产生的乳酸，整体梳理肌肉线条，优雅体态，减少由于乳酸堆积产生的运动后肌肉疼痛，为下一次运动做好准备。音乐选择舒缓的轻音乐，可帮助运动及脑神经的放松。

十、椅子舞

（一）什么是椅子舞

对于时刻感受着生存压力的都市人来说，减压是生活中的一个永恒主题。你是白领，衣着光鲜，工作体面，收入不薄。你兢兢业业，业绩卓越，一切都很美好，可是因为工作量太大，常常加班，慢慢的身心疲劳甚至对工作产生了厌倦的情绪……椅子舞健身操是专门为白领丽人准备的健身舞蹈。它随时随地可做，在工作中感觉疲劳时，放下手头的工

作，用座下的椅子就可以成就自己，缓解压力，调节身心。椅子舞风格取自于爵士舞蹈表演，我们印象里的麦当娜、洛佩茨等歌舞明星，她们用座椅展示女性无限的性感和魅力。椅子舞让人们看到白领丽人高雅的背后那性感妩媚的一面。同时椅子健身操通过椅子作为工具进行形体细致雕塑，并因为辅助效果好，被称之为白领丽人的“黄金普拉提”。总之大家不要浪费分秒美化自己，在工作休息之余秀出最完美的自我。

（二）椅子舞的健身效果

专家认为，椅子舞具有一定的趣味性，能缓解压力，让人们保持良性的、平和的心态。当进行椅子健身操运动达到一定量时，身体产生的腓肽效应能愉悦神经。腓肽是身体的一种激素，被称为“快乐因子”，能使人们感到满足快乐，从而调节身心使人容光焕发。对于长期保持坐姿的女士们，腰部臀部大腿等囤积了太多的脂肪，而且腰椎疼痛，椅子舞健身操就是针对女性的这些问题而诞生的，它会按照黄金分割把身体线条收紧，纤美腰部、增强柔韧性、婀娜体态，让你的身体充满青春的活力。

（三）热身训练

椅子舞的热身运动以抻拉活动为主，要具有韵律性，注意调整呼吸。通常需要6～10分钟。

1. 头部训练：站在椅子后面单手扶椅子，头部1个8拍1次顺时针旋转，反方向同样。（图10–10–1）

A　　B

图10–10–1

2. 背部抻拉：双腿开立与肩宽，上身前含双手扶椅背向下压肩背部，注意腰部需要挺直。（图10–10–2）

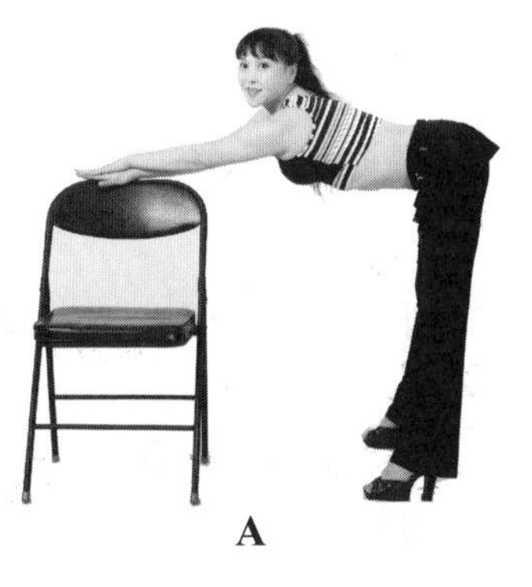
A

B

图10-10-2

3. 腰部抻拉：双腿并立，单手扶椅背，侧抻拉腰部。（图10-10-3）

A

B

图10-10-3

4. 腿部抻拉：双腿开立，双手尽量去贴近地面，注意双腿需绷直，上身保持挺立，弹性震颤下压。（图10-10-4）

图10-10-4

5. 脚踝：顺逆时针旋转活动脚踝。

（四）椅子舞组合

1. （1×8拍）

1~4拍：首先并步站立于椅子旁准备，双手扶腰左右摆胯2次4拍。（图10-10-5）

5~8拍："∞"字扭胯1次。（图10-10-6）

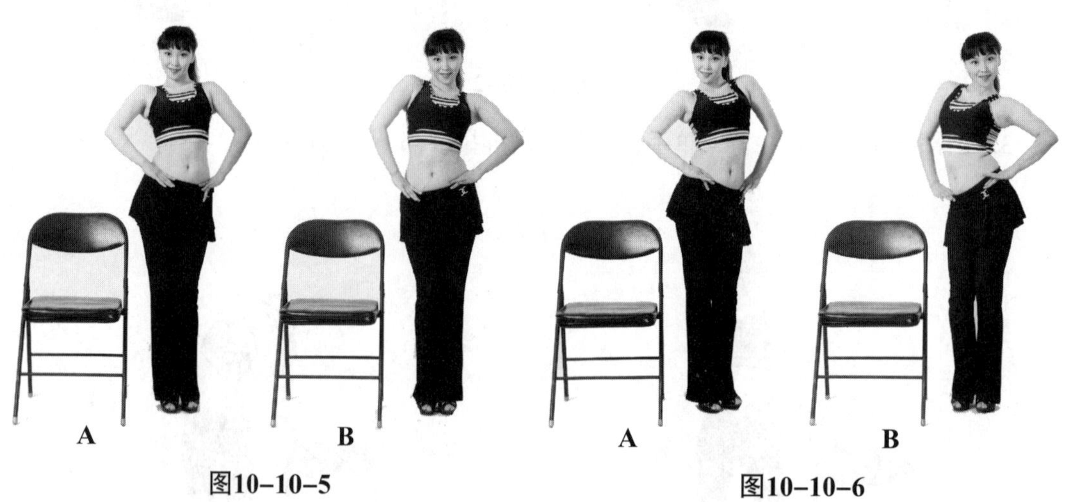

图10-10-5　　图10-10-6

2. （2×8拍）

1~4拍：上踢右腿2次4拍，身体通过椅子保持平衡，腿部尽量绷直上踢。（图10-10-7）

图10-10-7

5~8拍：右腿落地后踏点地，双腿交替原地屈伸摆胯2次4拍。（图10-10-8）

A

B

图10-10-8

3. （3×8拍）反方向踢左腿动作同（2×8拍）

4. （4×8拍）

1~4拍：双手扶腰向前走两步至椅子前。（图10-10-9）

A

B

图10-10-9

5~8拍："∞"字扭胯一次，然后向后旋转1圈坐到椅子上。（图10-10-10）

A

B

C

图10-10-10

5. （5×8拍）

1~2拍：右腿伸直，右手用手背向下梳理腿部，上身挺胸前含。（图10-10-11）

3~4拍：右腿屈腿收回上身挺立起身，同时左脚前伸点地。（图10-10-12）

图10-10-11

图10-10-12

5~8拍：重复1~4拍动作。

6. （6×8拍）

1~2拍：右腿伸直，右手用手背向下梳理腿部，上身挺胸前含。（图10-10-13）

3~8拍：上身挺立起右手臂向上后划，背部抵住椅背，左手扶腰部向后抻拉侧腰。（图10-10-14）

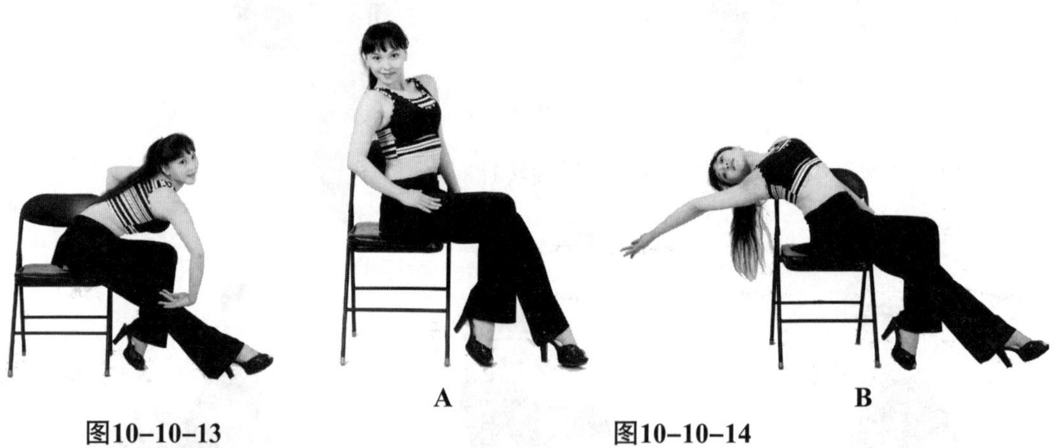

A　B

图10-10-13　图10-10-14

7. （7×8拍）

1~4拍：保持伸展侧腰动作控制4拍。

5~6拍：右手放下扶椅座支撑身体，挺胸回腰，然后坐正双腿并拢，面向前。（图10-10-15）

A

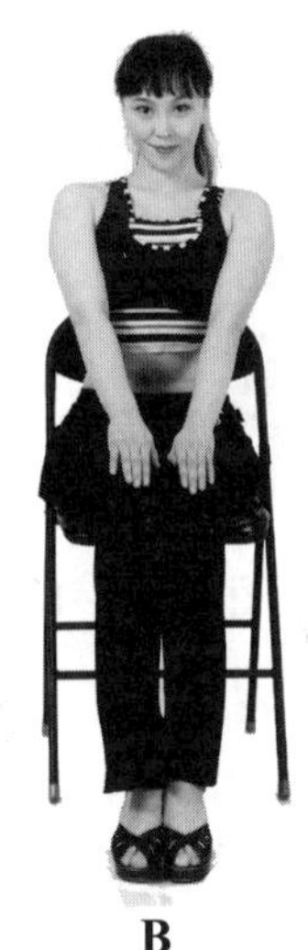
B

图10–10–15

8. （8×8拍）

1~4拍：双手扶胸，胸部划平圆运动2次4拍。（图10–10–16）

7~8拍：呼气向下含胸，双手向前抱腿，同时双腿并拢伸直，上身尽量贴近腿部。吸气双臂上举伸展，双腿展开。（图10–10–17）

A　B　A　B

图10–10–16　图10–10–17

9. （9×8拍）

1~6拍：上身挺立双手扶腿，膝盖开合3次6拍。（图10–10–18）

7~8拍：快速抬右腿搭到左腿上侧坐，挺胸抬头。（图10–10–19）

A　B　A　B

图10-10-18　图10-10-19

10. （10×8拍）

1~4拍：右臂伸直后轮划立圆，然后左臂向后划立圆，重复右臂划1次立圆，扶椅坐，左臂上举伸直，同时臀部上提站起身，右手臂保持支撑椅座。（图10-10-20）

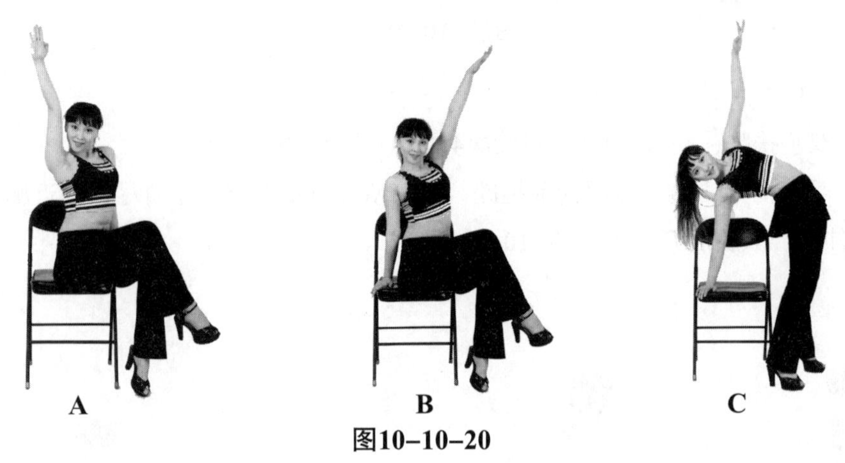
A　B　C

图10-10-20

5~8拍：腰部作波浪动作2次4拍。（图10-10-21）

A　B

图10-10-21

11. （11×8拍）

1~4拍：接上面动作，抬起上身后双脚开步站立，双臂吸气时上举，呼气时下落体

侧。（图10–10–22）

5~8拍：椅子前原地顺时针旋转1圈后端坐椅上。（图10–10–23）

A

B

图10–10–22

图10–10–23

12. （12×8拍）

反方向重复（5×8拍）动作。

13. （13×8拍）

反方向重复（6×8拍）动作。

14. （14×8拍）

反方向重复（7×8拍）动作。

15. （15×8拍）

反方向重复（8×8拍）动作。

16. （16×8拍）

反方向重复（9×8拍）动作。

（五）椅子舞肌肉素质训练

1. 腰腹部训练1

（8×8拍）

1~2拍：交替前伸腿部，注意腹肌需要收紧。（图10–10–24）

A

B

图10–10–24

3~6拍：然后双腿同时做屈伸2次。（图10-10-25）

A

B

图10-10-25

7~8拍：双腿分别落踏地面。（图10-10-26）

A

B

图10-10-26

重复以上8拍动作8次。

2. 腰腹部训练2

（8×8拍）

1~2拍：双腿伸直，腹肌收紧，上身保持挺立。（图10-10-27）

图10-10-27

3~4拍：双腿弯曲同时扭转腰部使双腿尽量与地面保持平行角度，然后再伸直。（图10-10-28）

5~6拍：反方向重复腿部屈伸腰部扭转动作。

7~8拍：双腿伸直后落地恢复准备动作。（图10-10-29）

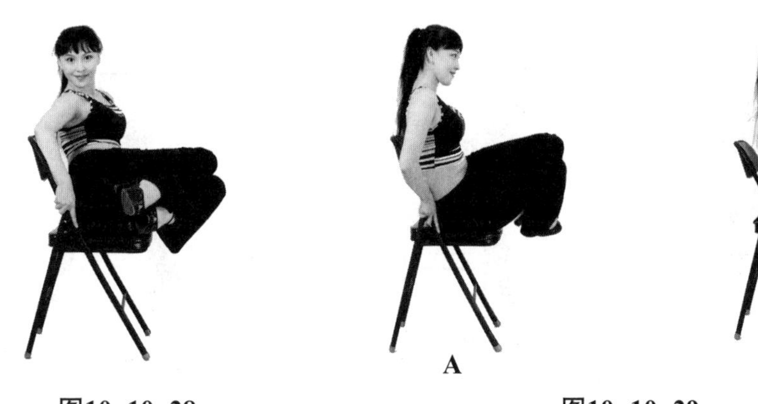

A　B

图10-10-28　**图10-10-29**

3. 臀腿训练1

（8×8拍）

单腿跪于椅子上，双手扶椅背，上身保持挺立，右腿伸直脚尖点地准备，缓缓抬起右腿离开地面向上振动，收紧臀部和腿部肌肉，保持此动作8个八拍。（图10-10-30）

然后反方向换腿训练，双腿开立，上身前俯震颤调节放松。（图10-10-31）

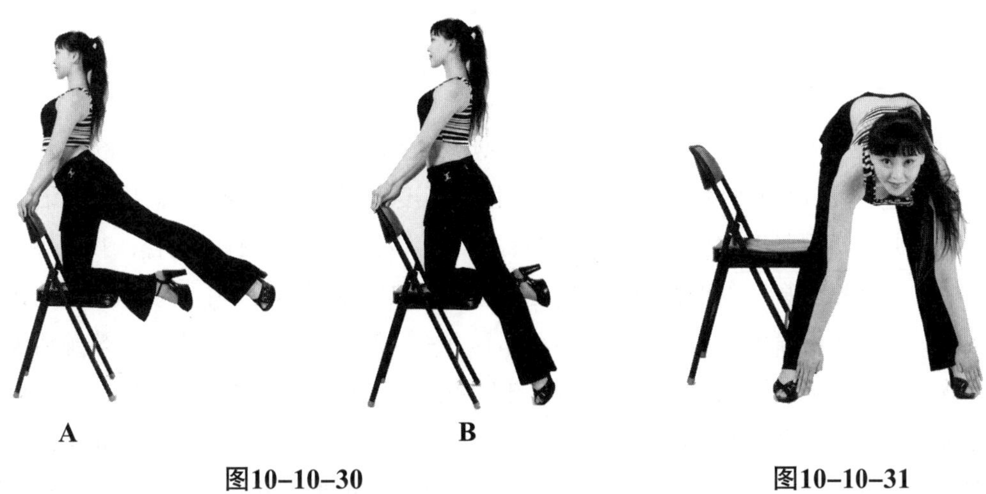

A　B

图10-10-30　**图10-10-31**

4. 臀腿训练2

（8×8拍）

侧坐，准备，上身挺立双手支撑椅上，右腿侧踢，注意腹部要收紧，踢侧腿时腿部绷直，高度在自己的能力范围内，反复踢腿动作8个8拍。（图10-10-32）

反方向左腿也进行训练后，双腿开立，脚尖稍微内扣，前俯上身震颤调节放松。（图10-10-33）

A　　B

图10-10-32　　图10-10-33

（六）椅子舞注意须知

椅子舞是广大年轻人和白领热爱的舞蹈健身形式，但是我们要注意的是安全健身，动作忌讳未在老师指导下挑战高难度，避免意外发生。以上椅子舞蹈健身操属于初级课程，适合个人自学。

十一、印巴风情

（一）印巴热舞的特点

曼妙神秘的旋律，轻盈舞动的腰肢，火辣热烈的感觉，这就是日渐盛行的流行新宠“印巴热舞”。印度电影以载歌载舞闻名于世，印度舞蹈最明显的特点就是身体语言的丰富，尤其是手语更是变幻莫测，再加上头、脖子、胳膊、双腿和脚的配合，其姿势多样美不胜收。“印巴热舞”以现代印度舞为主，糅合古典印度舞的曼妙手语动作和爵士舞的大气风格，以及大腿舞的灵活跨度。舞蹈动作具有一定的表演性和观赏性，是热辣活泼且具有柔媚性感的西亚灵性风姿舞种。此舞音乐特点鲜明，训练动作强调腰、腹、臀、肩、胯的柔韧性扭动，以及四肢灵活协调配合，多样性的动作和节奏速度如魔力般雕塑出女性热辣身材。因此，在国外印巴风情舞受到了各年龄段女性的推崇和喜爱。近年来，随着东西亚文化交流日益频繁，印巴风情热舞逐渐风靡中国，受到各年龄段、各职业阶层的女性朋友的青睐，这一全新的艺术正以迅雷不及掩耳之势被广大健身爱好者所欢迎和接受。来吧，与我一起配合印巴风情音乐的节奏舞动起你的腰肢，用你的秋波传递着你火辣辣的热情，在异国风情的热度里燃烧吧。

（二）印巴风情健身操的健身效果

发掘内心对活力与妩媚最极致的理解，在雕塑腰部与臀部曲线的同时，找到最能释放自身魅力的健身方法，提升舞技可是附加的价值！所授的印巴舞课程不仅可锻炼女性腰腹雕塑完美性感身材，还可以锻炼女性脸部表情和优美的手语体态，从而修炼了内在气质和表现力。另外，印度舞蹈还讲究手、眼、心、意的统一。简单地说，就是手势、眼神、心想、面部表情以及身体其他部位的动作都要有机地结合起来，从而充分表达出舞者想要表达的意境。因此印巴风情舞蹈能给人带来心灵的愉悦，令人周身散发出一种迷人的魅力。身体与心灵的契合，音乐与舞蹈的交融，让我们一起等待美好时光的来临。

（三）热身训练

印巴舞蹈的热身训练需要着重在手式和眼神的配合上，一般需要10～15分钟。我们选择较为悦耳动听的印巴抒情歌曲，曲调较为柔和充满了甜美的情感，这样我们很容易就进入异域舞蹈的世界里了。

1. 首先热身开始时需调整好呼吸，吸气时尽量伸展身体，感觉肢体在向两边用力无限扩展，吐气时放松身体，感觉身体如水波一样柔和舒畅。（图10-11-1）

A

B

图10-11-1

2. 双手合十在胸前，下颌稍微低含，肩部有意识地下压外展，臀部有意识地后翘，膝盖放松微屈，面带微笑，眉毛上挑睁大眼睛，使你看上去似精灵可爱。（图10-11-2）

A

B

图10-11-2

3. 眼睛的训练需要眼皮绷紧，让眼球充分的亮出来，要求眼睛要有微笑的感觉。然后进行正视的低头抬头训练。（图10-11-3）

A

B

图10-11-3

4. 双手在胸前交叉，手心向上，双手五指层次展开，眼睛进行横视训练，眼球由左侧缓缓移到右侧，再由右侧缓缓移向左侧，眉眼传情，面带微笑。（图10-11-4）

A

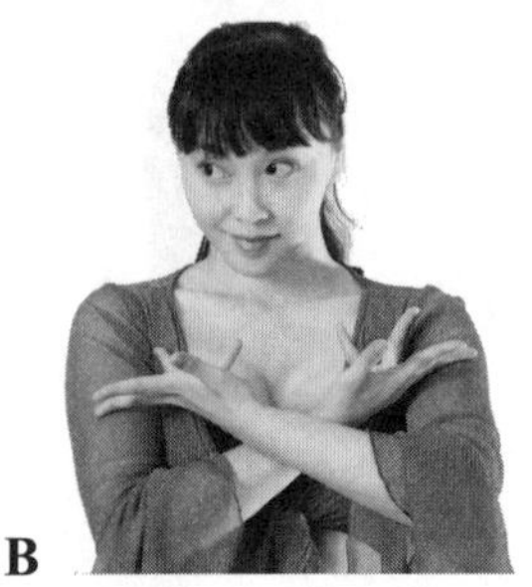
B

图10-11-4

5. 双手在胸前手心相对，大拇指与食指相交，其他手指展开，形成孔雀眼。横视加上左右移动颈部训练，8拍1次为慢速，4拍1次为中速、2拍1次为快速。由慢渐快地进行训

练。（图10-11-5）

图10-11-5

6. 右手平端手指并齐，掌心向前，手腕垂直地面，大拇指弯曲贴紧手掌，右手叉腰。斜视训练是眼睛斜向右上看，头部右移轻抬下颌，然后低头下看，再反方向动作左上看。（10-11-6）

图10-11-6

7. 双手叉腰，前后摆动肩部，由慢渐快。（图10-11-7）

图10-11-7

8. 双手叉腰左右摆动胯部，然后再进行“∞”字扭动胯部的下肢热身训练。最后调

整呼吸伸展四肢，就可以开始学习活泼有趣的舞蹈组合了。（图10–11–8）

图10–11–8

以上训练是现代印巴风情舞蹈中较为简单的手势和眼神训练，如果想更多的学习，可以进行摇头转视、点视等一系列的训练，长期进行眼神手势训练，将会使你看上去心明眼亮，秀外慧中。

（四）印巴风情舞蹈组合（共16个八拍）

1. （1×8拍）

1~4拍：双手合十举过头顶，膝盖微屈，原地转胯两次4拍。（图10–11–9）

5~6拍：双手合十下划至胸前，左右摆胯1次2拍。（图10–11–10）

图10–11–9

图10–11–10

7~8拍：右手臂肘关节弯曲上举，大臂与肩平，掌心向上平展伸直与地面平行。左手臂肘关节弯曲，垂直地面向下，左掌心向下与地面平行，反方向双臂交换动作。我们暂且把这个2拍动作叫做“基尼手臂”。（图10–11–11）

图10-11-11

2. （2×8拍）

1~2拍：第一拍向左侧弓步踏左脚，配合“基尼手臂”，第二拍右脚跟踏至左脚后，两腿膝盖外开端立，同时配合“基尼手臂”。（图10-11-12）

图10-11-12

3~8拍：重复3遍1~2拍动作。

3. （3×8拍）

1~2拍：第一拍是外开屈膝抬右脚，脚掌与地面保持平行，左腿微屈掌握身体重心，上身微向右侧前倾。第二拍右脚放下落踏地面，双腿全脚掌端立，保持“基尼手臂”。（图10-11-13）

图10–11–13

3~4拍：原地保持手位和脚位旋转1 周后面向前。（图10–11–14）

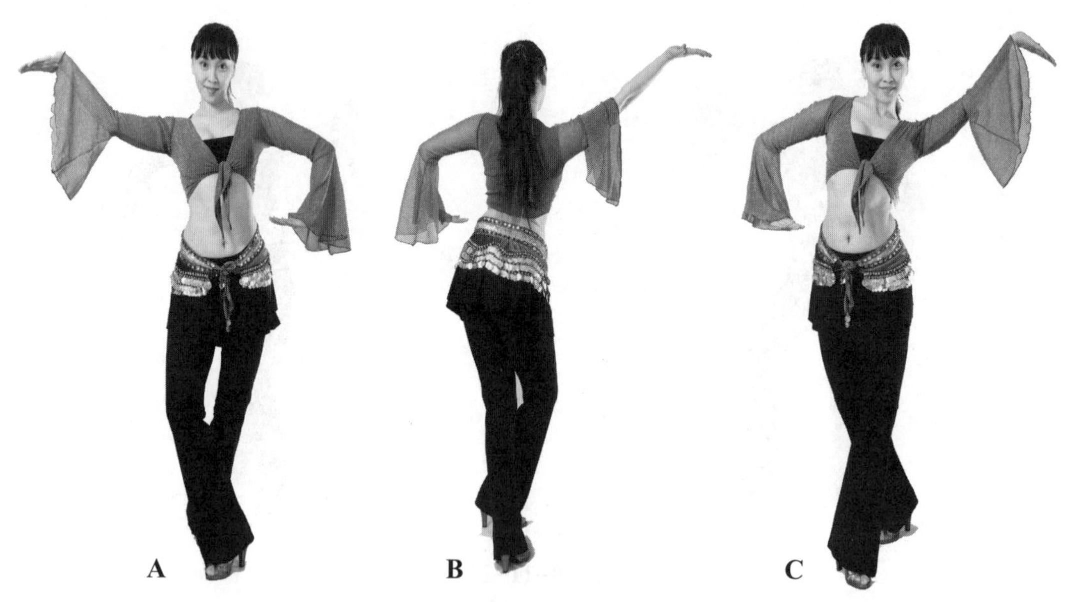

图10–11–14

5~8拍：双手在左胯前相对，手心向上，以右脚为重心，左腿屈膝点踏步，第一拍双手下翻，手心向前，同时侧顶左胯。重复此1拍动作3次共4拍。双手翻动逐渐上举至头顶。（如图10–11–15）

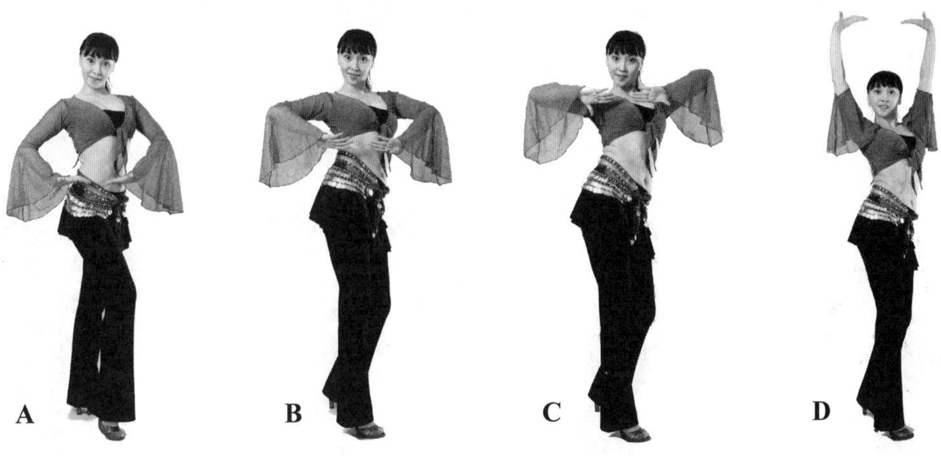

图10-11-15

4. （4×8拍）

反方向重复（3×8拍）动作。

5. （5×8拍）

反方向重复（4×8拍）动作。

6. （6×8拍）

1~4拍：双腿并立，双手手心向上端放，第一拍顶胸双手翻动，手心向前，第二拍含胸，同时双手翻动恢复到准备动作。重复此2拍动作1次。（图10-11-16）

5~8拍：加快速度做1~2拍动作4次，即1拍1个的顶含胸部手臂翻动动作做4遍。

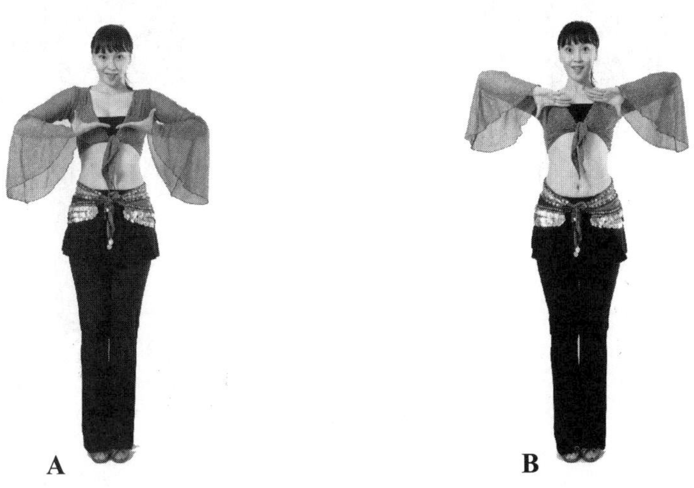

图10-11-16

7. （7×8拍）

1~4拍：第一拍以左脚为重心，右脚屈膝前点地步，双手同时胸前击掌合十，双臂一

字端放。第二拍向右侧一个“基尼手臂”，第三拍向左侧一个“基尼手臂”，第四拍双手叉腰端肩。（图10-11-17）

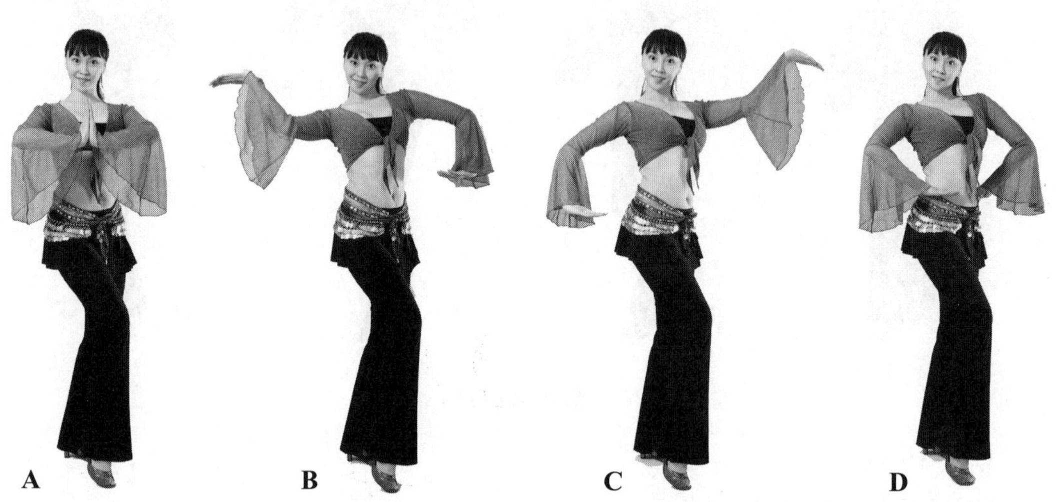

图10-11-17

5~8拍：保持双腿动作和双手叉腰动作，右腿下摆胯再顶胯部4次4拍。（图10-11-18）

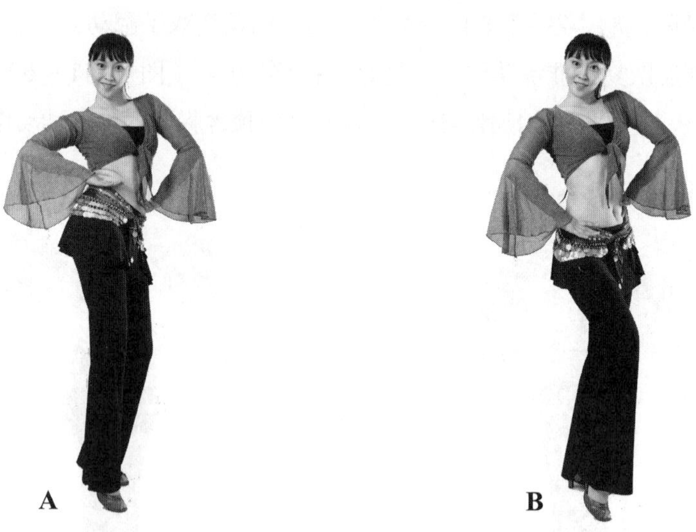

图10-11-18

8. （8×8拍）

1~2拍：第一拍双脚前后前点踏步准备，顶胯同时双手臂上开举，五指张开手掌相对。第二拍双手收至胸前，形成孔雀眼造型，同时保持双脚位置，向左转1圈后面向前。（图10-11-19）

图10-11-19

3~4拍：保持腿部动作，第一拍双手臂向正前平行前伸，双手手心向上，五指展开。第二拍双手收回至胸前，形成孔雀眼造型，同时保持双脚位置，向右反转一圈后面向前。（图10-11-20）

5~8拍：保持腿部动作和手臂动作，左右颈部横移4次4拍。（图10-11-21）

图10-11-20

图10-11-21

9. （9×8拍）

反方向重复（6×8拍）动作。

10. （10×8拍）

反方向重复（7×8拍）动作。

11. （11×8拍）

反方向重复（8×8拍）动作。

12. （12×8拍）

1~2拍：第一拍是外开屈膝抬右脚，脚掌与地面保持平行，左腿微屈掌握身体重心，上身微向右侧前倾，第二拍右腿屈膝侧抬，两拍动作配合“基尼手臂”左右变换。（图10-11-22）

A

B

图10-11-22

3~4拍：第一拍右脚前踏顶胯移重心到右腿，同时双手体侧展开，双手手指并拢伸直手心向前。第二拍双手叉腰，同时移重心到左脚，右脚收至左脚旁点地步。（图10-11-23）

A

B

图10-11-23

5~8拍：保持双手叉腰动作，双腿并立屈膝，原地“∞”字扭胯两次4拍。（图10-11-24）

图10–11–24

13. （13×8拍）

1~4拍：双手五指展开，由体侧伸直渐渐上举过头顶，同时以右脚为重心侧行点踏移动步4次4拍，并配合颈部的左右横向移动。（图10–11–25）

图10–11–25

5~6拍：抬右脚向右侧踏步后侧顶右胯，双手配合胯部向右侧划圆侧推。（图10–11–26）

A　　B

图10–11–26

7~8拍：重复5~6拍动作1次。

14. （14×8拍）

反方向重复（12×8拍）动作。

15. （15×8拍）

反方向重复（13×8拍）动作。

16. （16×8拍）

1~4拍：双手叉腰，双脚原地踏步，左右摆胯4次4拍。（图10–11–27）

A　　B

图10–11–27

5~6拍：双手叉腰“∞”字扭胯下蹲。（图10–11–28）

7~8拍：右手合掌轻点朱唇，第二拍右手侧摆推出手心向前，同时抬头向右侧斜视。

（图10-11-29）

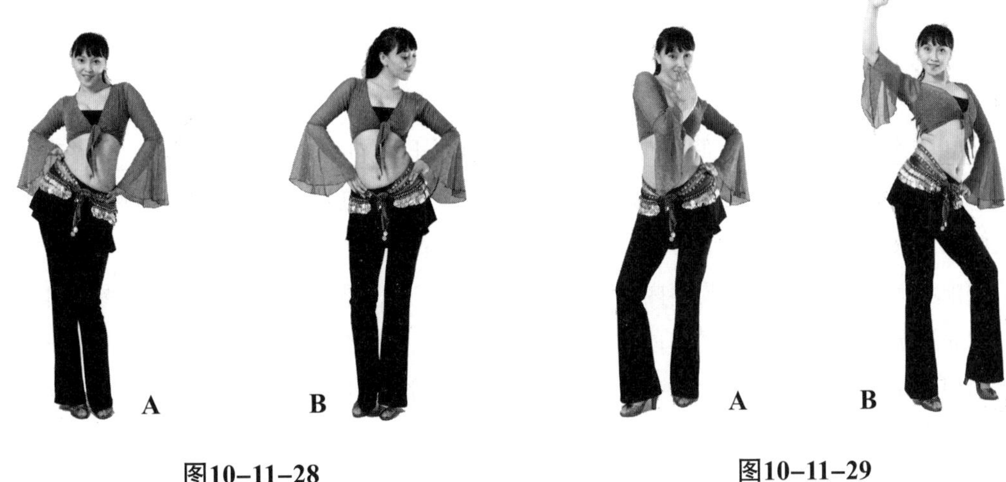

图10-11-28　　图10-11-29

（五）印巴风情放松伸展训练

印巴风情舞蹈的放松伸展训练可以在垫上进行，一般是6～10分钟，地面的抻拉训练结合异域风情的悠扬音乐让人舒心沉醉。首先盘坐于垫上闭目呼吸调节身心，然后再进行缓慢的垫上腰部、腿部、颈部、肩胸等部位的抻拉训练，我们用情配合音乐带动身体的动作，使身体具有灵性和韵律。然后我们渐渐地站立起身调整好呼吸，双手合十结束一堂声情并茂的印巴健身舞蹈课程。

十二、瑜伽

（一）轻松享受柔韵瑜伽的魔法塑身

现今，瑜伽作为一种时尚被人们所推崇，因为瑜伽不但是一种远古的宗教生活哲学，也是一门成熟的生命科学。作为人们美体健身的运动已经不再神秘。瑜伽这个词汇是个外延很广的概念，它阐述着人与自然、精神与身体的完美的和谐统一，可触及人们生活领域的方方面面。瑜伽所放射出的是一种内涵、一种文化、一种品质。因为瑜伽所涉及的人群广泛，保健内容丰富，从而逐渐被人们认可并迅速地得到推广，到现在已发展到“百家争鸣”“百花齐放”的境地，各种派别的瑜伽琳琅满目，蜂拥而至，使人们开始为如何选择而苦恼迷惘。瑜伽健身现今虽然成为一种时尚运动潮流，但是它没有昂贵和低廉之分，它反而日益被现代健身气息所感染，愈发变得丰富多元化。总而言之，无论瑜伽的种类如何

繁多，归根结底瑜伽所传播的是积极健康思想，是修身健体培养良好心态的独特韵味运动。瑜伽是一座宝藏，里面蕴涵着你所意想不到的至美至真的财富，而这些是你一生也享用不尽的。

（二）强效燃脂养体瑜伽

朝九晚五的办公室上班族，属于长期在电脑前工作的“文明病”人群，常会有颈椎和腰椎病，肌肉松弛，特别是腹臀部脂肪含量高。还有书虫学生，各种升学就业压力和营养失衡以及不规律的熬夜生活习惯，使年轻的身体过早透支，那么你该选择具有治疗腰、肩、颈椎和改善神经系统、调整内分泌、快速减肥并有效提高肢体平衡的强效燃脂养体瑜伽。它通过成套的体位动作温和地改善腰肩颈椎问题，强壮骨骼，调整脊柱不正等问题，消除囤积的多余脂肪，改善睡眠环节神经紧张和身体新陈代谢，从而使内分泌恢复正常，还年轻人应有的活力和健康。

习练体位法要求：瑜伽练习前应先排便并取下身体上的各种饰品及饰物，练习者做每一个步骤都要严谨，按照书面步骤不可操之过急，练习时注意放松，动作要缓慢、分明，不要匆忙地做练习和勉力抻拉身体；除非另有说明，否则练习时要用鼻腔呼吸；不要急于求成，也不要与人竞赛。

（三）瑜伽的呼吸

正确的瑜伽呼吸都是通过鼻子来进行的，因为鼻子里的鼻毛可以过滤空气中的尘埃，并使空气进入肺部之前变得更加柔软湿润，假如空气通过嘴巴进入肺部，那么未经过过滤的污染颗粒会直接进入肺里。以下来让我们认识什么是正确的瑜伽呼吸：

腹式呼吸法：仰卧，把左手或右手轻放在肚脐上，吸气时把空气直接吸向腹部，如动作正确，手就会被腹部抬起，吸气越深，腹部抬得越高，随着腹部扩张，横膈膜就向下降，呼气时，腹部向内，朝脊柱方向收。（图10-12-1）

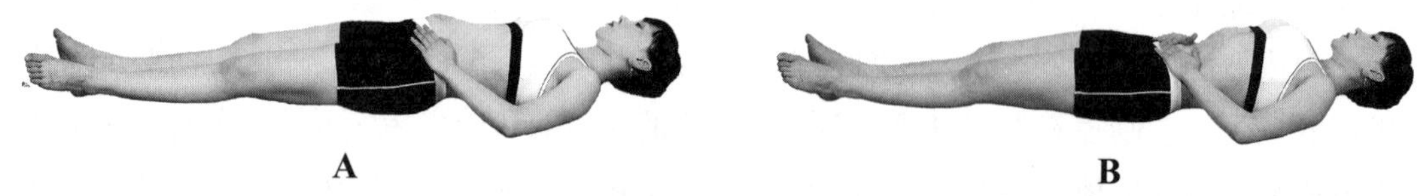

图10-12-1

最正确的瑜伽完全式的呼吸：结合胸腹式呼吸，轻轻吸气，首先吸向腹部区域，在这区域鼓起的时候，就开始充满你胸部区域的下半部分，然后再充满胸部上半部分，尽量将胸部吸满气而扩张到最大限度，双肩略微升直，腹部向内紧收，呼气，首先放松胸部，然

后放松腹部，用收缩腹部肌肉的方法结束呼气。（图10－12－2）

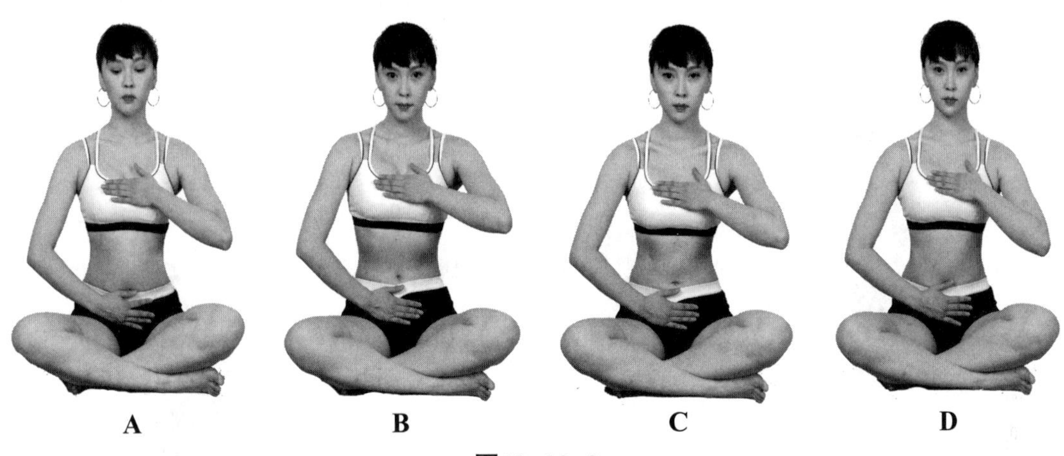

图10–12–2

完全式呼吸的三大功效：

1. 氧气充满整个肺部，供身体的需要。

2. 将二氧化碳呼出体外，清除体内毒素，净化血液。

3. 横膈膜上下移动，犹如温和地按摩内脏器官，促进脏腑的血液循环，增强其功能。

（四）瑜伽体位法减肥组合

在进行瑜伽体位法之前要有5分钟的静坐调息冥想练习，因为调息冥想能够直接影响人的大脑和植物神经，是非常有效的放松精神和肌肉的训练方法，可以使你心无杂念地进入瑜伽体位的练习，你只需要根据自己的情况选择一种舒适的坐姿，放松身心，专注在呼吸上，使呼吸变得深长而平稳，那么你的情绪会平静而愉悦，同时身体也会放松柔软下来。当心灵和身体达到和谐稳定后会觉得身体更有能量，压力和疲劳得到释放。你就可以进行瑜伽体位练习了。

（五）瑜伽热身向太阳致敬十二式

在进行瑜伽减肥体位之前要进行热身训练，而世界各地的瑜伽者都会选择向太阳致敬式作为瑜伽训练的热身操，在呼吸的配合下，12个连贯的简单动作可以舒展肢体，活化脊柱，促进周身的血液循环，使头部供血供氧充足，大脑注意力集中。它是最好的瑜伽热身运动，因为它能有效地在习练开始时唤醒身体，快速地把周身各个系统调动起来，从而能更好地完成下面的瑜伽体位训练。

1. 双脚并拢站立，双手作祈祷姿势，深呼吸两次。（图10－12－3）

2. 吸气，上身缓缓后仰，臀胯部前推，臀部收紧双臂向后伸直。（图10-12-4）

3. 呼气，上身缓缓前弯，双手置脚两侧贴地，放松颈部，额头尽量贴腿前侧。（图10-12-5）

图10-12-3

图10-12-4

图10-12-5

4. 吸气，右腿向后伸展，右腿伸直脚趾支撑身体，头部上身后仰。（图10-12-6）

5. 屏息，左腿后伸直与右腿并踏，由手掌和脚趾平衡身体形成支架式，臀部与身体形成一直线，双眼目视地面。（图10-12-7）

图10-12-6

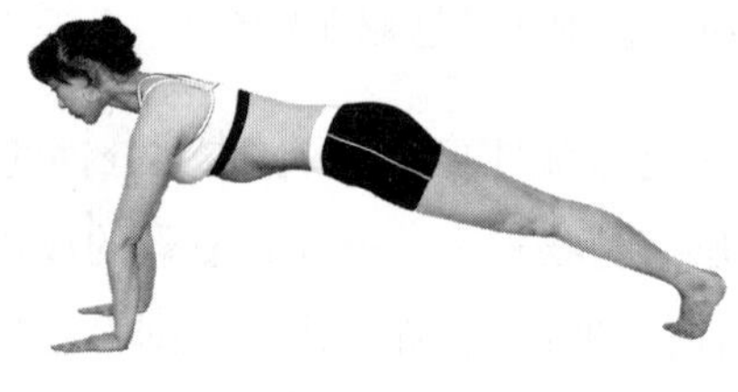

图10-12-7

6. 呼气，曲肘，膝盖胸部贴地，塌腰臀部上翘。（图10-12-8）

7. 吸气，上半身尽量后弯，双手臂于胸部两侧撑起上身，挺胸要抬头。（图10-12-9）

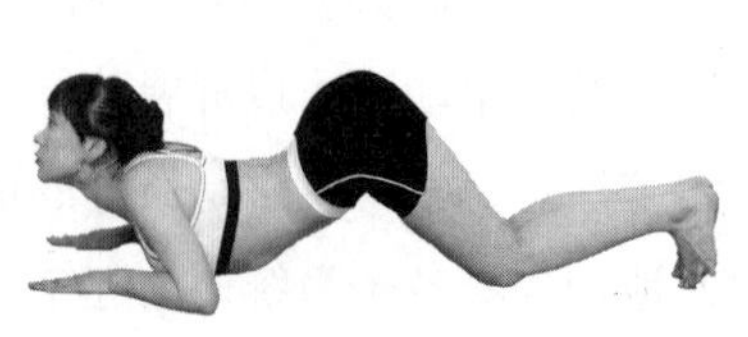

图10-12-8

图10-12-9

8. 呼气，臀部上推提起，放松头颈部，尽量向后压肩，双脚脚跟踏地，抻拉臀部后侧肌肉韧带。（图10-12-10）

9. 吸气，右脚前踏屈膝置两手之间。呈弓步状，抬头挺胸、腰，左腿尽量直伸。（图10-12-11）

10. 吐气，双腿伸直立起，左腿前踏与右腿并拢，上身缓缓前弯，放松颈部，额头尽量贴腿前侧。（图10-12-12）

图10-12-10

图10-12-11

图10-12-12

11. 吸气，上身缓缓抬起，手臂前伸并保持在耳朵两侧，然后上身缓缓后弯头部后仰，恢复到步骤2的姿势。（图10-12-13）

12. 吐气，身体缓缓还原直立，双手合十回到祈祷姿势。深呼吸几次，调整放松身心，认真体会身体的感受。（图10-12-14）

图10-12-13

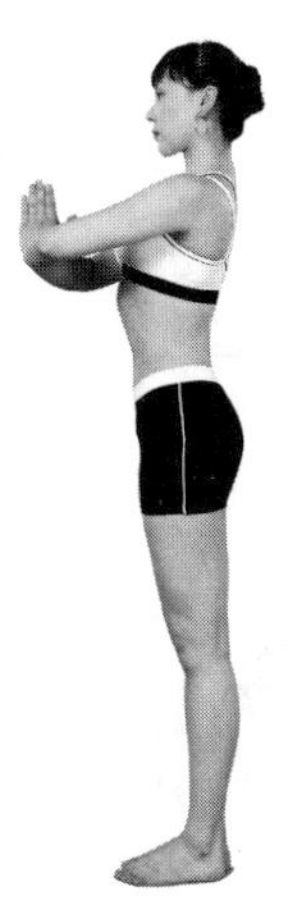

图10-12-14

注意：在进行12个步骤向太阳致敬动作时，如果想加大难度可以每个动作保持2～6个呼吸时间。如果你有心脏病或高血压请你尽量减少动作控制时间。另外这些热身动作不适合孕妇。初级练习者可根据情况练习1个回合，当能力增强熟练后再增加1个回合的训练。

（六）瑜伽强效减肥体位12式

1. 卧英雄式“vajrasana”梵文意思是发光辐射，意思是形容这个姿势可以使微妙的能量流向上半身并直达大脑，并能集中精神使大脑清醒聪慧。

（1）双腿并拢跪坐，臀部坐于两脚脚跟上，两脚大脚趾相对脚跟外开，挺直上身，感受从尾椎骨到头顶形成一条直线准备。

（2）吸气，双臂平行向前上举过头顶，手掌心向前目视前方。

（3）吐气，身体前倾，双臂保持在耳边前伸至地面，双手掌心向下扶地，额头贴地，充分地伸展胸腰和手臂。

（4）吸气，上身弓腰缓缓抬离地面挺立起，双臂充分上举，吐气，双臂回落回到准备姿势。

动作要点：流畅的重复动作2～4次，需要协调呼吸和动作，尽量每个步骤控制在2～3个呼吸的时间，动作需缓慢而有控制地进行。（图10-12-15）

A　B

C　D

图10-12-15

效果：伸展脊柱减轻压力，按摩腹部器官帮助消化，促进面部血液循环防皱。增强伸展腿部肌肉和神经，紧致背部、腹部、腿部肌肉，减少腰部、腹部、背部、臀、腿多余赘肉并强化脊柱的弹性。

2. 坐扭曲式“Ardha”，传说这个姿势是一条想成为人类的美人鱼教给湿婆神的，是个使人能够容光焕发启动身体能量的动作。

（1）双腿并拢上身挺直坐立，双臂自然置臀后部位支撑地面。曲右腿置左腿外侧地面全脚掌踏地。右腿脚腕胫骨处与左腿膝盖相抵，右脚脚跟贴近左胯部位，贴地弯曲左腿，左脚脚跟靠近右臀部位准备。

（2）吸气，保持头部与脊柱向上伸展，右臂伸直扶臀后脊柱位置地面，向右后扭转上身，同时左臂伸直放于右大腿外侧。肩膀保持平行，向右侧转头部，目视右肩方向。

（3）吐气，缓缓回转上身头部面向正前，双臂放松恢复准备姿势。（图10-12-16）

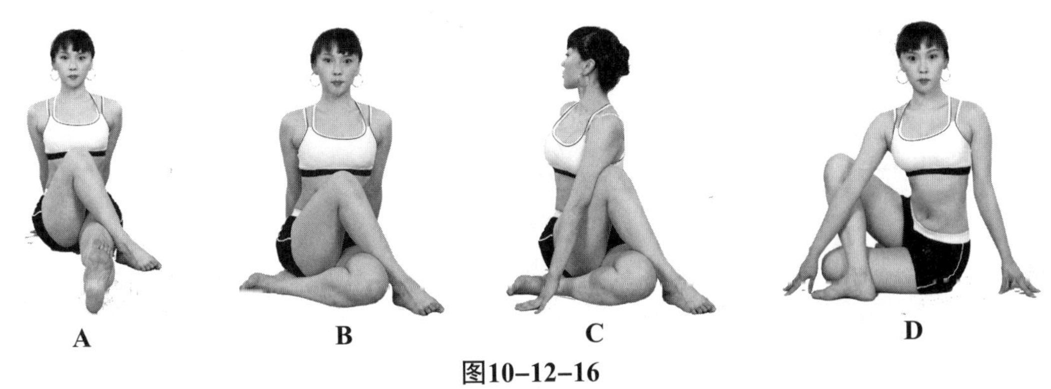

图10-12-16

动作要点：保持扭转姿势3～6个呼吸时间，尽量保持脊柱伸直扭转。然后进行反方向的扭转训练。重复一遍后双腿伸直，上身前含，弓背放松，双手臂平行前伸，手掌交叉，控制两个呼吸时间。

效果：帮助减轻背部疼痛压力，使脊柱排列更整齐，按摩挤压腹部肌肉和腹脏器官，保健胃部和肠部蠕动，使背部曲线明朗，减少腹部与背部的脂肪和增强腰腹背部肌肉的弹性。

3. 牛面式“gomukh”，这个姿势的背部看起来很像一张牛的脸，因此得名。

（1）双腿并拢跪地，双手撑地，右腿交叉放于左腿前，双大腿贴紧，然后端坐于两脚脚跟之间的地面上，双小腿分开并保持相对平衡，挺立上身，保持躯干垂直地面准备。

（2）吸气，左手肘上抬，手掌置颈背下肩胛之间，右臂曲肘，右手由上向下与左手背后相扣，保持脊柱挺立目视前方。

（3）吐气，缓缓松开双手，手臂回落准备姿势至体侧放松。

动作要点：保持牛面式动作2～8个呼吸时间，尽量保持手臂和脊柱形成一条直线，保

持躯干和肩部平衡对称，避免向任何一侧倾斜。头部始终保持端正。然后换反方向另一面交换腿部交叉与手臂动作，按步骤重复1遍。（图10-12-17）

图10-12-17

效果：增强人体躯干和头部血液供应，扩胸并打开肩关节，增强肩、背、手臂的灵活性，塑造收紧背部、肩部、手臂部位的肌肉线条，有效消除大臂的多余赘肉。充分伸展收紧大腿部肌肉，增强下肢灵活性。

4. 骆驼式“Ustra”，梵文意思是像骆驼一样在沙漠中储存能量和水分，到了关键的时刻就可以发挥出能量来。

（1）双腿并拢跪地，上身挺立准备。

（2）吸气，上身缓缓后仰，双手臂伸直，同时扶双脚脚跟，抬头，尽量上挺胸腰。

（3）呼气，双手臂扶腰部两侧，辅助上身有控制地缓缓立起，然后含胸，手臂放松至体侧。

（4）吸气，上身挺立，恢复准备姿势。

动作要点：保持上身后弯骆驼式3～6个呼吸时间。保持上身前含弓背休息动作3个呼吸时间。如果你的脊椎和颈部曾经受伤，请在骆驼式动作过程中保持脖子伸直，避免头部后仰颈部后弯。（图10-12-18）

A B C

图10-12-18

效果：滋养脊椎神经，使其富有弹性和充满活力，增强脊柱和肩膀的灵活性，伸展腹部，有效地燃脂减肥，充分地塑造颈部胸部腰部臀部曲线，并对解决驼背、含胸、支气管炎等呼吸道问题有相当好的疗效。

5. 眼镜蛇式“Bhujanga”，因为身体在地面匍匐，头部像眼镜蛇一般高高抬起，因此而得名。

（1）俯卧，双腿并拢伸直，双臂曲肘，手指向前平放地面上，额头腹部贴地准备。

（2）吸气，缓缓抬头，肩胸抬离地面上扬，臀部收紧，腹胯保持贴紧地面，腰部、背部肌肉收紧后仰，肩部下压，颈部向后充分伸展，同时双小臂抬离地面协助控制身体支撑地面。

（3）呼气，上身缓缓贴近地面，小臂撑地恢复准备姿势。

（4）吸气，再次挺立上身，抬头，增加眼镜蛇式后仰的幅度，双腿屈膝，小腿上抬，尽量让脚趾贴近头部。

（5）呼气，身体缓缓恢复准备姿势。（图10-12-19）

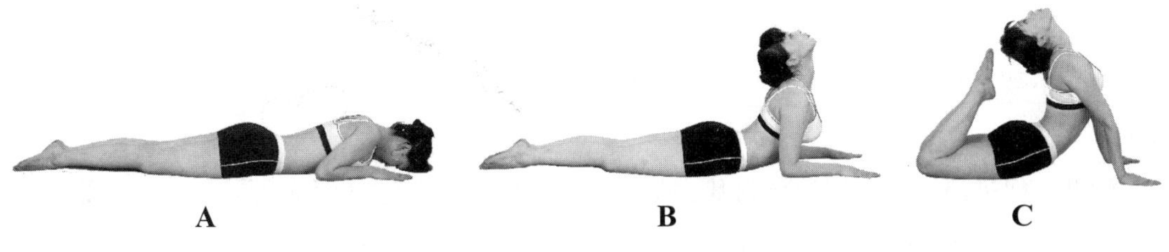

A B C

图10-12-19

动作要点：在吸气后，保持眼镜蛇式3～8个呼吸时间，甚至可以根据情况再延时，当恢复准备姿势时也相应地延长休息时间。如果你的背部腰间盘部位受过伤，请在动作过程中注意收紧你的臀部，切勿抬肩膀，缩脖子，这样会影响训练效果。

效果：使背部肌肉曲线更加美丽富有弹性，增加背部上端的弹性和灵活性，促进脊椎神经血液循环，有效地调理腹部肌肉和器官，使其更健康富有活力，完美臀部和腰部曲线，延长呼吸时间可有效地燃烧腹部、臀部、肩、臂、颈部赘肉，当加大难度，你会感觉周身血液在沸腾，那么燃脂的效果会更好。

6. 蝗虫式“Shlabha”，梵文翻译是蝗虫，而且腿部上翘起的动作很像蝗虫的腿。

（1）平躺腹部与下巴贴地，上抬臀部，双手臂伸直相交握拳置腿下准备。

（2）吸气，收紧臀部肌肉，上抬双腿离开地面，感觉身体重心前移至下巴位置，双腿尽量伸直高抬上举，双臂保持伸直下压控制动作平衡。

（3）吐气，放松双腿缓缓回落地面，恢复准备姿势。（图10-12-20）

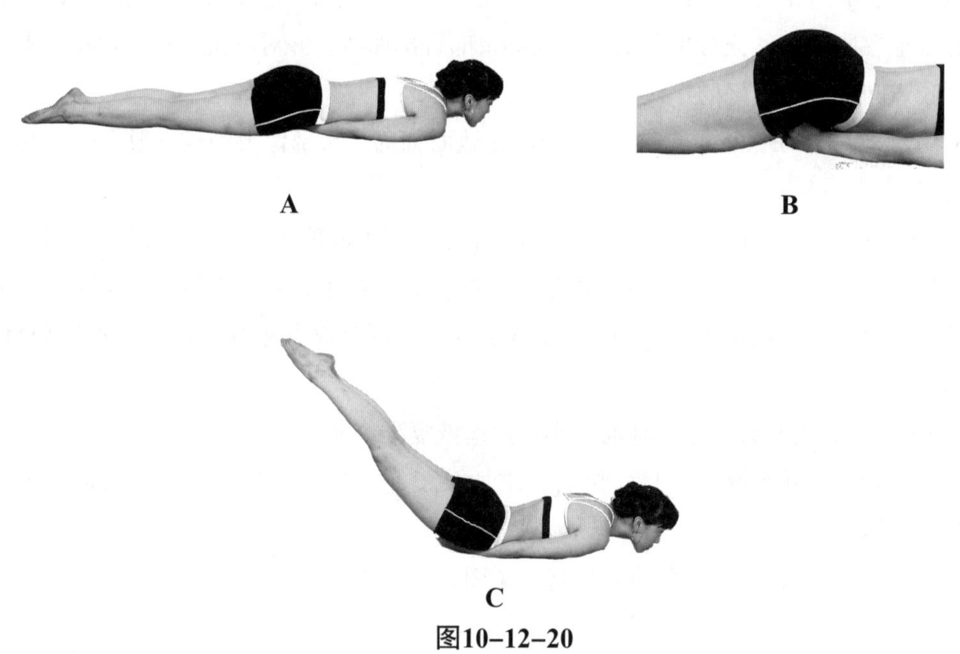

A　　B

C

图10-12-20

动作要点：吸气后保持蝗虫式姿势3～6个呼吸时间，并且把注意力集中在收紧腹部肌肉上。不要上踢或猛拉腿部，不要屏住气息做动作，要缓慢而有规律地配合呼吸完成动作。

效果：促进消化和缓解消化紊乱，塑造腿部肌肉线条，滋养面部肌肉，促进头部血液循环。全身的肌肉紧张平衡控制促进脂肪的燃烧，对于腿部、臀部、腰腹部减肥效果更为显著。

7. 新月式“Chandrasana”，平衡动作后弯如一轮新月，因此而得名。

（1）双腿并拢跪地，俯身双手臂手指向前支撑地面，向前踏出右脚置两手臂之间，膝盖与脚跟形成垂直线准备。

（2）吸气，双手臂胸前合十呈祈祷姿势，缓缓向上伸展，同时腰臀部肌肉收紧，脊柱头部后仰，最后双臂贴紧耳两侧，向后充分伸展，双眼看向双手方向。

（3）吐气，放松身体，缓缓立直恢复准备姿势。（图10−12−21）

图10−12−21

动作要点：吸气后控制保持动作4～8个呼吸时间，然后放松恢复动作后反方向重复动作一次，注意动作进行过程中尽量缓慢不要过分伸展以免拉伤。

效果：充分地伸展塑造双腿和胯臀肌肉，增加骨盆区域血液供应，在保持新月式的过程中整体匀称塑造身体曲线，让肌肉快速恢复弹性和活力。

8. 反转三角式“Parivritta Trikona”，意思是旋转的三角，是扭曲脊椎使身体四肢延长的意思。

（1）双臂展开与肩平，双腿伸直稳定开立，吸气伸展脊柱向左侧旋转上身，并到达你所能平衡的位置，保持腿部与臀部的位置，肩臂保持平行。

（2）吐气，腰部向左侧弯曲，把右手臂放在左脚下或者抓住左脚脚腕，双臂保持呈一条直线，抬头面向上方目视左臂方向。

（3）吸气，放松身体，缓缓立直恢复准备姿势。

动作要点：保持这个姿势3～8个呼吸时间，并把注意力集中在脊椎的伸展上，同时抬起的手臂尽量充分向上伸展，然后吸气，进行反向的姿势训练。（图10−12−22）

图10-12-22

效果：坚实背部肌肉并能有效缓解肩部腰椎的压力和疼痛，滋养心脏并按摩腹部器官，使脊椎排列整齐，使我们的身体更加挺拔，调理和修饰腿部、胯部、腰背部、肩颈的肌肉线条，使身体更加协调和修长。

9. 舞蹈式“Nataraja”，这是湿婆神的其中一个名字，代表着舞蹈之王的意思。

（1）双腿并立身体挺立，屈膝抬起我们的右腿，右手臂伸直抓住右脚脚腕，同时左手臂向前伸直与肩平准备。

（2）吸气，右手臂向上拉高右腿的位置，然后根据自己的能力范围来调整腿部与手臂的高度，保持身体的平衡，尽量使动作形成完美的曲线和弧度。

（3）吐气，放松身体，缓缓立直恢复准备姿势。（图10-12-23）

图10-12-23

动作要点：保持这个姿势3～8个呼吸时间，不要心急，缓缓地到达自己的极限，并稳住心神掌握好平衡，在你调试身体平衡的过程中，你的身体已经在完成着减脂的工作了，当你的肌肉达到相对的稳定，有秩序地呼吸来保持这个动作的完整。

效果：正如姿势的名字一样，修饰完美身体的曲线，增强肌肉的弹性和力度，减少聚集在腹部区域的赘肉，扩胸并打开腹腔神经丛，促使腰部、臀部快速的收紧减脂。

10. 鹰式“Garuda”，在印度神话中，鹰是鸟中之王，这个姿势的意思是代表鸟之神。

（1）微弯膝盖，左腿在右腿前方交叉，左脚环住或勾住右腿的后面，双臂屈肘小臂上举伸直，双臂相交叠绞缠，手心相对合掌，两手臂尽量相互夹紧，同时抻拉背部的肌肉。（图10-12-24）

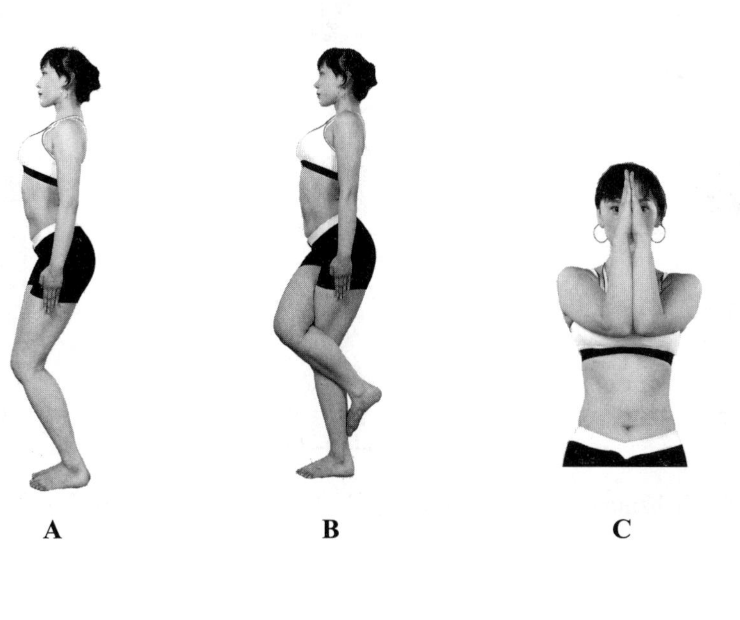

D

E
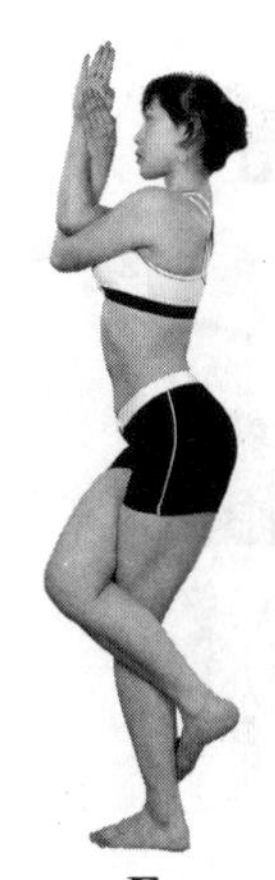
F

图10-12-24

（2）吸气，双眼目视前方，保持准备姿势，用右脚保持身体平衡，根据自己的能力范围可以继续调整动作，抬头后仰，同时肩臂向后倾仰到你所能及的范围，保持身体平衡并控制动作。

（3）吐气，放松身体缓缓立直恢复准备姿势进行反面的姿势训练。（图10-12-25）

动作要点：对于初学者，平衡的姿势比较耗费力量，在执行动作时需要小心，需要按照顺序的前提下并保持一个能达到的平衡姿势，均匀地呼吸，尽量保持3～6个呼吸时间。

效果：能够调理腿部、膝盖、脚踝和脚部肌肉，使它们更加强壮，并如动作所展示的那样，可雕塑女性“S”曲线，使我们的肌肉匀称地发展。

A

B
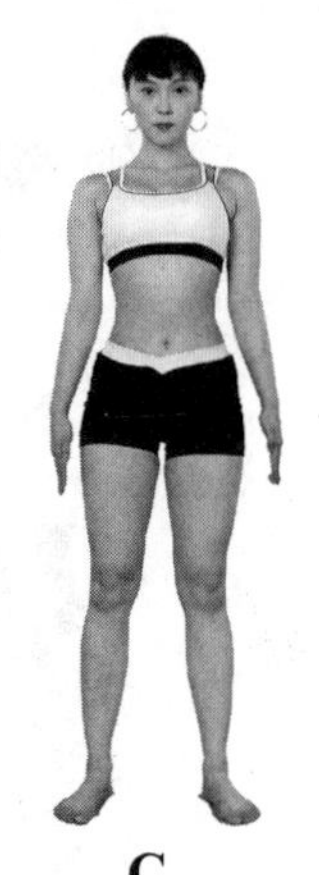
C

图10-12-15

11. 弓式 “Dhanura”，梵文中的意思是“弓”，因为动作很像一个射箭手的弓，因此而得名。

（1）双腿并拢伸直，俯卧，额头贴地，手心向上双臂伸直，自然置于身体两侧准备。

（2）吸气，抬头挺胸腰，上身离地，同时双腿上举，双手臂伸直向后伸抓双脚脚腕，以腹部胯部为中心紧贴地面，上身尽量上挺，肩部下压，臀部收紧，颈部挺立，头部目视前方。

（3）吐气，放松回到起始姿势，重复动作两次。（图10–12–26）

图10–12–26

动作要点：动作尽量缓慢，尽量使脚跟能够离臀部越远越好，保持弓式姿势3～8个呼吸时间，放松时恢复准备姿势，头部可侧向一边休息，并适当延长休息时间。

效果：使呼吸系统健康，纠正脊柱弯曲问题，伸展调理按摩腹部肌肉，减少聚集在腹部区域的赘肉，促使腰部、臀部曲线更加卓越。扩胸并打开腹腔神经丛，使其更加健康。

12. 鱼式“Matsyasana”，因为从上面看合格动作像个穿梭在水中的鱼，因此而得名。

（1）双腿并拢伸直，平躺，双手置放于身体大腿两侧，手心向下准备。

（2）吸气，高高拱起背部并离开地面，胸腰上挺，抬头，手肘支撑身体协助身体上挺，头顶尽量贴紧地面支撑。

（3）根据自己的情况可以加大难度，吸气双臂上举过头顶双手合十呈祈祷状，或双手相扣，两食指指向前方。

（4）吐气，放松身体恢复初始准备姿势。（图10–12–27）

图10-12-27

动作要点：根据自己的能力可以选择难度，并保持鱼式动作3～6个呼吸时间，注意力尽量集中在上挺的胸部和背部肌肉的上推收紧上，然后放松回到初始准备动作，保持两个呼吸时间后，在进行上身前倾反向抻拉休息。注意如果在体式过程中感觉吃力，请把重心放在双肘上来坚固动作支持。

效果：滋养脊椎神经，促进头部血液循环，滋养脑垂体和松果体，促进消化排泄系统健康，增强身体新陈代谢，强壮肢体，更有效地巩固肌肉能力，减肥并流畅身体曲线线条。

（七）瑜伽的放松休息

当体位法训练结束后，我们要给自己一个充分放松的空间和时间，来消除肌肉在整个训练过程的张力和放松大脑。瑜伽中的休息是最自然的身体充电法，从最简单呼吸、分解放松开始，带你引向超越心灵的极限。给自己定下15分钟的瑜伽休息，使僵硬的肌肉得到充分放松，使训练后的背部、关节和肌肉的疼痛获得缓解，增强身体力量，协调身心平衡。改善内分泌，调节体重，改善身体肌肉比例，减少体内的多余脂肪，让你远离腰椎、颈椎的疾病，远离失眠与神经衰弱。放一段优雅美妙的音乐，闭上眼睛，感受自己身体在瑜伽训练后的变化，感受身体能量的聚集，放松我们的神经和肌肉……我们的身体是最为纯洁美丽的一道风景。

动作要领：仰卧，两腿分开30厘米左右，两臂自然放于体侧，与身体呈30°，手心向上。闭上眼睛，合上嘴唇，脸部肌肉放松，牙不要咬紧。在心里默念身体各部位的名称，然后从脚到头依次放松。此时试想自己的身体如一片云，越飘越高……树丛、花草、山川、河流，都从视野中飞驰而过。此时心旷神怡，宠辱皆忘。

（八）瑜伽生活的旅程

印度瑜伽大师们认为，人们有时候会觉得对生活无能为力，缺少力量和能量。人们在忙于收敛金银财宝时，却忽略了最宝贵的财富就存在于自身，开发这些财富，释放这些能量，就会无往而不胜。人的思想应予以控制。通过瑜伽把我们的思维集中在一点上，这种专注就会产生强大的能量。为使思维集中，人必须克服各种欲望和物质条件的诱惑，要克服愤怒、仇恨和爱情等情绪。当控制了感觉后，思想追求就会达到一个更高的精神境界，这就是习练瑜伽的结果。印度瑜伽已经风靡世界，特别是在欧美和中国已成为一种时尚。不少人认为瑜伽深奥复杂，我虽有同感，但我认为瑜伽既复杂又简单，无论瑜伽理论有多么深奥，动作有多么复杂，只要掌握要领，认真习练瑜伽，就能获得心理上的平和及身体上的平衡，这就达到了习练瑜伽的目的。相信自己的身体和智慧吧，在我们人生漫漫的旅程中用瑜伽的内涵指引我们走向绚丽的生活！

第五节　有氧运动训练计划的制订

长期有规律地进行有氧代谢运动锻炼，应该制订相应的训练计划，而不应该蛮练，否则很难取得期望的效果和成绩，甚至造成运动损伤等负面结果。

虽然有氧代谢运动形式多种多样，具体操作各不相同，但总体来说有氧代谢运动训练都有一些共同的特点和规律。比如有氧运动可持续时间长，运动强度中低等，有多部位肌肉参加运动，可以明显提高心肺功能等。所以只要根据这些特点，遵循这些规律，制订相应的训练计划，就能够收到较为理想的训练效果。

一、有氧运动训练计划制订的原则和依据

参看第四章第十节的相关内容。其中，判断初、中、高各级运动水平的标准可参考体能测量中台阶试验的结果。

二、制订有氧代谢运动训练计划的步骤和内容

1. 制作两个表格，一张是体格体能测试表，另一张是有氧运动训练计划表；

2. 在两张表上都注明测试和计划的日期、时间；

3. 在测试表里填上体格和体能的测试数据，根据测试的实际情况判断身体的运动能力处于初、中、高何种水平（有氧代谢运动能力可以通过台阶试验进行评价）；

4. 在训练计划表里选定自己喜欢的运动项目或形式；

5. 运用卡沃南法设定目标心律即运动时应达到的运动心律值：

目标心律=安静心律+（最高心律−安静心律）×目标心律百分比

其中目标心律百分比可根据有氧运动体能水平（台阶试验结果）来设定。一般有氧运动训练时的有效运动心律范围是55%～85%×本人最高心律。本人最高心律=（220−本人年龄），根据体能水平低、中、高的不同，分别可将目标心律百分比设定为55%～65%，65%～75%，75%～85%。

6. 根据不同运动项目制订相应的训练计划。一般在有氧运动训练计划表中应包括时间、距离、次（遍）数、消耗的热量值等，并且根据身体变化情况适当调整这些量的参数值；但某一时期只调整其中的某一项，而不是同时调多项。例如以有氧运动跑步为例制订以下四个月的训练计划（仅作为举例说明，实际操作时应该根据个人具体情况调整变化差值）。（表10−1）

表10−1　有氧运动训练计划

	周 月	第一周	第二周	第三周	第四周
固定时间改变距离	第一个月	25分钟 2.8千米	25分钟 3.0千米	25分钟 3.2千米	25分钟 3.4千米
固定距离改变时间	第二个月	4千米 31分钟	4千米 29分钟	4千米 27分钟	4千米 25分钟
固定热量改变时间	第三个月	300千卡 35分钟	300千卡 33分钟	300千卡 31分钟	300千卡 29分钟
固定时间改变热量	第四个月	30分钟 300千卡	30分钟 320千卡	30分钟 340千卡	30分钟 360千卡

其他运动形式的训练计划表可参照以上形式制定，总的原则就是根据个人具体情况，在安全的基础上量力而行，循序渐进。

第六节 有氧运动中要注意的问题

作为健康运动三部分之一的有氧代谢运动是运动健身的主要内容之一，是人们都应该重视和积极参与的。但是，在长期有规律地参加有氧运动锻炼的过程中，在追求有效的同时，还要特别注意防止出现一些问题。

1. 量力而行

在开始系统的运动健身锻炼之前，最好先进行一次比较全面的体格检查，特别是过胖的、过瘦的、年龄大的、以前有比较严重伤病的以及有家族遗传病史的人士等，如果有问题，应当遵循医嘱，不可强行。

2. 充分热身

虽然表面上看有氧运动不是非常剧烈的运动，但身体的许多部分在运动中仍然要承受较大的压力，如果在运动前不做好充分的热身准备活动，还是有受伤的危险，所以要重视正式运动前的热身准备活动。

3. 做有效的有氧运动训练

每次有效的有氧运动训练都需要一定的时间。一般的说，每次训练在30～60分钟为好，时间太短或过长锻炼效果都不佳。因为有氧运动时间太短不能有效锻炼心肺功能，提高有氧耐力，也不能起到充分代谢乳酸、酮体等酸性的中间代谢物质的作用，更不能消耗足够多的热量。相反，每次有氧运动训练的时间过长也不好，特别是对那些体重超标、平时运动较少的人群，长时间的简单重复性的运动极容易造成局部肢体的运动性劳损伤。比如跑步、骑车、爬山等运动非常容易造成体重超标人群下肢的劳损伤，有些甚至是不可恢复的严重损伤！像划船等运动还可能会造成腰部、肩部等的损伤。

4. 及时补充水分

在长时间的有氧运动锻炼过程中，一定要注意及时补充饮水。因为在运动时，身体为了保持恒定的体温，会大量出汗排热，由于人体不会储存多余的水，随着大量汗液的排出，血液就会变得黏稠，这样不仅会给心脏造成额外的负担，还会改变血液的成分比例，影响正常的身体代谢，导致身体机能下降。在气温较高的环境里运动时，除要注意及时补充水分外，还应该适当补充电解质，防止肌肉痉挛等现象的发生。比较好的做法之一是在运动过程中，不时地补充富含水、电解质和低聚糖等成分的运动饮料。但要注意不能因为感到口渴而暴饮！那样会使血液稀释，增加心脏负担，严重的可能会造成心动过速。比较合理的做法之一是每隔10～15分钟喝150～250毫升的运动饮料。

5. 平衡发展

应尽量多地参加各样形式的运动锻炼，长年做单一有氧运动锻炼的人要注意不要忽视全身其他部位肌肉的锻炼。要尽量让身体的上、下、左、右、前、后各部都得到比较全面的锻炼和发展，同时还要注意培养力量、速度、耐力、柔韧性和协调性等各项身体素质，以使整体体质水平有所提高。这里应该特别指出的是女性和中老年健身者不要忽略肌肉的抗阻运动或称肌肉负荷运动。在五项身体素质中，力量是各项素质之首，是基础素质，所以，各年龄段的人群应该根据各自的具体情况选用合适的负荷种类有意识地进行适当的肌肉负荷锻炼。

第十一章 肌肉负荷运动

第一节 肌肉负荷训练的种类及意义

一、概述

关于运动健身，一些人对肌肉负荷训练存在着片面的认识和误区，例如认为肌肉锻炼是年轻小伙子们的事，与自己无关，甚至把肌肉负荷训练看做是洪水猛兽，躲得越远越好。比如担心小孩练了会不长个儿，老人练了会引发心脑血管疾病，姑娘练了会长出“疙瘩肉”等等。另一个误区是让小孩子长时间地跑步、游泳、轮滑、练习武术等，中老年人频繁地爬山、跑步，年轻女性经常参加剧烈的跑步、游泳等运动，有时还让平时不做运动的人参加比赛等。这些都或多或少地带有主观片面的认识。

其实，如果我们稍微了解一下肌肉负荷训练，再仔细分析一下他们所从事的各种运动，我们就会发现，人体的一行一动，只要你运动，都要用到肌肉。相比之下肌肉负荷训练从健身、健美角度来说，是更科学、全面、安全、有效的训练方式！

肌肉是人体最主要的能量代谢器官之一，是人体能够活动的动力源，人的任何活动都要用到肌肉。另外，肌肉的收缩可以帮助血液回流心脏，所以又有“人体的第二心脏”的美誉！不仅如此，因为肌肉有固定的起止点，所以通过有目的的肌肉锻炼调整肌肉形态和相关骨骼的角度，可以改善和美化人的体形。

肌肉负荷锻炼指的是一类通过收缩肌肉，以反抗外界或自身阻力的方式，刺激机体，使其适应训练环境，以达到增进健康、美化体形、陶冶情操为目的的身体练习。作为健身的肌肉负荷锻炼，运动量和运动强度可根据训练者的具体情况而定。因为采用不同的负荷进行训练，可以有不同的效果，从而达到不同的目的。比如，利用大重量、少次数进行训

练，可以明显提高人的力量素质；而采用小重量、多次数的负荷训练，则可以消耗更多的热量，减去多余的脂肪，而不会增大肌肉的围度，是体胖者有效的减脂方式之一。

有人将肌肉负荷锻炼理解为力量锻炼，这是片面的。因为肌肉负荷锻炼的内容里包括有力量锻炼，还有减脂锻炼、有氧锻炼以及增肌锻炼等。这就好像汽车一样，同一辆车用不同的操作方式，可以开得快，也可以开得慢，可以向东开也可以向任何方向开。同一种工具用不同的操作方法会导致不同的结果。杠铃、哑铃也一样，用不同的方法锻炼，可以达到不同的目标。不是所有练杠铃的人都一定变成大肌肉！其实也可以练得很健康，很苗条！

二、肌肉负荷训练的种类

根据训练中所使用的重量和可完成的次数，我们可将肌肉负荷训练分为四类，即有氧类、减脂类、增肌类和增力类。

（一）有氧类

凡是可持续3分钟以上并符合有氧运动特点的运动，我们都可以称其为有氧运动。近年来，用小重量的杠铃、哑铃进行有氧锻炼被越来越多的人所采用，尤其是在健身俱乐部里的女性练习者，收到了很好的效果。

所谓小重量负荷，指的是用自己最大练习重量的20%以下的重量进行训练，一般可重复练习动作60RM以上（60RM表示选择一个练习重量，使得练习者按照动作质量要求最多能完成60次/组）。用这样的负荷进行训练，一般不会增大肌肉的围度，只会使肌肉更富有弹性，而且可以分别锻炼全身的各个部位，使之保持较长时间的高效率锻炼，既达到有氧锻炼的目的，又不会引起个别局部的劳损伤，使身体得到全面的锻炼和发展。

当然这里所说的小重量负荷不只包括杠铃、哑铃，还包括各种各样的阻力源。比如各种配重器械、各种弹簧、橡皮筋以及特殊的电磁阻力源甚至自身重量等。

（二）减脂类

当使用最大练习重量30%～50%的负荷进行练习时，一般每组可重复练习动作50～25次（50～25RM）。由于锻炼过程中身体以有氧和无氧混合的方式进行运动代谢，运动心率控制在最大心率的55%～80%左右，是消耗大量能量（脂肪）的最佳运动代谢方式之一（包括在运动中和运动后）。所以，采用这种负荷进行锻炼的结果是可以减去体内大量的脂肪，同时，可以适度增加全身肌肉的紧张度，是减脂瘦身、塑形美体的理想运动方式之 。

（三）增肌类

如果在锻炼中使用最大练习重量的70%～85%的负荷，每组分别做16～50RM的方式进行训练，其结果主要是增加肌肉围度和体积，增大肌肉力量。因为采用16～50RM的多组练习方式进行锻炼，可以刺激到肌肉里肌纤维比较粗大的各种成分（包括慢红肌以外的各种成分），而能量消耗不是很大，同时，可以使肌肉的力量、速度和耐力均有所提高，比较适合于健身健美训练。

（四）增力类

在参与肌肉负荷锻炼的人群中，有一些人是单纯为了提高力量素质而训练。比较适合他们的训练负荷是使用最大练习重量的90%以上的重量，一般每组最多不超过4RM。长期使用此类负荷进行锻炼，由于每组训练能量消耗相对比较小，而对身体组织刺激比较大，所以，容易使练习者的力量素质和体重明显提高，相应的使肌肉的体积也有适量的增加。

在进行这类负荷的训练时，要特别注意防止受伤！一个是准备活动要充分、到位，再一个是动作要正确、规范，有条件的要安排保护措施。

三、肌肉负荷训练的意义

通过对肌肉负荷的了解，我们可以清楚地看到，这种运动形式简单，容易控制，目的性强而且安全有效，适合各类人群的不同健身要求，而且可以比较全面地发展身体的综合体质水平。长期从事肌肉负荷锻炼，可以达到增进健康，美化体形，陶冶情操，延年益寿的目的。

所以我们说肌肉负荷运动是一项健身价值极高的运动，说它健身价值高还体现在以下几个方面：

（一）对人体生理方面的影响

1. 采用不同的负荷进行训练可以刺激到肌肉纤维中从慢红肌到快白肌的各种成分，使其得到全面的、充分的发展，使肌肉收缩的速度、力量、耐力等素质均有所提高。

2. 肌肉负荷训练是促进骨骼发育和骨质坚韧，防止骨质疏松最有效的手段之一。

3. 肌肉负荷训练讲究人体的各运动环节全范围运动，在有负荷的条件下全范围活动，可适度加大关节的活动范围，加强关节的周围组织，使运动关节的柔韧性和稳固性都得到提高。

4. 通过长期的肌肉负荷锻炼，可以明显地改善心脏血液循环系统。使心脏肌肉适度

增长，心脏的各腔室径增大，结果是每搏输出量增加，心脏工作效率提高，安静心率低于不锻炼的人。

5. 肺脏气体交换能力明显提高，呼吸肌适度发展，肺活量增大，呼吸深度增加，使全部肺脏投入工作（平时只有3/4的肺脏工作）。

6. 肝肾功能增强，能量代谢和物质代谢能力提高，能量供应效率提高，大功率输出时间延长。糖原储备量适度增加，解毒能力提高。

7. 经过一段时间肌肉负荷锻炼的人都会有食欲好、睡眠好的感觉！这是因为良性的体力锻炼可以提高人体的消化吸收系统的功能和中枢神经系统的调节能力。

8. 体温调节系统更加灵敏、有效，对外界环境温度变化适应能力增强（尤其是长期在无空调环境下锻炼）。有规律的肌肉负荷锻炼，可以使身体在运动时，短时间适度提高体温（最高可以达到41℃左右），这对于那些对温度比较敏感的病菌或病源（如某些致癌因子）是致命的，可以将它们在尚未成气候的初期及时地消灭掉。

9. 适量的肌肉负荷锻炼可以提高人体对疾病的抵抗力，提高机体的抗氧化能力，减少疾病对身体的侵害和过劳、不良情绪对身体的氧化。

10. 长期反复进行肌肉负荷训练能够明显提高中枢神经对骨骼肌控制的协调性和灵敏性，提高人的整体综合运动能力。

（二）对心理方面的影响

肌肉负荷训练的独特方式要求人的中枢神经系统与局部肌肉之间的联系不断地强化，而且在长期的、有规律的锻炼过程中，对人的各种心理过程和个性心理特征都有积极的影响，对人的健康心理的形成具有重要的意义。

1. 通过一段时间的肌肉负荷锻炼，可以明显提高人对本体的感知、认知能力，进而提高人认识事物和自身的敏感性，促进人的想象和思维能力的发展。

2. 肌肉负荷训练可以显著提高人的注意能力，包括指向性和集中性，对注意力涣散的青少年的作用尤其明显。

3. 能够长期坚持参加肌肉负荷训练的人，都有一个共同的优秀品质——意志品质坚强，包括自觉性、果断性、自制性和坚持性。

4. 肌肉负荷训练对心理过程长期、良性的影响，最终会对一个人的精神风貌也就是他的个性产生积极的影响。如敏锐的观察力、良好的记忆力、敏捷的思维等能力以及热情、细致、勇敢、积极向上的性格，还有机智、敏捷、沉稳、镇定、果断、幽默的气质等。

（三）对运动训练和运动能力方面的影响

1. 肌肉负荷训练的研究和发展极大地丰富了运动训练学，同时对运动解剖学、运动生物力学、运动生理学、运动营养学、运动医学、运动生物化学等人体运动学科也提出了更高的要求，打开了一个崭新的研究领域，促进各人体运动科学学科更深入地发展。

2. 丰富多样的肌肉负荷训练方法和手段越来越多地被其他运动项目所认识和采用，并对其发展起到了积极的推动作用。

3. 肌肉负荷运动之所以又被称为基础运动，就是因为它可以使人的速度、力量、耐力、柔韧性和协调性等各项身体素质都得到提高，所以许多专项运动员除专项训练外还要安排基础训练，以进一步全面提高身体素质，促进专项的发展。

4. 通过长期的肌肉负荷锻炼，使得锻炼者和运动员在基础素质水平普遍提高的同时，也使他们的综合运动能力有比较明显的提高。比如，对新动作、新技术的学习和掌握，在运动中随机应变的能力等。

（四）对社会的影响

1. 长期有规律、有计划地进行合理的肌肉负荷锻炼的人，具有较高的健康水平和长时间高效率工作的能力，从而可以在有限的时间里做更多的工作，为社会做更多的贡献，同时减少患病的概率，节省医药开支。国际上许多大公司出资鼓励员工业余时间参加运动健身活动，主要目的之一就在于此。

2. 国民体质优秀是一个国家经济发达的重要标志之一，人人健康的社会是人类健康发展的必然。

总之，在种类繁多的各种运动形式当中，肌肉负荷运动是独特的、安全的、高效的、全面的、适用面广的基础运动，是大众运动健身最理想的方式之一，是一种不可替代的运动形式。

第二节　肌肉负荷训练相关术语

一、概述

任何一个专业领域都有其独特的用词用语，我们称之为专业术语。肌肉负荷训练也一

样，根据范畴的不同，我们可以将肌肉负荷训练的专业术语分为概念术语、体位术语、握法术语、动作术语等几个方面。

二、肌肉负荷训练常用术语

（一）概念术语

1. 负荷：以人体肌肉练习为基本手段对锻炼者的有机体施加的训练刺激，包括对生理和心理两个方面的刺激。

2. 负荷量：指一次训练做的总功，也可间接地用总的训练重量、时间、距离、组数等来表示。

3. 负荷强度：指肌肉负荷训练时单位时间内所做的功，是衡量运动的剧烈程度的指标，与其相关的因素通常有训练的重量、质量、组间隔等。

4. 热身：指的是为了防止受伤，使身体从安静状态进入运动状态，而进行的一系列准备活动。内容一般包括简单的肢体活动、深呼吸、伸展运动和短时间、低强度的有氧运动，如跑步、骑车等。热身活动应使身体各部分的关节、韧带、肌肉等组织都活动到，使血液循环和呼吸频率加快，体温适当提高，运动神经兴奋，使人体进入运动状态。

5. 训练手段：是指在肌肉负荷训练时所使用的各种具体的肢体练习，也就是常说的训练动作。如哑铃弯举、杠铃颈前上推等。

6. 训练方法：将某些训练手段根据一定的原理，按照某种程序进行组合的过程。如金字塔法、超级组训练法等。

7. 整理：在每次训练课结束之前，为了使剧烈运动的身体恢复到正常状态，都要进行全身性的伸展练习和按摩放松活动，以避免肌肉痉挛、肢体僵硬，促进身体加速恢复。

8.RM：RM是英文repetitions maximum的缩写形式。nRM指的是在做某个练习时，选择一个重量负荷，按动作规范最多能完成n次。或按动作规范完成n次能使用的最大重量。

（二）体位术语

1. 立式：在做身体负荷练习时，人体采取直立姿态进行运动。如立式杠铃弯举、立式哑铃飞鸟等。

2. 坐式：在完成肌肉负荷练习时，人体坐在平凳、直角凳或斜凳上。如坐式杠铃颈前推、坐式划船等。

3. 屈体：两脚站于地面，屈髋使上体保持与地面平行的姿势完成肌肉负荷练习。如屈体划船、屈体飞鸟等。

4. 俯卧式：在做训练动作过程中，上体脸面朝下俯卧在长凳、斜凳、卧拉架等器械上进行操作。如卧式划船、卧式飞鸟等。

5. 仰卧式：身体仰面向上躺在平凳、斜凳等器械上进行训练，简称卧式。如仰卧式杠铃臂屈伸、仰卧式飞鸟等。

6. 侧卧式：一侧身体依靠在平凳、斜凳上，进行训练。如侧卧式哑铃臂屈伸、侧卧式哑铃侧上举等。

7. 上斜：身体头高脚低俯卧或仰卧在器械上进行训练。如上斜卧推、上斜飞鸟等。

8. 下斜：身体头低脚高地俯卧或仰卧在器械上进行训练。如下斜飞鸟、下斜卧推等。

9. 跪式：在进行肌肉负荷练习时，采取双脚尖和双膝着地，上体直立或屈曲的姿态。如跪式收腹、跪式高滑轮下拉等。

（三）握法术语

1. 普通握：双手大拇指与其他四指分别从杠铃杆两侧包绕抓握杠铃的握法，是最常用的握法。

2. 开握：大拇指与其他四指在同一侧抓握杠铃等器械，有时用于杠铃卧推等练习。（有一定的危险性，不适合初学者。）

3. 半开握：两大拇指伸直相对抓握杠铃等器械，一般用于窄把卧推等练习。（有一定的危险性，不适合初学者。）

4. 锁握：抓握杠铃等器械时，用食指和中指压住大拇指的握法，一般用于提拉大重量的练习。

5. 仰握：两臂伸直置于体前，双手抓握杠铃等器械时，手心向前，通常用于杠铃、哑铃弯举等练习。

6. 俯握：两臂伸直置于体前，双手抓握杠铃等器械时，掌心朝后，一般用于上提、上推和下拉的练习动作。

7. 交错握：双手抓握杠铃等器械时一只手手心向前，另一只手手心向后，这样可以防止杠铃杆发生转动，一般用于硬拉等练习。

8. 拉带辅助握：将拉带的一端套在手腕上，另一端缠绕在杠铃杆或单杠上，借助拉带加大抓握力，可用于大重量的硬拉或负重引体向上等练习。

9. 宽握：双手抓握杠铃等器械时，两手握距大于肩宽20厘米以上为宽握。常用于卧推、引体向上等练习。

10. 窄握：双手抓握器械手柄时，两手间距小于肩宽为窄握。可用于杠铃弯举、杠铃卧推等练习。

（四）动作术语

1. 推：指肌肉收缩时使上肢大臂屈，小臂伸的动作。如上推、前推、卧推等。

2. 拉：指肌肉收缩时使上肢大臂伸，小臂屈的动作。如下拉、后拉、卧拉等。

3. 上举：（四肢）肌肉收缩时肘关节或膝关节保持伸直或微曲，使大臂或大腿屈或外展（将四肢伸直或微曲向上抬起）的动作。如举臂（前、侧上举）、举腿（悬垂）等。

4. 弯举：指肌肉收缩时使上肢的大臂不动或屈，同时小臂屈的动作，以及大腿不动或伸，同时小腿屈的动作。如臂弯举、腿弯举等。

5. 平举：指肌肉收缩时使上肢在保持伸直或微屈的状态下，使大臂屈或外展至水平的动作。如哑铃前平举、侧平举等。

6. 屈伸：指肌肉收缩时使上肢的小臂伸，同时大臂不动或伸，以及使下肢的小腿伸，大腿不动的练习动作。如仰卧杠铃臂屈伸、坐式腿屈伸等。

7. 飞鸟：在练习过程中，模仿禽鸟类飞行的动作称为飞鸟。如立式飞鸟、仰卧飞鸟等。

8. 划船：人体上肢在做练习时，模仿划船的动作叫做划船。如坐式划船、屈体划船等。

9. 深蹲：上体挺胸立腰（塌腰），双腿屈膝下蹲至大小腿之间角度小于90°，为深蹲。

10. 半蹲：上体挺胸立腰（塌腰），双腿屈膝下蹲至大小腿之间角度大于90°，为半（深）蹲。

11. 提：将身体的某部分向上抬起。如立式提踵、立式提肩等。

12. 压：以手掌按住阻力负荷器械手柄，上肢保持微屈状态，双手做从上向下的按压动作。如高滑轮直臂下压。

第三节　健身健美运动常用器械简介

一、自由重量类器械

（一）种类：标准举重杠铃、练习直柄杠铃、曲柄杠铃、环形杠铃、定重量哑铃、可变重量哑铃、壶铃等。

（二）特点：这类器械的运行轨迹不受约束，操作时相对比较自然、灵活，重量可自由调整，对人体运动的阻力方向一律向下。

（三）注意事项：在使用这类器械进行练习时，要特别注意根据自己的能力选用合适的重量，因为这类器械的运行轨迹比较灵活，重量变化范围大，如果莽撞行事极易造成运动伤害事故。另外，对于初学者开始训练时由于力量不协调，动作不准确，也不宜使用这类器械，尤其是大重量的哑铃、壶铃等器械，否则容易发生危险。

二、各种板、凳、架类器械

（一）种类：练习平板、上斜练习板、下斜练习板、平凳、直角凳、可调凳、各种卧推架、蹲腿架、综合训练架等。

（二）特点：这类器械在训练操作时相对比较固定、稳定，是各种身体训练必不可少的辅助器械。

（三）注意事项：使用这类器械时要注意正确选用合适的器械，做不同的练习时应调整好器械的角度和高度。另外，要特别注意及时清理器械周围的杂物（如各种练习板下面的哑铃、杠铃片，深蹲架中间地面上的杠铃片等），避免训练时发生磕碰、磕绊，造成运动损伤。

三、固定配重器械类

（一）种类：各种以配重片、钢丝绳或尼龙带、滑轮及各式钢架组合而成的单站位、多站位的肌肉练习器械。

（二）特点：这是一类相对比较安全的练习器械，操作时运动轨迹相对比较固定，重量可按一定梯度任意调整。这类器械还有一个特点就是种类多，且可根据运动时的需要将器械的阻力方向设计为多变向，而不像自由重量类器械那样是一律向下的，这就使得我们可以更加灵活、方便地进行练习操作。

（三）注意事项：操作时要均匀、缓慢，不可猛起猛落，尤其是大重量时，以免损坏器械。特别是要防止钢丝断裂，发生危险。

四、有氧器械类

（一）种类：在健身房里还有一类通常是用来做有氧运动的器械，如划船机、电磁划船机、走跑机、电动走跑机、椭圆机、台阶机、电动台阶机、健身车、风扇健身车、电磁

健身车、滑雪机、攀岩机、电动攀岩机以及骑马机等。

（二）特点：这类器械通常有电动和人动两大类，操作相对比较简单，多是循环往复的重复动作，运动的速度和难度可以自由调节；而且，一般这类器械上都配有仪表，可以显示运动时的速度、时间、距离、消耗的卡路里值或步数等，有的还可以显示运动时的心率并在安全的运动心率上、下限时报警，从而指导安全、有效地训练。

（三）注意事项：无论是人动的还是电动的，在练习时运动的速度都应均匀变化，不要做冲击式的动作或爆发式的动作，以免受伤或损坏器械。有电的器械，还要注意使用安全（如练习时配戴安全钥匙）。

五、其他器械

（一）种类：在传统的健身房中还有其他的一些非常有效的健身器械，如单杠、双杠、吊环、爬杆、爬绳、肋木、跳箱、山羊、把杆等。

（二）特点：在这类器械上，可以借助各种自由重量类健身器械或依靠徒手承担自身体重的方式进行各种有效的锻炼，一般用于综合训练，是一类非常好的、自然的、有效的、有实用价值的训练器械。

（三）注意事项：在使用这类器械进行锻炼时，应该特别注意要量力而行，不做危险和没把握的动作，必要时要加设相关的保护设施或有人加以保护。

第四节　肌肉负荷训练基本技术原则

在肌肉负荷训练的实际操作过程当中，由于对训练原理不清楚，经常会出现一些错误的操作，尤其是基本技术操作的错误，这些错误会严重地影响训练的效果，甚至出现伤害现象。为了避免在训练过程中出现偏差，就要了解和把握正确的肌肉负荷训练的基本技术原则。

（一）正式训练前应做充分的、全身性的热身准备活动，以防止发生运动伤害现象；训练后要做全面的伸展练习和放松整理活动，以促进身体的恢复。

（二）不要空腹进行训练！可以在进食2小时以后训练，或在训练前可少吃一些比较容易消化的能量食品，如少量的谷类、薯类或香蕉、能量棒等。

（三）严格按着训练动作的技术要求进行训练，特别是一些动作细节，确保训练动作的质量，而不要盲目追求大重量，造成动作变形或采用错误的发力方式，那样会降低训练效果，甚至可能会造成严重的运动损伤。

（四）做动作时要集中精力，把意念集中在训练的肌肉部位上。

（五）常规练习动作应使目标训练环节全范围运动，使目标肌肉全程收缩，而不是部分或半程收缩（特效训练法除外）。

（六）常规肌肉负荷锻炼要求动作速度均匀、缓慢，动作过程中不使猛力，即在肌肉向心工作、顶峰静力工作和离心工作过程中始终控制着阻力，没有空程（无自由落体、无悠摆动作也不借助惯性）。

（七）训练时不要憋气！肌肉向心工作时应该慢呼气，防止体内压力过大，影响血液循环。

（八）在一组训练过程中，尽量不要停歇，尽可能一口气连贯地完成规定的练习次数，使目标肌肉持续紧张，以保证有大的训练强度。

（九）从训练的第一组开始，每组练习都要做到力竭，以确保使目标肌肉的各种成分都受到足够有效的刺激（在常规训练时每组的次数都应该是不同的）。

（十）若在训练过程中出现异常情况，如头疼、头晕、耳鸣、恶心、心悸或肢体感觉疼痛、麻木等，应该立即停止训练，告知教练或其他相关人员。

第五节　肌肉负荷训练的八大要素

能够影响肌肉负荷训练的因素有很多，在这些因素中，直接影响训练效果的主要有以下几个方面：

（一）训练的部位：指的是每次训练课中主要锻炼的肌肉部位。这个要素包含两方面的内容，一个是每次训练练几个部位（根据水平不同可以是两分部、三分部或多分部）；另一个是所练部位的哪个局部。比如，一个中级训练水平的训练课，采用两分部，每次安排五个部位的训练，其中胸部主要练上胸部和中胸部的内侧缘等。

（二）训练的动作：指每个训练部位做几个练习动作。一般初级1个动作/部位，中级2～3个动作/部位，高级3～4个动作/部位。

（三）训练的组数：按肌肉负荷训练动作技术要求尽全力做致力竭为一组。一般初级训练1～3组/动作，中级3～4组/动作，高级4～6组/动作。

（四）训练的次数：指在一组训练当中，选择一个重量，按技术要求最多能完成的动作重复次数。通常用英文repetitions maximum的缩写形式RM表示。如8RM指的是选择一个重量，按动作技术要求最多只能完成8次。一般≤4RM用于增长力量；15～5RM用于发展

肌肉体积、围度；≥20RM用于减脂肪、出精度和提高耐力素质。

（五）使用的重量：即在训练中，肌肉受到的阻力大小。以1RM为基准，即竭尽全力只能完成动作一次所使用的最大重量Wmax，若用≥90%Wmax的重量进行训练，结果是明显提高力量素质，肌肉也有一定的增长；用70%～85%Wmax的重量进行训练，其主要作用是发达肌肉体积，力量也有一定的提高；采用≤50% Wmax的重量进行训练，可以达到减脂瘦身、提高耐力和刻画肌肉线条的目的。

（六）组与组之间的间隔时间：指从完成上一组练习之后，到开始下一组练习之前的时间长度。一般要根据运动心率而定，当心率下降到最大心率的55%～60%以下时，即可开始下一组训练。个体的最大心率（（208-本人年龄）×70%）不同，显然锻炼的肌群大小不同，组间隔时间一般也不相同。

（七）动作的速度：正常情况下，健身健美的肌肉负荷锻炼多采用均匀缓慢的速度进行训练，一般是向心收缩1～2秒钟，顶峰收缩1秒，离心收缩1～2秒。只在特殊情况下才会采用爆发式快速收缩，或单纯静力收缩。

（八）训练的频度：包括两方面的频度。一方面指的是同一块局部肌肉过多长时间再重复练一次。一般初级训练每隔24～48小时练一次，中级48～72小时重复练一次，高级水平的训练要隔3～7天才再练一次。另一方面指的是整个人体从事体力运动训练（包括有氧运动训练和肌肉抗阻训练）的间隔时间。一般体能水平处于初级时是练1～2天休息1天，中级时可以连续练2～3天休息1天，高级水平时可以连续练3～4天休息1天。

第六节　肌肉负荷训练的四大禁忌

（一）吸烟、酗酒

吸烟时有大量植物燃烧后产生的多种有毒、有害物质随气体经过气管、肺脏、鼻腔等部位进入人体，如尼古丁、一氧化碳、二氧化碳、氨、3-4苯丙吡等。长期大量吸烟会使人咳嗽、多痰、心跳加快、头晕、血压异常等，甚至诱发心脏病、癌症等致命疾病，严重影响运动能力。可以说吸烟对人有百害而无一利。

酒精对人体的刺激作用非常大，少量饮酒可以促进血液循环，而过量喝酒会使人的心脏长时间处于高速跳动的状态，使人心力不支；由于人体处理酒精要消耗大量肝糖原，所以，长期大量饮酒容易造成脂肪肝。酒后训练会引起心动过快，对心脏造成严重损害！同时，训练时人也会感到浑身无力，容易造成伤害事故。另外，过量酒精对人的胃、肝、大脑、血管等器官也有损害。

（二）熬夜

每次训练后，身体需要较长时间的休息，特别是夜晚的深度睡眠，对人体的恢复至关重要！如果经常熬夜，人得不到充分、有效的休息，训练后的疲劳就不能很好地恢复，就没有充沛的体力进行下一次的训练，长期如此的结果就是人的体力和肌肉不但不长，反而会下降！

（三）生病

要时刻注意保暖和个人卫生，预防各种疾病，因为一旦生病，人的体力就会大大下降，严重影响正常训练。

（四）额外的比较大的体力消耗

除常规训练外，尽量不要有其他太大的额外的体力消耗。因为过大的体力消耗将直接影响训练的质量和效果，会限制肌体的正常发展，甚至形成过度疲劳，造成组织劳损或运动伤害。若在同一天内确有较大的体力消耗，如长时间地踢足球、打篮球、逛商场、搬家等，应当取消当天的训练，或只做一些小负荷的调整性练习。

第七节　肌肉负荷训练的原则和训练方法

说到肌肉负荷训练，就要谈到训练的方法、原则和手段，本节将介绍目前国内外比较常用的肌肉负荷训练的原则和训练法，以及一些最新的训练方法。在这些训练原则和方法中，不是所有的都适合各种人群，有些是适合初级的，有些高级训练水平的人群才能使用。有些是用于减脂肪，而另一些更有利于增加肌肉、增长体重等。不同训练目的的人群应该根据自己的需要和具体情况，合理选择适合自己的训练方法，或在健身教练的指导下进行训练，这样才能安全、有效地达到预期的目的。

一、适合初、中、高各级训练水平的通用训练原则和训练方法

（一）全面发展原则

在人的骨骼肌中有多种成分，如慢红肌、快红肌、中间肌、快白肌等，它们对不同的负荷反应也不相同，如果每组训练采用不同的重量，做不同的次数，就会刺激不同的肌肉成分，使它们同时增长，这样就比单纯做某一两种重量和固定的次数的练习更有效。

（二）能超则加原则

各项身体素质的发展，都是建立在适量的超负荷的要求基础上的。如要发展力量素质，就要不断地增加练习的重量；要提高速度素质，就要提高步频或增大步幅；要加强耐力素质，就要适量延长训练的时间等。总之，要增强体质，就要不断地适当提高训练的难度，提出更高的要求。肌肉的发展也是如此，只要肌肉能适应当前的训练负荷，就要适当地加大训练的强度和对肌肉的刺激深度，这样才能促使其不断地增长。但是强度的加大不是盲目、无限制的，而是要待肌肉能力确实能超过原来水平了，再加大练习的负荷。

（三）优先训练原则

每个人在不同的阶段，身体发展不是均匀的，有的部位发展得快，有的部位提高得慢，为了平衡发展身体，在每次训练课的开始部分，应当先安排弱部的练习，使其得到“优待”，尽快追上强势发展的部位。

（四）经常变换原则

任何人对于常年不变的训练计划也会产生适应和厌倦。为了使身体不断地发展，应当在有计划地训练4～6周后，对训练计划进行调整，以使身体再次不适应，进而刺激身体使其发展。训练计划可以通过改变部位的搭配，训练的动作，使用的重量、组数、次数，动作的速度等要素来进行调整。

（五）阻力渐增法

一般来说，在训练课的一开始就使用大重量，由于身体的兴奋性较低，容易造成伤害事故。另外，肌肉有对最后结束的训练阻力负荷产生“记忆”的倾向；所以，每次训练应当以小重量开始，大重量结束，训练过程中，逐渐提高阻力负荷。这样既不会受伤，还会给肌肉留下深刻的“印象”。

（六）均匀缓慢法

在肌肉负荷锻炼过程中，常规的做法应该是做动作时均匀缓慢，连续不断，不发猛力，不悠摆，不借惯性，不自由落体。这样做可以使肌肉在动作全程都受到较强的、有效的刺激。

（七）拧毛巾式收缩法

为了加大对目标肌肉的刺激深度，在肌肉收缩到极点时，不要立即返回，而是采用将湿毛巾挤干式的收缩，即“紧了再紧”式的收缩，使肌肉充血到极点。

二、适合中、高级训练水平的训练方法

（一）分部训练法

经过一段有规律的常规肌肉负荷训练之后，身体的各个方面都会有较大的发展变化，体能水平亦有所提高。这时，若还用原来的方式进行训练，身体就会产生适应，不好再发展。为了进一步发展身体，这时应当将身体分为两大部分（两分部），每次只练其中之一。在相同的时间里，训练部位减少一半，则每个部位可以多做一个动作，使其受到更多的刺激。同样道理，待体格水平再进一步发展后，还可以实行三分部、四分部等，以使局部肌肉受到更深刻、全面的刺激。

（二）循环训练法

一般来讲，如果常年坚持健身健美锻炼，应该采用阶段性、循环式的锻炼方式，即在一段时期内以提高体能，发展体格围度为主；另一时期则以提高分离度，刻画线条为主。两个时期所用的重量不同，次数、组数、组间隔不同，负荷强度也不同，在经过这样长期规律的艰苦训练之后，应该适当地减小运动强度和运动量，使身体有一个恢复、调整的过程，有利于下一轮的规律训练，使之不断地发展、进步。这样，可以使身体不至于对某种训练模式产生厌倦或出现疲劳和停滞不前的现象。这一方法更适合于要参加比赛的运动员。

（三）集中训练法

为了集中加强局部肌肉的刺激，在做练习时，可采用尽量孤立使用目标肌肉用力的动作进行训练，少让其他肌肉参与动作。如在锻炼肱二头肌时，坐式杠铃斜板弯举就比立式杠铃弯举能更集中地刺激肱二头肌的中下部。

（四）复合组训练法

所谓复合组就是将两个锻炼同一肌肉部位的动作，成组的连起来做，中间不加休息。这样做可以使训练部位快速充血。如先做一组屈体杠铃臂屈伸，之后紧接着再做一组仰卧

杠铃臂屈伸。

（五）超级组训练法

把两个作用相反的动作一组一组轮流地连起来做，组与组之间只有很短的休息，这样可以使一个肌群在锻炼的同时，相对的另一肌群可以尽量放松休息，促进其快速恢复，对神经系统的兴奋和抑制亦有锻炼作用。如利用杠铃做一组立式杠铃弯举，然后马上做一组立式杠铃臂屈伸，调整重量，再做一组立式杠铃弯举紧接着做立式杠铃臂屈伸……如此反复进行。但一般这种方法多用于中小肌群之间，很少用于大肌群之间。

（六）快速膨胀法

又称三合组训练法。指的是将三个锻炼同一肌肉部位的不同动作组合起来练，三个动作之间不加休息。这样做可以使训练部位的肌群大量充血，快速膨胀。如锻炼三角肌时，使用哑铃先做一组前上举，紧接着做一组侧上举，跟着再做一组屈体飞鸟，这样可以在一个大组之内，将三角肌的前、中、后都练到，而且使大量血液快速集中到三角肌中，使其受到强烈的刺激，并很快地膨胀起来。这是一种非常有效的训练方法。

（七）烧灼感训练法

在一组肌肉锻炼结束前，按训练动作质量要求，无法继续做完整的动作时，再尽全力做几次半程或不完全的动作，使更多的血液进入目标肌肉，同时产生大量的乳酸，使局部肌肉感到像被火烧着了一样，此即为烧灼感训练法。用此法可以促进肌肉中毛细血管和肌组织的增生。

（八）先期刺激法

在做某些需要多部肌肉共同来完成的训练动作时，有时会出现目标肌肉还没受到刺激，而一些辅助肌肉已经力不从心了的情况。如锻炼三角肌时，做杠铃颈前上推，有时是三角肌还没感觉呢，肱三头肌已经没力再使小臂伸直了。为了避免这种情况的出现，可采用先做几组不用肱三头肌，集中练三角肌的动作，如立式哑铃飞鸟，然后再做杠铃颈前上推。这样可以使三角肌先受到一定的刺激，而肱三头肌没有受力，再做立式杠铃颈前上推时，三角肌就会受到更有效的刺激。

（九）强迫次数法

有时为了突破平台，加大训练强度，可采用非常规的训练方法。比如，在做深蹲练习时，按照要求的重量已经做到规定的次数，凭借自己的力量不能再做完整的动作时，再由训练伙伴帮助，继续强迫做2～3次，这种帮助只是在动作的“死点”（难点）附近，而不是动作的全过程。此即为强迫（挤）次数法。

（十）阻力渐减法

在参加健身健美比赛之前，为了使肌肉线条更清晰，分离度更分明，可采用阻力渐减法进行训练。以卧推为例，在充分热身之后，先用中大重量杠铃做一组至力竭，然后，立即由同伴帮助将杠铃两边同时减去一个杠铃片，继续做至力竭，再减轻重量，再做至力竭，直至光杆。此方法的训练强度很大，不宜多做，一般每次训练可做1～2个动作。

（十一）自助力训练法

在按规范动作要求做至力竭时，借助身体其他部位的力量再做几次的做法即为自助力训练法。例如，做斜板单臂哑铃弯举，当做至力竭时，用另一只手帮助再继续完成几次，以使肱二头肌受到更进一步的刺激。

（十二）最大重量训练法

如果训练的主要目的是提高力量素质，可选用这种方法进行练习。方法是：在充分热身之后，使用最大训练重量95%以上负荷先做2～3次；休息30～45秒，继续做2～3次，再休息40～60秒，再做2次左右，休息60～90秒后，再做1～2次。此法亦可以刺激肌肉适度生长。

（十三）强度渐增训练法

强度指的是单位时间内所做的功。强度渐增可以通过两个方面实现，即提高训练的重量（加大做功量）或缩短组间隔时间。在训练重量进入平台时期时，训练强度的提高主要是通过缩短组间隔时间来实现突破。具体做法是在原有训练重量不变的情况下，逐渐缩短组间隔时间（在尽量保证每组次数的前提下）。如做立式哑铃飞鸟练三角肌时，在原有训练重量不变的情况下，将组间隔时间从60～70秒缩短到50秒，逐渐地再缩短到45秒、30秒……但也不是一味地缩短组间隔时间，因为还要保证完成每组的规定次数。

（十四）肌肉质量训练法

经过长时期的健美训练后，肌肉的围度和体积都会有一定的发展，但肌肉的质量可能还不是很完美，为了提高肌肉的力度、精细度和分离度，可以采用稍微减小练习的重量，增加练习的次数，缩短练习的组间隔时间的方法进行训练，以提高肌肉的质量，突出肌肉线条的精细度。

（十五）多个动作训练法

进入高级训练水平阶段后，为了能够更全面、充分地锻炼局部肌肉，在一次训练课上可采用将多个动作（3 ~ 4个）一个接一个地做（3 ~ 5组/动作），中间不加入锻炼其他部位肌肉的练习动作，用这种方法进行多组练习后，可使目标肌肉大量充血，加大刺激效果。

（十六）动作造型训练法

所谓动作造型训练法说的是训练时控制局部或全身肌肉，摆出各种造型动作，每个动作保持肌肉高度紧张3 ~ 6秒左右，连续做3 ~ 4遍。这是一种典型的肌肉静力收缩训练法，可以增强中枢神经对肌肉和肢体的控制能力，提高身体姿态的表现力，同时，还可以提高肌肉的分离度和质量，但对肌肉围度的增长没有太大的作用。

（十七）超大重量训练法

在经过较长时期的常规训练后，可阶段性地试用超过平时使用的训练重量进行锻炼。具体方法是用稍微超过平时所用的负荷（最大重量的90% ~ 120%），靠改变体位或借助悠摆做肌肉的向心收缩，然后，尽量用规范的动作做离心收缩。以立式杠铃弯举为例，将杠铃的重量加到比平时大一些，先借助悠摆的惯性将杠铃弯举至上止点，然后让肱二头肌用力控制杠铃，尽量使其慢慢落下，如此重复3次左右。此方法可使目标肌肉和肌腱、韧带受到超常的刺激，不宜多做（4 ~ 5组/次课），一般用于发展弱部的训练或发展身体某部分的力量素质。

（十八）一天多次训练法

进入高级训练水平后，为了更集中、更深地刺激局部肌肉，可以采用一天练2 ~ 3次，每次只练1 ~ 2个部位的方法进行训练。这样在一次训练课里，就可以使用更大的训练重量和多做1 ~ 2个动作，更充分地锻炼每一个局部肌群，又不会在一次训练课里消耗过多的体力。这种方法既可以加大局部肌肉的刺激强度，又可以提高一天总的热量消耗值，更适用于比赛前的增肌减脂训练。

（十九）部分动作训练法

肌肉负荷训练中的许多练习动作都有一个共同的特点，在力竭性训练时，限制动作的完成只是在动作的某一段（黏着点），而不是全过程。当使用大重量进行训练时，动作总是被迫停在黏着点，而在这点以外的其他范围仍然可以继续完成动作。如果按常规做完整动作，目标肌肉只在黏着点附近受到强烈的刺激，其他部分未得到充分的锻炼。所以可以阶段性地使用超大重量，只做黏着点以外的部分动作练习，这样不仅可以充分锻炼到黏着点以外的目标肌肉，还可以促进肌腱、骨骼和韧带的强健。例如在做引体向上时，选用一较大重量的杠铃片系于腰间，练习时，尽量向上拉引身体至黏着点，然后慢慢返回起点，如此反复只做这一部分动作。

（二十）爆发力式训练法

在常规的肌肉负荷训练过程中，一般都要求动作均匀、缓慢，经过了长期这样的训练后身体可能产生一定程度的适应，为了打破这种适应，可以在某个阶段采用完全不同的肌肉收缩方式进行训练。例如在做练习时，使用比平时稍轻的重量，让肌肉以快速的爆发式收缩完成动作，这样做可以使肌肉受到新的刺激，促使其进一步发展。

三、几种最新的肌肉负荷训练法

（一）二合一训练法

将两个训练同一部位肌肉的动作结合起来，使肌肉在一个复合动作里两次收缩，可以收到事半功倍的效果。例如做立式杠铃翻上推练习，动作的前半部分是立式划船，后半部分是立式杠铃上推，这样既可以使三角肌得到全面的锻炼，又可以使其受到较强的连续刺激。

（二）“死点”训练法

与部分动作训练法相反，“死点”训练法不是避开黏着点，而是在黏着点及其附近进行有针对性的锻炼。例如在做平板杠铃卧推时，选用比平时稍小的重量，练习时只在黏着点附近进行小范围的肌肉收缩和伸展，直到胸大肌感觉发烧、发痛，再继续做几次完整的动作。此法对发展肌肉的分离度和精细度有明显的促进作用。如使用较大重量进行训练，还可以帮助突破死点，提高卧推的重量。

（三）顿式收缩法

常规的肌肉负荷练习动作要求动作连贯，但如果动作速度控制不好，就可能产生借助惯性的悠摆和无顶峰收缩，影响训练效果。顿式收缩法可以很好地解决这个问题，以立式提踵为例，在提踵的过程中，不是一次到位，而是三次到位，即在动作全程的1/3、2/3和顶峰分别停顿一下，使小腿三头肌受到强烈的刺激而发胀、发烧。此种训练法对提高肌肉

的精细度有较好的作用。

（四）真空腔训练法

人体上绝大部分的肌肉都是通过两端的肌腱附着在不同的骨骼上，当肌肉收缩时，拉引骨骼绕关节轴转动产生各种动作。所以我们可以通过在运动环节一端施加阻力的办法锻炼相关的肌肉。但是，在人体腹腔周围深层横向排列的腹横肌却是例外，腹横肌收缩不能拉引骨骼运动，却可以增加腹压，像皮带一样将腰部“勒细”，所以经常做缩小腹腔的练习，可以加强腹横肌的收缩力，使腰部又细又紧。具体做法是采用慢的深呼吸方式将腹部逐渐抽到接近真空，即深吸气时缩小腹部，深呼气时更要缩小腹部，如此连续做十次深呼吸为一组，休息后再做，每次做3组。此法可以使腰腹部在短时间内迅速见效（三周内），是束腰美体和赛前训练的常用手段之一。

以上是在实际操作中经常使用的一些训练方法和原则，实际上还有很多其他的训练方法和原则，由于在健身健美训练中用得不多，这里就不一一列举。

根据功能作用分，也可以将以上的训练法分为有利于发达肌肉、强壮体格的，有利于增长力量、提高体力的，有利于提高耐力、刻画肌肉线条、减脂肪塑形的。在运用时应根据自己当前的具体情况，合理选用。

在上述的各种训练原则和方法中，有些是引自韦德训练法，有些是笔者结合训练理论和实践归纳总结出的新方法，这些方法经过多年的实践验证，证明确实是安全可靠、行之有效的优秀训练法。

第八节　身体各主要部位肌肉负荷训练的手段

训练手段实际上指的就是锻炼局部肌肉时所采用的动作或具体的练习。从理论上讲，锻炼某一部分肌肉的手段可以有无数种，因为做同一个动作，肢体运动过程中角度稍一改变，锻炼的部位就会有所差别。我们这里介绍的各种训练手段，总体来说是按动作形式或所使用的器械种类进行划分的，从中可以衍生出多种类似的训练手段，在此不再一一赘述。

本书还特别将每个部位的训练手段分为常规训练手段和特效训练手段两大部分。其中，常规训练手段多数是以往我们常见的一些传统的基础训练手段。特效训练手段则是一些根据人体运动解剖学、运动生物力学等人体运动科学原理以及笔者多年训练实践经验研究总结出来的比较新颖的训练手段。这些特效训练手段配合相应的训练法在很多情况下可以有立竿见影的效果！

在进行各种健身健美的肌肉负荷训练手段的操作过程中，呼吸方式几乎是一致的，即在用力时，慢呼气，可以伴随出声，但一定要注意不能憋气！因为憋气会导致体内压力骤增，心脏血液循环障碍，对有慢性病的人和中、老年人有极大的危险性！

一、颈部训练

（一）常规训练手段

1. 仰卧式负重抬头（图11–1）

动作名称：仰卧屈颈。

起始动作：仰卧在长凳上，使头和颈探出长凳上边缘之外，头带负重头套，将头慢慢向后仰至两胸锁乳突肌完全展开。

动作过程：用力收缩胸锁乳突肌，使头颈尽量向上屈，并在顶峰停留片刻，再原路返回，重复进行。

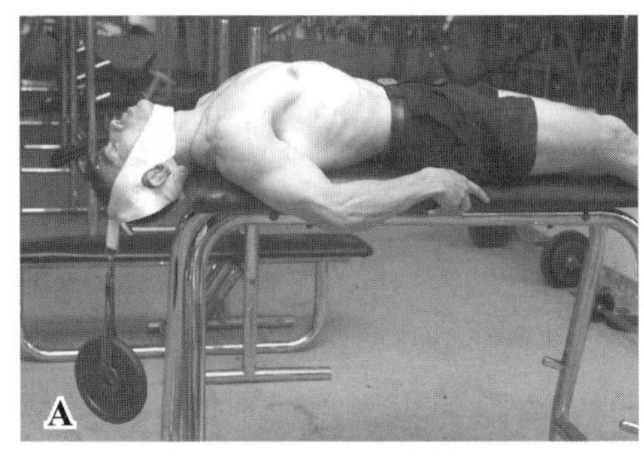

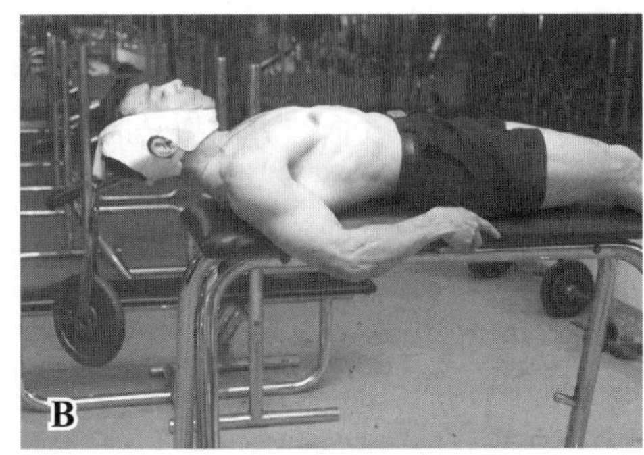

图11–1

主要作用：主要锻炼胸锁乳突肌。

技术要点：头部向后下方放下时，速度要慢，不要自由落体，不要使重物悠摆，以防借助惯性。

注意事项：颈椎是人体各运动环节中相对比较脆弱的部位，应做好肩、颈部的准备活动，做练习时要特别小心，动作不要太大、太猛，应该均匀、缓慢。

变化形式：如无负重头套，也可自己用手抵住下颌做自抗力训练或借助他人用双手适当用力按压训练者的前额。

2. 自抗式头扭转（图11–2）

动作名称：头扭转。

起始动作：（以单侧为例）站立或坐立均可，头部先转向右侧，左手掌根抵住下颚左侧。

动作过程：收缩右侧胸锁乳突肌，用力将头向左扭转至尽头，略停片刻，随后，加大左手向右侧的推力，使头部慢慢转回原位，重复进行。

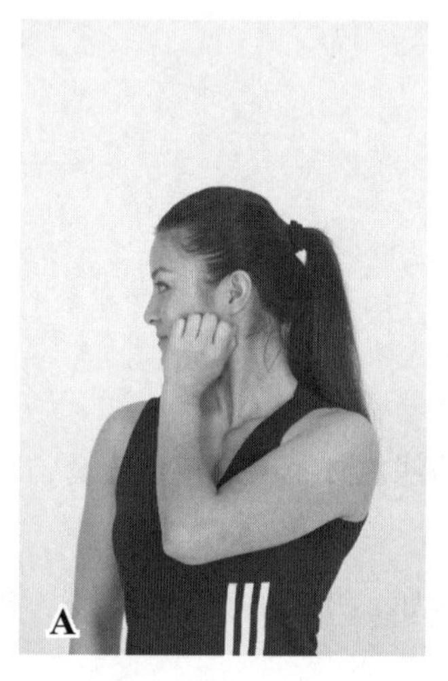

图11–2

主要作用：可以突出锻炼一侧的胸锁乳突肌。

技术要点：头向双方向扭转时，都要均匀、缓慢，动作不要太快或太猛，用力要均匀一致。

注意事项：做练习前要做好肩带部分各组织的热身准备活动，以防运动中受伤。

变化形式：扭转到尽头后，如将下颚向下收紧，可使胸锁乳突肌收得更紧，使其得到更深的刺激。

3. 俯卧式高抬头（图11–3）

动作名称：卧式头挺伸。

起始动作：上体俯卧在长凳上，使头颈探出长凳前边缘，头带负重头套，将头部慢慢低下。

动作过程：用力收缩上部斜方肌、夹肌和骶棘肌，使头部尽量向上抬起，并在顶峰停留片刻，再按原路慢慢返回，重复进行。

主要作用：可锻炼上部斜方肌、夹肌和骶棘肌等。

技术要点：头部低下时，速度要慢，不要自由落体，抬起时不要用力过猛，不要使重物悠摆，以防借助惯性，降低对肌肉的刺激效果。

注意事项：在做此类运动前，一定要先做好肩、颈、背部的热身运动，防止运动中相关组织被拉伤。

图11–3

变化形式：如无负重头套，也可借助他人用双手适当用力按压训练者头的后部。（注意二人的配合，用力要适度。）

（二）特效训练手段

1. 抬头扭转

动作名称：俯卧式高抬头改进型。

起始动作：与俯卧式高抬头相同。

动作过程：与俯卧式高抬头基本相同，只是抬头到顶峰后，再将头向一侧扭转到尽头，并停留片刻，再转向另一侧到尽头，略停片刻，原路返回，重复进行。

主要作用：可以使斜方肌上部进行顶峰极限收缩，使其受到更强的刺激，兼带锻炼夹肌、竖脊肌等。

技术要点：动作过程中要注意控制动作速度均匀、缓慢，不可忽快忽慢；头扭转时身体不要随着转动。

注意事项：因为要做极限顶峰收缩，所以要特别注意做好热身准备活动，防止造成肌肉组织的拉伤。

变化形式：也可以用双手抱在头后做自抗式的抬头扭转练习。

2. 自抗式头扭转加侧屈（图11–4）

动作名称：改进型自抗式头扭转。

起始动作：（以锻炼右侧胸锁乳突肌为例）站立、坐立均可，先将头转向右侧，用左手掌根按压在左侧下颌处。

动作过程：用力收缩右侧胸锁乳突肌，使头向左侧扭转至尽头，再令头颈向右弯曲到极点，略停片刻，加大左臂用力，使头颈沿原路返回，重复进行。

主要作用：此练习可以比较有效地刺激胸锁乳突肌。

技术要点：动作速度要均匀、缓慢，不可太快，否则影响锻炼效果。

注意事项：做练习时，不要动作过猛，用力要均匀，以防伤及颈部组织。

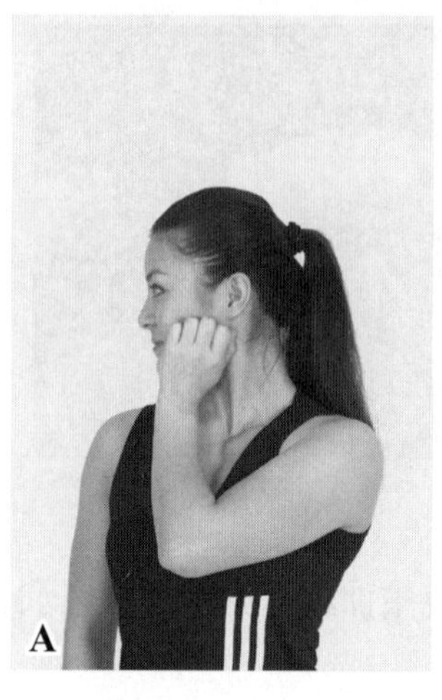

图11-4

变化形式：在做此练习时也可先屈再扭。

3. 高滑轮低头（图11-5）

动作名称：高滑轮屈颈。

起始动作：站立（或端坐）在高滑轮的下方。头戴连接着高滑轮绳索的专用头套。头颈部随绳索拉力自然伸直。

动作过程：用力收缩双侧胸锁乳突肌，使下颚尽量向下压低至最低点，略停片刻，原路慢慢返回，重复进行。

图11-5

主要作用：可以锻炼胸锁乳突肌等。

技术要点：训练过程中上体不要有屈伸的动作，以免借力。

注意事项：动作要均匀缓慢不可过猛起落以防损伤颈部组织。

变化形式：练习过程中也可交替做左右扭转的动作，以加强对单侧胸锁乳突肌的刺激。

4. 高滑轮头挺伸（图11–6）

动作名称：高滑轮扬头

起始动作：头戴连接在高滑轮绳索上的专用头套，端坐（或站立）在高滑轮的下方，上体略向后仰，头颈随绳索拉力自然前曲。

动作过程：保持上体不动，用力将头向后挺伸至尽头，略停片刻，再慢慢原路返回，重复进行。

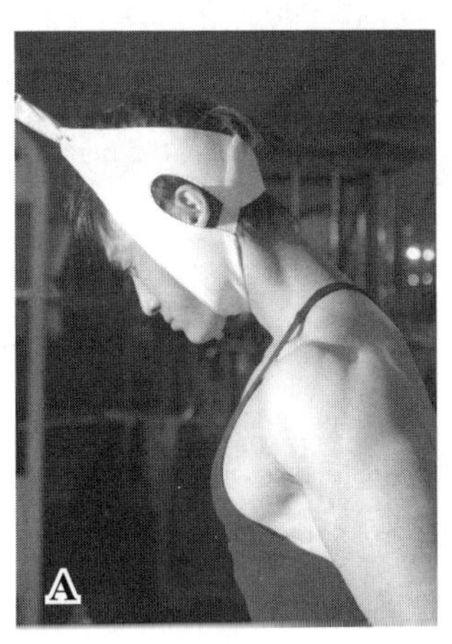

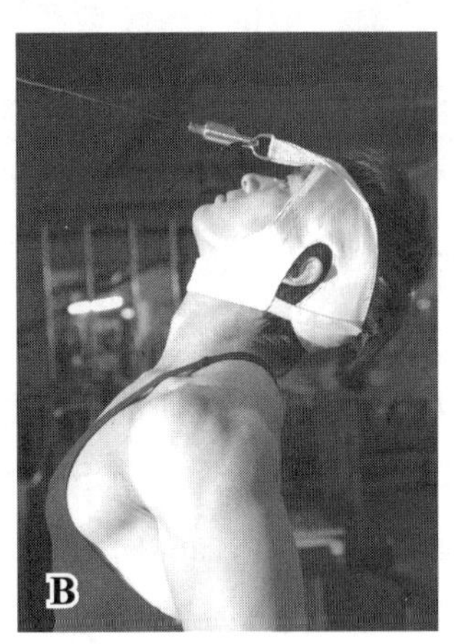

图11–6

主要作用：可以锻炼斜方肌上部、夹肌、骶棘肌等。

技术要点：练习时尽量保持上体不动，不要过多借助上体力量完成动作。

注意事项：动作应均匀缓慢，不可发猛力，以防损伤颈部组织。

变化形式：在向后扬头时，也可同时交替做向两侧的侧屈，以加大对目标肌肉的刺激强度。

二、胸部训练

（一）常规训练手段

1. 杠铃平卧推（图11–7）

动作名称：卧推。

起始动作：仰卧在平卧推架的长凳上，使口鼻处在杠铃杆的垂直下方，两脚左右分开踏在地上，保持身体平衡，双手抓握杠铃，握距略宽于肩，尽量使肘关节置于腕关节

的垂直下方，先将杠铃从卧推架上垂直向上慢慢推起至两臂伸直，再水平移到两肩的垂直上方。

动作过程：吸气，两肘弯曲从两侧落下，将杠铃慢慢放下至杠铃杆接近或接触胸部，然后双臂用力将杠铃向上推起，至两臂伸直，推起时慢呼气，重复进行。

图11–7

主要作用：这个动作主要是利用两大臂水平屈和伸小臂的功能来完成，所以主要作用是锻炼胸大肌，兼带三角肌前束和肱三头肌等。

技术要点：要注意肘关节下落的方向应向两侧，而不能向前，这样才能确保主要锻炼胸大肌，如果肘关节弯曲时向前，则三角肌和肱三头肌会更多地参与运动。

注意事项：将杠铃从架子上取下时，应先把杠铃慢慢垂直向上推起，再水平移到胸部上方。而不要猛然直接将杠铃举到胸部上方，否则容易造成手腕或肩部受伤；杠铃下落时，速度要均匀缓慢，而不能自由落体式地猛砸胸口，容易造成软组织挫伤；若做力竭性训练最好有人保护，以避免被杠铃压住。

变化形式：根据两手抓握杠铃的间距宽窄，可分别重点锻炼胸大肌的不同部分，如宽握距主要练胸大肌的外侧缘，窄握距则重点练胸大肌的中间部分及肱三头肌。

2. 杠铃上斜卧推（图11–8）

动作名称：上斜推。

图11–8

起始动作：躺卧在上斜卧推架的斜凳上，其余同上。

动作过程：基本同上，只是杠铃下落的位置是落到下颌前1寸左右，上推杠铃至双臂伸直时，杠铃在双肩的垂直上方，与上体夹角大于90°。

主要作用：由于上体体位发生改变，使得上肢将杠铃垂直向上举起时，主要利用的是矢状屈和水平屈大臂以及伸小臂的功能。所以，这个动作的主要作用是锻炼胸大肌上部，另外三角肌、肱三头肌等参与运动。

技术要点：做上斜卧推时，由于上体与地面不是平行关系，而是成一定角度（一般是20°～50°，角度较小时，更侧重刺激胸大肌的中上部，角度较大时，则偏重刺激胸大肌的上部和三角肌的前束）。所以，上推至两臂伸直时，两臂是与地面垂直，而不是与上体垂直。

注意事项：初次做此练习时，要特别注意不能像平卧推一样，将杠铃向胸部的正前方推起，而是应该将杠铃向肩颈的垂直上方推起，如果用力方向偏前，就会增加三角肌的负担，减弱对胸大肌的刺激，还有可能因为重量太大而失去平衡，砸伤肢体。

变化形式：根据两手抓握杠铃的宽度不同，可以分别侧重刺激胸大肌的不同部位，原理基本同上。

3. 杠铃下斜卧推（图11−9）

动作名称：下斜推。

起始动作：躺卧在下斜卧推架的斜凳上，两膝窝抵在挡托处，其余同上。

动作过程：基本同上，只是杠铃下落的位置是落到胸大肌下边缘处，上推时，将杠铃向肩关节的垂直上方推起（而不是胸部的正前方）。

图11−9

主要作用：由于上体处于头低脚高的体位，使得上肢将杠铃垂直向上举起时，主要利用的是使大臂内收和伸小臂的功能。所以，这个动作的主要作用是锻炼胸大肌下部和中部以及肱三头肌等。

技术要点：由于体位呈头低脚高的下斜姿态，所以，上推杠铃时，要注意方向，不能

像平卧推一样向胸部的正前方推起，而是应该向胸大肌下缘的垂直上方推起。

注意事项：初次做此练习时，要特别注意上推杠铃的方向，应该是垂直向上推起，而不能像平卧推一样向胸部的正前方推，否则可能拉伤肩部。

变化形式：调整两手之间的距离，可分别侧重锻炼胸大肌的不同部位。如握距大于肩宽，可偏重刺激胸大肌的下部外侧缘；若两手距离窄于肩宽，则更侧重锻炼胸大肌下部的中间部分和内侧缘。

4. 仰卧哑铃上推举（图11–10）

动作名称：哑铃卧推。

起始动作：上体平躺卧在平条凳上，两脚左右分开踏在地面上，双手各持一哑铃置于两肩的垂直上方，两臂保持伸直，手心向前（拳眼相对）。

动作过程：吸气，弯曲两肘关节，同时两臂向两侧打开，使两手（哑铃）下落至与胸同高，此时两小臂应保持基本垂直地面（或大小臂之间夹角小于90°），用力收缩胸大肌将两哑铃从两侧上推回原位（上推时慢呼气），重复进行。

图11–10

主要作用：此动作与杠铃卧推作用基本相同，不同之处在于在上推过程中，双手的距离在动作过程中可以改变，这样就加大了胸大肌的活动范围，可以更充分地锻炼胸大肌的外侧、中部和少许内侧。

技术要点：为了突出锻炼胸大肌，哑铃下落时，两肘关节应向两侧落下，不能向前，否则三角肌和肱三头肌将更多地参与运动。哑铃上举到接近两肩的垂直上方即可（这时对胸大肌的阻力矩已经接近为零），不必将哑铃举到身体中线的垂直上方，使哑铃发生碰撞。

注意事项：由于操作时所使用的有效训练重量一般比较大，且两手独立动作，相互间没有直接协作，所以有一定的危险性，不宜安排在训练课的最后部分，也不宜让初学者采用。另外做完练习后，放下哑铃时，不要自由落体，而应慢慢放下，防止砸伤手指。

变化形式：哑铃卧推同样可以在上斜板和下斜板上完成，分别主要锻炼胸大肌的上部或下部。

5. 仰卧哑铃飞鸟（图11-11）

动作名称：哑铃飞鸟。

起始动作：同上。

动作过程：与哑铃卧推有些类似，不同之处是在哑铃下落时，两肘微曲，使大小臂之间夹角大于90°。上举时不是向上推举，而是像从两边向上抱拢一样，两大小臂之间夹角变化不大，到两臂接近垂直地面时，使两臂完全伸直，重复进行。

图11-11

主要作用：由于两手臂屈伸变化不大，主要是水平内收两大臂，所以，这个动作主要锻炼胸大肌的外侧部分和中部，兼带三角肌前束。

技术要点：因肩关节活动范围所限，所以哑铃下落的位置不宜太低，否则容易造成软组织拉伤，或迫使两肘前移，使三角肌吃力太大。由于哑铃下落的位置比卧推时更远离身体，阻力臂加大，故所使用的重量较哑铃卧推时小得多。

注意事项：哑铃向两侧下落时，要注意控制速度不可太快，防止过度抻拉造成损伤。哑铃上举时分别到两肩的垂直上方即可，不要使哑铃互相碰撞。

变化形式：与哑铃卧推类似，哑铃飞鸟也可以在上斜板或下斜板上做，分别锻炼胸大肌上部的外侧和中间部分，以及下部的外侧和中间部分。

6. 仰卧绳索夹胸（图11-12）

动作名称：仰握绳索飞鸟。

起始动作：基本同上，不同之处在于所使用的器械不是哑铃而是绳索，而且，两侧的绳索都设置在左右两侧低于所躺卧的条凳下方。

动作过程：与上雷同，只是将哑铃换成绳索。

主要作用：由于阻力方向与哑铃不同，这个动作主要锻炼胸大肌的中部和内侧缘，兼带三角肌前束。

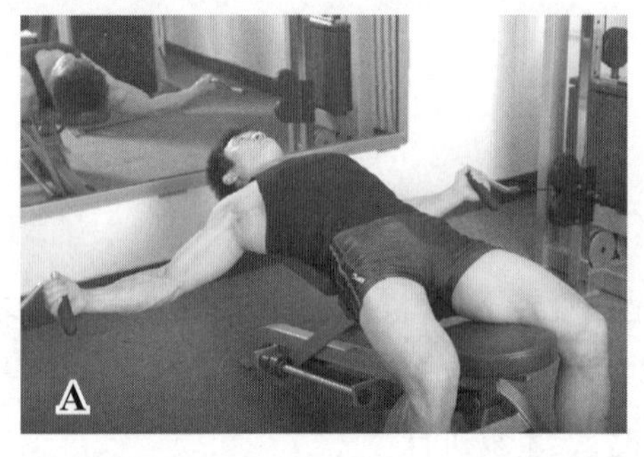

图11-12

技术要点：为了突出锻炼胸大肌的内侧缘，双手臂可以在胸前交叉，使胸大肌收缩到极限。在动作过程中，尽量保持两臂微屈，避免大小臂之间夹角产生变化，以减少肱三头肌的参与。

注意事项：为了使两侧胸大肌对称受力，在练习时应使两手在交叉处轮流交换前后位置。

变化形式：利用上斜板、下斜板改变上体与两大臂的位置关系，可以分别重点锻炼胸大肌的上部或下部。如果将绳索改为橡皮筋锻炼效果类似。

7. 配重器械卧推

动作名称：仰卧器械上推。

起始动作：仰卧在卧推配重器械的长凳上，双脚左右分开踏在地上，上体挺胸、沉肩，双手抓握平卧推器手柄，两肘向两侧分开。

动作过程：保持挺胸、沉肩的姿态，双臂用力将器械手柄向上推起，至两臂伸直，原路返回，重复进行。

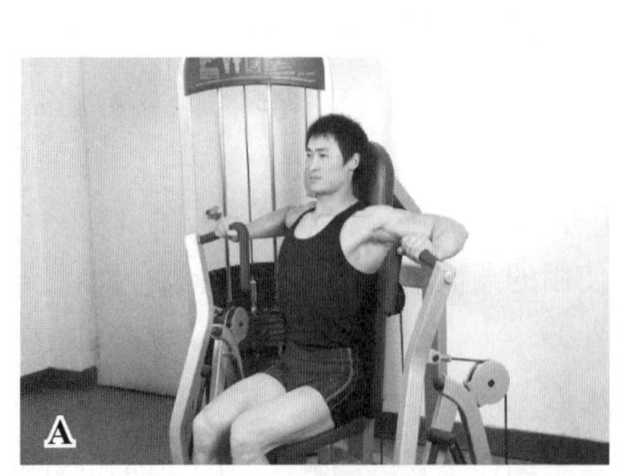
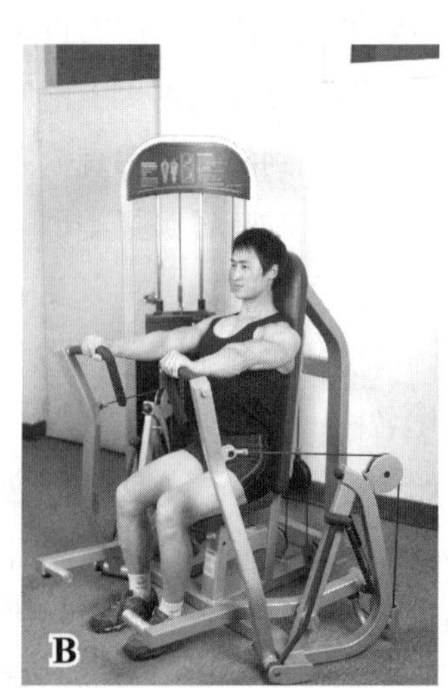

图11-13

主要作用：主要锻炼胸大肌，兼带锻炼三角肌前束、肱三头肌等。

技术要点：动作过程中尽量保持两肘从左右两侧起落，而不要向前起落，以免三角肌前束和肱三头肌过多参与。

注意事项：器械手柄落下时，要控制速度均匀、缓慢，不要下落过快，以防拉伤肩部或损坏器械。

变化形式：与杠铃平卧推基本相同。另外，有些器械设计成坐式前推器（图11–13），使动作的初始位置从仰卧式变化为坐式，但动作原理与卧式是一样的，这里不再一一赘述。

8. 双杠臂屈伸（图11–14）

动作名称：双杠撑。

起始动作：双手抓握双杠，双臂伸直立撑在双杠上，身体随体重自然下垂，双脚可盘在一起。

动作过程：两肘关节向两侧弯曲，使身体下降至两肩靠近双杠杠面，收缩胸大肌使两大臂向内收拢至双臂伸直，回到原位。重复进行。

图11–14

主要作用：此动作主要利用大臂的内收和屈大臂、伸小臂等功能，所以主要锻炼胸大肌中、下部，兼带锻炼肱三头肌内、外侧头、三角肌前束和前锯肌等。

技术要点：动作过程中应保持两肘的运动方向是横向的（撇肘），如果屈臂时两肘向后，则三角肌前束和肱三头肌会过多参与运动。为了减少背阔肌参与动作，做上撑动作时应含胸，如挺胸做此练习，则背阔肌将参与过多，这样会减弱对胸大肌的刺激作用。

注意事项：做双杠撑时要注意身体下落的速度不可太快，或下落得过深，避免拉伤臂神经丛及肩带软组织。

变化形式：如果将双杠改为吊环也可以起到类似的作用，且难度要更大些，因为两个环不固定，需要额外的力来使其稳定、平衡。

9. 蝴蝶夹胸（图11−15）

动作名称：器械夹胸。

起始动作：坐在蝴蝶夹胸器的坐椅上，尽量使后背靠紧背板，双臂微曲，水平向两侧展开，双手分别抓握两侧的手柄。

动作过程：保持两臂微曲，用力收缩胸大肌使两手从两侧向中间靠拢，略保持片刻，原路返回，重复进行。

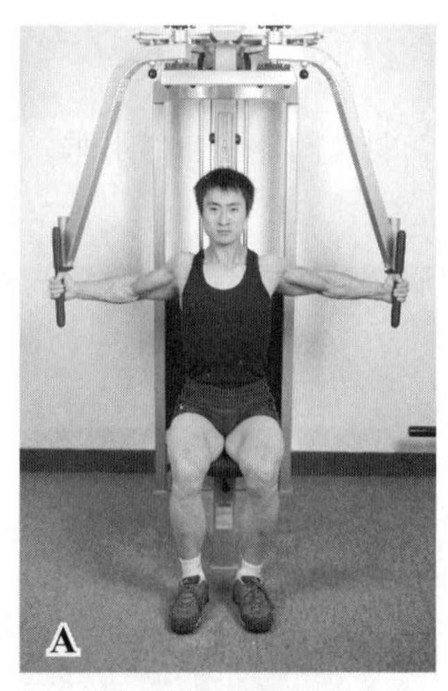

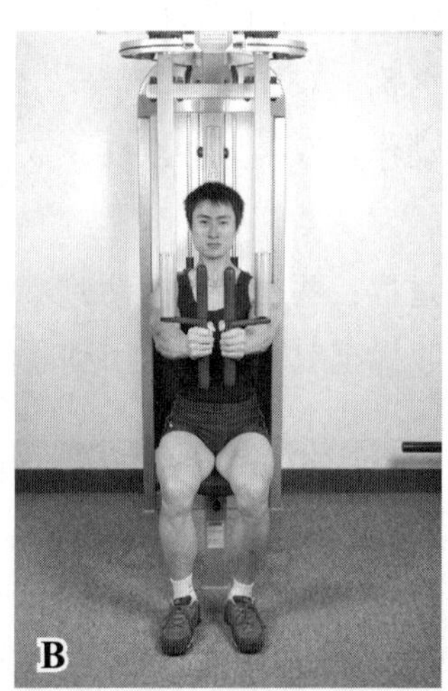

图11–15

主要作用：主要锻炼胸大肌的外部和中部，兼带有三角肌前束。由于两臂微曲，两手靠近时，不能使胸大肌完全收缩，所以对胸大肌内侧缘的刺激不大。

技术要点：动作尽量全范围，两臂展开时尽量完全打开，收拢时使两手尽量靠拢。

注意事项：手柄回放时，要注意控制速度均匀、缓慢，不可完全放松式地放回，防止将肩关节拉伤。

变化形式：除此种夹胸器之外，还有一种曲肘的蝴蝶夹胸器，动作过程与两臂微曲的基本一致，只是操作时大小臂夹角约为90°左右，用手和小臂同时抵住器械挡托。另外调整座椅与手柄的高度，使大臂与躯干夹角大于或小于90°，可分别侧重锻炼胸大肌的上部或下部。

10. 立式绳索夹胸（图11−16）

动作名称：十字夹胸。

起始动作：两脚分前后开立，站在龙门训练器中间，上体稍前倾，两手各抓握一只手柄（引导手柄绳索的滑轮高度大于身高），两臂微曲，自然水平向两侧展开。

动作过程：保持两臂微曲，用力收缩胸大肌，使两手柄同时从两侧向体前中间靠拢，并使两手柄尽量超过身体中线，在体前交叉，再慢慢返回原位，重复进行。

图11–16

主要作用：可以比较全面地锻炼到胸大肌中下部的外、中、内各部分。

技术要点：两臂夹紧时，应尽量交叉，以使胸大肌内侧缘得到充分的刺激。

注意事项：两臂展开时应控制速度不要过快，防止拉伤肩部。

变化形式：当把引导手柄绳索的滑轮高度置于与膝同高，同时采用屈体体位练习时，主要锻炼胸大肌的中部；若将引导手柄绳索的滑轮高度置于膝关节以下，上体保持直立，两臂的初始位置置于身体两侧与绳索方向相同，练习时使两手同时从两侧下方斜向内上方收拢两手柄（与头同高），并使两手柄尽量超过身体中线，在体前交叉，这样主要锻炼胸大肌上部。

11. 仰卧后上拉（图11–17）

动作名称：仰卧后拉起。

图11–17

起始动作：上体躺卧在练习凳上，使头和肩探出凳面边缘，双手抓握一环形杠铃，两臂伸直将杠铃置于两肩的垂直上方。

动作过程：将环形杠铃慢慢向后放下，保持两臂微屈，至两手略低于头，再用力将杠铃拉回原位，重复进行。

主要作用：这是一个综合训练动作，主要锻炼胸大肌、背阔肌、肱三头肌等。另外，还可以扩大胸廓。

技术要点：为了减少肱三头肌的参与，练习时应尽量减少臂屈伸的动作。

注意事项：将杠铃放下时，要控制速度，不能自由落体，避免拉伤肩带组织。

变化形式：也可用哑铃、杠铃代替环形杠铃。

12. 俯卧撑（图11–18）

动作名称：掌上撑。

起始动作：两手和两脚与肩同宽撑在地面上，身体挺直。

动作过程：弯曲两肘，将两大臂向两侧展开，使上体下降至胸面接近地面，再用力收缩胸大肌，使身体返回原位，重复。

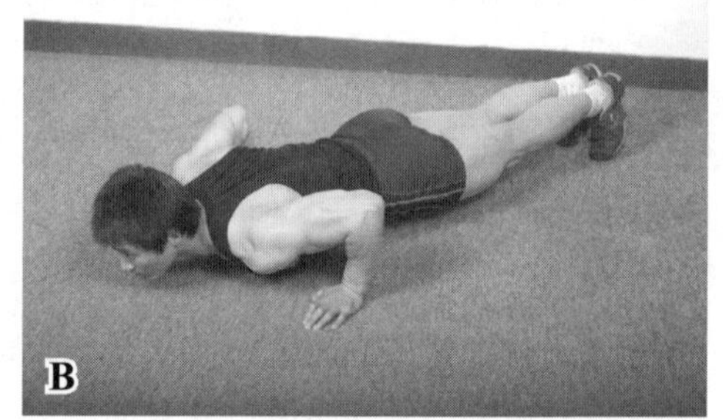

图11–18

主要作用：主要锻炼胸大肌，兼带训练肱三头肌、三角肌等。

技术要点：上体下落时，应注意两肘要向两侧落下，而不要向后，否则会主要锻炼三角肌和肱三头肌。

注意事项：为了进行有效的锻炼，练习时应该尽量做全程的动作，即上体下落时要接近地面，推起时要尽量两臂伸直；上肢力量比较弱者做此练习时，不要曲臂过深，防止因支撑不住磕伤面部。

变化形式：如上肢上体力量弱，可采用双手、双膝撑地的跪卧撑，或双手撑在墙壁上，双脚撑在地面上的立卧撑等进行过渡性训练。如在练习时向下塌腰，则主要刺激胸大肌的中、下部；如缩短手、脚间的距离，同时将臀部上翘做此练习，则主要刺激胸大肌的上、中部、肱三头肌的外侧头及三角肌等。

（二）特效训练手段

1. 死点卧推（图11−19）

动作名称：嘎吱卧推。

起始动作：仰卧在平卧推架的长凳上，双手与肩同宽抓握杠铃，两臂伸直将杠铃置于两肩的垂直上方。

动作过程：与杠铃卧推动作相似，但全过程共分为三个阶段，第一阶段先在胸面和胸面以上10～15厘米范围反复上推；接着第二阶段在胸面以上10～20厘米范围反复上推；待感到有烧灼感后进入第三阶段，全程上推，直至力竭。

图11−19

主要作用：对胸大肌有超强的刺激，可用于突破胸大肌平台期的练习，如采用小重量也是提高肌肉精细度的绝好手段，可在短期内明显见效。

技术要点：动作要均匀、缓慢，不能太快。第一阶段不可做到力竭，应使胸大肌略有感觉为好；第二阶段应有痛感，第三阶段一定要力竭！

注意事项：动作过程中不要用杠铃杆砸胸，以防运动挫伤。

变化形式：利用上斜和下斜卧推架也可以使用“嘎吱法”进行训练，分别侧重锻炼胸大肌的上部和下部。

2. 外推式哑铃飞鸟（图11–20）

动作名称：哑铃飞鸟改进型。

起始动作：与哑铃飞鸟相同。

动作过程：基本与哑铃飞鸟动作相同，不同之处是：哑铃下落到最低处时，两大小臂之间的夹角先缩小，在哑铃向上举起时，两大小臂之间的夹角边扩大边使两臂向上夹抱举起，同时两大臂旋内，直至哑铃回到两肩的垂直上方时，两臂完全伸直。

图11–20

主要作用：与哑铃飞鸟基本相同。

技术要点：由于在上举哑铃的过程中扩大了大小臂之间的夹角，使大阻力矩时间延长，所以，动作效率比传统的哑铃飞鸟提高很多；所使用的重量可以比以前小，但对肌肉的刺激不减小，还减少了受伤的机会。

注意事项：同哑铃飞鸟。

变化形式：改进型哑铃飞鸟也可以利用上斜板、下斜板等辅助器械分别针对胸大肌上部或下部重点锻炼。另外，做哑铃卧推时也可利用外推式进行，效果也很好。

3. 提臀式双杠臂屈伸（图11–21）

动作名称：双杠撑。

起始动作：两手抓握双杠，两臂伸直撑立在双杠上。

动作过程：含胸收腹，两脚前伸，两肘关节向两侧弯曲至双肩接近双杠杠面，用力收缩胸大肌，将两大臂伸直，重复进行。

主要作用：可比较集中地锻炼胸大肌的下部，兼带三角肌和肱三头肌等。

技术要点：含胸、收腹、臀后翘、两肘向两侧弯曲落下做双杠撑练习，可以更集中地刺激胸大肌，减少三角肌和肱三头肌的参与。

注意事项：做动作的速度应均匀、缓慢，尤其是身体下落时，不可过快、过深，以防拉伤肩部相关组织。

变化形式：也可在吊环等器械上做此练习，效果相近。

图11-21

4. 绳索单臂夹胸（图11-22）

动作名称：单臂内收。

起始动作：站在距低滑轮一大步远处，屈体侧对导引绳索的滑轮，近侧单手抓握低滑轮绳索手柄，手心向后，手臂自然弯曲外展，另一手臂撑于膝上。

动作过程：保持大小臂夹角微曲，收缩近侧胸大肌，将手柄向内侧拉引，当肘关节接近身体中线时，使手臂尽力伸直继续内收至极点，原路返回，重复进行。

图11-22

主要作用：可以比较全面地锻炼胸大肌的外、中、内各部，尤其是对内侧缘的刺激，有不同于其他动作的特殊作用。

技术要点：动作手抓握绳索时，应尽量使大臂内旋，因为大臂内旋时可以使胸大肌内收到极点；大臂内收时，应尽量使肘关节超过体中线，以使胸大肌内侧缘得到充分的刺激；动作过程中不要伴随转体。

注意事项：绳索回放时注意控制速度，不要快速空放，以免拉伤肩部组织。

变化形式：如将屈体改为立式，内收时动作手由外下方斜向内上方收紧，则主要锻炼

胸大肌上部；如立式时，再将滑轮改为高滑轮，内收时，动作手由外上向内下收紧，则主要锻炼胸大肌的下部。

5. 屈体哑铃双臂夹胸（图11–23）

动作名称：屈体哑铃双臂屈。

起始动作：两脚平行开立，与肩同宽，上体挺胸直腰从髋关节处前倾，至上体与地面平行，双手各持一哑铃，两臂微曲，自然垂直于地面。

动作过程：保持两臂微曲（大小臂之间150°左右），两手持哑铃同时向对侧横向推出（两哑铃前后错开），至尽头略停片刻，原路返回，交换两手前后位置，重复动作。

图11–23

主要作用：主要锻炼胸大肌的内侧缘，兼带锻炼肱二头肌等。

技术要点：做动作过程中，尽量保持大小臂之间的角度不变，不要做臂弯举的动作；双肘要尽可能向中心靠拢，使胸大肌收缩到极点。

注意事项：动作过程中，要注意控制两哑铃的位置变化和相互距离，不要发生碰撞，以防伤及手指。

变化形式：将哑铃换为绳索或橡皮筋也可做类似的动作，作用相同。

6. 俯卧前后撑（图11–24）

动作名称：掌上前后撑。

起始动作：双手、双脚撑按在地面上，双臂、双腿伸直，手脚间距离小于站立时的肩高，上体挺直，臀部向上拱起。

动作过程：先向两侧屈肘，使上体降低至接近地面，接着令上体贴近地面向前移行，同时双臂用力伸直，此时双腿贴近地面，随后再向两侧屈肘，使上体从前向下下降至贴近地面，再令上体贴近地面向后移行，同时用力伸直双臂，臀部向后向上顶起，如此反复进行。

图11–24

主要作用：可以比较全面地锻炼胸大肌和肱三头肌，兼带锻炼三角肌前束等。

技术要点：如要突出刺激胸大肌，做练习时可令两肘向两侧弯曲，若想偏重刺激肱三头肌，则可令两肘夹紧向后弯曲；手脚间的距离越近，难度越大。

注意事项：做此练习对上肢有较高的要求，须有一定的力量锻炼基础，初学者在降低上体前后移行时要当心不要损伤下颌和面部。

变化形式：此练习也可分别只做上体单向向前或单向向后的移行和臂屈伸动作，如单向前移，上体从后向前时，要贴地面向前移行，并做臂屈伸动作，之后直接直臂将上体向后移行，再屈肘令上体贴地向前移行，伸直双臂，重复进行；反之单向后移时，上体从前向后要贴近地面移行，并伸直双臂，之后直臂令上体向前移行，再屈肘使上体贴近地面向后移行，伸直双臂，重复进行。

7. 臂撑复合组（图11–25）

动作名称：俯撑复合组。

起始动作：同双杠臂屈伸。

动作过程：首先做双杠臂屈伸至胸大肌略感疲劳，然后立即改做窄握俯卧撑至力竭。

图11–25

主要作用：可以使胸大肌最大限度地充血，使胸大肌明显膨胀。

技术要点：在做两个练习时，肘关节都要尽量向两侧屈，而不是向后屈，否则，三角肌和肱三头肌会更多地参与。做双杠臂屈伸时不要做到力竭，否则，俯卧撑无法进行。

注意事项：做双杠臂屈伸时，注意控制身体下落的速度不要过快，防止造成肩部损伤；做俯卧撑时，往往已经接近力竭，注意防止磕碰到面部。

变化形式：臂撑复合组可以有多种做法，如果要加大练习的难度，做双杠臂屈伸时可以在腰带上挂负一些杠铃片。若要减小难度，在做完双杠臂屈伸后，可接着做高位俯卧撑、立卧撑或跪卧撑等。

三、肩部训练

（一）常规训练手段

1. 立式哑铃侧平举（图11–26）

动作名称：立式飞鸟。

起始动作：两脚平行开立，与肩同宽，上体挺胸直腰，双手各持一哑铃，两臂微曲（大小臂之间夹角约为160°），自然下垂，置于身体两侧。

动作过程：身体尽量不动，用力收缩三角肌，使两大臂外展，将哑铃从身体两侧向上举起，至两哑铃略高于肩，稍停片刻，原路返回，重复进行。

主要作用：锻炼三角肌的中部，兼带三角肌的前部。

技术要点：哑铃的初始位置应该置于身体两侧的腿旁，而不是体前，因为如果将哑铃置于体前，对三角肌而言，阻力矩为负值，动作时必然借助惯性（三角肌开始用力时，初速度不是零）；两臂始终保持微曲，不要过曲，也不要在练习过程中有臂屈伸的动作；另外，动作过程中，上体不要前俯后仰，以避免借助腰力；哑铃上举时，两腿应该保持原态，即微曲或挺直，而不能伴随有屈伸动作；为了使三角肌能有顶峰收缩，应该使哑铃稍举过肩并略停片刻。

图11–26

注意事项：注意使用的重量不要过重，哑铃回落时，要用力控制下落的速度，不能自由落体，以免砸伤腿部。

变化形式：侧平举的动作也可用绳索或橡皮筋做阻力源代替哑铃（绳索或橡皮筋的起始点应固定在动作手的对侧下方），作用类似。

2. 屈体哑铃飞鸟（图11–27）

动作名称：屈体飞鸟。

图11–27

起始动作：两脚平行开立，略窄于肩，上体挺胸直腰，从髋关节处前屈与地面平行，双手各持一哑铃，两臂微曲，置于两肩垂直下方。

动作过程：保持两臂微曲，将哑铃从两侧向上尽量举高，肘关节略向前上方顶起，稍停片刻，原路返回，重复进行。

主要作用：主要锻炼三角肌的后束，兼带锻炼冈下肌、小圆肌和大圆肌等。

技术要点：哑铃在初始位置时，应该置于肩关节的垂直下方，而不应该相碰，以免动作时借助惯性产生悠摆；动作过程中，上体不要上下摆动，以避免借助腰背力量；上举哑铃时，两肘应该略向前上方顶起，而不能向后上方顶起，否则背阔肌、肱三头肌长头等参与过多，会减弱对三角肌后束的刺激。

注意事项：同上。

变化形式：同上。

3. 立式哑铃交替前上举（图11-28）

动作名称：哑铃前上举。

起始动作：两脚平行开立，与肩同宽，上体挺胸直腰，两臂微曲，双手持哑铃与肩同宽、同高水平举在体前。

动作过程：保持两臂微曲，一只手向上举起，同时，另一只手向下降落，上举的手臂举至肘关节水平高度超过耳朵时，两臂交替上下，重复进行。

图11-28

主要作用：重点锻炼三角肌的前束，兼带练三角肌的中束等。

技术要点：动作过程中尽量保持两臂微曲不变，如动作过程中屈肘则会减小阻力矩，降低训练强度；尽量不要使身体晃动，以避免借力。

注意事项：动作过程中，应注意保持两哑铃的横向距离与肩同宽，不要太近，否则在哑铃交替上举过程中，容易发生碰撞，伤及手指或损坏器械。

变化形式：也可以用橡皮筋代替哑铃做此练习，作用类似。

4. 立式杠铃颈前上推（图11–29）

动作名称：杠铃前上推。

起始动作：两脚平行开立，与肩同宽，上体挺胸直腰，双手略宽于肩抓握杠铃，将杠铃置于体前下颚前下方，两肘向前。

动作过程：保持身体尽量不动，两臂用力将杠铃从颈前向上推起，至两臂伸直，原路返回，重复进行。

图11–29

主要作用：主要锻炼三角肌的前束，次要练中束，兼带可以锻炼胸大肌上部、肱三头肌等。

技术要点：注意肘关节的起始位置应该下落在胸前下方，而不要太高，否则主要锻炼的是斜方肌；杠铃上推时，肘关节可以不完全伸直，只要肘关节超过耳朵即可；动作过程中两腿应尽量维持原态，不要随杠铃上下做屈伸动作。

注意事项：动作过程中要控制杠铃的速度，尤其是下落时，以防砸伤下颌。

变化形式：如果在做此练习时，两肘不是向前，而是让两肘从两侧推起、落下，则主要锻炼三角肌的中束，次要练前束，兼带也可锻炼胸大肌上部和肱三头肌；杠铃前上推也可采用坐式来完成，作用与立式相近。

5. 立式哑铃颈前上推（图11–30）

动作名称：哑铃前上推。

起始动作：两脚平行开立，与肩同宽，上体挺胸直腰，双手各持一哑铃，手心向后置于两肩前方，两肘向前。

动作过程：两臂用力将哑铃从体前向上推起，上推过程中使小臂旋内，到最高处时手心向前，原路返回，重复进行。

图11–30

主要作用：与杠铃颈前上推类似。

技术要点：与杠铃颈前上推雷同。

注意事项：动作过程中要注意控制哑铃的起落轨迹，保持平衡、稳定，避免发生偏斜引起拉伤。

变化形式：如果将哑铃的起始位置分别放在两肩的旁边（手心向前），使哑铃从身体两侧上推、下落，则主要锻炼三角肌的中束，次要练前束，兼带练胸大肌上部和肱三头肌；哑铃颈前上推也可采用坐式，作用、效果与立式类似。

6. 立式单臂绳索侧上拉（图11–31）

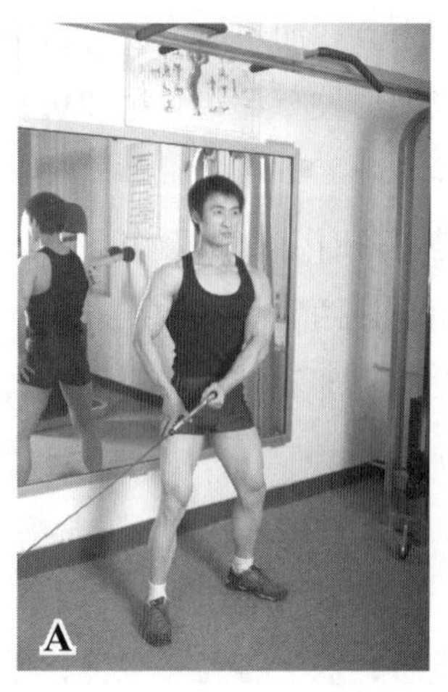

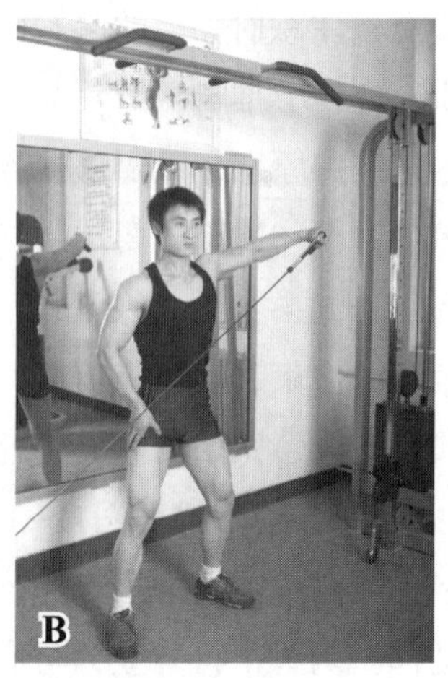

图11–31

动作名称：立式绳索侧平举。

起始动作：两脚平行开立，与肩同宽，身体侧对低滑轮，远侧手抓握绳索手柄，手臂随绳索自然伸直置于体前。

动作过程：身体不动，持手柄的手臂保持弯曲度不变，从体前由下向外上方用力拉引绳索，至肘关节到耳朵高度，略停片刻，原路返回，重复进行。

主要作用：主要锻炼三角肌的中束，兼带前束。

技术要点：动作过程中大小臂之间夹角尽量保持不变，避免出现臂屈伸动作，同时不要出现转体和缩肩的动作。

注意事项：拉引和放回绳索时，速度都要均匀、缓慢，不能猛拉、猛放，防止拉伤。

变化形式：将绳索换为橡皮筋或哑铃做此练习，作用相似。

7. 俯卧式哑铃飞鸟（图11−32）

动作名称：俯卧飞鸟。

起始动作：俯卧在高平长凳上，双手各持一哑铃，两臂自然下垂。

动作过程：保持两臂微曲，将哑铃从两侧向外上方同时举起，到顶峰略停片刻，原路返回，重复进行。

图11−32

主要作用：重点锻炼三角肌的后束，兼带锻炼三角肌中束和斜方肌。

技术要点：动作过程中尽量保持沉肩，而不要缩肩、耸肩，否则，斜方肌参与太多，影响训练效果。

注意事项：动作之前应确认长凳周围清理干净，没有其他哑铃或杠铃片等杂物，以免做动作时，哑铃下落过程中碰伤手指；哑铃在下落到最低点时不要相互磕碰，避免碰伤，或损坏器械。

变化形式：长凳与地面的倾斜角度可根据需要进行调整，角度越大锻炼的部位越向前移，逐渐地可以从三角肌的后束移到中束。

8. 立式划船（图11－33）

动作名称：立式杠铃前上提。

起始动作：两脚平行开立，与肩同宽，上体挺胸直腰，双手略窄于肩抓握（俯握）杠铃，两臂微曲自然垂于体前。

图11–33

动作过程：保持身体尽量不动，两肘关节从身体两侧向上展开，将杠铃用力从体前向上提起，至两肘略高于肩，稍停片刻，原路返回，重复进行。

主要作用：主要锻炼三角肌中束，兼带练三角肌前束和后束以及斜方肌、肱肌、肱桡肌等。

技术要点：杠铃的上提、下落过程中，速度要均匀、缓慢，身体尽量不要前后晃动，避免借助腰背的力量；上提过程中，应该沉肩，不要耸肩，避免过多借助斜方肌的力量。

注意事项：杠铃下落时，要控制速度，不要自由落体，以防止拉伤肩部。

变化形式：将杠铃换为哑铃、绳索、橡皮筋等阻力源也可进行类似的练习，作用相同。

9. 立式杠铃直臂前上举（图11－34）

动作名称：环杠直臂前上举。

起始动作：两脚前后开立，上体挺胸直腰，双手抓握环型杠铃的手柄，两臂微曲，将杠铃置于腿前。

动作过程：身体尽量不动，保持两臂微曲，用力将杠铃从体前向上举起，至两肘超过耳朵高度，略停片刻，原路返回，重复进行。

主要作用：主要锻炼三角肌前束，兼带锻炼三角肌中部、胸大肌上部和肱二头肌上端等。

图11–34

技术要点：动作过程中，手臂尽量保持微曲，而不要有屈伸，避免肱二头肌参与过多；身体尽量不要前后晃动，以免借助身体其他部位的力量。

注意事项：注意控制环型杠铃下落的速度，避免砸伤腿部。

变化形式：除立式外，此动作还可采用坐式和上斜仰卧式；另外，用直柄杠铃、哑铃、绳索、橡皮筋等阻力源代替环型杠铃，效果类似。

10. 坐式器械上推（图11–35）

动作名称：坐式上推。

起始动作：坐在坐式上推器的座椅上，整个背部紧靠在背板上，双手各抓握器械的一只手柄，手心向前，两肘向身体两侧撇开。

动作过程：双臂用力将器械手柄向上推起，至两臂伸直，原路返回，重复进行。

图11–35

主要作用：主要锻炼三角肌的中束，兼带练三角肌前束、胸大肌上部和肱三头肌。

技术要点：上举时两臂可以不完全伸直；动作过程中上体尽量不向后仰，以免过多锻炼胸大肌上部。

注意事项：注意动作速度要均匀、缓慢，不要使用猛力，以避免受伤。

变化形式：双手抓握手柄时，也可以手心相对地抓握竖向手柄，同时两肘向前，这样可以主要锻炼三角肌的前部，兼带锻炼三角肌的中束、胸大肌上部和肱三头肌。

11. 坐式器械飞鸟

动作名称：器械侧平举。

起始动作：坐在坐式飞鸟器的座椅上，背部紧靠在靠板上，双手抓握器械手柄，两肘抵住器械挡托，随器械的配重自然垂落在体侧。

动作过程：两肘向外用力将挡托从两侧向外上方顶起至顶点，稍停片刻，原路返回，重复进行。

主要作用：主要锻炼三角肌的中束，兼带练三角肌的前束。

技术要点：要调整好座椅的高度，使器械手柄的轴与肩同高；两肘向上顶起时，两肩应保持不动，而不要耸肩，否则，斜方肌参与过多。

注意事项：两肘起落速度要均匀、缓慢，不要猛起猛落，防止拉伤。

12. 坐式器械阔胸（图11–36）

动作名称：坐式臂平伸。

起始动作：端坐在器械的座椅上，胸部抵住靠板，双手分别抓握手柄。

动作过程：两手自前经两侧向后拉引手柄，至极点，略停片刻，原路返回，重复进行。

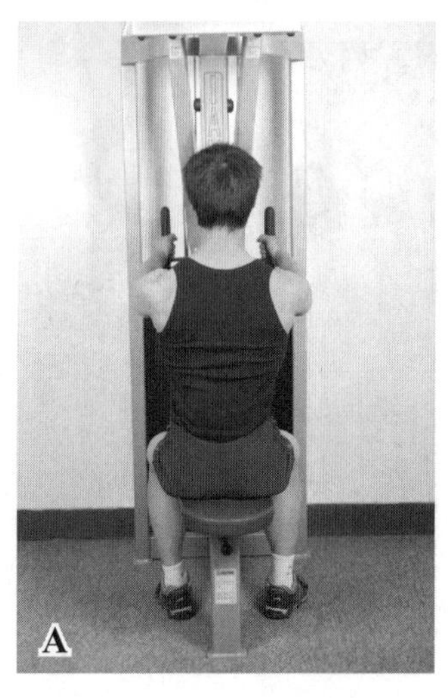
A

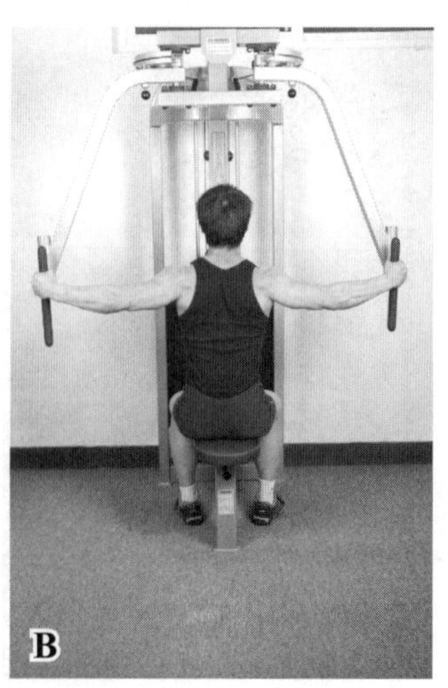
B

图11–36

主要作用：主要锻炼三角肌后束、冈下肌、小圆肌，兼带锻炼斜方肌、菱形肌等。

技术要点：应注意手柄回返时速度的控制，使其缓慢回返，而不要自由落体式地放回，以使肌肉有完整的收缩过程。

注意事项：动作过程要均匀、缓慢，不要动作过猛，避免拉伤肌肉或损坏器械。

变化形式：如果改用坐在直角凳上，双手分别抓握固定在前方的橡皮筋或绳索手柄的方式做此动作，亦可起到类似的作用。

13. 立式哑铃水平举（开合）（图11-37）

动作名称：哑铃开合举。

起始动作：两脚平行开立，与肩同宽，上体挺胸直腰，双手各持一哑铃，两臂微曲，水平举到体前。

动作过程：两臂保持微曲，将哑铃水平向两侧展开至尽头，原路返回，重复进行。

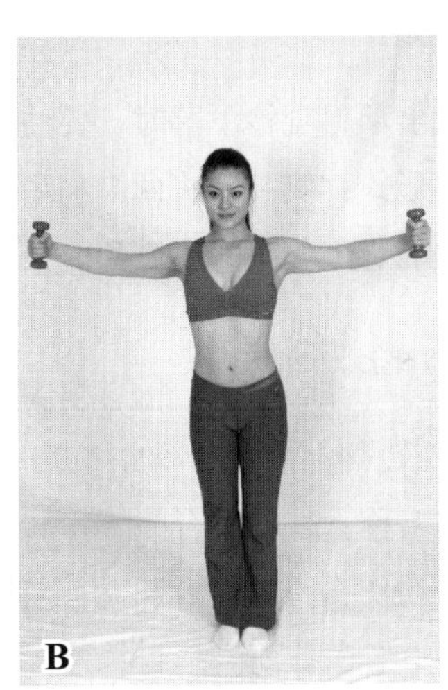

图11–37

主要作用：主要锻炼三角肌的前、中束。

技术要点：动作过程中，尽量保持身体稳定，避免前后晃动。

注意事项：双手持哑铃水平回到体前时，不要相互碰撞，以防伤及手指或损坏器械。

变化形式：将哑铃换成橡皮筋也可做此练习，作用类似。

14. 侧卧哑铃单臂侧上举（图11-38）

动作名称：侧卧哑铃侧举。

起始动作：侧卧在平长凳上，单臂手肘撑在凳面上，另一只手臂微曲，持哑铃置于同侧大腿上方。

动作过程：保持侧卧姿势不变，将哑铃从大腿上方用力向上举起，至哑铃接近肩关节的垂直上方，原路返回，重复进行。

图11-38

主要作用：主要锻炼三角肌的中束，兼带锻炼三角肌的前、后束。

技术要点：动作过程中，持哑铃的手臂应保持微曲，不能有屈伸变化；上举哑铃过程中，要控制哑铃的轨迹在肩关节的额状面内或略偏前，不要过于偏后，以免失去平衡。

注意事项：哑铃下落时，要注意控制速度，不可自由落体式落下，以免砸伤腿部。

变化形式：侧卧时将两脚前后分开，持哑铃的手臂的起始位置置于体前或体后，可以分别侧重锻炼三角肌的后束和前束；另外将哑铃换为橡皮筋或绳索作用类似。

（二）特效训练手段

1. 杠铃翻上推举（图11-39）

动作名称：杠铃二合一。

起始动作：两脚平行开立，与肩同宽，上体挺胸直腰，双手略窄于肩宽抓握杠铃，两臂自然伸直置于体前。

动作过程：两肘从身体两侧向上提起，至肘关节略高于肩，保持杠铃高度，将两肘下

图11–39

落至最低点，再将杠铃向上推起，至两臂接近伸直，然后，先尽量控制大臂不动，屈小臂将杠铃慢慢放下，待杠铃降至与肩同高后，尽量控制两肘的高度在两手的上方，并随杠铃下落至起始位置，重复进行；动作要领：提肘、落肘、推肘，落手、落肘。

主要作用：这个动作可以比较全面地锻炼三角肌的前、中、后束；其中，以中束为重点，兼带可以练到肱肌、肱桡肌、斜方肌和肱三头肌等。

技术要点：此练习应用了二合一训练法，将立式杠铃划船和立式杠铃上推连接起来做，使目标肌肉在一次动作里，进行两次收缩，从而加大了对三角肌的刺激强度；上提杠铃过程中，应尽量使杠铃贴近身体，使双肘从身体两侧向上带动杠铃上提，令三角肌主要用力，而不要像举重运动的上翻动作；杠铃从最高处下落时，应先尽量控制大臂不动，要使双手先落下，然后，再慢慢落下双肘，以充分利用三角肌后束的离心收缩。

注意事项：因为在杠铃下落过程中有大臂旋外的离心收缩，为了保证动作的质量，训练时所使用的重量不要太大；动作过程中，保持身体稳定平衡，不要使身体有前后或上下活动。

变化形式：也可将杠铃换为哑铃，作用相同。

2. 立式哑铃侧上举（图11–40）

动作名称：立式飞鸟改进型。

起始动作：与立式哑铃侧平举相同。

动作过程：在立式飞鸟的基础上略加改动，原动作是将哑铃举至略高于肩后就原路返回，而改进型是继续上举至两肘超过耳朵后再原路返回。

主要作用：可以强化三角肌的顶峰收缩，使三角肌的外轮廓有上翻的峰。

技术要点：动作过程中，两大臂从两侧向上举起时，应尽量紧贴后边缘，以减少三角

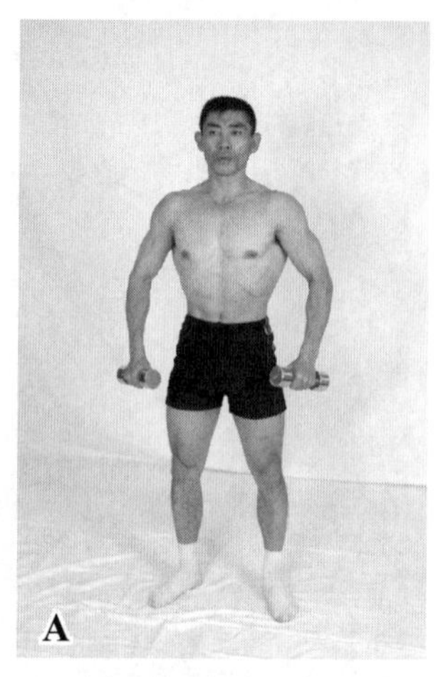

图11-40

肌前束的参与；当两肘关节超过肩关节继续向上举起时，主要靠斜方肌拉引肩胛骨上回旋，但这时三角肌并没有放松，相反，为了维持继续上举的动作，三角肌要极力做顶峰收缩，尤其是三角肌的上部，所以可使三角肌受到深度刺激。另一方面，虽然动作的后半程要用到斜方肌，但由于重量太小，不会给斜方肌造成有效的刺激；双腿不要随哑铃起落做屈伸的动作。

注意事项：哑铃上举和落下时，不要使哑铃相互碰撞，以免碰伤手指或损坏器械。

变化形式：除利用哑铃外，还可以用橡皮筋、绳索等阻力源练习此动作，作用相同。此动作也可以采用坐式来做，效果与立式类似。

3. 哑铃三面飞鸟（图11-41）

动作名称：三面飞鸟。

起始动作：与立式哑铃前上举相同。

动作过程：将立式哑铃交替前上举、立式哑铃侧上举和屈体哑铃飞鸟连接起来做，中

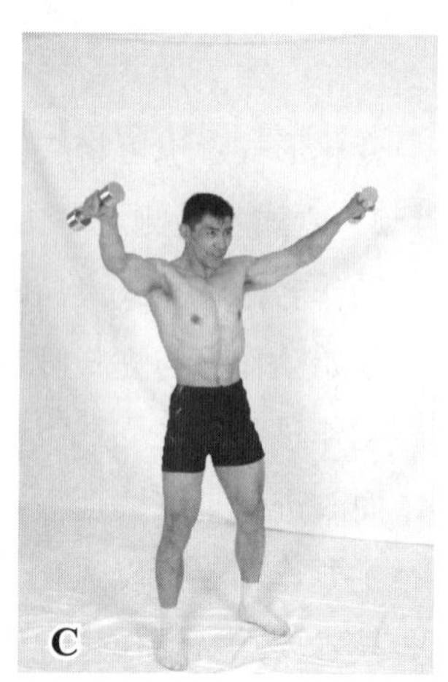

图11-41

间不停歇。

主要作用：可以快速地给三角肌以强烈的刺激，使三角肌的三个束大量充血，迅速膨胀，除用于平常训练外，还可以在比赛后场热身时使用。

技术要点：除三个动作本身的技术要点外，还要特别注意动作之间的连接是连续的、没有停顿的；由于三角肌是多羽状肌，一般耐力比较好，适合重量中小、次数中多的练习。所以，做此练习时，可使用5磅左右的哑铃开始，每个动作做20次，之后每组逐渐地加重量、减次数。

注意事项：与三个上举动作要求相同。

变化形式：也可用橡皮筋代替哑铃作为阻力源，作用类似。

4. 哑铃侧环绕（图11-42）

动作名称：哑铃侧平举改进型。

起始动作：两脚平行开立，与肩同宽，上体挺胸立腰，两臂微曲，双手各持一哑铃，

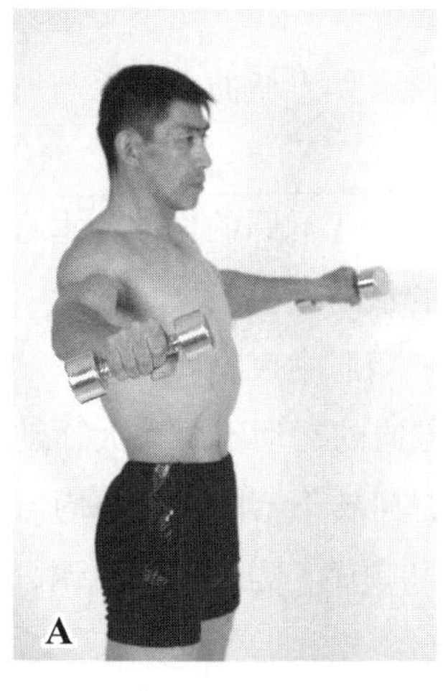

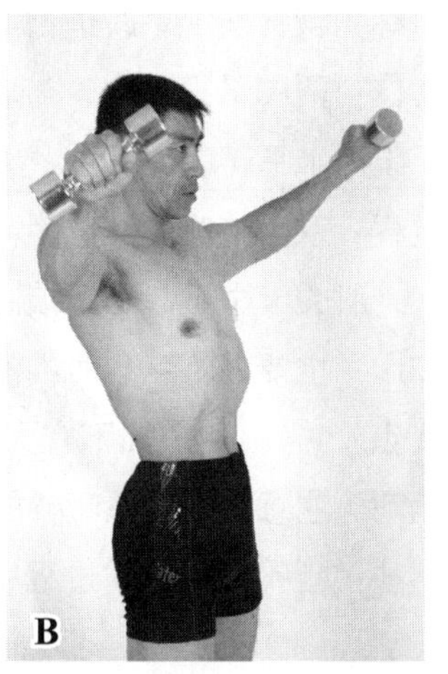

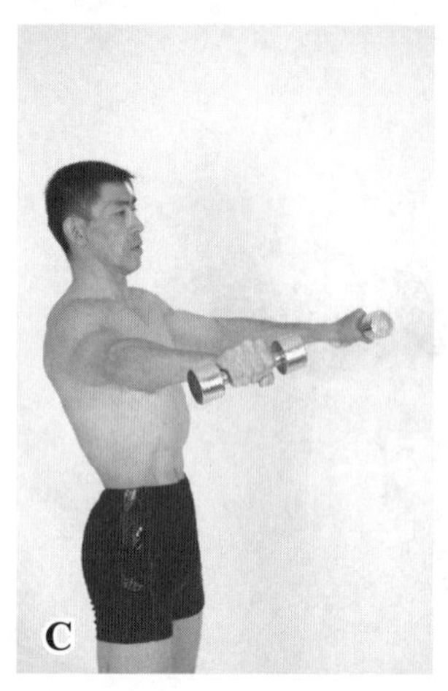

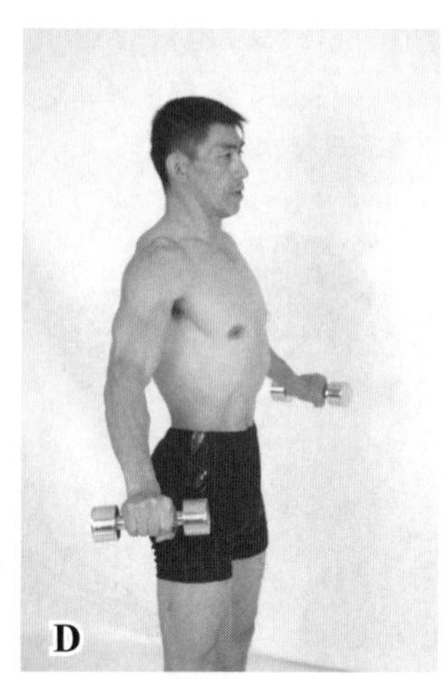

图11–42

略低于肩置于身体两侧。

动作过程：双手持哑铃在身体两侧以肩高额状轴为圆心，沿椭圆形轨迹连续运动（长轴为垂直轴，短轴为矢状轴），运动方向为先向后向上，再向前向下。向上时，举至两肘与耳朵同高。

主要作用：可以使三角肌在紧张的状态下持续地做向心和离心的收缩，使其受到强烈的刺激。

技术要点：椭圆的轨迹不能太小，否则近似静力收缩，对刺激三角肌的生长作用不大。

注意事项：做此动作之前，应先做好颈部周围组织的热身准备活动，尤其是斜方肌的活动要充分，否则容易造成拉伤。

变化形式：将哑铃换成橡皮筋做此练习也有类似的作用。

5. 哑铃前环绕（图11–43）

动作名称：哑铃前上举改进型。

起始动作：两脚平行开立，与肩同宽，上体挺胸直腰，两臂微曲，双手与肩同宽各持一哑铃置于眼眉水平正前方。

动作过程：双手持哑铃交替由内向外沿着椭圆轨迹转动（椭圆的长轴为垂直轴，短轴为额状轴），肘关节举至与耳下端同高时，为哑铃上举的最高点。

主要作用：主要锻炼三角肌的前束，兼带可以练到三角肌中束。

技术要点：椭圆的短轴不宜太长，也就是左右横方向的运动不要太大，动作过程中身体不要扭动，注意力集中在哑铃的上下运动上，尤其是哑铃下落的速度要均匀缓慢。

注意事项：哑铃交替上举过程中注意两哑铃的距离和顺序，力求动作协调，防止磕碰伤及手指。

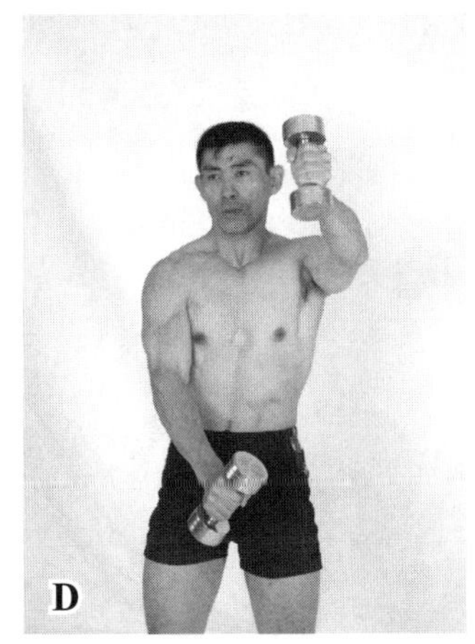

图11–43

变化形式：以橡皮筋作为阻力源，也可以起到类似的作用。

6. 屈体哑铃侧环绕（图11–44）

动作名称：屈体哑铃侧平举改进型。

起始动作：两脚平行开立，略窄于肩，上体挺胸直腰从髋关节处前屈，至上体与地面平行，双手各持一哑铃分别置于身体两侧，两臂微曲（大小臂之间夹角在120°左右），小臂自然下垂，两大臂控制在一条直线上。

动作过程：两臂同时带动哑铃从下经前向上，再经后向下做椭圆形运动（长轴为垂直轴，短轴为矢状轴），向上时肘关节顶至极点为运动的最高点。

主要作用：主要锻炼三角肌后束，兼带锻炼三角肌中束、冈下肌、小圆肌等。

技术要点：动作过程中，应以上下运动为主，肘关节尽量向前、向上顶，不要过于偏向后，以免背阔肌、大圆肌、三头肌长头等肌肉参与过多。

注意事项：上体一定要尽量保持挺胸塌腰的姿势，不能含胸、弯腰，以防伤及腰

部组织。

A

B

C

D

图11–44

变化形式：利用橡皮筋作为阻力源做此动作，也可以较好地锻炼三角肌的后束等肌群。

7. 三面环绕（图11–45）

动作名称：三面飞鸟改进型。

起始动作：与哑铃侧环绕相同。

动作过程：将哑铃侧环绕、前环绕和屈体哑铃侧环绕三个动作连接起来做，中间不停歇也不加入其他动作。

主要作用：可以比较全面地锻炼三角肌的前、中、后三个部分，兼带可以锻炼到其他肩带肌。

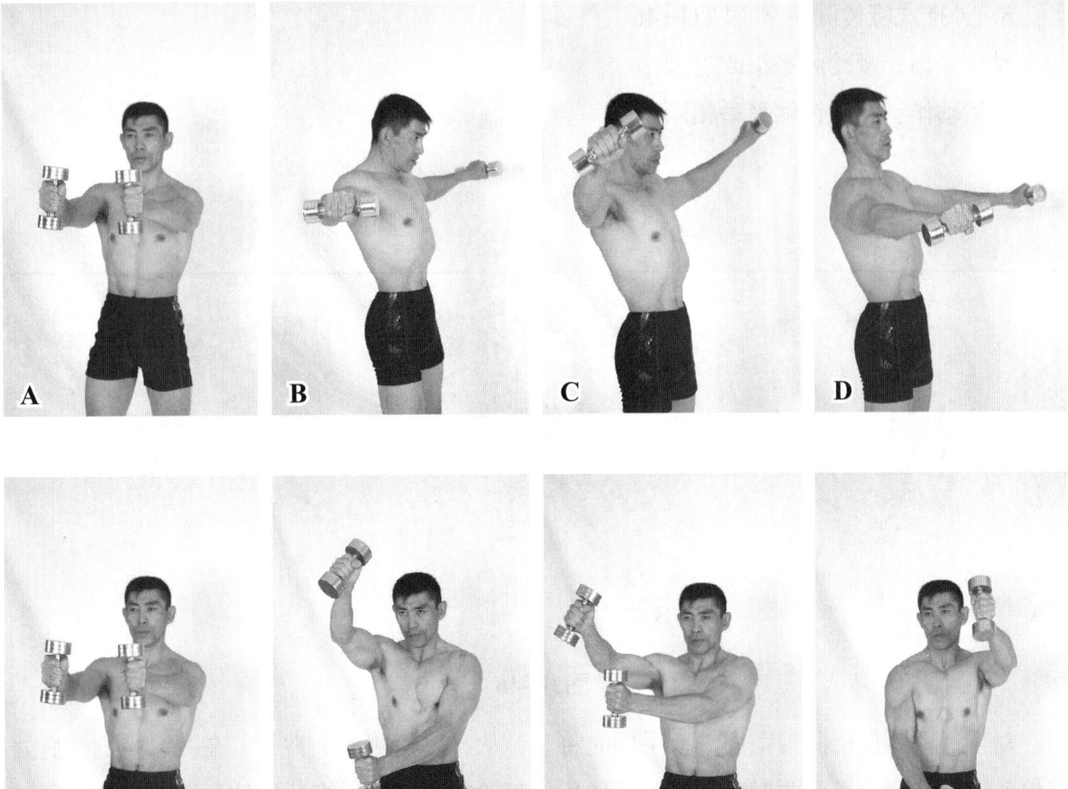

图11–45

技术要点：突出动作的连贯性，动作之间尽量不停歇，其他与三个相关动作相同。

注意事项：与三个相关动作相同。

变化形式：与三个相关动作相同。

8. 外推式哑铃侧平举（图11–46）

动作名称：哑铃侧平举改进型。

起始动作：与哑铃侧平举相同。

图11–46

动作过程：保持两臂微曲，双手同时将哑铃从身体两侧向上举起，在两肘稍低于肩处略停顿，再继续上举至两肘略高于肩，然后将哑铃向两侧尽量推开，使两臂伸直并随哑铃慢慢下落回原位，重复进行。

主要作用：锻炼三角肌中束。

技术要点：此动作主要是利用离心收缩加大对三角肌的刺激，所以要特别注意控制哑铃下落的速度，不能让哑铃自由落体式落下。

注意事项：注意哑铃落下的位置应该在两腿旁边，而不是体前，要控制哑铃下落的速度不要太快，以防磕伤腿部。

变化形式：也可利用绳索或橡皮筋代替哑铃作为阻力源，作用类似。

9. 上翻式屈体飞鸟（图11–47）

动作名称：屈体飞鸟改进型。

起始动作：与屈体哑铃飞鸟相同。

动作过程：保持两臂微曲，先将两肘分别从身体两侧向上方顶起（此时持哑铃的两手应在两肘的下方），至两肘上顶到顶点时，两大臂应该在同一条直线上，然后大臂旋外，将哑铃向前上方举起，至极点，略停片刻，原路返回，重复进行。

主要作用：由于大臂旋外动作可使三角肌后束收缩到极点，但大臂处于外展状态，所以，此动作着重锻炼三角肌后束，兼带锻炼冈下肌、小圆肌等。

技术要点：动作速度要均匀、缓慢，不要发猛力或悠摆；两肘上顶时，应向偏前上方，而不能偏后上方，否则，背阔肌、冈下肌、小圆肌、大圆肌、肱三头肌长头等肌肉群将更多地参与运动，减小了对三角肌后束的刺激作用。

图11-47

注意事项：哑铃下落时要注意控制速度，哑铃不要相互磕碰，以防碰破手指。

变化形式：用橡皮筋作为阻力源也可做此练习，作用类似。

10. 屈体绳索侧拉（图11-48）

动作名称：屈体侧拉。

起始动作：身体侧对低滑轮一大步远，两脚平行开立，略宽于肩，上体挺胸塌腰，从髋关节处前倾，与地面平行，离滑轮近侧手抓握同侧脚面，远侧的手抓握绳索手柄，手臂自然弯曲，随绳索向对侧伸出。

动作过程：保持身体不动，大小臂之间角度不变，握手柄的手臂拉引绳索向外侧方展开，至动作手臂向外完全展开（肘关节上顶到顶峰），略停片刻，原路返回，连续进行。

主要作用：主要锻炼三角肌的后束，兼带可以练到冈下肌、小圆肌等。

图11-48

技术要点：动作过程中，去、回的速度应该是均匀、缓慢，而不能猛发力；向外拉引绳索至最远点时，绳索应在下颌的下方，而不是胸的下方；向外拉引绳索过程中，要保持大小臂之间的夹角不变，而不能有臂屈伸的动作，以免肱三头肌参与。

注意事项：动作过程中，要注意控制速度，防止动作过快拉伤肩部肌肉；另外防止手指与地面触碰，造成挫伤。

变化形式：用橡皮筋作为阻力源做此动作，也可锻炼三角肌后部，兼带中束和冈下肌、小圆肌等。

11. 立式单臂绳索侧平拉

动作名称：立式侧平拉。

起始动作：身体侧向滑轮一大步远（滑轮高度与头同高），两脚平行开立，与肩同宽，离滑轮较远一侧的手抓握绳索手柄，手臂微曲，随绳索自然平伸于体前（此时动作手臂的肘关节应在体中线前方附近），另一只手背在腰后。

动作过程：全身其他部位不动，持手柄的动作手拉引绳索水平向外展开（手臂保持原曲度），至绳索接近额头，原路慢慢返回，重复进行。

主要作用：锻炼三角肌后束，兼带冈下肌、小圆肌等。

技术要点：动作过程中，动作手臂的大小臂之间夹角应保持不变，不能做屈伸的动作，避免肱三头肌的参与；另外要尽量保持身体不动，不要随动作手臂的外展而扭动身体，以防借助身体力量。

注意事项：动作手拉引绳索向外展开时，要注意控制速度，不要过猛过快，以免绳索划伤头部。

变化形式：如将滑轮的位置调至高于头做此动作，则偏重于锻炼三角肌后束、冈下肌、小圆肌、背阔肌上部等；如将滑轮的位置调到低于肩高，则侧重锻炼三角肌后束和中束、冈下肌、小圆肌等。

12. 立式绳索后上翻拉（图11–49）

动作名称：绳索上翻拉。

起始动作：面对低滑轮站立，一脚前一脚后，身体略向后倾斜，重心偏后腿，双手各抓握绳索的一端（绳索的末端在大拇指处），两臂微曲，随绳索自然置于体前（握绳索的双手相距一拳左右）。

动作过程：双手拉引绳索向上举起，至两肘略高于肩，然后，两肘保持与肩同高，分别向两侧水平展开，同时屈小臂至大小臂之间90°左右，两手再继续向后翻至极点（大臂旋外），稍停片刻，原路返回，重复进行。

主要作用：这个动作可以比较全面地锻炼到三角肌的前、中、后束各部，兼带可以练到冈下肌、小圆肌等。

图11–49

技术要点：向上拉引绳索时，上体不要前后晃动，不要借助腰、腿部的力量，动作过程中保持速度均匀、缓慢，不要使用爆发力。

注意事项：做练习之前应做好肩带部分的热身准备活动，以防拉伤肩背部。

变化形式：利用橡皮筋也可做此练习，作用类似。

13. 立式绳索后平拉

动作名称：绳索后平拉。

起始动作：面对中高滑轮（滑轮与头同高度），两脚前后开立，上体略向后倾斜，双手各抓握绳索的一端（绳索的末端在小拇指处），两臂微曲，随绳索自然前伸于体前（此时两肘略高于肩）。

动作过程：保持两肘与肩同高，两手拉引绳索水平向后至极点，略停片刻，原路返回，重复进行。

主要作用：主要锻炼三角肌后束，兼带锻炼冈下肌、小圆肌、大圆肌等。

技术要点：向后拉引绳索时，两肘的高度要注意保持与肩同高，不要使肘关节从下向后拉引，否则主要用力的肌肉就是背阔肌等，从而减弱了对三角肌后束的刺激效果。

注意事项：如使用的重量较大，则对斜方肌、菱形肌等亦有一定的紧张要求，如不做好充分的准备活动，容易伤及这些部位。

变化形式：此练习除立式外，还可采用坐式进行训练；另外，也可利用橡皮筋作为阻力源，作用类似。

14. 龙门旋外拉

动作名称：立式绳索旋外拉。

起始动作：先将双高低滑轮器的两个滑轮放置在与胸部同高的位置，左右手分别抓住

对侧的手柄，站立在器械的中间，挺胸直腰，两臂随绳索拉力自然弯曲交叉置于体前。

动作过程：保持上体和下肢不动，两大臂用力旋外，双手同时向外侧拉引绳索手柄至尽头，略停片刻，再慢慢原路返回，重复进行。

主要作用：可以较好地刺激三角肌的中后部，特别是后部，同时，对冈下肌、小圆肌等亦有一定的刺激作用。此练习是一个非常好的刺激三角肌中后部的动作。

技术要点：动作过程中，大小臂之间的夹角尽量保持在约为90°～110°左右，不要有臂屈伸的动作，以免过分动用肱三头肌；不要有身体的前俯后仰，尽量保持上体不动。

注意事项：动作过程中要注意两手之间要保持一定的距离，以免器械手柄磕碰到手部，可以将左右两侧的手柄分别放置在不同的高度，以适应两手的不同高度。

变化形式：此动作也可以利用橡皮条作阻力源，作用类似。

15. 立式哑铃翻上

动作名称：哑铃旋外翻。

起始动作：两脚平行开立与肩同宽，上体挺胸直腰双手各持一只哑铃，置于大腿旁侧，两臂微屈。

动作过程：保持身体不动，两大臂用力旋外，双手同时将哑铃经体前向上翻起，至哑铃接近两侧的耳朵，稍停，原路返回，重复进行。

主要作用：这个练习可以比较全面地锻炼三角肌的前中后各个部分，其中对后部的刺激尤其明显，对肱肌、肱桡肌等也有一定的锻炼作用。

技术要点：做此练习时，应控制肘部不要抬得太高，同时要注意是以大臂的旋外动作为主，而不是屈小臂的动作，否则肱肌、肱桡肌会过多地参与动作，改变了目标肌肉。

注意事项：哑铃下落时要控制速度缓慢均匀，不要自由落体，以防砸伤腿部。

变化形式：将哑铃换为橡皮条或低滑轮的绳索手柄也可以做类似的练习。此练习还可以采用坐式来做，作用类似。

四、背部训练

（一）常规训练手段

1. 普通式引体向上（图11-50）

动作名称：引体向上。

起始动作：双手与肩同宽俯握单杠，两臂伸直，身体自然悬垂于单杠下。

动作过程：双臂用力拉引身体向上，使下颌超过单杠杠面，略停片刻，原路返回，重复进行。

图11–50

主要作用：这是一个综合练习动作，同时锻炼的肌肉群比较多，主要包括背阔肌、冈下肌、小圆肌、斜方肌等，兼带锻炼大圆肌、三角肌后束、肱肌、肱桡肌、小臂屈肌群等。

技术要点：做动作时，应控制速度均匀、缓慢，尽量不要利用悠摆和爆发力拉引身体向上，下落到最低点时，两臂应接近完全伸直，不要弯曲。

注意事项：做练习前一定要做好充分的热身准备活动，否则，此练习非常容易造成肩带部分组织的拉伤。

变化形式：改变双手抓握单杠的方式，训练的效果可以有一些变化。如两手握距超过肩宽做此练习时，主要刺激冈下肌、小圆肌、大圆肌、背阔肌上部、肱三头肌长头等肌群，突出背部的宽度；当两手握距窄于肩宽时，主要锻炼冈下肌、小圆肌、大圆肌、背阔肌上部、斜方肌中下部等，更侧重背部的厚度；如采用仰握的方式抓握单杠做此练习，除锻炼上背部外，肱二头肌会更多地参与运动；另外，还可以采用对握的方式做引体向上练习，这时，会更多地用到肱肌和肱桡肌。

2. 颈后式引体向上（图11–51）

动作名称：颈后引体。

起始动作：双手略宽于肩抓握单杠，两臂伸直，身体自然悬垂于单杠下。

动作过程：双臂拉引身体尽量向上，同时，头向前伸，至颈部后侧可触及单杠，稍停片刻，原路返回，重复进行。

主要作用：主要锻炼背阔肌的上部、冈下肌、小圆肌，兼带锻炼大圆肌、三角肌后束、斜方肌中、下部、肱肌和肱桡肌等。

技术要点：双手握距不能太窄，否则无法做头的前伸动作；身体落下时，两臂要伸直，以保证肌肉的全程收缩；拉引身体到最上端后，应该尽量停顿片刻，以达到顶峰收缩

的目的；动作过程中尽量不要使身体产生悠摆或使用爆发力，应保持均匀、缓慢的速度。

图11-51

注意事项：此动作为两大臂的外展加外旋，极容易造成肱二头肌长头肌腱的损伤，所以做练习前应做好充分的热身准备活动，特别是肱二头肌的起始点部位以及斜方肌和肱桡肌等肌群，以防受伤。

变化形式：采用仰握或对握也可做此练习，不同之处主要在于仰握时会更多地利用到肱二头肌，而对握时会使肱肌和肱桡肌更多地参与进来。

3. 高滑轮下拉（图11-52）

动作名称：高滑轮背拉

起始动作：端坐在高滑轮器的平凳上，上体挺胸稍向后倾斜，双手略宽于肩俯握器械手柄，两臂随绳索自然伸直。

图11-52

动作过程：双手向下拉引器械手柄，至器械手柄杆接近或触及胸大肌下缘，双肘夹紧，稍停片刻，原路返回，重复进行。

主要作用：主要锻炼背阔肌、冈下肌、小圆肌，兼带锻炼三角肌后束、大圆肌、斜方肌、肱肌、肱桡肌等。

技术要点：动作过程中，应始终保持挺胸、挺腹的体姿，这样可以锻炼到背阔肌的上、中、下各部，如含胸做此动作，则主要刺激背阔肌的上部；下拉时，两肘应从身体两侧向下拉引，这样更突出锻炼背阔肌的宽度和外边缘，如两肘从前向后拉引，则主要发展上背部的厚度。

注意事项：做练习前，检查一下绳索的完好程度，以防绳索断裂，器械手柄伤及身体；做动作时，应控制速度要均匀、缓慢，尤其是回落时，要控制回落的速度，不可让配重片自由落体，以防拉伤肩、背部。

变化形式：改变抓握器械手柄的方式做此练习，可分别侧重锻炼不同的部位。如做练习时，采用特宽的方式抓握器械手柄（两倍以上肩宽），主要刺激背阔肌上部外边缘、冈下肌、小圆肌等；若采用窄握距抓握手柄（两手之间的距离小于肩宽）做此练习，则主要锻炼背阔肌上部的外、中部和内侧缘、冈下肌、小圆肌、大圆肌、肱肌、肱桡肌以及斜方肌的中、下部；如改用对握手柄采用对握的方式做此动作，锻炼的部位与窄握的作用近似，且与窄握相比可以使目标肌肉收缩得更紧。

4. 屈体杠铃划船（图11−53）

动作名称：屈体划船。

起始动作：两脚平行开立，略窄于肩，两腿微曲，上体挺胸直腰，从髋关节处前倾至上体与地面接近平行，双手与肩同宽俯握杠铃，两臂随杠铃自然伸直垂于体下。

A

B

图11−53

动作过程：保持上体挺胸直腰与地面平行，双手拉引杠铃向肚脐靠拢，略停片刻，原路返回，重复进行。

主要作用：主要锻炼背阔肌的上、中部、冈下肌、小圆肌、大圆肌等，兼带锻炼肱肌、肱桡肌以及斜方肌的中部等。

技术要点：做此练习时，身体要相对固定，不能随杠铃而上下起伏，以免借助腰腿力量；杠铃落下后不要过分向前送，到肩关节的垂直下方即可，避免借助悠摆的惯性，减弱锻炼的效果。

注意事项：动作过程中始终要保持挺胸、塌腰、屈髋的身体姿态，不能含胸、弯腰，否则容易造成腰部严重损伤。

变化形式：此练习也可利用哑铃等器械来做，作用效果近似。

5. T杠划船

动作名称：T杠划船。

起始动作：两脚平行开立于器械踏板上，两腿微曲，上体挺胸直腰，从髋关节处前倾至与地面成30°～40°夹角，双手俯握器械手柄，两臂随重物自然垂于体下。

动作过程：保持身体挺胸直腰、屈髋、屈腿的姿态，双臂用力拉引器械手柄向上，至胸部下方，稍停片刻，原路返回，重复进行。

主要作用：这个动作主要锻炼背阔肌、三角肌后束、冈下肌、小圆肌、大圆肌兼带锻炼斜方肌、肱肌、肱桡肌等。

技术要点：不要随重物的起落而使身体起伏，避免借助腰腿力；做此动作主要是利用伸大臂的作用，所以，应尽量使两大臂向后伸，使手柄贴紧身体，而尽量不要借耸肩的力量。

注意事项：动作过程中始终要保持挺胸、塌腰、屈髋、屈腿的身体姿态，不能含胸、弯腰，否则容易造成腰部严重损伤！

变化形式：也可采用对握的方式做此练习，主要锻炼背阔肌的外、中、和内缘，冈下肌、小圆肌、肱肌、肱桡肌以及斜方肌的中、下部；在没有专门的器械时，还可利用杠铃做此练习，将杠铃杆的一端顶在地上的一固定物上（如墙角或铁角架），另一端加上杠铃片，练习时练习者面对杠铃片，背向杠铃杆的另一端，骑跨在杠铃杆上方，双手并握杠铃片后面的杠铃杆根部，身体重心稍向后移，其余动作要求与T杠划船相同。

6. 屈体哑铃单臂划船（图11-54）

动作名称：单臂划船。

起始动作：两脚前后一大步开立，上体挺胸直腰屈髋前倾，前脚的同侧手撑握在前脚背上，另一手抓握一只哑铃，手臂随哑铃自然伸直垂于体下。

动作过程：动作手拉引哑铃向后、向上至顶峰，略停片刻，原路返回，重复进行。

图11-54

主要作用：这个动作主要锻炼背阔肌、冈下肌、小圆肌，兼带锻炼三角肌后束、大圆肌、肱三头肌长头、斜方肌、肱肌、肱桡肌等。

技术要点：动作过程中保持速度均匀、缓慢，上拉哑铃时不使猛力，哑铃下落时，不自由落体，更不要使哑铃过分前伸，以免借助后摆的惯性；上体也不要随哑铃的起落而做扭转动作，避免借助腰腹部肌群的力量。

注意事项：动作过程中，应始终保持挺胸塌腰的姿势，而且不动作的手臂应起到支撑上体的作用，不要使腰部受到额外的压力。

变化形式：将哑铃改换为低滑轮的绳索或橡皮筋做此练习，也可以起到类似的作用；另外，也可以采用将不动作一侧的手和膝撑在长凳上的跪撑式姿势做此练习，效果类似。

7. 坐式划船（图11-55）

动作名称：低滑轮划船。

起始动作：端坐在低滑轮练习机的座垫上，双脚踩在器械踏板上，上体挺胸直腰略前倾，双手与肩同宽抓握器械手柄，两臂随绳索拉力自然伸直。

图11-55

动作过程：上体保持不动，双臂尽量用力向后拉引器械手柄，至手柄触及上腹部，略停片刻，原路返回，重复进行。

主要作用：主要刺激背阔肌的上中部，兼带锻炼三角肌后束、冈下肌、小圆肌、大圆肌、肱肌和肱桡肌等。

技术要点：练习过程中，要尽量保持上体不动，如果在双手向后拉引手柄的同时，上体向后倾斜，则将借助腰部的力量完成动作，这样就减弱了对背阔肌的刺激作用。

注意事项：在做此练习时，要注意始终保持上体挺胸直腰的姿势，不能含胸弯腰，否则，很容易伤及腰部；做动作的速度应该是均匀、缓慢，不能猛拉、猛放，否则，可能损伤腰部或损坏器械。

变化形式：如两手握距大于肩宽，同时抬平肘部做此练习，主要可以促进上背部的宽度；若窄于肩宽抓握横手柄或对握手柄，同时夹紧肘部做此练习，则主要作用是刺激发展背阔肌上中部的厚度。另外，若起始体位是挺胸直腰略向后仰做此练习，主要是锻炼上背部，而始终保持上体前倾并挺胸挺腹做此练习，则可以练到中下背。

8. 卧拉练习（图11−56）

动作名称：卧式杠铃划船。

起始动作：俯卧在卧拉架的卧板上，身体自然伸直，双臂自然垂于卧拉架卧板两侧，双手略宽于肩抓握杠铃。

动作过程：双手用力向上拉引杠铃，至杠铃杆触及卧板的下面，略停片刻，再将杠铃向下慢慢放回原位，重复进行。

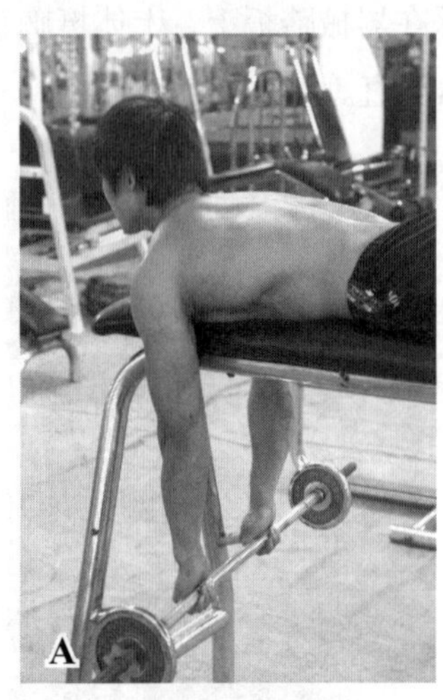

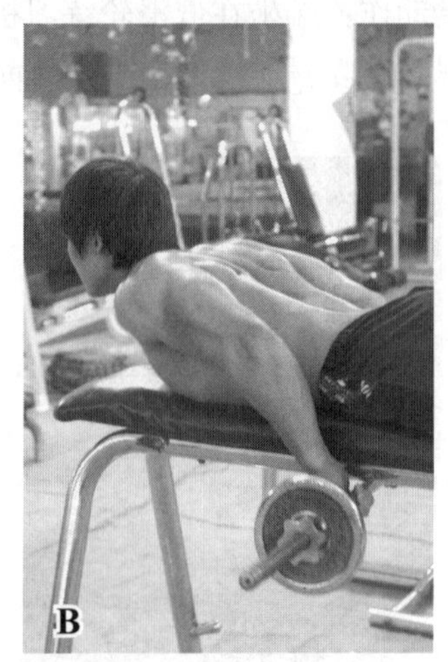

图11−56

主要作用：此练习主要可以刺激背阔肌，尤其是背阔肌的中、上部，兼带可以锻炼三角肌后束、冈下肌、小圆肌、大圆肌、肱三头肌长头和斜方肌的中部等肌群。

技术要点：在双手向上拉引杠铃时，要注意不要做冲击式的收缩动作，当将杠铃拉引到接近卧拉板时，要做拧毛巾式的顶峰收缩，以便充分刺激到背阔肌的深层。

注意事项：两手的握距应略宽于肩，如握距过窄，在杠铃回落时，双手可能会碰到卧拉架，伤及手臂。

变化形式：采用仰握的方式抓握杠铃做此练习时，由于有肱二头肌的更多参与，所以可以使用更大一些的重量；另外，还可以利用哑铃、橡皮筋等作为阻力源做此练习，作用类似。再有，如没有卧拉架，也可以利用上斜板等器械做此练习。

9. 高滑轮直臂下压（图11－57）

动作名称：立式直臂下压。

起始动作：站在距高滑轮器手柄垂直下方一步远处，两脚平行开立，与肩同宽，上体挺胸直腰，稍屈髋前倾，双手略宽于肩俯握器械手柄，两臂随绳索拉力自然在体前伸出。

动作过程：身体不动，两臂保持微曲，双手从胸前向下、向后下压，拉引器械手柄至两大腿前面，略停片刻，原路返回，重复进行。

图11–57

主要作用：此练习主要刺激背阔肌上中部，兼带锻炼三角肌后束、肱三头肌长头、冈下肌、小圆肌、大圆肌等。

技术要点：在做练习过程中，应始终保持上体不动，两臂微曲的姿势，而不能有臂屈伸的动作，否则将主要锻炼肱三头肌；做练习的速度要均匀、缓慢，不能靠身体的重量做冲击式的下压动作，也不要让重量片自由落体式下落，否则会影响训练效果。

注意事项：做此练习时，要注意不要猛拉猛放，以防造成拉伤或损坏器械。

变化形式：将绳索换成橡皮筋也可做此练习，作用类似。

10. 立式杠铃上耸肩（图11－58）

动作名称：立式负重耸肩。

起始动作：两脚平行开立，与肩同宽，身体挺胸直腰自然站立，双手略宽于肩交错握式抓握杠铃，两臂随杠铃重量自然伸直，垂于体前身体两侧。

动作过程：保持两臂伸直，双肩先随杠铃重量下沉到最低点，然后，双肩尽量向上耸起，至顶点，略停片刻，再慢慢返回原处，重复进行。

图11－58

主要作用：此练习主要刺激斜方肌的上、中部、菱形肌和肩胛提肌等。

技术要点：动作过程中要保持两臂伸直的姿态，不可随两肩的起落而发生屈伸动作，否则将有额外的体力消耗，影响锻炼效果。

注意事项：因为做此练习所使用的重量比较大，所以，在练习前要做好充分的热身准备活动，尤其是肩带组织部分，以防受伤。

变化形式：也可用哑铃、器械绳索或橡皮筋等作为阻力源做此练习，作用相似。

11. 立式哑铃肩环绕（图11－59）

动作名称：负重肩环绕。

起始动作：两脚平行开立，与肩同宽，上体挺胸直腰，双手各持一哑铃，两臂自然伸直垂于身体两侧。

动作过程：身体保持不动，双肩沿着上、后、下、前路线慢慢地连续转动。

主要作用：主要锻炼斜方肌的上、中、下各部和菱形肌、肩胛提肌，兼带可以练到胸小肌、前锯肌和背阔肌等。

技术要点：此练习的主要动作是肩部的环绕，不要在练习时，做臂部的屈伸动作；为了取得良好的锻炼效果，动作的范围应该尽可能地扩大；动作的速度要控制得慢些，以使相关肌肉群能做充分的顶峰收缩。

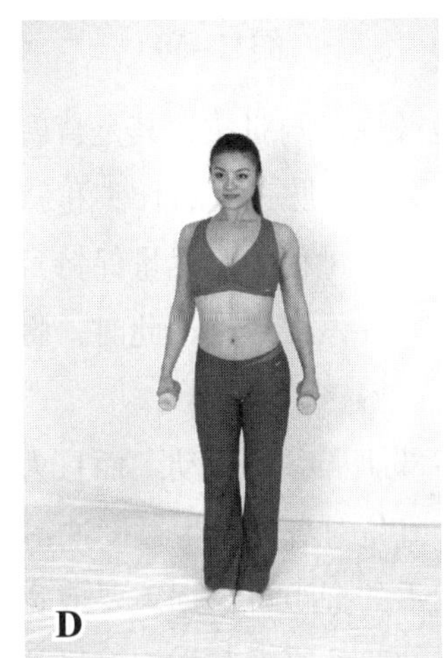

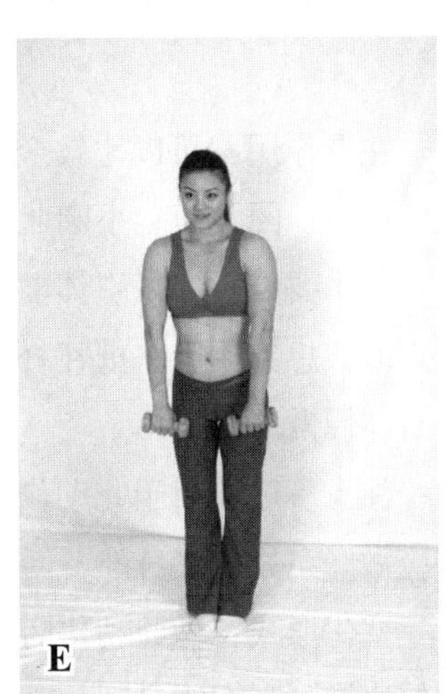

图11–59

注意事项：由于一般做此练习所使用的重量比较大，而且斜方肌又是比较容易受伤的肌群，所以，在做此练习之前，要做好充分的热身准备活动。

变化形式：做肩环绕练习也可以沿着上、前、下、后的方向连续转动，与前者相比减弱了对背阔肌的要求，而加大了对胸小肌的刺激。

（二）特效训练手段

1. 反弓式引体向上（图11–60）

动作名称：引体向上改进型。

起始动作：双手与肩同宽俯握单杠，两臂伸直，身体自然垂吊于单杠之下。

动作过程：仰头、挺胸、挺腹，双手先向前推单杠，随即拉引身体向上、向后至顶点，略停片刻，原路返回，重复进行。

图11-60

主要作用：可以比较全面地锻炼背阔肌，尤其是背阔肌的中、下部，兼带可以练到三角肌后束、冈下肌、小圆肌、大圆肌、肱三头肌长头和斜方肌等。

技术要点：在做引体向上动作的过程中，尽量保持身体形成反弓，特别是拉引身体到顶点时，想象用肚脐抵在杠面下，并停留片刻（此时，腰部以下应该尽量放松），然后再将身体慢慢落下。

注意事项：由于此动作有多部肌群参与运动，而且大多都集中在肩带部分，所以练习前应做好充分的热身准备活动，避免对身体产生过度冲击，或将斜方肌等拉伤。

变化形式：做此动作时，双手的握距可根据需要或宽或窄，宽握时，更侧重练背阔肌的外边缘，窄握时，则偏重练背阔肌的厚度和内侧；另外，为了减少由于上肢力量不足对整个动作的限制，还可以采用对握或仰握的抓握方式进行训练，训练效果近似。

2. 反弓式高滑轮下拉

动作名称：高滑轮下拉改进型。

起始动作：双手略宽于肩抓握器械手柄，两臂自然伸直，端坐在高滑轮器的座椅上，上体挺胸、挺腹稍向后仰。

动作过程：保持身体不动，双肘从身体两侧带动双手将手柄向下拉，引至双肘到达最低点，两大臂用力靠紧上体，稍停片刻，原路返回，重复进行。

主要作用：可以全面地锻炼到背阔肌的上、中、下部、内侧和外侧各部，兼带锻炼三角肌后束、冈下肌、小圆肌、大圆肌、肱肌、肱桡肌、小臂屈肌群和斜方肌中下部等。

技术要点：下拉时，如果两肘从身体两侧向下拉引，主要是利用大臂内收的作用，有利于集中发展背阔肌的宽度，如果两肘从前向后拉引，则主要突出伸大臂和屈小臂的作用，这样更突出发展背部的厚度，同时肱肌、肱桡肌、肱二头肌及肱三头肌长头等肌肉群也加入进来，在一定程度上减少了对背阔肌的刺激作用。

注意事项：动作起始时应使上体稍向后倾，不要使上体前倾，以防止钢丝绳断裂时手柄砸伤头部。

变化形式：改变双手之间的握距和握法可分别侧重锻炼背阔肌的宽度和厚度，如采用宽握距，可重点锻炼背阔肌的宽度和外轮廓线，而采用窄握距或对握做此动作则主要发展背阔肌的厚度。

3. 超宽式引体向上（图11−61）

动作名称：大宽引体。

起始动作：双手俯握单杠，握距在肩宽的2.5倍以上，两臂自然伸直，身体自然悬垂于杠下，双脚离开地面。

动作过程：双侧背部肌肉用力拉引两大臂内收、后伸，使身体尽量向上升高，在最高点略停片刻，原路返回，重复进行。

A B

图11−61

主要作用：重点锻炼背阔肌的上部、冈下肌、小圆肌等，兼带锻炼大圆肌、三角肌后束、斜方肌中下部等。

技术要点：大宽引体要求突出一个“宽”字，由于阻力矩比传统的常规做法大得多，且主动肌群已不在最适初长度，所以动作难度很大（需要有一定的训练基础），动作过程中应避免使用悠摆或爆发力。

注意事项：要特别注意上背部以及肩带肌群的热身准备活动，防止拉伤。

变化形式：也可以利用高滑轮下拉器的大长手柄做此练习，由于重量可调，所以适合

各类人群，作用近似。

4. 顿式哑铃单臂划船（图11–62）

动作名称：单臂划船改进型。

起始动作：与传统的哑铃单臂划船动作相同。

动作过程：整个动作过程与传统的哑铃单臂划船动作基本相同。不同之处在于，将哑铃向后、向上拉引的动作不是一气呵成，而是将其分为三段，每上提三分之一略停顿一下，在最顶点还要使肘关节向内侧夹紧一下，然后慢慢原路返回，重复进行。

主要作用：可以最大限度地调动背阔肌以及相关肌群的肌肉收缩力，避免产生惯性摆动，使目标肌群全程发挥作用。

技术要点：动作过程中，尽量保持上体不动，不要随哑铃上提而使上体发生扭转现象；停顿的时间不要太长，略有停顿即可；最后的顶峰收缩应向内夹肘并停顿片刻，不要做冲击式的收缩；哑铃回落的速度要慢，不能自由落体。

A

B

C

D

图11–62

注意事项：由于动作要求屈体，所以，动作过程中要特别注意保持呼吸畅通，不可憋气训练，尤其是用力时，一定要慢呼气，可伴随出声，否则容易造成体内压力过高和血液循环障碍而发生危险（体胖者和中老年人尤其要注意）。

变化形式：将哑铃换为绳索或橡皮筋作为阻力源，也可起到类似的作用。另外，身体的姿态也可采用跪撑式，即侧立在长凳的一边，不动作一侧的膝部跪撑在长凳的一端，同侧手臂撑按在长凳的另一端，使上体与地面基本平行，做动作的手抓握一只哑铃，手臂自然伸直垂于体下，同侧脚站在后方地面上，动作过程相同，动作效果类似。

5. 高滑轮转体单臂下拉

动作名称：转体单臂拉。

起始动作：单手抓握高滑轮绳索的单手柄，手臂随绳索自然向上伸直，端坐在高滑轮器的座凳上，上体挺胸、挺腹，动作一侧的肩部随绳索向上自然送出。

动作过程：先在保持动作手臂伸直的状态下，使肩部向下、向后收紧，然后，屈臂继续向下、向后拉引手柄，同时，随肩部的移动向同侧转体，使上体形成侧反弓，最后，在脊柱侧反弓的状态下，再使脊柱向同侧屈（肩部向下压），略停片刻，原路返回，重复进行。

主要作用：集中强化锻炼背阔肌的中、下部，特别是下部，兼带锻炼三角肌后束、冈下肌、小圆肌、大圆肌、肱肌、肱桡肌、小臂屈肌群和斜方肌中下部等。

技术要点：在保持挺胸、挺腹的前提下，缩肩、屈臂、转体、压肩、还原，不能打乱顺序，动作过程中，应该始终用背阔肌的力量控制下拉动作，动作速度均匀、缓慢，不使用猛力。

注意事项：做这个动作最容易出现的问题就是含胸或收腹，这样就不能有效地刺激背阔肌的下部；再有，就是注意不要利用身体向后仰的腰部力量产生惯性完成动作；拉引手柄到最低点后，返回时，不能使重量自由落体，而是要用力控制回落的速度，以防拉伤肩背部。

变化形式：除高滑轮外，利用中滑轮、低滑轮、橡皮筋等作阻力源也可以做此练习，作用类似。

6. 夹肘式屈体杠铃划船（图11−63）

动作名称：改进型屈体划船。

起始动作：与屈体杠铃划船相同。

动作过程：身体维持原姿态不变，双手将杠铃向后、向上拉引，至杠铃杆触及肚脐处，再尽量将两肘向内侧夹紧，略停片刻，慢慢原路返回，重复进行。

主要作用：此练习可以比较全面地刺激背阔肌，夹肘的动作还可以对背阔肌的内侧缘有特殊的刺激作用，兼带可以锻炼到三角肌后束、冈下肌、小圆肌、大圆肌和肱三头肌长头等。

技术要点：由于要将杠铃拉引到肚脐处，所以对背阔肌的阻力矩很大，练习时不要选用过重的杠铃，否则，很难将动作做到位，影响训练效果；夹肘时，要同时尽量保持杠铃杆紧贴在肚脐处，以加大背阔肌的紧张度；将杠铃放下时，动作速度要均匀、缓慢，不能

自由落体式落下，更不要使手臂过分前伸（超过肩的垂线），以免借助惯性完成动作；另外，在做练习时，应控制上体不要随杠铃的上下而起伏，避免借助腰部力量。

A

B

C

图11-63

注意事项：凡是屈体的动作，尤其是负重屈体，都要特别注意，屈的是髋关节，可以伴随屈腿，但不能含胸、弯腰，而要保持挺胸塌腰（或挺胸直腰）的姿势，否则，极容易造成腰部损伤，甚至是严重的伤害！

变化形式：上体与地面的夹角越大，刺激的部位越靠上，可根据个体具体情况调整合适的角度进行练习；另外，也可用哑铃、低滑轮器绳索、橡皮筋等做此练习，作用相同。

7. 夹肘式坐式划船（图11-64）

动作名称：改进型坐式划船。

起始动作：与坐式划船动作相同。

动作过程：保持上体不动，双手向腹部拉引器械手柄，至手柄触及肚脐处，然后，两肘同时向内侧用力夹紧，略停片刻，慢慢原路返回，重复进行。

主要作用：此练习主要可以刺激背阔肌，兼带锻炼三角肌后束、冈下肌、小圆肌、大圆肌、肱三头肌长头和肱肌、肱桡肌等。

技术要点：此练习主要是利用伸大臂和内收大臂的动作锻炼背阔肌，而不是屈小臂，所以，在做练习时，要尽量将器械手柄向肚脐处拉引，而不是拉向胸部拉引；如果上体略前倾，并突出挺胸、挺腹的动作，两肘从前向后拉引器械手柄，则可以比较全面地锻炼背阔肌，且突出刺激中下背部；如果上体略后倾，同时，抬高两肘向后拉引手柄，则主要刺激三角肌后束、背阔肌上部和斜方肌等；练习过程中，应尽量保持上体不动，不要随器械手柄做前后俯仰动作，以免借助其他身体力量。

图11-64

注意事项：动作过程中，要特别注意保持挺胸直腰的姿势，不能有含胸、弯腰的动作，以免损伤腰部。

变化形式：也可以利用橡皮筋作阻力源做此练习，作用类似。

8. 夹肘式卧拉（图11-65）

动作名称：改进型卧式杠铃划船。

起始动作：俯卧在卧拉架的卧板上，身体自然伸直，双臂自然垂于卧拉架卧板两侧，双手略宽于肩抓握杠铃。

动作过程：双手尽量向后、向上拉引杠铃，两肩同时向上、向后抬起，至杠铃杆触及肚脐下方卧板的下面，然后，两肘向内侧用力夹紧，略停片刻，再将杠铃向后、向下慢慢放回原位，重复进行。

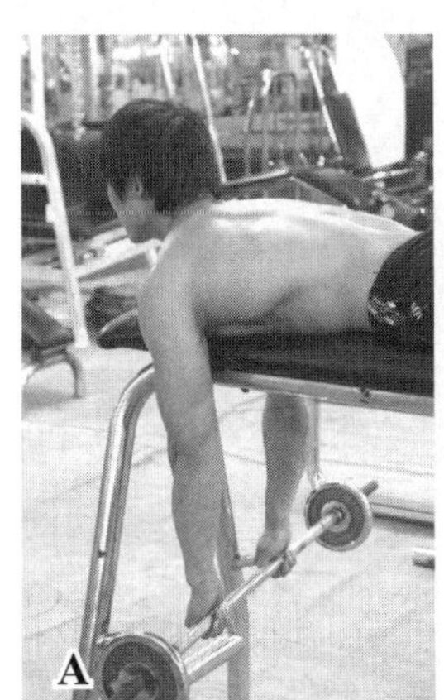

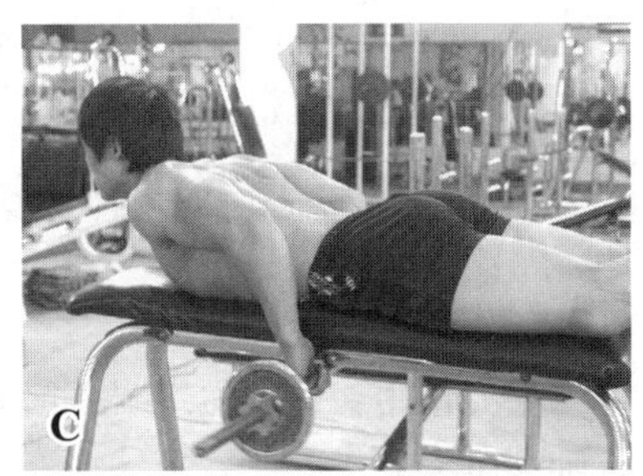

图11-65

主要作用：此练习可以比较全面地刺激背阔肌的各部，尤其是背阔肌中、下部的内侧

缘，兼带可以锻炼三角肌后束、冈下肌、小圆肌、大圆肌、肱三头肌长头和斜方肌的中下部等肌群。

技术要点：在双手向后、向上拉引杠铃时，要注意同时将双肩向后、向上收紧，以使中下背部的肌肉做有效的顶峰收缩；当将杠铃拉引到接近卧拉板时，要向内夹紧双肘做拧毛巾式的顶峰收缩，而不要做冲击式的收缩动作，否则，将不能充分刺激到背阔肌的中下部和深层。做此练习过程中要特别注意控制动作速度均匀、缓慢，不能猛然拉起，也不能自由落体式放下，以免借助惯性，影响训练效果。

注意事项：两手的握距应略宽于肩，如握距过窄，在杠铃回落时，双手可能会碰到卧拉架，伤及手臂。

变化形式：采用仰握的方式抓握杠铃做此练习时，由于有肱二头肌的更多参与，所以可以使用更大一些的重量；另外，还可以利用哑铃、橡皮筋等作为阻力源做此练习，作用类似。再有，如没有卧拉架，也可以利用上斜板等器械做此练习，只是锻炼的部位稍偏背阔肌的上部。

9. 立式绳索夹背（图11–66）

动作名称：十字夹背。

起始动作：两脚平行开立，与肩同宽，站在双高滑轮器的中间，两手各抓握一高滑轮绳索（最好是毛巾或类似物），手心向后，两臂随绳索自然向两侧伸开，上体挺胸、挺腹略后仰。

动作过程：保持两臂微曲，两臂同时用力，从身后向内侧拉引绳索，至双手在身体后面触碰，略伸直双臂，再慢慢返回原位，重复进行。

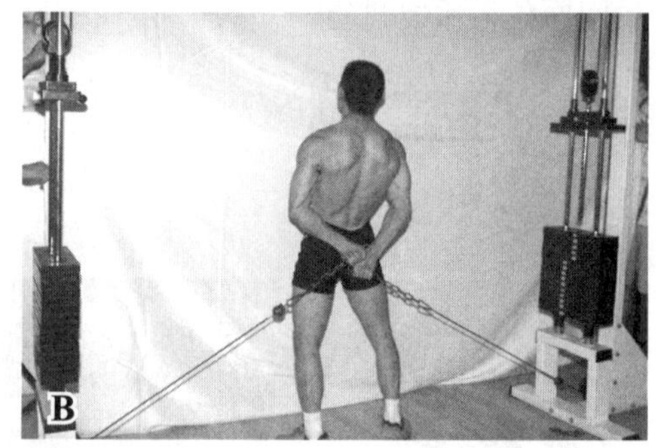

图11–66

主要作用：此练习主要刺激背阔肌的上、中部，兼带锻炼冈下肌、小圆肌、大圆肌和肩胛下肌等。

技术要点：动作过程中，要特别注意保持挺胸、挺腹的姿态，尤其是向后内收两大臂时，不能有含胸的动作，否则会借到胸大肌的力量。

注意事项：做练习时，要注意控制动作速度均匀、缓慢，不要使用爆发冲击式的收缩动作，也不要采用自由落体式的放回动作，以避免内收时，碰伤手部，放回时拉伤肢体或损坏器械。

变化形式：利用橡皮筋替代器械绳索做此练习，也可起到类似的作用。

10. 坐式低滑轮缩肩（图11–67）

动作名称：坐式缩肩。

起始动作：端坐在低滑轮器的座位上，双脚踩踏在脚踏板上，双腿微曲，上体挺胸直腰略前倾，双手略宽于肩抓握器械手柄，两臂随绳索拉力自然向前伸直。

动作过程：保持身体不动，两臂微曲的姿态，双肩带动双手以顿式收缩的方式向后拉引，两肩同时向内侧夹紧，至两侧肩胛骨内收到极限，略停片刻，原路返回，重复进行。

图11–67

主要作用：主要刺激斜方肌（尤其是中部）和菱形肌，兼带可以练到背阔肌的上部。

技术要点：动作过程中要尽量保持两臂微曲，而不要有明显的屈小臂或伸大臂的动作，以免改变主要训练部位。

注意事项：要特别注意保持挺胸直腰的姿势，不能有弯腰的姿势，否则容易造成腰部损伤。

变化形式：也可改用橡皮筋作阻力源做此练习，作用类似。

11. 坐式高滑轮缩肩（图11–68）

动作名称：高滑轮缩肩。

起始动作：端坐在高滑轮器的坐凳上，两腿抵在大腿挡托下面，上体挺胸直腰，双手略宽于肩抓握器械手柄，两肩随绳索拉力自然向上伸出，两臂自然向上伸直。

动作过程：身体不动，两肩带动两手以顿式收缩的方式向下拉引器械手柄，两肩胛骨同时向内侧用力收紧，至尽头，略停片刻，原路返回，重复进行。

图11-68

主要作用：主要刺激斜方肌的下、中部，兼带锻炼背阔肌。

技术要点：动作过程中，不要有屈小臂和内收大臂的动作，应突出直臂缩肩的动作。

注意事项：将器械手柄放回时，要注意控制动作速度缓慢、均匀，不能采用自由落体式的动作回放，否则，有可能拉伤肩部。

变化形式：用橡皮筋作阻力源做此练习，可以收到类似的效果。

12. 屈体哑铃缩肩（图11-69）

动作名称：屈体缩肩。

起始动作：两脚平行开立，与肩同宽，上体挺胸塌腰，屈髋前倾至与地面平行，可将额头抵靠在齐髋高的固定物上面（可垫上毛巾或类似软垫），两手各持一哑铃，两臂随哑铃重量自然伸直垂于身体下方两侧。

动作过程：身体保持不动，双肩采用顿式收缩方式向后、向内侧夹紧，至极限位置，略停片刻，原路返回，重复进行。

主要作用：主要刺激斜方肌和菱形肌，兼带可以锻炼背阔肌上部。

技术要点：动作过程中，要注意始终保持两臂微曲的状态，只做向后缩肩的动作，而不要在缩肩的同时有伸大臂和屈小臂的动作，否则，会过多地用到背阔肌、三角肌后束等其他肌群，而减弱了对目标肌肉群的刺激。

注意事项：身体的重心应该主要放在两腿上，而不能放在头部，否则会加大颈椎部的负荷，容易造成损伤。

图11–69

变化形式：也可以选用壶铃、杠铃、橡皮筋或器械绳索等作为阻力源做此练习，作用类似。

13. 龙门缩肩（图11–70）

动作名称：立式绳索缩肩。

起始动作：两脚平行开立，与肩同宽，上体挺胸直腰，自然站立在双可调滑轮器的中间偏后两步，两手各抓握一绳索手柄，两臂随绳索拉力自然向两侧伸开。

动作过程：身体不动，两臂保持微曲，两肩带动两手拉引绳索向后、向内侧用顿式收缩法分三次夹紧两肩胛骨，略停片刻，原路返回，重复进行。

主要作用：此练习主要可以刺激斜方肌的各部和菱形肌等，兼带可以锻炼到背阔肌的上部。

技术要点：这个练习主要是利用向后内侧缩肩的动作锻炼斜方肌、菱形肌等，所以，动作过程中，尽量不要做内收大臂或屈小臂的多余动作，否则将减弱对目标肌肉群的锻炼效果；由于此动作的行程比较短，所以要采用顿式收缩的方式来做才比较有效，而不要采用冲击式收缩的方式来做。

图11–70

注意事项：由于采用顿式收缩的方式进行练习，所以，对斜方肌、菱形肌的刺激作用比较强，在做练习前，应该做好充分的热身准备活动，以防拉伤。

变化形式：如果将两侧的滑轮置于高于身高的位置做此练习，主要可以刺激斜方肌的中、下部，假若将两侧的滑轮置于低于膝下的位置做此练习，则主要锻炼斜方肌的中、上部和菱形肌；使用橡皮筋做阻力源，也可做此练习，作用类似。

14. 悬垂提髋

动作名称：悬垂侧后提髋。

起始动作：双手抓握住高单杠，两臂自然伸直，身体自然悬垂。

动作过程：保持两臂伸直，两脚并拢，双膝可微曲。令左侧髋部向左后上方尽量提起，使双脚尽量向左后方伸出，至最高点时略停片刻，再原路返回，重复数次。然后再做右侧部分。

主要作用：可以集中锻炼背阔肌的下部。

技术要点：操作过程中注意不要有屈臂的动作，也不要有悠摆身体的动作。若要提高训练强度，可采用顿式收缩法做此练习，效果非常明显。

注意事项：做此练习前要做好充分的热身准备活动，特别是腰背部的下部分，以防拉伤。

变化形式：与悬垂提髋动作类似的悬撑提髋，是双手撑握在双杠上做此练习，作用近似。

五、臂部训练

（一）常规训练手段

1. 立式杠铃弯举（图11-71）

动作名称：垂肘弯举。

起始动作：两脚平行开立，与肩同宽，上体挺胸直腰，双腿微曲，双手与肩同宽仰握杠铃，两臂随杠铃重量自然伸直垂于身体前侧。

动作过程：尽量保持身体不动，用力屈小臂将杠铃上举至小臂接近垂直地面，略停片刻，原路返回，重复进行。

主要作用：主要刺激肱二头肌，兼带练到肱肌和肱桡肌等。

技术要点：动作过程中，要力图控制身体不随杠铃起落而产生前后晃动，以免借助身体其他肌肉部位的力量，而减弱了对目标肌肉的刺激。

注意事项：在整个动作过程中，要控制动作速度均匀、缓慢，不要猛起猛落，尤其是下落的过程，不能采用自由落体式的动作，否则，有可能造成肱二头肌的损伤。

图11–71

变化形式：如采用大于肩宽的握距做此练习，可以更多地刺激肱二头肌的内侧短头；而采用小于肩宽的窄握距做此练习时，则可以更多地锻炼肱二头肌的外侧长头。

2. 立式哑铃弯举（图11−72）

动作名称：哑铃弯举。

起始动作：两脚平行开立，与肩同宽，上体挺胸直腰，两手各持一哑铃，手心向前，两臂随哑铃重量自然伸直垂于身体两侧。

动作过程：保持身体不动，两小臂同时向上弯举，将哑铃上举至小臂接近垂直地面，略停片刻，再慢慢原路返回，重复进行。

主要作用：此练习主要刺激肱二头肌，兼带锻炼肱肌和肱桡肌等。

图11–72

技术要点：做练习时，要保持身体不动，尽量利用肱二头肌的力量均匀地将哑铃向上弯举，而不要使用爆发式的动作，以免借助惯性力，影响训练效果。

注意事项：要特别注意控制哑铃向下回落时的速度，不能自由落体，更不要在自由落体后猛然将哑铃向上弯举，这样极容易造成肱二头肌和肩部的损伤。

变化形式：如果在起始动作中，调整两手心的朝向分别向左右外侧，使弯举的动作在肩部的额状面内进行，则可以侧重锻炼肱二头肌的外侧长头。另外，除采用立式的方式以外，还可以采用坐式做此练习，作用类似。

3. 坐式杠铃斜板弯举（图11–73）

动作名称：斜板弯举。

起始动作：端坐在斜板弯举架的座位上，上体挺胸直腰，胸部抵靠在斜板的上边缘，双手仰握曲柄杠铃，两臂随杠铃重量自然伸直置于斜板面上。

动作过程：保持身体不动，大臂不动，屈小臂将杠铃向上弯举，至小臂与地面基本垂直，再慢慢原路返回，重复进行。

图11–73

主要作用：此练习主要刺激肱二头肌的中、下部，兼带锻炼肱肌、肱桡肌等。

技术要点：在做弯举动作时，不要伴随躯干的前后运动，以免借助躯干力量完成动作；上举杠铃时，小臂接近垂直地面即可，不必再向后拉引杠铃，因小臂超过垂线后对肱二头肌来说，已经没有阻力矩了。

注意事项：做此练习时，要注意控制动作速度均匀、缓慢，不可猛起猛落，否则很容易造成肩、臂部的拉伤；特别是杠铃回落时，如不加控制，而采用自由落体的动作，极容易伤及肘关节等组织。

变化形式：有些斜板的高度接近胸高，可以采用站立的体姿做弯举练习（又称讲道者弯举），效果近似；利用哑铃、橡皮筋或低滑轮器的绳索手柄等作为阻力源做此练习，也可以起到类似的作用。

4. 哑铃交替弯举（图11−74）

动作名称：交替弯举。

起始动作：端坐在直角凳上，双膝、双脚并拢，上体挺胸直腰，背部紧靠在直角凳的靠背上，双手各持一只哑铃，两臂随哑铃重量自然垂于身体两旁，手背朝前。

动作过程：保持身体挺胸直腰、两腿并拢的姿势不动，用力屈一侧小臂，使哑铃向前、向上抬起，待手背超过大腿上面，向外翻转手腕，同时继续不停向上弯举哑铃，至小臂收紧到极限略停片刻，原路返回，与此同时，另一只手持哑铃做相同的向上弯举的动作，如此两手连续交替做弯举的动作。

图11−74

主要作用：主要锻炼肱二头肌，兼带刺激肱肌、肱桡肌等。

技术要点：翻转手腕的动作应该在手背刚刚超过大腿时再开始，而不能刚开始弯举就翻转，否则，会减弱对肱二头肌的刺激。

注意事项：动作过程中，不要施以猛力，防止拉伤肩、臂部组织。

变化形式：交替的方式可以有两种。第一种，两手的交叉位置可以在两小臂接近与地面平行处，即两手一上、一下同时进行；第二种，也可以一只手做完弯举动作还原后，另一只手再做弯举，第二种做法可以使用更大的重量。另外，除坐式外，此练习也可以采用立式来做，由于参与运动的关节和环节较多，容易发生体位的变化，所以，立式哑铃交替弯举可以使用更大一点的重量。

5. 集中弯举（图11−75）

动作名称：屈体单臂弯举。

起始动作：（以右手为例）两脚前后一大步开立，右脚在前，右膝弯曲，上体挺胸直腰，屈髋前倾与地面平行，身体重心压在右腿上，左手扶在齐膝高的固定物上，以保持身体平衡，右手抓握一只哑铃，右手臂随哑铃重量自然伸直悬垂于体下，手心朝向左前方。

动作过程：保持身体原姿态不变，右大臂不动，用力屈右小臂，将哑铃从内侧向左上方举起，至右小臂接近垂直地面，原路返回，重复进行。

A

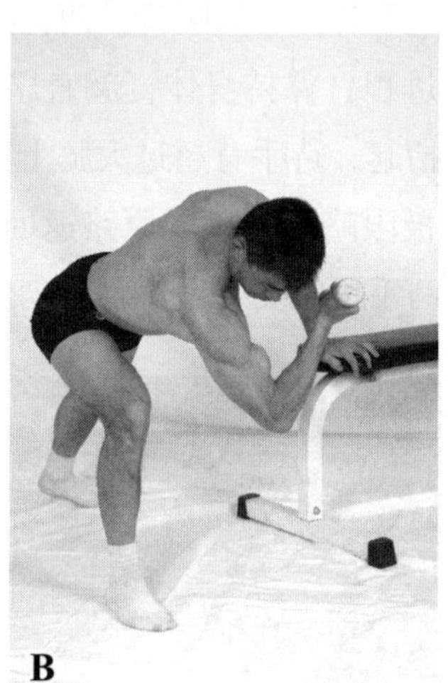
B

图11–75

主要作用：此练习可以比较集中地刺激肱二头肌，兼带可以锻炼到肱肌和肱桡肌等。

技术要点：动作过程中，要保持大臂和身体都不动，只做小臂的屈、伸动作，不要有悠摆的动作；做小臂的弯举动作时，哑铃若向斜前上方举起，主要刺激肱二头肌外侧长头，如向斜后方举起，则侧重锻炼肱二头肌的内侧短头。

注意事项：左手与右脚的距离应稍远些（50厘米以上），不要太近，否则右手上的哑铃在动作过程中有可能碰伤左手。

变化形式：此练习也可用壶铃、橡皮筋或低滑轮绳索等作阻力源来完成，作用效果类似。

6. 坐式器械弯举（图11–76）

动作名称：器械弯举。

起始动作：端坐在弯举器的座位上，两大臂抵在器械的斜板上，双手与肩同宽仰握器械的弯举手柄，两臂自然伸直。

动作过程：身体其他各部都保持不动，用力屈小臂将器械手柄向上弯举，至尽头，略停片刻，再原路返回，重复进行。

主要作用：主要刺激肱二头肌，兼带锻炼肱肌和肱桡肌等。

技术要点：注意调整肘关节轴与器械手柄的运动轴在一条直线上，以利于动作的顺利完成。

图11–76

注意事项：做弯举动作时，要控制动作速度均匀、缓慢，不要猛起猛落，防止拉伤肩臂组织，或损坏器械。

变化形式：弯举器械有单一曲柄手柄和两个分离手柄两种，操作近似，作用相近。

7. 坐式哑铃单臂膝内弯举（图11–77）

动作名称：膝内弯举。

起始动作：（以左臂为例）坐在平凳上，左手手心朝向右前方抓握一只哑铃，左臂伸直，左肘上部靠在左侧大腿前部膝关节内侧，上体随之略向左前侧倾斜，左脚跟向上提起（或踩在10厘米左右高的垫块上），以减轻腰部的压力，右手扶按在右膝上。

动作过程：保持身架不动，用力屈左小臂，将哑铃从内侧向斜前上方弯举起，至左小臂接近垂直地面，原路返回，重复进行。

图11–77

主要作用：此练习主要刺激肱二头肌的下、中部，兼带锻炼肱肌、肱桡肌等。

技术要点：做此练习过程中，要保持身体尽量不动，不要随哑铃的上举动作而使上体向左侧倾斜；动作应做全程收缩，哑铃下落至最低点时，左手臂应该完全伸直，而不能半曲；在做膝内弯举动作时，如将哑铃向偏前方弯举，主要刺激肱二头肌的外侧长头，若令哑铃向偏后方弯举，则会更多地刺激肱二头肌的内侧短头。

注意事项：动作过程中，要注意控制动作速度均匀、缓慢，不要猛起猛落；尤其不要在上体向左后侧倾斜时，采用自由落体式的下落动作，否则，有可能损伤肘部。

变化形式：还可以利用壶铃、橡皮筋或低滑轮绳索手柄做此练习，作用近似。

8. 龙门弯举（图11-78）

动作名称：双高滑轮绳索弯举。

起始动作：站立在双高滑轮器的中间，挺胸直腰，双手从左右各抓握一器械绳索手柄，两臂随绳索拉力向两侧自然伸直。

动作过程：身体不动，大臂不动，同时向上用力屈两小臂，双手向内拉引绳索，至两小臂屈到尽头，略停片刻，再慢慢原路返回，重复进行。

图11-78

主要作用：可以比较全面地刺激肱二头肌各部，特别是在向内收紧小臂时，略带向内向前夹紧肘部的动作，可以突出刺激肱二头肌的内侧短头（因为在两臂伸展时，肱二头肌内侧的短头被更多地拉长，而在收紧小臂时，可以使其收缩得更紧），兼带可以锻炼到肱肌、肱桡肌、喙肱肌等。

技术要点：做此练习过程中，不要过多地做向下、向前夹肘的动作，以免胸大肌和背阔肌过多地参与。

注意事项：将绳索放回时，要注意控制动作速度缓慢、均匀，不可猛然放回，以免造成肩臂部的拉伤。

变化形式：改变滑轮与身体的相对位置关系，还可以有一些其他的变化形式，如面对一侧滑轮站立，采用单手进行操作，作用相同。另外，如果以身体的左侧对着滑轮，右手操作，可以更突出刺激肱二头肌的外侧长头。

9. 立式杠铃反握弯举（图11-79）

动作名称：俯握弯举。

起始动作：与立式杠铃弯举基本相同，只是双手采用手心向下的俯握方式抓握杠铃。

动作过程：基本与立式杠铃弯举动作相同。

图11-79

主要作用：由于双小臂处于旋内的状态，所以此练习主要刺激肱肌，兼带锻炼肱桡肌、肱二头肌和旋前圆肌等。

技术要点：与立式杠铃弯举基本相同。

注意事项：除立式杠铃弯举要注意的内容外，还要注意由于是手心向下抓握杠铃，大拇指受到的压力比较大，向上弯举时，不能发猛力，防止损伤手指或脱手伤及其他部位。

变化形式：如果使用环形杠铃做弯举练习，由于双小臂处于既不旋内，也不旋外的中间状态位置，所以主要刺激的肌肉是肱桡肌，兼带可以锻炼肱肌、肱二头肌和肌旋前圆肌等。

10. 坐式哑铃单臂斜板弯举

动作名称：单臂斜板弯举。

起始动作：（以右手为例）坐在斜板弯举架的座位上，上体挺胸直腰，右臂伸直抵靠在斜板面上（手心向前），右手仰握抓握一只哑铃，左手扶在斜板的左侧。

动作过程：上体不动，大臂不动，用力向上屈右小臂，将哑铃上举至小臂接近垂直地面，原路返回，重复进行。

主要作用：可以比较集中地刺激肱二头肌的下中部，兼带可以锻炼到肱肌和肱桡肌等。

技术要点：动作要尽量规范，应进行全程收缩，即哑铃下落时，要令手臂伸直，弯举起时，应使小臂基本垂直地面，而不要使用过大的重量，只做部分动作。

注意事项：注意控制动作速度要缓慢、均匀，尤其是在哑铃下落时，不可采用自由落体式的动作，防止由于过伸而拉伤动作手臂。

变化形式：此练习也可以采用站立的方式进行，如图11–80所示。另外，还可以利用壶铃或低滑轮器的绳索手柄来操作，作用类似。

图11–80

11. 立式杠铃臂屈伸（图11–81）

动作名称：立式头上臂屈伸。

起始动作：两脚前后一步开立，上体挺胸直腰，双手与肩同宽俯握杠铃，高举过头，两臂伸直垂直地面。

图11–81

动作过程：保持身体不动，大臂不动，慢慢向后屈小臂，将杠铃向头后下落至最低点

（此时，应尽量保持两肘贴近耳朵，两大臂基本垂直向上），然后用力令小臂向上伸直回到原位，重复进行。

主要作用：这个练习可以比较全面地刺激肱三头肌的各部，尤其是肱三头肌的长头和外侧头的下部，兼带锻炼肘肌等。

技术要点：动作过程中，应该尽量保持身体不动，两大臂不动，只做两小臂的屈伸动作，而不要加入蹬腿的动作，也不要有向前拉肘的动作。

注意事项：要注意控制杠铃下落的速度，要均匀、缓慢，不可猛然落下；否则，有可能会砸伤颈部组织。

变化形式：也可以采用仰握杠铃的方式做此练习，与俯握的方式相比，更突出刺激肱三头肌的内侧头下部；如果利用哑铃或环形杠铃作为阻力源，还可以采用对握的方式，做锤式臂屈伸，这样，可以比较均匀地刺激到肱三头肌三个头的下部；除立姿外，这类练习还可以采用坐姿来完成，效果近似。

12. 仰卧杠铃臂屈伸（图11–82）

动作名称：卧式杠铃臂屈伸。

起始动作：躺卧在平长凳上，双手与肩同宽俯握曲柄杠铃，两臂伸直将杠铃举在眼睛的垂直上方。

动作过程：保持两大臂不动，屈小臂将杠铃慢慢放下至头顶后方，用力伸直小臂将杠铃原路返回，重复进行。

主要作用：主要锻炼肱三头肌和肘肌，兼带锻炼胸大肌和背阔肌。

技术要点：动作过程中应尽量向内侧夹紧两肘关节，以减少胸大肌的参与；伸小臂时要尽量不先向前拉动肘部，防止借助背阔肌的力量。

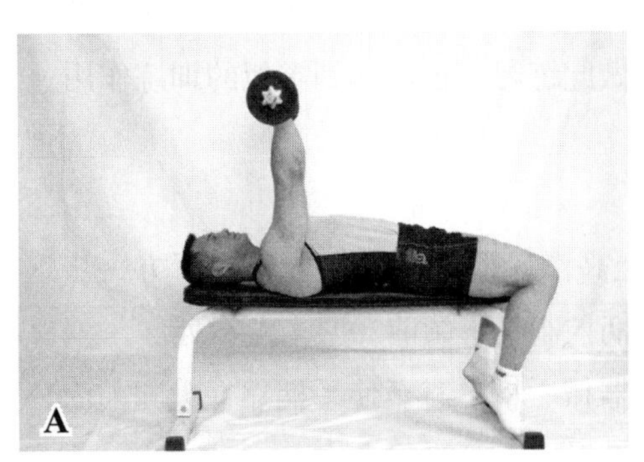

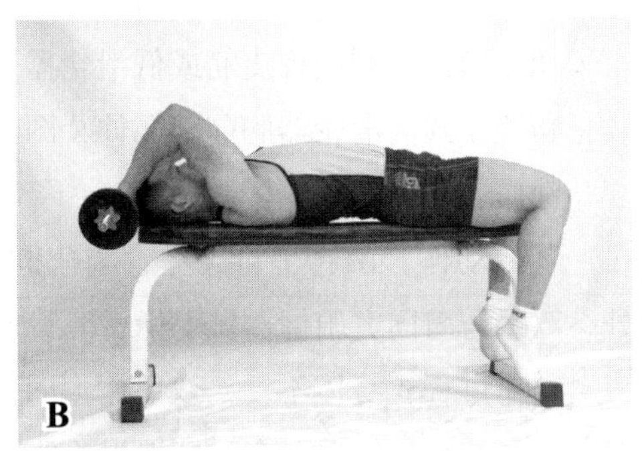

图11–82

注意事项：在做此练习之前，要先将肘部的尺骨鹰嘴处进行充分的按摩，以防拉伤；屈小臂的速度要均匀缓慢，不要使杠铃下落速度过快，以防砸伤头部。

变化形式：可利用一只或两只哑铃、壶铃、橡皮筋或配重器械等作阻力源做此练习，

作用类似。另外，此练习也可在上斜板或下斜板上做，分别侧重刺激肱三头肌的下端或肱三头肌的长头；如果采用仰握曲柄杠铃的握法做此练习（尤其是在上斜板上），则主要是锻炼肱三头肌的内侧头。

13. 仰卧哑铃单臂屈伸（图11-83）

动作名称：卧式胸前臂屈伸。

起始动作：（以左手为例）躺卧在平长凳上，左手臂伸直，左手抓握一只哑铃举于胸部的垂直上方，右手掌心向上扶在左小臂的内侧面。

动作过程：左大臂及身体其他各部不动，屈左小臂将哑铃慢慢向头的右侧落下，至哑铃接近右侧耳朵，原路返回，重复进行。

图11-83

主要作用：此练习主要刺激肱三头肌的下部和肘肌。

技术要点：右手主要是起保护作用，不要参与主动用力；伸左小臂时，应尽量保持左大臂不动，不要向左侧拉动肘部，否则会减弱对肱三头肌的刺激作用。

注意事项：右手特别注意对哑铃下落的速度的控制，不能过快，防止哑铃砸伤头部。

变化形式：利用橡皮筋或低滑轮器作为阻力源做此练习，也可起到类似的训练作用。

14. 立式高滑轮器胸前臂屈伸（图11-84）。

动作名称：高滑轮臂屈伸。

起始动作：两脚平行开立，与肩同宽，站在距高滑轮器绳索手柄的垂直下方一步远处，双手与肩同宽俯握器械手柄，两臂弯曲，将手柄控制在下颌前30厘米左右处。

动作过程：身体不动，双手用力向前下方按压器械手柄，直至使手柄靠在大腿前面，双臂完全伸直，然后，令手柄慢慢原路返回，重复进行。

主要作用：此练习可以比较全面地刺激肱三头肌和肘肌，特别是对肱三头肌的外侧头，有比较好的刺激作用。

技术要点：动作过程中，上体不要有上下运动，大臂也不应有向后的拉肘动作，应尽量保持身体稳定不动，使肱三头肌独立用力；手柄的起始位置应该在下颌前30厘米左右处，不能太高或过低，否则会影响训练效果。

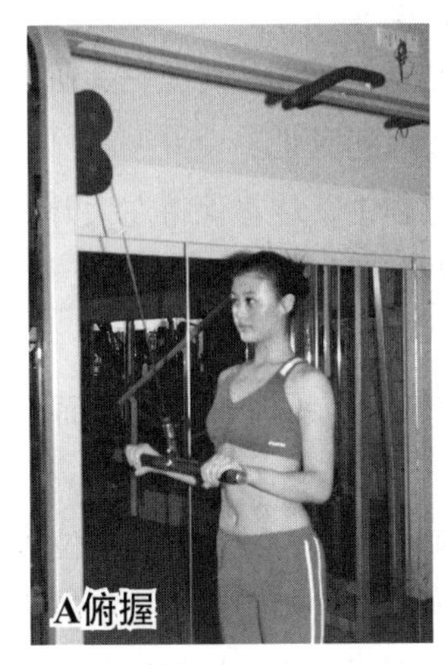
A俯握

B仰握

图11–84

注意事项：做此练习时，要注意控制动作速度缓慢、均匀，不要猛起猛落，否则，可能造成肩臂部的损伤或损坏器械。

变化形式：这个练习也可以改用仰握的方式抓握器械手柄来做，这样可以重点刺激肱三头肌的内侧头，或者换用对握手柄来做，可以均匀地刺激到肱三头肌的各个部分。

15. 坐式哑铃单臂屈伸（图11–85）

动作名称：坐式单臂屈伸。

起始动作：（以左手为例）端坐在直角凳上，上体挺胸直腰靠在直角凳的靠背上，左手臂伸直向上，左大臂贴近右侧耳朵旁边，左手抓握一只哑铃，手心向前，右手撑扶在右膝上。

A

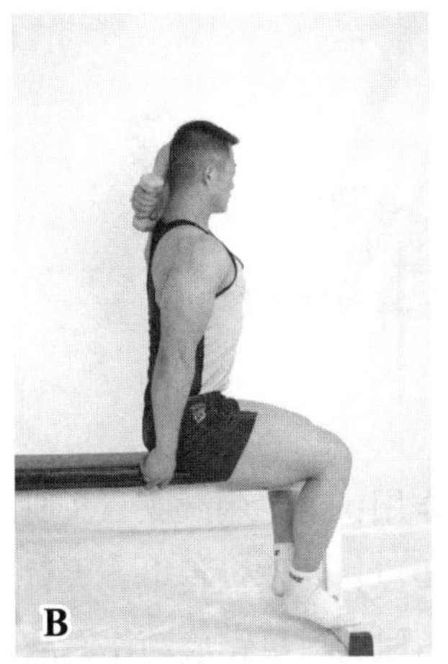
B

图11–85

动作过程：保持身体不动，左大臂不动，慢慢向右后方屈左小臂，至哑铃下落到最低点，然后，用力将左小臂向上伸直，使哑铃回到原位，重复进行。

主要作用：此练习主要刺激肱三头肌下部（尤其是外侧头），对肱三头肌的长头有较大的抻拉作用，有利于肱三头肌的全面发展，还可以锻炼到肘肌。

技术要点：为了集中刺激肱三头肌，在做此练习过程中，尽量保持左大臂不动，不要随哑铃的举起而向左侧拉肘；那样就会借助三角肌和背阔肌的力量完成动作，而减弱了对肱三头肌的刺激。

注意事项：哑铃落下时，一定要控制好下落的速度，应缓慢、均匀，而不能自由落体，否则容易砸伤肩颈部组织。

变化形式：改变哑铃下落的方向，可以略微改变刺激的部位，如在起始位置令左手旋外，使手心向右后方，并使哑铃向后落下做臂屈伸，则更偏重刺激肱三头肌的内侧头；若在起始位置令左手手心向右侧，向后做锤式单臂屈伸，则可以比较均匀地刺激到肱三头肌的各部。

16. 侧卧哑铃单臂屈伸（图11-86）

动作名称：侧卧臂屈伸。

起始动作：（以右手为例）身体左侧靠卧在平长凳上，左肘及小臂抵靠在凳面上支撑上体，右脚向前外侧伸出，踩于地面，以保持身体平衡，右臂垂直向上伸直，右手抓握一只哑铃，手心向前。

动作过程：右大臂和身体其他部位不动，慢慢弯曲右小臂，使哑铃下落至眼前，再用力伸展右小臂，使其回到原位，重复进行。

图11-86

主要作用：主要刺激肱三头肌的下、中部和肘肌。

技术要点：动作过程中，大臂应该保持不动，而不要随着哑铃的上下而摆动；否则，会借助三角肌的力量完成动作，减弱了对肱三头肌的刺激作用。

注意事项：要特别注意控制哑铃的下落速度，不能过快，以免碰伤脸部。

变化形式：也可以利用橡皮筋、低滑轮器的绳索等作阻力源做此练习，作用类似。

17. 立式高滑轮绳索臂屈伸（图11–87）

动作名称：绳索臂屈伸。

起始动作：面对高滑轮器两脚平行开立，与肩同宽，上体挺胸直腰，从髋关节处略前倾，双手各抓握高滑轮器的绳索手柄的一端，两大臂夹在体侧，小臂随绳索拉力自然曲肘向上（此时大小臂之间夹角小于90°）。

动作过程：身体其他部位不动，双手用力向下拉引器械绳索，直至双臂完全伸直，双手略向下按压，然后，慢慢原路返回，重复进行。

图11–87

主要作用：主要刺激肱三头肌的下、中部分以及肘肌等。

技术要点：做动作时，应该尽量保持身体不动，不要随绳索的上下运动而使上体前后晃动，以免借助身体其他部位的力量完成动作。

注意事项：做练习时，要控制动作速度缓慢、均匀，特别是向下拉引时，如使用猛力，很容易使绳索手柄脱离挂钩或损坏器械。

变化形式：如果没有绳索手柄，也可以用毛巾等物品代替，或用橡皮筋代替器械绳索做此练习，作用类似。

18. 高滑轮单臂屈伸（图11–88）

动作名称：绳索单臂屈伸。

起始动作：（以左手为例）两脚前后一步开立（右脚在前），站在距离高滑轮的垂直下方一步远处，左手仰握式抓握器械手柄，左大臂靠在体侧，左小臂随绳索拉力自然向上，右手背在腰后。

动作过程：身体其他部位不动，左手向前下方拉引器械手柄，直至左臂完全伸直，略

向下按压手柄，然后，原路返回，重复进行。

图11-88

主要作用：此练习主要刺激肱三头肌，尤其是肱三头肌的内侧头，另外还有肘肌等。

技术要点：做练习过程中，应该尽量保持身体其他部位不动，只做动作手臂的屈伸运动，不能在动作手臂屈伸过程中伴随有扭转腰部或上体上下起伏的动作；在做伸小臂的动作时，也不要有向后拉肘的动作，否则会借助背阔肌、三角肌后束等其他肌群的力量，而减弱了对目标肌肉的刺激。

注意事项：由于采用仰握的方式抓握器械手柄，手指受力比较大，所以，做练习时，动作应缓慢、均匀，不要使冲击式的猛力，以防脱手或伤及手指。

变化形式：此练习也可单手抓握绳索或橡皮筋来做，作用类似；与仰握式相比较，对肱三头肌三个头的刺激更平均。

19. 屈体哑铃单臂屈伸（图11-89）

动作名称：屈体单臂屈伸。

图11-89

起始动作：两脚前后一大步开立，前脚的同侧手撑握在脚背上，上体挺胸直腰与地面平行，另一只手抓握一哑铃，大臂紧贴靠在体侧，小臂随哑铃重量自然悬垂。

动作过程：保持大臂不动，用力伸直小臂，略停片刻，原路返回，重复进行。

主要作用：主要锻炼肱三头肌，兼带锻炼三角肌后束等。

技术要点：动作过程中，身体尽量不要晃动，伸小臂时要伸到极限，屈小臂时至小臂垂直地面即可，不要超过垂线过屈，以防借助惯性产生悠摆现象。

注意事项：前脚的同侧手臂应该支撑住上体的重量，以防腰部过分负荷受伤。

变化形式：如将哑铃换为固定在体前下方的橡皮筋或低滑轮器械绳索做此练习，也可起到类似的作用。

20. 立式低滑轮头上臂屈伸（图11–90）

动作名称：立式低滑轮臂屈伸。

起始动作：背对低滑轮器一步站立，两脚前后一大步开立，上体挺胸直腰略向后倾，双手俯握低滑轮器的曲形手柄，两大臂向上高举起，两小臂随器械绳索拉力自然屈向后下方，两肘夹紧。

动作过程：全身其他部位不动，用力收缩肱三头肌，使两手向前上方拉引绳索，至两臂在头上方完全伸直，略停片刻，原路返回，重复进行。

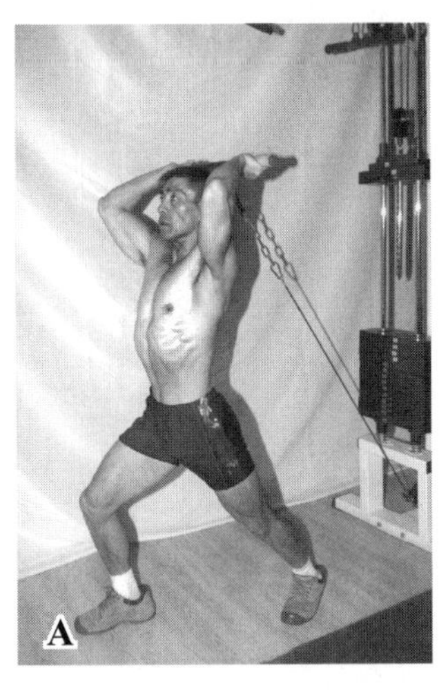

图11–90

主要作用：主要锻炼肱三头肌、肘肌等，特别是对肱三头肌的长头肌腱有明显的抻拉作用，对肱三头肌外侧头也有突出的刺激作用。

技术要点：要注意控制好身体的重心，后面腿要起到主要支撑的作用，但不要在做臂屈伸动作时，有蹬腿的动作。

注意事项：做练习时，动作要均匀、缓慢，尤其是将绳索放回时，如速度过快可能会

拉伤肩臂部组织。

变化形式：此练习也可用仰握曲形手柄或对握毛巾绳索手柄的方式来做，分别可以侧重刺激肱三头肌的内侧头或比较平均地刺激三个头肌；此外，此练习还可以在高滑轮器上进行，称作立式高滑轮头上臂屈伸，与立式低滑轮臂屈伸相比，双手拉引器械手柄的方向不是向前上方，而是向前下方，所以，对肱三头肌的刺激更偏中上部。

21. 屈体低滑轮绳索臂屈伸（图11−91）

动作名称：屈体低滑轮臂屈伸。

起始动作：面对低滑轮器一大步远并脚屈体站立，上体挺胸塌腰，两腿微曲，双手各抓握长柄绳索的一端（单侧绳索手柄长50厘米以上），大臂夹在身体两侧，小臂随绳索拉力自然向前屈。

动作过程：保持身体其他部位不动，用力收缩肱三头肌，令两小臂向后伸出，至完全伸直，略停片刻，原路返回，重复进行。

图11−91

主要作用：主要刺激肱三头肌、肘肌等。

技术要点：动作过程中，要始终保持身体不动，只让小臂做屈伸的动作，集中刺激肱三头肌，不要随小臂的屈伸动作使上体有起伏，以免借助身体其他部位的力量。

注意事项：要确保挺胸直腰的姿态贯穿始终，不可有含胸、弯腰的动作，防止伤及腰部。

变化形式：也可利用橡皮筋做阻力源做此练习，作用类似。

22. 坐式器械臂屈伸

动作名称：器械臂屈伸。

起始动作：端坐在坐式臂屈伸器的座位上，上体挺胸直腰，双手俯握器械手柄，两大臂前伸放在器械斜板上，两肘随器械手柄的位置自然弯曲。

动作过程：身体其他部位不动，双手用力向前下方按压器械手柄，至两臂完全伸直，略停片刻，再慢慢原路返回，重复进行。

主要作用：主要刺激肱三头肌的下中部和肘肌，特别是肱三头肌的外侧头。

技术要点：注意调整好两肘关节与器械手柄的轴的位置关系应在同一条线上，否则，会影响动作的训练效果。

注意事项：注意控制动作的速度，特别是让器械手柄回落时，要缓慢、均匀，不可太快；否则，有可能损坏器械。

变化形式：除用俯握的方式抓握器械手柄操作外，还可以用仰握或对握的方式抓握器械手柄进行练习，分别可以侧重刺激肱三头肌的内侧头和均衡刺激三个头。

23. 坐式杠铃屈腕（图11−92）

动作名称：坐式腕弯举。

起始动作：坐在练习凳上，两脚平行开立，略窄于肩（大小腿之间90°左右），双手仰握杠铃，将两小臂的腕部以上部分贴放在两大腿上，双手随杠铃重量自然向下伸腕。

动作过程：用力屈腕，使杠铃尽量向上举高，至顶点，略停片刻，慢慢原路返回，重复进行。

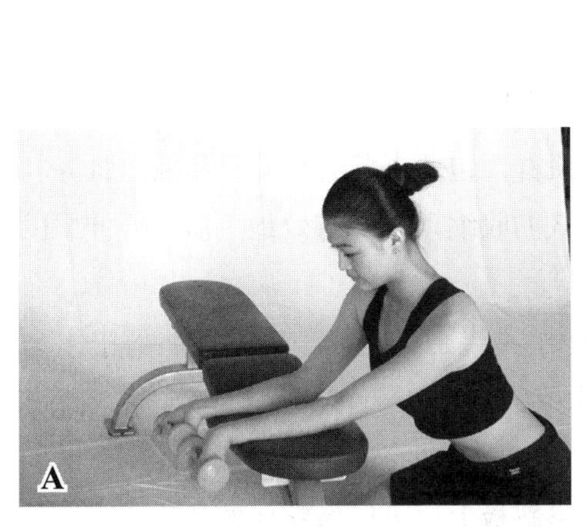

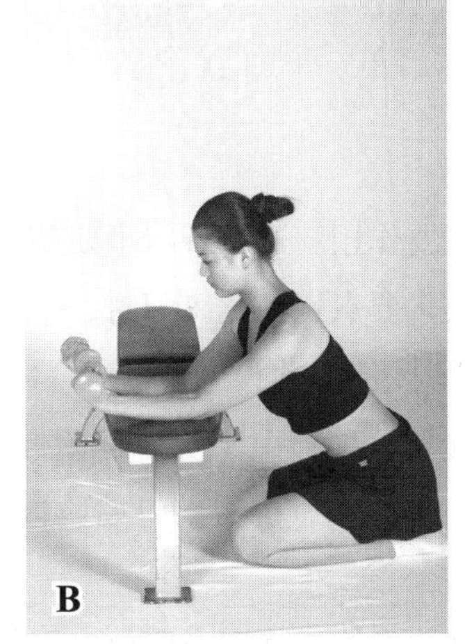

图11−92

主要作用：此练习可以有效地刺激小臂的屈肌群，包括指屈肌和腕屈肌等。

技术要点：为了有效地刺激小臂屈肌群，动作要求缓慢、均匀，并且要有明显的顶峰收缩动作，不可使用冲击式的动作。

注意事项：可以在大腿面上垫一毛巾，防止因为汗水而发生小臂从大腿面上滑落的情况出现。

变化形式：也可以将双肘和小臂放在平凳面上或弯举斜板上做此练习，效果近似；另外，还可以用哑铃或壶铃等器械做阻力源做腕弯举练习，也可以收到很好的锻炼效果。

24. 坐式杠铃伸腕（图11−93）

动作名称：坐式腕屈伸。

起始动作：坐在练习凳上，两脚平行开立，略窄于肩（大小腿之间90°左右），双手俯握杠铃，将两小臂腕部以上部分贴放在两大腿上，双手随杠铃重量自然向下屈腕。

动作过程：保持身体其他部位不动，用力向上伸腕，将杠铃向上抬起，至最高点，略停片刻，原路返回，重复进行。

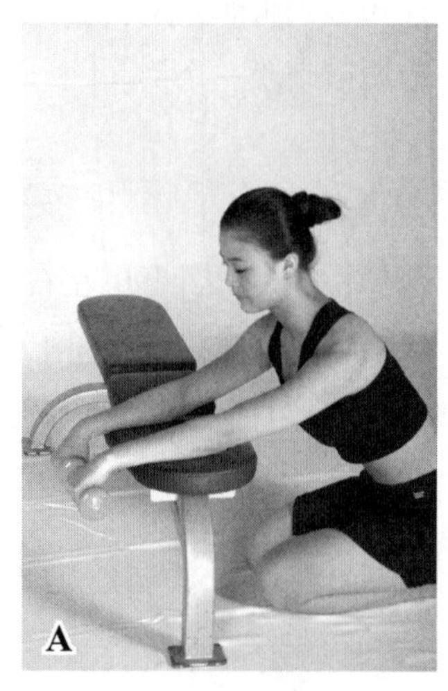
A

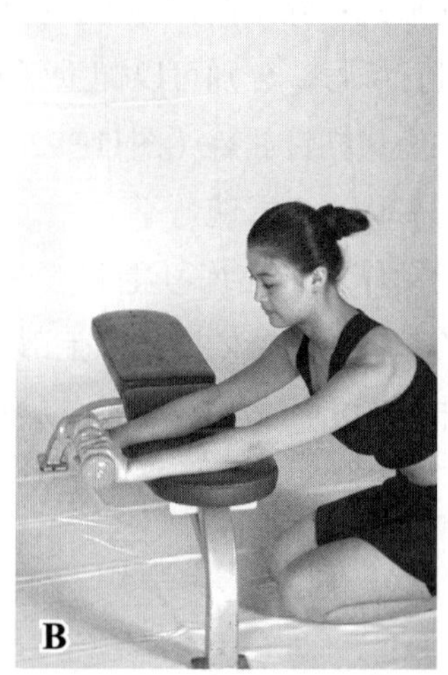
B

图11−93

主要作用：这个练习主要刺激小臂的伸肌群，包括小臂的指伸肌和腕伸肌等。

技术要点：做此练习时，不要使用冲击式的收缩动作，有效地刺激小臂伸肌的动作速度应该是缓慢、均匀。

注意事项：由于双手是俯握杠铃，在动作的起始阶段，小臂指屈肌处于主动收缩不足状态；所以，练习的开始阶段动作不要太猛，否则，可能发生脱手现象，或影响训练效果。

变化形式：将双小臂放在平凳面上或弯举斜板上也可以做腕屈伸的练习；另外，用哑铃、壶铃等器械代替杠铃作阻力源也可以，训练效果类似。

25. 立式杠铃屈腕（图11−94）

动作名称：立式腕弯举。

起始动作：两脚平行开立，与肩同宽，上体挺胸直腰，双手略窄于肩，仰握杠铃，两臂随杠铃的重量自然伸直于体前。

动作过程：身体其他部位不动，双手用力向前、向上屈腕，将杠铃向上举起，至顶点，略停片刻，然后，慢慢原路返回，重复进行。

图11–94

主要作用：腕弯举动作的主要作用是刺激小臂的屈肌群。

技术要点：这个练习主要是锻炼小臂屈肌群；所以，动作过程中，只要屈腕即可，不要有屈小臂的动作。

注意事项：不要使用太大的重量进行训练，以免由于动作不到位，影响锻炼效果。

变化形式：立式屈腕的另一种形式是双手俯握杠铃置于体后，做屈腕的动作，作用与在体前近似；另外一种屈腕的动作是双手抓握哑铃或壶铃，手心向内置于身体两侧，做屈腕的动作，训练效果也很好。

26. 立式杠铃伸腕（图11–95）

动作名称：立式腕屈伸。

起始动作：与立式腕弯举基本相同，不同之处只是双手抓握杠铃的握法为俯握。

动作过程：伸腕，将杠铃向前、向上抬起，至顶点，略停，原路返回，重复进行。

图11–95

主要作用：刺激小臂的伸肌群。

技术要点：只有做充分的顶峰收缩，才能使小臂的伸肌得到有效的刺激；所以，不要做冲击式的收缩动作。

注意事项：做此练习时，要选择合适的重量，不要过重，以免影响动作质量，减弱训练效果。

变化形式：立式伸腕的另一种形式是双手仰握杠铃置于体后，做伸腕的动作，作用与在体前近似；另外一种伸腕的动作是双手抓握哑铃或壶铃，手心向内置于身体两侧，做伸腕的动作，训练效果近似。

（二）特效训练手段

1. 坐式哑铃两面弯举（图11–96）

动作名称：两面弯举。

起始动作：端坐在直角凳上，上体挺胸、立腰，背部紧靠在背板上，双手各持一只哑铃，手心向前，两臂随哑铃重量自然伸直下垂于身体两旁。

动作过程：上体不动，屈小臂的同时略屈大臂，至小臂接近垂直地面，向后收肘，同时做肱二头肌的顶峰收缩，之后，原路返回，重复数次，然后，手心向外侧方继续做屈小臂的弯举动作，并在极点做顶峰收缩，原路返回，直至力竭。

主要作用：可以比较全面地刺激肱二头肌的各部，兼带可以锻炼肱肌、肱桡肌等。

技术要点：手心向前做弯举时，要做到高、收、紧；手心向外侧弯举时，应有明显拉紧的动作；哑铃落下时，要求两臂尽量伸直。

注意事项：做此练习之前应该充分做好肩带部分的热身准备活动；动作过程中要注意控制动作速度均匀、缓慢，不要发猛力，也不要自由落体，以免影响训练效果或拉伤肩部组织。

图11–96

变化形式：手心的两个朝向顺序可以调换，即先做手心向外侧的弯举数次，然后紧跟着做手心向前的弯举练习，直至力竭，区别是稍侧重肱二头肌的长头。

2. 仰卧哑铃三面弯举（图11–97）

动作名称：三面弯举。

起始动作：躺卧在上斜长凳上，双手各持一只哑铃，两臂随哑铃的重量自然伸直下垂于身体两侧，大小臂均旋外（手心向外侧）。

动作过程：先保持大小臂旋外不变，大臂不动，屈小臂至尽头，做顶峰收缩，原路返回，重复数次，然后大臂稍旋内，使手心向前，继续做屈小臂的弯举动作，并做顶峰收缩，原路返回，连续数次，之后，不停，使小臂稍旋内，手心相对，继续做弯举的动作，且做顶峰收缩，原路返回，直至力竭。

图11-97

主要作用：可以比较全面地、深度地刺激肱二头肌，兼带锻炼肱肌、肱桡肌等，是发展肱二头肌的最佳手段之一。

技术要点：动作过程中强调全程收缩，哑铃到下面时，要求两臂伸直，到上面时，要求做顶峰收缩；动作速度要控制得均匀、缓慢，不能发猛力，不要自由落体，不借助悠摆的惯性，以减少其他屈肌的参与，强调对肱二头肌的刺激作用。

注意事项：做这个动作之前一定要注意先做好肱二头肌起点部位和肩部的热身准备活动，包括对肱二头肌长头肌腱的按摩和肩带各组织的全范围活动，以防拉伤；初做此动作的练习者，应将斜凳靠板的角度调整得大一些（斜板与地面夹角60°以上），逐渐地随着训练水平的提高，可以将斜板角度调整得小一些，因为可调凳斜板与地面夹角较小时，由于肱二头肌起点处的肌腱被拉长、拉紧，加大了肱二头肌起点部位组织的负荷，极容易拉伤肱二头肌的近端肌腱；同样道理，在哑铃落下至两臂伸直，大臂接近垂直地面时即可，不要随哑铃下落的惯性过分后伸大臂，防止拉伤。

此练习对肱二头肌局部肌肉和肌腱具有非常强烈的刺激作用，只适合有一定训练经历的人，不适合于初学者。

变化形式：三面弯举还可以先做手心向前的弯举，然后做手心向外的，最后做手心相对的；另外，如果在弯举过程中不抬高肘部，主要是锻炼肱二头肌的中下部；若在弯举过程中还屈大臂，也就是弯举时抬高肘部，则还可锻炼到肱二头肌的上部。

3. 立式杠铃挺肘弯举（图11-98）

动作名称：挺肘弯举。

起始动作：两脚前后一步开立，上体挺胸立腰略后倾，身体重心放在后面的腿上，双手与肩同宽仰握曲柄杠铃，两臂伸直略向前抬起。

动作过程：保持身体其他部位不动，用力收缩臂部屈肌屈小臂，将杠铃向上弯举起，至两小臂接近垂直地面，原路返回，重复进行。

图11-98

主要作用：主要刺激肱二头肌，尤其是肱二头肌的前端，兼带锻炼肱肌、肱桡肌、旋前圆肌等臂部屈肌。

技术要点：此练习要求上体略后倾，双臂伸直向前略抬起，是利用了“前负荷”的原理，使肱二头肌的下端在动作的一开始就承受比较大的阻力，所以，对肱二头肌下端有明显的刺激作用；同时，动作要求待杠铃下落到起始位置时，要有明显的停顿，再做弯举，可以利用“肌肉松弛”原理，消除“弹力”，加大对目标肌肉“收缩力”的锻炼。

注意事项：由于动作要求两大臂始终处于略前屈的状态，使肱二头肌处于“主动收缩不足”状态，所以，注意使用的重量不要太大，否则，容易引起动作变形；杠铃落下时，速度一定要慢，因为若伸直双臂速度过快，有可能导致肘关节过伸，造成肘部或肩部组织拉伤。

变化形式：此练习也可以用哑铃来做，效果类似。

4. 立式杠铃收肘弯举（图11-99）

动作名称：收肘弯举。

起始动作：与立式杠铃弯举（垂肘弯举）基本相同，不同之处在于要求上体挺胸直腰略前倾（20°左右），大臂夹在身体两侧，小臂随杠铃重量自然垂于地面（此时，大小臂之间夹角约为160°左右）。

动作过程：保持身体其他部位不动，用力屈小臂，将杠铃向前向上弯举，直至尽头，用力做顶峰收缩片刻，原路返回，重复进行。

主要作用：这个动作主要刺激肱二头肌的中部，兼带锻炼肱肌、肱桡肌和旋前圆肌等。

图11–99

技术要点：在此练习中，要求上体略前倾，大臂夹在身体两侧，是利用了“后负荷”的原理，使肱二头肌从最长到缩短的开始部分行程没有阻力，直到大小臂之间夹角小于160°，才开始有负荷，所以肱二头肌收缩的前半程受到的刺激比较小，而后半程受到的刺激比较大；此练习的后半程使肱二头肌越收越紧，如果能做顶峰收缩，效果最好，所以，不要做冲击式的收缩。

注意事项：做此练习时，上体应始终保持挺胸直腰的姿态，不能弯腰、含胸，防止伤及腰背部组织。

变化形式：也可以用哑铃或环形杠铃等器械做此练习，作用类似；用环形杠铃或对握哑铃时，更侧重锻炼肱肌和肱桡肌。

5. 坐式哑铃翻腕弯举（图11–100）

动作名称：翻腕弯举。

起始动作：端坐在平凳上，两膝并拢，上体挺胸直腰，从髋关节处略前倾，两臂自然伸直垂于身体两侧，双手各持一哑铃，手背朝前。

动作过程：大臂和身体尽量保持不动，令两小臂同时前屈，当两手背超过大腿上面时，伴随着屈小臂的动作同时使两小臂旋外（使哑铃向外转），边旋边屈，直至尽头，再跟进式收紧一下，然后先令小臂向内旋转，再慢慢将哑铃下落回原处，重复进行。

主要作用：主要刺激肱二头肌的中下部，兼带锻炼肱肌、肱桡肌等。

技术要点：翻转手腕的动作应该在两手背超过大腿后开始，不要过早，否则将减弱锻炼肱二头肌的效果；顶峰收缩时，要有跟进式的二次收紧动作，而不能采用冲击式收缩动作；收紧后令哑铃下落返回时，要先使小臂旋内，再将哑铃慢慢落下，这样才可以保证对肱二头肌有比较大的刺激作用。

图11–100

注意事项：做练习时，要注意控制哑铃的起、落速度，均匀、缓慢，不可猛起、猛落，防止发生拉伤现象。

变化形式：也可以采用两手交替上举的方式做此练习，效果相近。

6. 屈体单臂哑铃过头弯举（图11–101）

动作名称：过头弯举。

起始动作：（以左手为例）两脚前后一步开立，左脚在前，站在齐髋高的固定物左侧，右手扶在固定物上，上体挺胸塌腰，屈髋前倾至与地面平行，左手手心朝前抓握一只哑铃，左臂随哑铃重量自然伸直垂直于地面。

动作过程：身体保持原姿态不变，用力屈左侧小臂的同时也屈左侧大臂，将哑铃从体前向上举起高过头顶，至小臂接近垂直地面，原路返回，重复进行。

图11–101

主要作用：此练习的主要作用是刺激肱二头肌的上端部分，对增大肱二头肌上端部分的体积和刻画肱二头肌与三角肌的分界线有突出的效果，兼带可以锻炼三角肌前束、肱肌、肱桡肌等肌群。

技术要点：屈小臂的同时要有屈大臂的动作，也就是在向上举哑铃的同时，还要有将哑铃向前送出的动作，这样才可以使肱二头肌的上端部分完全收缩，从而使其受到明显刺激；上举哑铃时，不要采用悠摆的冲击式动作，下落时也不要用自由落体式的动作，应该均匀、缓慢地将哑铃举上和落下，以达到预期的效果。

注意事项：上举的高度要尽量高，如太低，一是达不到刺激肱二头肌上端的目的，二是哑铃会磕碰到头部，引起损伤。

变化形式：可以利用橡皮筋、低滑轮器等作为阻力源代替哑铃做此练习，作用类似。

7. 屈体哑铃单臂弯举三合组（图11-102）

动作名称：单臂弯举三合组。

起始动作：站立在一齐髋高的固定物旁，两脚前后一步分开（离固定物较远一侧的脚在前），上体挺胸塌腰，屈髋前倾至与地面平行，固定物近侧的手扶在固定物上，另一只手手心向前抓握一只哑铃，手臂随哑铃重量自然伸直下垂。

动作过程：保持原身体姿势不变，先令手心向前（第一面），做过头弯举动作，至肱二头肌略感觉胀痛，然后，持哑铃的手臂使手心朝向里侧（第二面），继续做向内屈小臂的集中弯举动作，重复数次，至肱二头肌基本力竭，再令手心向内侧（第三面），用顿式收缩法做向前的锤式弯举数次，换手再做。

主要作用：此练习可以刺激肱二头肌的下、中、上各部，兼带可以练到肱肌、肱桡肌、三角肌前束等肌群。

A

B

C

图11–102

技术要点：做练习时，动作速度要均匀、缓慢，不要使用冲击收缩的方式；动作过程中做各方向的弯举转换时，应该连贯不停顿，并且都要做顶峰收缩。

注意事项：做过头弯举动作时，要注意将哑铃尽量举高，且小臂与地面垂直即可，不要过于屈小臂，防止磕碰头部。

变化形式：也可以加大哑铃重量，只做前两面的两面弯举，刺激深度略逊。

8. 屈体哑铃两面臂屈伸（图11−103）

动作名称：两面臂屈伸。

起始动作：两脚平行开立，与肩同宽，上体挺胸塌腰，屈髋前倾与地面平行，两手各抓握一只哑铃（小臂旋内），两大臂分别从身体左右两侧向外、向上抬起，至两大臂与地面平行（大臂与躯干成90°左右夹角），并且两大臂轴线在同一直线上，两小臂随哑铃重量自然垂直地面。

图11–103

动作过程：身体其他部位不动，用力向外侧伸小臂，至完全伸直，略停片刻，原路返回，重复若干次，然后，将两大臂夹在身体两侧，再用力向后伸两小臂，至双肘完全伸直，略停片刻，原路返回，重复进行，直至力竭。

主要作用：可以比较全面地刺激肱三头肌的各个部分及肘肌，兼带锻炼三角肌后束等。

技术要点：做这个练习时，由于利用了肱三头肌长头的主动收缩不足原理，所以，不宜使用较大的重量；为了收到良好的锻炼效果，应该强调顶峰收缩，不宜做冲击式收缩动作。另外，两个方向的臂屈伸动作之间不要有间断，应该是连续进行的。

注意事项：这是一种高级训练手段，训练强度比较大，适合于有一定训练基础的人；动作过程中，要注意保持挺胸塌腰的姿势，不能含胸、弯腰，防止损伤腰部。

变化形式：如果手臂伸直时，手背朝上（小臂旋外），则偏重刺激肱三头肌的内侧头。

9. 屈体哑铃三面臂屈伸（图11–104）

动作名称：三合组臂屈伸（王严臂屈伸）。

起始动作：与两面臂屈伸起始动作基本相同。

动作过程：身体其他部位不动，用力向左右两侧伸直双小臂，保持两臂伸直再略向上抬起双大臂，稍停，原路返回，连续重复若干次，然后，保持大臂与地面平行，令两大臂向躯干略收拢，使大臂与躯干成45°左右夹角，继续做屈体臂屈伸的动作数次，最后，再令两大臂夹在躯干两侧，做带抬大臂的臂屈伸动作，直至力竭。

主要作用：此练习可以比较全面地给肱三头肌很深的强烈刺激，对肘肌和三角肌后束等也有较好的锻炼效果。

技术要点：动作要缓慢、均匀，不可使用冲击式收缩动作，也不要自由落体；小臂

图11–104

伸直后，要注意再做一下将大臂向上抬起的动作，以使肱三头肌的长头做充分的顶峰收缩；三个方向的臂屈伸动作之间要连续，一气呵成，没有间断，以起到深度刺激目标肌肉的作用。

注意事项：做练习过程中，上体始终应保持挺胸塌腰的姿势，不可含胸弯腰，否则可能会损伤腰部；由于大臂肱三头肌长头处于主动不足状态，而且，此练习的强度比较大，所以，使用的哑铃不宜太重，以保证训练质量。

变化形式：做此练习时，也可做小臂旋外的臂屈伸动作，这样可以更多地刺激肱三头肌的内侧头。

10. 立式绳索前旋臂屈伸（图11–105）

动作名称：改进型绳索臂屈伸。

图11-105

起始动作：与传统的绳索臂屈伸基本相同，所不同的是使用的绳索单边要大于50厘米，站立的位置要稍远一点。

动作过程：身体其他部位不动，先伸小臂，令双手手心相对用力向下拉引绳索，至两臂完全伸直，再使两小臂旋内，同时，两手向左右两侧拉引绳索，力图将绳索拉成直线，略停片刻，原路返回，重复进行。

主要作用：刺激肱三头肌和肘肌，特别是前旋伸小臂的动作对肱三头肌的外侧头有突出的锻炼作用，兼带锻炼三角肌的中束，对肱三头肌的外侧头与三角肌的分界沟有深度刻画的效果。

技术要点：做此练习，最重要的是在双臂基本伸直后，要做双小臂的旋内伸和两大臂的外展动作，在大臂外展到尽头时，要有明显的顶峰收缩动作，不要使用冲击式的收缩；上体应该始终保持挺胸塌腰的姿态，不要随双手下拉的动作而使上体上下运动。

注意事项：双手从身体两侧返回原位时，要控制速度缓慢、均匀，不能让配重片自由落体式地回落，防止损伤肩臂部或损坏器械。

变化形式：用橡皮筋也可以做此练习，作用类似。

11. 俯卧式臂屈伸（图11-106）

动作名称：俯卧哑铃臂屈伸。

起始动作：俯卧在下斜板上，双手各抓握一只哑铃，两大臂夹在身体两侧（与地面平行），两小臂随哑铃重量自然垂直地面。

动作过程：用力向后上方伸直两小臂，至两臂完全伸直，再令两臂稍向上抬高几厘米，略停片刻，原路返回，重复进行。

主要作用：可以比较全面地刺激肱三头肌的各部和肘肌，兼带锻炼三角肌后束等。

技术要点：做此练习时，不要有借助惯性悠摆的动作，应该始终控制哑铃的运动缓慢、均匀；也不要采取冲击式的运动，而要清楚地做顶峰收缩的动作。

图11–106

注意事项：由于待双臂伸直后，再向上抬高双臂，是肱三头肌长头在主动收缩不足的情况下进行极限收缩，所以，为了能高质量地完成动作，不能使用太大的重量。

变化形式：在平板或上斜板上，也可以做此练习，在上斜板上做练习时，更侧重刺激三角肌后束。

12. 上挑式屈体哑铃单臂屈伸（图11–107）

动作名称：改进型屈体单臂屈伸。

起始动作：与屈体哑铃单臂屈伸相同，只是肘关节的位置比前者略低。

图11–107

动作过程：身体其他部位不动，握哑铃的手臂用力伸直，完全伸直时腕关节低于肩关

节10厘米左右，然后，保持手臂伸直状态，将哑铃再向上抬起10～20厘米，略停片刻，原路返回，重复进行。

主要作用：与原动作相比，改进型动作更突出刺激肱三头肌的中上部，兼带锻炼三角肌的后束，此练习还有刻画肱三头肌与三角肌后束之间分离度的作用。

技术要点：整个动作过程中，身体都要保持不动，不要随哑铃运动而做前后的晃动；哑铃落下后，小臂垂直地面即可，不要令哑铃再继续前送，以免伸小臂时，会借助惯性；向后伸小臂时，不要使冲击式的猛力，而应该是均匀、缓慢地进行；手臂伸直略抬高后，要有明显的停顿后，再慢慢令哑铃落下。

注意事项：不做动作的手臂要起到支撑上体的作用，以免腰部受到额外的压力，引起损伤。

变化形式：此练习还可以用壶铃或低滑轮器作阻力源来进行，作用类似。

13. 屈体低滑轮绳索臂屈伸改进型

动作名称：屈体低滑轮挺身臂屈伸。

起始动作：面对低滑轮器一大步远并脚半屈体站立，上体挺胸塌腰，两腿微曲，双手各抓握长柄绳索的一端（单侧绳索手柄长50厘米以上），两大臂夹在身体两侧略向前屈，两小臂随绳索拉力自然向前屈。

动作过程：保持身体其他部位不动，用力收缩肱三头肌，令两小臂向后伸出，同时，挺身，令双大臂随同后伸至双臂伸直，双手稍超过臀部，略停片刻，原路返回，重复进行。

主要作用：主要刺激肱三头肌长头、肘肌和三角肌后束等。

技术要点：动作过程中，要始终保持双腿不动，在伸小臂的同时，伴随着伸大臂的动作，重点刺激肱三头肌长头，这时随大小臂的屈伸动作上体可以有适度起伏；动作应该是均匀缓慢的，切不可借助身体其他部位的力量做冲击式收缩的动作。

注意事项：要确保挺胸塌腰的姿态贯穿始终，不可有含胸、弯腰的动作，防止伤及腰部。

变化形式：也可利用橡皮筋作阻力源做此练习，作用类似。

14. 屈体杠铃臂屈伸（图11－108）

动作名称：屈体臂屈伸。

起始动作：两脚平行开立，略窄于肩，双膝弯曲，上体挺胸直腰，屈髋前倾，与地面平行，双手在双腿后略宽于肩抓握曲柄杠铃，两大臂夹在身体两侧，两小臂随杠铃重量自然下垂，使杠铃贴近小腿后面。

动作过程：保持身体原姿态不变，用力伸直两手臂，将杠铃向后、向上举起，至手臂完全伸直后，两大臂再继续向上略微抬高几厘米，略停，原路返回，重复进行。

A

B

图11–108

主要作用：主要刺激肱三头肌和肘肌，尤其是肱三头肌的长头，兼带锻炼三角肌后束，背阔肌上部等肌群。

技术要点：动作过程中，双腿要保持弯曲状态，不能伸直，否则会限制动作的行程；两臂伸直后向上抬高时，要做顶峰收缩，而不要做冲击式收缩，否则将影响锻炼效果。

注意事项：在做练习时，上体应该始终保持挺胸塌腰的姿态，不可含胸、弯腰，否则，可能造成腰部损伤；杠铃回落时，要注意控制速度，不能是自由落体式的下落，以免磕碰腿部。

变化形式：也可以利用哑铃、器械绳索或橡皮筋等作为阻力源做此练习，作用相近。

15. 俯卧式按压臂屈伸（图11−109）

动作名称：俯卧式臂屈伸。

起始动作：两脚并立于距与髋同高的固定物（如桌子）一大步远处，双手五指向前，略窄于肩，扶按在固定物的边缘处，身体保持挺直姿势，两肘尽量向中间靠拢，弯曲下降双肘，使上体下降至最低点，此时要求挺胸塌腰，两腿伸直，两肘夹紧，两大臂压在身体的下方（注意不是在身体两侧）。

动作过程：身体其他部位不动，用力伸直双臂，使上体向上抬起，直至双臂完全伸直，原路返回，重复进行。

主要作用：此练习可以刺激肱三头肌和肘肌等，重点刺激肱三头肌的下部，特别是外侧头，兼带用到三角肌前束、胸大肌等。

技术要点：由于这个动作要求在伸小臂的时候屈大臂，所以，肱三头肌的长头近端不能有力收缩，感觉用不上力；开始时，可令两脚距离固定物近一些，逐渐地加大距离，增

加难度。动作过程中，要始终注意将双肘夹紧，并置于身体下面，不要将两肘撇向身体两侧，否则，就做成俯卧撑了。

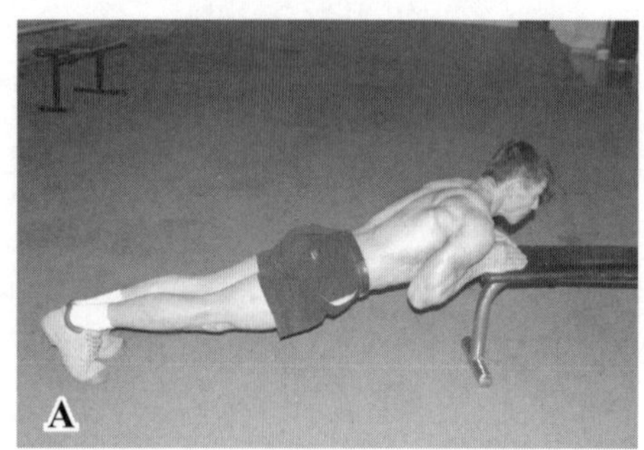

图11–109

注意事项：由于此练习对肱三头肌下部的刺激比较大，容易造成肘部尺骨鹰嘴处的损伤，所以，在做练习前，应做好肘部的热身活动；上肢力量比较弱者，开始做此练习时，可以扶在较高的固定物上，并站得离固定物稍近一些，逐渐地降低固定物的高度，加大手脚的距离，增加训练的难度。

变化形式：一种变化形式是利用辅助引体向上器的配重作为阻力源，做类似的练习；不同之处是身体采用屈体站立的方式，优点是阻力大小可自由调整。

16. 打气式高滑轮绳索臂屈伸（图11–110）

动作名称：气筒臂屈伸。

起始动作：站在高滑轮器曲杆手柄前，上体挺胸塌腰略前倾，双手略窄于肩半开握式抓握器械的曲杆手柄，并将其贴近胸前，此时，两大臂分别向左右分开，两肘应略高于双手，头部偏向一侧，使器械钢丝绳从脸旁经过。

图11–110

动作过程：保持身体其他部位不动，双臂像用气筒打气一样向下按压器械手柄，至双臂完全伸直，原路返回，重复进行。

主要作用：这个练习主要刺激肱三头肌和肘肌，特别是对肱三头肌的外侧头有突出的刺激作用，兼带可以练到胸大肌等。

技术要点：此练习与高滑轮臂屈伸不同，一是要略屈体，二是两肘要有向两侧分开和上下运动的动作，且双手用力的方向是垂直向下，而不是向前划弧线。

注意事项：在训练重量比较大时，要注意控制钢丝绳的走向，防止划伤脸部。另外，为了平衡发展，头的偏向应该交换，而不要总是偏向某一侧。

变化形式：利用橡皮筋也可以做此练习，作用类似。

17. 锤式腕翻转（图11-111）

动作名称：单腕翻转。

起始动作：（以右手为例）蹲在长凳一旁，右小臂腕部以上部分平放在凳面上，手腕以前部分悬空，右手抓握一单边有哑铃片的哑铃手柄的空端，小臂旋外，使有哑铃片的一端落向右侧最低点，为了防止右手腕扭伤，左手可抓握在右手腕部加以保护。

动作过程：右手用力向左侧翻转哑铃，至哑铃落在左侧最低点，略停顿，然后再向右侧扭转哑铃，令其回到起始位置，反复进行。

图11-111

主要作用：此练习可以比较全面地锻炼小臂的旋前圆肌、旋前方肌、肱桡肌、旋后肌和大臂的肱二头肌等，兼带可以练到腕屈肌、指屈肌和腕伸肌等肌群。

技术要点：做此练习时，应该使哑铃在额状面内运动，要控制肘部不能抬起，也不要在动作过程中，让哑铃有前后的运动，以免降低对目标肌肉的刺激。

注意事项：要注意始终控制动作的速度，不可过快、过猛，而应当是缓慢、均匀，

以防扭伤腕部；为了保证训练的质量，开始不宜使用太大的重量，以免动作变形损伤腕部组织。

变化形式：双手各抓握扭力棒的一端手柄，将其向上、向下弯曲，也可以刺激到几乎相同的目标肌群。

18. 腕力卷扬机（图11−112）

动作名称：腕翻卷。

起始动作：两脚与肩同宽平行开立，站在一台阶上，上体挺胸直腰，双手以俯握式各抓握翻卷棒的一端（翻卷棒是一根30～40厘米长、3～4厘米粗的木棒，中间系着一根约120厘米长挂有哑铃片的绳索），两臂微曲，水平举在胸前。

动作过程：大臂和身体其他部位都不动，先用力交替屈左、右手腕，使翻卷棒连续向前转动，使哑铃片向上提起，直至将哑铃片提升到最高点，然后，再向相反的方向转动翻卷棒，将哑铃片慢慢放回原位，不停留，沿着使哑铃片下落的方向连续交替用力伸腕，使翻卷棒继续向后转动，将哑铃片慢慢向上提起到顶点，然后，再慢慢向相反的方向转动翻卷棒，使哑铃片回到原位，如此反复进行。

图11−112

主要作用：这个练习可以充分地锻炼到小臂的指屈肌群、腕屈肌群和腕伸肌群等，兼带还用到三角肌等。

技术要点：做练习过程中，要保持身体稳定，不能随两臂的交替用力而摆动身体，使哑铃片悠摆起来，应始终用均匀、缓慢的速度；不要使用冲击式的收缩方式，以免影响训练效果。

注意事项：由于动作过程中，单腕交替工作，对腕部的压力比较大，所以，开始做此练习时，不要使用太大的重量，以免损伤腕部组织。

变化形式：类似的动作还有只做屈腕动作，向前转动翻卷棒，或只做伸腕动作，向后转动翻卷棒的单向运动练习，可以集中刺激小臂的屈肌或伸肌。另外，也可以采用仰握式抓握翻卷棒进行训练，作用类似。

19. 锤式扬腕（图11-113）

动作名称：锤式外展。

起始动作：站立或坐在平凳上，上体挺胸塌腰，单手或双手各握住单边有哑铃片的哑铃手柄的一端（小拇指握在哑铃手柄杆的边缘上，此时哑铃片在体前），手腕随哑铃的重量自然内收（使有哑铃片的一端下降到最低点），大臂随哑铃的重量自然垂于体侧（也可略向前屈）。

动作过程：身体其他部位都不动，用力使腕部外展，将有哑铃片的一端向上扬起，至顶点，略停片刻，原路返回，重复进行。

图11–113

主要作用：此练习主要可以刺激桡侧腕屈肌、桡侧腕伸长肌和桡侧腕伸短肌等。

技术要点：为了加大腕部的有效活动范围，可以令大臂保持略向前屈；不要伴随扬腕的动作屈小臂，也不能摆大臂，避免转移训练目标。

注意事项：扬腕后，哑铃落下时，要控制下落速度，不能自由落体，以防拉伤腕部组织。

变化形式：这个练习也可以用锤子、铁锹等工具来做，效果类似。

20. 锤式压腕（图11-114）

动作名称：锤式内收。

起始动作：站立或坐在平凳上，上体挺胸塌腰，单手或双手各握住单边有哑铃片的哑铃手柄的一端（大拇指握在哑铃杆柄的边缘上，此时哑铃片在体后），手腕随哑铃的重量

自然外展（使有哑铃片的一端下降到最低点），两臂随哑铃的重量自然伸直垂于体侧（也可略向前屈）。

动作过程：身体其他部位都不动，用力使腕部内收，将有哑铃片的一端向上扬起，至顶点，略停片刻，原路返回，重复进行。

图11–114

主要作用：这个练习主要刺激小臂尺侧腕伸肌、尺侧腕屈肌等。

技术要点：为了加大腕部的有效活动范围，可以令大臂保持垂直地面或略向前屈；不要伴随向后内收腕部的动作摆大臂，避免转移训练目标。

注意事项：练习的重量不要过大，动作速度也不要太快，避免损伤腕部组织。

变化形式：使用铁棒、铁锤或铁锹等工具代替哑铃作为阻力源做此练习，也可以收到良好的锻炼效果。

六、腰部训练

（一）常规训练手段

1. 硬拉练习（图11–115）

动作名称：杠铃硬拉。

起始动作：两脚平行开立，与肩同宽或略窄于肩宽，上体挺胸塌腰，从髋关节处前倾，双膝可保持伸直或微曲，两臂伸直，两手宽于肩交错抓握地上的杠铃（杠铃杆置于腿前一拳距离处）。

动作过程：保持挺胸塌腰，两臂伸直，用力伸髋、伸膝利用腰、臀、腿部的力量将杠铃向上提起，直至身体站直，略停片刻，原路返回，重复进行。

图11–115

主要作用：主要锻炼竖脊肌、臀大肌、股二头肌、半膜肌、半腱肌等。

技术要点：与生活中弯腰提物不同，动作过程中应始终保持挺胸塌腰的体姿，不能含胸、弯腰，否则，可能造成腰椎间盘膨出、突出或腰部肌肉、韧带等组织拉伤。另外，在整个动作过程中，应保持两臂伸直，不要随上体屈伸而做屈臂的动作。

注意事项：在做屈腿硬拉练习时，应注意控制杠铃始终在前脚掌的垂直上方，不要使其前后摆动，以免给腰部额外的压力；开始做动作和练习结束时也要注意保持挺胸塌腰的姿态，不能含胸、弯腰，防止受伤。

变化形式：如果柔韧性比较好，还可以做直腿硬拉，即动作过程中膝关节始终保持伸直状态，其他与屈腿硬拉一样，这样做可以更突出对臀大肌和大腿后群的刺激。

2. 水平式卧式挺身（图11–116）

动作名称：山羊挺身。

起始动作：俯卧在卧式挺身架上，双脚抵在脚挡托下方，双手抱在头后，上体挺胸直腰随地心引力自然垂下。

动作过程：保持其他身体部位姿态不变，用力将头和躯干尽量向上抬起，至顶点，略停片刻，原路返回，重复进行。

主要作用：此练习主要刺激腰背部的竖脊肌，兼带锻炼臀大肌、股二头肌、半膜肌、半腱肌等。

技术要点：上体的起落速度都要缓慢、均匀，不要借助惯性；为了强化目标肌肉，可以在上体上挺到最高点处略作停留，然后再慢慢将上体落回原位。

注意事项：练习过程中，不要使用冲击式动作，防止双脚脱离挡托，发生危险，或下

落太快拉伤腰背部组织。

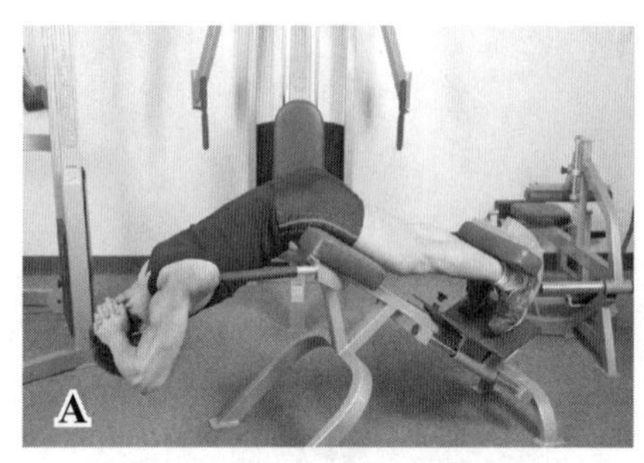

图11-116

变化形式：如将髂骨前部置于托板上做此练习，主要刺激的是竖脊肌；若将大腿前部置于托板上做挺身动作，则主要刺激竖脊肌、臀大肌和大腿后群肌肉等。除水平式的挺身架外，还有上斜式的挺身架，操作过程与水平式基本相同；如没有挺身架，也可以在平长凳上做（双脚由同伴压住），效果类似。

3. 坐式器械挺身

动作名称：坐式挺身。

起始动作：坐在坐式挺身器的座位上，后背紧抵在背挡托上，上体挺胸直腰随背挡托的压力自然前倾，双手握住器械手柄，双脚抵住脚挡托。

动作过程：用力向后挺直上体，至极限位置，略停片刻，原路返回，重复进行。

主要作用：主要刺激竖脊肌，兼带锻炼臀大肌等。

技术要点：动作尽量全范围，不要只做半程；动作过程中，臀部尽量不要抬起，以免减弱对竖脊肌的刺激。

注意事项：做练习过程中，始终要保持挺胸直腰的姿态，不能弯腰、含胸，以避免损伤腰背部组织。

变化形式：若没有类似器械，也可与训练伙伴配合做此练习，即训练者坐在平凳上，训练伙伴从训练者后面用双手推住其肩部，做强迫式和退让式的抵抗，训练效果近似。

4. 立式负重体侧屈（图11-117）

动作名称：负重体侧屈。

起始动作：（以右手持铃为例）两脚略窄于肩平行开立，双腿伸直，上体挺胸塌腰，两臂伸直，右手抓握一只哑铃，腰部以上随哑铃重量自然向右侧屈体，至哑铃下降到最低点。

动作过程：左手尽力向左膝下触摸，直至最低点，略停片刻，原路返回，重复进行。

主要作用：主要刺激腹外斜肌、腹内斜肌等，兼带锻炼同侧的腹直肌、背阔肌和腰方肌等。

图11-117

技术要点：动作要尽量全范围，不要只做半程动作，以便使目标肌肉得到全面有效的发展；做练习时的速度要缓慢、均匀，不可太快，或用冲击式的动作，否则会减弱训练的效果。

注意事项：动作过程中，要始终保持挺胸的姿势，不能含胸弯腰，以防损伤腰部。

变化形式：也可以将哑铃换成壶铃、橡皮筋或低滑轮器的绳索手柄等阻力源，作用类似。

5. 立式负重体屈伸（图11-118）

动作名称：立式负重挺身。

起始动作：站在综合训练架的中央，两侧的保护杆置于与髋同高处，两脚平行开立，与肩同宽，上体挺胸直腰，颈后两侧斜方肌上扛一副小杠铃，双手略宽于肩抓握住杠铃杆。

图11-118

动作过程：保持挺胸直腰，两腿微曲的姿态，慢慢屈髋，将上体向前倾，至上体接近与地面平行，原路返回，重复进行。

主要作用：此练习主要刺激腰背部的竖脊肌，兼带锻炼臀大肌和大腿后群肌肉。

技术要点：这个动作的要点是屈髋，而不是屈腰椎，所以，动作过程始终都要保持挺胸直腰的姿势，而不能含胸弯腰；如果柔韧性不好，可以适当屈膝。

注意事项：由于做体前屈动作时，杠铃距离髋关节的阻力臂比较大，所以，开始做此练习时，不要使用大重量，以防动作变形，发生危险；要特别注意动作过程中挺胸直腰，不能含胸弯腰，防止损伤腰部组织；做练习的速度一定要缓慢均匀，而不能猛落猛起，避免拉伤。腰部有疾患者不宜做此类练习。

变化形式：最开始时，可以徒手背在后背部做此练习，逐渐地可以双手抱在头后；再后，双手抱一杠铃片置于头后，直至可以用杠铃作负荷做此练习。

（二）特效训练手段

1. 顿式山羊挺身（图11-119）

动作名称：山羊挺身改进型Ⅰ。

起始动作：俯卧在山羊挺身器的托板上，两脚跟抵在脚挡托下面，上体挺胸直腰随身体重力自然垂下，双手抱在头后。

动作过程：保持双手抱头，上体挺胸直腰姿态不变，采用顿式收缩法分三次用力使上体向上抬高，至顶点，略停片刻，慢慢原路返回，重复进行。

主要作用：主要刺激腰部竖脊肌，兼带锻炼臀大肌和大腿后群肌肉。

技术要点：顿式收缩法，使得上体在动作过程中不能借助惯性力，而只能靠肌肉的收缩力完成动作，对目标肌肉的刺激比较大，做练习时应该将停顿做得节奏分明；上体从最高点落下时，应该让目标肌肉做离心收缩，所以要控制速度缓慢均匀。

注意事项：做此练习时，要始终控制动作速度，不能猛起猛落，以防损伤腰部组织；另外，由于这个动作对竖脊肌的刺激强度比较大，在练习前，要做好充分的热身准备。

A

B

图11–119

变化形式：此练习还可以在上斜挺身架上做，如没有挺身架，也可以在跳箱、山羊或平凳上做（双腿由训练伙伴压住），训练效果近似。

2. 左顾右盼式山羊挺身（图11–120）

动作名称：山羊挺身改进型Ⅱ。

起始动作：与山羊挺身动作基本一样。

动作过程：保持挺胸直腰，双手抱头姿势不变，尽力将上体向上挺起，至顶点后，再分别向左右两侧转体加侧屈运动两次，原路返回，重复进行。

图11–120

主要作用：这个练习可以更充分地刺激竖脊肌、夹肌、斜方肌和背阔肌等，对腹内外

斜肌也有一定的刺激作用。

技术要点：做这个练习，要突出向上挺身到顶峰后的抬头、左右转体和侧屈动作，并且在转体过程中，要保持原有的挺身高度，所以，动作应该是均匀、缓慢的，而不能只做快速的左右扭转动作。

注意事项：由于此练习可以将目标肌群收缩到接近极限，可能会引起局部的痉挛，所以，在做练习前，应充分做好相关部位的热身准备。

变化形式：此练习也可以在上斜挺身架以及跳箱、山羊或平凳等器械上进行，效果也很好。

七、腹部训练

（一）常规训练手段

1. 仰卧起坐（图11－121）

动作名称：屈腿仰卧起坐。

起始动作：端坐在仰卧起坐专用斜板上，两脚和两膝固定在挡托上，双手抱在头后。

动作过程：保持双手抱头姿势不变，上体向后躺下，直至腰背部接触到斜板面（两肩背不要接触到斜板面），再返回原位，重复进行。

图11–121

主要作用：主要可以锻炼腹直肌，兼带可以锻炼腹内、外斜肌等。

技术要点：上体向后躺下时，应保持含胸收腹的状态，不能完全放松，更不能使上体形成反弓，否则，会过度牵拉髂腰肌，导致腰痛；为了能让腹肌完全收缩，收腹起坐时应该持续慢呼气，不能憋气。

注意事项：由于此练习要求上体向后躺下时，身体成头低脚高的倒置体位，所以会使头部的压力过大，故切不可憋气训练；尤其是体胖者和中老年人，可以让他们做平板的仰卧起坐练习。

变化形式：仰卧起坐练习的变化形式多种多样，各有特点，比如在平板上做此练习，根据腿位的不同，可以有直腿、屈腿、举腿等，根据手位的不同有负重抱头、徒手抱头、负重抱肩、徒手抱肩、徒手前伸和抱腿等姿势。采取直腿做此练习时，上体可以有比较大的活动幅度，所以可以锻炼到上腹部和脐区，而将腿垂直举起做此练习时，上体的活动范围就会减小，只有上腹部主要受刺激；当手的位置从抱头逐渐转移到抱腿，练习的难度就会逐渐地降低，可适合不同训练水平的人使用。

2. 仰卧抬腿（图11−122）

动作名称：仰卧腿上抬。

起始动作：躺卧在平长凳上（臀部在长凳边缘的外边），双手抓握住头部两侧的长凳边缘，双腿微屈自然前伸，两脚着地。

动作过程：上体不动，用力将臀部和两腿向上抬起，至两大腿接近垂直地面，原路返回，重复进行。

主要作用：主要锻炼腹直肌、腹内斜肌和腹外斜肌等，同时也可以练到股直肌、髂腰肌和缝匠肌等。

图11−122

技术要点：为了突出锻炼腹直肌，在向上抬腿时，应该尽量同时将臀部举起（使骨盆后倾），而不要只是抬高双腿；双腿落下时，可以先落腿后落臀，以使腹肌做充分的离心收缩。

注意事项：双腿落下时，应控制速度缓慢、均匀，不要快速落下，以防拉伤腹部组织或磕伤脚部。

变化形式：这个练习也可以在下斜板上进行，与平板相比，在下斜板上的仰卧抬腿动

作有效活动范围更大，对腹直肌的锻炼效果更好。

3. 坐式抬腿（图11−123）

动作名称：坐式举腿。

起始动作：坐在平长凳的边缘上，双手扶在身后的长凳边缘，上体含胸弯腰稍后倾，双腿微曲，双脚着地。

动作过程：保持上体不动，用力向上抬高双脚，至顶点，吐气，再将两膝尽量向两肩靠拢，在极限位置略停片刻，原路返回，重复进行。

图11−123

主要作用：主要刺激腹直肌的中部、腹内斜肌、腹外斜肌等，兼带锻炼股直肌、髂腰肌和缝匠肌等。

技术要点：做此练习最重要的一点是将两脚抬高后，要在使两膝向两肩靠拢的同时吐气，这样才能让腹直肌完全收缩。

注意事项：动作过程中要注意上体的姿态是含胸弯腰，不要挺胸直腰，否则可能引起腰痛。

变化形式：此练习也可以在办公室或家里的凳子上进行，效果近似。

4. 悬垂抬腿（图11−124）

动作名称：悬垂举腿。

起始动作：双手与肩同宽俯握高单杠，两臂自然伸直，身体随地心引力自然悬垂。

动作过程：保持两臂伸直，用力将双脚向上抬起（两腿微曲），至接近双手，略停片刻，原路返回，重复进行。

主要作用：这个练习主要可以刺激腹直肌、腹内斜肌、腹外斜肌等，同时，对股直肌、髂腰肌和缝匠肌等也有一定的锻炼作用。

技术要点：做这个练习要特别注意控制身体的平衡稳定，不要随双腿的起落而前后摆动，可以用慢落的方法稳住身体。

注意事项：如握力不够可以加带拉带，否则，在动作过程中可能发生脱手，造成摔伤。动作过程中两侧的肩带肌要适度收紧，不可完全放松，防止拉伤肩关节。

图11–124

变化形式：比较容易一些的悬垂抬腿动作是在双臂腋下加套一副吊带，双手抓握吊带或单杠做此练习，操作比较容易，锻炼效果稍差。

5. 悬撑抬腿（图11–125）

动作名称：悬撑举腿。

起始动作：双手撑握在双杠上，两臂伸直，身体自然垂直地面。

动作过程：双臂保持伸直支撑身体，用力收腹，使骨盆后倾，尽力屈髋抬高双腿至顶点（两腿微曲），上体同时前倾，臀部向后上方拱起，略停片刻，原路返回，重复进行。

图11–125

主要作用：主要锻炼腹直肌的下部，兼带锻炼腹直肌的其他部分以及腹内斜肌、腹外斜肌、胸大肌和三角肌前束等。

技术要点：动作过程中要控制两腿起落的速度均匀、缓慢，不能采用冲击式收缩或自由落体，以防借助惯性，产生悠摆；屈髋抬腿的同时，应该尽量使臀部向后上方升高，以集中刺激腹直肌下部。

注意事项：此练习对臂力有较高的要求，须有一定的锻炼基础，否则，有一定的危险性。

变化形式：如有能力可采用顿式收缩法做此练习，训练效果会更明显、更强烈；若腹部力量比较弱，则可采用屈膝的方式做此练习，这样可以降低动作难度，减轻运动强度。

6. 跪式负重体前屈（图11-126）

动作名称：跪式体前屈。

起始动作：跪立在高滑轮器的滑轮下方，双手抓握器械的粗绳手柄，置于额前头上，上体随绳索拉力自然伸直。

动作过程：保持双手握绳置于额前头上不动，含胸、弯腰、收腹，双手用力向下拉引绳索，至双手触地，略停片刻，原路返回，重复进行。

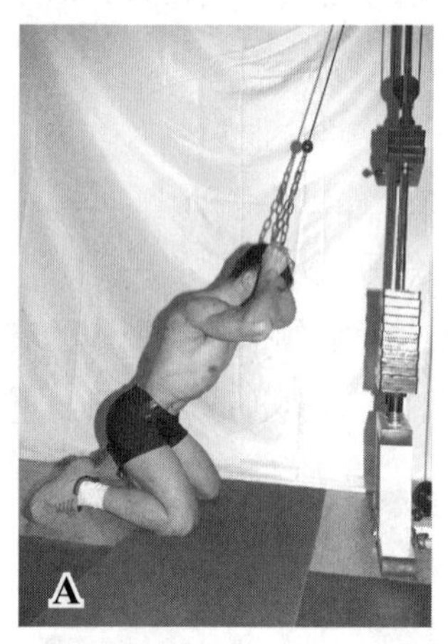

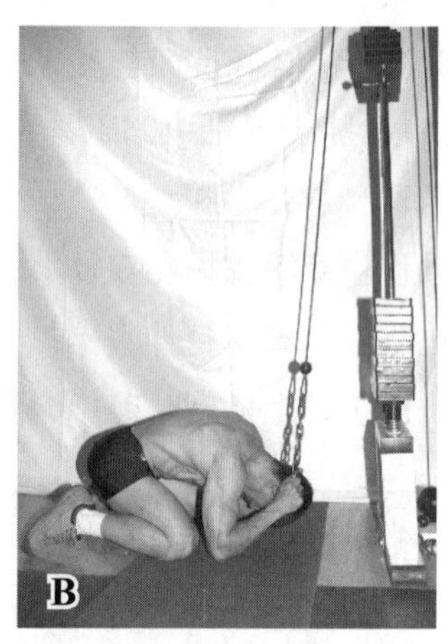

图11-126

主要作用：主要锻炼腹直肌、腹内斜肌、腹外斜肌等，对缝匠肌、股直肌、髂腰肌等也有一定的刺激作用。

技术要点：做此练习时，主要是要使脊柱前屈，不要随绳索的上下，过多地做腿的屈伸动作（使臀部上下起伏）；下拉绳索时，速度要缓慢、均匀，不要借助上体的体重向下做冲击动作，以免借助惯性，减弱了对目标肌肉的刺激。双手触地时应呼气，以便于腹肌完全收缩。

注意事项：一般来说，做此练习所使用的重量都小于体重，如使用大于体重的负荷进行训练，需要同伴帮助按住小腿部；做动作过程中，将绳索从最低点处原路返回时，不要让配重片自由落体，以免回落过快，造成拉伤或器械损坏。

变化形式：若双腿站立做立式负重体前屈动作，也可以很好地锻炼到腹直肌等。

7. 坐式器械体前屈（图11-127）

动作名称：坐式负重体前屈。

起始动作：坐在坐式体前屈器的座位上，胸肩部抵在挡托上，双手抓握器械手柄，两脚抵在脚挡托下面，上体随器械挡托压力自然略后仰。

动作过程：用力含胸、弯腰、收腹，将器械挡托向前下方推压，至上体接近大腿，原路返回，重复进行。

图11-127

主要作用：比较集中地锻炼腹直肌及腹内、外斜肌等。

技术要点：主要靠腹部肌肉的力量完成动作，不要使用上肢手臂的力量向前推。

注意事项：向前压到最低点后，原路返回时，不能随器械的拉力快速返回，而应控制回返的速度缓慢、均匀，否则，可能会损坏器械。

变化形式：有些坐式体前屈器械的手柄在头的上方，胸前也没有挡托，主要靠双手拉引器械手柄完成动作，作用与前者相同，只是双臂要用力更多些。

8. 立式负重转体（图11-128）

动作名称：立式转体。

起始动作：两脚平行开立，略宽于肩，上体挺胸直腰，颈后两侧斜方肌上扛一副杠铃，双手略宽于肩俯握住杠铃杆。

动作过程：先用力向左转体至尽头，略停，收紧右侧腹外斜肌和左侧腹内斜肌等肌群，再向右用力转体，至尽头，略停，收紧左侧腹外斜肌和右侧的腹内斜肌，如此反复进行。

主要作用：由于是下固定，所以主要锻炼腹外斜肌、腹内斜肌等肌群的上部，同时，

对腹直肌、竖脊肌、背阔肌等也有较好的刺激作用。

图11–128

技术要点：转体动作主要是脊柱的旋转运动，动作过程中，尽量不要使骨盆和两腿随杠铃的转动而同时发生扭转；分别向两侧转体到尽头后，要做目标肌群的顶峰收缩，以增强训练效果，而不能稍紧便松，一闪而过。

注意事项：两边的杠铃片要固定好，防止由于转体时产生的离心力使其滑脱，发生危险；转体接近尽头时，不要过分继续用力，以防扭伤腰、背、腹部及其他相关组织；要注意控制动作速度，均匀地做出慢—稍快—慢的节奏来。

变化形式：除立式直体转体外，还可以做立式半屈体转体或坐式负重转体等类似的练习，作用基本相同。

（二）特效训练手段

1. 元宝收腹（图11–129）

动作名称：两头起改进型。

起始动作：屈颈含胸，上体的头、肩部以下躺卧在长凳上，两腿微曲自然前伸，两手在腰部下方抓握住长凳的侧边缘。

图11–129

动作过程：两手用力抓紧长凳边缘，保持身体平衡，收缩腹肌使头和双脚同时向上抬起10～15厘米，短暂停顿后继续收缩腹肌使头和两脚再抬高10～15厘米，略作停顿，再次收紧腹肌，使两肩和两膝尽量靠近到极限，做明显停顿，然后，原路返回，重复进行。

主要作用：此练习主要刺激腹直肌的中部，具有非常明显、强烈的刺激作用，兼带可以锻炼到腹直肌的其他部分以及腹内斜肌、腹外斜肌、髂腰肌和股直肌等肌肉群。

技术要点：双手抓握的位置应该是腰部下面长凳的边缘，而不是臀部前面长凳的侧边缘，否则动作过程中会借助上肢的拉力；在做此练习时，要注意强调有明显的顿式收缩动作，而不要使用传统的冲击式收缩动作，否则，训练效果会大打折扣。

注意事项：做此练习身体展开时，上体肩以下部分躺靠在长凳上即可，不要过分后仰；同时，双腿不要下放得过低，否则，可能引起腰部疼痛。

变化形式：如腹部力量较弱，做此练习有困难，也可采用中间停顿一次或不停顿只有顶峰收缩的变化形式。

2. 仰卧举腿（图11－130）

动作名称：仰卧腿上举。

起始动作：仰卧在长条凳上，双手抓住头部两侧的长凳边缘，两腿伸直抬起，与地面垂直。

动作过程：保持双腿伸直，脚尖对准垂直上方的一点，用力收缩腹直肌，使双脚尽量向垂直上方的标记点升高，至最高点，略停片刻，原路返回，重复进行。

主要作用：主要刺激腹直肌，特别是腹直肌的上部，兼带锻炼腹内斜肌、腹外斜肌等。

图11－130

技术要点：双脚要始终对准起始位置垂直上方的标记点，而不是使双脚向头的垂直上方抬起；双腿原路返回落下时，臀部要落到长凳上，而不要悬空，避免过多借助弹力；最

好是运用顿式收缩法完成动作，效果会更明显。

注意事项：做此动作过程中，要特别注意保持身体平衡，防止发生偏斜，影响训练效果。

变化形式：为了加大运动幅度，也可以在上斜板上做此练习，难度稍大些。

3. 仰卧举臂（图11－131）

动作名称：仰卧臂上举。

起始动作：躺卧在平长凳上，双脚左右分开踩在地面上，保持身体平衡，两臂伸直，垂直地面向上举起，双手对准垂直上方的某一标记点。

图11－131

动作过程：用顿式收缩法，令双手向垂直上方的标记点分三次尽量伸出，至顶点，略停片刻，原路返回，重复进行。

主要作用：这个练习主要刺激腹直肌，尤其是腹直肌的上部，兼带锻炼腹外斜肌和腹内斜肌等。

技术要点：双手向上举起时，要注意用力向起始点的垂直上方举，而不是向前方举起；尽量使用顿式收缩法进行训练，而不要使用冲击式的动作。

注意事项：上体从最高点下落时，要缓慢、均匀，不要自由落体式地往下砸，以免震动头部，造成损伤。

变化形式：此练习也可以在下斜板上做，由于活动幅度加大，相比之下，难度要更大一些。另外，还可以双手抓握杠铃片或哑铃等器械做此练习，难度更大。

4. 放吊桥（图11－132）

动作名称：改进型仰卧举腿。

起始动作：躺在上斜板上，双手抓住头部两侧斜板的边缘，双腿自然前伸。

动作过程：保持上体不动，两腿微曲，先用力举高双脚，至头部上方，再继续垂直向上举起双腿（腰臀部离开斜板），至最高点，控制上体先不动，令双脚从最高点慢慢往下落（两腿弯曲），使上体形成反弓形，直至双脚着地，上体再回到原位，重复进行。

主要作用：主要锻炼腹直肌、腹外斜肌、腹内斜肌等，对股直肌、缝匠肌、髂腰肌以及背阔肌、手臂屈肌等也有一定的刺激作用。

图11–132

技术要点：在这个动作中，充分利用了腹直肌等肌群的向心收缩和离心收缩，对目标肌群有非常好的刺激效果；但同时，此练习也有一定的难度，练习者须有一定的训练基础，特别是要控制好双腿下落的速度。

注意事项：双脚从最高处落下时，身体要形成反弓形，而且下落的速度要缓慢、均匀，不能自由落体，否则可能造成摔伤。

变化形式：开始做此练习时，可以将膝部弯曲成90°左右，以降低难度，待有一定力量基础后，再逐渐地令两腿伸直些，以增加难度。

5. 悬垂侧摆腿（图11–133）

动作名称：悬垂摆腿。

起始动作：双手略宽于肩抓握在高单杠上，身体随地心引力自然悬垂。

动作过程：先将两腿并拢转向左侧，令双脚从左侧向上举起，向右经过双手前面，继续向右、向下落回原位，再令双腿转向右侧，双脚向上举起，向左经过双手前面，再向左、向下返回原位，重复进行。

图11–133

主要作用：由于是上固定，所以，此练习可以很好地锻炼到腹外斜肌、腹内斜肌和腹直肌等肌群的下部，对背阔肌等也有一定的刺激作用。

技术要点：因为在此练习中，突出运用了目标肌群的向心收缩、极限顶峰收缩和离心收缩三种肌肉工作方式，所以，可使目标肌群受到强烈的刺激，为了保证训练的质量，动作过程中，要注意控制双腿的摆动速度缓慢、均匀，不能忽快忽慢，也不要发猛力或自由落体。

注意事项：此练习对手部的抓握耐力有比较高的要求，如耐力不够，可借助拉带操作，以免练习过程中发生滑脱，造成摔伤。

变化形式：这个练习需要有比较好的腹部力量基础，如开始做练习时，腹部力量弱，也可做成屈腿的形式，或者令双腿连续向同一个方向摆动（如连续顺时针或逆时针方向摆动），这样可以借助惯性。

6. 倒挂收腹（危险动作）

动作名称：倒垂屈体。

起始动作：双脚钩挂在肋木架上，双腿自然伸直，上体随地心引力向下倒垂（双手可保护性地抓住横杆）。

动作过程：保持双腿、双脚不动，用力将头和上体尽量向上抬起，至最高点，略停片刻，原路返回，重复进行。

主要作用：这是一个锻炼腹直肌和腹内斜肌、腹外斜肌等肌群非常好的练习动作，兼带还可以练到股直肌、缝匠肌和髂腰肌等。

技术要点：动作过程中，应该以屈脊柱为主，而不是屈髋，所以，要弯腰、含胸、收下颌，不要使腰背过于挺直；由于股直肌的主动收缩不足和大腿后群肌肉的被动收缩不足，使得屈髋困难，所以，令上体抬高的动作会更多地用到腹部的肌肉。

注意事项：做练习过程中，虽然不用双臂协助用力，但为了防止双脚滑脱发生危险，最好双手抓住一横杠，以确保安全；当上体从最高处落下，返回原位时，要控制速度缓慢、均匀，不能自由落体，以免磕伤身体。

变化形式：在双杠上也可以做此练习（将双小腿别在双杠上，可以在膝下垫上毛巾，上体垂下），由于大小腿之间的角度在90°左右，没有主动收缩不足和被动收缩不足的限制问题，所以，抬高上体的动作比在肋木上做来得相对容易一些。

7. 下斜举腿

动作名称：下斜元宝收腹。

起始动作：坐在下斜板上，两手在身后抓住下斜扳的两边缘，两腿自然前伸，上体略向后倾。

动作过程：双手抓紧下斜扳的边缘，以固定身体不致下滑，用力收缩腹肌，使骨盆后倾，两膝尽量向两肩靠拢，略停片刻，再慢慢原路返回，重复进行。

主要作用：此练习可以锻炼腹直肌的中下部，尤其可以刺激腹直肌的下部分。

技术要点：做此练习时，应该尽量含胸收腹，并借下斜的斜面使骨盆后倾，集中刺激腹直肌的下部。

注意事项：由于是在下斜板上做此练习，所以，在用力收腹时，不要用力过猛，以防失去平衡，发生倾覆。

变化形式：此练习也可用顿式收缩的办法做，但须有一定的基础。

八、臀部训练

（一）常规训练手段

1. 坐式器械腿外展（图11–134）

动作名称：坐式展腿。

起始动作：端坐在坐式展腿器的座位上，两脚踩踏在脚踏板上，两膝部外侧抵靠在器械腿挡托上，上体挺胸直腰靠在背靠板上。

动作过程：保持上体不动，两膝分别向外侧展开，至尽头，略停片刻，原路返回，重复进行。

主要作用：此练习的主要作用是可以集中刺激臀大肌，特别是臀大肌的上半部，兼带可以练到臀中肌、臀小肌等肌群。

技术要点：用力展腿时要均匀、缓慢，不可使用冲击式的动作，以免造成损伤。

图11–134

注意事项：两腿外展至尽头后还原时，不要采用自由落体式的还原动作，以免损坏器械。

变化形式：此练习也可在平凳上利用橡皮筋作阻力源来进行，作用类似。

2. 立式单腿器械外展（图11–135）

动作名称：立式单腿外展。

起始动作：（以左腿为例）面向器械，两手扶在器械手柄上，右脚站在臀腿训练器的踏板后部，左腿外踝抵在右侧下方的器械挡托的右侧，上体自然直立。

动作过程：双手扶住器械手柄，保持身体平衡，右腿不动，左腿用力推动挡托向左侧外展，至尽头，大腿稍旋外，略停，原路返回，重复进行。

主要作用：主要锻炼同侧的臀中肌、臀小肌和臀大肌的上部以及梨状肌等。

技术要点：动作过程中，应保持上体不动，动作腿伸直，不能有腿屈伸的动作；要缓慢均匀地用力，使目标肌肉受到深度刺激，不要用冲击式的动作，以免借助惯性力，影响训练效果。

图11–135

注意事项：动作脚返回原位时，要注意控制回落的速度，不要随器械重量自由落体式落下，以免损坏器械。

变化形式：在低滑轮器上也可以做此练习，阻力源为器械的绳索脚套牵拉的配重片，将其固定在动作腿的脚腕上，上肢扶在一个固定物上，保持身体平衡，动作过程与在臀腿器上基本相同，作用类似。

3. 立式器械单腿后伸（图111–136）

动作名称：立式单腿后伸。

起始动作：（以左腿为例）双手扶在器械的右侧手柄上，背对臀腿训练器的脚挡托，右脚站在器械踏板上，左脚跟腱抵在器械挡托上，上体自然挺直。

动作过程：上体和站立腿不动，左腿紧抵挡托尽量向后伸，至尽头，稍旋外，略停片刻，原路返回，重复进行。

图11–136

主要作用：主要地锻炼臀大肌、腘绳肌等，兼带锻炼大收肌等。

技术要点：为了充分锻炼臀大肌，可以将器械挡托的起始位置略向前调，使髋关节有

比较大的活动范围；动作过程中，应该保持动作腿伸直，而不要弯曲，以免减弱对目标肌群的刺激。

注意事项：动作脚从体后返回原位时，要控制回落的速度，不能让其随器械重量自由落体，以免损坏器械。

变化形式：利用低滑轮器也可以进行此练习的操作，将低滑轮器的绳索脚套固定在动作脚的腕部，双手扶在一个固定物上，保持身体平衡，动作过程与在臀腿训练器上基本相同，训练效果相近。

4. 仰卧挺髋（图11–137）

动作名称：仰卧提臀。

起始动作：仰卧在地面上的垫子上，双腿弯曲（大小腿之间成90°左右的夹角），两脚与肩同宽平行踩在地上，双手盘在胸前。

动作过程：保持双肩与双脚之间的距离不变，用力将骨盆向上尽力顶起，至最高点，略停片刻，原路返回，重复进行。

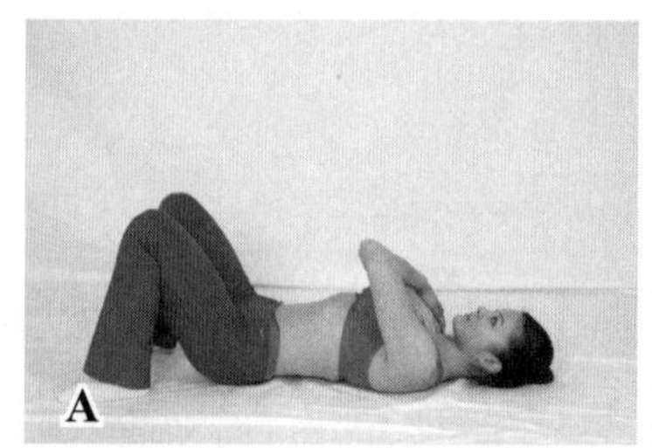

图11–137

主要作用：可以锻炼到臀大肌、股二头肌、半膜肌和半腱肌等。

技术要点：为了有效地刺激目标肌群，做练习时，应该尽量控制动作的速度，要缓慢、均匀，而且，在髋部顶至最高点处，要做顶峰收缩，不能做冲击式的快起快落；改变大小腿之间的夹角，可以改变主要训练的部位，如夹角大于90°，则加大了训练的难度，尤其是加大了对腘绳肌的刺激强度，若大小腿之间夹角小于90°，则减轻了对腘绳肌的刺激强度，而使股四头肌有一定的紧张。

注意事项：当髋部从最高点处落回原位时，要缓慢进行，不能随地心引力做自由落体，以免碰伤骶髂部组织。

变化形式：如果将双脚踩在平凳或台阶上做此练习，还可以扩大臀大肌的收缩范围，使臀大肌更充分地受到刺激。

5. 跪卧式单腿后伸（图11–138）

动作名称：跪卧式后抬腿。

起始动作：双小臂和双小腿着地，撑卧在地面的垫子上，上体自然挺直。

动作过程：（以左腿为例）身体其他部位保持不动，将左腿向后上方边伸直边抬高，至完全伸直，并抬到最高点，略停片刻，原路返回，重复进行。

图11-138

主要作用：这个练习可以比较集中地锻炼臀大肌，兼带可以练到大腿后侧的腘绳肌等。

技术要点：因为是徒手练习，负荷不大，所以，为了有效地刺激目标肌群，做练习时，要均匀、缓慢，不要用冲击式的收缩动作；这个动作的主要目的是锻炼臀大肌，因此，动作的要点是向高处抬腿，而不是向后蹬腿。

注意事项：左腿回落时，要控制速度不可太快，同时，左髋应略抬高，以免磕伤膝部。

变化形式：刚开始做此练习时，如果感觉力量弱，也可以采取屈膝的方式进行锻炼，以减小阻力矩；经过一段时间的锻炼之后，臀大肌的力量有所增强，可以在动作脚上附一重物（如沙袋或哑铃片等），以加大训练负荷，提高训练强度。

6. 跪卧式侧抬腿（图11-139）

动作名称：跪卧侧抬腿。

起始动作：两小臂和手掌及两小腿和脚面撑在地面的垫子上，两大臂和两大腿基本与地面垂直，上体自然挺直。

动作过程：（以左腿为例）保持身体其他部位姿态不变，令左大腿尽量向左侧上方抬起，至最高点，略停片刻，原路返回，重复进行。

主要作用：此练习主要锻炼臀大肌的上部以及臀中肌和臀小肌等。

图11-139

技术要点：如果在抬高左腿的同时，膝关节偏向前方，则主要用到臀大肌的上部；若向侧抬腿的同时，膝关节略向后方移动，则会更多地用到臀中肌和臀小肌。

注意事项：左腿回落时，要控制速度均匀、缓慢；同时，左髋应略抬高，以免左腿回落时磕伤膝部。

变化形式：初次做此练习，可以采用大小腿之间90°左右的屈腿外展，待有一定基础后，可以采用伸直式的外展动作，即动作腿从起始位置向外侧抬腿的同时，将腿边展边伸直，以增加阻力矩，提高训练强度。

7. 侧卧式单举腿（图11－140）

动作名称：侧卧举腿

起始动作：（以右腿为例）以左小臂、左手及左侧髋部、腿部侧卧于地面上的垫子上，右腿伸直靠在左腿上，右手撑扶在体前的垫子上，以保持身体平衡。

动作过程：身体其他部位保持原有姿态，用力向上抬高右腿，至顶点，略停片刻，原路返回，重复进行。

图11－140

主要作用：此练习是利用了大腿外展的功能，所以，主要刺激的肌群是臀中肌、臀小肌和臀大肌上部，还有梨状肌等。

技术要点：为了有效地刺激目标肌群，做练习时，不要使用冲击式的上抬动作，而应该均匀用力，到顶点后要做顶峰收缩。

注意事项：动作腿落下时，速度要缓慢、均匀，不能自由落体，以防碰伤腿部。

变化形式：若要减小动作难度，可采用屈膝抬腿的方式训练，若增加训练的难度，在动作脚的腕部带上沙袋或哑铃片等重物。操作时，动作脚的起始位置可以放在支撑腿的前方或后方，分别侧重锻炼臀大肌上部，或臀中肌、臀小肌等。

8. 杠铃深蹲（图11－141）

动作名称：负重深蹲。

起始动作：两脚平行开立略窄于肩，挺胸直腰，将杠铃置于颈后两侧斜方肌上，双手略宽于肩抓住杠铃。

动作过程：保持上体挺胸直腰的姿态不变，屈膝下蹲，至髋关节略低于膝关节，头向上顶，带动全身向上挺直，重复进行。

主要作用：如果做深蹲的练习采用并脚，且下蹲稍深一些，开始蹲起时，主要用的是臀大肌的力量，所以，对臀大肌有比较好的刺激作用；同时，也要用到股四头肌和大腿后群的肌肉力量。

技术要点：注意控制身体平衡，应始终让杠铃在身体的重心垂线上运动，尽量不要在动作过程中，使重心有前后的摆动；为了突出对臀部肌肉的刺激，上体要突出挺胸、塌腰、翘臀的动作要领，而不要有含胸弯腰的姿态。

图11–141

注意事项：动作中的起落，都要坚持挺胸直腰，动作速度缓慢、均匀，防止由于身体变形或冲击动作，造成腰腿部的损伤。

变化形式：也可以利用哑铃作为阻力源，训练作用近似。

（二）特效训练手段

1. 负重跨步走（图11–142）

动作名称：跨步蹲。

起始动作：上体挺胸直腰，双手各持一哑铃，两臂自然垂于身体两侧，或双肩扛一副杠铃，双手抓握杠铃杆，自然站立。

动作过程：右脚向前跨出一大步后继续屈右膝，使上体前移、下降，至左膝着地，随后，先抬起左膝、左脚，再令右腿用力伸直、后伸，使上体上升、前移，同时，左腿向前跨出一大步，并继续屈左膝，使上体下降、前移，至右膝着地，然后，先使右膝、右脚抬起，再令左腿用力伸直、后伸，使上体上升、前移……如此，左右腿交替向前跨出，重复进行。

主要作用：主要刺激臀大肌和股四头肌，兼带锻炼股二头肌、半膜肌和半腱肌等。

图11–142

技术要点：做练习时，前面的腿应随后面的腿向前跨出的同时，边伸直边后伸，而不是先伸直前面的腿，再跨出后面的腿，否则就减小了对臀大肌和股四头肌的刺激强度；练习过程中应保持动作速度均匀一致，不要出现一蹿一蹿的冲击式动作，以减少惯性用力。注意事项：此练习对心肺功能要求很高，要注意合理控制组间间隔时间，防止过度训练。另外，此练习要求有比较好的平衡能力，练习中要特别引起注意，防止出现闪失。

变化形式：待有一定基础后，可加大负荷，采用肩上扛负杠铃的方式做此练习，但要注意控制平衡。

2. 开合式俯卧举腿（图11–143）

动作名称：俯卧举腿。

起始动作：上体小腹部以上俯卧在卧拉架或山羊练习器的一端，双臂抱住器械，以固定上体，两腿自然伸直下垂。

动作过程：上体不动，用力将两腿向后上方抬起，至最高点，然后，令两腿在伸直的状态下做两次水平开合，原路返回，重复进行。

图11–143

主要作用：此练习可以比较全面地刺激臀大肌，兼带可以锻炼到股二头肌、半膜肌和半腱肌等。

技术要点：若想使臀大肌受到有效的刺激，做练习时，就要注意控制动作速度均匀、缓慢，不能为了追求抬腿的高度而使用冲击式的动作，将双腿猛然向上抬起，而要向后上方抬腿至顶点即可。

注意事项：做此练习时，要杜绝猛起猛落式的动作以防造成拉伤或由于下落过猛磕伤腿部。

变化形式：对有一定训练基础的练习者，可以在双脚上挂上重物，以增加训练的强度。

九、腿部训练

（一）常规训练手段

1. 杠铃深蹲（图11–144）

动作名称：后蹲。

起始动作：将杠铃置于颈后两侧斜方肌上，双手略宽于肩抓握杠铃，上体挺胸直腰，站在深蹲架的中央，两脚平行开立，两脚跟与肩同宽，脚尖略向外撇。

动作过程：保持上体挺胸直腰不变，屈髋、屈膝、伸踝下蹲，至两大腿与地面平行（此时，大小腿之间夹角小于90°），然后伸髋、伸膝、屈踝直至双腿和身体挺直，重复进行。

图11–144

主要作用：主要锻炼大腿股四头肌，兼带锻炼竖脊肌、臀大肌、股二头肌、半膜肌、半腱肌、腓肠肌等。

技术要点：动作过程中要尽量保持身体平衡，重心垂线应在脚心偏前一些的位置上，不能过于靠前或过靠后，下蹲至大腿与地面平行时，两脚跟均不可抬起（如跟腱较短，可

在两脚跟下面各垫上一杠铃片）；为了减小杠铃对腰椎及周围组织的压力，应尽量保持挺胸直腰姿态，而不能为了减小对膝部的压力而过分屈髋，否则，会减小对膝关节的压力，而加大了对腰部的压力，可能造成腰部的严重损伤。

注意事项：不能将杠铃放在第七颈椎棘突上，而应当放在颈后两侧斜方肌上。做此练习前，应该做好充分的腰部和膝部的热身准备活动，防止在大重量训练时，造成运动损伤；动作过程中，精神注意力要集中，不可说话聊天；要特别注意，始终保持挺胸直腰的姿态，不可含胸弯腰！否则可能造成严重的腰部损伤！另外，屈膝下蹲时，速度不能太快，以防拉伤膝关节内侧副韧带。

变化形式：采用双手各提一只哑铃或壶铃的方式也可做此练习。另外，如下蹲至大小腿之间夹角大于100°即起立还原，称为半蹲练习，此种练习可使用更重的负荷，更多地使用股二头肌、半膜肌、半腱肌和腓肠肌等；对腰部有疾患的人，可在举重腰带挂上低滑轮器的绳索挂钩，做深蹲练习。

2. 颈前杠铃深蹲（图11－145）

动作名称：前蹲。

起始动作：两脚平行开立，脚跟与肩同宽，脚尖略向外撇，上体挺胸直腰，双手略宽于肩俯握杠铃，屈小臂，双肘前伸使两大臂与地面平行，将杠铃置于颈前胸、肩上部。

动作过程：上体保持挺胸直腰不变，屈髋、屈膝和伸踝关节，使上体下降，至大腿与地面平行，然后，用力伸直双腿，使杠铃原路返回，重复进行。

A

B

图11–145

主要作用：主要刺激大腿股四头肌，兼带锻炼臀大肌、腿部后群肌肉和腰背部的竖脊肌等。

技术要点：为了使杠铃能稳定地固定在肩上，两大臂应始终保持水平前伸，不能落肘； 做练习时，应使腿部作为主要发力部位，不要过多地做屈髋、伸髋的动作，以免腰部受力过大。

注意事项：上体在动作过程中，要始终保持挺直，不可含胸弯腰，否则可能造成腰部严重损伤。

变化形式：除用双手俯握杠铃的方式抓握杠铃外，还可以采用双大臂水平前伸，两小臂在胸前交叉，两手按扶住肩上的杠铃的方式固定杠铃做此练习，作用相同。另外，也可以用史密斯机做此练习，效果类似。

3. 史密斯器深蹲（图11−146）

动作名称：史密斯器蹲。

起始动作：站在史密斯综合训练器的中间，双肩抵在滑道杠铃下面，双手略宽于肩抓握杠铃杆，上体挺胸直腰，将杠铃向上扛起，双手转动杠铃杆，将挂钩打开。

动作过程：保持上体不动，屈髋、屈膝、伸踝关节，使上体下降，直至两大腿与地面平行，双腿用力伸直，原路返回，重复进行数次，再将杠铃挂钩挂在略低于肩高的沟槽里。

图11−146

主要作用：这个练习主要锻炼大腿股四头肌，兼带可以刺激臀大肌、大腿后群肌肉、腹压肌和竖脊肌等。

技术要点：与杠铃深蹲动作基本相同，由于有滑道限制杠铃的走向，所以，与杠铃深蹲相比，史密斯深蹲相对更稳定，没有平衡的问题，可以使训练者把精力更集中地放在腿的屈伸动作上。

注意事项：动作过程中，应始终保持挺胸直腰的姿态，不可含胸弯腰，以免损伤腰背部组织；做完练习后，将杠铃挂上时，要确认确实挂好了再离开，以防砸伤。

变化形式：因为杠铃只能上下运动，不会前后左右运动，所以，训练时，可以令双脚略向前站（伸腿时也向前挺髋），还可以略向后站，分别侧重锻炼股四头肌的前部及股直

肌，或重点刺激臀大肌、大腿后群肌肉和股四头肌。

4. 斜蹲（图11-147）

动作名称：上斜深蹲。

起始动作：双脚站在斜蹲器的踏板上，上体挺胸直腰躺靠在器械的靠板上，双肩抵在两肩托下面，打开滑道卡头，双手抓握器械手柄。

动作过程：上体不动，屈膝下蹲，至两大腿与器械踏板平行，双腿同时用力伸直，原路返回，重复进行数次，关闭滑道卡头。

图11-147

主要作用：主要刺激股四头肌，兼带锻炼臀大肌、股二头肌，半膜肌和半腱肌等。

技术要点：屈膝下蹲过程中，腰背部要紧靠在器械靠板上，以稳定身体，使腿部集中用力。

注意事项：做此练习过程中，要保持动作速度均匀、缓慢，尤其是屈膝下蹲时，不能采用自由落体式的方式，避免造成膝部组织损伤。

变化形式：做此练习时，可以通过调整双脚的位置改变锻炼的部位（腰背部不离开靠板），如双脚站在踏板的前部（脚尖向前），主要刺激臀大肌和大腿后群肌肉；若站在踏板的后部（脚尖稍向外撇），则主要锻炼股四头肌的外侧前部；如果两脚分开宽于肩站立（脚尖外撇），更偏重刺激大腿内侧肌群；或者两脚并在一起站立，主要锻炼股四头肌的内侧前端。

5. 躺蹲（图11-148）

动作名称：卧式腿屈伸。

起始动作：平躺卧在躺蹲器上，两脚跟距离与肩同宽，脚尖稍外撇踩在脚踏板上，两腿随器械自然弯曲，膝关节与脚尖同方向，身体挺直，两肩抵在两肩托上，双手抓握器械手柄。

动作过程：上体贴紧躺板，保持挺直，用力伸直两腿，将肩托顶起，绷紧双腿肌肉，略停，原路返回，重复进行。

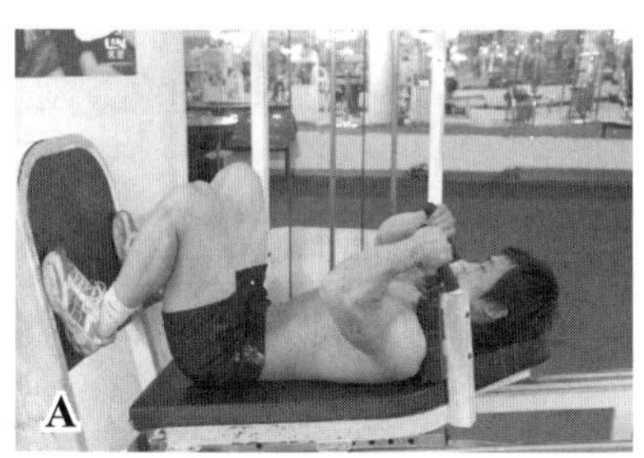

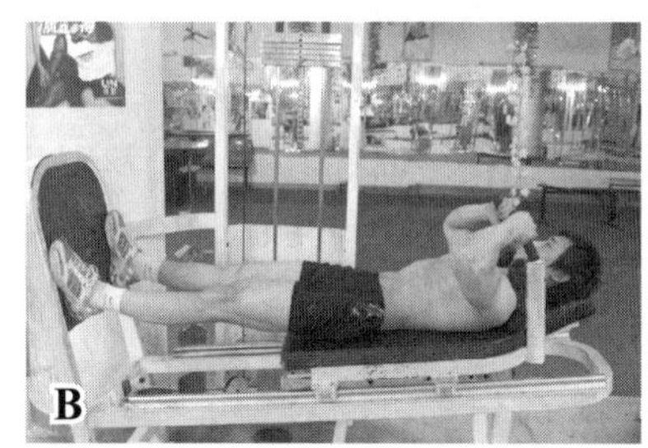

图11-148

主要作用：锻炼股四头肌，兼带锻炼臀大肌及大腿后群肌肉。

技术要点：做动作过程中，上体要紧贴躺板，不要让腰部上下或左右摆动，以利于腿部发力。

注意事项：由于有滑道导引，所以，此练习相对比较安全，但要注意控制动作的速度，特别是屈腿回落时，不能随器械重量自由落体，否则可能损伤腰腿部组织，或损坏器械。

变化形式：与斜蹲基本相同。

6　坐蹲（图11-149）

动作名称：坐式腿举。

起始动作：端坐在座蹬器的座位上，双脚踩踏在器械踏板上，双腿随器械重力自然弯曲，骶髂部紧抵住后面的靠板，两手抓住器械手柄。

动作过程：身体其他部位不动，用力将两腿伸直，略停片刻，再慢慢弯曲双腿，原路返回，重复进行。

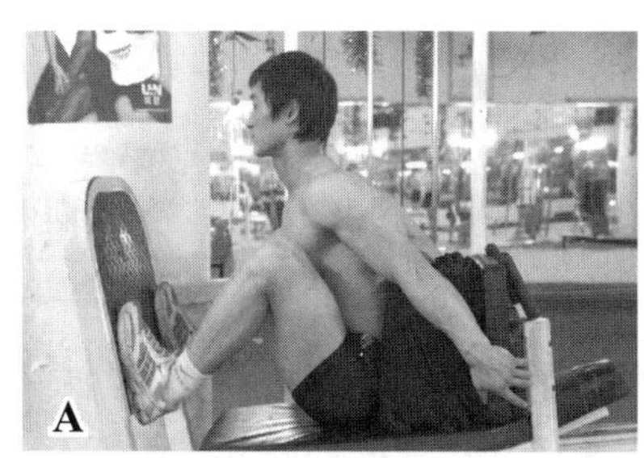

图11-149

主要作用：重点刺激股四头肌，同时，对臀大肌、股二头肌、半膜肌和半腱肌等也有一定的刺激作用。

技术要点：要注意调整座位与踏板的距离，尽可能调得小一些，以利于做全程收缩，

如果距离太大，就只能做半蹲了；练习过程中，要靠臀、腿部的力量完成动作，不要用双手推压双腿；这个动作可以比较集中地锻炼臀、腿部的肌肉群，而对腰部几乎没有压力，比较适合腰部有疾患的训练者使用（但不宜蹲得过深）。

注意事项：由于此练习可以使用比较大的重量，如果下蹲得过深、过猛，对髋关节可能会造成严重损伤，训练时要引起特别注意。

变化形式：除坐式腿举外，还有不同方向的腿举动作，比如在仰卧腿举器上、上斜腿举器上等，都可以比较集中地锻炼臀、腿部的肌群，而不会给腰部造成太大的额外压力。

7. 交替弓步蹲（图11-150）

动作名称：往复式弓步蹲。

起始动作：两脚略窄于肩平行站立，上体挺胸直腰，颈后两侧斜方肌上扛一副杠铃，双手宽于肩抓握杠铃杆。

动作过程：先令左腿向前迈出一步，并屈膝下蹲，身体重心随之前移，至右膝接近地面，再用力伸直左腿，使身体重心后移，左腿随身体重心退回到原位，然后，令右腿向前迈出一步，并屈右膝，使身体重心前移，至左膝接近地面，用力伸直右腿，使身体重心向后移回，右腿随身体重心回到原位，如此交替进行。

A

B

C

图11-150

主要作用：此练习主要刺激股四头肌，同时，对臀大肌和股二头肌、半膜肌和半腱肌等也有一定的刺激作用。

技术要点：如果要重点刺激股四头肌，可以将步子迈得大一些，这样，在身体重心从前下向后上移动时，主要靠前面腿的股四头肌用力完成动作，后面腿几乎不能有效用力；如若想在锻炼股四头肌的同时，兼带刺激臀大肌和大腿后侧的腘绳肌等，则只需将步子迈得小一些即可，而且步子小，还可以使后面腿的股直肌受到突出的拉伸刺激（因为后面腿股四头肌中的股直肌处于被动不足状态）。

注意事项：由于是在负重的情况下两腿交替迈步屈伸，在重量较大时，不要动作太快，注意控制身体重心的平衡；前面腿屈膝下蹲时，要注意速度缓慢，均匀，不要过快，以防止后面腿的膝部磕碰到地面，引起损伤。

变化形式：初学者可以用双手各持一只哑铃自然垂于身体两侧的负重方法做此练习。

8. 单腿蹲起（图11-151）

动作名称：单腿起立。

起始动作：（以左腿为例）左脚站在一台阶的侧边缘上，上体挺胸直腰，左手扶在一固定物上，以保持身体平衡，右腿自然向前水平伸直。

动作过程：保持身体挺胸直腰右腿向前平伸的姿态不变，屈左腿，使身体下降，至髋关节略低于左膝关节，稍停片刻，用力伸直左腿，使身体上升，沿原路返回，重复进行。

图11-151

主要作用：这个动作可以有效地刺激大腿的股四头肌，对臀大肌、股二头肌、半腱肌和半膜肌也有较好的锻炼效果。

技术要点：动作过程中，要始终保持上体的挺胸直腰姿态，并且在上体升降过程中，上体要基本保持与地面垂直，不能在上升过程中，使上体前倾，否则，将减弱对股四头肌的刺激，而使腰部受力太多。

注意事项：身体下降时，一定要遵守缓慢、均匀的原则，不能采用自由落体式的做法，否则可能会损伤膝部组织。

变化形式：开始做此练习时如果感觉困难，可以采取下蹲时使右腿向后伸出的后伸腿式做法进行练习，这时上体是略向前倾的，因此，腿部的压力会小一些；待有一定基础后，可以在右手里握一只哑铃进行训练，以增加训练的强度。

9. 坐式腿屈伸（图11-152）

动作名称：坐式伸腿。

起始动作：端坐在坐式腿屈伸器的座位上，上体靠在器械的背板上，双脚腕的前部抵

在器械的脚挡托后面，两腿随器械自然弯曲，两手抓住器械的手柄。

动作过程：双手握紧手柄，保持身体不动，两腿用力伸直，至顶点略停片刻，原路返回，重复进行。

图11-152

主要作用：突出刺激股四头肌。

技术要点：因为此练习的负荷是直接加在腿部，与身体其他部位关系不大，所以，它是单独刺激股四头肌最好的动作之一，尤其是对腰部有疾患的人来说，是不可多得的训练动作；为了使目标肌肉受到深度的刺激，做练习时，要控制速度缓慢、均匀，两腿完全伸直后，要做强力的顶峰收缩，而不能采用冲击式的动作。

注意事项：双腿从完全伸直返回原位时，要注意控制回落的速度，不能自由落体，以免损坏器械。

变化形式：如果起始动作令上体屈髋前倾（躯干压在大腿上，上体挺胸直腰），则由于大腿后群肌肉的被动不足和股直肌的主动不足，使动作难度加大，可以加深对股四头肌的刺激强度。

10. 罗马凳深蹲（图11-153）

动作名称：坐立蹲。

起始动作：坐在罗马凳的座位上，上体挺胸直腰，两小腿后面抵在腿挡板上，双脚背顶在脚挡托的下面，双手盘在胸前。

动作过程：上体不动，双腿用力伸直站起，主动收紧大腿股四头肌，略停片刻，原路返回，重复进行。

主要作用：主要锻炼股四头肌。

技术要点：为了减少对腰部的压力，同时集中刺激股四头肌，伸小腿起立时，上体可以向后略仰。

注意事项：从直立坐下时，要做大腿伸肌的慢速离心收缩，不要自由落体，以免冲击脊柱和头部。

图11-153

变化形式：有一定训练基础的人，可以在胸前抱一杠铃片或在肩上扛一副杠铃做此练习，以增加训练强度。

11. 负重跨步走

动作说明：在臀部肌肉训练的特效训练手段中已有说明，这个练习可以比较全面地锻炼股四头肌、臀大肌、股二头肌、半膜肌和半腱肌等肌群。

12. 立式单腿绳索内收（图11-154）

动作名称：立式单腿内收。

起始动作：（以左腿为例）身体左侧对着低滑轮训练器站立，右脚站在离低滑轮一大步远处，右手扶在一固定物上，保持身体平衡，上体自然挺直，左脚腕处系上绳索脚套，左腿随绳索拉力自然向左侧外展（两腿均为伸直状态），左手背在身后或叉腰。

图11-154

动作过程：身体其他部位不动，左腿保持伸直用力从右腿前向右侧收拢，至尽头处，略停片刻，慢慢原路返回，重复进行。

主要作用：此练习主要锻炼大腿内侧的股薄肌、大收肌、长收肌、耻骨肌和短收肌等。

技术要点：做这个练习时，平衡问题很重要，如果动作过程中不能保持身体的平衡，就无法顺利地完成动作；为了有效地刺激目标肌群，做练习的速度要均匀、缓慢，并且要在左腿内收到尽头时，做顶峰收缩，而不能做冲击式的动作。

注意事项：动作腿从内收到尽头处回返时，要做离心收缩，控制回落的速度，不要随绳索的拉力快速返回，以免拉伤腿部组织。

变化形式：此练习也可以在臀腿训练器上进行，只是把脚套换成脚挡托（左脚腕的右侧面抵在挡托的左侧面），训练效果近似。另外，左腿向右侧内收时，也可以从站立腿后面向内收拢，这时，除了锻炼大腿内侧肌群外，还可以练到臀大肌的下部。

13. 坐式器械夹腿（图11-155）

动作名称：夹腿练习。

起始动作：坐在夹腿器的座位上，两脚分别踩在左右脚踏板上，两腿随器械自然弯曲外展，两膝及两小腿的内侧抵靠在器械的挡托板面上，上体挺直靠在背靠板上，双手各抓握住左右两侧的器械把手。

动作过程：身体其他部位不动，用力将两膝向内夹紧，至左右挡托板碰触，略停片刻，原路返回，重复进行。

图11-155

主要作用：此练习可以刺激到大腿内侧的耻骨肌、短收肌、长收肌、大收肌和股薄肌等。

技术要点：做此练习时，应控制动作速度缓慢、均匀，并且在两腿并拢时，做顶峰收缩的夹紧动作，以使目标肌群受到深度刺激，而不要做冲击式的动作。

注意事项：应根据自己的具体情况调整器械挡托的外展程度，不要过大，避免由于负荷太大，使两腿过度外展，造成拉伤。

变化形式：在没有夹腿训练器时，还可以坐在凳子上，双手将扭力棒弯成U形，夹在两膝的内侧，做夹腿练习，作用类似。

14. 卧式腿弯举（图11–156）

动作名称：卧式屈腿。

起始动作：俯卧在卧式屈腿器的卧板上，双脚跟部抵在脚挡托的下面，两手分别抓住器械左右两侧的把手。

动作过程：用力屈小腿，令双脚跟向臀部尽量靠拢，至极限位置，略停片刻，原路返回，重复进行。

图11–156

主要作用：这个练习可以刺激大腿后群的股二头肌、半腱肌、半膜肌和小腿的腓肠肌等。

技术要点：由于卧式的身体姿态使得腘绳肌的近端预先缩短，导致其主动不足，所以，动作过程中，会有臀部上拱的动作；为了让目标肌群受到有效的刺激，应该尽量压低臀部的高度，使远端主要用力。

注意事项：向上屈小腿至极限位置后，返回原位时，要控制回落的速度，不可随器械重量做自由落体式的返回动作，以免损坏器械。

变化形式：做此练习时，若令两脚尖向外旋可以突出刺激大腿后群外侧的股二头肌，而若使两脚尖旋内，则更偏重锻炼内侧的半膜肌和半腱肌；如没有卧式腿弯举器，也可以俯卧在平长凳上，由训练伙伴按住训练者的双脚腕作为阻力源做此练习，作用类似。

15. 坐式腿弯举（图11–157）

动作名称：坐式屈腿。

起始动作：坐在屈腿器的座位上，上体靠在器械的靠背板上，双手抓住器械把手，两膝上部顶在腿挡托的下面，两腿伸直，两脚的跟部后面抵在脚挡托的上面。

动作过程：身体其他部位不动，用力使双小腿向下屈，至尽头，略停顿片刻，原路返回。

主要作用：此练习可以最大限度地刺激大腿后群的腘绳肌和小腿的腓肠肌等。

技术要点：由于身体在坐姿时，腿部的屈肌接近最适初长度，可以发挥出较大的力量，与卧式屈腿相比，可以用更大的重量进行训练；为了使目标肌肉受到更深的刺激，不要采用冲击式的收缩方式进行训练，而要以缓慢、均匀的速度进行，而且，要做顶峰收缩。

注意事项：注意控制双脚回落的速度，不要太快，以免造成拉伤或损坏器械。

图11-157

变化形式：与卧式屈腿练习相同，当改变两脚尖的朝向做此练习时，可分别重点刺激大腿后群的内、外侧肌肉；在没有坐式屈腿器时，也可采用坐在固定的训练凳上，双脚的腕部系上低滑轮绳索的脚套，做此练习，训练效果近似。

16. 直腿硬拉

动作说明：与腰部训练中所述基本相同（可以练到股二头肌、半膜肌和半腱肌的上部）。

17. 立式负重提踵（图11-158）

动作名称：立式器械提踵。

起始动作：双肩抵在器械肩挡托下面，两脚前1/3并立于立式提踵器的垫块上，脚跟降到最低点，上体挺胸直腰，双腿自然伸直，双手抓握器械手柄。

动作过程：全身其他部位不动，两小腿三头肌同时用力收缩，令两脚跟尽量向上提起，至顶点，略停片刻，慢慢还原，重复进行。

主要作用：这个练习主要锻炼小腿三头肌，以及趾长屈肌、拇长屈肌和胫骨后肌等。

技术要点：做此类练习时，都有一个共同要点，就是要求动作要缓慢、均匀，不能做得太快，也不要只做半程，如果只是做小范围的颤动，对目标肌肉将不会有太大的刺激作用。

图11-158

注意事项：做练习时要保持挺胸直腰，不能含胸、弯腰，防止腰部受伤（腰部有伤者不要做这类练习）；训练时，双脚应有1/3部分踩在台阶上，不要过少，否则，容易发生滑脱现象，损伤腿部。

变化形式：如果训练时，令两脚跟保持向外撇做提踵动作，可以重点刺激小腿的后面外侧肌肉；若向上提踵时，使两脚跟向内撇则主要刺激小腿三头肌的内侧部分。另外，如果没有立式提踵器，也可以利用杠铃作为阻力源做此练习，只是要注意保持身体平衡，作用类似。

18. 坐式屈腿提踵（器械、杠铃）（图11-159）

动作名称：坐式提踵。

起始动作：端坐在坐式提踵器的座位上，上体挺胸直腰，两脚前1/3踩在脚踏板上，两膝上部抵在器械挡托下面，两脚跟随器械重量自然下落到最低点，两手扶在器械手柄上。

图11-159

动作过程：保持身体其他部位不动，用力收缩小腿三头肌，使两脚跟尽量向上提起，至顶峰，略停片刻，再慢慢原路返回，重复进行。

主要作用：主要锻炼小腿三头肌，特别是对比目鱼肌的刺激比较大，此外，还有胫骨后肌、趾长屈肌和拇长屈肌等。

技术要点：做此练习时，注意动作要缓慢、均匀，不要使用冲击式的动作。

注意事项：训练时，两脚应有1/3部分踩在台阶上，不要过少，否则，容易发生滑脱现象，损伤腿部。

变化形式：如没有此类器械，也可坐在长凳的一端，两脚前1/3踩在一个10厘米高的垫块上，然后，在膝上坐一个人或放一副杠铃（垫上毛巾），做此练习，效果类似。

19. 坐式直腿提踵

动作名称：器械直腿提踵。

起始动作：坐在坐蹬器的座位上，上体挺直，紧抵靠板，两腿伸直，两脚前1/3部分踩在踏板上，小腿肌肉放松，使两小腿的肌肉和跟腱尽量拉长。

动作过程：身体保持不动，用力收缩小腿三头肌，令两脚跟尽量上提，至顶点，略停片刻，慢慢原路返回，重复进行。

主要作用：主要锻炼小腿三头肌，特别是腓肠肌。

技术要点：做此练习时，应该尽量使两腿伸直，不要随提踵动作而做腿屈伸。

注意事项：注意动作速度要均匀、缓慢，尤其是下落还原时，不要动作过快，防止拉伤跟腱等组织。

变化形式：如果训练时，令两脚跟保持向外撇做提踵动作，可以重点刺激小腿的后面外侧肌肉；若使两脚跟向内撇则主要刺激小腿三头肌的内侧部分。

20. 立式单足提踵

动作名称：单足提踵。

起始动作：双手扶在某固定物上，保持身体平衡，上体挺直，动作腿自然伸直，动作脚的前1/3踩踏在一个10厘米以上的台阶上，脚跟下落到底，另一脚盘在动作腿的后面。

动作过程：身体保持直立，动作脚的脚跟尽量向上提起，至顶点，略停片刻，原路返回，重复进行。然后，换腿继续做。

主要作用：主要刺激小腿三头肌的腓肠肌和比目鱼肌，以及腓骨长肌等小腿的屈足肌群。

技术要点：做此练习的关键在于提踵后要做顶峰收缩，而不能做冲击式收缩，否则，不会收到理想的锻炼效果。

注意事项：做此练习时，如台阶过高，要注意及时调整动作脚的踩踏位置，不要过于靠近脚趾，防止动作过程中发生滑脱现象，伤及腿部。

变化形式：为了加大训练强度，在做此练习时，可以单手提一只哑铃或壶铃作为负重。

21. 骡式提踵

动作名称：屈体负重提踵。

起始动作：两脚前1/3踩踏在一个10厘米以上高的台阶上，两腿伸直，两脚跟下降到最低点，上体挺胸直腰从髋关节处前倾，两手扶在一个齐髋高的固定物上保持身体平衡，让训练伙伴骑坐在腰臀处不动。

动作过程：用力收缩两小腿后群肌肉，使两脚跟尽量提高至顶点，略停片刻，原路返回，重复进行。

主要作用：主要刺激小腿三头肌，尤其是腓肠肌，此外，还有胫骨后肌、趾长屈肌和拇长屈肌等。

技术要点：动作速度要缓慢、均匀，不要过快；动作尽量全范围，即尽量使脚跟下降到最低点，上升到最高点，不要只做部分动作。

注意事项：训练伙伴要坐在训练者的腰臀部尽量偏下的位置，不要过于靠上，以减少对腰部的额外压力；训练者的脚应有1/3部分踩在台阶上，不要过少，否则，容易发生滑脱现象，损伤腿部。

变化形式：如果训练时，令两脚跟保持向外撇做提踵动作，可以重点刺激小腿的后面外侧肌肉；若向上提踵时，使两脚跟向内撇则主要刺激小腿三头肌的内侧部分。

（二）特效训练手段

1. 死点深蹲（图11-160）

动作名称：嘎吱后蹲。

起始动作：与杠铃深蹲相同，只是所使用的重量是常规深蹲的一半左右。

动作过程：保持上体挺胸、立腰、翘臀的姿态不变，屈膝下蹲至髋关节略低于膝关节，随即稍伸膝蹲起，使髋关节升高10～15厘米，再退回原位，重复此动作数次后，再使髋关节从高于膝关节15厘米处向25～30厘米处反复蹲起数次，待股四头肌产生明显酸痛感后，再做完整的全程深蹲练习数次，直至力竭。

主要作用：可以超级强烈地刺激股四头肌，使其产生剧烈的痛感，受到深层次的刺激，促进其突破平台期，进一步发达肌肉；如采用小重量、多次数的方法进行嘎吱训练，还可以精细地刻画肌肉线条，是赛前训练的绝好手段。

技术要点：动作要缓慢、均匀，不要使用冲击式的收缩，也不要越做越快，动作幅度要均等，不能越来越小；动作过程中尽量一气呵成，中间不要停歇。

注意事项：因为此练习对身体刺激比较大，每组练习后心率比较高，所以要注意控制

组间隔时间，不要太短，以防过度训练。

图11–160

变化形式：根据练习的重量不同，可以分为大嘎吱、小嘎吱，来分别刺激发展股四头肌围度或刻画精细度；根据嘎吱与全程的顺序可以分为正嘎吱和倒嘎吱等；采用将杠铃置于颈前肩上的前蹲方式进行嘎吱前蹲练习，也可以起到类似的作用。

2. 仰卧挺髋蹲（图11–161）

动作名称：挺髋躺蹲。

起始动作：躺卧在躺蹲机的靠板上，双肩抵在两肩托上，两脚踏在脚踏板的中央，双手分别抓握住左右把手。

动作过程：保持大小腿之间夹角不变，先将髋部向上顶起，随后屈膝使双膝向前上方压出，然后用力伸直双腿，随后将臀部回落到靠板上，再弯曲双腿回到原位，重复进行。

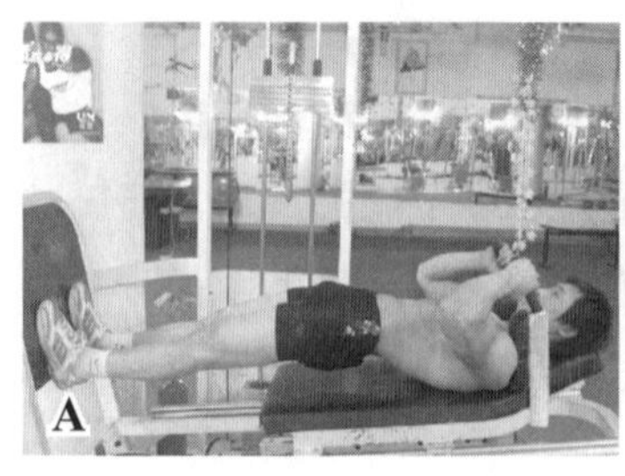
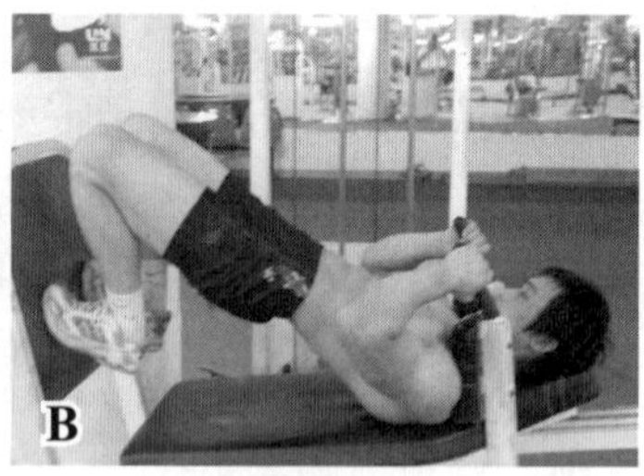

图11–161

主要作用：由于在此动作中利用了股直肌的被动不足，所以挺髋蹲主要刺激的是股四头肌中的股直肌，其次可以锻炼股四头肌的其他部分，兼带还可以锻炼小腿三头肌等。

技术要点：动作过程中要确保先挺髋再伸腿的动作顺序，如先伸腿再顶髋就失去了突出锻炼股直肌的作用。

注意事项：做此练习时，要注意始终用双肩紧抵住肩托，而不能用头向下顶，以防损伤颈椎及周围组织。

变化形式：此练习也可在史密斯机上进行，动作过程类似，作用相同。另外，徒手站在地面上，单手扶住一固定物，利用体重也可做此练习；必要时可以单手抱一杠铃片在胸前作为负重，训练效果也不错。

3. 负重冲步蹲（图11−162）

动作名称：冲步蹲。

起始动作：两脚前后一步开立，上体挺胸直腰，双手各持一哑铃，两臂随哑铃重量自然伸直垂于体侧。

动作过程：保持上体垂直地面不变，屈前腿使身体重心向前、向下移，至后面腿膝关节着地，然后，前面腿用力伸直，使上体向后，向上返回原位，重复进行。

图11−162

主要作用：此练习主要刺激大腿股四头肌，尤其是外侧头，兼带可以锻炼臀大肌等。

技术要点：这个动作的主要要点是身体重心要有明显的前后运动，而不只是上下运动，因为此动作的主要动力腿是前面的大腿，应该尽量减少后面腿参与用力。

注意事项：屈前面腿使身体下降到最低点时，速度不要太快，脚跟也不要离开地面，以免给膝关节施加额外的压力；动作过程中，始终应保持上体挺胸直腰，不要有弯腰、含胸的动作，避免给腰部造成过大的负荷，引起损伤。

变化形式：在有保护架或有保护者时，为了加大训练强度，可以利用杠铃作为阻力源，效果更明显，但要注意平衡。

4. 单腿挺髋蹲（图11−163）

动作名称：冲步挺髋蹲。

起始动作：一只手扶在与腰同高的固定物上，以保持身体平衡，两脚前后一步开立，上体挺直后仰，身体重心压在后面腿上，双膝微曲。

动作过程：上体保持挺直后仰姿势不变，弯曲重心腿使身体重心下降，至重心腿的膝关节触地，后方腿用力伸直，使身体上升回原位，重复进行。

图11-163

主要作用：主要刺激股直肌的中、下部，兼带锻炼股四头肌的其他部分。

技术要点：动作过程中，应始终保持上体挺胸直腰略向后仰的姿势，以确保拉紧股直肌；另外要确保重心在后面腿上，不要前移，否则，会减轻动作腿的负荷，降低训练效果。

注意事项：因为此练习对腿部股四头肌的刺激很强烈，所以在做此练习前，要做好充分的膝部和腿部的热身准备活动，以防止在动作过程中拉伤腿部。

变化形式：初学者可用两脚并立做双腿的挺髋蹲；有一定基础的还可在胸前由另一手持一杠铃片作为负重，加大训练强度，提高训练效果。

5. 负重倒跨步走（图11-164）

动作名称：负重倒走。

起始动作：双手各持一哑铃，两臂自然垂于身体两侧，自然站立。

动作过程：左腿向后伸出一大步，右腿随之弯曲，使身体下降，至左膝关节着地，然后，右腿用力伸直，使身体重心上升、后移，随后再将右脚向后伸出，左腿弯曲使身体重心下降，至右膝关节着地，再用力伸直左腿，使身体重心上升、后移……如此左右腿交替向后伸出，再使上体上升、后移，重复进行。

主要作用：主要刺激大腿股四头肌，尤其是股外侧头，兼带锻炼臀大肌等。

技术要点：做练习过程中力图动作速度均匀，不要采用冲击式动作；前方的腿伸直的同时，身体的重心就要随之上升、后移，而不是伸直前面的腿后再移动重心，那样就会减小对腿部的刺激强度。

注意事项：此练习对人的平衡能力有一定的要求，尤其是在较大的负重情况下，所以在开始做此练习之初，先用小负荷适应一下，再用较大的负荷进行练习，以免由于平衡问题出现闪失。

图11–164

变化形式：有一定基础后，也可以采用肩上扛负杠铃的方式做此练习，效果也很好。

6. 坐式单腿屈伸（图11–165）

动作名称：单腿蹬伸。

起始动作：（以右腿为例）坐在坐蹬器的座位上，上体挺胸直腰，下腰及背部紧抵在靠板上，双手抓握器械手柄，右脚踩踏在器械踏板上，右腿依器械座椅位置自然弯曲（一般大小腿夹角小于90°），另一条腿自然悬空抬起。

动作过程：身体其他部位不动，右脚用力向前蹬踩器械踏板，至右腿完全伸直，原路返回，重复进行。

图11–165

主要作用：这个动作主要刺激大腿股四头肌，兼带锻炼臀大肌、大腿后群肌肉等。

技术要点：悬空腿不要搭在动作腿上，以免借力。

注意事项：动作腿伸直后，原路返回时，注意控制回落的速度要缓慢、均匀，不可自由落体，否则，可能损伤膝部。

变化形式：如动作脚踩踏在踏板的上部，则主要刺激臀大肌和大腿后群肌肉；如果动作脚踩踏在器械踏板的下部，则主要锻炼大腿股四头肌。

7. 改进型坐式腿屈伸（图11-166）

动作名称：坐式腿屈伸加旋拧。

起始动作：端坐在坐式腿屈伸机的座椅上，两脚背抵靠在脚挡托上，双腿随器械自然弯曲，两手抓住固定手柄。

动作过程：上体不动，双腿用力伸直至极点，保持双腿伸直状态令双腿同时向内旋拧到尽头，再向外旋拧至极限，如此做两遍，然后，双腿还原，重复进行。

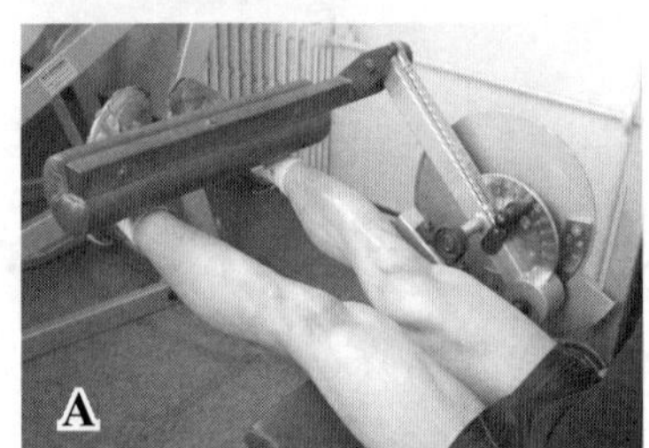

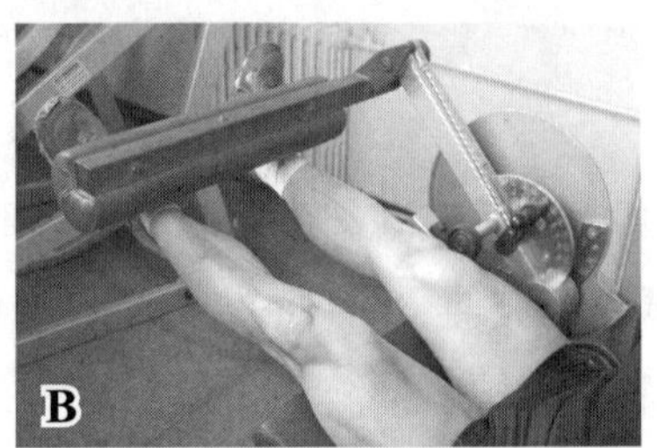

图11-166

主要作用：此练习可以比较充分、全面地刺激股四头肌、缝匠肌和阔筋膜张肌等，兼带锻炼臀大肌、臀中肌、臀小肌和耻骨肌等。

技术要点：由于在此练习中，采用了在顶峰收缩的条件下加旋转的动作，所以对局部肌肉的刺激非常强烈，训练时使用的重量不宜太大；顶峰收缩是此练习的核心，动作过程中要特别注意。

注意事项：动作腿的起落要均匀、缓慢，不要发猛力伸直，也不要自由落体式放下，以防伤及腿部或损坏器械。

变化形式：如感觉此练习过于刺激，也可采用在伸直双腿后，只向内、外各旋拧一次就令双腿还原的做法，强度略减小。

8. 单腿蹲起改进型（图11-167）

动作名称：改进型单腿起立。

起始动作：与常规训练手段中的单腿起立动作相同。

动作过程：（以左腿为例）保持右腿水平前伸，弯曲左膝使身体重心下降至最低处，令右腿先向上略抬高，紧接着左腿用力伸直，使身体站起回到原位，重复进行。

主要作用：先抬右腿的动作，使左腿受到额外的压力，所以，加大了动作的难度，可以使目标肌肉受到更大的刺激。

图11–167

技术要点：先抬右腿然后再蹲起，可以使身体重心略向后移，同时，也给左腿一个向下的作用力，使得左腿的目标肌肉受到更集中的刺激，如果先使右腿下降，则上体将会向前移，会减小对左腿目标肌肉的刺激。

注意事项：上体下降的速度要缓慢、均匀，不能自由落体，否则，可能会导致左膝部组织受伤。

变化形式：若要加大训练的强度，可以在右手里拿一只哑铃做此练习。

9. 俯卧倒屈腿

动作名称：上斜俯卧倒屈腿。

起始动作：俯卧在斜式山羊挺身器上，大腿前面和双脚跟部分别紧抵在器械的托板和挡托上，双手背在腰后，保持身体挺直。

动作过程：上体挺直不变形，用力屈膝、屈髋使臀部向后方移动至大、小腿之间夹角接近90°，再慢慢还原，重复进行。

主要作用：可以更集中地刺激股二头肌、半膜肌和半腱肌的远端，兼带可以刺激到缝匠肌和腓肠肌等。

技术要点：此动作是利用腿部腘绳肌远固定收缩的方法，动作开始时可先稍屈髋，以减小启动阻力矩，避免拉伤软组织。

注意事项：为避免伤及膝部，髌骨前面应加垫软垫；做练习时动作要均匀缓慢，不要使爆发力，防止受伤。

变化形式：有一定基础的，做练习时可以令双手抱头或双手抱一杠铃片，以加大负荷。

10. 卧式屈足腿弯举（图11–168）

动作名称：改进型卧式屈腿。

起始动作：基本与卧式屈腿相同，唯一不同之处在于要求双脚尽量屈足（脚面绷直）。

动作过程：与卧式屈腿动作基本相同，不同之处在于，当屈小腿感觉困难时，令双脚

伸（脚尖回勾），再继续做数次。

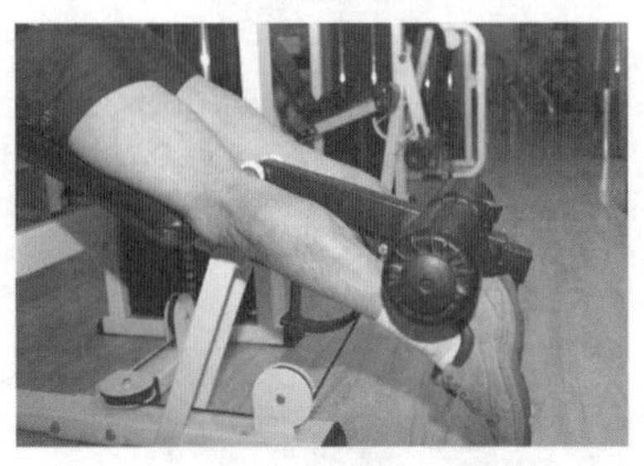
A

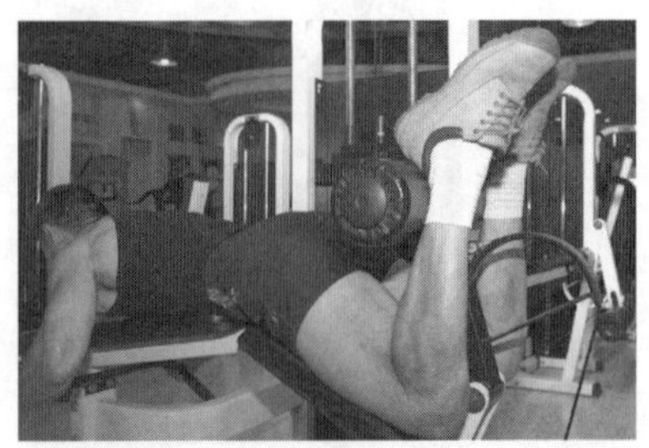
B

图11-168

主要作用：可以更集中地刺激股二头肌、半膜肌和半腱肌。

技术要点：由于开始做此练习时，双脚处于屈的姿势，小腿腓肠肌为主动收缩不足状态，所以，不能有效地帮助大腿后群肌肉做屈小腿的动作，使得大腿后群肌肉孤军作战，受到集中的刺激；待大腿后群肌肉不能继续独立作战时，再令双脚伸，使得腓肠肌处于最适初长度，帮助大腿后群肌肉再继续做几次超强度的收缩，使其受到深度的刺激。

注意事项：与卧式腿弯举一样。

变化形式：与卧式腿弯举相同。

11. 立式负重提踵改进型（图11-169）

动作名称：顿式负重提踵。

起始动作：与立式负重提踵动作相同。

动作过程：保持身体直立，两小腿用力将脚跟分三次向上提起，并在顶点做片刻停留，做顶峰收缩，然后，沿原路慢慢返回，重复进行。

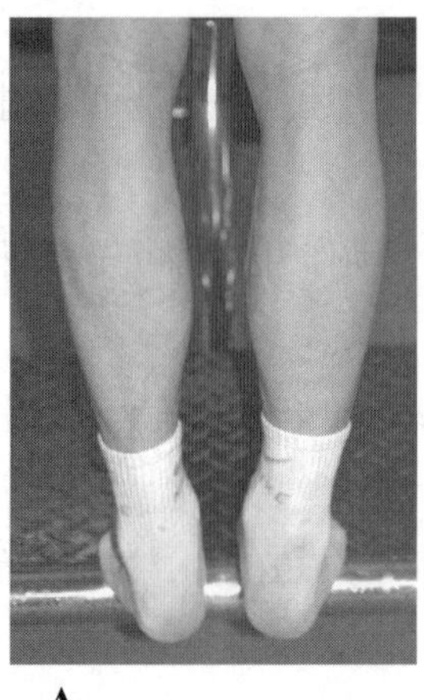

A

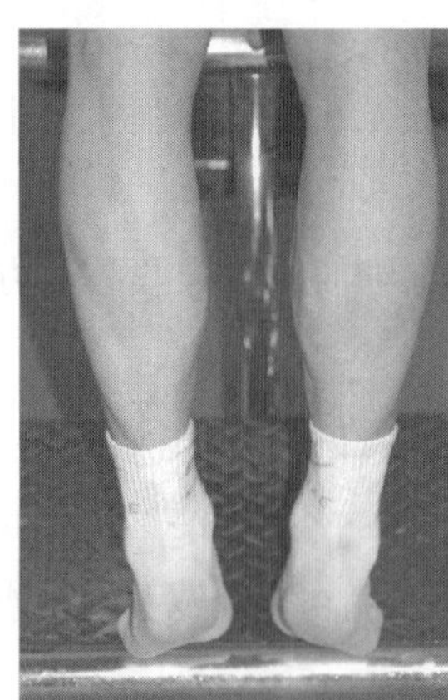
B

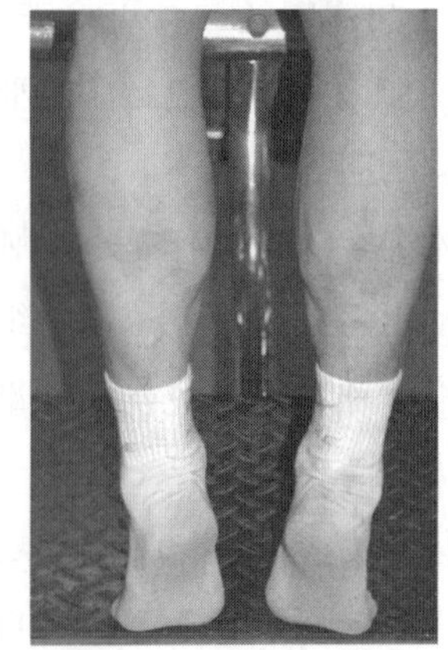
C

图11-169

主要作用：主要刺激小腿三头肌，特别是其中的腓肠肌（因为是双腿伸直的状态，在起始位置接近腓肠肌的被动收缩不足）。

技术要点：由于在动作过程中，有多次停顿，所以，目标肌肉不能借助惯性进行收缩，相反还要多次重新启动，而且还延长了做功时间，这样就加大了对目标肌肉收缩力的要求，使其受到强烈的刺激（往往在20次以内小腿三头肌就有火烧的感觉）；在此练习中，很重要的一点是要做充分的顶峰收缩（每次停顿为一拍，顶峰收缩为两拍）。

注意事项：随时注意调整动作脚在垫块上的位置，保持有1/3脚掌踩在垫块上，不要太少，以防止滑脱，或影响发力。

变化形式：此练习也可以肩负杠铃或在史密斯训练器上进行，效果类似。

十、几个特殊部位的训练

（一）前锯肌

1. 平卧举肩

动作名称：仰卧直臂上推。

起始动作：与杠铃平卧推相同。

动作过程：保持两臂伸直，利用双肩前伸的作用，用顿式收缩法将杠铃分三次尽量用力向上推起，至顶点，略停片刻，原路返回，重复进行。

主要作用：主要锻炼前锯肌（特别是中部），同时，也可以刺激到胸小肌。

技术要点：此练习主要是利用伸肩的功能，所以，做练习时尽量不要有臂屈伸的动作；为了使目标肌肉受到有效的刺激，顿式收缩动作过程中的停顿要明显，并且要做顶峰收缩。

注意事项：由于做此练习时使用的重量比较大，所以，在做此动作之前，要做好肩部的热身准备活动，动作过程中，不要有大臂的水平屈伸动作，避免损伤肩部。

变化形式：与平卧举肩动作原理相同，直臂俯卧撑也可以有效地锻炼前锯肌等。

2. 下斜举肩（图11−170）

动作名称：下斜直臂上推。

起始动作：基本与下斜卧推动作相同。

动作过程：尽量保持两臂伸直，用顿式收缩的方式使两肩分三次向垂直上方前伸，将杠铃上举至顶点，略停片刻，原路返回。

主要作用：主要锻炼前锯肌（尤其是下部），对胸小肌等也有一定的刺激作用。

技术要点：动作要突出在伸直两臂的情况下，使肩部向前下方顿式收紧，而不是做卧推或臂屈伸。

图11-170

注意事项：同上。

变化形式：将杠铃换为哑铃、壶铃等也可以做此练习，作用类似。

（二）缝匠肌

1. 立式负重侧举腿（图11-171）

动作名称：立式侧抬腿。

起始动作：单脚站在一高台阶上，单手扶在一固定物上，另一只脚上挂一重物，自然垂于站立腿旁。

动作过程：保持身体平衡站立，负重的动作，腿微屈，外展，从身体同侧尽量向上抬高，大腿同时做旋外的动作，至顶点后，略停顿，原路返回，重复进行。

主要作用：主要刺激大腿缝匠肌，兼带锻炼股直肌、髂腰肌等。

技术要点：动作腿的起落速度要均匀、缓慢，不可采用冲击式的猛起、猛落动作，大腿抬高并旋外到顶点后，要做顶峰收缩，以强化刺激效果。

图11-171

注意事项：由于动作脚上带有重物，所以，动作腿下落时，要控制动作速度缓慢，以防砸伤站立腿。

变化形式：将负重物换成橡皮筋或低滑轮机的绳索挂在动作脚上，也可以做此练习，作用类似。

2. 坐式旋外腿屈伸（图11－172）

动作名称：坐式外旋腿。

起始动作：与坐式腿屈伸相同。

动作过程：双手抓紧器械把手，保持身体其他部位不动，在用力伸直小腿的同时，令大腿尽量旋外，至两腿完全伸直，略停片刻，原路返回，重复进行。

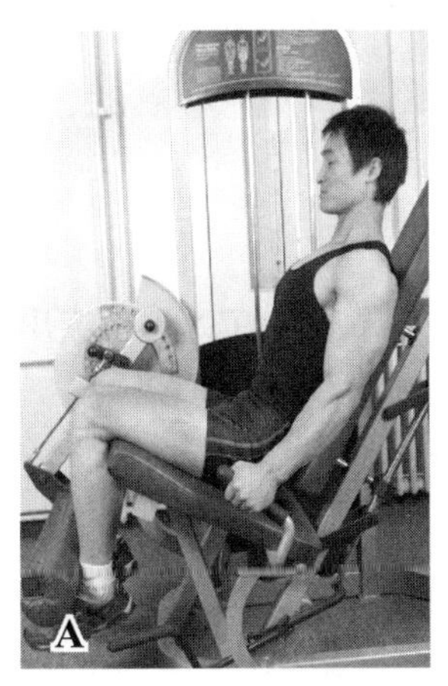

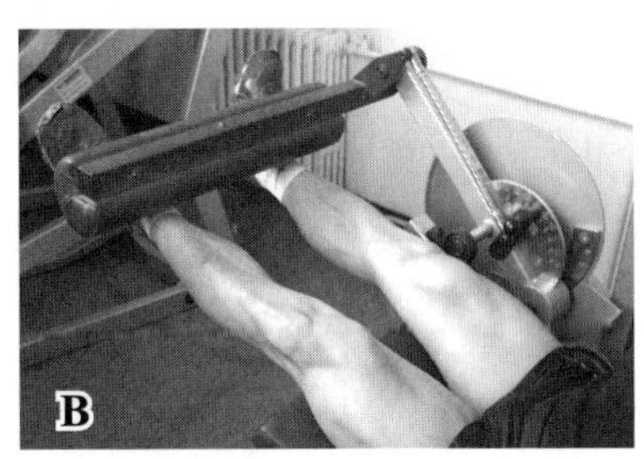

图11－172

主要作用：此练习可以在锻炼大腿股四头肌的同时，有效地刺激缝匠肌、耻骨肌等。

技术要点：利用大腿在屈的状态下旋外，可以更多地刺激缝匠肌、耻骨肌等目标肌群，在伸小腿的同时旋外，可以给目标肌群额外的负荷，使训练效率提高。

注意事项：小腿从伸直状态还原时，要注意回落速度缓慢、均匀，不要自由落体，以免损坏器械。

变化形式：还有一种类似的练习，叫旋外式悬垂举腿，也是使大腿在伸直时做旋外动作，但它不是在伸小腿时外旋大腿，而是在屈大腿时旋外。具体做法是，双手抓握单杠，保持两腿伸直做旋外举腿（令双腿抬高的同时使双腿旋外），至双腿与地面平行，略停片刻，原路返回，重复进行。如想增加难度，可以在双脚系上杠铃片等重物。

3. 挫踢铃片（图11－173）

动作名称：横踢铃片。

起始动作：（以练左腿为例）两脚间一大步平行开立，身体重心放在右脚上，上体挺直稍屈髋，右腿微曲，左脚内侧紧抵住平放在地面上的一杠铃片的左边缘。

动作过程：以右腿为重心腿站稳，令左脚将杠铃片向右前方尽量踢远，重复数次，再换腿进行数次。

图11–173

主要作用：可以有效地刺激大腿缝匠肌和内侧收肌。

技术要点：此练习最好在摩擦力较大的地毯上做，效果比较好；为了突出对缝匠肌的刺激，做动作时，要注意屈髋，并且要偏向前方踢杠铃片。

注意事项：最好不要在硬质地面上做此练习，以免损坏地面和器械，而且，效果也不好。

变化形式：此练习也可以在原地左右脚连续交替做，效果近似。

第九节　肌肉负荷训练计划的制订

训练计划又叫训练方案，是指导训练者有目的、有计划地进行训练不可缺少的重要组成部分，肌肉负荷训练计划是健身健美训练总计划的核心部分，没有计划的训练是盲目的训练，有时甚至是危险的训练。

训练计划的内容主要都包括：训练目的、训练时限、训练原则、训练形式、训练方法、训练手段以及要注意的问题等。

制订一个完整、科学、合理的肌肉负荷训练计划是健身健美训练的指导者和参与者应该了解和掌握的基本内容之一。

一、肌肉负荷训练计划制订的原则

（一）安全第一，有效第二

1. 不做危险或不安全的动作（如高滑轮颈后下拉、初学者使用自由重量器械等）。
2. 不给初级训练水平者安排高级训练动作。
3. 不超时、超量、超强度（每次训练不要超过90分钟、30组或组间隔过短）。
4. 不要为了得到强刺激而冒险做没有把握的练习或使用过大的重量。
5. 不强迫完成训练计划（应视当天的具体情况而定）。

（二）目的明确，有的放矢

由于训练者的性别、年龄、身高、胖瘦、职业、经历不同，训练目的不同，训练阶段不同，所以训练计划也是不同的，制订训练计划中应该考虑以上诸因素特点，有针对性地制订特定的训练计划，如减脂计划、增肌计划等。

（三）循序渐进，能超则加

1. 先易后难，先轻后重

根据具体身体体质情况安排训练计划，按部就班地进行训练（初、中、高级），不要让初级水平的训练者按照高级训练计划进行训练，也不要让初级训练水平的人采用高级的训练动作。总之，不要盲目冒进，避免不必要的损伤。

2. 水涨船高

正常情况下，经过一段时期的健身锻炼，身体都会有所变化，主要体现在身体素质、体重、体脂肪百分比以及各部分体围等方面，应该定期做体质的复测试，并根据测试的结果和变化情况，重新制订新的训练计划，而不能常年都是老一套。

3. 能超则加

每次进行健身训练时，都应该细心关注自己身体的表现，在训练动作规范的前提下，每组力竭时只要能超过规定的次数就应该适当加大训练的负荷，否则，将影响体能的进一步发展。

4. 不盲目加重量

做练习过程中，只有在保证动作质量前提下，能超过规定次数时，才需要加大训练的重量；而不是不管是否能超过，都盲目地加大训练的重量；否则，不仅不会使体能水平提高，相反可能会造成无效训练，甚至导致受伤。

（四）全面发展，灵活多样

1. 身体部位的全面

所从事的运动应尽量使身体的上、下、左、右、前、后包括颈、胸、肩、背、臂、腰、腹、腿、手、足等全身各个主要部位都得到锻炼，而不能只练某些局部。

2. 身体素质的全面

通过健身健美的肌肉负荷锻炼，应使身体的速度、力量、耐力、柔韧性和协调性等各项身体素质水平都得到提高，而不是只有某几项素质提高。

3. 运动方式的全面

在长期有规律的健身健美锻炼计划中，应当安排多种运动方式，使健身健美运动丰富多彩，而不应长期只采用某一种或几种运动形式进行锻炼。除在健身房里常规的伸展运动、有氧运动、肌肉负荷运动之外，还可以安排各种各样的运动，如划船、滑冰、爬山、越野跑步、骑自行车、打球、武术等，以丰富健身运动的内容，增强人体的综合运动能力，提高健身的兴趣。

（五）量力而行，宁欠勿过

1. 健身不是比赛

健身的最终目的是要提高自身的健康水平，应该根据自己的具体情况进行训练，把现在的自己与以前的自己进行比较，而不是与他人比赛。

2. 合理控制运动量

健身训练应当根据自身当天的具体情况，适可而止，不要一时兴奋，心血来潮，进行超长时间的过量运动，造成劳损或疲劳伤，长期健身运动量宁稍小勿过大。

3. 训练质量重于训练重量

为了避免受伤，在进行健身训练时，所使用的重量宁稍轻勿过重，动作的质量更重要。如果盲目加大训练重量，导致动作变形，造成损伤，轻者影响短期训练，严重者可能导致终生不能再练。所以，为健身没有必要冒险使用过重的重量进行训练，更重要的是动作的质量。

4. 训练时间宁稍短勿过长

一般健身的训练时间可以在45 ~ 90分钟为宜，时间太短训练效果不大（或少数可能过于激烈）；训练时间太长，容易形成过劳，造成身体的过氧化，甚至出现运动后蛋白尿，长期如此训练，不仅不会带来健康，相反可能会对人体产生不良的影响。

5. 不勉强训练，感觉不好可以不练

事实证明，在人体感觉不佳时（包括生理和心理两方面的）进行运动，不但运动表现不好，运动后出现蛋白尿的情况也多见，如果这时强迫训练，弊大于利，不如好好休息，以利再战。

（六）阶段调整，常换常新

1. 训练目的要调整

在常年的健身健美锻炼过程中，总的训练目的应该有所变化。比如，经过一段时间的常规训练后，可以在气候条件、身体条件、物质条件等比较好时，进行一段紧张的、强度稍大的训练；然后，在气候严酷或身体长期处于紧张状态之后，再安排一段减小训练强度的调整恢复性训练；接着，再继续常规训练……如此顺序进行。另外，假若开始时身体比较胖，可以先制订以减脂肪为主的减脂计划，等减脂成功后，再设计健美训练计划或保持体形的计划等。

2. 训练方法要调整

训练目的不一样，所使用的方法就不一样，减脂有减脂的训练方法，增肌有增肌的训练方法。除此之外，如果长期总使用一种训练方法进行锻炼，身体就会产生适应，而不容易再进步，这时就要及时地改变训练方法，使身体再次不适应，再次发生变化，使体质水平进一步提高。

3. 训练手段要调整

人体上每个部位的肌肉群，可以有无数种训练手段，每种训练手段都有其独特的作用。对局部肌肉来说，如果想要使其完美发展，就要从不同的角度来刻画它，所以，在常年的训练计划中，对局部肌肉的锻炼手段，应该根据肌肉的具体形态，进行有目的的调整。

（七）持之以恒，终生健身

健身健美运动和体力活动就像呼吸、吃饭、喝水、睡觉一样，是人类健康生活必不可少的内容之一，是人类生命之必需。而不仅仅是玩一玩，也不是什么时尚，应该提倡人人健身，终身健身！

二、训练计划制订的依据

我们所说的训练计划不是泛泛的，而是针对某个具体的人而定的。因为每个人的具体情况不同，各自有其自己的独特性，训练计划应该是有所区别的，这些独特性就是我们制订不同的训练计划的依据。

（一）根据训练者个体的健康状况

1. 是否有伤、病史，严重者暂时不可训练

在为某人制订训练计划之前，首先应该了解他的伤病史，有下列情况者不可进行剧烈的肌肉负荷锻炼：

1）有比较严重的心、肺、肝、肾等脏器疾病的患者；

2）各种传染病患者；

3）骨折三个月以内或严重骨折半年以内者；

4）关节脱位一年以内者；

5）传染性皮肤病患者；

6）患有癫痫或精神疾病者；

7）各种被医生认定为不宜参加剧烈运动的病患者。

2. 是否有严重的家族性遗传病史

有时欲参加锻炼者本人目前表面上看没有问题，但是，如果他的家族有比较严重的遗传病史（如心脏病、内分泌代谢病、精神病等），在制订训练计划时，也应该作为参考，予以考虑，并且在日后的实际训练中，注意观察其表现。

3. 是否属于亚健康状态

长期不参加任何健身运动又没有体力活动的人，以及身体形态过于肥胖或过于瘦弱的人，一般来说，身体机能水平比较低下，反映在运动素质方面比较差（力量、速度、耐力、柔韧性和协调性），为他们制订训练计划时，应当特别注意循序渐进，不能与有运动基础的人一样对待。

（二）根据训练者的性别、年龄

从性别来说，一般女性比男性肌肉比例少（男性40%～50%，女性32%～35%），力量只有男性的2/3～3/4，所以，在制订训练计划时，应该考虑这些因素，在训练负荷方面予以相应的调整。

年龄也是一个应该考虑的因素，人在成长过程中，不同的年龄段在运动能力方面各有其特点。比如，人在17岁以前为少年期，主要是长身体组织，在此期间，他们的各项身体机能水平迅速提高，但不及成人，合理的锻炼可以促进其最大限度地发展身体；18～25岁为青年期，是各项运动素质发展最快的时期，有些素质甚至可以达到顶峰，有针对性地锻炼，可以使其达到很高的水平；26～35岁是人一生中体能水平的巅峰期，称为壮年期，各项生理指标均处在最佳状态，是进行锻炼的大好时期；36～45岁为中青年期，人体的各项生理机能指标开始从最高峰慢慢地下降，在锻炼过程中，要注意合理安

排运动量和运动强度；46～59岁为中年期，进入中年期的人，机体组织从构成到机能都进一步发生退行性转变，身体素质水平也随之下降，过度的训练有可能会导致各种运动损伤的发生；60岁以上为老年期，在这一时期，人体分解明显大于合成，各项身体机能水平退化明显，肌肉负荷锻炼应该以保持身体健康，保持一定的运动能力为目的，而不是提高运动素质能力或比赛成绩等。总之，在制订训练计划时，应根据每个人具体的情况，科学合理地调整训练的负荷，使训练者在可能的范围内，既能提高身体机能和身体素质，美化体形，又不会受到损伤。

（三）根据训练者个体的体能情况

一个完整的训练计划不仅应该定性，同时，也应该是定量的。比如，做各种练习所使用的重量及次数等，而定量地标定这些数字的依据就来自于对训练者的体能测试和了解。

1. 了解以前的运动史

训练者的运动经历不同，在运动训练中的表现会明显不同，了解其以前的运动史是为其制订合理的训练计划必不可少的参考依据。比如，一个以前从不参加各种运动的人和一个几年前从事过举重运动的人之间，在测试当天和接下来的一个月的运动表现是完全不同的，在为他们制订训练计划时，就要做不同的安排。

2. 根据当前的体能测试结果

要针对某个人制订符合其当前具体情况的、合理的训练计划，就要了解其主要的素质水平，通常就是对训练者进行体能测试，测试的主要内容包括上肢、上体、腰腹部、下肢的力量及耐力等。

比如，根据一个人的最大卧推重量与其体重的关系，可以判断他的训练水平等级。一般来讲，男子：最大卧推重量/体重＜1为初级；=1～1.25为中级；≥1.3为高级。女子：俯卧撑≤8次为初级；9～29次为中级；≥30次为高级。或利用坐式前推器，测试其力量，用这个力量值除以2/3，再除以本人体重，同样，＜1为初级，=1为中级，≥1.3为高级。

（四）根据训练者个体的体格情况

对于身体形态不同的人，在制订训练计划时，也应该是不同的。比如，身体过瘦的、过胖的、正常的，应该分别制订增肌的、减脂的或健美的训练计划。评价一个人的身体形态可以从以下几方面来判断：

1. 身体比例

从一个人的身高与其身体其他部位围度、长度（胸围、腰围、臀围、四肢围、头长、坐高、四肢长等）之间的关系可以间接了解他的身体形态。例如，一般男性的腰围/臀围＞0.95，女性＞0.86者为体态肥胖；而且常伴有三高（血压高、血糖高、血脂高）。通

常，腰臀比男性超过0.9，女性超过0.8就应该减脂了。

2. 体重

一个人身高一定的情况下，他的体重也有一定的标准范围，超出标准范围，为过胖或过瘦。比如，采用勃洛克法，男性：标准体重（千克）=身高（厘米）−100；女性：标准体重（千克）=身高（厘米）−105。

胖瘦度=（实际体重−标准体重）/标准体重

胖瘦度超过＋20%为肥胖，需要减脂；低于−20%为瘦弱，需要增肌。

另外，身体指数BMI=体重（千克）/身高（$米^2$）

BMI＜19为身体过轻，BMI＞25为身体过重。

3. 体成分

通过身体成分测试仪，可以测得一个人肌肉的百分比、肌肉的总重量、身体脂肪百分比、体脂肪的总重量以及水分的含量等项指标，据此，可以判断这个人的结实程度、上下左右的平衡度和胖瘦情况等。

比如，根据一个人的体脂肪百分数，可以判断他的胖瘦状态。一般来说，男性体脂肪百分数的正常值为14%～18%，女性的正常值为18%～23%，如果低于正常值，就要制订增重锻炼计划，假若高于正常值，则应该制订减脂训练计划。

（五）根据训练者个体的特殊要求

有时，训练者在某个阶段有自己明确的特殊要求，如增肌、增重、增力、减脂、矫正体形或者提高某些身体素质指标，这时，就要根据他的具体情况，安排训练计划。

1. 专项运动员

比如给力量型运动员（突出力量）和耐力型运动员（强调耐力）的训练计划就是完全不同的；自行车运动员（侧重下肢）与皮划艇运动员（偏重上肢）的主要发力部位也是不同的。在制订训练计划时，就要有所区别。

2. 特殊职业

如模特、歌手等。作为模特，对身体三围的要求比较严格，而又不能有过于粗壮的四肢，在制订训练计划时，应当考虑到这些特殊要求，不能制订普通的健美训练计划。

3. 个人爱好

有些训练者并不想参加健美比赛，也不想成为大力士，只想让自己的上肢肌肉发达、美观；另有些人就想提高身体的力量素质等，在为其制订训练计划时，应该予以考虑。

4. 其他

比如，专门针对中小学生的体育考试项目（一分钟仰卧起坐数量、立订跳远、投掷、中长跑等）的辅助性肌肉负荷训练计划的制订，应当根据具体的项目特点而定。

三、训练计划制订的步骤及内容

（一）填写训练者的测试表

1. 训练者基本情况填表

了解训练者的基本情况，对为其制订合理的健身训练计划来说至关重要。基本情况的内容包括姓名、性别、年龄、出生年月、民族、籍贯、文化程度、工作单位、职业、职位、家庭住址、联系电话、爱好特长、运动史、伤病史、家族遗传病史等。通常，这些情况应当由训练者本人如实填写。

2. 注明测试的日期和时间

因为健身是长期的行为，为了有目的地进行训练，就要有规律地对训练者的体格和体能进行复测试，并且据此分析、评价前一阶段的训练情况、饮食情况和休息情况等；如果没有注明测试的日期，就缺乏时间段的因素，使复测试的结果缺乏说服力。另外，还应该注明测试的时间，因为人在一天中不同的时间，身体状态有比较大的变化（比如身高、体重等），在评价测试结果时，应该考虑到这些因素。

3. 注明训练目的

每一份训练计划都应该明确注明训练的目的，并在训练一段时间后（如一个月）的复测试结果中，检查身体的变化是否是向着原来的训练目的方向发展的。

4. 进行体质测试并记录

通常体质测试包括体格的测试和体能的测试，这些数据是制订健身训练计划必不可少的重要依据，也是将来与复测试结果进行比较的原始参照数据。这部分内容主要包括身高、体重、体脂百分数、BMI、三围、四肢围，最大卧推重量，最多引体向上次数/组（男），最多俯卧撑数量/组（女）等。

（二）制订相应的训练计划

经过前面的基本情况填表和体格、体能的测试工作，对训练者的基本情况有了比较详细的了解，接下来就可以为其制订适合其目前状况的健身训练计划了，可以按照以下步骤进行。

1. 判定体能水平

根据前面体能测试情况，可以按以下标准判定体能水平：

男：卧推重量/体重 < 1为初级；=1为中级；≥1.3为高级。

女：俯卧撑 < 8次为初级；9～29为中级；≥30为高级。

或利用坐式前推器，测试其最大力量，用这个力量值，再除以（本人体重×2/3），同样，＜1为初级，=1为中级，≥1.3为高级。

2. 判别胖、中、瘦

根据训练者的脂肪百分数，可以将其分为过瘦、偏瘦、正常、偏胖、肥胖或痴肥几个档次。瘦者应该增肌（中大重量，偏少次数），胖者应该减脂（中小重量，中多次数），正常者应该健美或保持（中大重量，中少次数）。

比如，对初级水平训练者，以综合训练法进行锻炼，做3组/动作，对偏瘦者三组的次数可以是12RM、8RM、6RM；对过胖的训练者可以采用30RM、25RM、20RM的次数，正常情况一般为15RM、11RM、8RM的三组训练。

胖瘦的程度界限根据民族、国家、职业等的不同，也是各不相同，这里提出一个参考的界限划分。（表11–2）

表11–2　男女体脂肪百分数（%）的界限划分

	过瘦	偏瘦	正常	偏胖	肥胖	痴肥
男	≤7	8～13	14～19	20～24	25～29	≥30
女	＜11	12～17	18～24	25～29	30～35	≥35

3. 确定每次训练的部位

由于身体素质不同，训练水平的不同，一次完整的健身训练课虽然在总训练时间上相差无几（一般为60～90分钟），但不同体质水平的人，身体机能和局部肌肉能够承受的训练量及训练强度有很大的差异。

对于体质水平比较低的人来说，每个局部肌群每次训练课能够承受的训练量在3组以内，若按平均3分钟做一组计算，一次训练课总共可以做20～30组练习，如将身体分为10个部位的话（胸大肌、三角肌、背阔肌、肱二肌、肱三头肌、竖脊肌、腹肌、股四头肌、腘绳肌、小腿三头肌），则每次训练课可以练到全身的各个部位；对于中级水平的人来说，局部肌肉能够承受的训练强度和训练量都会有所提高，这时如果每个部位还只做3组练习，身体就会产生适应，不容易再发展，为了让每个局部肌肉群能够受到更多的、足够有效的刺激，可以将身体肌肉群分为两大部分（如上半身和下半身），每次训练课只安排其中一部分肌肉群进行训练，这样，每部分肌肉群都可以得到更多的刺激，有利于其发展；随着训练水平的提高，到了高级训练水平以后，可以将全身肌肉群分为3～4个部分（每部分至少应包括1～2个大肌肉群），每次只练其中的一个部分，其他部分则休息、恢复，每次训练的部位少了，每个部位就可以用更多的动作和组数进行集中的刺激，令其不断地发展。

4. 定出动作数/部位

一般来说，初级训练水平的人，每次训练只练1个动作/部位即可（通常采用比较安全的基础动作）；体能达到中级训练水平者，每次训练可以安排1～2个动作/部位（两个动作可以分别有所侧重，比如锻炼胸大肌，可以做一个平卧推和一个上斜卧推分别锻炼胸大肌的中部和上部）；体能进入到高级水平的人，为了能够有效地刺激机体体能水平继续发展，每次训练需要做3～4个动作/部位（在具体的动作安排上，考虑得更加细致，如3个动作分别重点刺激同一块肌肉的不同局部，例如，锻炼三角肌，可用专门的动作分别重点刺激三角肌的前束、中束和后束）。

5. 确定组数/动作

综合考虑训练原则和人体生理特点，比较合理的组数安排为：初级体能水平1～3组/动作；体能为中级水平者3～4组/动作；体能进入高级水平者，每次训练课可练4～6组/动作。

6. 次数/组（每组做到力竭的次数RM）的确定

通常我们可以将参加训练的人群分为三大类，即减脂类、增肌类和增力类，由于训练目的不同，每组的次数安排大不相同。

比如对于想要减脂的人来说，采用每组20～30RM的次数进行训练，减脂效果明显，而增力和增肌效果不明显；而要想增肌，每组的次数为5～15RM的次数最为理想；有些想要提高力量素质的训练者，可用采用＜4RM的次数进行训练，增加力量的功效比较明显，而对减脂的效果不大。

另外，人体上还有些肌肉群红肌成分比较多或耐力比较好，通常，训练的次数相对要多一些，如三角肌、小腿比目鱼肌、小臂肌群、腹肌等，这些肌群的第一组训练次数可以是20次以上。

7. 练习重量的设定（做到力竭的重量）

一份完整的训练计划里，应该为每个练习标明第一组所使用的参考重量，而不能让练习者自己去试探、摸索。

通过体能测试，我们可以了解训练者的一些基本体能数据，比如最大卧推重量、引体向上数量、仰卧起坐数量等。利用这些数据，我们就可以间接地推算出第一组他做不同的次数可以使用的重量以及其他练习的起始重量。

一般来说，如果某项练习的最大重量为Wmax（IRM），则一组力竭的数量与重量的相关关系为见表11-3。

表11-3　力竭数量与重量关系

最大重量百分比（%）	45	50	60	70	75
做至力竭的次数	30	25	20	15	12

*最大重量百分比=（训练重量/Wmax）×100%

比如，已知某练习者最大卧推重量为60千克，由此可知，他用30千克（60×50%）可以推25次左右，或用45千克的重量（60×75%）大概可以推12次左右。

另外，正常情况下不同的练习之间也有一定的相关性。例如，一般杠铃斜板弯举的重量是卧推练习的1/4（哑铃弯举每只哑铃的重量为卧推重量的1/8），仰卧臂屈伸、杠铃颈前上推、改进型屈体划船等练习的重量约为卧推重量的1/3左右，初学者杠铃深蹲、硬拉练习的重量与卧推重量相近等。

8. 组间隔时间的确定方法

因为人体上的主要运动肌肉群大小不一，甚至有几十倍的差，做一组力竭性的练习之后，心率的恢复时间是完全不同的，不能简单地用固定的时间来确定组间隔。科学、合理的组间隔时间应该是根据不同的练习，看心率的恢复情况而定，一般当运动心率降到有效运动心率的下限时，即可开始下一组训练。健身健美运动训练的有效运动心率一般是最大心率（220-本人年龄）或[（208-本人年龄）×70%]的55%～85%，下限心率即为最大心率的55%左右。通常在实际训练当中，采用测量即时腕脉的方法测得每分心率，即测量5秒钟腕脉次数，然后再乘以12即得到每分心率值。比如，对于20～30岁的人，脉搏降到9次/5秒以下即可开始下一组的训练。

9. 动作速度

除非特殊说明，常规的健身健美训练要求动作均匀、缓慢，不能有悠摆、冲击、自由落体等动作，一般每个完整的动作为3～4秒钟，即有完整的向心收缩、顶峰收缩和离心收缩过程。

10. 频度

即指每块肌肉训练间隔时间。肌肉和身体的各项素质水平通过合理的锻炼都可以得到提高，这是人体超负荷超补偿的自适应原理。即人的有机体在一次合理的、有效的训练刺激、消耗之后，会本能地使自身的体能和机能水平在恢复过程中产生适度的超量恢复，并保持一段时间，如果不再训练，身体将恢复到原有水平；如果在超量恢复期间再进行锻炼，并使身体再度受到合理、有效的刺激，机体的相关机能、体能及身体组织形态就会再一次地产生超量恢复，而且会比上一次的超量恢复值还要高，这样，身体的各项相关指标就会逐渐地得到提高。（图11-174）

由于每个人的基本身体素质不同，训练的年限不同，训练水平不同，所以，每次训练的负荷量和负荷强度都不相同。训练后，肌肉需要的恢复和产生超量恢复的时间也有很大的差别。一般的说，初级水平的训练者在训练后24～48小时产生超量恢复，所以初级水平的训练者最好是隔天训练；而进入中级训练水平后，每个肌肉部位产生超量恢复的时间是48～72小时，所以每个肌肉部位最好是隔两天左右再练一次；到了高级训练水平的训练者，每次训练对局部肌肉的刺激强度要更深，消耗也更大，所以需要恢复的时间比较长，产生超量恢复的时间需要3～7天。比如，职业健美运动员每个局部肌肉要隔5～7天才会再练一次。

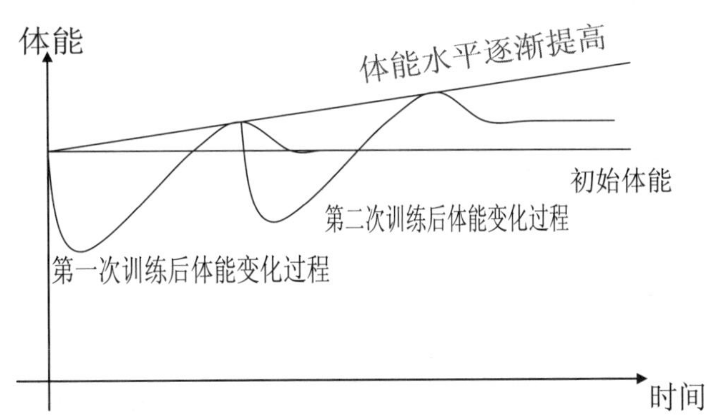

图11–174　训练间隔体能变化过程

11. 注意事项和特别说明

在训练计划表中，除了以上内容之外，还要特别注明一些必要的说明，比如，训练重量的调整原则（每组的实际训练数量能超过规定的数量就要加重量，上一组不能完成数量，则下一组就不加重量）；组间隔时间的控制原则（心率降到有效运动心率的下限即开始下一组练习）；不能空腹训练；做练习时不能憋气，而要在用力时慢呼气。另外，身体上一些特殊部位肌肉群每组有效的训练次数和特殊练习的次数要特别标明，如小腿三头肌、腹直肌、小臂屈、伸肌群及三角肌等肌肉群的练习次数一般比较多。

12. 热身、放松整理的内容和时间

在健身、健美训练计划表里，可以简单说明每次训练前的热身准备活动的内容和时间以及训练后的放松、整理的内容和时间，以明确这部分内容的重要性和必要性。另外，还可以建议一些其他形式的辅助性练习，比如，在不同的季节里安排爬山、游泳、攀岩、越野骑车及其他野外活动等，通过这些辅助练习可以充分地展现体能水平的发展情况和体能在实际生活中的实用价值（在安全的前提下）。从另一个方面来讲，适当的辅助练习还可以作为常年身体锻炼的调剂，提高健身、健美训练的兴趣，使枯燥的常规训练变得更有目的性。

（三）制订相应的饮食计划

俗话说“三分在练，七分在养”。其中“养”的三分在“睡”（恢复休息），四分在“吃”（饮食营养）。由此可见，营养的重要性。如果只是会练，不会吃，其结果可能是事倍功半，甚至可能是事与愿违，适得其反。

有关营养的基础知识在基础理论知识部分已有阐述，这里不再赘述，只做原则性的

说明。

一般的说，饮食计划可以分为三大类，即减脂类、增肌类和增重类。

1. 减脂类的饮食计划原则

1）严格控制高脂肪食品的摄入，尽量少吃肥肉、各种食用油、油炸食品、香肠类食品、各种带肉馅的食品等。

2）严格控制各种奶油制品、雪糕、冰棍、冰淇淋、巧克力等。

3）严格控制各种高脂肪的坚果类食品，如花生、瓜子、核桃、松子、腰果等及其制品。

4）尽量少吃各种含糖的糖果、糕点、饮料、蜂蜜等食品。

5）尽量少吃各种含酒精的饮料，如各种酒类、酒酿食品等。

6）尽量少吃各种粗、细加工的粮食，如大米、小米、白面、玉米面、高粱米等。

7）适量多吃各种新鲜的蔬菜、水果食品。

8）适量吃薯类等根茎块类食品，如土豆、红（白）薯、芋头、藕等。

9）适量吃各种瘦肉、蛋（无黄）、奶、鱼、鸡、豆制品等。

10）不要吃得太甜或太咸。

11）不要控制饮水。

12）要吃早餐。

13）不要在睡前吃太多的食品。

14）最好养成少吃多餐的饮食习惯，而不要一次吃太多的东西。

15）可以按说明适量补充运动减脂补剂。如左旋肉毒碱、丙酮酸盐等。

2. 增肌类的饮食计划原则

1）注意饮食的平衡，每餐都要有三大类食品，即蔬菜、水果类；粮食类；瘦肉、蛋、奶、鱼等高蛋白类食品；

2）在不致引起身体发胖的前提下，摄取足够的蛋白质和热量，以保证身体生长所需的物质基础；

3）养成少吃多餐的饮食习惯，不能饥一顿、饱一顿，也不要暴饮暴食；

4）不要为了长体重而盲目吃大量的高热量食品，如肥肉、油炸食品、高糖指数的食品（葡萄糖、蔗糖等）；

5）不要盲目过多摄入高蛋白质食品，正常情况下，蛋白质每天摄入量为：1.0～1.2克/千克体重即可；特殊情况下，每天为2.0～2.5克/千克体重；

6）特别注意在两次正餐之间、训练之后和晚睡之前及时补充蛋白质食品；

7）为了减小体能的过分消耗，最好在训练的前、中、后喝运动饮料；

8）可以适量补充运动营养补剂，以促进肌肉的适度生长。如蛋白质粉、增肌粉、谷氨酰胺等。

3. 增加体重类的饮食计划原则

1）注意平衡饮食，不能挑食、偏食；

2）重点增加食物中的热量值，可以适当多地摄入一些高热量食品，如各种坚果类食品及其制品，各种粮食及其制品等（同时尽量减少一切不必要的体力活动）；

3）早晨起来后和晚上睡觉前各喝一杯加两小勺蜂蜜的水或奶（尽量不要熬夜）；

4）保证蛋白质类食品的供给，每餐至少要有瘦肉、蛋、奶、鱼类食品中的一种食品；

5）养成良好的饮食习惯，到时即吃，不能不饿就不吃，不想吃就不吃，不喜欢就不吃；

6）适当吃一些有助消化的食品，如酸奶、山楂及其制品、酵母制品等；

7）可以补充一些运动补剂，如增重粉、增肌粉等。

四、训练方案制订示例

以上介绍了各种健身、健美训练计划的制订原则、依据和步骤及内容，下面举例说明一份完整的健身、健美训练计划制订的过程。

（一）减脂

例如：一位30岁的女性职员，日常工作没有太多的体力消耗，只是在办公室里工作。目前，没有疾病，也没有运动损伤；但同时已经多年没有有规律地做各种运动。体质测试：身高168厘米，体重72千克，腰围79厘米，体脂肪百分数32%，俯卧撑0个，坐推5片（50磅，1磅＝0.4536千克）……

分析以上情况可知：这是一个体能水平比较低，体脂、体重超标，身体肥胖的女性健身者，据此我们可以这样为她制订出一个适合她的月训练计划。

1. 训前准备

（1）填写基本情况表（由本人填写）；

（2）为训练者做体质测试并填入表中（包括体格和体能）；

（3）健身训练基本知识的学习。

2. 制订月训练计划

（1）热身准备活动的内容

每次做健身训练之前，都要做热身准备活动，活动的内容包括：先做简单的肢体活动，然后从上到下将全身的各主要关节、肌肉群、韧带等与运动相关的组织做大幅度、全

范围的伸展运动，有筋膜、韧带、肌腱和腱鞘等组织的地方还要进行适当的按摩，并做深度的呼吸运动，最后，做适当的原地跳跃，使身体的运动器官和内脏器官得到适度的活动，心率和呼吸频率加快，体温适度提高，中枢神经系统适度兴奋，进入运动状态，活动时间5～10分钟，冬季稍长。

（2）训练负荷量的安排

第一周：1～2组/动作，分别做20、15次/组；

第二周：2～3组/动作，分别做25、20、15次/组；

第三至四周：3组/动作，分别做25、20、15次/组。

（3）全身各主要部位的肌肉训练动作的安排

由于是初级水平，所以，只安排一个动作/部位，且以安全的基本配重器械为主。（表11-4）

表11-4　各部肌肉训练动作安排

序号	肌肉名称	训练动作名称	第一组的重量	备注
1	胸大肌	坐式前推	3片（30磅）	全程动作
2	肱二头肌	斜板弯举	1片（10磅）	慢速下落
3	股四头肌	坐式腿屈伸	3片（30磅）	顶峰收缩
4	股二头肌	俯卧式腿弯举	1片（10磅）	慢速下落
5	三角肌	坐式上推	1片（10磅）	下落时要到底
6	背阔肌	坐式高滑轮下拉	3片（30磅）	挺胸挺腹
7	肱三头肌	高滑轮臂屈伸	2片（20磅）	慢落慢起
8	竖脊肌	俯卧挺身	徒手抱在头后	每组基本力竭
9	小腿三头肌	坐式提踵	2片（20磅）	顿式收缩
10	腹直肌	仰卧起坐	徒手抱在头后	每组做到力竭

（4）训练频度的安排

肌肉负荷练习可以隔天训练，每周在不做肌肉负荷运动的几天当中选2～3天做慢跑运动（8千米/小时左右），每次30～50分钟。

3. 训练要求

（1）不可空腹进行训练（饭后3～4小时以上视为空腹），训练前可少吃些面包、水果或运动饮料等食品；

（2）训练过程中用力时不要憋气，而要在用力时慢呼气；

（3）以上练习可以不按顺序做，但最好是大、小肌肉群间隔着做，而不要将几个大肌肉群连着做，以免给心、肺、肝、肾等器官造成过大负担，影响训练效果；

（4）要合理控制组间歇时间，在开始下一组训练之前，要先测一下运动心率，只要心率降到9次/5秒钟以下，并且没有异常反应，即可开始下一组练习；

（5）运动中如有任何不适感觉，如头晕、头痛、恶心、心悸、耳鸣或关节、韧带、肌肉等组织疼痛、麻木等现象，应该立即停止训练，并告知教练；

（6）每连续训练1～2个月后，要做复测试，以观察和评价训练的效果，并据此做出下一个训练计划。

4. 整理放松活动

每次做完训练之后，都应该做放松、整理活动，活动的内容包括：对全身各主要肌肉群、韧带、关节等组织做按摩和持续性的抻拉运动，并做深度的呼吸运动，使心脏渐渐地恢复平静，血压恢复正常，身体恢复到平常状态。

5. 饮食调理

饮食方面要注意突出低热、平衡、全面（如前所述）。

（二）增肌

例：一个25岁的男性青年，公司职员，平时工作没有太多体力活动，但业余时间喜欢打篮球，身高175厘米，体重71千克，腰围74厘米，体脂百分比17%，卧推75千克，引体向上8个，没有运动损伤。

根据以上情况可以判断出：这是一个有一定训练基础（卧推重量与自身体重相近，相当于中级水平）的健康青年，但需要增加肌肉（体重偏轻），进一步提高体能水平，比较适合他的月训练计划如下：

具体内容、步骤大部分与上面例子基本相同，不同之处在于：

1. 训练负荷量的安排

将身体分成A、B两大部分，每次只练其中一部分，一律是每个动作做3组，分别做15、12、8次/组。

2. 全身各主要部位肌肉训练动作的安排

对于中级训练水平的人来说，主要部位肌肉的训练动作需要安排两个（表11−5）。

表11-5　全身各主要部位肌肉训练动作安排

	序号	肌肉名称	训练动作名称	第一组的重量	备注
A部分	1	胸大肌	杠铃平卧推练习	50千克	不要砸胸
			上斜哑铃仰卧飞鸟	7.5千克/只	外展加旋内
	2	肱二头肌	立式杠铃弯举	15千克	防止悠摆
			坐式哑铃翻腕弯举	7.5千克/只	边翻边举
A部分	3	三角肌	坐式杠铃颈前上推	20千克	20、16、12次/组
			立式哑铃三面飞鸟	2.5千克	20、16、12次/组
	4	背阔肌	屈体杠铃划船	20千克	注意夹肘
			坐式高滑轮下拉	8片（80磅*）	挺胸挺腹
	5	肱三头肌	仰卧杠铃臂屈伸	20千克	最好使用曲柄杠铃
			立式绳索前旋臂屈伸	2片（20磅）	尽量向两侧分开
B部分	1	股二头肌	坐式屈腿	4片（40磅）	尽量屈足
			卧式屈腿	两片力竭	尽量屈足
	2	股四头肌	杠铃深蹲	50千克	挺胸、直腰、翘臀
			双手负重冲步蹲	15千克/只	下落时速度要慢
	3	小腿三头肌	立式杠铃负重提踵	50千克	20、18、16次/组
			坐式负重提踵	5片（50磅）	20、18、16次/组
	4	竖脊肌	屈腿硬拉	50千克	挺胸、直腰
			头后负重山羊挺身	5千克	顶峰收缩
	5	腹直肌	头后负重仰卧起坐	5千克	含胸、收腹
			元宝收腹	徒手	顿式收缩20次/组

*1磅＝0.4536千克

3. 训练频度

每个部分可以隔1～2天练一次，比如，可以A一天，休息一天；B一天，休息一天；A，休息，B，休息。也可以是A一天，B一天，休息一天；A，B，休息一天。在休息的几天当中，做1～2次慢跑（8公里/小时），每次30～50分钟。

4. 按照增肌的饮食计划原则制订饮食方案

以上分别对女性初级减脂和男性中级增肌的训练方案制订给出了示范举例，在实际训练和教练工作中，会遇到各种各样不同情况，可以根据具体情况按照示范的步骤和原则，分别制订不同的训练计划，以满足训练者的需要。

附：

一套简单有效的整理运动

这套整理运动简而言之就是四个字，即“拉、扭、旋、抖”。

1. 拉——即静力牵拉，使肌肉尽快恢复初长度。肌肉经反复收缩后，要保持一段时间的收缩状态。这段时间越长越不利于恢复。因此，训练后即刻进行牵拉可使肌肉的硬度降低，同时神经的紧张度也随之缓解，促进机体的恢复。

预备姿势：身体直立，两脚开立与肩同宽。两手指腹前交叉（掌心朝内）。然后向上经胸前翻掌上推至双臂伸直双手呈托天势（掌心朝上）。（图11-175-1）

动作一：身体前屈，双掌尽力下按至触地为最好。屏住气息，坚持6～8秒。按中医所说产生“得气”感为好。所谓得气就是肌肉有酸、胀、麻等感觉。（图11-175-2）

图11-175-1

图11-175-2

动作二：身体后仰，躯干由前向后，呈反弓形，屏住气息6～8秒，待得气感至即可。（图11-175-3）

动作三：左侧屈。身体还原呈预备姿势，然后身体向左侧屈，动作的最后阶段左手用力下拉右手，屏住气息6～8秒，待得气感至。（图11－175－4）

动作四：右侧屈。身体还原呈预备姿势后，躯干向右侧屈。同样最后阶段右手用力下拉左手，屏息6～8秒，待得气感至。（11－175－5）

身体前、后、左、右屈为1组，完成3组。

图11－175－3　　图11－175－4　　图11－175－5

2. 扭——即身体极度扭转，使肌纤维进一步拉长，使肌肉内的代谢产物，如乳酸部分被挤出，促进恢复。

预备姿势：身体直立，两脚开立与肩同宽。（图11－175－6）

动作一：身体左扭。身体向左转，用右手自体后握住左手腕，在动作的最后阶段用力向右侧后方拉左手，屏息坚持6～8秒，待得气感至。（11－175－7）

动作二：身体右扭。身体向右转，用左手握住右手的手腕，在动作的最后阶段，用力向左侧后方拉右手，屏息坚持6～8秒，待得气感至。（11－175－8）

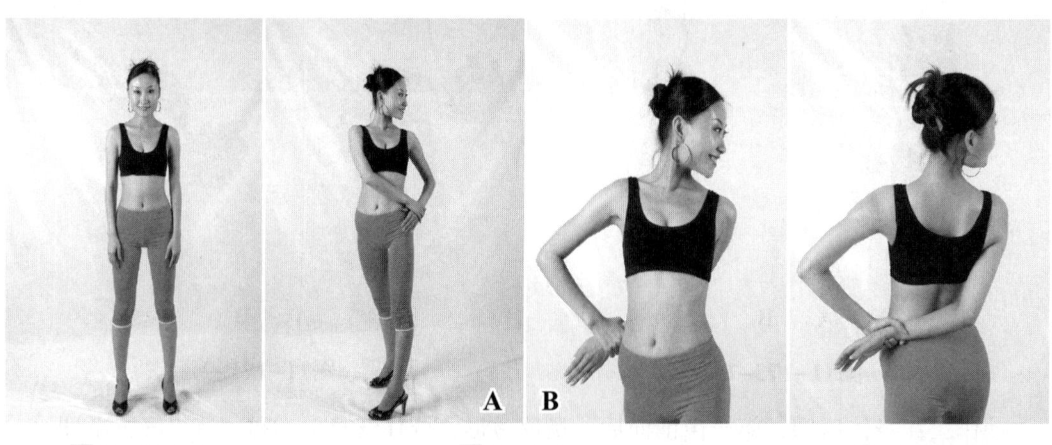

图11－175－6　　图11－175－7　　图11－175－8

身体一左一右扭为1组，完成3组。

3. 旋——即身体做绕环运动，是全身主要关节的运动。其目的，一是增加关节滑液的分秘，使关节更加灵活；二是把关节内的代谢产物尽量排出来，促进恢复。为使全身主要关节都得到活动，分两个部分来完成。

（1）躯干、髋、膝、踝关节运动

预备姿势：身体直立，两脚开立，略宽于肩。（图11–175–9）

动作一：身体前屈，双臂下垂，身体向左环转。主要是腰、髋、膝、踝关节的环转运动。此动作在摔跤的运动中被称为“涮腰”。旋转8次即可。（图11–175–10）

动作二：身体向右旋转，同样转8次。

图11–175–9

图11–175–10

旋转速度不可太快，否则会产生头晕而跌倒。（图11–175–11）

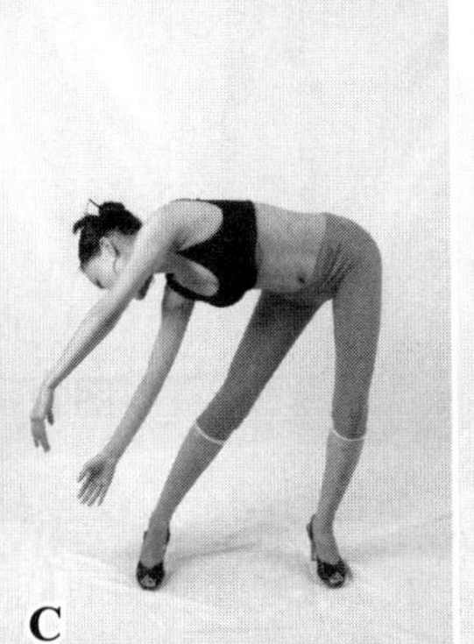

图11–175–11

（2）肩、肘、腕、指关节运动

预备姿势：身体直立，两脚与肩同宽开立，双臂水平向前伸直，掌心向下。

动作一：前臂外旋，双手翻掌向上，从小指、无名指、中指、食指依次卷起，同时屈肘，前臂内旋，转腕推掌8次。

动作二：向相反的方向转腕推掌8次。

动作三：直臂伸直，大臂由前向后，肩绕环8次。

动作四：相反方向，大臂由后向前，肩绕环8次。

以上4个动作为1组，完成2组即可。（图11−175−12）

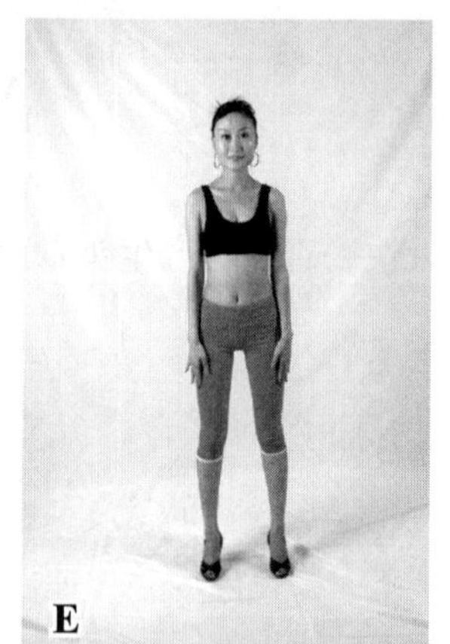

图11−175−12

4. 抖——即身体放松地抖动。可使全身肌肉乃至内脏振动、放松，促进血液循环。

预备姿势：身体直立，两脚开立与肩同宽。

动作一：微屈髋、屈膝，然后伸髋、伸膝，身体上下反复抖动。肩也可随动作而上下耸动。（图11−175−13）

动作二：抖动的身体稍左右摇摆，把放松的手臂带动甩起来，被动放松地拍打腹、胸部和后腰部。即中医所称的任、督二脉。（图11−175−14）

两手动作可连起来做，抖、拍2～3分钟即可。

图11-175-13

图11-175-14

第三部分

保健篇

第十二章　男性健身运动

第一节　男性的生理学特点

男性在20岁左右这个时段，身体功能处于鼎盛时期。心律、肺活量、关节的灵敏度、稳定性及弹力等各方面均达到最佳点。从运动医学角度讲，这个时期运动量不足比运动量偏高更对身体不利。

30岁左右，这一年龄段的人身体功能已超越了顶峰。这时如忽视身体锻炼，对耐力非常重要的摄氧量会逐渐下降。但不必恐惧，因为你依然年轻。此时身体的关节常会发出一些响声，这是关节病的先兆。为了使关节保持较高的柔韧性，应多做伸展运动。还要注意心血管系统的锻炼。

40岁以后，肌肉的可锻炼性已下降25%，体力逐渐下降，肌肉逐年萎缩，身体开始“发福”。发福与肌肉总量的减少有关，肌肉少，脂肪的消耗就少，而饭量并不比年轻时少，于是肚子便开始凸起来。

第二节　适合男性的运动项目

无论是男性还是女性，作为维持日常身体健康的运动模式来看，增强其心肺功能的有氧健身运动项目都是不可以缺少的。美国运动医学会运动专家研究表明：正常体态和健康状况的成年人为保持身体健康，每周运动时间不能低于150分钟，累计一周内的运动能量消耗要在2 000千卡左右。但是一周内的运动也不可以以突击的形式在一两天内完成。另外，这一运动时间对于减肥者来讲是不适用的。

一、有氧锻炼项目

有氧锻炼项目的种类是多样的，通过参与不同的有氧运动，同样可以达到相同的增强心肺功能的效果。在选择运动方式的时候，可以依据自己的运动爱好，并适当的结合场地条件等。

- ●游泳
- ●慢跑
- ●健步走
- ●爬山
- ●健身操
- ●骑自行车
- ●网球

二、抗阻练习

选择不同的运动负荷，进行全身各部位的训练，可以达到不同的训练目的。如提高力量素质、增大肌肉体积或者减少多余脂肪，甚至可以利用小负荷进行有氧训练等。

第三节　男性的运动强度

总体来讲，由于男性受生理条件的影响，相对于女性其运动强度的选择较大。但是在同一群体内，个体之间运动强度的选择也是各不相同，例如，老年人与年轻人、健康者与非健康者等。此时的主要影响因素包括年龄、训练年限、训练目标、遗传因素以及自身的身体状况等。

如果健身者的健身目标是提高自身的心肺功能，维持健康，那么就必须通过有氧健身项目来实现这一目标。此时健身强度的选择，可以通过有氧健身的强度范围，结合自身的年龄来进行确定。以上3种类型的目标，包括训练的强度在内的训练时间间歇、重复次数等都给出了详细的说明。

第四节 男性运动的注意事项

一、合适的运动着装

合适的运动服装和运动鞋是防止运动损伤的前提，不可轻视。因此，运动健身时，最好能穿运动服和运动鞋，这样既舒适轻便，又利于做各式动作，又能增加动作美感和自我保护作用。

二、注意场地选择的安全性

在运动过程中时刻伴随着多种危险因素，例如，运动场所狭小时，常发生碰伤事故；路面不平则是导致骨折、挫伤等外伤的直接原因；长期在硬路面上进行运动，可引起下肢关节的慢性损伤；运动用具使用不当或用具有缺陷时，也容易发生事故。为了更好地保证运动效果，防止运动损伤，应该具备完善的运动场所和运动设施。

三、运动后不能即刻休息

剧烈运动时人的心跳加快，肌肉、毛细血管扩张，血液流动加快，同时肌肉有节律的收缩会挤压小静脉，促使血液很快地回流心脏。此时如果立即停下来休息，肌肉的节律性收缩也会停止，原来流进肌肉的大量血液就不能通过肌肉收缩回流心脏，造成血压降低，出现脑部暂时性缺血，引发心慌气短、头晕眼花、面色苍白甚至休克昏倒等症状。所以，剧烈运动后要继续做一些小运动量的动作，待呼吸和心跳基本正常后，再停下来休息。

四、运动后不可马上冷水洗浴

剧烈运动后为保持体温的恒定，皮肤表面血管扩张，汗毛孔开大，排汗增多，以方便散热，此时如洗冷水浴，会因突然刺激使血管立刻收缩，血循环阻力加大，心脏负担加重，同时机体抵抗力降低，人就容易生病。

五、运动饮水注意事项

少量多次，每次喝水只喝几口，喝水的次数频繁一些，不要依赖口渴的感觉作为补充水分的依据。不渴的时候也要补充水分，让水分均衡地补充。不要一次大量饮水，但不是要控制补充水分，如果水分大量流失得不到补充，严重的会引发肾衰竭。

六、户外运动注意防晒

夏季参加户外运动，由于气温高，运动量大，身体内的热量积累的比散发的多，如果不注意防范，就很容易发生热射病；热射病轻微的为热衰竭，严重的就是热中风（也就是中暑）。

第十三章 女性健身运动

第一节 女性的生理学特点

一、老年女性的生理特点

老年女性全身各器官的功能普遍下降，整个机体都发生了退行性变化。雌激素分泌减少，脂肪代谢障碍导致皮肤脂肪减少或过多，老年女性由于分解代谢增加，钙质补充不足，容易发生骨质疏松或骨质软化症。

（一）心血管系统

有资料显示30~80岁的女性，心率逐渐变慢，心脏每分钟输出量也相应减少。进入老年后心脏输出量约减少30%，全身组织细胞得到的氧量也减少。随着年龄的增高血管弹性逐渐降低，血管壁硬化逐渐加重，所以老年人易患高血压病。

（二）消化系统

老年由于牙齿松动和脱落而影响咀嚼功能，使食物不易嚼烂，影响消化吸收，长此以往还可导致营养缺乏。此外，消化道里的其他消化酶，如胃蛋白酶、胰蛋白酶和胰脂肪酶的活性，也有不同程度的降低。由于上述特点，老年人要注意饮食规律，细嚼慢咽，食物温度和硬度要合适。

（三）泌尿系统

肾是泌尿系统的重要器官。其基本功能是生成尿液，将体内的代谢废物排出体外。随着年龄的增加，肾组织细胞结构多发生变化，肾脏重量也减轻，功能也相应减退。

（四）呼吸系统

随年龄增加，老年人的肺活量逐渐减少，肺脏抵抗病菌病毒和各种有害物质侵袭的能力也大大减少。

二、中年女性的生理特点

中年对人体来说是身体的一个转变时期，即从充满活力的青年阶段进入迟缓、衰退的中年阶段。正确对待和重视此期的生理变化，注意合理的饮食和锻炼，就一定能永葆健康的身心和充满朝气的生命活力和魅力。

（一）骨骼肌肉和体型

进入中年后，人体的多种机能便开始减退。如骨骼密度降低，脊椎骨略有压缩，背部和下肢各部的肌肉强度减弱。有研究表明，35岁以后，肌肉力量每十年可递减10%~20%，还常常出现种种关节不舒服的感觉，同时易发生骨折和颈椎病等。

对于女性来讲，随着年龄的增长而带来的骨质流失是一个必须面对的严峻问题。骨质流失带来的问题，主要体现在骨质流失带来的骨质疏松，绝经后的大约1/3女性存在骨质疏松症，这使得老年女性群体很容易发生骨折。在青春时期，人体骨骼的长度和密度都在增加，到20~30岁时达到了顶点，此时成骨细胞和破骨细胞处于一个动态的平衡状态。一直到40~50岁之后，破骨细胞的活动性加强，成人的骨质逐渐流失。女性在绝经期由于失去了雌性激素的保护，骨内矿物质的流失也开始加快。

（二）心脏和血管

心血管的机能在青春发育期的末尾，便达到了一生中的顶点，之后就渐渐减退。心输出量从30~80岁，约减少30%；血压（收缩压）在中年以后，每增加10岁约升高10毫米汞柱。中年以后，对血压的反射性调整能力减退，因而容易出现高血压病，容易出现体位性低血压，久蹲之后突然站立时，可出现头晕，眼前发黑，以至晕倒的现象。

（三）呼吸功能

人的肺泡和小支气管的口径随年龄的增长而扩大，同时肺血管数目又有所减少，这都是不利于气体交换的。加之肺泡间质纤维量增加，肺的可扩张能力下降，肺活量减小，最大通气量减小，都使中年人的呼吸功能低于青年。这也是中年人体力劳动上不如年轻人的重要因素。

（四）消化和代谢

进入中年以后，消化和代谢率明显下降。进入50岁以后，因消化液的下降，其消化能力比青年时下降三分之二；基础代谢率30岁以后，平均每年以0.5%的速度下降。因此，无论是从热量需要，还是从消化功能来看，中年人都要注意逐渐减少进食量。中年以后若不注意减少食量，不仅会更加发胖，而且容易消化不良。另外，由于代谢能力下降，胰岛素的分泌减少，糖尿病的发病率明显升高。

（五）生殖系统

女性于45~55岁，卵巢开始萎缩而且月经失调，出现妇女更年期的表现。约75%的妇女可能出现面部潮红、烦热、出汗、头痛、手麻、情绪不稳定、血压升高等表现（更年期综合征）。一般为时2年，症状可自然消失。此后，月经完全停止，不再排卵，生育能力丧失。

第二节　适合女性的运动项目

运动项目的选择，一般与个人的兴趣有着很密切的关系，以下项目仅仅根据女性的特征给出建议，在实际的运动过程中因人而异，没有必要拘泥于此。

一、促进骨骼健康的运动

骨质疏松是危及老年女性健康的常见疾病，根据相关研究，女性骨骼健康的防护需要及早动手，在35岁以前构建强壮的骨骼，之后尽量减少骨质的流失，是预防骨质疏松的最好办法。针对女性骨骼健康，我们需要选择的主要运动项目，应该是负重的力量练习。针对骨骼健康，美国运动医学会在2004年相关文献中，给出了相关的运动

指导建议，该建议能够增加儿童以及青少年骨质的合成，对于年龄较大的群体不建议采取。

美国运动医学会运动指导建议：

模式：撞击运动，例如体操、超等长训练法、跳跃和中等强度抗阻性练习；参与的运动项目，如跑步具有跳跃的成分（足球、篮球），也会对骨骼健康有好处。

强度：高强度，即高的骨负荷力。基于安全的原因，抗阻运动少于最大重复次数1RM的60%。

频率：每周至少3次。

时间：10~20分钟［每天两次以上］

二、促进女性心肺功能健康的运动项目

（一）健身跑

又称慢跑或跑步，这是最简单易行的健身锻炼项目，被人称之为“有氧代谢运动之王”。美国医生希汉博士指出：跑步从生理学上来说是一项全面的运动，是安全的，是能够最大限度增强心肺功能所需要的运动。在进行健身跑时，运动个体需要根据自身的基本状况来把握运动的强度，老年群体建议运用自我感觉法来进行判断。中青年群体建议根据心率来进行把握，一般每分钟建议心率不低于160次。

（二）健步走

健步走更适用于老年的群体。美国《护理健康研究》杂志的一项研究指出，一周健步走7小时以上，可以降低20%乳腺癌、30%心脏病和50%糖尿病的罹患率。据弗吉尼亚大学、明尼苏达大学和夏威夷大学的研究人员的调查，老年人每天散步2.4千米以上，心脏病发作率能降低50%。

（三）健身操

目前各种类型的健身操受到多数年轻女性的青睐，健身操是一项深受欢迎的健身项目。该项目不仅可以健身、减肥、增强心肺功能，更重要的是变化多样，随着富有激情的音乐，能够大大降低有氧运动带来的枯燥感。

（四）游泳

游泳是最能牵动全身肌肉的运动，长久以来深受女性欢迎。即使你已经会游泳，不妨还是参加一些游泳课程。因为学习各种不同姿势，可以让游泳的乐趣加倍，同时让你的游泳习惯更持久。

三、修身养性娱乐类项

主要针对老年群体

（一）柔力球

柔力球是一项比较好的修身养性的项目，属于群体性项目，但是也可以两人对练。该项运动有利于健身者之间的交流，可以很好地改善老年人身体的协调能力和平衡性。长久练习无疑会使人们受益匪浅。

（二）太极拳

美国医学界频频发表有关太极拳的研究报告与数据，证实练习太极拳对治疗心血管疾病、心脏病、骨关节炎和其他慢性疾病，提升心肺功能，增加骨骼生长及强化骨骼、缓解颈背的疼痛，有显著功效。

第三节　女性的运动强度

运动强度的选择与多种因素有关，主要包括：个人年龄、健康状况、个人目标和运动基础等。女性所参与的项目较多为有氧性的锻炼项目，例如，各种健身操或健身舞蹈，这些有氧健身项目塑造形体的效果比较好。但是由于年龄上的差异，女性群体在运动项目的选择和运动强度的选择上都存在很大的差异。

一、年龄较大的群体

体欲常劳，劳勿过极，对于老年人来讲更是如此。老年群体在参与健身运动时一般要求强度不宜过大，经常地去锻炼，哪怕是健步走也能获得很大的健身收益，关键是持之以

恒。尤其是初始运动的个体，应该本着循序渐进的原则，宁可不足不可过量。

在进行力量练习时，强度的把握请参考第二章健身运动与我们的生理特性第七节不同人群的运动方式中的相关内容。

二、年轻群体

目前人们所从事的运动项目基本上包括两种类型：有氧运动项目和抗阻性练习。其强度的选择与个人的目标有着紧密的关系。有氧运动强度，需要注意在运动中靶心率控制在160次以下。关于抗阻练习的目标和强度的选择在这里不再重复。

第四节　女性运动的注意事项

一、运动前先卸妆，用中性清洁剂洗净脸部污垢，因为运动时，如果脸部残留化妆品污垢，会造成毛孔阻塞。

二、运动时要注意护发，汗水、阳光和碱水是头发的天敌，运动后必须洗净头发。

三、户外运动时，为避免头发遭受阳光及盐分侵蚀，最好采取防晒措施。

四、运动过程中的着装，要穿宽松或弹性好，并有良好的散热性能的衣物。尽量避免汗水浸湿的衣服长久接触皮肤，影响皮肤正常代谢。

五、要选择清爽浴液洗澡。因为运动时皮脂腺分泌更加旺盛。沐浴不仅可以洗去皮肤积存的污垢、促进血液循环，还能调节皮脂腺与汗腺功能，使毛孔畅通，皮肤更光滑，避免皮肤过早老化。

六、运动后半小时内，脸部仍会流汗，所以不要立即上妆。

七、运动要讲究循序渐进逐渐加量，若有不适或疼痛感，则需暂停运动，及时处理。等待恢复正常后再开始。

八、夏天运动时不管是室内还是户外，都容易造成身体脱水、脱盐和体能的大量消耗，所以运动爱好者应准备清凉消暑或低糖含盐饮料。

九、水中运动要注意卫生并保证安全。

十、注意女性因为有特定的生理周期，建议在月经期间，不要有较大的运动量。

第十四章　运动减脂

脂肪是人体的重要组成部分，适量的脂肪是保证人体生理健康的必需。在正常情况下（非病理情况），一个人每天摄入的热量和他消耗的热量基本平衡，人体脂肪百分数就能保持在正常的范围。但是人体具有以脂肪的形式储存多余热能的机能，在食物丰富、充足时，人就容易多吃。而人的胃的容积，在正常生理情况下可以有8倍的容量差，如果长期过量进食，就会把胃撑大，形成习惯性过量饮食；假如生活中又没有足够的体力运动或体能消耗，使得每天摄入的热量总是超过消耗热量，日积月累，很快人就会发胖了。运动减脂就是通过运动代谢能量的方式消耗多余的身体热量，同时配合控制热量摄入的饮食，使身体在一段时期内处于热量的负平衡状态；这样，慢慢地体内多余的热量就会逐渐地被消耗掉，最终实现减脂的目的。

第一节　衡量体脂、体重的常用指标

如何判定一个人的胖瘦呢？我们可以通过设定各种与体脂、体重相关的参数并通过大量的统计来评价一个人到底是胖还是瘦。

一、常用参数的定义

●体脂总量：身体总的脂肪重量。

●体脂百分数：身体的体脂总量与总体重的比值的百分数（可以利用各种有效手段测得，如皮脂厚度法、水法、电阻抗法）。

一般男性14%~18%为正常，女性18%~23%为合适。

●身体指数：BMI＝体重（千克）/身高（米^2）。

＜19为瘦；＝20~24为正常；＞25为超重（可能是由于过胖或是肌肉过于发达造成）

●腰臀比：腰围/臀围

男性＞0.9，女性＞0.8为偏胖；男性＞0.95，女性＞0.86，一般的说，就会有三高症（血压高、血糖高、血脂高）。

●标准体重测定法

勃罗克指数法：标准体重（千克）＝身高（厘米）−100（男）。
−105（女）。

原苏联计算法：标准体重（千克）＝身高（厘米）−100（身高165厘米以下者）
−105（身高在166~175厘米）
−110（身高在176厘米以上者）

●胖瘦度：{（实际体重−标准体重）/标准体重}×100%

得数为正数时，表示实际体重比标准体重大，得数为负数时，表示实际体重比标准体重轻，得数为0时，表示实际体重等于标准体重。一般得数在正负10%以内时都接近正常。

当胖瘦度超过+20%为偏胖或偏重，超过+30%为过胖或过重。

二、体脂比例的划分

不同的民族、国家有不同的标准，一般来说，脂肪百分比与胖瘦的关系可作以下划分：

表14–1 体脂比例关系

	过瘦	偏瘦	正常	偏胖	肥胖	痴肥
男	≤7	8~13	14~19	20~24	25~29	≥30
女	≤11	12~17	18~23	24~29	30~34	≥35

第二节 人体脂肪含量的测量方法

由于人体脂肪量的多少对人体的健康状况和运动能力有直接的影响，所以，确切了解人体脂肪量在人体内所占的比例（体脂率或体脂百分数），对指导合理饮食和健身健美训练都有十分重要的意义。

人体的脂肪测试方法有很多种，常用的有水下称重法、皮脂厚度推算法、电阻抗测试法、核磁共振（MRI）与计算机X线断层摄影技术（CT）分析测算法等。

一、根据人体密度计算人体脂肪含量

如果能够通过某种方法测得人体的身体密度，那么就可以利用简单的推算公式计算出人体的体脂百分数。比如常用的推算公式有Brozek公式和Siri公式：

Brozek公式：F%＝（4.570/Db−4.142）×100

Siri 公式： F%＝（4.95/Db−4.50）×100

其中F为体脂，人体密度Db可利用皮脂厚度测量法和水下称重等方法通过相应的回归方程推算得出。

（一）皮脂厚度测量法

皮脂厚度测量法是一种利用皮脂钳测量人体的肱三头肌肌腹和肩胛骨下角处脂肪厚度，并将两者之和X带入长岭−铃木身体密度推算公式，根据被测量人的性别、年龄计算出相应的身体密度Db。（表14−2）

表14−2　长岭−铃木身体密度推算公式

年龄（岁）	男　　性	女　　性
9~11	Db＝1.0879−0.00151X	Db＝1.0794−0.00142X
12~14	Db＝1.0868−0.00133X	Db＝1.0888−0.00153X
15~18	Db＝1.0977−0.00146X	Db＝1.0931−0.00160X
18岁以上	Db＝1.0913−0.00116X	Db＝1.0897 −0.00133X

其中Db为身体密度，X＝ 肱三头肌肌腹的脂肪厚度毫米数+肩胛骨下角处脂肪厚度的毫米数

（二）水下称重法

利用水下称重法来计算身体密度Db的具体操作是分别测量出被测试者在空气中和在水中的体重Wa和Ww，以及测试时的水温和水密度Dw（测量水温后可查水密度表），再根据性别分别计算出肺残气量Rv，然后将以上参数代入身体密度计算公式：

Db＝Wa/{[（Wa−Ww）/Dw]−（Rv+0.1）}

其中：Wa代表空气中的体重（千克）

Ww代表在水中的体重（千克）

Dw表示当时水温下的水密度（千克/升）

Rv为肺残气量（升），男子Rv = 0.24 × 肺活量（升），女子Rv = 0.28 × 肺活量（升）

0.1是肠残气量（升）

二、利用人体电阻抗估算人体脂肪含量

人体各种组织在安全电压下表现出的电阻抗大小是不同的。利用这个特性使用专门的仪器给人体施加安全的直流和交流电压，可以测量出个体相应的电阻抗值，再与身高、体重、性别、年龄等参数一起代入特定的回归方程（一般是内置于测试仪器中的），就可以计算出相应的人体成分值。此方法相对安全、方便、快捷，简单易行，但在广泛的准确度方面尚待进一步完善。

具体的实际操作有多种形式，比如有测两手之间的电阻抗值的，有测两脚之间电阻抗值的，还有两手和两脚之间的电阻抗值同时测的等（回归方程和修正值也不相同），然后再向测试仪里输入被测试者的身高、体重、性别、年龄等参数，测试仪就会计算输出相应的身体成分测试结果。

三、利用各种对人体无害的射线影像技术测量身体脂肪含量

近年来，随着医学影像技术的发展，使用先进的医学仪器可以方便地对人体体成分进行精细的测量与分析，例如，利用MRI和CT可以非常精确地测出人体的各种成分的比例以及分布，但价格相对比较昂贵。

正常情况下，人体脂肪应该保持在正常范围以内，如果超出正常值范围，就应该进行相应的调整，该增重的增重，该减脂的减脂，长期体重异常者，对健康不利。

四、几点说明

1. 超重不等于肥胖，肌肉多也一样会超重。

2. BMI正常不代表脂肪少。有的人肌肉少，但脂肪多（甚至超标），BMI也正常，这种情况多见于女性。

3. 不是人人都需要减脂。

按国际统一标准：

凡是肥胖度超过20%的人应该减脂；

体脂百分数超过正常值的应该减脂；

腰臀比，男 > 0.9，女 > 0.8应该减脂。

第三节　肥胖形成的原因及其危害

一、肥胖的形成

一般来说，肥胖分为病理性和单纯性两大类。

病理性肥胖又分为内分泌肥胖（糖尿病、甲状腺机能低下等），丘脑下部性肥胖和药物性肥胖等（多以医疗手段解决）。

单纯性肥胖是无明显内分泌及代谢性疾病，主要是由于饮食方式和习惯不合理，同时伴有脂肪和糖代谢调节障碍的一类肥胖。大多数肥胖者属于单纯性肥胖。

造成单纯性肥胖的主要原因一般为“三多一少”，即吃得多、喝得多，坐、卧得多，体力运动少。另外，生活环境和习惯也是造成肥胖的主要原因之一。比如，有的人是家族性的肥胖，主要原因是家庭饮食习惯更偏向高热量饮食等。

总体来说，一个人肥胖的基本原因就是：每天摄入的热量超过消耗的热量。

二、肥胖的危害

（一）诱发多种致命疾病

现代统计医学调查证明，身体肥胖的人心肌梗死、高血压、糖尿病、胆结石、心脑血管硬化等症的发病率比正常人高许多倍。

（二）导致下肢关节病变

由于体重过大，导致人体下肢长期负担过重，造成髌骨软化、骨膜炎等。

（三）脂肪肝

大多数肥胖两年以上者，都有不同程度的脂肪肝。随着年龄的增长，一部分肝脏纤维化（硬化），容易诱发癌症。

（四）促进衰老、缩短寿命（见表3）

现代医学统计证明，肥胖者平均比正常人寿命短5~20岁*，而且随着肥胖程度的增加，寿命缩短的更多。（表14-3）

表14-3　体重与寿命关系

超过正常体重的（%）	与正常人相比死亡率增长（%）
10	10~15
20	20~25
30	40~45
40	＞70

*引自西奥多. 拉布扎（美）的《食品与健康》

从以上的大量事实可以得出这样的结论，肥胖不仅仅是外观上不好看、生活中不方便的问题，更重要的是它关系到一个人的生命长短和生活质量的问题。所以，为了健康长寿，保持健康体态，减去多余脂肪是高质量生活之必需。

第四节　运动减脂的原理

了解了肥胖形成的原因，也就知道了减脂的原理。既然肥胖是由于摄入的热量超过消耗的热量造成的，我们将两个能量的关系颠倒过来就成为减脂的原理了。也就是在日常的生活中，尽量加大体能消耗量，同时减少热量的摄入量（注意是减少热量而不是营养素）。这是唯一合理有效的减脂途径。

一、加大体能消耗的途径

（一）养成良好的生活习惯

能走路不骑车，能骑车不坐车，能走楼梯不乘电梯，能站着不坐着，能坐着不躺着，行李、物品能提着不拖着。

（二）有规律地进行运动锻炼

运动方式多种多样，每个人的兴趣爱好也不尽相同，只要运动就比不动强，在安全的基础上讲有效，在有效的前提下讲兴趣。

通常应当选择简单易行、符合个人年龄、身体情况、易坚持的项目作为经常锻炼的运动方式。

二、减脂饮食法（减少热量摄入的方法）

（一）不以是否吃“饱”为准

粗略计算每日总摄入热量，均分在三餐中，再估算每餐的总热量，只要营养素齐全，热量够了就好，而不是一定要感觉肚子“饱了”才行。

（二）不以是否好吃为准

胖人一般都有喜欢吃高热量食物的习惯，如果只是凭自己的好恶选择食品，往往会出现虽然吃得不多，但还是热量摄入超标的现象。所以，在减脂期间，应该尽量按照减脂饮食的要求安排饮食，有时可能“不好吃”，但是低热量、有营养，只要有利于健康减脂就是好的食品，而不一定是“好吃的”食品。

（三）远离（杜绝）高热、垃圾食品

在减脂期间，要尽量减少肥肉，油炸食品、甜食、油料种子、坚果类食品及酒精饮料等高热量食品；偶尔少吃一点也没关系，但不要过多、过频。

（四）养成少吃多餐、细嚼慢咽的饮食习惯

一餐吃得太多，或吃饭时狼吞虎咽都会将胃撑大，导致摄入过多的热量。改变饮食习惯，采用少吃多餐、细嚼慢咽的方式进食，可以将胃慢慢“养”小，以后就不会吃得太多了。

第五节 运动减脂的方法

一、运动减脂的总原则

（一）省力费工原则

做减脂练习时，应尽量采用小重量多次数的省力不省功的负荷方式，这样可以消耗更多的能量，而又不会刺激肌肉过度生长。

（二）缓慢连续原则

在做练习时，尽量不使用带有冲击式的动作和利用惯性的动作，应该使每个动作都做得缓慢、均匀、连续不间断，以避免“偷劲”和“欺骗”训练，使得每次训练都能有效地消耗更多的能量。

（三）出大于入原则

为了有效地配合减脂训练，在饮食方面应该做到，在保证正常营养素的摄入的基础上，尽量减少热量的摄入。即要严格控制各种油、肥肉、坚果类食品、油料作物种子、含高糖类食品、饮料、酒精等高热量食品的摄入，使每天的热量消耗值大于摄入值。

二、运动方式的选择

从安全、有效、科学、全面等角度考虑，综合性的健身健美训练法是较好的运动减脂方式。综合性的健身健美训练法包括：伸展运动、肌肉负荷运动和有氧运动。

（一）伸展运动包括对全身各主要关节、韧带、肌肉的拉伸和大幅度、全范围的活动，可安排在运动的开始部分（热身准备活动）和结束部分（放松和整理活动）。

（二）肌肉负荷运动包括全身主要大中肌群的锻炼，一般可使用中小重量、多次数的方式，逐个部位地进行锻炼。

（三）有氧运动是一种运动时间长、强度较低的运动，它可以有效地将脂肪作为主要燃料进行代谢，同时又不会给身体带来过多的乳酸，如骑车、爬山、慢跑、快走、划船和小重量的肌肉负荷练习等运动方式，其中划船（带蹬腿装置的）运动和小负荷的肌肉负荷练习是非常有效的、较全面的运动方式。

三、运动减脂训练方案的制订与实施

在前面有关健身健美训练的方法和训练计划制订的章节中，减脂训练的常用方法和训练计划的制订过程已经有所阐述，这里不再赘述。在减脂训练计划的实施过程中有些问题还是要注意的。

1. 要遵守各项训练原则，防止损伤；
2. 尽量按训练计划进行训练，不要间断，时间少可以少练，但不能不练；
3. 如果能找个训练伙伴最好，这样可以互相鼓励，互相监督，共同进步；
4. 不要急于求成，减脂是一个缓慢的过程，不要指望在几天之内就变成孙悟空了；
5. 建立正确的健身观，把健身看做是生活的必须，而不是所谓的“时尚”，充分享受每一次健身训练，而不要将健身当成是一种负担或任务；
6. 定期做复测试，了解身体变化情况，并据此及时调整训练和饮食计划，使身体不断向健美的方向发展、完善。

第六节 运动减脂应注意的问题

在各种各样的健身健美运动中，关于运动减脂的问题和误区可能是最多的，有些甚至是严重错误的，所以，在进行减脂训练过程中，要特别加以注意。

一、运动方式的选择

从能量代谢方面来讲，虽然只有长时间的有氧运动，即在运动当时主要是靠燃烧脂肪提供能量进行运动的（无氧运动和短时间的有氧运动在运动当时主要是靠糖提供能量），但实际上，人体自身能量的平衡是可以进行调整的。总体来说，无论身体是通过何种运动方式进行能量代谢（包括有氧运动、无氧运动和混合运动），只要每天消耗的热量大于摄入的热量，人就会慢慢地变瘦。所以，运动减脂在运动方式的选择上，主要应该选择能量代谢效率比较高的运动（混合运动），而不是效率低的运动（纯有氧运动）。也就是说，减脂的运动方式不一定要以有氧运动为主，也可以用肌肉负荷运动的方式进行高效率地运动代谢。比

如，在健身房进行运动减脂训练，可以用全身各主要部位的肌肉负荷运动作为主要的运动形式，隔天再做有氧运动，这样，既可以高效率地消耗能量，又不会使局部疲劳。

二、经常反复，不能持续

这在运动减脂人群当中是一个常见的问题。减脂本身是一个漫长的过程，成功与否也不是看短时间内的效果。如果没有养成正确、良好的生活习惯，运动训练又不能坚持，练练停停，就收不到预期的效果。

一般来说，实质性地减体重0.5~0.9千克/周是比较正常的，体重变化太快对身体是有损害的。一个体重超标太多的人，需要较长的时间才能回到正常状态。如果在这期间，出现训练间断，身体脂肪就可能重新堆积，这样减减、长长……时间过去了，减脂效果不大。所以，长期坚持减脂训练是成功的秘诀之一。

三、试图局部减脂

尽管在当今许多媒体上有各种各样的鼓吹可以“局部减脂”的广告，但实际上迄今为止，只有吸脂手术才可以真正做到“局部减脂”，而且也不能做得很自然、均匀，只要错误的生活习惯不改，用不了多久又会回到原来的状态。

人体的脂肪堆积有统一的规律，就是符合中心性肥胖原则，也就是当人体摄入了多余的热量，在体内就会转变为脂肪，这些脂肪会以人体的重心（肚脐附近）为中心，均匀地储存起来，重心周围（腰、臀、大腿部）最多，四肢远端最少。

自然的减脂是通过血液循环，全身性地、均匀地减。如果体脂肪减掉10%，是说身体的各个部位在原有的基础上都减了10%，而不是腹部减了10%，其他部位不减！所以，运动减脂的“运动”也应该是全身的运动，而不是局部的运动，局部的运动也不会局部减脂！

四、忽视肌肉负荷锻炼

运动减脂的实质是通过肌肉运动，消耗能量，同时配合减脂饮食，使身体的热量处于负平衡状态。而肌肉负荷运动是效率比较高的消耗能量的运动方式，特别是小重量多次数的负荷运动。

然而，在实际生活中，一些需要减脂的人，尤其是女性，担心肌肉负荷运动会使她们肌肉发达，所以，他们从来不做力量训练，转而做一些有氧运动，以为这样就不会用到肌肉。实际上，人的一举一动都要用到肌肉，即便是有氧运动也要用到肌肉。比如，许多人常年跳有氧健身操，结果，两腿的肌肉结实、发达，而上肢上体肌肉干瘪萎缩，形成畸形身材。其实，小重量多次数的肌肉负荷训练只会使人消耗更多的能量，而不会促使人肌肉发达，更何况女性体内的雄性荷尔蒙水平极低，想长大肌肉几乎是不可能的。

五、偏食造成营养不良

运动减脂要配合减脂饮食，这是必要的，关键是减脂饮食要科学、合理。有些体胖的人，知道肥胖的危害后，急于求成，想尽快地减掉多余的脂肪，除了刻苦训练外，在饮食方面走极端，只吃极少的食品，而且还不平衡、全面。比如，只吃水果或只喝脱脂酸奶等，时间一长，出现营养不良的症状，如低血糖、贫血、酮中毒、浮肿等。所以，为了健康减脂，应该在规律锻炼的基础上，配合低热量的平衡饮食，保证最低正常营养需要的供给。

六、缺水

我们都知道，实际上，水本身是没有热量的，人体也不会储存多余的水，只要我们不是吃得很咸、很甜或过多摄入蛋白质食品，身体不会结合过多的水分。

有些人为了使体重秤上的读数变小，不顾健康盲目控制水的摄入，结果会给身体造成严重的损害。如由于缺水，使血液变得黏稠，使心脏负担增大；另外，容易促使血栓的形成，新陈代谢障碍，体温失调造成热射病等。

七、运动时间太短

减脂训练不像增肌或增力训练，要通过运动消耗足够的热量，就需要有一定的运动时间，如果运动时间太短，虽然可能感觉很累，但消耗的能量不多，减脂的效果就不好。所以，为了有效地减脂，每次训练至少应该在40分钟以上。

八、服用减脂药物

有些人为了快一点减脂，还服用各种减脂药物，但总体来说药物减脂对身体健康是有负面影响的，尤其是服用药物后再做运动，有时是十分危险的。正确的做法应该是科学、合理、规律地运动，配合营养素平衡、低热量的减脂饮食。

第十五章　运动增肌

与肥胖相反，在生活中有一部分人身体过于瘦弱或身体脂肪百分比过低，从统计医学的结果来看，无论人的体重过轻或过重，身体脂肪百分比过低或过高，都会影响人的正常寿命，换句话说，长期体重和身体脂肪百分比异常的人的寿命比正常人都要短些（在生活条件相同或近似的情况下）。所以说人并不是越轻、越瘦就越好，而应该尽量保持正常的体重和体脂肪含量。对于大多数人来说，一种健康的、合理的调整体重和体脂百分比的有效方式就是运动，运动可以减脂，同样，通过改变训练负荷形式和训练方法，运动也可以促进增重、增肌。所谓运动增肌就是通过身体运动的形式，刺激身体的各个生理系统，同时配合合理的营养，使其机能水平适应性地提高，进而促进提高人体的运动动力源—肌肉的质量和百分比，达到增重、增肌调整体形的目的。

第一节　造成身体瘦弱的原因及危害

一、造成瘦弱的原因

事起必有因，造成人体瘦弱或脂肪过低通常有两大方面的原因，一是身体有疾病，如消化吸收功能低下、甲亢、心动过速、糖尿病、神经衰弱、失眠以及主要脏器的慢性炎症及损伤等，即病理性的瘦弱；另一导致瘦弱或低脂的原因是长期热量负平衡，即平时经常是每日摄入的总热量低于总的消耗热量。另外，生活习惯不良，如饮食不规律，挑食，烟酒过度、熬夜、不良心理状态，或长期活动量过大等。

二、身体过于瘦弱的危害

总体上来说，人长期瘦弱或体脂肪过低对健康是有负面影响的。

（一）过于瘦弱的人一般肌肉也相应地比较少，而肌肉少会带来许多问题。比如由于肌肉是产生热量的主要器官之一，所以，肌肉少的人通常都怕冷（如不做体力活动的人及大多数的女性），而且他们更容易着凉感冒；肌肉又被称为人体的第二心脏，能够协助心脏正常工作，肌肉少，心脏的负担就大，其害处不言而喻；肌肉还是糖原储备的主要器官之一，足够的肌糖原储备有助于节省肝脏糖原，从而减少肝脏的负担，使其保持较强的解毒能力。肌肉少，肌糖原储备就少，一旦有运动，肝脏的负担就大，而且还会使其解毒能力有所下降；由于肌肉少，平常对骨骼的有效刺激小，一般瘦弱的人普遍都有骨质疏松症，生活中更容易发生骨折问题；再有，肌肉是人体的主要动力来源，肌肉少带来的直接问题就是使得他的活动能力低下，生活不方便，生活当中遇到的困难会更多。总之，由于肌肉少，直接导致人体的各项机能水平低下，最终给人带来多方面的麻烦。

（二）由于过于瘦弱的人各项机能水平低下，导致人体的心肺功能、肝肾功能、消化吸收功能、神经控制系统功能等多方面的能力不够，造成人体整体机能能力下降，包括免疫力和对病菌的抵抗力也随之下降，所以，身体过于瘦弱的人，更容易生病。

（三）在今天的人类社会中，由于个体道德水平和社会文明水平发展的不完善性，过于瘦弱的人在社会中会很自然地受到比常人更多心理的压力，而心理方面的压力往往会给人造成致命的生理上的疾病，所以，过于瘦弱的人的患病概率比常人要高得多。

（四）身体过于瘦弱的人通常寿命较常人短。大量的统计数据证明，由于以上种种原因导致身体过于瘦弱的人平均寿命较常人短很多，这是一个不可忽视的事实。

第二节　运动增肌的原理

一、合理运动对人体的影响

科学合理的运动锻炼对人体有多方面的良性影响，其中对增肌、增重有直接帮助的包括：

（一）科学合理的运动锻炼可以改善人体局部和全身的血液循环。运动时心率加快，呼吸加深、加快，摄氧量提高。比如胸腹部的肌肉负荷锻炼除可以促进全身的血液循环外，还可以促进胃肠的蠕动和血液供应，从而提高消化和吸收的能力。

（二）科学合理的运动锻炼可以促进胃肠消化液的分泌，刺激食欲，促使锻炼者比平时适当多地摄入、消化食物，从而提高每天总的热量摄入值。

（三）科学合理的运动锻炼可以增强神经系统的协调控制能力，使之能够更好地适应各种环境要求，改善自身某些系统的不协调和不完善之处，进而提高各组织器官的生理功能，实现食物吸收、利用的最大化和能量的最大节省化。

（四）某些大负荷的力量练习可以刺激人体适度提高雄性激素水平，从而促进肌肉等组织的有效增长。

（五）不同负荷的力量练习可以使人体肌肉等组织适应性地增生，同时，肌肉中的亲水胶体，如糖原、蛋白质等也会适度增加，使体重明显提高。

（六）科学合理的运动锻炼可以刺激大脑的兴奋和抑制过程的转换，使睡眠质量提高，帮助身体高效率的恢复和休息。

二、超级负荷超量补偿

在正常情况下，人的机体在受到一定的负荷刺激和消耗后，其组织和能量物质会本能地自动恢复，并且产生一定量的超量恢复，即这些恢复不是简单地回到原水平，而是稍稍高地超过原水平，不断地在超量恢复期内进行下一次锻炼，就可以使机体不断地在一次一次的超量恢复中得到发展。

当然，合理把握适当的负荷刺激和消耗及运动频度是能否取得预期效果的关键，并不是什么样的超负荷都会带来超补偿，特别是对于瘦弱的人来说，一定要在遵循健身运动原则的基础上科学地锻炼，才会取得良好的效果。

第三节 运动增肌的方法

一、运动增肌的总原则

（一）费力省功原则

为了使机体能够通过运动锻炼达到增加体重、增强体能的目的，在锻炼时应该尽量采用中大重量、中等次数和少次数的方法进行训练，这样，既可以刺激肌肉，又不会消耗太多的能量，有利于促进肌肉组织的生长。

（二）速战速决原则

运动增肌的训练目的是要通过运动训练的方式来刺激肌肉，而不是要过度地消耗肌肉，所以，训练中应该集中精力在最短的时间内，以最少的体力消耗刺激目标肌肉，这样可以尽量减少额外的体力消耗，有利于机体的生长。

（三）入大于出原则

除在训练方面注意尽量减少不必要的体能消耗外，在饮食方面还要注意以下几方面的问题：

1. 保证蛋白质食品的足量供应，因蛋白质是身体生长的物质基础，没有足够的蛋白质食品的补充，就不能保证身体的正常生长和修补。

2. 保证每天食物热量的摄入值大于消耗的值，因身体的建设需要额外的热量，如果热量不够，身体就不能很好地生长。当然，也不要为了摄取足够的热量而过量食用油脂类食品，那样对身体也是有害的。身体需要的是瘦体重，而不是多余的脂肪。

二、运动增肌的训练方法

在前面相关章节的讲解中，已经分别介绍了各种有利于促进肌肉生长的方法和手段以及针对不同训练水平的人如何制定相应的训练计划，通过这些内容的介绍，我们就可以掌握根据个体具体情况制定训练方案的方法，这里不再赘述。

第四节　运动增肌应注意的问题

通过运动的方式来增加肌肉和体重的原理和方法已经清楚，在具体操作上还有一些问题要特别注意，否则，可能会影响增肌的效果。

一、运动量过大

有很多想要增肌的人在刚刚开始增肌训练时，误认为练得越多肌肉长得越快，所以，在训练计划之外还额外地多做一些练习，结果却事与愿违，由于额外地消耗了许多能量，往往使得每天热量都是入不敷出，要么体重不长，要么体重还减轻。所以，严格按照科学合理的健身计划进行训练是必须的，不是练得越多越好。

二、盲目增加体重

有些瘦弱的人一心想要提高自己的体重，运动后不加选择地大量摄入高热量食品，结果体重是增加了，但是多余的脂肪比肌肉长得多，使自己向着另一个极端——肥胖发展，这也是不可取的，因为正确地增加体重是要提高瘦体重，而不是多余的脂肪。

三、蛋白质摄入过高

要提高瘦体重就要有足够的蛋白质来源和适量的热量。对于想要增加体重的人来说，蛋白质的摄入量1.2~2.5克/天/公斤体重就足够了，长期过多的蛋白质摄入，不仅不会带来更多的瘦体重，相反，还会给肝肾带来额外的负担，甚至破坏体内环境，形成代谢病，如痛风等。

四、额外的体力消耗

有些人饮食和训练都按照计划进行，可体重增加得还是比较慢，原因是在训练计划之外，他们还经常有额外的体力消耗，如干体力活、逛商场等，由于体力的过分消耗可能造成每天热量的负平衡，结果直接影响增肌的效果。

五、业余活动过多

影响增肌效果另一原因是增肌者的业余爱好和活动过多，如打篮球、踢足球、游泳、打羽毛球、骑车远行等。若想有效提高瘦体重，至少在某一时期内，应尽量减少增肌训练之外的体力消耗，使体重有机会增长，待瘦体重确有提高后，再适量参加一些业余活动。

六、生活没有规律，过量吸烟、喝酒、熬夜

有一些欲增肌的人长期生活没有规律或有规律但与常人规律相反，白天没精神睡大觉，晚上朋友聚在一起抽烟、喝酒、熬夜，这些行为都会使人安静时的每分心率提高，造成额外的体能消耗。所以，在增肌期间，最好保持良好的生活规律，养成合理的生活习惯，戒掉或尽量减少不良嗜好。

七、不注意保健，经常生病

人在生病期间，体能消耗比较大，且没有体力进行锻炼。如果平时不注意维护身体健康，经常生病，肯定会影响增肌的进程。因此，平时要注意个人卫生和机体保健，尽量避免生病。

八、一曝十寒

许多增肌不成功的人还有一个问题就是由于各种各样的原因不能坚持锻炼，而是练练停停，总是在初级阶段徘徊，使刚长起来的肌肉，又萎缩回原来的状态水平。所以，要想使身体强壮起来就要长期坚持规律训练，使锻炼成果有一定的积累。在体力好时可以适当多练一点，感觉不好可以少练一些，但不能间断时间太长。

第十六章　健身知识问答

一、为什么说用小重量多次数的方法进行锻炼可以减脂肪?

这里我们所说的“小重量、多次数”是有前提的，这个前提就是同一个人在做同样的肌肉负荷练习时，做一组练习到力竭。在这个条件下，如果使用的重量小（45%~60%Wmax），每组做的数量就可以相对比较多（30~20次），这样做所产生的主要训练效果不是增长力量，也不是增加肌肉的体积，而是可以做更多的功，从而可以消耗更多的能量，减去更多的脂肪。举例来说，如果一个人最大卧推重量Wmax是100千克，用50千克的杠铃他一组至少可以推起20次，这样他每组可以做50千克×20次 = 1000千克次的功，相比假若用100千克的杠铃做一组卧推练习，他只能做100千克×1次 = 100千克次的功，两者所做的功相差有10倍之多！所以说用小重量、多次数的方法进行肌肉负荷训练比大重量、少次数的方法进行训练可以做更多的功，消耗更多的能量，如果长期以这样的方式做练习，同时配合低热量的饮食，人体就会通过直接（脂肪有氧氧化）和间接（糖异生作用）的方式将多余的脂肪消耗掉。

二、什么是一个千卡?

从定义上来说，一个千卡是将一升水从15℃升高到16℃所需要的热量。但是在实际操作时，这样的定义不具有可操作性。在日常生活中更容易理解和掌握的、可操作的定义可以用我们日常的活动来理解，即一个中等身材的男子安静地坐着，每一分钟大概就消耗一个千卡。进一步推算我们还可以了解到一个人走路一分钟大概可以消耗4~7个千卡，一般的练习跑一分钟大概可以消耗8~10个千卡，杠铃卧推、引体向上、杠铃推举、杠铃深蹲等练习一分钟大概可以消耗40个千卡以上。

三、什么叫平台期？如何尽快突破平台期？

在健身健美锻炼过程中，身体的运动素质和体格水平并不是持续不停地提高和增长的，而是每经过一段明显变化阶段后就会停下来，好像无论怎样训练，身体也没有反应了，比如力量不增长、围度不增加、体重没有变化等。这时我们就说身体进入平台期了。

身体进入平台期属于正常的运动生理现象。经过一段有规律的系统训练，身体各个系统的功能都会从比较低的水平提高到较高的水平，从不适应逐渐地达到新的适应，而且往往是身体的运动系统比其他系统功能提高得更快、更稳定，如力量素质、速度素质、耐力素质等可以很快、很稳定地提高，而心脏血液循环系统功能、呼吸系统功能、消化吸收系统功能等则发展得相对缓慢且不很稳定。这个时期身体就需要一段时间来巩固已取得的成果，使刚刚提高的各个系统功能成熟起来，这段时期是必要的、不可缺少的、需要时间的，而且随着身体体质水平的提高，平台期会变得越来越长。

想要让身体尽快突破平台期，从训练方面可以从两个方面着手，一方面改变训练方法，使身体感受到新的刺激；另一方面有针对性地加强某方面的功能锻炼。比如，为了提高训练强度，一方面可以在训练方法上采用稍减训练重量，逐渐缩短组间隔时间的质量训练法，或强度逐渐增加训练法；另一方面增加有氧耐力训练，以提高心肺功能，从而提高肌肉负荷训练的强度，刺激机体突破平台。再比如，要加强局部肌群的刺激深度，可以采用增加练习的动作和练习的组数的多个动作训练法，同时，在肌肉负荷练习之外，配合一些能够提高较长时间大功率输出能力的辅助运动，如爬山、骑车上山等，来锻炼对局部肌肉进行较长时间深度刺激的能力，达到突破平台期的目的。

另外，除在训练方面进行有目的的调整之外，在饮食和营养方面也可以阶段性地有所变化。比如，在采用质量训练法进行提高训练强度的阶段，在饮食方面应该注意适当多地补充一些含铁高的食物，如黑木耳、海带、芹菜、动物的肝和血等。同时还要适当多地食用复合糖食品，如粮食、各种薯类，当然还有充足的蛋白质食品。在采用多个动作训练法进行深度刺激性训练期间，除应该注意复合糖、蛋白质的足量摄取之外，在运动前、中、后还可以适当地补充一些水溶性维生素、运动饮品、肌酸等运动营养补剂。此外还可以适量摄取一些保肝利肾的食物。

四、人体骨骼系统是由多少块骨头构成的？它起什么作用？这些骨骼可分成哪三个部分？

人体的骨骼系统是由206块骨通过关节之间相互连接而构成的，人体骨架为肌肉组织

和器官提供了支撑的骨架。这些骨骼可以分为颅骨、躯干骨和四肢骨三个部分。

五、人体脊柱有几个生理弯曲？从侧面观察呈何形状？它是怎样形成的？在运动中起什么样的作用。

脊柱构成了人体的四个生理弯曲，从侧面观察，脊柱呈S形，有颈、胸、腰、骶四个弯曲。脊柱弯曲由直立行走进化而来，与直立姿势相适应。这四个生理弯曲使我们的脊柱成为一个刚柔相济、柔韧有余的运动枢纽。

六、简述人体骨骼的主要功能？

人体骨骼的主要功能有：

（1）塑造体形，维持人体的基本形态。骨骼就像一座建筑物的钢筋支架一样，支撑着我们的身体，通过关节紧密地结合在一起，并附着肌肉，构成人体的支架，赋予了人体基本形态。

（2）支持躯体并运动。人体的骨骼都是一块一块的，要成为人体的支架，就需要关节将它们连起来，多数关节在运动当中都可以充当一个支点，在运动当中扮演杠杆的作用。

（3）保护内脏器官。人体的躯干形成了几个体腔，颅腔保护和支持着脑髓和感觉器官，胸腔保护和支持着心、大血管、肺等重要脏器，腹腔和盆腔保护和支持着消化、泌尿、生殖系统的众多脏器。

（4）体内的一些骨骼能制造出身体所需的某些物质。胳膊和大腿的长骨能够制造血细胞，骨也能储存钙和磷等物质。当身体需要这些矿物质时，骨就会释放少量到血液中。

七、什么是骨的重建？它的意义何在？

骨的重建就是骨组织改变自身的形状大小和结构的能力，人体在长期承受外界较大负荷时就会引起骨骼的适应性变化，包括其内部结构的改变和骨密度的增加，这种变化增加了钙的储存量，降低了患骨质疏松的概率。

八、韧带的构成怎样？它的主要功能是什么？

韧带由致密结缔组织构成，呈扁带状、圆束状或膜状，一般多与关节囊相连，形成关节囊局部特别增厚的部分，有的则独立存在。韧带的主要功能是限制关节的运动幅度，增强关节的稳固性，其次是为肌肉或肌腱提供附着点，有的韧带如膝关节的髌韧带本身就是由肌腱延续而成的。此外尚有一些韧带位于关节内，叫关节（囊）内韧带，如股骨头圆韧带、膝交叉韧带等。

九、人体的骨骼肌有多少块？每块骨骼肌分成哪两个部分？肌腹的组成和基本作用是什么？

人体骨骼肌共有400多块。每块骨骼肌包括肌腹和肌腱两部分。肌腹是由许多平行排列的具有收缩机能的肌原纤维组成，每条肌原纤维可分为几千到几万段端端相续的肌节，它是肌肉进行收缩和舒张的基本功能单位。

十、快肌和慢肌谁的抗疲劳性强？其原因是什么？

慢肌抗疲劳的能力比较强，原因如下：

（1）慢肌纤维中的线粒体体积大，而且数目多，线粒体中有氧代谢酶活性高；

（2）肌红蛋白含量也较丰富；

（3）毛细血管网较发达，因而慢肌有氧代谢潜力较大。

十一、肌肉的收缩过程是怎样的？

肌肉的缩短或伸长是由于肌小节中粗丝和细丝的相互滑行，而肌丝本身结构和长度不变。当肌肉缩短时，由Z线发出的细丝沿着粗丝向暗带中央滑动，结果相邻的各Z线都相互靠近，肌小节长度变短，从而出现整个肌肉的缩短。

十二、肌肉收缩有几种形式，分别是什么？在人体运动中各起什么作用？

肌肉收缩分为以下三种基本形式：

（1）缩短收缩。缩短收缩又称向心收缩。即当肌肉收缩时所产生的张力大于外加负荷时，肌肉缩短，牵拉它附着的骨杠杆做向心运动的收缩形式。缩短收缩是人体得以实现各种加速度的基础。

（2）拉长收缩。拉长收缩又称离心收缩：当肌肉收缩时产生的张力小于外力时，此时，肌肉虽积极地收缩，但仍然被拉长了，这种收缩即拉长收缩。拉长收缩在实现人体运

动中，起着制动、减速和克服重力等作用。

（3）等长收缩。等长收缩指当肌肉的两端被固定或负有不能拉起的重量的情况，肌肉虽积极收缩，但长度并不变化，只能产生张力，这种收缩叫等长收缩。作用在于支持、固定、维持姿势。

十三、三角肌的起止点在 哪里？它有何功能？

三角肌的起点：锁骨外侧端、肩峰和肩胛冈。止点：肱骨三角肌粗隆。作用：外展肩关节，前部肌束使肩关节屈和旋内，后部肌束使肩关节伸和旋外。

十四、肱二头肌的起止点和功能是什么？近固定和远固定各举一个实用例子。

肱二头肌的起点：长头起自肩胛骨盂上结节，短头起自肩胛骨喙突。止点：止于桡骨粗隆和前臂筋膜。

肱二头肌一般功能：向心收缩协助肘关节屈、尺桡关节旋后、肩关节屈。肱二头肌整合功能：离心收缩阻止肘关节伸、尺桡关节旋前、肩关节伸；协助维持肱骨头的动态稳定。

肱二头肌近固定举例：杠铃站姿双臂弯举。原固定举例：反握引体向上。

十五、肱三头肌的起止点和功能是什么？请出三个实用的例子。

肱三头肌的起点：肱三头肌的长头起自肩胛骨盂下结节，外侧头和内侧头分别起自肱骨后面桡神经沟的外上方和内下方的骨面。止点：尺骨鹰嘴。

肱三头肌的功能：伸肘，长头使肩关节后伸和内收。

举例：立式臂屈伸、跪姿俯卧垫肘伸臂、器械双臂屈伸。

十六、胸大肌的起止点和功能是什么？近固定和远固定各举一个实用例子。

胸大肌的起止点起于锁骨内侧半、胸骨和上6肋软骨前面及腹直肌鞘前壁上部，止于肱骨大结嵴。

胸大肌功能分为一般功能和整合功能。一般功能是向心收缩协助肩关节屈、肩关节内收水平内收与内旋。整合功能是离心收缩阻止肩关节伸、水平外展与外旋；做越顶动作时协助维持肩关节的动态稳定性。

近固定举例：卧推。远固定举例：俯卧撑

十七、前锯肌的起止点和功能是什么？举出发展前锯肌的三个动作。

前锯肌的起点：上位8~9肋骨的外侧面；止点：止于肩胛骨内侧缘和下角前面；前锯肌的功能是近固定时使肩胛骨前伸、下降及上回旋；远固定时提肋助吸气，如俯卧撑动作。

发展前锯肌的动作有：卧推、实力推和俯卧撑等。

十八、腹直肌的起止点和功能是什么？请举出发展腹直肌的两个实用例子。

腹直肌起点：起于耻骨上缘。止点：止于5~7肋骨前面以及胸骨剑突腹直肌。有一般功能和整合功能：一般功能是向心收缩使脊柱屈、骨盆后倾。整合功能是离心收缩阻止脊柱伸、侧弯以及骨盆前倾；协助维持腰—骨盆—臀的动态稳定性。

发展腹直肌的练习有：仰卧举腿、仰卧起坐等。

十九、背阔肌的起止点和功能是什么？请举出发展背阔肌的三个实用例子。

背阔肌起点起于第七胸椎至骶骨所有椎骨、底正中嵴、髂嵴后部和第10~12肋骨表面。止点：止于肱骨小结节嵴背阔肌的功能分一般功能和整合功能。一般功能是向心收缩协助上臂内收、伸、旋内。整合功能：离心收缩阻止上臂外展、屈、旋外；通过胸腰筋膜机制（后倾系统）协助维持腰—骨盆—臀的动态稳定性（后倾系统）。

发展背阔肌的练习有：颈前下拉、坐姿划船、宽握引体向上。

二十、股四头肌的起止点和功能是什么？请举出发展股四头肌的三个实用例子。

股四头肌的四个头有不同的起点，其中股直肌起于髂前下棘，股中肌起自股骨体前面，股外侧肌起自股骨粗线外侧唇，股内侧肌起自股骨粗线内侧唇。止点：股四头肌的四

个头相结合，形成一条强有力的腱，由前面和两侧包绕髌骨并在髌骨下形成髌韧带，借此止于胫骨粗隆。

股四头肌具有一般功能和整合功能。它的一般功能是近固定时，使小腿伸，股直肌还能使大腿屈。远固定时，可以使大腿在膝关节处伸。整合功能是足跟着地时，离心收缩抗膝关节屈、内旋；完成功能性运动型式时保持膝关节动态稳定性；完成功能性运动型式时，股直肌抗髋伸。

发展股四头肌的练习有：腿举、腿屈伸、杠铃下蹲等。

二十一、肌肉的生理特征和物理特征分别是什么?

肌肉的生理特性：肌肉具有兴奋性和收缩性，它在刺激作用下产生兴奋的特性叫兴奋性。肌肉当兴奋时能产生缩短反映的特性叫收缩性。肌肉的兴奋性和收缩性是紧密联系而又有不同的两种基本生理过程。

肌肉的物理特性：肌肉具有伸展性弹性和黏滞性。肌肉在外力牵拉作用下可以被伸长的特性称为伸展性。当外力取消之后肌肉能够恢复原状的特性叫弹性。黏滞性是由于肌浆内各分子之间的相互摩擦所产生。

二十二、何谓新陈代谢？运动中的新陈代谢指的是什么?

人体的新陈代谢是指机体与周围环境之间不断进行着物质交换和能量交换的过程，进行生长、发育、生殖等一系列的生理活动。新陈代谢包括合成代谢和分解代谢两个方面，人体从外界环境中摄取营养物质，通过消化、吸收、在体内进行一系列化学变化，转化为机体自身的物质，叫做合成代谢；人体把自身的物质进行分解，转化为代谢废物排出体外，叫做分解代谢。

运动中的新陈代谢指的是在运动过程中物质与能量代谢发生的特点。在物质的新陈代谢过程中，总是伴随着能量的释放、转移和利用，称为能量代谢。

二十三、什么是力量？力量素质的生理学因素包括哪几个方面?

力量指人体运动系统克服或对抗阻力的能力。

力量素质生理学因素包括：肌肉生理横断面、神经调节机能、骨杠杆的效率、肌纤维的组成。

二十四、青少年在进行力量训练时应注意哪些问题?

青少年在进行力量训练时要注意以下几点：避免进行较大强度的力量训练，从事力量训练的强度应该中等或者中等偏下，并在一定的监控条件下进行；在训练的频率上应该是3~4次/周，每次的持续时间应该控制在20~30分钟；负荷采取自身体重1/3~2/3进行，并把改善肌肉结构的练习与发展柔韧性、灵活性的练习结合起来，这样有利于青少年身体素质的全面提高。另外要避免静止用力的脊柱过伸练习；不单纯过多地进行强度较大的静止用力练习，如硬拉和负重躬身。

二十五、什么是运动生物力学?

生物力学是指研究生物体机械运动规律的科学。是把体育运动中各项动作技术的研究课题，赋予生物学和力学的观点及方法，使复杂的体育动作技术奠基于最基本的生物学和力学的规律之上，并以数学、力学、生物学及运动技术原理的形式加以定量描述。

二十六、营养和营养素有何区别？人体的营养素包括哪七大类?

营养是供给人类用于修补旧组织、增生新组织、产生能量和维持生理活动所需要的合理食物，营养素是指食物中可以被人体吸收利用，为人体提供能量、机体构成成分和组织修复以及生理调节功能的化学成分。凡是能维持人体健康以及提供生长、发育和劳动所需要的各种物质均称为营养素。

人体所需要的营养素概括起来包括七大类别：蛋白质、脂肪、碳水化合物、无机盐、维生素、水分以及膳食纤维。

二十七、何谓运动营养补剂？它的几个主要类别是什么?

运动营养补剂是根据运动科学的理论知识研制和生产，从自然食物中提炼精制而成的精华营养素，容易消化吸收，并且可以针对不同的体育运动有选择性地使用。

运动营养补剂类别：蛋白粉，肌酸，氨基酸胶囊，减脂素和运动饮料等。

二十八、造成肌肉拉伤的主要原因是什么？症状有哪些？如何处理？

造成肌肉拉伤的原因主要包括以下几个方面：肌肉力量发展的不平衡性、肌肉僵硬柔软度差、矿物质的缺乏、训练方法不当或训练过度等。

肌肉拉伤的症状为：肌肉拉伤比较突然，通常会有急速的疼痛感，然后慢慢觉得有酸麻感。并有不同程度的肿胀和痉挛收缩，还有因内部微血管的断裂，从轻度的点状出血到整片的肌肉出血（血肿），即俗称的黑青现象。

肌肉拉伤的处理方法是：首先是预防或降低血肿的形成，其次是加速已形成的血肿溶解，最后是预防过度的瘢痕组织或粘连产生。

二十九、造成骨折的主要原因是什么？症状有哪些？如何处理？

造成骨折的原因是：身体某部位受到直接或间接暴力撞击时，造成骨折。

骨折的症状是：骨折发生后，患处立即出现肿胀，皮下淤血，剧烈疼痛，肢体失去正常功能，肌肉产生痉挛，有时骨折部位发生变形。严重骨折时，伴有出血和神经损伤、发烧、口渴甚至休克等症状。

处理方法是：骨折发生后要立即停止伤肢的活动，不要乱拉乱拖，采取RICE法，在原位置用夹板固定。若伴有出现休克时，应先进行抗休克处理，平躺休息，点按人中穴，并进行口对口人工呼吸或心脏胸外按压，若伴有伤口出血，应同时实施止血和包扎。及时护送医院检查并进行相关针对性治疗。

三十、造成关节脱位的主要原因是什么？症状有哪些？如何处理？

关节脱位的原因是：关节处受到直接的打击，撞击或者猛然的牵拉。

关节脱位的症状是：受伤处出现麻木和剧痛；关节活动受限。

关节脱位的处理方法是：关节脱位后首先是关节复位，其次对损伤处进行冷敷、加压、包扎抬高伤处，或及时地送往医院或者急救援助中心进行治疗。在原来的位置固定有利于关节恢复。

三十一、女子经期健身的卫生要求是什么？

经期健身的卫生要求有以下几点：

（1）经期应避免过冷、过热的刺激，特别是下腹部不宜受凉，以免引起痛经或月经失调。

（2）经期第1~2天应减小运动量及强度，运动时间也不宜过长，特别是月经初潮不久周期尚不甚稳定的女子少年运动员应注意，否则易造成月经失调。

（3）经期不宜从事剧烈运动，尤其是振动强烈，增加腹压的动作，如疾跑、后蹬跑、高抬腿跑、跳跃、跳起扣球等负荷过大的力量性训练等，以免造成经血过多或影响子宫的正常位置。

（4）经期不宜下水游泳，以免在生殖器官自洁作用降低时病菌侵入造成感染。

（5）有痛经、月经过多或月经失调者，经期应减小运动量，强度及训练时间，甚至停止体育活动。

三十二、运动按摩的功效是什么?

运动按摩的功效有以下几点：

（1）舒筋活络、消肿止痛：按摩可以促进局部血液和淋巴的循环，加速局部淤血的吸收，改善局部组织代谢，理顺筋络，并可以提高局部组织的痛阈，使气血通畅，从而起到舒筋活络，消肿止痛的作用。

（2）整复错位、调正骨缝、肌肉、肌腱、韧带：按摩可以使损伤的软组织纤维被抚顺理直，错缝的关节和软骨恢复到正常位置。

（3）解除痉挛、放松肌肉：按摩又可以直接作用于痉挛的软组织，使之放松，打破恶性循环，帮助肢体恢复正常功能。

（4）松解粘连、滑利关节：按摩直接作用于损伤部位，加强损伤组织的血液循环，促进损伤组织的修复。对关节因粘连而僵硬者，起到松解粘连，滑利关节的作用，对局部软组织变性者，改善局部营养供应，促进新陈代谢，从而使变性的组织逐渐得到改善或恢复。

三十三、何谓恢复和超量恢复?

恢复是指人体运动时，身体要承受一定的运动负荷，体内异化作用加强，能量物质储备逐步下降。这一时期称为工作阶段。由于能量物质大量消耗等原因，运动后便会产生一定的疲劳，但经过休息，消耗的能量物质又逐渐恢复到接近或达到运动前的水平，疲劳也随之逐渐消失。从疲劳到疲劳消失的这一过程叫恢复。

超量恢复是指在运动后恢复的过程中，有时候会出现消耗的能量物质不但能恢复到原

来的水平，而且经过合理的饮食休息后，在一定的时间内，机体的能量物质储备及体能等方面还会超过原来的水平，这种现象是运动后恢复阶段常见的一种生理现象，称之为“超量恢复”。

三十四、过度训练有几种类型？各种类型的主要症状是什么？

过度训练的类型有：交感型过度训练和副交感型过度训练两种。

交感型过度训练的症状是：安静时心率增高，体重下降，睡眠障碍，安静血压升高，直立性低血压，抵抗力下降，食欲下降，运动后恢复慢，情绪不稳定，训练、比赛欲望丧失，运动中最高血乳酸水平降低，运动成绩下降。

副交感型过度训练的症状是：运动能力下降，安静时心率降低，运动后恢复快，运动中容易发生低血糖症，运动中最高血乳酸水平降低，运动时血乳酸生成量减少，反应迟钝。

三十五、预防过度训练的方法是什么？

预防过度训练的方法有：

（1）教练员应与健身者实现良好的沟通。

（2）遵循循序渐进的原则。

（3）加强医务监督。

（4）加强知识的宣传。

（5）做好热身和放松练习。

三十六、过度训练的处理方法是什么？

在过度训练的早期，首先应减小运动量，当过度训练现象明显时，最好让练习者进行积极性休息，暂时停止训练。还可以进一步采取治疗方法，其主要手段与方法如下：利用温水浴和蒸汽浴，进行按摩消除疲劳，通过睡眠和休息可以消除疲劳，通过理疗来消除疲劳，通过补充营养能迅速恢复和消除疲劳。

三十七、健身训练的基本原则是什么？

健身训练的原则有：

（1）明确目的有的放矢。健身者进入健身房，教练员要做的第一件事情就是全面了解其基本情况，这里主要包括他们的身体健康状况、既往病史以及现有的训练水平并在此基础之上为健身者制订健身计划。而训练计划的制订程序的首要考虑因素就是个人目标，即明确目的。

（2）循序渐进。循序渐进是健身锻炼中的一个重要原则。在健身锻炼中，动作技术的难易与否必须遵循运动条件反射的建立和巩固规律原则，从易到难，由简到繁。运动训练也应遵循神经过程的内抑制的发展规律，从机体分化抑制发展到较为粗糙分化，并逐渐发展到精细分化，有机体在外界条件的刺激下，逐渐产生适应的过程是渐进的，是在多次重复的刺激下产生的。因而健身锻炼使人体的各器官、系统的形态、机能，生理功能等适应性变化也绝非一朝一夕之功，而是在多次、乃至长期的锻炼刺激作用下，产生逐渐适应的过程。

（3）量力而行宁缺勿过。负荷偏小仅仅是带给我们锻炼收益较小的结果，而如果负荷超出了自己的承受将会损害练习者的健康。

（4）不偏不废全面发展。在健身活动中必贯彻全面锻炼的原则，运用各种手段和教法，全面锻炼身体，促进身体全面协调的发展。

（5）灵活多样常换常新。如果长久的采取同一种方法，不利于调动锻炼者的训练积极性；再者人体在训练中如果长此以往地采用一种方法，会带来机体的适应，因为要改变机体适应的状态才是获得健身收益的关键，所以从这一方面来看采取灵活多样常换常新的训练方法也是必要的。

（6）持之以恒终生健身。健康的收益需要长期的积累，不是一朝一夕之事。这是由机体本身的适应规律决定的，只有我们不断地让身体承受一定的外在训练压力才能不断地从健身运动中获益，如果不能长久坚持那么即使是已经获得的健康受益也会逐渐丧失。

三十八、健身训练常用的方法有哪些？它们的各自作用是什么？

健身常用的训练方法有：循环训练法、变换训练法、持续训练法、间歇训练法、运动游戏法和运动竞赛法等。

循环训练法是指根据训练的具体任务，将练习手段设置为若干个练习站，锻炼者按照既定顺序和路线依次完成每站练习任务的训练方法。运用循环训练法可以有效地激发锻炼者的训练情绪，避免枯燥，交替刺激不同的身体部位，提高不同层次和水平锻炼者的训练积极性，进而有效的增大运动训练的密度。

变换训练法是指变换运动负荷、练习内容、练习形式以及条件，以提高练习者积极性趣味性、适应性以及应变能力的训练方法。通过变换训练的内容可以使得锻炼者的各项身

体素质得到全面的发展。

持续训练法是指训练的负荷强度较低、无间断地连续进行练习的训练方法。练习时平均心率应该在每分钟130~170次之间。持续训练法主要运用于发展一般耐力素质，并有助于完善负荷强度不高但过程细腻的技术动作。

间歇训练法是指对多次练习时的间歇时间作出严格规定，使机体处于不完全恢复状态下，反复进行练习的训练方法。该方法多用于提高练习者的无氧耐力。

运动游戏法是在教学中创设一定的情境和比赛活动，使学生通过更生动的运动实践，陶冶他们的性情、提高运动能力、提高运动参与兴趣的教学方法。

运动竞赛法是指通过组织学习者比赛进行技能学习和练习的一种教学方法。比赛往往是实战，对学习者的技战术和体能具有综合性的要求，因而在体育教学中是一个很重要的教学方法。

三十九、何谓身体素质？力量素质的传统分类是什么？

身体素质是人体在运动当中所体现出来的力量、速度、耐力、灵敏和柔韧五大素质机能能力的综合体现。

传统分类方法把的力量素质分为：最大力量、快速力量和力量耐力。

四十、男性健身者进行健身训练的注意事项有哪些？

男性健身者在进行健身训练过程中要注意以下几点：

（1）合适的运动着装。

（2）注意场地选择的安全性。

（3）运动后不能即刻休息。

（4）运动后不可马上冷水洗浴。

（5）运动饮水要注意少量多次。

（6）户外运动注意防晒。

四十一、女性健身者进行运动时的注意事项有哪些？

女性健身者在进行运动时要注意以下几点：

（1）运动前先卸妆，用中性清洁剂洗净脸部污垢，因为运动时如果脸部残留化妆品污垢，会造成毛孔阻塞。

（2）运动时要注意护发，汗水、阳光和碱水是头发的天敌，运动后必须洗净头发。

（3）户外运动时，为避免头发遭受阳光及盐分侵蚀，最好采取防晒措施。

（4）运动过程中的着装要宽松、弹性好并散热性能良好，尽量避免汗水浸湿的衣服长久接触皮肤，影响皮肤正常代谢。

（5）要选择清爽浴液洗澡，因为运动时皮脂腺分泌更加旺盛，沐浴不仅可以洗去皮肤积存的污垢、促进血液循环，还能调节皮脂腺与汗腺功能，使毛孔畅通，皮肤更光滑，避免皮肤过早老化。

（6）运动后半小时内，脸部仍会流汗，所以不要立即上妆。

（7）运动要讲究循序渐进逐渐加量，若有不适或疼痛感，则需暂停运动，及时处理，等待恢复正常后再开始。

（8）夏天运动时不管是室内还是户外，都容易造成身体脱水、脱盐和体能的大量消耗，所以运动爱好者应准备清凉消暑或低糖含盐饮料。

（9）水中运动要注意卫生并保证安全。

（10）注意女性因为有特定的生理周期，建议在月经期间不要有较大运动量。

四十二、运动后什么时间进食好?

应在运动后休息30分钟以后再进食，大运动量锻炼后则休息45分钟以后再进食。因为锻炼后立即吃食物或大量饮水，不利于身体健康。我们知道，人体在运动时，体内血液集中在运动器官，胃肠消化系统处于相对缺血和抑制状态。锻炼后，肌体中堆积了大量的乳酸等代谢产物和运动中欠下了大量“氧债”，这时需要通过血液循环把运动中产生的“垃圾”及时输送排出体外，同时通过血液循环，给肌体输送氧和营养物质。此时若大量进食既不利于运动后的恢复，也影响了正常的消化和吸收。

四十三、饭后什么时间运动好?

饭后休息1.5~2小时再进行锻炼。因为进食后的一段时间内，胃肠道中食物充盈，横膈膜上顶，影响呼吸，不利于运动，并且进食后，血液集中于消化系统，如这时进行剧烈运动，会使集中于消化系统的血液分散到运动器官，从而影响食物的消化和吸收。又由于重力作用，还可能引起胃下垂，损害身体健康。同时，运动器官也得不到充足的血液供应，使肌体无法得到足够的氧和营养物质，代谢产物也不能及时输送排出体外，很容易产生疲劳，使锻炼起不到好的效果。如若在进食2小时后进行锻炼，食物已被消化，营养物质开始吸收入血，有利于提高锻炼效果。

四十四、运动时为什么要避免憋气？

在做某些动作，如做负重深蹲、仰卧起坐时，为了发力，有时需要憋气。这时，胸内压和腹内压升高，胸廓和骨盆得到固定，为上下肢肌肉活动创造了稳定的支点，使肌体的力量增大。但憋气毕竟是人体强制地控制呼吸，实际上阻断了氧气的吸入，降低了肺泡内的氧分压，使氧与血红蛋白结合减少，因而输送到身体各组织的血氧也减少，此时人体为满足全身各组织对血氧的需要，心脏就要加快收缩频率来增加输出血量，这就增加了心脏的负担。若出现血液循环障碍则可引起心脏和脑部暂时性缺血，甚至造成昏厥。所以中老年及有心血管疾病的人，锻炼时应尽量避免憋气，应保持自然的呼吸节律。

四十五、为什么要做准备活动？

我们知道，人体从安静状态转到运动状态，对氧气及其他能源物质的需要会突然增加，同时代谢产物又需要及时排除，这就要求心脏等内脏器官加倍工作来满足这一突变的需要。但是，支配内脏器官的植物神经系统传递兴奋的速度，比运动神经系统支配运动器官的速度要慢。这是一种内脏器官的惰性，它与运动器官机能的迅速变化不相适应。

准备活动，是通过锻炼前进行的练习，使内脏器官逐渐兴奋起来，克服其生理惰性，并使全身肌肉、韧带和关节得到充分的活动，使机体尽快达到适宜的、协调的运动状态，进而避免或减轻心慌、气喘、出冷汗、腹痛、动作变形等现象，并防止肌肉、韧带和关节在锻炼时出现的损伤。准备活动一般用10~20分钟，夏天可短些，冬天可长些，感到四肢关节灵活，身体轻松有力，全身发暖，微微出汗，就可以开始正式锻炼了。

四十六、为什么要做整理活动？

我们知道，人体在运动时，氧气的输送常常处于供不应求的状况，这时肌肉收缩是在缺氧的情况下进行的，生理上叫“氧债”，运动过后还要如数偿还。所以运动后的一段时间内，仍会气喘吁吁，这时的气喘实际上是不自觉地深呼吸，用以保证肺的通气量。

另外，锻炼中，当肌纤维在拉长时，附在其肌肉内的微血管也随之拉长变细，于是血管壁挤压管内的血液，使血流加速，静脉血很快回流到心脏。一旦运动器官停止活动，由于内脏器官的生理惰性而不能及时调整自身的工作状态，所以，心脏和肺脏在一段时间里仍继续用力工作，心脏仍在很短时间内，很快地把血液送到肌肉中去，而肌肉由于基本停止活动，故不能有效地把大量血液再送回心脏，这样大量血液很快积存在肌肉中，特别是积存在两腿中，心脏输出血量便会突然减少，使血压下降；又因地球引力的作用，脑的血液急剧流回心脏，使头部的血液供应减少，就会造成脑贫血，出现头晕，甚至晕倒的现象。

运动后的整理活动，通过肌肉放松而有节律地收缩，可以改善肌肉的血液循环，缓解缺氧，有利积聚的代谢产物迅速消散，有助于缓解肌纤维痉挛，并使吸氧量维持在一定的水平，有利于偿还“氧债”和加快乳酸消除，消除疲劳，促进体力恢复，整理活动的最佳强度为锻炼强度的50%~60%，活动量要逐渐减小，当自我感觉到呼吸和心脏搏动稳定，身体觉得轻松时就可以结束整理活动。

四十七、为什么女子体型美需要练肌肉？

肌肉，被人称为塑造健美体型的艺术大师。女子要根据自身体型不足之处，有针对性地锻炼肌肉群，才能有效地雕塑出健美体型。

女子体内的雄性激素很少，所以女性锻炼肌肉，肯定不会产生男性化的效果或肌肉过分粗大。女子增长适度的肌肉，不仅不会失去女性的特点，相反在收缩的肌肉放松时，其肌肤更加滑润美观。经过负重训练的肌肉组织在停止训练后，肌肉也不会变成脂肪。因为肌肉组织主要由蛋白质和水组成，而脂肪细胞主要含类脂化合物，女子停止负重练习后，肌肉就会缩小。

从生理上看，女孩在10岁以后随着性成熟期开始，身高增长加速，肌肉虽也增长，但落后于骨的生长速度。这期间，肌肉主要向纵向发展，肌肉的收缩力量和耐力较差。如这时用负重练习来增加肌肉体积和力量效果不大。这时期事宜做徒手健美操、增强协调性和准确性的练习与伸长肢体的练习。到15~17岁时，身高的增长缓慢下来，而肌肉横向发展较快，肌力显著增加。此时进行负重健美锻炼，对增长肌肉较好。到20岁左右，全身整个肌肉力量达到一生中最大值，30岁以后开始逐渐减退。看来在15~30岁之间是女性改变身体各部围度比例、雕塑健美体型的最佳时期。

四十八、女性经期可以运动吗？

月经期间，常有许多妇女会感到不舒适，如腰酸、腹痛、下腹部发胀、乳房胀痛或便秘等。这些现象和神经体液调节机能的改变有关。如果在月经期间，每天能配合音乐做上几节徒手健美操，对改善机体的新陈代谢，调整大脑皮质的兴奋和抑制过程，改善盆腔的血液循环和促进经血的排出，减轻全身不舒服的感觉大有好处。但应注意月经期要减小运动量，避免做剧烈的、强度大的或振动大的动作，如大幅度的跳跃等；也不要做腹压过大

和负重憋气的运动，如仰卧起坐、负重深蹲等，以免引起经血过多、经期延长或子宫位置改变。另外，在月经期还要注意经期卫生，注意保暖，情绪要稳定，避免过度劳累。

四十九、什么叫“超补偿”？

在进行运动锻炼时，疲劳的机体在运动结束之后，有一个恢复的过程，在这恢复过程中，已消耗能量的机体，不仅能够恢复到原来的机能水平，而且在一段时间内，还会超过原来的水平，这种现象叫“超补偿”。消耗的能量越多，休息后得到的“超补偿”也就越多；消耗的能量越少，得到的“超补偿”也就越少。但这种消耗与恢复的良好关系，只有在一定范围内才能得到保证。如果运动负荷量太小，消耗能量少，对机体起不到一种强有力的刺激作用，也就收不到良好效果。如果运动负荷量过大，消耗能量过多，造成恢复过程延长，机体也不易恢复到原来的水平。长期疲劳积累，还会出现过度疲劳，损害身体健康。所以，只有适宜的超负荷锻炼，才能获取“超补偿”的结果。

超补偿保持一段时间后又会回到原来的水平，如果能掌握好运动量和休息时间，在“超补偿”阶段中进行下一次锻炼，效果会最好。

一般情况，锻炼后要经过24小时才能恢复到原来的水平，即在此后的一两天内，身体连续进行超过原先水平的修复。这时即可开始进行下一次锻炼，若不持续进行锻炼，是无法控制其不衰退的。也就是说，锻炼的频度过密，即在“超补偿”尚未实现之前，又进行锻炼，无疑不能获得良好的效果；若是锻炼的频度过疏，即在超补偿已经实现之后，仍不能紧接着进行锻炼，则所得的那次锻炼效果也就会降低和消失。

另外，消除疲劳的时间最多不应超过72小时，如果在72小时后仍有疲劳感，就说明机体反应不良，应调整运动量。

五十、为什么节食减肥不可取？

胖人大量节食，体重可能会下降，但在节食初期失去体重中的物质，几乎不含脂肪。因为胖人减低体重，首先失去的是糖原和水分，然后才是脂肪和肌肉。特别是脑力劳动者比体力劳动者在节食降低体重过程中更容易失去肌肉。如果长期节食，会使人体的糖原、水分、脂肪和肌肉一起减少，由此导致人体逐渐虚弱，危害健康。特别是脑力劳动者，在停止节食，恢复正常饮食后，人体中的水分和糖原量会很快恢复，脂肪会重新堆积，但肌肉却得不到恢复，使人体软弱无力，致使脂肪的比例反而更大，达不到真正减脂的目的。

只有加强体育运动，进行减肥锻炼，再结合有目标的轻微节食（如尽量少吃含脂肪和糖多的高能量饮食），才能提高新陈代谢率，减少热量摄入，增加热量的消耗，进而取得减肥的实际效果。

五十一、减肥运动应注意什么？

减脂运动应注意以下问题：

①选择有氧的中低强度的运动，脉搏控制在最高心率（220－年龄数＝最高心率）的60%~80%，这种运动，体内能量的消耗，绝大部分是靠脂肪氧化分解供给的，因而可使体内的脂肪减少，达到减肥的目的。

②要坚持长时间的有氧运动，每周要进行5~6次锻炼，每次连续运动30~60分钟以上，只有运动到一定时间以后，大约在30分钟以后，才开始主要动用身体脂肪作为能量释放，由糖供能为主的形式，转化为以脂肪供能为主的形式，使体胖者减脂。

③减脂锻炼还要以慢速的、全身耐力性运动为宜。人体肌肉是有许多肌纤维组成，白肌纤维颜色较白，横断面较粗，进行收缩时的速度快，所以又叫快肌纤维。白肌纤维力量大，但容易疲劳。在运动时，如用最大肌力的50%~80%的力量进行快速锻炼，得到锻炼的主要是白肌纤维，肌肉群容易发达粗壮。我们看到短跑运动员的下肢都很粗壮，这与他们快速的爆发力训练、充分锻炼白肌纤维有关。而红肌纤维颜色呈红色，肌纤维较细，周围毛细血管比较丰富，进行收缩时的速度慢，所以又叫慢肌纤维。红肌纤维力量小，但不易疲劳。在运动时，如用最大肌力的50%以下的力量进行慢速锻炼，得到锻炼的主要是红肌纤维。由于红肌纤维周围毛细血管比较丰富，氧化脂肪的能力较强，收缩时能消耗较多的脂肪。我们看到长跑运动员的下肢都较修长，这与他们长时间的耐力训练和充分锻炼红肌纤维有关。

④人体并不是运动哪个部分，哪个部分的脂肪就消减，而是运动身体任何部位都能起到全身减脂的作用，全身运动所消耗的能量远比局部运动所消耗的能量要多。所以，减脂必须通过低中强度、长时间、慢速度的全身耐力性的有氧代谢运动，才能收到好的效果。

五十二、脂肪是炼哪儿减哪儿吗？

人体脂肪的增长是全身性的，其中男性多余脂肪易堆积在腹、背部，而女性的脂肪增长易堆积于胸部、腹部、臀部和大腿部。当然，脂肪的消减也是全身性的，锻炼身体任何一个部位，都能起到全身减脂的作用。例如，练习仰卧起坐，不仅腰腹部的脂肪得到消耗，身体其他部位的脂肪也同时得到消耗，而进行慢长跑这样的全身运动，腰腹部的脂肪同样可以得到消减。练仰卧起坐，如果每分钟做30次，消耗的热量与慢跑每分钟消耗的热

量相同。假若运动15分钟，练仰卧起坐需要连续做450次，这对一般人来说几乎是办不到的。可是慢跑15分钟，甚至更长时间，是很容易做到的，其结果会消耗更多的热量。由此看来，通过局部运动来减脂，不如参加全身性运动进行减脂的效果理想。

局部运动，可以强健局部肌肉组织，使肌纤维间肥大的脂肪细胞体积压缩减小，从而使局部松弛的肌肤变得紧凑而富有弹性。这对于增强局部的运动能力是有好处的。如果仅是为了减少局部脂肪，那么还是选择有氧的全身性、长时间的耐力运动为好。

五十三、穿塑料衣裤出汗锻炼能减肥吗?

穿上塑料衣裤进行活动，消耗体内的一定水分，并暂时减轻体重，但不能有效地消耗脂肪，长期这样还会损害身体健康，弊大于利。

我们知道，当人体运动时或环境温度等于或超过表皮温度时，人体内所产生的热量使体温升高，为保持体温的恒定，人体便主要靠出汗的方法，来散发多余的热量，这是人体的一种自我保护性机制决定的。如果穿上塑料衣裤锻炼，原来通过空气流通的散热方式被破坏，运动时身体产生的热量及排出的大量汗液不能有效地散发，会使体温升高，出现头晕、恶心、全身无力，甚至热痉挛等症状。

另外，在热的环境下运动，看起来出汗很多，以为消耗了大量脂肪，其实，人体运动产生汗液中99%以上是水，人体中水的比例占体重的60%以上，一次锻炼后，体重下降，失掉的大部分是水，当我们喝水补充上后，体重还会回升。因此仅以出汗多少来衡量减脂多少是不科学的。而且当人体失水量占体重的4%以上时，肌肉的运动能力就会下降；失水量超过体重的10%时，血液循环就会出现障碍；一次性失水量达体重的15%时，就会危及生命。

五十四、锻炼后为什么肌肉疼痛?

健美锻炼后引起的肌肉疼痛的主要原因，是在锻炼时肌肉过度牵拉，以致肌肉组织损伤出血和肌肉组织中乳酸堆积，对神经末梢的刺激而引起的。由于新陈代谢过程供氧不足而引起的乳酸堆积，一般运动后30分钟至2小时，肌肉中的乳酸就会随血液循环被疏散，酸痛感也就逐渐消失了。这种情况引起的酸痛，只要坚持锻炼一段时间后，身体逐渐适应，呼吸系统和循环系统功能提高了，体内氧气供应充足，使肌肉中乳酸的形成与供氧之间取得了平衡，酸痛的感觉也就不容易发生了。至于肌肉的损伤，主要是由于肌肉的弹性、伸展性较差，或技术动作不规范、不协调，动作过于猛烈，以及机体承受的负荷过大，从而造成肌肉拉伤。如果是轻度肌肉损伤，可以马上进行低温冷敷，以减轻出血和疼痛，24小时后，再进行按摩或热敷等理疗。如果肌纤维大部断裂，就应立即到医院进行治疗。

五十五、运动中为什么不宜大量饮水？

在运动过程中或刚刚结束运动后即大量饮水，对身体健康是很不利的。因为这时体内大量血液集中在四肢肌肉和体表，而消化道的血管处于收缩状态，吸收能力也较弱。如果大量水分再进入消化道，会增加胃肠蠕动，甚至引起胃肠痉挛。另外，大量的水使胃膨胀，会影响隔肌的运动，使呼吸不通畅；同时，大量的水通过消化道被吸收加入血液循环，增加了血容量，使心脏和肾脏的负担加重。还有，运动中人体内的部分盐（氯化钠）随着汗液的排出而失掉；大量饮水后，引起大量排汗，从而导致大量盐分随汗液排出，使身体更加缺盐，由此感到越发口渴。盐是人体不可缺少的重要物质，盐的损失，破坏了体内的水盐代谢平衡，会导致肌肉软弱无力，甚至引起热痉挛或中暑的症状。所以，在锻炼时不宜一次喝水过多，可只漱漱口，将口腔、咽部黏膜湿润一下。在天热和出汗多的情况下，应少量多次喝些淡盐水，及时补充体内失去的水分和盐分。

五十六、运动能使人长高吗？

人体的身高取决于骨骼的发育，而骨骼中影响身高的主要因素是下肢的长骨。一个人长骨长得越长，他的个子就越高。骨的发育主要靠长骨两端骨骺软骨不断骨化变成硬骨，同时又不断生长新的软骨，使长骨不断加长，人也随之长高了。一般男性在12~17岁，女性在10~15岁时，下肢骨迅速生长，身高也猛增，男性到了18~19岁，女性到16~17岁以后，骨化加快，长骨不再向长处伸展，增高速度也就减慢了。而脊柱的椎体到20~23岁才骨化完成。所以青春初期主要看下半身的长势，青春后期主要看上半身的长势。直到20~25岁骨化完成后，骨不再生长，身高也就不再增长了。

进行体育锻炼，能加快血液循环，使流向长骨两端骺软骨板中的血量增多，促进骨骼生长发育所需原料的吸收、供应和利用，从而提高骨骼软骨细胞的生长能力。而且适当的跑跳会对肢体骨骼产生一种压力，能有效地刺激骺软骨层，产生新骨。户外的活动，日光中紫外线的照射，也有利于维生素D的吸收，加快骨质的合成，使人长高。

五十七、什么叫植物性神经？

植物性神经的功能是将中枢的冲动传到内脏，调节内脏中平滑肌、腺体及心肌的活

动，也称为内脏运动神经。由于内脏活动与人体的营养、呼吸、排泄、生长、生殖和代谢有直接关系，而这些机能也为一般植物所有，因此，习惯上称这类神经为植物性神经。

五十八、交感神经和副交感神经的区别：

根据植物性神经的状态和机能，分为交感神经和副交感神经（也称迷走神经）两类。由脊髓胸部及腰部发出的植物性神经，称为交感神经。由脑和脊髓骶部发出的植物性神经，称为副交感神经。它们虽然都是植物性神经，但功能往往是互相矛盾的，例如交感神经兴奋使心跳加快，心收缩力加强。副交感神经兴奋使心跳减慢，心收缩力减弱。又如副交感神经兴奋使消化道的腺体分泌增加，平滑肌运动加强。而交感神经兴奋对消化腺分泌影响不大，但能抑制平滑肌的活动。

五十九、什么叫胃的排空？

食物由胃排入小肠的过程称为胃的排空。一般食物入胃后5分钟就开始有部分排入十二指肠，但完全排空通常需要4~6小时。胃排空的时间与食物的量和性质有关，一般来讲，流体食物比固体食物排空快。各类食物中糖类排空较快，蛋白质较慢，脂肪更慢。

六十、为什么饭后不能剧烈运动？

支配胃的传出神经为副交感神经和交感神经。一般讲，副交感神经兴奋可使胃的运动增强，分泌增多；而交感神经兴奋则使胃的运动减弱（对分泌影响不大）。如饭后，副交感神经的兴奋占优势，交感神经处于相对抑制状态，有助于食物消化；而在剧烈运动时，交感神经兴奋处于优势，副交感神经则相对被抑制，从而使消化活动减弱。又如人在精神紧张时，由于交感神经过度兴奋，吃下的食物消化慢，有饱胀的感觉；而副交感神经过度兴奋，就会引起胃的痉挛，以及胃酸分泌过多。

六十一、正常人每日最少需要多少水量。

表16–1　正常人日需水量

摄入量ml		排出量ml	
饮水	600	排尿	1500

续表

摄入量ml		排出量ml	
食物中含水	1600	大便	100
体内代谢产生水	400	皮肤蒸发	600
		肺呼出	400
共计	2600	共计	2600

从上表的排出途径中看出，由粪便排出的水量很少，而由皮肤蒸发和肺呼出的水量共约1000ml，这些水量在一般情况下变化不大。而每日的尿量却变化较大。正常成人每日尿量最少不得少于500ml。因为体内产生的废物，除CO_2由肺部呼出外，其他非气体废物，几乎全部由肾脏排出。这些废物必须以溶解状态才能由尿排出。正常成年人至少需要500ml以上的水分才能溶解这些废物。因此，500ml的尿量是正常人每日必须排出的最少尿量。这样，每日皮肤蒸发，肺呼出及由尿排出的水量至少为1500ml。因此，在给不能进食的病人补液时，每日需补液1500~2000ml为宜。

六十二、心率越快，心输出血量就越多吗?

首先我们应知道心室肌在整个收缩阶段不能对新的刺激发生反应，称为不应期。只有当心肌舒张后，才能接受一个新刺激而发生第二次兴奋而收缩。心脏的舒张期正是血液回流心脏之时，也是它的休息期。没有回流就没有血射出，正是由于每次收缩后，都有一个短暂的休息，所以使心肌无昼无夜地工作几十年如一日而不感疲劳。在一定范围内，适当增加心率，可使每分输出血量增加，但如果心率过快（例如超过160次/分）则会相反，因为心率增加，主要是由舒张期的缩短来取得时间，舒张期是血液充盈心室的时间，如果舒张期太短，血液就不能充分地流入心室，因而每次输出血量反而会减少。

六十三、中年妇女每周运动几次为宜?

每周3~4次为宜，每次45~60分钟。

六十四、哮喘患者锻炼时应注意哪些问题?

哮喘患者在运动时，应避免在干燥、寒冷的环境中进行。如果在不适宜的室外环境中进行锻炼有可能可诱发哮喘，医学上称之为运动性哮喘，而室内游泳、羽毛球、网球等运

动则可改善症状，尤其是游泳更为适合，游泳不会因气温升高而使呼吸道水分减少，另外游泳池环境清爽、空气新鲜、负离子多，所以有利于病情向好的方向转化。

六十五、糖尿病患者锻炼时应注意哪些问题？

糖尿病属于内分泌疾病。目前的研究和实践都表明，运动对糖尿病的预防和控制有良好的作用。不少轻型糖尿病人只要坚持体育锻炼并注意饮食控制，可以控制病情的发展，病者应从轻微活动开始，逐渐提高运动强度，如散步、划船、跑步皆可。

六十六、神经衰弱者锻炼时应注意哪些问题？

由于过度疲劳引起的神经衰弱，要注意充分休息和保证足够的睡眠时间，在保证充分休息的前提下，进行适度的科学锻炼，对于治疗神经衰弱是有好处的。运动量是否适当是神经衰弱患者运动成功的保障。运动量过大使患者过度疲劳而加重病情，运动后如果大量出汗，兴奋激动，心动加快，长时间难以恢复正常，则应调整运动量。

六十七、高血压患者能否进行体育锻炼？

有氧运动能显著地降低血压，有效地预防和治疗高血压，建议轻微和中等程度的高血压患者首先选择有氧运动，有氧操是非常好的有氧运动，大部分的有氧操都是中低强度、长时间，非常适合高血压患者的锻炼要求，有氧操练习的减肥效果也非常好，再配合饮食，可使血压逐渐恢复正常，对于较严重的高血压患者，则应注意休息和加强治疗。

六十八、决定肌肉力量有哪些因素？

（1）肌肉的横断面积。由运动训练引起的肌肉体积增加，主要是由于肌纤维中收缩成分增加的结果，是由于激素和神经调节对运动后骨骼肌收缩蛋白的代谢活动发生作用，使蛋白质的合成增多。

（2）肌纤维类型和运动单位。肌纤维类型和运动单位大小，类型直接影响到肌肉力量，不同运动单位类型所产生的肌张力不同，通常情况下，同样类型的运动单位，神经支配比大的运动单位的收缩力强于神经支配比小的运动单位的收缩力。

（3）肌肉收缩时动员的肌纤维数量。当需克服阻力负荷较小时，主要由兴奋较高的慢肌运动单位兴奋收缩完成，随着阻力负荷的增加，运动中枢传出的兴奋信号亦随之增强，兴奋性较低的运动单位亦逐渐被动员，兴奋收缩的肌纤维数量也随之增多。

（4）神经过程的强度增强。

六十九、营养素中蛋白质有什么作用?

蛋白质是人体的首位营养素，是构成人体全身细胞、组织所必需的。在约35%体重的固形物中，有三分之二是蛋白质，它能促进肌肉的生长和肌纤维的再生。蛋白质不仅是构成人体的基本物质，还是能源来源之一。人体每天的能量消耗中有1/10的能量是由蛋白质提供的。如果人体缺乏蛋白质，处于发育期的青少年就会发育迟缓、体质瘦弱、免疫力低；在成年人中，轻者体重减轻、肌肉萎缩、疲乏无力、病后恢复慢，重者出现营养不良性水肿。

七十、蛋白质补充的越多锻炼的效果就会越好吗?

适量摄取蛋白质，体内的氨基酸会保持一定量的活动，但人体对它的需求是有限的。过量摄取时，多余的氨基酸会转化为脂肪储存起来，一部分用于能源。即使作为能源，它会同时产生尿酸，为了将尿酸稀释排泄掉，需要大量的水分，造成体液失去平衡。尿酸排除前，会有一段长时间增加肾脏的负担，如果无法及时全部排除而积聚时，会引起高尿酸血症及痛风等症状。所以对蛋白质的摄取不是越多越好，要适量。

七十一、如果每天的运动量比较大，那么早、中、晚三餐的营养搭配应注意什么?

这要看你运动的目的是什么，增肌？减肥？还是一般的健身？如果是增肌的话，要加大蛋白质的摄入量，每天保证每千克体重摄入2.5克的蛋白质，而且还有充足的糖类，以保证大运动量的需求。此外，在运动前、后还可以适当补充一些运动营养品（如乳清蛋白粉、肌酸等）；如果是减肥，最主要是控制三餐的碳水化合物和脂肪的摄入量，拒绝高糖、高脂、高热量食品，可以适当加大水果和蔬菜（注意烹调方法，减少食用油）的摄入量，每天每千克体重至少摄入0.8克的蛋白质；如果是一般健身，要均衡摄入各种营养素，每天保证每千克体重摄入1.2克的蛋白质，多吃水果、蔬菜，吃适量的鸡蛋，喝一杯牛奶，可以在运动前、后适当补充碳水化合物或运动饮料。

七十二、肌酸什么时候服用，乳清蛋白什么时候服用？

肌酸在锻炼前或后都可以服用，训练前服用可增加力量和耐力，提高训练的强度；训练后服用能促进疲劳恢复，降低血液酸度，促进氨基酸的吸收等优点。如果你是初级训练者建议在训练后用。注意：肌酸可配合糖类服用，如果汁、葡萄糖等，可加快吸收利用，并应提高日常饮水量。乳清蛋白同样可在训练前或后使用，一般在训练后用，因为训练后身体最需要蛋白质的修复。

七十三、每天摄入多少营养物质才能满足基本热量需求？

合理营养需要蛋白质、糖和脂肪有一个合理的比例。蛋白质和糖每克产生4千卡的能量，脂肪每克产生9千卡。下面的例子是每天2000千卡需求时，每种物质所需要的克数：

蛋白质：占人体总热量的30% = 600千卡 = 150克

糖：占人体总热量的60% = 1200千卡 = 300克

脂肪：占人体总热量的10% = 200千卡 = 22克

七十四、心脏病患者锻炼时应该注意哪些问题？

患有心脏病的朋友可参加散步、中速走、打太极拳等轻微悠缓的运动，应该本着宁少勿多的原则进行锻炼，切不可以进行大强度的体育锻炼，应该在医生的指导下进行锻炼。

第四部分

竞赛篇

第十七章　健美概述

第一节　健美运动常识

健美运动是一项通过徒手和各种器械，运用专门的动作方式和方法进行锻炼，以发达肌肉、增长体力、改善形体和陶冶情操为目的的运动项目。

一、健美运动发展史

健美运动是一项体育竞赛项目，国际健美联合会（简称IFBB）每年举办世界健美锦标赛已经有50多年的历史。在我国，全国健美比赛的主管单位是中国健美协会。

古希腊人在一千多年前就开始举办四年一届的古代奥林匹克运动会，古希腊人崇尚力量和健美的人体，运动会桂冠获得者每次都受到楷模般的欢迎。

生于1868年的德国人尤金·山道（Sandow），集健、力、美精华于一身，他不仅力量过人，又是一位表演艺术家。他的全身肌肉非常发达，曾到英国、澳大利亚和南美洲等地表演健美技艺和力的技巧，演毕即显露其全身发达的肌肉，并塑造各种姿势的人体形象。尤金·山道于1901年组织了世界首次健美大力士的比赛，为创建和发展现代健美运动作出了贡献。

1946年，加拿大人本·韦德和其弟弟乔·韦德共同创办了国际健美联合会，并开始举行正式的国际业余健美锦标赛。

二、中国健美运动的发展

我国是世界文明古国之一，有着悠久的历史，我国古代的武状元个个身体魁梧，武艺

高强，举鼎、翘关、举石等健身活动的开展已有了几千年的历史。

现代健美运动是从21世纪30年代开始由欧美传入我国。当时北京林仲英、上海赵竹光、曾维祺和娄琢玉等人是我国现代健美运动的开拓者。

国际健美协会主席本·韦德对我国健美运动开展的情况给予了高度的评价。1985年6月专程来北京观看了第三届“力士杯”全国健美邀请赛，并对在我国开展健美运动有突出贡献的陈镜开、赵竹光、曾维棋、娄琢玉、张铁民等9人分别授予了国际健美协会颁发的银质奖章、功勋奖章和功劳奖状。同年11月，在瑞典哥德堡举行的第39届国际健美联合会年会上，正式接纳我国为国际健美联合会的第128个会员国。

1986年11月，在国家体委的部署下在北京成立了中国举重协会健美委员会，曾维祺当选为主任，裔程洪、孙玉昆、戚玉芳为副主任，古桥为秘书，开创了我国的健美运动的新纪元。

2004年11月5日，在山东省青岛市召开了中国健美协会第三届委员会换届大会，选举出中国健美协会主席刘光春，秘书长王瑞霞。2005年11月在上海举行的第59届世界男子健美比赛中，我国健美名将钱吉成获得60公斤级冠军，取得了中国健美运动历史性的突破。

三、健美运动的特点

参加健美锻炼可以增进健康，陶冶情操美化身心；强壮体格发达肌肉；适应面广，男女老少皆宜；能够促进人际交往，改善人的生活方式。

四、健美运动的作用

经过长期系统的健美训练，能够发达肌肉，增强肌肉力量；改善和提高心血管系统、呼吸系统和消化系统等内脏器官的机能水平；提高中枢神经系统的机能水平；调节心理活动，陶冶美好情操；改善体形体态，矫正畸形。

第二节　健美比赛的分类与技术等级评定

一、分类

1. 全国男女健美比赛；

2. 健身先生、健身小姐比赛；

3. 男女形体比赛；

4. 男女体育模特比赛。

二、健美运动员运动技术等级

中国健美运动员分为：国际运动健将（国际健美大师）、运动健将（健美先生、健美小姐）、一级健美运动员、二级健美运动员、三级健美运动员五个等级。值得说明的是目前在国际上只有我国建立了《健美运动员技术等级制度》，这是中国健美运动的骄傲。

《中国健美运动员技术等级标准》

（一）国际级运动健将

世界锦标赛、世界运动会健美比赛前八名。

（二）运动健将

凡符合下列条件之一，可申请授予运动健将称号：

1. 世界锦标赛九至十二名；

2. 国际健联批准的六国以上参加的国际健美比赛前六名；

3. 亚洲锦标赛、亚运会健美比赛前六名；

4. 全国健美锦标赛、中国健身先生、健身小姐锦标赛、全国体育大会健美比赛暨健身先生、健美小姐比赛前三名，全国健身俱乐部比赛第一名。

（三）一级运动员

全国健美锦标赛、中国健身先生、健身小姐锦标赛、全国体育大会健美比赛暨健身先生、健美小姐比赛第四至八名，全国健身俱乐部比赛第二至六名。

（四）二级运动员

省、自治区、直辖市比赛前六名；

（五）三级运动员

地、州、市比赛前三名；

注：上述比赛均须有同级十人以上参加，方可授予等级称号。

三、健美裁判员等级

国际健美联合会裁判员分为：国际A级、健美国际B级、健美国际C级；
亚洲健美联合会裁判员分为：亚洲A级、健美亚洲B级；
中国健美协会裁判员分为：国家级、健美一级、健美二级、健美三级。

第三节　健美比赛的组织

一、《健美竞赛规程》

健美比赛的主办单位要根据比赛的规模，提前向参赛单位下发《健美竞赛规程》。举办国际健美比赛和全国健美比赛时，下发的时间应该尽可能提前一些，大约提前6个月比较合适，省、市、自治区、直辖市的健美比赛可以提前两个月下发《健美竞赛规程》。现以《2009年北京市健美锦标赛规程》为样本，供参照。

2009年北京市健美锦标赛竞赛规程

（一）报名办法：

1. 报名时间和地点：4月15日、16日9：00至17：00在北京市健美协会工人体育场活动中心报名（位于工人体育场2看台北侧网球场内），咨询电话：65512203。

2. 报名时须携带参赛报名表，加盖单位公章，报名费每人100元，兼项参加比赛者需要增加报名费100元，逾期者报名费加倍。

3. 可以单位组队和个人报名，各单位可报领队1人，运动员人数不限，只有北京市健美协会团体会员单位才有资格参加团体比赛。

（二）奖励办法：

为鼓励参与，每一位参加比赛者都将获得奖杯、奖牌和证书。
团体总分录取前三名。

（三）竞赛时间：

2009年5月9日至10日。

（四）竞赛组别和级别：

1. 男子组：60公斤、65公斤、70公斤、75公斤、80公斤、85公斤、90公斤、90公斤以上级、全场冠军，元老组（50岁以上）。

2. 女子组：49公斤级、52公斤级、52公斤以上级。

3. 健身先生：A组170厘米以下、B组171~175厘米、C组175厘米以上。

4. 健身小姐：A组160厘米以下、B组161~167厘米、C组167厘米以上。

5. 体育模特：男子A组175~180厘米、B组180厘米以上，女子168厘米以上。

（五）竞赛办法：

1. 运动员称量体重和丈量身高时一律穿比赛服（男子健美三角裤、女子比基尼、健身先生齐边短裤），违者不能参加称量体重和丈量身高。

2. 在称量体重和丈量身高时必须由运动员本人抽签，领队和教练员不能代替抽签。

3. 称量体重和丈量身高时交CD光盘，注明签号、级别、姓名，之后不再受理，运动员可以使用大会音乐，元老组选手携带身份证（证明年龄）。

4. 为维护比赛场馆幕布、墙壁、地面的清洁，运动员在到达比赛场馆之前要完成涂油色，严禁在比赛场馆内涂油色，违者取消比赛资格；健身比赛做滚翻动作时必须穿服装，防止将油色污染地毯。

5. 不准带金属器材进入比赛场馆。

6. 为确保安全，健身先生和健身小姐比赛激情特长表演时不准使用双截棍等任何器械表演，裁判长有权停止违反者的比赛。

7. 健身先生和健身小姐比赛激情特长表演时，不能带同伴表演。

8. 严禁使用违禁药物，违反者按照国家体育总局反兴奋剂的有关规定处罚。

9. 其他办法参考国家体育总局审定的《健美竞赛规则》。

（六）仲裁委员会和裁判员由北京市健美协会选派。

（七）主办单位：

北京市健美协会。

（八）主办单位有权使用运动员在比赛中的照片、录像。

（九）所有人员因参加比赛所引起的安全、财产和伤害等一切问题的相关费用一律自理。

（十）技术会议时间：

5月3日15：00 在北京中体倍力健身俱乐部长安店举行。

（十一）称量体重和丈量身高时间和地点：

5月6日14：00~16：00在北京中体倍力健身俱乐部长安店举行。

（十二）未尽事宜另行通知。

北京市健美协会

2009年3月1日

二、如何组织裁判员

根据《健美竞赛规程》的规定，由主办单位选调裁判员，在健美比赛中选调的裁判员首先要具有健美裁判等级，举办省级以上的健美比赛至少需要25名以上的裁判员。裁判员不能兼任教练员，仲裁委员必须来自不同的单位。示例如下：

2009年北京市健美锦标赛裁判员分工表

比赛日期：2009年5月9日；裁判员报到时间8：00，比赛时间9：00

技术代表：郭庆红（北京市健美协会秘书长）

仲裁委员会主任：徐铁（全国健身指导员讲师，健美国家一级裁判）

仲裁委员：裔程洪（北京体育大学举重健美教授）、许连发（健美国家一级裁判）、李祈（健美国家一级裁判）

健美比赛裁判长：王延生（全国健美冠军，国家一级裁判）

健身比赛裁判长：田振华（健美国际级裁判）

体育模特比赛裁判长：王 严（健美国家级裁判）

技术监督：李雅顺（健美国家一级裁判）、曾 辉（健美国家一级裁判）

记录长：徐晓茹（国家级健身指导员）

记录员：侯文静 （健美国家二级裁判）

检录长：李亚林（健美国家一级裁判）

检录员：高 明（健美国家一级裁判）、刘 强（健美国家一级裁判）

临场裁判：1号裁判：王玉顺（健美国家一级裁判）、2号裁判：李锡楠（健美国家一级裁判）、3号裁判：恩玉平（健美亚洲级裁判）、4号裁判：何玉珊（全国健美冠军，健美国家一级裁判）、5号裁判：甘云标（健美国家级裁判）、6号裁判：薛永阁（健美亚洲级裁判）、7号裁判：黄晓岩（健美国家一级裁判）

候补裁判：张启军（健美国家一级裁判）

广 播 员：张宏盛（健美国家级裁判）

音频管理：袁 嘉（健美国家二级裁判）

颁奖组织：王 鸾（健美国家二级裁判）

三、如何组织颁奖嘉宾

邀请健美业内的知名人士和健美协会的团体会员、单位领导以及支持健美运动的企业家等有关人员出席健美比赛，并提前确认颁奖嘉宾的名单，对于增加健美比赛的精彩度是十分重要的；特别是健美明星的出席，能给健美比赛带来无限的荣光。因此，邀请到场的全国健美冠军担任颁奖嘉宾是明智的选择，往往受到获奖运动员和观众的欢迎。示例如下：

表17–1 第26届北京市健美冠军赛颁奖官员名单

2008年10月11日

序	项 目	颁 奖 嘉 宾	颁奖内容
1	男子60公斤级		颁发前六名证书、奖牌
			颁发前三名奖杯
2	男子65公斤级		颁发前六名证书、奖牌
			颁发前三名奖杯
3	男子70公斤级		颁发前六名证书、奖牌
			颁发前三名奖杯
4	男子75公斤级		颁发前六名证书、奖牌
			颁发前三名奖杯

续表

序	项 目	颁 奖 嘉 宾	颁奖内容
5	男子80公斤级		颁发前六名证书、奖牌
			颁发前三名奖杯
6	男子85公斤级		颁发前六名证书、奖牌
			颁发前三名奖杯
7	男子90公斤级		颁发前六名证书、奖牌
			颁发前三名奖杯
8	男子90+公斤级		颁发前六名证书、奖牌
			颁发前三名奖杯

四、如何宣传健美比赛

为了做好健美比赛的宣传工作，扩大比赛的宣传效果，一般邀请多名专业摄影师为比赛提供摄影摄像服务；主办单位应提前联系多家新闻单位前来比赛现场采访报道健美比赛的盛况。同时要事先拟好健美比赛新闻稿，提供给到场的记者，方便记者的宣传报道，千万不要忘记把比赛结果发给新闻单位。比赛成绩对于健美比赛的宣传报道是非常重要的。举例如下：

健美比赛新闻稿：北京市健美大赛圆满结束

由北京市健美协会主办的“健美先生”杯2006年北京市健美锦标赛于5月13日至14日在北京红人运动俱乐部表演大厅举行，来自各区县40个健身俱乐部的160名男女运动员参加了18个项目的比赛。参加比赛的运动员人数是历年来最多的一次，其中青鸟健身中心、浩沙健身俱乐部、中体倍力健身俱乐部和王严健身中心是报名参加比赛运动员人数较多的俱乐部。由于本次比赛有30名选手报名参加健身先生的比赛，北京市健美协会增加了健身先生C组，取得了比较好的效果。根据参加比赛的运动员比较多的特点，安排了四个单元的比赛时间，合理地分流了观众，保证了良好竞赛的秩序。北京市健美比赛坚持采用电子显示牌现场公布运动员的得分和名次，使得健美比赛做到更加公平、公正和公开。北京市健美协会还在比赛期间对运动员进行了反兴奋剂的教育，坚决贯彻国家体育总局反兴奋剂的“三严”方针，运动员表现出了较高的健美运动水平，规定动作和自选动作造型都有明显的提高。

（附比赛成绩册）

北京市健美协会

2006年5月14日

第四节 健美竞赛规则

一、健美比赛体重级别的设定

（一）男子健美成年组

60公斤级：也称为羽量级，体重在60公斤以下。
65公斤级：也称为雏量级，体重在60.01~65公斤。
70公斤级：也称为轻量级，体重在65.01~70公斤。
75公斤级：也称为次中量级，体重在70.01~75公斤。
80公斤级：也称为轻中量级，体重在75.01~80公斤。
85公斤级：也称为中量级，体重在80.01~85公斤。
90公斤级：也称为轻重量级：体重在85.01~90公斤。
90公斤以上级：也称为重量级，体重在90.01公斤以上。

（二）男子健美青年组（21周岁以下）

66公斤级：也称为轻量级，体重在65公斤以下。
70公斤级：也称为中量级，体重在65.01~70公斤。
75公斤级：也称为次中量级，体重在70.01~75公斤。
75公斤以上级：也称为重量级，体重在75.01公斤以上。

（三）男子元老组

不分体重级别。

（四）女子健美

46公斤级：也称为羽量级，体重在46公斤以下。
49公斤级：也称为雏量级，体重在46.01~49公斤。
52公斤级：也称为轻量级，体重在49.01~52公斤。
55公斤级：也称为次中量级，体重在52.01~55公斤。
58公斤级：也称为中量级，体重在55.01~58公斤。
58公斤以上级：也称为重量级，体重在58.01公斤以上。

二、健美比赛的规定动作

（一）男子健美规定动作

1. 前展肱二头肌（图17−1）

面向裁判员自然站立，吸腹成空腔，抬起两臂，弯曲肘部略高于肩，两手握拳，屈腕，用力收缩肱二头肌及全身肌肉。

2. 前展背阔肌（图17−2）

面向裁判员自然站立，吸腹成空腔，两手握拳置于腰部，用力收缩背阔肌及全身肌肉。

图17−1

图17−2

3. 侧展胸部（图14−3）

侧向（以右侧为例）裁判员自然站立，右腿屈膝，前脚掌着地，吸腹挺胸，左手握住右手腕，屈肘，用力收缩胸部及全身肌肉。

4. 后展肱二头肌（图14−4）

背向裁判员自然站立，一腿后移，屈膝，前脚掌着地，抬起两臂，弯曲肘部略高于肩，两手握拳，屈腕，用力收缩肱二头肌及全身肌肉。

图17-3

图17-4

5. 后展背阔肌（图17-5）

背向裁判员自然站立，一腿后移，屈膝，前脚掌着地，吸腹含胸，两手握拳置于腰部，用力收缩背阔肌及全身肌肉。

6. 侧展肱三头肌（图17-6）

侧向（以右侧为例）裁判员自然站立，左腿后移，屈膝，前脚掌着地，右手垂于体侧，左手经体后握住右手腕，用力收缩肱二头肌及全身肌肉。

图17-5

图17-6

7. 前展腹部和大腿（图17-7）

面向裁判员自然站立，一腿前伸，身体重心置于后腿，屈膝，双手置于头后，用力收缩腹部、腿部及全身肌肉。

图17-7

（二）女子健美规定动作

1. 前展肱二头肌（图17-8）
2. 侧展胸部（图17-9）
3. 后展肱二头肌（图17-10）

4. 侧展肱三头肌（图17-11）

5. 前展腹部和大腿（图17-12）

女子健美规定动作要求与男子健美规定动作的动作要求相同，只是去掉男子健美规定做的前展背阔肌、后展背阔肌两个动作。

图17-8

图17-9

图17-10

图17-11

图17-12

三、健美比赛自由造型的有关要求

1. 造型展示的全面性：运动员应从前、后、左、右、上、下等方位展示身体各部位肌群和体形。

2. 动作数量：男子不得少于15个；女子不得少于20个，每个造型应有停顿。

3. 造型时间:男子为60秒；女子为90秒。

四、健美比赛的评分依据

（一）男子健美比赛的评分依据

1. 肌肉：身体各部位肌群发达，有围度，肌肉清晰。

2. 匀称：人体骨架、肌群的整体布局合理、匀称。

3. 造型：动作规范、协调。

4. 肤色：皮肤光洁，色泽和谐。

（二）女子健美比赛的评分依据

1. 肌肉：身体各部位肌群发达、清晰。

2. 匀称：人体骨架、肌群的整体布局合理。

3. 造型：动作规范、流畅。

4. 外表：容貌端庄，肤色光洁、色泽和谐。

五、健美比赛的具体要求

（一）服装要求

1. 男子健美比赛穿单色三角赛裤。

2. 女子健美比赛穿单色比基尼赛服，禁止在比基尼赛服内使用垫衬物，赛裤必须包臀。

3. 禁止运动员穿鞋、袜、贴胶布、扎绷带、佩戴装饰品、咀嚼食物等。

4. 对赛服不符合规定的运动员，裁判长有权取消其比赛资格。

（二）着色与擦油

1. 允许使用人工色剂，但不得有任何勾画。

2. 允许参赛运动员擦抹植物油、润肤膏，但用量必须适度。

（三）称量体重与抽签

1. 运动员必须在比赛前一天称量体重。

2. 运动员称量体重时必须着比赛服装，并由裁判长检查比赛服装。

3. 称量体重顺序为：先男后女，先轻后重。

4. 运动员体重与原报名级别不符时，允许在30分钟内重复称量。如在规定时间内仍未达到规定体重，则取消该级别比赛资格。若体重超过原报名级别，本人自愿，可升级比赛。

5. 运动员体重已与原级别相符时，不得降级或升级比赛。

6. 未能在规定时间内称量体重的运动员，不得参加比赛。

7. 参加签号牌应在称量体重合格后，由运动员本人抽取。

8. 比赛时，签号牌应牢固地佩戴在赛裤的左上方，无签号牌者不得参加比赛。

注：签号牌直径为10厘米，用硬质白色树脂、塑料等材料制成圆形，号码用阿拉伯黑体字书写。

六、健美比赛程序

（一）预赛（16人以上）

1. 运动员入场

全体运动员按序号入场。

2. 规定动作比赛

（1）裁判长指挥运动员做4次向右转体。

（2）裁判长指挥做4个规定动作（3~5人1组）。

（3）全体运动员退场。

（二）半决赛（15人以下）

1. 运动员入场

（1）全体运动员按序号入场。

（2）介绍运动员，退场。

2. 自由造型比赛

运动员按序号逐一入场，在音乐的伴奏下做自由造型。

3. 规定动作比赛

（1）全体运动员按序号入场。

（2）裁判长指挥运动员做2次向后转体。

（3）裁判长根据裁判员席位号（由1~15号）顺序的提名（每次提名不得超过3人），指挥运动员做规定动作的比较评分。

（4）裁判长可按裁判员要求有选择性地指挥运动员做规定动作，直至每位裁判作出精确评分为止。

（三）决赛（6人）

1. 运动员介绍

（1）全体运动员按序号入场。

（2）介绍运动员，退场。

2. 自由造型比赛

运动员按序号逐一入场，在音乐的伴奏下做自由造型。

3. 规定动作比赛

（1）全体运动员按序号入场。

（2）裁判长指挥运动员集体做规定动作。

4. 集体不定位自由造型

在大会音乐的伴奏下，运动员集体做不定位的自由造型。

七、健美竞赛计分方法与名次确定

（一）预赛评选方法

1. 预赛采取以打“×”号的方式入选运动员。“×”号多者进入半决赛。

2. 每一级别参加半决赛运动员不得超过15人。如遇参加预赛运动员不足15人时，直接进入半决赛；不足6人参赛时，直接进入决赛。

3. 在统计和入选参加半决赛15名运动员时，遇最后2名或2名以上运动员入选“×”号数相等，再进行比较淘汰，直至选定为止。

（二）半决赛内容与评分

1. 半决赛内容：自有造型和规定动作的比较评分。

2. 评分形式：经自由造型和规定动作的比较，评出每位运动员的得分。即第一名为1分，第二名为2分，依此类推。

3. 计分方法

（1）在统计运动员的得分时，若设9、11、13位裁判员评分，应去掉2个最高分和2个最低分，将其余裁判员的分值相加，即为该运动员半决赛得分。

（2）在统计运动员的得分时，若设5、7位裁判员评分，应去掉1个最高分和1个最低分，将其余裁判员的分值相加，即为该运动员半决赛得分。

（三）决赛内容和评分

1. 决赛内容：自由造型、规定动作和集体不定位自有造型。

2. 评分形式：经自由造型、规定动作和集体不定位自由造型的比较，评出每位运动员的得分。即第一名为1分，第二名为2分，依此类推。

（四）决赛总分的计算方法

将决赛运动员的半决赛和决赛得分相加，即为该运动员的决赛总分。分值小者名次列前。如遇决赛总分相等时，以在决赛中小分值多者名次列前；再相等，以半决赛中小分值多者名次列前。

八、健美比赛场地要求

（一）健美比赛必须在比赛台上进行。

（二）赛台必须挂有背幕和相应的赛台装置，背幕必须是单深色，如黑色、棕色、黑绿色、紫红色等。背幕高不得低于6米，宽不得少于15米。背幕上可设主办单位会徽和大赛会徽。

（三）在健美比赛时，赛台上可设置表演台，表演台长为9米，宽为1.5米，高为0.3米，可制成拼接式。

（四）赛台和表演台上必须铺有地毯，热身活动区和后场至前通道必须铺设地毯。

（五）在称量体重室和运动的住地必须配置相同式样的标准磅秤。

（六）赛场的音响必须达到专业要求。

（七）赛场的灯光照明必须达到专业要求，赛台和背幕不得有重影。

第五节　健身先生、小姐竞赛规则

一、健身先生、小姐竞赛组别

（一）健身小姐竞赛组别

1. A组：160厘米以下。
2. B组：161~167厘米。
3. C组：167厘米以上。

（二）健身先生竞赛组别

1. A组：178厘米以下。
2. B组：178厘米以上。

二、健身先生、小姐丈量身高与抽签

（一）运动员必须在赛前一天丈量身高。

（二）运动员必须着形体比赛服装，并由裁判长检查比赛服装和女子皮（凉）鞋。

（三）丈量身高顺序为：先A组再B组最后C组。

（四）身高与原报名组别不符时，则取消原来报名组比赛资格，若运动员同意可升（或降）组比赛。

（五）未能在规定时间内丈量身高的运动员，不得参加比赛。

（六）参赛签号牌应在丈量身高合格后，由运动员本人抽取。

（七）比赛时，签号牌应牢固地佩戴在赛裤的左上方，无签号牌者不得参加比赛。

注：签号牌直径为10厘米，用硬质白色树脂、塑料等材料制成圆形，号码用阿拉伯黑体字书写。

三、健身小姐服饰

（一）服饰款式

1. 健身小姐健美形体比赛

（1）穿比基尼赛服和高跟皮（凉）鞋。

（2）允许佩戴发型的装饰品。

（3）禁止穿袜。

（4）不允许在身体上贴闪光片和亮片。

2. 特长表演比赛

特长表演服装款式由运动员自定。

（二）健美形体竞赛服饰要求

1. 高跟皮（凉）鞋：后跟高度不少于10厘米；鞋前掌厚度不超过5厘米。粗细在3厘米。

2. 比基尼：允许在赛服内使用垫衬物，但不能过度；颜色自定；赛裤必须包臀。

（三）服饰检查

在健美形体竞赛中，裁判长有权对违反服装规定的运动员取消其比赛资格。

四、健身先生服饰

（一）服饰款式

1. 健身先生健美形体比赛
（1）穿平腿紧身短裤。
（2）禁止穿鞋、袜。
2. 特长表演比赛
特长表演服装款式由运动员自定。

（二）服饰检查

在健美形体竞赛中，裁判长有权对违反服装规定的运动员取消其比赛资格。

五、健身先生、小姐比赛计分方法与名次评定

健身先生、小姐比赛计分方法与名次评定与健美比赛相同。

六、健身先生、小姐竞赛程序

（一）预 赛

1. 全体运动员按序号列队入场。
2. 裁判长指挥运动员做4次向右转体。
3. 运动员按序号在规定路线上行走，并在指定的位置上做造型动作。
4. 全体运动员退场。

（二）半决赛

1. 运动员介绍

（1）全体运动员按序号入场。

（2）介绍运动员，退场。

2. 第一轮：健美形体比赛

（1）裁判长指挥运动员做4次向右转体。

（2）裁判长按裁判席位号（由1~ 15号）顺序提名（3~5人一组），在裁判长的指挥下做4次向右转体的比较评分。

（3）运动员按序号在规定路线上行走，并在指定的位置上做造型动作。

（4）全体运动员退场。

3. 第二轮：特长表演比赛

运动员按序号逐一入场做特长表演比赛。

（三）决　赛

1. 运动员介绍

（1）全体运动员按序号入场。

（2）介绍运动员，退场。

2. 健美形体比赛

（1）裁判长指挥运动员做4次向右转体。

（2）运动员按序号在规定路线上行走，并在指定的位置上做造型动作。

（3）全体运动员退场。

3. 特长表演比赛

运动员按序号逐一入场做特长表演比赛。

七、评分依据

（一）健身小姐的评分依据

1. 健美形体

（1）体形：呈倒三角体形。

（2）肌肉轮廓：身体各部位肌肉轮廓明显。

2. 特长表演

（1）编排特点：整套动作的编排应具新颖性、独特性。

（2）音乐特点：音乐的选配应具完整性、独特性。

（3）表演特点：整套表演动作与音乐相融，富有激情。

（二）健身先生的评分依据

健身先生的评分依据与健身小姐相同。

第六节　男女形体健身比赛内容与评分标准

女子形体健身比赛是近年来在国际健美比赛中新设立的女子健身比赛项目，是继健身小姐比赛之后增加的比赛项目，也是第四届全国体育大会的正式比赛项目。女子形体健身比赛中形体竞赛内容、程序与健身小姐形体比赛基本一致。

男子形体健身比赛是中国健美协会于2009年9月举行的全国形体健身比赛最新设立的比赛项目，比赛形式与女子形体健身比赛基本相同。

一、比赛评分标准

（一）分体式比基尼比赛评分标准：

1. 裁判首先应该从选手的整体形象进行评分。这个过程要求从头部开始，依次向下，把整个体格考虑在内。评分由整体印象（考虑发型和容貌），肌肉的整体运动发育，是否呈现平衡、对称的体形，皮肤的条件和状态以及运动员展现出的自信、姿态和气质等方面组成。

2. 体格的评分是评判通过训练达到的肌肉的整体水平。肌肉群的外观要浑圆结实，少量体脂。体格既不能肌肉太多也不能过于消瘦，而且不能有明显的肌肉块儿或分格。肌肉过多或过于消瘦的体格，得分都会低。

3. 评分还要考虑皮肤的松弛度和状态。皮肤的状态应该外表光滑、健康，不能有脂肪团。脸部、头发和妆容是运动员“整体形象”的组成部分。

4. 裁判员对运动员体格的评分包括运动员整个表演，即从走上台的那一刻到走下舞台。强调任何时候，参加比赛的选手在展示动人的“整体形象”时，都要有一个“健康的、适度的、运动型的”体格。

（二）连体式泳装比赛的评分标准

1. 裁判员首先从选手的整体形象进行评分。这个过程要求从头部开始，依次向下，把整个体格也考虑在内。评分由整体印象（考虑发型和容貌），整体运动肌肉发育，是否呈现平衡、对称的体形，皮肤的条件和状态以及运动员展现出的自信、姿态和气质等方面组成。

2. 体形的评分是评判通过训练达到的肌肉的整体水平。肌肉群的外观要浑圆结实，少量体脂。体格既不能肌肉太多也不能过于消瘦，而且不能有明显的肌肉块儿或分格。肌肉过多或过于消瘦的体格，得分都会低。

3. 评分还要考虑皮肤的松弛度和状态。皮肤的状态应该外表光滑、健康，不能有脂肪团；脸部、头发和妆容是运动员“整体形象”的组成部分。

4. 裁判对运动员体形的评分要包括运动员整个表演，即从走上台的那一刻到走下舞台。强调任何时候，参加健身比赛的选手在展示动人的“整体形象”时都要有一个“健康的、适度的、运动型的”体格。

5. 裁判必须注意：选手在穿着泳装配高跟鞋与比基尼配高跟鞋时可能展示出不同的“整体形象”。因此，裁判必须保证本轮比赛要从一个“新”的角度进行评判，以确保依据每名选手本轮着装得到公平的评估。

（三）决赛中分体式比基尼比赛的评分标准：

本轮比赛评判标准与第一轮相同。但是，裁判必须注意：选手在穿着自选的比基尼时可能展示出不同的“整体形象”。因此，裁判员必须保证本轮比赛要从一个“新”的角度进行评判，以确保依据每名选手本轮着装得到公平的评估。

二、比赛服装要求

（一）女子形体健身比赛服装要求

1. 分体式比基尼比赛着装及鞋的要求（第一轮）

分体式比基尼是纯黑色、无图案的泳装。面料是布料（不可用塑料、橡胶或类似材料），质地无光泽（不可用亮面材料），不得含有任何装饰、虚饰、蕾丝花边或接缝。比基尼要覆盖至少1/2的臀部以及整个前部。本轮比赛要穿高跟鞋。鞋的款式必须是黑色传统的鞋跟，包住脚趾和脚跟。鞋底厚度不能大于6.35毫米（1/4英寸），鞋跟高度不能高于127毫米（5英寸）。严禁穿平底式高跟鞋。头发可以梳成各样式。除结婚戒指及小耳钉外，不得佩戴首饰。裁判长或指定的代表将有权决定选手的服装是否达到可接受的品位和体面的标准。

2. 连体式泳装比赛着装及鞋的要求（第二轮）

连体式泳装，颜色、材料、质地由选手决定。泳装要覆盖至少1/2的臀部以及整个前

部。本轮比赛要穿高跟鞋，鞋的款式必须是传统的鞋跟，包住脚趾和脚跟，颜色由选手决定，鞋底厚度不能大于6.35毫米（1/4英寸），鞋跟高度不能高于127毫米（5英寸），严禁穿平底式的高跟鞋。头发可以梳成各样式。可以佩戴规定内允许的首饰。裁判长或指定的代表将有权决定选手的服装是否达到可接受的品位和体面的标准。

图17-13

3. 分体式比基尼比赛着装及鞋的要求（第三轮）

分体式比基尼，颜色、材料、质地由选手决定。比基尼要覆盖1/2的臀部以及整个前部。本轮比赛要穿高跟鞋，鞋的款式和颜色由选手决定，鞋底厚度不能大于6.35毫米（1/4英寸），鞋跟高度不能高于127毫米（5英寸），严禁穿平底式的高跟鞋。头发可以梳成各样式。可以佩戴规定内允许的首饰。裁判长或指定的代表将有权决定选手的服装是否达到可接受的品位和体面的标准。

（二）男子形体健身比赛的服装规定

第一轮：三角短裤；
第二轮：连体紧身运动装；
第三轮：齐头短裤。

第七节 体育模特

一、体育模特竞赛组别

（一）女子体育模特竞赛组别

1. A组：168厘米以下。

2. B组：168厘米以上。

（二）男子健身模特竞赛组别

1. A组：178厘米以下。
2. B组：178厘米以上。

图17-14

二、比赛轮次

第一轮：泳装；
第二轮：运动装；
第三轮：正装。

三、体育模特的评分依据

体育模特的评分依据与健身小姐相同。

第八节　中国健美健身冠军榜

全国健美冠军何玉珊

世界健美冠军钱吉成

亚洲健美冠军林佩渠

全国健美冠军李忠宝

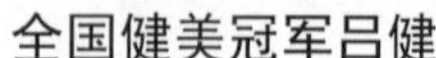

全国健美冠军吕健

全国健美冠军潘敬辉

全国健美冠军辛健

全国健美冠军邹俊东

亚洲女子健美冠军曹新丽

亚洲女子健美冠军张平

图17-15

一、历届力士杯全国健美邀请赛冠军

表17-2

时间	地点	男子级别冠军	男子全场冠军	女子级别冠军	女子全场冠军
1983年6月	上海	黄新华、冷高仑、朱来喜、张启伟	朱来喜	未设女子比赛	
1984年5月	广州	孙泽华、李忠宝、吕　健、张其伟	吕　健		
1985年6月	北京	李新文、李忠宝、何玉珊、尚　刚	尚　刚		
1986年11月	广州深圳	孙伟毅、王保光、何玉珊、冷高仑	何玉珊	陈　静、钱跃莲	陈　静

二、历届全国健美冠军赛全场冠军

表17-3

时间	地点	男子	女子
1987年	安徽屯溪	何玉珊	
1988年9月	陕西西安	何玉珊	赵巧玲
1989年	贵州		张　萍
1990年	南京		张　萍
1991年10月	安徽　铜陵	杨新民	张　萍
1992年10月	北京	王力劲	张　萍

三、历届中国健美先生、小姐大赛冠军

表17-4

时间	地点	中国健美先生	中国健美小姐
1992年11月	海南海口	杨新民	张　萍
1993年12月	北京	杨新民	张　萍
1994年12月	辽宁沈阳	王力劲	张　萍
1995年12月	北京	王力劲	纪明丽

注：中国健美先生、小姐大赛仅设立4年后被取消，各级别选手同场竞技。

四、历届中国健身小姐/健身先生大赛（锦标赛）冠军

表17-5

时间	地点	健身小姐冠军	健身先生冠军
1996年	广州	刘令姝	未设
1997年	广州	王丽君、程丹彤	
1998年	深圳	王丽君、程丹彤	
1999年	深圳	郑艳玉、刘令姝	

续表

时间	地点	健身小姐冠军	健身先生冠军
2000年	未举办		
2001年	江苏无锡	王丽君、程丹彤	冀　锋、谢黎明
2002年	河北秦皇岛	林丽、康漫文、张伟琦	陈福华、魏斌
2003年	内蒙古包头	邱亚娟、陈雪、付辉	李　坚、魏斌
2004年	新疆乌鲁木齐	林丽、康漫文、付辉	王文明、魏斌
2005年	河南洛阳	邱亚娟、康漫文、付辉	李国良、高信东
2006年	广东广州	尚凝、王竹 形体：刘杨、牟丛 体育模特：尚佳佳	赵　松、高信东 体育模特：顾一凡
2007年	江苏常熟	刘杨、郭虹 形体：刘杨、张丽	蒋垂义、高信东
2008年	河南郑州	尚凝、余丹 形体：吴庆庆、温蕾 体育模特：余丹	王自亮、武　洋 体育模特：武　洋

注：1996年不分级别；1997—2001年，分A、B两组；2001年增设健身先生比赛；2002—2005年，健身小姐分A、B、C三组，2006年后改回为A、B两组，2007年增设女子形体项目；2006年增设男子、女子体育模特项目，2007年因故未进行此项比赛。另外，2006年4月份在黑龙江哈尔滨举办的健身项目比赛全称为“第二届俱乐部公开赛健身先生、健身小姐比赛”。

五、历届全国体育大会健美比赛冠军

表17–6

时间	地点	男子冠军	女子冠军
2000年5月	浙江宁波	钱吉成、张健民、林上勇、王力劲、陆　云、汪雪峰、曹雄杰、邢树忠、易康明	姚贵香、熊　翡、曹新丽、张　萍、梁月云、刘　莉
2002年5月	四川绵阳	邢士亮、尹谢勇、谈建政、林沛渠、杨新民、秦承勇、吴永好、曹雄杰、刘述航	于桂敏、姚贵香、许勤华、曹新丽、梁月云、李红芳
2006年5月	江苏苏州	李　博、邹俊东、钱吉成、庄广友、韩　静、赵英军、张海涛、刘兴刚、杨新民	姚贵香、许勤华、张　萍、曹新丽、梁月云、李婉平

六、历届全国健美锦标赛冠军

表17–7

时间	地点	比赛名称	男子级别冠军	男子全场冠军	女子级别冠军	女子全场冠军
1987年10月	安徽屯溪	第五届力士杯全国健美锦标赛	孙伟毅、张惠明、杨新民、何玉珊	何玉珊	陈少华、孙　恒、田卫平	田卫平
1988年5月	江苏徐州	海鸥第六届力士杯全国健美锦标赛	王力劲、孙伟毅、杨新民、何玉珊、王延生	未设	陈少华、陶继红、赵巧玲	张　萍
1989年8月	广西桂林	第七届力士杯全国健美锦标赛	曲智进、石文林、王力劲、张惠明、杨新明、易康明、何玉珊、黄　波	未设	张　萍、陈少华、赵巧玲	未设
1990年5月	云南昆明	第八届力士杯全国健美锦标赛	邹长玉、石文林、王力劲、甘清春、杨新民、张惠明、何玉珊、马　文	未设	张　萍、陈少华、赵巧玲	未设
1991年6月	北京	“太阳神”杯全国健美锦标赛	曲智进、马士荣、王力劲、甘清春、杨新民、刘宝成、何玉珊、许琪保	未设	魏　媛、许勤华、张　萍、陈少华	张　萍
1992年6月	广东佛山	全国健美锦标赛	李根勤、曲智进、王力劲、甘清春、杨新民、刘宝成、黄卫民、王　锴	未设	纪明丽、魏　媛、张　萍、张海洪	未设
1993年5月	安徽铜陵	“沙河特曲”杯全国健美锦标赛	王吉刚、陈佳民、王力劲、甘清春、杨新民、易康明、黄卫民、王　锴	秦承勇	祁　敏、许勤华、崔武生、翟美玲	许勤华
1994年5月	江西南昌	“倍驰电光”杯全国健美锦标赛	李根勤、袁　猛、顾　晔、陆　云、赵英军、于建国、黄卫民、董云健	顾　晔	祁　敏、李　静、王碧娟、张海洪	张海洪
1995年5月	福建厦门	全国健美锦标赛	李根勤、张建明、张大勇、秦承勇、张书文、张衡平、易康明、邢树忠	秦承勇	梁月云、李　静、刘晓燕、李婉萍	李　静

续表

时间	地点	比赛名称	男子级别冠军	男子全场冠军	女子级别冠军	女子全场冠军
1996年5月	辽宁沈阳	“康氏”杯全国健美锦标赛	王新平、张建明、曹俊勇、纪成刚、杨新民、易康明、董云健、邢树忠	纪成刚	易炜辉、刘　莉、梁月云、邵忠文、王碧娟、李婉萍	梁月云
1997年11月	湖北武汉	全国健美锦标赛	王建国、刘　勇、谢光武、王贵玉、尚书刊、易康明、王树立、张吉青	甲组：曹俊勇 乙组：刘勇	帖永霞、陈　敏、伏晓燕、李　静、李佳瑾、项丽英	甲组：张　萍 乙组：李　静
1998年9月	辽宁沈阳	“中国裤子城”杯全国健美锦标赛	王建国、张健民、李沛刚、谢光武、覃文锦、汪雪峰、孙志刚	专业组：曹俊勇	姚贵香、王美兰、刘　峰、王　琪、包君兰、张晓梅	专业组：梁月云
1999年	上海	“中华灵芝”杯全国健美锦标赛	钱吉成、张建明、谈建政、王力劲、曹俊勇、覃文锦、王树立、孙志刚	未设	姚贵香、熊　翡、许勤华、张　萍、梁月云、王之方	未设
2000年10月	安徽亳州	“健康茶”杯全国健美锦标赛	邢士亮、钱吉成、文　坚、王力劲、刘兴刚、杨新民、仲　鑫、邢树忠、陈礼峰、蒋晓舟、华胜良	刘兴刚	姚贵香、于桂敏、许勤华、曹新丽、梁月云、刘　莉	梁月云
2001年	山东临沂	“鲁南制药”杯全国健美锦标赛	张伟斌、丛建华、赵玉明、陆　云、杨新民、吴永好、张惠明、邢树忠、赵亮军、陈建新、刘述航、华胜良		姚贵香、许勤华、于桂敏、曹新丽、梁月云、李红芳	曹新丽
2002年	贵州贵阳	全国健美锦标赛	林鸿严、钱吉成、刘　勇、林佩渠、杨新民、刘兴刚、张惠明、曹雄杰、崔金龙、汤　明、易康明、华胜良	林佩渠	于桂敏、许勤华、曹新丽、张　萍、梁月云、李红芳	梁月云

续表

时间	地点	比赛名称	男子级别冠军	男子全场冠军	女子级别冠军	女子全场冠军
2003年10月	内蒙古包头	“豪晟”杯全国健美锦标赛	赵亮军、邹俊东、朱青民、杨新民、刘兴刚、仲　鑫、邢树忠、杨　斌、陈建新、雷朝华、华胜良	林佩渠	胡秀英、于桂敏、王爱玲、曹新丽、董茶英、李红芳	曹新丽
2004年5月	新疆乌鲁木齐	“徕远广场”杯全国健美锦标赛	刘法德、邹俊东、哈建伟、林沛渠、党志勇、朱清民、仲　鑫、魏　雷、孙志刚、雷朝华、华胜良、李晨鹏、王　巍	林佩渠	何玉洁、于桂敏、许勤华、曹新丽、单　爽、许　菠	曹新丽
2005年	河南洛阳	全国健美锦标赛	李壮鹏、李　博、邹俊东、哈建伟、庄广友、林沛渠　华　波、苗德斌、龙云雷、杨新民、禚宝池、刘　丹	林佩渠	姚贵香、许勤华、张　萍、梁月云、单　爽、李红芳	梁月云
2006年	黑龙江哈尔滨	全国健美锦标赛	刘法德、赵亮军、李代春、潘敬辉、韩　静、彭际顺　张海涛、刘兴刚、倪晓江、万　霖、李　森	刘兴刚	林　丽、成延杰、王爱玲、刘　英、陈令晖、李婉萍	李婉萍
2007年	江苏连云港	“东方银行”杯全国健美锦标赛	张建国、徐海文、付　忠、杨新民、林沛渠、潘敬辉、耿海涛、华　波、孙志刚、宋为刚、王　沙、汪雪峰、闵照志	林佩渠	孙　萌、李　静、许勤华　梁月云、侯　娟、李婉萍	梁月云
2008年	江苏昆山	“体彩”杯全国健美锦标赛	高亚和、丁　泊、辛　健、林沛渠、彭际顺、安立新、丁　辉、程文祥、杨新民、李洪明、刘一阳	（因服用违禁药品被取消成绩）	吴秋婷、何玉洁、赵彩凤、于银华、张一帆	于银华

（中国健美冠军榜摘自《健与美》2009年第4期，编者：王琳钢、安洪波）

第十八章　健美竞赛技术

一般通过几年系统的专业健身健美锻炼后，会使人的身体形态和体能水平发生巨大的良性变化，很自然地一部分人就有了想通过参加健身健美比赛的方式来展示自己的骄人身材的愿望；而为了参加健身健美比赛，展示健美体格的训练与常规的训练是完全不同的，这里还有很多专业技术问题，比如怎样根据自己的具体情况进行比赛前期、比赛过程中和赛后的训练、营养及身体恢复的安排，这其中都有哪些技巧等。本章将就此类问题进行一些探讨。

第一节　健美竞赛选手参赛前、中、后期的技术要点

与常规健美训练不同，为健美比赛而进行的训练有其特殊性。时期不同、目的不同，具体的训练方法、形式也不相同。一般来说，从时间上我们可以把比赛前三个月到赛前一周称为比赛前期，赛前一周到比赛当天称为赛期，从比赛结束至赛后两周称为比赛后期。

一、参赛前期的操作技术

要最大限度地发展身体体格，就要做好三件事，即“练”“吃”“睡”，备赛的操作技术就是围绕这三件事进行的。其内容主要包括比赛前期的训练技术、营养技术和恢复技术，由于选手在赛前的基本状态不同，在备赛的操作上也有一些区别。

（一）参赛前期的训练技术

进入比赛前三个月后，在日常训练上应根据自己的当前具体情况调整训练计划，使自

己的状态逐渐向着竞赛的方向发展。

一般选手在非赛季时，为了最大限度地发展体格，多多少少都会使身体保留一些脂肪，而且脂肪水平不一，有的多一些，有些则较少。为了在比赛时呈现最佳的竞赛状态，他们都要适当地消减身上多余的脂肪，但前提是还不能过多的消减宝贵的肌肉，这里就有一些要特别注意的技术、技巧。

1. 对于脂肪水平比较高（正常值以上）的选手来说，三个月的时间减脂是比较紧张的，稍不注意抓得不紧，到比赛时可能减不到位，就会影响比赛成绩。所以，在这三个月当中，减脂是首要的任务。制订训练计划的总原则是减脂第一，增肌第二。

为了解决主要矛盾，在训练计划的安排上应该是先急、中调、后缓，即在赛前三个月的第一个月当中，力求将大部分多余的脂肪减下来，在训练的操作上可以采用小重量、多次数、多组数、短间隔的办法进行肌肉负荷锻炼，每个局部肌群可以间隔3~5天再练一次。同时，在不同的时间段配合一些有氧运动（不一定只是跑步、骑车，也可以做每组3~5分钟以上的小负荷的器械负荷练习）与常规的肌肉训练间隔进行。这里要特别注意，千万不要为了减脂、减重而过多地以跑步的方式作为有氧训练的主要手段。那样做的话，就会把自己练成马拉松运动员的身材，会把辛辛苦苦养起来的大肌肉块损失殆尽的!这对健美运动员来说是致命的!

然后，第二个月要根据第一个月减脂的情况来进行调整。正常情况下，体脂肪百分比应该控制在15%（男）、18%（女）。如果减得太苦了（体脂肪百分比降到正常值以下），就要稍微放一放，向着增肌的方向调一下。如适当加大训练的重量，减少每组的次数，适当减小每个局部肌群下次训练的频度（延长下次再练的时间，如5~7天），减少有氧运动的次数和时间等，使损失的肌肉恢复一些。假若减得不理想（体脂肪百分比仍然在正常值以上），那就要改换另一种减脂方法继续减，比如采用小嘎吱法、阻力渐减法等。

经过两个月的连续减脂，到赛前一个月时，应该基本进入比赛状态（男性在10%~12%，女性为14%~16%，或肚脐旁的皮脂厚度在0.5厘米左右）。这时，应根据个人的具体情况，在缓慢减脂的基础上适当地增肌或刻画线条。比如对那些基本实现减脂目的的选手，就可以让他们在慢慢减脂的前提下，适当减少减脂训练的组数，而加入几组增肌的练习来恢复原有的肌肉围度，使肌肉看上去又清晰、又精、又大。比如在做每个练习时，先做几组小重量多次数的训练，然后再做几组超重离心收缩的训练或做几组中大重量的强挤次数训练等。而对那些本身肌肉体积比较大或肌肉线条不是很清楚的选手来说，在这一个月里可以在刻画线条、出精度方面下下工夫，在训练方法上可以采用小嘎吱训练法、快速膨胀训练法等来精细地雕刻肌肉线条。

2. 对那些脂肪水平本身就不高（正常值范围）的选手来说，赛前三个月的备赛训练应该在逐渐提高精细度的基础上，以进一步增大肌肉围度为主；特别是对那些围度偏小的

选手来说，训练计划制订的总原则是精益求精，大大益善。

与体脂偏高的选手不同，体脂水平不高的选手在赛前三个月的训练计划安排为先增、中调、后精，也就是第一个月采用刺激肌肉增长的方法进行训练。如选用中大重量，运用全面发展训练法训练，做赛前肌肉围度的最后冲刺。接下来要看选手的具体情况进行调整，假如在上个月增得过头，连脂肪也有发展，第二个月就要以减脂为主，比如运用一天多练训练法、中嘎吱训练法、阻力渐减训练法等进行训练。假若经过一个月的增肌训练后，脂肪没有增加，甚至略有减少，则第二个月还可以进一步增肌，比如采用大嘎吱训练法、强迫次数训练法、烧灼感训练法等。进入赛前一个月后，选手们的状态应该是比较饱满，精细稍欠，所以，这个月的训练基本是以出精细度、刻画肌肉线条为主，训练上可以采用一天多练训练法、快速膨胀训练法、小嘎吱训练法等。

经过这个阶段的训练后，运动员的体脂百分数应该控制在男性8%~10%，女性10%~12%，（肚脐旁的皮脂厚度在0.3厘米以下）而且使身体正常适应，没有过于强烈的不良反应。如头晕目眩、浑身无力、耳鸣、心悸、恶心、极容易痉挛抽筋、厌恶训练、失眠、抑郁、精神衰弱等症状，否则，应当做适当的调整。

另外，无论是脂肪水平高的还是低的，从赛前三个月开始，每天早、晚各做一次真空腔练习，每次2~3组，每组10次深呼吸，以便最大限度地缩小腰围。

再有，每次常规训练后，都要花一定的时间专门演练比赛的动作，做肌肉的静力紧张收缩练习。而且，随着比赛时间的临近，花在静力紧张训练的时间要越来越多，强度也越来越大。比如一开始时，每次在常规训练完后，只做1~2遍竞赛动作造型练习即可，慢慢地造型训练时间渐渐延长，常规肌肉训练时间逐渐缩短，到比赛前2周左右时，每次做竞赛动作造型练习时间可以延长至40分钟以上，并将此作为正式训练的一部分（具体训练方法后面详述）。

这里可以肯定的一点是由于减少脂肪后，肌肉群中的脂肪组织也减少，使得肌肉的生理横断面变小，力量素质也会相应的变小，这是正常的。

（二）参赛前期的营养技术

为了达到理想的比赛状态，除在训练方面要做调整外，在饮食方面也要做相应的配合。从赛前三个月开始，饮食的原则应该是各营养素均衡全面，在逐渐减少和控制总热量摄入的前提下，保证有足够的优质蛋白质供给。平时正常情况下三大供能营养素糖类、脂肪和蛋白质的比例分别为60%、25%、15%，而从减脂期间的第一个月开始，三者的比例可以调整为65%、15%、20%，一天的总摄入热量男性减少到2500千卡左右，女性减少到2200千卡左右。渐渐地进一步增加蛋白质的比例，减少脂肪和糖的比例。到赛前一个月时，三者的比例甚至可以接近50%、10%、40%，一天的总热量摄入值男女分别降到1500

千卡左右和1200千卡左右，必要时甚至还可以更低一些，但最好不要低于1000千卡/天。这时，蛋白质每天的摄入都在2.5克/千克（体重）以上。

大体上说，可以将选手分为两种情况，一种是体脂含量较高的（正常值上限或以上的），另一种是体脂水平比较低的（正常值下限或以下的）。针对两种不同情况，在具体操作上可以做如下安排。

1. 首先，要做到各大营养素均衡全面，就要保证每天的每一餐都包括有三大类食品，即水果蔬菜类，瘦肉、蛋、奶、鱼类和谷类。每餐每类食品中至少有一种，而且种类越多越好，种属越远越好，经常变换各种不同的搭配。体力消耗较大时，可以适当补充运动营养补剂，这样就能保证营养丰富，满足运动时的需要。

2. 对于体脂含量较高的选手来说，只要还没有达到赛前要求，在饮食上就要调整食物结构，严格限制总热量的摄取，特别是高热量食品的摄入。但同时也要注意，不能为了减脂控制饮食，而盲目节食，造成营养不良，甚至造成营养缺乏症。在训练饮食中，应把握以下要点：

（1）在食谱中尽量减少或去掉能看见的油和肥肉等高脂肪食品。一般来说，存在于食品中看不见的脂肪（例如在谷类和瘦肉等食品中），就能满足人的正常需要（只要饮食合理），尤其是在短期内，不会造成不良影响。

（2）不吃油炸食品。

（3）不吃甜食，包括各种含糖的糕点、糖果、冷饮和含糖饮料等。

（4）不吃或少吃脂肪含量高的坚果类食品及其制品，如花生、葵花子、松子、核桃、腰果、花生酱、芝麻酱、芝麻糊等。

（5）不喝酒。

（6）不吃脂肪含量高的儿童食品。

（7）不吃带肉馅的食品。

（8）少吃大米、白面等谷类食品，而以薯类等低脂、低热的食品取而代之，如土豆、红薯、芋头、莲藕、南瓜等。

（9）可以多吃低热量的蔬菜、水果及其制品。

（10）尽量吃生的或以蒸煮的形式加工的食品。

（11）可以适量多吃各种瘦肉、蛋（无黄）、鸡、奶类、鱼、豆制品等（但每餐蛋白质不要超过30克）。

（12）口味尽量清淡些，不要过于“口重”。

（13）不要限制饮水，人体不会储存多余的水，而且水本身也没有热量，不用担心喝水会发胖，为了保证健康，每天应喝2升左右的水。

（14）要逐渐养成少吃多餐的习惯，把胃渐渐养小。

在开始操作时，可能会有很多不适应，比如感觉腹空无力，甚至头昏眼花，无法进行正常训练，这时可以采取少吃多餐的办法及时补充体能的不足，或在运动训练的前、中、后补充运动饮料，而不要一次“吃个够”。因为人的胃正常生理情况下可以相差8倍左右，“饱”或“饿”只是一种感觉，不代表热量“够”或“不足”。如果总是“吃饱”甚至是“吃撑”，就会渐渐地将胃撑大，人就会总感觉“饥饿”，而实际上已经吃多了，长此以往，人就容易发胖了。少吃多餐就可以使人总保持“小胃口”，很容易有饱腹感，避免多吃发胖。

以上主要是提出了一些饮食的原则，在具体的操作中，应该根据每个人当时具体的情况，及时地做相应的调整。只要能够按照以上的饮食原则进食，同时配合减脂训练，经过三个月的减脂行动，基本上可以进入健美比赛的赛前状态了。

（三）参赛前期的恢复技术

要想获得良好的竞赛状态，光凭“练”和“吃”还是不够的，在奔往竞赛征程的战车上，“练”、“吃”和“睡”这三匹快马，是一匹也不能少的。这里所说的“睡”，并不只是指睡觉，它是恢复、休息的代名词，包括所有能消除疲劳、促进身体恢复、发展的方法和手段。

在比赛前期，为了刻画肌肉线条，突出精细度，无论是训练还是营养，都是本着付出和消耗大于摄入和补充的原则，身体总体来说是比较“亏”的，这就更需要有合理和良好的恢复手段及方法来保障身体体格的健康发展。

日常的赛前恢复内容主要包括：运动训练中的恢复，运动训练后即刻的恢复，运动训练后期的恢复及超量恢复三个过程。在这三种恢复过程当中，根据性质、目的等的不同，有不同的恢复操作手段。

1. 训练中的恢复技术手段

健美运动训练的能量代谢特点是典型的混合型运动代谢，即在运动训练过程中既有有氧运动代谢供能，又有无氧运动代谢供能，二者的比例与运动强度的大小相关。运动强度小时，以有氧氧化系统供能为主；运动强度较大时，以乳酸系统无氧供能为主；运动强度极大时，以无机磷酸原系统无氧供能为主。所以，在进行不同强度的负荷训练时，恢复的手段和时间也是不同的。

通常减脂训练的重量较小，次数较多，组间隔时间较短，所以有氧氧化系统供能所占的比例比常规的健美训练要相对大些。这样的运动训练节奏比较快，运动中的恢复主要是做深呼吸，调整运动心率，同时，对训练的肌肉进行抻拉、伸展和按摩。

在健美运动的训练过程中，由于在每组肌肉训练后，有合理的组间歇，利用这段时间，可以实施一些积极的恢复手段来使紧张的肌肉放松，加快局部的血液循环，加速运动代谢废物的排出和营养物质的及时补充，促进肌肉工作能力的恢复。例如，为了尽快补充肌肉中大量消耗的糖和氧，在组间歇时，可以主动地做一些局部肌肉的按摩、伸展等活动，并配合深呼吸练习。同时，可以适量地补充含有运动中消耗比较多的糖、水溶性维生素和无机盐等成分的运动饮料。

2. 训练后即刻的恢复技术手段

一般常规的健美训练需要用时60~90分钟。而在竞赛前的训练大多是一天多次的训练，即一天内练2~3次，每次用时60分钟左右。经过这样的长时间剧烈运动，肌肉已经疲劳，在运动停止后，需要尽快地休息、恢复，这时，不能靠单纯的静坐或睡觉来恢复，而是要主动地采取必要的手段来积极地进行恢复。比如在每次训练结束后，首先要进行有针对性的和全身性的按摩、伸展等放松、整理活动，随后可以做温水浴（注意不宜在训练后立刻做过热的桑拿浴或蒸汽浴等，否则，体力连续消耗太大反而不利于恢复）或心理暗示练习等，让过热的身体渐渐地恢复到正常状态。

由于减脂训练做功比较多，对体能的消耗比较大，在运动后，如果不及时、适量地补充糖类食品，身体就要过多地利用氨基酸，并过多地分解自身的蛋白质。所以，要尽快给以及时适量的补充。可以在放松整理活动结束后，喝一些运动饮料、果汁或吃一些香蕉、山楂、鲜枣等水果，最好再服用25~30克蛋白质粉，以及时满足身体的需要。但同时，要注意还不能补充过多的热量，减弱了减脂的效果。

3. 训练后期的恢复及超量恢复技术手段

为比赛而进行的训练一般都是高水平、大强度的，而且身体局部负荷总量也比较大。所以，在每次训练后，局部肌肉就需要比较长的恢复时间（3~5天），若要产生超量恢复，则需要更长的时间（5~8天）。在不同的阶段，状态不同，局部肌肉群的再训练间隔天数可以做一些调整。若要增重，则每个局部肌肉群可以间隔5~7天再练一次，这样有利于产生比较大的超量恢复值；如要减重，则可以让每个肌肉群间隔3~4天就再练一次，使每个局部肌肉群在某一时期内做更多的功，消耗更多的热量，有利于减脂、减重。

为了提高身体恢复的质量和超量恢复的水平，在训练之余，可以通过多种方法促进身体尽快消除疲劳，保持较好的状态。例如：

（1）除了在训练后即刻进行放松和整理活动外，平时也要随时有意识地注意使身体尽量放松，而不要总是有意无意地令其处于紧张状态，可以随时做做按摩和伸展运动，促进血液循环和新陈代谢。

（2）每天保证8小时左右的良好睡眠，而且，最好在晚上10点至凌晨2点这段时间能进入深度睡眠，有条件的可以再加上短时的午觉。不要熬夜或睡眠不足，因为身体的生长和修补主要是在睡眠状态下进行的，睡眠不足就不可能有好的恢复和超量恢复。

（3）除每天训练后的温水浴外，平时可以适当做桑拿浴或短时的蒸汽浴（在训练后

2~3小时并已有进食后），以促进深层肌肉和关节等组织的血液循环，加快疲劳的消除，预防运动性劳损或促进深层损伤的康复。

（4）有条件的还可以定期做理疗，包括电疗、磁疗、光疗、蜡疗、热疗、熏蒸、针灸、点穴、推拿等。

（5）必要时可以适当服用些能够促进体能恢复、调节神经系统功能、补气壮筋的中药。如刺五加、参三七、花旗参、冬虫夏草等。

（6）有针对性地适量补充运动营养补剂，特别是运动中消耗比较多的各种营养物质。如糖类、水溶性维生素C和B族、含有钠、钾、钙、镁等元素的无机盐，以及身体修补和建设的原材料—蛋白质粉、氨基酸等。

（7）利用意念或心理暗示等练习来调节大脑皮层的机能，使身体放松，促进血液循环，加速新陈代谢。如舒适地躺在床上或软垫子上，一遍一遍地从头到脚想象自己的身体就像空口袋一样松松地平放在地上，全身一点力气都没有，丝毫动弹不得。再如，想象自己的整个身体就像灌满了水泥，平躺在泥地里，很沉很沉，渐渐地整个水泥身体向泥里慢慢下沉、下沉，你感到很放松，很舒服……每次做5~10分钟。

二、参赛期的操作技术

参赛期指的是比赛当日及比赛前六天这一周的时间。在这几天的时间里，身体状态还会有一定的变化，如果控制得好，可以使体格在比赛当日处在即有围度又有精细度的最佳状态，有利于取得好成绩；相反，如果控制不好，辛辛苦苦练了很长时间，到比赛日状态出不来，就会影响比赛的水平，甚至前功尽弃，造成遗憾。所以，赛期的操作技术就显得更为重要。

（一）参赛期的训练技术

虽然只有短短的七天时间，但在训练方面却是很特殊的。在这之前，已经进行了近三个月的大运动量和高运动强度的艰苦训练，到赛前一周时，身体和肌肉状态基本接近竞赛的要求，这时，想要在这一周的时间里再明显增大肌肉围度是不现实的。所以，在比赛前的这几天里，训练的大方针是在突出分离度、刻画精细度的基础上，重点演练和美化健美竞赛中的各种造型动作，以期在比赛中展现出自己的最佳造型和视觉效果。

1. 在赛前的第6、5、4天里，可以采用一天2~3次的分化训练。训练的主要内容包括中等强度的突出肌肉线条的各种练习、多种的有氧运动练习和健美比赛的各种动作造型练习。可以在赛前这几天的训练课上试着用30~40分钟的时间做一下赛台后场的“热身充血”模拟训练，看看自己的最佳充血时间，为上台前热身训练打好基础。

突出肌肉线条的练习可以用中小重量的负荷，通过嘎吱法、三合组法、肌肉质量训练法等来进行。运用这些方法进行训练，既不容易受伤又可以针对个人的特点，将每个局部肌肉进行细致的刻画，提高肌肉的质量。

有氧运动不要只做跑步、骑车等形式的练习，应该结合着做一些小重量的肌肉负荷有氧练习。比如利用各种器械分别对身体的主要部位进行5分钟以上的肌肉负荷训练，或做一些综合性的、小重量的沙袋、哑铃、杠铃等的操化练习。这些练习既可以减脂又有利于刻画局部肌肉的线条，保持肌肉原有的水平。如果完全靠跑步机和健身车进行有氧运动训练，就不可避免地会损失一些肌肉，尤其是上肢、上体的肌肉。

健美比赛的各种造型练习在这个时期是最重要的练习。无论肌肉练得多么发达，体格多么健壮，如果不会展示，在比赛中就不能取得应有的好成绩。尽管在前面的训练期也做过这些练习，但在几天里重点强调的是从实战出发的比赛造型动作的细节和技巧以及肌肉极限静力紧张收缩的能力。做造型练习时，最好有教练或同伴一起陪同，共同研究摆造型时身体各个部位、环节的位置、角度、力度及优美程度等。每次训练从基本的自然站立、规定动作到自由造型逐个地进行演练，重点是自然站立和规定动作的训练。

2. 赛前的第3、2、1天是最关键的几天。在这几天中，要注意适当地逐渐减少运动量，使体能水平超量恢复，以利于在比赛时以最充沛的体力和精神状态投入其中。从训练的次数上可以减少到每天1~2次，训练的内容主要以小重量的肌肉负荷有氧练习和比赛动作造型练习为主。

小重量的肌肉负荷有氧练习可以利用各种器械对身体的每个主要局部肌肉群进行1~2组，每组3~5分钟或5分钟以上的集中训练。例如先用小杠铃做卧推练习1~2组，接着用小哑铃做三面弯举，然后又做小杠铃的深蹲练习，每次训练总时间60分钟左右。这样的训练即可以促进新陈代谢，加快血液循环，消除疲劳，消耗多余的脂肪，突出有氧运动的作用；同时，又能够刺激肌肉充血，雕刻肌肉线条，维持肌肉的饱满度，保持肌肉的最佳状态。

比赛动作造型练习的内容除前面所讲的以外，还要进行实际比赛的模拟训练。最好是找几个选手或同伴，在舞台或类似的场地按比赛的部分程序进行走台练习，熟悉比赛环境，感受比赛气氛，领悟比赛的技巧等。比如与同伴共同模拟运动员的入场、自然站立、规定动作及比较评分、自由造型、不定位的自由造型以及退场等环节，有问题及时纠正，可以反复进行训练。通过这样的训练，使参赛选手不仅在肌肉和体能上得到锻炼，同时，对竞赛动作造型技巧的熟练掌握和赛场感觉、赛前心理等方面的适应和提高也有很大的帮助。

3. 比赛当天的训练，指的是在运动员上场比赛之前，在后场所做的“热身充血”训练。其目的是使运动员能够以最佳的比赛状态出现在裁判和观众的面前。这时的训练方法

至关重要。做得好，能使运动员最大限度地膨大健美的肌肉身躯，展示自己骄人的体格；相反，如果做得不好，运动员的肌肉不能最大限度地充血，不兴奋，不能进入运动状态，就会影响比赛水平的正常发挥，直接影响比赛成绩。通常赛前的“热身充血”活动应注意以下几点：

（1）考虑到一个级别的比赛时间为30~50分钟，而且，是以体力消耗比较大的、激烈的全身静力紧张收缩为主要形式的造型演示，所以，“热身充血”活动时间不能太长，一般训练的时间30~40分钟（具体时间长短可根据自己平时充血时间而定）。在比赛当天，应该根据现场的具体情况，估算出自己场次开始的时间，打出提前量，把握好开始热身的时间。

（2）既然“热身充血”训练的目的是尽量使肌肉充血、膨胀，从训练方法上来说，一般不采用大重量少次数的做法，而是使用有利于快速充血的小重量的负荷，运用三合组、小嘎吱、顿式收缩等方法对每个重点肌肉群进行多组数的刺激。

（3）后场的“热身充血”练习应该是有重点、有目的的优先循环训练。也就是说要首先刺激身体的主要部位。如胸、肩、背、大臂、腹、大腿等，其中，身体上的薄弱部位要优先进行重点刺激。而且，为了避免某个部位过度充血或长时间不充血，几个主要部位应该有重点地（薄弱部位多练1~2组）依次循环练习，使每个主要部位都能保持较佳的充血状态。这时，不能像平时那样训练，集中地练一块肌肉，然后再练另一块肌肉。那样的话，等到该上场时，只有几个部位的肌肉还充血，先前练的肌肉就会松懈下来，严重影响竞赛的状态，不能收到最佳效果。

（4）在刺激各部位肌肉的程度上也有一些讲究。有些部位的肌肉刺激后线条会更加清晰（如胸大肌、背阔肌、腹直肌等），而另一些肌肉充分充血后线条反而模糊了（像肱二头肌、肱三头肌等）。另外，大腿股四头肌的热身刺激练习不宜过多。因为股四头肌是身体上最大的肌肉群，如果充分充血，就会影响其他部位的充血状态，特别是上肢（这在平时训练时是非常明显的）。再有就是如果大臂过度充分充血后，原有的精细线条就会变得模糊，影响视觉效果，所以，这些部位的肌肉要适度刺激，既要冲击一下围度，还要保持良好的精细度。

（二）参赛期的营养技术

从赛前的营养方面来讲，业余健美比赛与职业比赛有所不同。因为职业健美比赛的选手不用按体重分级别，而业余的健美比赛的选手是要按体重分级别的。按比赛规则规定，健美运动员应该在比赛前一天称量体重，以确定参加的级别。为了既能够在称量体重时降到更适合自己的级别，又不影响比赛时的竞技状态，选手们在饮食营养方面可以注意一些技巧。

1. 脂肪和蛋白质的摄入

随着赛前三个月脂肪摄入量的逐渐减少，到赛前一个月时脂肪的摄入量已经降得很低，从赛前10~6天开始在食谱中几乎完全断绝脂肪，直至比赛当天。

赛前的6、5、4、3天，碳水化合物与蛋白质的比例从各占50%逐渐地向30%：70%过渡，造成身体肌肉内糖元储备降低。具体操作上可以适当多吃些无脂的蛋白质食品，每日量＝2.5~3克/体重（公斤），但每餐不超过30克蛋白质（如蛋白质粉、鸡蛋清等）；同时少吃一些无脂的糖类食品，如土豆、红薯、线粉类食品等。这样做一方面可以有效地降低一些体重（运动消耗糖同时伴随脱去一些水），同时另一方面为比赛时糖类的“反弹”埋下伏笔。

赛前2天时要视个人的具体情况而定。对实际体重超过目标体重1公斤以上的选手来说，无脂、低糖、高蛋白质的饮食还要再坚持1天；对于实际体重低于目标体重的运动员来说，就可以适当提高糖类的比例，但要控制水的摄入，防止体重超标太多。

到赛前1天时，要看体重情况决定怎样吃。在称量体重之前，如果实际体重比目标体重略高或正好，则在称量体重之前暂时先不吃不喝，并设法将体重降到合适的重量（蒸桑拿、跑步、排空腹腔等）。假若实际体重比目标体重轻，则可以适当吃些无脂、高糖的食品。如土豆、线粉、含低聚糖（无钠）的运动补剂等。称重结束后，无论体重高低，应该立即吃无脂、高糖、低蛋白质的食品（糖类与蛋白质的比例约为80%：20%），以充填已经“亏空”多日的肌肉。但要注意少吃多餐，不要暴饮暴食。

在比赛当天，为了使肌肉饱满、有力，还要继续遵循高糖、低蛋白质的饮食原则，但比例要做适当调整，糖类和蛋白质的比例约为60%：40%。比赛前1小时至10分钟原则上暂时不再吃饭（特别是难以消化的固体食物）。在做赛前“热身充血”活动时可以不时地喝一些提供能量的运动饮料（最好是温热的）。

2. 钠和钾的摄入

在赛前的这几天里，无机盐的摄入也是很特别的，虽然盐本身没有热量，但在人的体内会结合一定量的水，对人体外观有一定的影响。在赛前一周以前，大多数无机盐基本可以正常摄入。但到赛前一周以内时，为了减少肌肉细胞外液的多余水分，增加肌肉细胞内液的水分，使肌肉看上去又精、又大，应该减少钠的摄入，同时，增加钾的摄取。在具体操作上可以在赛前的6、5、4天尽量同时减少钠和钾的摄入量（钠和钾的每日正常摄入量分别为2200±1100毫克和3750±1875毫克），使其整体水平下降。这样，一方面可以脱盐、脱水，达到减重的目的；另一方面，有利于日后大量的补钾。比如吃一些低钠、低钾的红薯、豆腐、口蘑、西兰花、绿豆芽、甲鱼、田螺、猪血等无盐无油的蒸煮食品、生鲜食品或运动补剂等。随后在赛前的第3、2、1天里，逐渐地增加钾的摄入量，赛前的1~2天可以是高钾，而钠的摄入量要尽量降到最低。直至比赛当日钾的摄入恢复正常，钠可以

少量摄取，以避免在比赛时肌肉痉挛（抽筋）。含钾高、钠低的食品有水果、莲子、黑木耳、蚕豆、绿豆、红小豆、豆浆、甲鱼、田鸡、兔肉等。

3. 维生素的补充

维生素虽然没有热量，但是它们对新陈代谢有很大的影响，在比赛这样的剧烈运动过程中，及时、适当、适量地补充各种维生素是不可忽视的环节。运动中最容易缺乏的也是消耗最多的维生素主要是水溶性维生素C和B_1、B_2等。所以，在赛前的几天里应该保证每天都有充足的水溶性维生素的供给（维生素C：150~200毫克，维生素B_1：5~10毫克，维生素B_2：2.5~5毫克）。比赛当日，在比赛台的后场从开始做热身充血活动到比赛结束应该不时少量地喝含有以上成分的运动饮料，以及时补充身体所需，保证良好的竞赛状态。另外，由于比赛对于运动员来说是一件“非常事件”，几乎每一个运动员都会或多或少地出现应激反应，如精神紧张、血压升高、平常心率和呼吸频率加快、血液化学成分改变等。所有这些都会带来一些负面的影响，为了提高运动员的应激、抗氧化和免疫能力水平，赛前的几天中，应注意适当补充脂溶性维生素A，每天1~2毫克。

4. 水分的补给

水的摄入也有很多讲究。与无机盐的摄入相反，在赛前第6、5、4天里，无机盐的摄入要尽量少，而水的摄入却要尽量多，而且应该是喝蒸馏水或纯净水。因为水在人体内不会储存，多余的水会自动排出体外，并且在排水的同时，还会带走一部分无机盐。所以，大量喝水的主要目的是排盐，同时减重。在赛前的第3、2、1天里，水的摄入量逐渐减少，到赛前第1~2天里，要控制水的摄入。一方面是要控制体重，另一方面是使表面肌肉线条更清晰。水的摄入可根据体重和肌肉的清晰度具体而定。在比赛当天，可根据自身情况适当饮水。如果表面肌肉清晰度不是很好，就要少喝水；假若肌肉的表面清晰度很好，但略显干瘪，这时应该及时补水，因为这时补水对肌肉的清晰度已经不会有太大的影响了。相反，由于有足够的糖分和适当的无机盐的摄入，可以使肌肉很快显得饱满些。在做比赛前的热身充血活动时和比赛过程中，为了能应付剧烈的运动，应当适量喝一些温热水，最好是运动饮料。这时喝水只要不过量，一般不会对身体外观线条、形态等产生负面影响。相反，由于多日的控水，虽然外表看上去很好，但实际上对人体生理上是有一定损害的，在剧烈运动时适当补水对比赛是有帮助的，也是必要的。而且在赛台后场不时地喝些温热水还可以帮助身体保持体温、膨胀血管、保持良好的充血状态。

（三）参赛期的恢复技术

进入赛期后，平日的训练运动量大大减少，而且训练形式也有所改变，相对的恢复手段上与以前略有区别。在这一时期里，恢复技术中最重要的是消除紧张心理造成的综合疲劳。

一般赛前紧张有两种表现，一种是赛前兴奋过高，表现为情绪激动、急躁、多动、多尿等；另一种是抑制过度，表现为情绪低落、面无表情、不善言语、缺乏信心等。运动员在比赛前有紧张心理是正常现象，但如若不能及时有效地将其消除，就会严重影响运动员的竞赛状态和成绩。针对两种不同类型的运动员，首先应该查明原因，使其消除负面心理因素。在比赛前的几天里，每次做完赛前训练后，除了常规的放松整理活动外，可以用不同的手法做按摩。如对兴奋型的运动员采用起镇静作用的头部按摩（主要是推揉印堂、太阳、百会、风池等穴位）和接触面积大的、轻柔的、长时间的肌肉群及关节的按摩，还可做些积极的冥想放松练习（如前所述）等。对那些抑制型的运动员可点揉风池、太阳、内关等穴位，并从外向内推按斜方肌上缘，力道稍重，使酸胀感达至头顶，这样做有助于运动员精神振奋，情绪亢奋，激发其恢复信心。

当然，其他常用的一些恢复手段也可以适时使用。

比赛的当天在进行备赛的训练过程中，也有积极恢复的技术技巧。一般在正式比赛开始前30~40分钟，运动员开始进行热身充血活动，由于时间紧，要训练的部位多，所以，密度比较大，组间隔时间短，恢复的主要方式是调整呼吸，控制心率（最大心率的60%~80%），不要使心率过高，妨碍局部肌肉的有效充血。比赛开始后，预赛结束退到后场时，运动员可以做适当的休息，简单复习自由造型表演的动作，适当刺激弱部的肌肉，使体力有所恢复，准备参加半决赛的自由造型比赛（共有7~15人，每人1分钟（男）或1分半（女）的表演）。自由造型比赛结束后，将进行紧张、艰苦的比较评分。每次比较后，体力都有很大的消耗，要积极主动地做深呼吸，同时尽快缓解僵硬的肌肉（抖动和简单的伸展），为可能的下一轮比赛做好准备。决赛与半决赛的内容近似，只是人数只有6人，且规定动作只做一遍。在这一轮里要注意调整好出场前的状态，不要在后场练得太过（比如练得上气不接下气），影响出场后的表现。

三、比赛后期的操作技术

紧张激烈的比赛结束后，从运动员退回后场到比赛之后的两周为比赛后期。在这一时期里，运动员的主要任务是尽快从极端的竞赛状态恢复到接近正常状态，以利于下一阶段的常规训练。

（一）比赛后期的训练技术

为了参加比赛，选手们进行了三个月左右艰苦的备赛训练，虽然在比赛前的一周时间里，运动量有所减少，使得整体体能水平有适量的提高，但再经过大强度、紧张的竞赛，相当于做了一次最后的极限冲刺。经历了这样的锻炼和消耗后，总体来说，人的生理和心

理都承受了巨大的压力，需要进行调整和全面的恢复。

无论比赛成绩如何，从比赛结束到赛后的一周时间里，不要急于开始常规的肌肉负荷训练，而应该积极地休息、调理。每天可以适当做些全身性的伸展练习和轻微的有氧运动，以保持运动能力，促进身体尽快恢复。

赛后的第二周可以逐渐增加少量的、全身性的、中小强度的肌肉负荷训练，以及一些有氧运动，为下一轮的常规训练打好基础。

赛后三、四周逐渐地可以恢复到常规训练。

（二）比赛后期的营养技术

比赛之前的备赛期间，为了强化竞赛状态，使体脂肪水平几乎降到最低，在饮食方面有些过度偏执，短期还可以，如果长期这样下去对身体会有负面的影响。所以，从比赛结束后应该逐渐恢复正常的饮食。当然，也没必要刻意大量补充盐、脂肪等营养素。

比赛结束后，应当首先适量补充些运动饮料（少量多次），特别是水、糖和无机盐以及水溶性维生素等。另外，为了迅速恢复体力，可以在饮料中加少量肌酸（不超过5克）。30~40分钟后，可补充些优质的蛋白质粉（一次不超过30克）。比赛当天的每一餐饭都不要吃得太饱，最好是吃些容易消化的半流食。比如蛋羹、面条、米粥等。不要大吃大喝，尤其是过量饮酒，因为激烈运动后，肝糖原水平降低，肝脏对酒精的解毒能力下降，酒精对身体的刺激和损害增大（特别是肝脏和大脑）。再有，由于运动消耗比较大，过分的代谢会使体液偏酸性，所以，应该适当吃些蔬菜、水果、海带等碱性食品。

在接下来的几天时间里，饮食要渐渐恢复正常，碳水化合物、脂肪和蛋白质所占的热量比例恢复到约60%、25%和15%。应根据运动量控制摄入的总热量，随着运动量的逐渐加大，相应地增加总热量，而不要突然放开胃口大吃大喝。那样做一方面会增大各内脏器官的负担，另一方面，可能会由于过多摄入热量而很快导致发胖。

（三）比赛后期的恢复技术

比赛结束后应该尽快做一次温水浴，有条件的在浴后再做一次全身性的按摩放松，使僵硬的肌肉尽快恢复常态。之后最好睡上一觉，切忌大吃大喝后再熬夜！身体的修补、生长大多是在睡眠状态下进行的，只有充分的睡眠和休息才能尽快帮助身体恢复和超量恢复。

在赛后的两周里，除每天保证充足的睡眠外，可以经常做些伸展、按摩，尤其是有伤痛的部位，应该积极进行理疗，促进恢复。可以每周做1~2次桑拿浴或蒸汽浴，促进深层组织的血液循环，使疲劳的身体逐渐恢复到最佳状态。

第二节 健美运动竞赛动作造型技巧

对于想要参加健美比赛的运动员来说，光有一身发达的肌肉、强大的体能还是远远不够的。因为如果不能在比赛台上将自己的最佳状态表现出来，不懂表演技巧，有可能使运动员的表现大打折扣，不能取得应有的成绩。所以，了解和掌握健美竞赛动作的造型技巧，对教练员、运动员和关心自己身体形态的人来说是必修的课程。本节将就健美运动竞赛动作造型的技巧做有关的探讨。

一、健美运动竞赛动作造型分类

健美比赛过程中要求运动员根据健美竞赛规则、按照具体的竞赛规程和裁判长的要求在赛台上作出各种动作造型。通常这些动作造型大致可以分为三大类，即基本形态造型（前、后、左、右面的自然站立），规定动作造型（男子7个，女子和混双5个）和自选动作造型（自由造型和1分钟不定位的自由表演）。根据不同类型造型动作的特点，在演练时可以分别加以训练。

二、各类健美竞赛动作造型技巧

（一）基本形态的造型技巧

基本形态的造型包括正面、左侧面、背面和右侧面的自然站立姿态。基本形态造型的展示可以说是所有比赛动作中最重要的造型动作，尤其是正面的自然站立动作，可以说是直接影响比赛名次、关系比赛胜负、起决定性作用的动作。因为这个动作在赛台上是展示时间最长的，也是裁判员借以比较运动员之间差别最基本的动作，是否有机会与高水平选手进行比较，往往就取决于这个动作。但是，在实际的赛前训练时，很多运动员花大量的时间练习自由造型动作，而忽略了这些基本动作的练习，最终可能影响比赛的成绩。

在四个自然站立动作中，正面的自然站立动作是重中之重，应该给以足够的重视，并经常加以练习，做到熟能生巧。

1. 正面自然站立

（1）动作要求：

运动员两腿自然伸直稍并拢，目视前方，挺胸、收腹、沉肩、展背、立腰、撑膝，两臂自然垂于身体两侧，展示出人体形态结构的自然之美和经过专业锻炼后肌肉发达的健壮之美。

（2）动作要领：

总体来说这个动作要求比较自然，全身肌肉可以适度绷紧，但不可过分紧张。为了便于裁判员观察、比较，运动员应尽量保持身体稳定、端正，不可有明显歪斜或频繁的晃动以及多余的动作等。

（3）动作技巧：

在做这个动作造型时有几个方面要特别注意：

①表情。运动员应该满怀自信心地参加比赛，无论成绩如何，都要全面地展示出自己的最佳状态。所以，在赛台上运动员要面带自信的微笑，目光炯炯有神，可以慢慢巡视全场的观众和前排的裁判员们。特别注意不能两眼无神，直视地面或屋顶，更不能左顾右盼地看其他运动员。那样会给人一种紧张和不知所措的印象，给比赛成绩带来负面的影响。

②要注意力集中。对裁判长发出的口令要及时准确地作出相应的反应，而不能反应迟钝，行动过于迟缓，甚至作出错误动作（比如应该向右转时却向左转等），给裁判员留下不好的印象。

③虽然动作的名称是“自然站立”，但实际上并不是生活中的“自然”站立，而是要使身体的各个部分有适度的“不自然”。应该紧张的肌肉部位要适当的绷紧，不该紧张的肌肉群就要半收紧或适度地放松，以节省体力。比如身体前面和侧面的肌肉群，就要适度绷紧或半收紧，而身体后面的肌肉群，有些就可以适当地放松。其中，像三角肌、肱三头肌外侧头、肱二头肌、前锯肌、背阔肌、腹压肌（特别是腹横肌）、缝匠肌、股四头肌和腓肠肌等要收得比较紧，以突出身体外观轮廓的节奏感，显示出肌肉群应有的体积和线条；而胸锁乳突肌、胸大肌、斜方肌、小臂肌群和臀大肌等可以半收紧，因为过分收紧这些肌肉群，会令身体显得僵硬或只突出了线条却使肌肉群体积略有减小，而且还会消耗大量的体能；大腿后群等部位的肌肉群可以适度放松（因从前面观察不到这部分肌肉群的形态），以避免不必要的体力消耗。

④摆造型时身体各环节的控制也有一些技巧。首先，头、颈部、脊柱等一定要正，不可偏斜，双眼可以巡视观众和裁判员，活而不散；胸部要挺拔展开，尽量扩大胸廓，不可为了收紧腹肌而含胸，那样会破坏整体形态；肩、背部的三角肌、背阔肌要配合前锯肌胀紧，尽量向两侧展开，最大限度地展示出身体的宽度，突出沉肩、展背，不可端肩、夹背；两臂微曲，肱二头肌和肱三头肌的外侧头适度绷紧，两小臂不要紧张僵硬，两手半握

拳（大拇指尖压在食指第二指关节上），手心相对（有利于肱二头肌的紧张，注意不要手心向后，那样会显得手部过大，小臂相对显小），两手心的高度与肚脐高度相近，从前面观察，自左手、左小臂、左大臂、左肩、右肩、右大臂、右小臂到右手呈半圆形，使肩架结构显得自然、饱满；腹部要尽量收紧，使腰围缩到最小，最大限度地显示出肩腰差；两脚略分开，两脚尖分别指向两侧斜前方，两脚跟略微抬起，使小腿腓肠肌绷紧；臀部略向后收，同时两大腿微微弯曲，两膝关节分别向两脚尖方向撑顶，使大腿股四头肌和缝匠肌的分离度更加清晰。

2. 侧面自然站立（左侧面和右侧面）

（1）动作要求：

运动员侧向裁判员站立（左侧面或右侧面），两脚并拢，两腿伸直，目视前方或面向裁判员和观众，挺胸、立腰、收腹，两臂自然垂于身体前后两侧（距裁判员近的一侧手臂在后侧，离裁判员较远的一侧手臂在前侧），从侧面向裁判员和观众展示身体的形态和肌肉的质量。

（2）动作要领：

做这个动作的要领与正面自然站立动作基本一致。不同之处是侧对裁判员站立，而且为了尽量突出身体的节奏感，可以使上体自腰部稍转向裁判员和观众，这时不是将两臂简单地置于身体左右两侧，而是令两臂随稍扭转的上体分别置于身体的前侧和后侧，两臂可以微曲。

（3）动作技巧：

在摆造型时，表情和注意力与正面自然站立时要求一样。由于裁判员的位置是从左到右一字排开，在运动员侧对裁判员时，裁判员几乎可以观察到运动员的所有主要部位。所以，在做侧对裁判员的自然站立时，运动员要使全身前、后、上、下、左、右的各主要肌肉群都有适度的绷紧。身体各环节的控制技巧与正面自然站立时基本类似，只是上体要做面向裁判员的侧向扭转。这时要注意两脚并拢，两腿伸直，靠近裁判员一侧的脚跟稍稍离开地面，令同侧髂嵴略抬高，使下肢显得较长；髋臀部保持侧对裁判员，不能有扭转，臀肌夹紧；胸腰部可以向裁判员方向有适度扭转，但上体不要向裁判员方向偏斜，以免在腰侧处压出皮褶；前面的肩略抬高，后面的肩略降低；头颈部应灵活但不松散，眼睛可慢慢巡视场下的观众或裁判员，也可目视自己的正前方；两臂微曲，两手半握拳，大拇指尖压在食指的第二指节上；前侧手置于距离肚脐25厘米左右处，手心对着自己的肚脐，后面的手置于距臀峰25厘米左右处，心手对着同侧的臀峰。这样的造型显得挺拔、饱满、有气势、有美感。

3. 背面自然站立

（1）动作要求：

运动员背对裁判员站立，两脚基本并拢，两腿自然伸直，目视前方或侧视一侧肩部，

挺胸、立腰、收腹、沉肩、展背，两臂自然垂于身体两侧，向裁判员和观众展示背面的身体构架及各肌肉群的形态和质量。

（2）动作要领：

尽量保持身体自然，不要过于紧张、僵硬，整体外形应端正、对称，不可有歪斜或明显的不对称，不要频繁移动或有多余动作。

（3）动作技巧：

由于是背对裁判员站立，所以在摆此造型动作时，与其他造型动作有一定的区别。首先，如果运动员是目视前方，则可以集中注意力控制相关的肌肉群，表情不用过于顾及。若侧视一侧肩部，要注意头颈立直，不要偏斜，也不要左右频繁转换，表情要自信；其次，身体后面和侧面各部的肌肉群要重点控制，如背阔肌、斜方肌中下部、前锯肌、肩胛肌群、三角肌、肱三头肌、肱二头肌、竖脊肌、臀大肌、股外侧肌、股直肌、腘绳肌、小腿三头肌等要胀大绷紧；而前面的各部的肌肉群像胸锁乳突肌、胸大肌、腹直肌、股内侧肌、颈骨前肌等则可以稍放松或适度紧张。再有，身体各环节的控制也要特别加以注意，脊柱正直，身体重心应该放在两脚的中间；两肩平齐，两臂微曲，自然微展垂于身体两侧，两手半握拳，大拇指尖压在食指的第二指节上，手心相对，两手心的高度约与肚脐齐高，两大小臂之间微曲约140°，不要收得过曲，使肘部“出尖”，也不要伸得太直，从左手沿左臂、左肩、右肩、右臂至右手近似半圆形，使造型饱满、健美；两侧背阔肌尽量向两侧展开，腰部收紧，使肩腰围差尽量加大，突出上体倒三角形特征；两侧臀大肌夹紧，使臀部有上翘的感觉；股四头肌配合腘绳肌、小腿三头肌等用力绷紧，两脚跟稍向上提起，从视觉上“拉长”下肢，并突出腿部后面和侧面肌肉群的轮廓和精细度、力度。

（二）规定动作的造型技巧

规定动作是健美竞赛规则当中要求运动员在进行比较评分时摆出的几个特定的健美造型动作。其中男子个人健美竞赛规定动作包括7个，分别是前展双肱二头肌、前展双背阔肌、侧展胸部、后展双肱二头肌、后展双背阔肌、侧展肱三头肌及前展腹部和腿部。女子个人和男女混合双人健美竞赛包括5个规定动作，除没有前展双背阔肌和后展双背阔肌外，其他动作与男子个人健美竞赛规定动作相同。在几个规定动作中的重点动作是后展双肱二头肌。

规定动作在健美竞赛过程中的作用是给运动员提供一个相同的、能够展示自己健美体格的平台，给裁判员提供一个依据，使裁判员能够从各个角度观察、比较运动员的竞赛状态和表现，让裁判员能够据此作出比较客观、全面的判断，进而给出正确的结论。

当然，运动员在赛台上做规定动作的比较时，身体的先天骨架结构和各部肌肉群的发达程度是最主要的参考因素，在比赛场上是已经不可改变的了。但是，在身体结构和肌肉发达程度接近的情况下，做好规定动作的技巧就成了决定胜负的第一要素了。

1. 前展双肱二头肌

（1）动作要求：

运动员面对裁判员站立，两脚自然分开，两腿可以采用完全伸直式也可以采用两腿微曲的“稍息式”，两臂从身体两侧向上举起至两肘关节略高于肩，屈小臂使大小臂之间略小于90°，握拳屈腕，挺胸、吸腹、沉肩、展背，表情自然。

（2）动作要领：

总体来说这个动作要求做得比较端正、稳定，尤其是上肢和上体要端正、对称；头颈应竖直，不可有上下左右的偏斜；肩要沉，背要展，不要端肩、夹背；两手、两肘、两肩的高度要对称一致，两大小臂之间的角度要一致；若采用两腿伸直式，则身体重心应该放在两脚中间，不能移向某一只脚，以免身体偏斜；如采用稍息式，则要注意将身体重心放在较弯曲的重心脚上，而不要置于两脚中间，否则，整体造型会显得呆板；脊柱要保持正直，不要有向前后左右的倾斜；表情应该自然、有活力，眼神坚定、自信，可面带微笑巡视裁判员和观众，上体可随头颈略有转体动作，以使左右两边的裁判员全面观察，不要目光呆滞，双目下垂看地面或仰面望天，更不可咬牙切齿、面目狰狞。整个动作过程中不能出现快速的晃动、震颤、摇摆、扭转等多余动作。

（3）动作技巧：

由于这是规定动作中的第一个造型动作，会给裁判员形成很深的印象，所以，这个动作做得好坏可能会左右裁判员的第一印象。

①做这个动作时首先要保持头脑清楚，不慌不忙，稳健老练，不要急于完成动作。因为如果听到裁判长刚一发出口令就立即摆好造型，这时其他的运动员还没有完成动作，裁判长就会稍等一下，这段时间摆好造型的运动员在体力上就会有较大的额外消耗。如果每个动作都是这样，运动员会因巨大的体力消耗而在后面的比赛中感到体力不支，影响最佳状态的发挥。所以，应该注意尽量和其他运动员一起完成造型动作。

②在听到裁判长发出口令后，应该先简单地做一下全身各部肌肉群的放松和深呼吸，使刚才做自然站立时紧张的肌肉有一定的恢复、缓解。之后，先将两脚的位置找好，两腿的造型摆好，臀部略向后收，然后两手张开，两臂完全伸直着分别从身体两侧慢慢向上举起，至两手举到头顶上方，双手握拳、屈腕，屈小臂使大小臂之间夹角略小于90°，同时下压双肘至略高于肩处，吸腹、挺胸、沉肩、展背，面带微笑，慢慢地稍做左右的转体，使左右侧的裁判员都能够比较全面、清晰地看到自己完美的造型。

③做此动作造型时，身体各部肌肉的收放也有一些技巧。无论是采用两腿伸直式还是稍息式，为了突出小腿三头肌，可以将双脚跟稍向上提起一点，并用力绷紧小腿肌；为了显示出缝匠肌、股四头肌及大腿内侧肌肉群，要将臀部略向后收，同时令两脚尖和两膝

分别撇向左右两侧，并用力向外撑，让大腿后群肌肉与股四头肌和缝匠肌等用力相争绷紧；头颈应自然，不要过于紧张僵硬；上举的双手用力屈腕略旋内，使小臂屈肌绷紧；肱二头肌与肱三头肌同时绷紧，使大臂屈肌和伸肌都鼓胀起来；前锯肌配合三角肌和背阔肌相争，使背部尽量向两侧展开；胸大肌略收紧或交替一紧一松，以突出胸大肌的线条（注意，如果这时将胸大肌收得过紧，会使胸大肌的体积显得小些）；腹部的腹直肌适度紧张即可，不必过分收紧，否则会使腰部显得宽些（因后面还有专门展示腹部的规定动作，所以在此不必过分强调腹直肌的体积），腹外斜肌、腹内斜肌和腹横肌等应该用力收紧，使腰围尽量缩小，同时，吸满气扩大胸腔，使胸、腰差尽量拉大，突出躯干部分的节奏感。

2. 前展双背阔肌

（1）动作要求：

此动作要求运动员面向裁判员站立，两脚稍分开，双手分别捏握在两侧腰间（手心向下，扬腕，半握拳，大拇指伸直，其余四指屈曲，大拇指在后面与前面的食指捏在侧髂嵴上3厘米左右处），挺胸、收腹、沉肩、展背，两眼巡视裁判员和观众。

（2）动作要领：

这是一个对称性要求较高的规定动作，所以，在做这个动作时要特别强调身体的端正度和均衡性。两腿自然伸直略分开，两脚跟内收，两膝向外撑顶，不要脚尖向前，那样会使腿部外轮廓“缩小”；头颈要正直，不可有任何偏斜；两肩齐平，两肘分别向左右两侧对称展开（注意不要令两肘过于向前，否则会影响背阔肌的展示），胸腔吸满气，采用腹式呼吸，腹腔收紧，两边的背阔肌尽量向两侧展开，不可耸肩、夹背、双肘向后；表情要自然，眼神自信，慢慢环视裁判员和观众，上体可以随目光向左右两侧裁判员适当扭转，以便于其全面观察，不要把肌肉的紧张写在脸上，使表情紧张、痛苦。在整个动作过程中，身体不要做有节奏的故意颤动、摇摆、晃动、来回快速扭转等多余动作。

（3）动作技巧：

①在听到裁判长发出做第二个规定动作的口令时，应该立刻停止第一个规定动作，并做深呼吸，尽快放松一下紧张的肌肉，使之有所恢复。注意观察其他运动员做动作的进程，不要急于摆好第二个规定动作。

②开始摆造型动作时，先稍低头，将双脚的位置找好，把底盘先站稳，两脚尖可略向外撇，两膝向着脚尖的方向用力向外撑顶，骨盆前倾略向后收，以突出大腿缝匠肌、股四头肌及大腿内侧肌肉群的分离度和外轮廓。不能令两脚尖、两膝朝前，骨盆后倾前顶，那样会使两大腿显得细长并且淡化腿部的肌肉线条，两腿肌肉控制并保持好（注意不要一做上体的动作就放松了下肢绷紧的肌肉），两手和两肘分别从身体后面两侧慢慢向上提起，至两手大拇指到达侧髂嵴上3厘米左右处，抬头挺胸，双肘从后向前分别向两侧展开，背阔肌随之尽量向两侧展开，这时要注意沉肩、收腹，不能耸肩，否则，显得上体长，下肢短。

③身体各部肌肉的控制技巧方面主要体现在以下几点：两脚尖撇向外侧斜前方，脚跟略分开并微微提起，用力绷紧小腿三头肌；令骨盆前倾后收，两膝向脚尖的方向撑顶，使缝匠肌、股四头肌及大腿内侧的肌肉群收紧，突出腿部肌肉的分离度和外轮廓；两肘展开后，两侧的三角肌、肱三头肌、肱二头肌、背阔肌、前锯肌等均要绷紧，但胸大肌不用特意紧张，否则会使胸大肌的体积显小，可以有节奏地使胸大肌适度紧张一下，以显示肌肉的线条；腹直肌也不用在这个动作里过分紧张，应该让腹外斜肌、腹内斜肌、腹横肌等尽量收紧，以缩小腰围，扩大肩腰围差；斜方肌中下部等只需适度紧张即可。

3. 侧展胸部

（1）动作要求：

侧展胸部要求运动员以自己较好的一侧（左侧或右侧）朝向裁判员站立，离裁判员较远一侧的腿伸直，较近一侧的膝稍弯曲，前脚掌在贴近直腿的脚心附近撑地，脚跟提起，上体稍转向裁判员，离裁判员较近一侧的手臂弯曲90° 左右（手握拳，手心向上），夹在体侧，另一只手手心向下抓握在展示手臂的腕部，挺胸、吸腹，目视裁判员和观众。

（2）动作要领：

由于是侧对裁判员站立，所以，这个动作在对称性和端正度方面要求不是很高。在做这个动作造型时，要特别注意身体重心应该偏向压在靠近裁判员一侧弯曲的腿上，这样比较有利于弯曲腿各部肌肉群线条和轮廓的展示；另一条腿可以伸直也可以微曲，但不可完全放松，相反，整条腿的各部肌肉群都应有所绷紧；这时，还要注意控制好身体的稳定性，可令两前脚掌前后、左右各有10厘米左右的距离；虽然是侧向裁判员站立，头颈仍然要保持正直，不能有偏斜；为了扩大胸大肌的面积，靠近裁判员一侧的胸部应该尽量挺高，肩部也应该尽量向后侧拉，而不能含胸、缩肩；两只手臂的屈、伸肌和三角肌同时自抗式绷紧，不要只绷紧屈肌；腹压肌用力收紧，使腰部围度尽量缩小，以突出身体的节奏感；因为赛台下面的裁判员是从左到右一字排开的，当运动员侧对裁判员时，靠近两边的裁判员就不能很好地观察运动员，为了使所有裁判员可以比较全面、清晰地观察到运动员的体格，运动员在摆好造型动作后，可以向两边的裁判员做适度的扭转；整个动作过程中表情要自然，目光可随身体的扭转而慢慢环视台下裁判员和观众。不要有过快、过多的扭转，也不要做多余的动作（如身体的上下颠动、晃动等）。

（3）动作技巧：

①在摆侧展胸部造型动作之前先做一下放松和深呼吸，同时，将自己体格形态较好的一侧转向裁判员，注意观察其他运动员的动态，找好自己的合适位置。

②距离裁判员较远一侧的腿稍弯曲，脚跟略抬起，另一条腿屈曲，前脚尖踏地，脚跟尽量提起至脚底面接近垂直地面，为保证身体重心的稳定性，两脚可稍左右分开些，两脚跟稍旋内，身体重心移向靠近裁判员一侧的弯曲腿，以利于腿部各肌肉群的紧张；这时，

距裁判员较远一侧的腿不能放松，因为两边的裁判员可以清楚地观察到这条腿的线条、形态等，所以，要做自抗式的肌肉紧张，尤其是要使臀大肌和大腿后群以及小腿三头肌的肌肉群绷紧；下肢各部肌肉群控制好后，再做上体各环节的控制，这时要特别注意下肢肌肉控制的保持，不能松懈；上体动作开始时可以先令两臂前伸，离裁判员较远一侧的手抓握住展示手臂的腕部，然后，双臂均做自抗式用力，双手向腹部拉回，至双手靠近腹部（展示侧手臂的大小臂之间夹角接近90° 左右）；头颈和上体也同时随双手的拉回自然转向裁判员，距裁判员较近一侧的肩部尽量向后拉并可令其稍微低些（不要过低，否则会使腰侧部出现皮褶），另一侧肩部可稍向前顶；胸部要尽可能抬高；背部的上边缘绷紧并挤住大臂；腰腹部收紧，使腰围越小越好。

③在动作过程中，全身各部肌肉群的控制应该注意该紧的则紧，不该紧的则要适度控制，以免有过多的体力消耗。两脚位置选好后，屈腿的脚跟应尽量向上提起，使小腿外侧比目鱼肌和腓肠肌的线条突出，远离裁判员一侧的脚跟也要略微提起，以便绷紧小腿三头肌；两大腿的股四头肌和腘绳肌自抵抗式用力收缩，以显示腿部的肌肉线条和外形轮廓；两脚跟稍旋内，同时挺髋，使臀中肌和臀大肌收紧上提，以免稍显得下肢短，给人臃肿多脂的感觉；头颈应竖直，转头时下颚略收，注意绷紧胸锁乳突肌，以增加颈部的力度；胸小肌、前锯肌、背阔肌等用力收紧使胸部尽量向上挺起，但这时不要用力收缩胸大肌，而要使胸大肌微收，如果用力收缩胸大肌虽然肌肉线条明显，但围度会“缩小”，还会破坏上体的整体形态；为了使三角肌的形态和线条更饱满、清晰，可令两手臂同时向身体两侧分开，但抓握在一起的双手是不可分开的，这样三角肌就会被绷紧；两侧的前锯肌配合背阔肌等同时收缩，使肩背尽量向两侧展开；两大臂的肱三头肌和肱二头肌、肱肌、肱桡肌等都做自抗式绷紧（不是只收缩肱二头肌），以突出上肢大臂肌肉群的围度和精细度；两手均略微伸腕上扬，使小臂伸肌群绷紧，显示出小臂的肌肉线条；腹直肌不用刻意绷紧，腹内斜肌、腹外斜肌配合竖脊肌同时用力自抗式收紧，腹横肌收紧，使腰围收缩到最小，以增大肩腰差，突出上体的节奏感。

4. 后展双肱二头肌

（1）动作要求：

这个造型动作要求运动员将背面转向裁判员，一条腿后伸，脚跟提起，两脚前后开立，上体端正挺直，两臂伸直，双手张开经体前上举至头顶上方，握拳、屈腕、屈小臂，同时，双肘分别从两侧向下降落至略高于肩（两臂也可以从身体两侧自下而上完成这个动作），大小臂之间夹角保持在略小于90° ，挺胸、吸腹、沉肩、展背、挺髋、夹臀，头颈竖直转向一侧，目视自己的肱二头肌或斜后方。

（2）动作要领：

这个造型动作要求两脚前后开立，所以，下肢是不对称的，但上肢和上体还是要求尽量做得端正、对称，不可歪斜。两脚在做前后开立动作时，后伸的脚不仅要向后退一步，而且要横向侧移30厘米左右，以便于重心的控制，不要让前后两脚的连线与矢状轴平行；双腿应微曲，不要伸得过直，否则，将不利于腿部各肌肉群外形轮廓和分离度的展示；上举双臂的造型要一致、对称，双手握拳、屈腕稍旋内，屈肘时双肘略高于肩，不要过高，更不应过低，大小臂之间夹角略小于90°，不要过小，也不宜太大；肩背部要尽量展宽，腰腹部则尽可能收紧，使肩腰差扩大，以突出上体的节奏感，但不能含胸、端肩，为了使背部各肌肉群的线条更清晰，还要尽力挺胸、沉肩；将头颈转向一侧，目视自己一侧的肱二头肌，表情自然、坚定自信，不可咬牙切齿、五官移位；身体各部肌肉控制好后，在不影响身体稳定性的情况下，上体可以慢慢向左右两侧略扭转，让两边的裁判员能够比较全面、清楚地观察到身体背面及侧面各部肌肉群的形态、发达程度和精细度等，而不要僵直不动，当然，也不要为了吸引裁判员而令身体左右摇摆、上下颠动或反复变换造型等。还有一点要特别加以注意，就是做上肢、上体造型动作时，下肢各肌肉群的控制不能忽略放松。

（3）动作技巧：

①在做前一个造型动作时，除注意动作本身要领外，还要留意裁判长的口令，一听到裁判长要求做下一个造型动作的口令后，应尽快结束前一个造型动作，先做深呼吸和简单的放松整理活动，同时，将自己的背面转向裁判员。

②造型动作过程的技巧方面应注意不要急于摆好造型动作，先观察其他运动员，调整自己的合适位置，然后，将形态、线条较好的一侧腿向侧后方伸出一步，脚跟用力向上提起，至脚底面近乎与地面垂直，两腿均稍弯曲，两膝分别向前后争顶，两脚跟略向内旋，挺髋，使两大腿的外形轮廓更突出，同时，可使臀部上提收紧；底盘站好后，需保持住，不可放松，双臂伸直，两手张开，慢慢从体前或体侧向上举起至头的垂直上方，使背部、肩部、臂部、腰部等肌肉群均绷紧，然后用力握拳、屈腕、屈肘，同时将两肘向两侧下拉，至双肘略高于肩，大小臂夹角略小于90°，大臂旋外，小臂略旋内，肩部、背部、臂部、腰部等各肌肉群皆全力绷紧；造型动作做好后，上体可以慢慢向两边的裁判员稍做扭转，使其能够比较全面地观察。

③全身肌肉控制的技巧方面，一个是要强调肌肉控制的顺序，应该先将下肢的各部肌肉群控制好后，再控制上肢和上体。再有就是全身各部肌肉群的控制，应该是张弛有度，而不是全身一起较劲。比如下肢的大部分肌肉群都要紧张，而股直肌、缝匠肌等肌肉则不需刻意紧张；上肢、上体的肱二头肌、肱三头肌、三角肌各部、背阔肌各部、斜方肌各部、肩胛肌群各部、竖脊肌各部以及腹外斜肌、腹内斜肌和腹横肌等需全力绷紧，而胸大肌各部、腹直肌等则不必过分紧张。

5. 后展双背阔肌

（1）动作要求：

运动员背对裁判员站立，一条腿后伸，前脚掌撑地，上体挺直，双手分别捏握在两侧

髂嵴上3厘米左右处（手心朝下，扬腕，大拇指伸直，其余四指屈曲），两肘分别向左右两侧撑开，吸气挺胸、收腹、沉肩、展背，顶髋、收臀，头颈转向一侧，目视自己的肩部或侧后方。

（2）动作要领：

做后展双背阔肌动作造型时，虽然是两脚前后开立，下肢不是对称站立，但头颈、躯干和上肢的造型仍然要求尽量对称、端正。为了稳定站立，同时，突出大腿的外侧轮廓，两脚不仅要前后一步开立，左右也要有30厘米的距离，并且两脚跟可略向内旋，两腿有前后的撑劲；上体要保持端正，不可有偏斜或扭转，也不要有过分的前俯或后仰，尽量挺胸、吸腹、沉肩、展背、挺髋、收臀，双手叉腰时，两肘应置于身体两侧，不要过于偏前或偏后；头颈竖直，目视自己的一侧肩部或后侧方，为使左右两边的裁判员可以较全面地观察到运动员两侧背阔肌和肩部肌肉群，在摆好造型后，上体可以慢慢地向两侧稍做扭转，头颈也要随之调整方向，但不要频繁扭转；动作过程中，要使身体比较稳定，不要有上下的颠动、左右的晃动和过于频繁的扭转等多余动作。另外，要特别说明，健美竞赛规则规定，不得有意将比赛短裤过分向上提起，故意露出臀部。

（3）动作技巧：

①这个造型动作也是背向裁判员做展示，下肢的站立方法要求与后展双肱二头肌动作相同，所以，在听到裁判长的口令后，应该立即结束上一个造型动作，做深呼吸，使全身紧张的肌肉做简单的放松，尤其是后伸腿的放松，调整状态，同时，观察其他运动员做造型动作的进程，适时开始做造型动作。

②还是先将底盘站好，如果两腿的肌肉发达程度、形态和线条近似，则应换一条腿后伸，假若两腿有差距，则仍令较好的一条腿向斜后方伸出（两脚的前脚掌前后距离约一步，左右距离约30厘米），脚跟尽量向上提起，至脚底面与底面接近垂直，使小腿三头肌的形态和线条更突出、清晰；另一条腿稍弯曲，脚跟略提起，两脚跟同时略旋内，以突出大腿外侧轮廓并使臀部肌肉收紧，这时要特别注意身体的稳定性（需多加练习）；下肢站好后，双臂可先屈臂或直臂后伸，然后双手慢慢提起至两侧腰间（大拇指按在侧髂嵴上3厘米左右处，其余四指屈曲与大拇指捏握在腰侧），两肘同时或先后向两侧展开；挺胸、吸腹、沉肩、展背、顶髋、收臀；头颈正直，目视自己的一侧肩部或斜后方。

③这个造型动作下肢臀腿各部肌肉群的控制技巧与后展双肱二头肌动作基本相同。上肢上体部分各部肌肉群松紧有别，为了最大限度地向裁判员展示身体后面的形态和肌肉群的发达程度、分离度和精细度，三角肌中后部、斜方肌中下部、背阔肌各部、胸小肌、前锯肌、肩胛肌群各部、肱二头肌、肱三头肌、竖脊肌各部等要全力绷紧，使肩背尽量宽大，肌肉更加突出；腹外斜肌、腹内斜肌、腹横肌等尽力收紧，使腰腹围尽量缩小，以扩大肩腰差，突出倒三角形；而斜方肌上部、胸大肌、三角肌前部腹直肌等只需适度的紧张

即可，不必过分用力，避免不必要的额外体力消耗。

6. 侧展肱三头肌

（1）动作要求：

运动员选择自己形态较好的一侧转向裁判员，两脚前后开立，靠近裁判员一侧的腿在前，另一条腿在后，脚跟提起，两腿均稍弯曲，上体挺胸、收腹、外顶肩，距离裁判员较近一侧的手臂垂直地面伸直，另一只手从体后抓握展示手臂的腕部，头颈竖直，目视裁判员和观众。

（2）动作要领：

这是第二个侧对裁判员的造型动作，由于是侧向裁判员站立，所以没有对称性的问题。两脚除前后分开外，左右也要有约20厘米宽的距离，以确保上体的稳定性，不要使后脚置于前脚的正后方；身体重心应放在两脚之间，不宜置于某一条腿上；上体挺胸立腰，不能含胸、弯腰；靠近裁判员一侧的手臂应该伸直，而不宜屈曲；头颈要竖直，不要过于低俯或后仰；表情应轻松、自然，不要将绷紧肌肉的紧张表现在脸上，两眼巡视裁判员和观众；上体可随目光慢慢转向两侧的裁判员，但不要快速转动身体，也不要做多余的动作或令上体上下颠动。

（3）动作技巧：

①在听到裁判长口令后，应立刻结束前一个造型动作，并令全身肌肉适当放松，做深呼吸，同时，将自己肌肉形态比较好的一侧转向裁判员，根据场地灯光和其他运动员的位置，选好自己的合适位置，观察同组选手做动作的进程。

②先令距离裁判员较近一侧的脚向前跨半步，另一只脚向侧后方移半步，双腿屈曲，两脚跟稍提起内收，两膝分别向前、后挣顶，两侧臀肌夹紧；下肢站好后，靠近裁判员一侧的手臂伸直贴在体侧，另一只手自体后抓握前面伸直手臂的腕部；上体挺胸直腰，肩向外顶，绷紧腹部肌群；头颈直立，紧而不僵，双目可随上体慢慢转向两侧的裁判员和观众，但不能反复快速扭转；表情应自然、自信。

③肌肉控制方面应该注意一些细节。两脚除前后开立外，还略有左右分开是为了提高稳定性，略提脚跟是为了绷紧小腿三头肌；脚跟略旋内可以使臀大肌、臀中肌和小腿外侧等肌群收紧；两腿弯曲，两膝前后挣顶便于大腿的股四头肌、股二头肌、半膜肌和半腱肌等肌肉群外形轮廓和肌肉线条的展现；吸气使胸大肌尽量挺高，显得上体宽大，但不要令其过分收缩、紧张，否则会使胸廓缩小，胸大肌体积减小；前锯肌用力拉引肩胛骨前伸，使肩部向外顶出，直伸的手臂有用力向外侧展开的趋势，另一只手用力阻止其外展，使三角肌的形态和线条更清晰；靠近裁判员一侧手臂的肱二头肌、肱三头肌做对抗性收缩，半握拳，手腕上扬，使大、小臂的屈、伸肌都绷紧，而不要只是肱三头肌紧张；由于两手从体后抓握在一起，所以背阔肌不能扩展，但裁判员可以观察到运动员一侧的部分中下背，

所以，还要令这一侧的背阔肌拉紧；配合中下背阔肌的收紧，前锯肌、腹直肌、腹外斜肌、腹内斜肌和腹横肌等也要一起绷紧，使腰腹部收得更紧，各肌肉群分离度和精细度更清晰；头颈竖直侧向扭转，胸锁乳突肌拉紧，突出其力度。

7. 前展腹部和腿部

（1）动作要求：

这是一个要求运动员主要从前面向裁判员展示自己腹部和腿部各肌肉群形态和分离度、精细度的造型动作。运动员面向裁判员站立，将自己肌肉形态较好的一条腿向前伸出，前脚掌着地，后面的腿微曲作为重心腿，双腿屈伸肌群均用力绷紧，两臂从身体两侧向上举起，至两肘略高于肩，屈小臂使大小臂之间夹角小于90°，令双手握拳抵在头后，上体前屈，使腹肌收紧，目视裁判员和观众。

（2）动作要领：

两腿前后分开，双腿均屈曲，身体重心放在后面的腿上，腿部摆好造型后，做腹部肌肉展示时，要注意保持腿部各肌肉群的紧张度，不得有所松懈；上体应保持基本端正，特别是摆好定势后，不可有明显歪斜；双手抵于头后时，手心应向下，以有利于臂部肌肉群的紧张；两肩要下沉，不能耸肩；特别注意在展示腹肌时，两肘要向身体两侧展开，使背阔肌尽量扩展，而不要过度向前夹肘，妨碍背阔肌的扩张，影响肩背的宽度；表情应轻松、自然，不可使面部肌肉过于紧张，咬牙切齿。

（3）动作技巧：

①如果腹肌非常好，在听到裁判长的口令后，可以在其他运动员还没有摆好造型动作之前第一个先作出显示腹肌的造型动作，以给裁判员和观众留下深刻的印象；相反，假如腹肌不是很好，则可以在其他选手摆造型时，稍慢半拍摆出，以淡化腹肌不太好的印象。

②开始摆这个造型动作时，应先将较好的一条腿向前伸出半步，脚尖点地，重心放在后面的腿上，两腿均屈曲，且令臀部略后收，这样有利于腿部肌肉群的紧张；上体先挺直，双手握拳，手心向下，小拇指侧紧抵在头后，两肘置于身体两侧，而不是体前，以便于背阔肌的扩展；上体用力向前屈曲，同时，吐气将腹部肌肉群收紧，注意这时不能放松臂部和腿部紧张的各肌肉群。

③在摆这个造型动作时，应令臀部略向后收，以使重心腿和前伸腿的股四头肌、股二头肌和缝匠肌等显示出来；前伸腿的脚跟用力向上提起，以绷紧小腿三头肌；抵在头后的双手握拳，可以收紧小臂屈肌；两大臂的屈伸肌同时用力自抵抗收缩，以显示臂部的肌肉群形态和线条；三角肌、前锯肌和背阔肌相争，使两肩下降，背部尽量展宽，前锯肌更清晰、突出；胸大肌不宜过分收缩；绷紧腹部各肌肉群时，可以采用吐气的辅助方法，使腹部收得更紧。

七个规定动作做完后，不要忘记向裁判员和观众鞠躬行礼表示感谢。鞠躬时双脚并拢，双手可轻扶在大腿前面膝关节上方，行礼时要认真、诚恳、大方，不要草率。行礼后回到自己的原位，略作放松、调整后，正面自然站立站好。

虽然几个规定动作分别是从不同的角度反映运动员的竞赛状态，都是很重要的，但对于裁判员来说，其中的后展双肱二头肌动作可以说是重中之重。因为这个动作可以让运动员传达出更多的信息，这个动作要求运动员主要展示身体后面和侧面的整体轮廓和肌肉形态，从背面裁判员可以更全面、清晰地观察到运动员的手臂部的肌肉群、三角肌各部、斜方肌各部、背阔肌各部、肩胛肌群各部、竖脊肌的发达程度、臀肌各部、大、小腿后群各部以及大腿股外侧头的等各肌肉群的外形轮廓和细部。而一般运动员都比较注重身体前面的各部肌肉群的锻炼，容易忽视身体后面各部肌肉群的刻画，如若背面各部肌肉群都比较好，前面的情况一般也都会比较好。所以，在水平相近的两个运动员进行比较时，裁判员往往会以后展双肱二头肌造型动作来作出最终的判断。运动员在平时训练和赛前训练时，应该更加注重这个动作的练习。

（三）自由造型表演的技巧

除自然站立、规定动作外，健美竞赛规则要求在健美比赛的半决赛和决赛时，每个参赛的运动员还要单独在音乐的伴奏下做自由造型的表演（男子60秒，女子90秒）。在表演过程中，要求运动员配合音乐，摆出各种各样的健美动作定位造型（男子15个左右，女子20个左右），分别从前后左右等各个方向展示健美的身体轮廓，清晰、发达的肌肉和肢体的表现能力。

裁判员通过观察和比较运动员的自由造型表演，从另一个角度更全面地了解和评价运动员的综合竞赛水平，从而准确地作出综合性的判断。运动员在这一轮比赛里，首先应当理解所选编的音乐，并设法通过肢体的造型动作将其表现出来。在造型动作的表演过程中，运动员应注意扬长避短，有优势的部位要多展示，有欠缺的部位尽量少安排动作或一带而过，而且要注意动作的规范性、连贯性和节奏感等。

1. 自由造型表演音乐的设计选编

（1）通常自由造型表演所用的音乐很少是运动员自己创作的，一般都是运动员根据自己的生活经历和对事物的好恶等剪接现成的音乐作品制作而成的。在选编过程中，运动员应大量地试听和体会各种各样的音乐作品，包括各种乐器的独奏、合奏曲，各种风格的歌曲，电影音乐、戏剧音乐、乡村音乐、酒吧音乐、舞曲等，并搜集一些自己比较喜欢的、一听上去就有感觉的曲目段落，最后从中找出自己最满意的部分，编辑合成为一个作品（男子60秒，女子90秒）。

（2）表演音乐的种类可以是多种多样的，古典的、流行的、民族的、节奏布鲁斯、摇滚、乡村音乐、电子合成乐等。表演音乐的内容可以表现各种情感，喜悦的、幽默的、

悲壮的、愤怒的等。表演音乐的题材可以是表现大自然的、爱情的、战争的等。

（3）为了便于健美表演，所使用的音乐节奏一般不宜过快，也不宜过于平淡舒缓，通常可以采用节奏不是很快但很分明的作品（一般不超过120拍/分钟），像舒伯特的交响曲《1492征服天堂》；也可以是节奏比较缓慢的、抒情的歌曲，比如歌曲《天路》、《天堂》等；或者是没有固定的节奏，但在音高、音色和音量上有较大的变化的曲子，如贝多芬的第五交响曲《命运》的第一乐章《灿烂的快板》等。

（4）虽然健美竞赛表演音乐很短，但大致也可以分为三个部分，即开始部分、中间部分和结束部分。一般来说，健美竞赛表演音乐的结构形式可以是多样的，常用的结构形式多为开始部分是比较平缓的引子，中间部分是起伏变化的过渡，最后结束部分是动人心魄的高潮，比如理查·施特劳斯的交响诗《查拉图斯特拉如是说》的第一部分《日出》；或者开始部分是很短的引子和过渡，随即进入中间的高潮环节，最后在结束部分再渐渐平静下来。总之就是音乐的主旋律要有比较明显的变化，不可过于平淡、缓慢，但也不能过于快速、激烈。

2. 自由造型表演动作的设计选编

（1）选好练好基本动作。

没有实际设计过自由造型表演动作的人往往会觉得这是一项比较难做的工作，感觉无从下手。实际上只要能做好自然站立和规定动作，自由造型表演动作的设计并不像想象的那样难，只不过在自然站立和规定动作的基础上，结合实际生活稍加改动就可以作出千变万化的健美造型动作。比如，在正面自然站立的造型基础上，两脚稍分开，身体重心移向右腿，另一条腿稍弯曲，左手臂的大臂不动，屈小臂与大臂成40° 角左右，使手与肩同高，头转向抬起的左手一侧，目视远方，这就成了米开朗琪罗的雕像作品《大卫》；在规定动作前展双肱二头肌造型的基础上，只要使部分肢体略加变化，就可以变成另一个健美造型动作。例如下肢变为侧压步，上肢、上体不动或上体略向侧屈，使两大臂与伸直的腿平行，两眼看着伸直腿的脚前地面，这就可以摆出一个完全不同的健美造型动作；再如，在采用稍息式站立做前展双肱二头肌时，下肢造型不动，两上肢基本不变，只是两手张开（四指并拢稍错开），略举过头，一高一低，抬头目视较高一侧的手，也是一个很好的健美造型动作；还可以一手变为叉腰，另一手张开，头转向叉腰侧，目视远方；更简单的，下肢与规定动作稍息式相同，将任意一条手臂伸直，略抬高，四指伸直并拢略错开，拇指张开，目视高抬的手的造型，可以给人一种积极向上，向往未来的美感，诸如此类等。其他规定动作也一样，可以在原动作的基础上稍做改动就变化出各种各样的、丰富多彩的健美造型动作，在此不再一一赘述。

（2）加强艺术修养，寻找设计灵感。

除了以健美竞赛的自然站立和规定动作为基础设计各种健美造型之外，还可以从其他的各种人类生活活动和艺术形式里找出健美造型动作设计的灵感。比如各种生产劳动、戏剧、芭蕾舞、各种舞蹈以及各种体育活动等。像模仿古人弯弓狩猎的造型，从后面看可以很好地展示背面各部肌肉群；倒退着牵引绳索的造型动作，不仅可以显示全身大部分的肌肉群，还会给人一种动感；武松打虎的戏剧造型既可以展示健美的肌肉，又可以表达一种气势；芭蕾舞剧中的许多定位造型动作既富有美感还可以展示健美的身材；再有，许多艺术雕塑作品也是很好的健美造型的素材，例如法国人罗丹的雕塑作品《思想者》、古希腊雕塑家米隆的作品《掷铁饼者》等都是许多健美运动员非常喜爱的健美造型动作原形。

健美竞赛自由造型动作的设计，是源于生活而高于生活的艺术加工过程，这就要求运动员不仅要有发达、健美的肌肉，还要有一定的艺术修养。所以，运动员除了平日健美专业的刻苦训练之外，还要注意观察周围的生活，加强学习，提高艺术修养水平。

（3）精心选好规定造型动作。

在自由造型表演过程中，男子要做约15个定位造型动作，女子做20个左右。所以，在健美竞赛自由造型动作选编时要结合自身特点精心选出规定数量的造型动作。这些动作都应该是运动员比较喜欢，而且有一定优势的。在选择时运动员应该注意扬长避短，显示有优势的部位或侧面的动作应多安排，自己表现有欠缺的动作以及不擅长的动作要少选取。在肌肉的发达程度和动作的优美程度做权衡时，应该以前者为主。不要为了表演的优美而忽视了肌肉发达程度的展示。

3. 造型动作与音乐的编排

音乐和造型动作都选好后，健美竞赛自由造型表演进入了综合演练阶段，就是根据所选配的音乐内容和定位造型动作联结的难易程度，将单个的动作按一定的顺序编排串联起来。

以理查·施特劳斯的交响诗《查拉图斯特拉如是说》的第一部分《日出》为例，作品非常形象地描述了黎明时分，一轮红日冲破黑暗，喷薄而出的过程。乐曲的开始部分表现黎明前的寒冷、黑暗，曲调低沉、有几分压抑，渐渐地几缕温暖的曙光刺破乌云，从天际闪现；但又被乌云遮住，再一次霞光冲破残云，给东方带来一片曙光；乌云又一次做垂死的挣扎，试图掩盖住太阳的光芒，而伟大的太阳是不可被征服的，最终它冲开所有的阻拦，无比坚定地从东方冉冉升起，给大地带来光明、温暖和无限的希望！在动作的编排上，开始可以采用低伏的侧压步、半跪步的，目视地面的动作，几次太阳与乌云的斗争可以通过站立动作和蹲踞动作的变化，上肢向上或向下的各种造型交替，配合目光的上下变化来演绎，在后面的高潮部分用最佳的造型动作来表现，最后的结束动作可以采用两臂展开，抬头向上的各种造型。

为了使整套动作自然、连贯，同时能从前后左右各个方面向裁判员和观众展示健美的体格，在动作顺序的安排方面可以考虑将便于转换的动作连接起来，动作与动作之间不

宜有太多、太长的过渡。例如可以从正面的各种造型动作先转为某一侧面的动作，再变为背面的造型动作，再通过另一侧的造型转回正面的动作。而不宜做体位变化太大的动作连接，如从正面的侧压步动作直接转变为背面的站立造型动作。当然，表演本身并没有一个固定的模式，可以是千差万别的，每个人都可以有自己的风格，只要在规定的时间里，伴着音乐能使裁判员和观众清楚地看到运动员健美的身材、发达的肌肉、优雅的气质和精彩的表演，就是好的健美自由造型展示。

4. 自由造型动作表演的技巧

为了能在比赛当中更好地展示自己的综合竞赛水平，运动员除了应该了解和掌握自由造型表演的音乐和动作的设计选编方法之外，在实际表演的技巧方面还要注意一些细节。①表演的起始位置的选择，一般是在舞台的中间位置（除非特殊需要，如有些运动员的起始位置在舞台的一侧），运动员出场后不要慌乱，找准合适的位置点，认真摆好起始造型动作，不能草率，注意力集中，进入表演状态，等待音乐。②在表演过程中，定位造型动作应清晰、明确，有停顿，不宜动作太多、动作速度太快，更不能连续不停地颤动、摇摆。③做好每个定位造型动作的主要技巧要点与自然站立、规定动作的要点基本一致。④从一个定位动作转换到另一个定位动作过渡时，要特别注意肢体的变换过程，步法要简单、干净，不能拖泥带水，上肢应舒展大方，不宜缩手缩脚，上体部分应张弛有度，身体不能僵硬死板，头颈要灵活挺拔，不能缩头缩脑，两目应炯炯有神，富于传情，不能两眼空空，面无表情。⑤表演时应该注意照顾到两侧的裁判员和观众，可以适当向舞台的两侧做一些展示，不要总是站在原地，只面向正面的裁判员和观众摆造型。⑥为了确保全套动作的顺畅、稳定，在没有把握的情况下，尽量少安排需要较高平衡能力的造型动作。⑦为了突出肌肉的视觉效果，运动员参加比赛时都要在身体皮肤上涂抹油色，为防止油彩污染地面或破坏肤色，在自由造型表演时，除手、足、膝外，一般尽量不使身体其他部位着地，更不要做胸、背部等大面积身体部位着地的造型动作。⑧表演结束后，不要完全放松，急于退场，而应该认真、规范地向观众和裁判员行礼致谢，然后保持最佳自然姿态退场。

在每个级别比赛的最后，要求运动员在大会音乐的伴奏下，集体做一分钟不定位的自由造型表演，这时运动员可以不按固定的位置随意做各种各样的健美自选动作，为观众和裁判员献上最后的表演。虽然每个运动员的表演位置不固定，可以自由走动，与其他选手进行PK，但要注意不能有意遮挡他人的造型表演，更不能推搡其他选手。一分钟不定位的集体自由造型表演结束后，不要忘记向观众和裁判员行礼致谢，之后，以最佳的姿态站好，听裁判长的口令退场。总之，只要在台上就不能有一丝的懈怠，直到退回后台。

第十九章 韦德训练法则32式

国际健美联合会创始人韦德先生根据健美训练的特点总结出32个训练法则，对于健美锻炼的初级者和具有世界水平的健美冠军均可采取不同的训练方法，从而达到增强体质、提高健美运动水平之目的。韦德训练法32式是在世界各国健身健美业内广泛采用的先进健美训练方法。

第一节 初练者训练法则

一、渐进性超负荷法则

增强任何健康素质（力量、肌肉围度、耐力、心肺血管功能等）的基础是使你的肌肉去负担比它已习惯的更重的工作，使肌肉承担不断增加的负荷，但要有渐进性。所有身体锻炼法的基本观念是超负荷，这也是韦德法则的坚实基础。

●负荷：重量、组数、数量、速度、训练次数等都是负荷的一部分，用于肌肉的不同训练。

●超负荷：每次训练的负荷大于前次训练。

●目的：超负荷训练造成超量恢复。

●要点：渐进性。

二、多组练习法则

在韦德系统的初建时期，多数专家建议有雄心的健美运动员对其所选用的动作，只需各做一组。如果在一次锻炼课程中选用锻炼到全身的12个动作，那就共做12组。但韦德法

则提出每个动作要练多组（3~4组）的训练法则，以使每一肌肉群都能得到彻底的锻炼而增大到其最大限度。

●每个动作进行多组训练。

●目的：使目标肌肉群达到彻底的锻炼。

三、孤立锻炼法则

可以让许多肌肉群共同来做某项锻炼动作，也可以使他们相对分离的进行这个动作。对完成某一复杂的整个动作来说，每一有关肌肉群都有其各自的作用，除起主要动力作用者之外，有的起协助作用，有的起稳定作用，有的则起对抗的作用。如求最大限度地发展某一局部肌肉，就要尽可能使其在工作时与其他肌肉活动分离开，不借用身体其他部位的助力而使其单独承受负荷来获得集中的刺激，这种锻炼方法主要用于突出加强某一部分的肌肉或着重纠正身体上某一部分的缺点。

●孤立：单独出来训练。

●要点：不借助其他肌肉辅助。

●目的：集中刺激目标肌肉。

●作用：突出加强某一部分肌肉或着重改进身体某一部分缺点。

四、迷乱莫测（动作多变）法则

促使肌肉不断发展的主要因素之一是绝不让其顺应某一锻炼课程。如果总是用老一套的方法锻炼，肌肉就会由于太习惯于某种固定的动作方式、角度、重量、次数，以及其程序编排，而感受不到强烈的刺激，不能引起良好的反应。反之，若常加变化，就能使其感受到新刺激，并能增加训练者的乐趣。

●多变：改变动作方式、角度、重量、次数、搭配及程序编排。

●目的：打破肌肉适应性。

●作用：促使肌肉不断发展，并增加训练乐趣。

第二节 中级阶段训练法则

一、优先训练法则

为了改进身体上最弱的或相对不够发达而需要重点加强的部位，可把锻炼这一部位的动作安排在一次训练课的最前面，这样就可以在精力最充沛时来做这些动作。

●优先：把要训练的重点动作放在训练课的前半部分进行。

●目的：保证需要重点训练的肌肉能够充分有效地训练。

●作用：改进弱点部位或集中加强某部位肌肉。

二、金字塔法则

肌肉纤维的增大是对重大阻力进行收缩的结果，这样做同时还增大了肌肉的力量。从理论上说，如果你把8RM作为一组，做上几组而不做准备活动，可以是一种很有效的增大肌肉和力量的锻炼法。然而你不能这样做，因为不做准备活动就用最大力量来练，具有受伤的危险。金字塔法则就是为解决这一问题而建立的。先用最大重量的60%做上15次，随后逐步增加重量、减少次数，直到用最大重量的80%做5~6次为止。这样可以有效地避免受伤。

●金字塔：训练重量随组数如金字塔般依次增长，每组次数依次减少。

●目的：减少突然大重量对肌肉的刺激，避免受伤。

三、分部分练习法则

把身体分成多个部分，对每个部分采用更多的锻炼动作和组数，在一次训练中只练一个部分，这样比在一次训练中练遍全身的锻炼强度大。

●分部分：把身体分为多个部分分别进行训练。

●目的：在固定的训练时间内更大刺激目标肌群。

●作用：使肌肉训练负荷增高，并进行超量恢复。

四、大量充血法则

使大量血液进入某一块肌肉，并使其保持在那里以促进肌肉增长。这实际上是一种局部锻炼法则。以集中锻炼胸部为例，连续使用3~4个胸部动作，中间不加入锻炼其他部位的动作， 直到这些动作做完。这样就可以使胸部肌肉充满大量血液，使其感到发胀。然后稍加休息，转练其他部位。

●充血：通过训练某一部位肌群，使血液大量进入肌肉。

●目的：集中数个动作对同一目标肌群进行集中训练，期间不夹杂其他部位动作，使目标肌群充分充血。

●作用：使肌肉最大充血达到训练极限。

五、超级组法则

把两个起相反作用的相关肌肉部位的动作连在一组内来做，这就称为超级组。把这种起相反作用的相对肌肉群紧连一起来练，当练其中之一时，有利于促进另一部分的疲劳的消除。这符合神经功能的原理。

●相对肌肉：在运动中起相反作用的肌肉。

●把一组相对肌肉的动作放在一组中进行练习。

●练习一部分肌肉时能促进相对部位肌肉恢复。

六、复合组法则

把两个锻炼同一肌肉部分的动作接连进行，就称为复合组。其目的是对这部分肌肉加大充血量。

●用两个训练同一部位肌肉的动作接连进行训练。

●目的：加强目标肌肉充血。

七、综合练习法则

肌肉细胞的不同部分具有对不同水平的锻炼起不同反应的蛋白质和能系统。肌肉纤维蛋白质遇到高阻力负荷时会增大。肌肉细胞的用氧系统则对高耐力训练起反应。因此，为使整个肌肉细胞增大就必须做高、低各种不同次数组合的练习。其次数和重量不一定按一定的幅度或程序来增减。

●目的：为了使肌肉充分增大。

●作用：使白肌和红肌同时得到充分的训练。

●用不同的重量进行不同次数的练习，并多组训练，但不一定按照一定的程序进行。

八、静力紧张法则

当你做一个动作姿势时，不论是否使用重量，最后若能静止不动，保持最大紧张度3~6秒，或静止后再重复做3次，就是静力紧张训练法。这种训练法可以增强神经对肌肉的控制能力并使肌肉线条明显突出。

●静力训练：在动作进行到顶峰时，保持动作静止不动3~6秒。

●目的：更好地控制肌肉。

●作用：使肌肉受到更大刺激充血明显。

九、周期法则

在全年锻炼的中的某一时期，应采用专为增大肌肉围度设计的锻炼课程。另一时期则应减轻重量，增加次数，并缩短组与组的休息时间以突出肌肉线条。另一段时期，则大大减小重量，主要用于休整。如此可避免疲劳过度和受伤，保持稳步前进。

●在一年的训练中分时期穿插进行大重量增肌训练和减轻重量，增加组数次数的训练。

●目的：避免长期大重量训练带来的肌肉疲劳，避免受到伤害。

第三节　高级阶段训练法则

一、欺骗法则

在肌肉锻炼中，当按正确姿势练到再也无法多做一次时，让动作稍稍偏离规定姿势的情况下或借助其他部位力量的情况下，来完成最后的1~2次动作称为“欺骗”法则。这样可以给锻炼的肌肉额外的超量的负荷。

●欺骗：也叫助力，即在肌肉已达到极限时使用助力完成最后一个动作。

●要点：之前的动作要标准，不要整个训练组的动作都是欺骗的。

●作用：加强对肌肉的刺激，加强充血。

●目的：使训练达到超负荷。

二、三合组法则

对同一肌肉部位接连做三个不同动作，期间不加休息，称为三合组。这能使你的肌肉迅速充血。这有助于促进某一部位肌肉的完美发展，并能增粗血管。

●用3个训练同一部位肌肉的动作接连进行训练。

●目的：加强目标肌肉充血。

●作用：能促进目标肌肉群全面发展。

三、巨型组法则

把锻炼同一肌肉部位的4~6个动作连接着做，期间不加休息或稍休息，使所练肌肉部位得到全面的发展。

●用4~6个训练同一部位肌肉的动作接连进行训练，期间不加休息或稍加休息。

●目的：加强目标肌肉充血。

●作用：能促进目标肌肉群全面发展。

四、先期疲劳法则

先对某一局部肌肉完成孤立动作，再接着做由多个部分肌肉来共同完成的动作。这样可以避免由于辅助肌肉力量较弱，当其疲劳无法进行练习时，目标肌肉尚未得到必要强度的刺激的问题。

●先期疲劳：对目标肌肉进行孤立动作练习，使其先疲劳。

●作用：先使目标肌肉疲劳，再接下来的复合动作中是目标肌肉达到极限训练效果。

●目的：使目标肌肉达到训练极限，辅助肌肉不十分疲劳。

五、休息—停歇法则

在一组动作中用90%~95%极限重量做2~3个，休息30~45秒，再做2~3次；休息40~60

秒，再做2次；休息60~90秒，再做1~2次。这样在一个包括7~10个动作的长组中，每次都能用接近极限的重量。这是一个增大体力兼增大肌肉块的训练法则。

●注意：需要保护。

●作用：增大肌肉力量，增大围度。

六、顶峰收缩法则

这是使肌肉线条练得十分明显的一项主要法则。它要求当某个动作做到肌肉收缩最紧张的位置时，保持一下这种收缩最紧张的状态，然后慢慢回到动作的开始位置。

●顶峰收缩：当动作进行到肌肉收缩到最紧张位置时，保持一下这种收缩状态。

●作用：加强肌肉线条。

七、持续紧张法则

在做动作时不要使用冲劲启动，不论上举或下降都慢慢完成，这样可以使肌肉一直保持紧张状态，使肌肉线条特别明显。

●持续紧张：在动作进行过程中，速度放慢，使肌肉在整个训练过程中都保持持续的紧张。

●作用：使肌肉线条清晰。

八、反地心引力法则

在动作回复下落时，用力抗住所用重量的下降是一种强度很大的锻炼方式，会使肌肉感到强烈酸痛，但能促使肌肉的迅速增长。这种训练可以增强你的肌肉和结缔组织，更快地增强体力。

●当使用过大重量时，使用助力将其举起，但用标准动作缓慢落下，使肌肉做抗重力训练。

●作用：可快速增大力量。

●注意：不可过多使用。

九、强挤次数法则

在动作已经无法进行，所训练的肌肉到达极限的情况下，由同伴帮助渡过困难的胶着

点继续完成动作。这样继续做2~3个动作。可以是肌肉达到超乎寻常的疲劳度，以刺激肌肉更加增大，更为结实。

●作用：超负荷训练，超量恢复，肌肉增大。

●注意：易受伤，不可常用。

十、双分部法则

一天进行两次分部分肌肉训练，每次练1~2个肌肉群，在一次训练中只练1~2个肌肉群可以使用更多组数和更多动作，有利于促进肌肉增长。

●作用：训练的密度大，单部分训练充分，肌肉增长快。

●注意：恢复问题。

十一、三分部法则

一天进行三次分部分肌肉训练，每次练1~2个肌肉群。

●作用：训练的密度大，单部分训练充分，肌肉增长快。

●注意：恢复问题。

十二、烧点法则

当以正常的姿势尽力做完一组的最后一次动作后，再续做几次短而不完全的动作，让额外的血液进入到锻炼中肌肉内，从而引起肌肉极度的酸痛感。这些额外的血液和乳酸会使肌肉膨胀和微血管增生。有助于肌肉围度增大和肌肉内的血管增粗。

●烧点：乳酸和血液通过训练被挤压入细胞，使肌细胞有酸胀疼痛感觉。

●在力竭的情况下继续做2~3个不完整的动作。

●目的：使血液和乳酸大量进入肌细胞。

●作用：使肌细胞膨大，增大肌肉围度。

十三、质量法则

在按规定的组数和次数进行锻炼时，逐渐减少组与组之间的休息时间。可使肌肉纹路和肌肉内血管更加明显突出。

●在训练时减少组与组之间的休息时间。

●作用：增加肌肉纹路与线条。

●注：一般用于赛前。

十四、渐降组法则

当用一定重量来做一个动作时，到规定次数无力再做时，迅速减轻重量，继续做几次，再迅速减轻重量再做几次。这样的练法可以使一个动作的锻炼强度达到一般难以达到的程度。

●在一组动作中使重量进行渐降，中间不休息的训练方法。

●目的：肌肉达到极限。

●作用：大量充血。

●注意：不可多做，极其耗费体力。

十五、部分动作法则

为了增大肌肉的力量和围度，可以在练基本动作时，只练动作的一部分。不论是动作的开始、中间、结尾部分均可。这样可使与这部分动作有关的肌肉组织得到充分的锻炼，取得最大锻炼效果。

●在训练时只做动作的某一部分。

●目的：增大肌肉围度。

●作用：使相关肌肉充分充血。

十六、快速法则

在训练一段时间并掌握正确的训练动作后，在保持正确动作的前提下，使用较大重量用暴发性的动作来做。思想上要集中于尽快地完成。

●注意：动作要标准，需要一定训练基础。

十七、交错穿插法则

把身体上一些较小部分、肌肉非常紧密结实、一般发展较慢但不需花费很大精力的肌肉（如前臂、颈、小腿、斜方肌等）的训练交错插放在大肌肉群的动作之间。

●把大肌肉群和小肌肉群的训练穿插完成。

●作用：节约训练时间。

●注意：极其消耗体力。

十八、直觉法则

只有自己知道什么样的训练对自己的效果最佳。对于训练各人的反应不完全相同，通过实践的体验就能迅速而正确地感到自己身体的反应，并依这种直觉来进行锻炼。

十九、兼顾法则

把发展大块肌肉和使个别肌肉孤立起来精细加工的两种锻炼动作结合起来放在一个锻炼课程内。把各种对自己最有效的训练法则应用于自己的锻炼系统中。结合“直觉法则”掌握把体力、形态和肌肉块一起增强到最大限度的方法。

第五部分

管理篇

第二十章 健身教练

第一节 健身俱乐部教练员的职业要求

（一）要合理安排好健身俱乐部的巡场教练和私人教练的工作分工。私人教练是近年来在国内的健身俱乐部广为流行，其特点是为会员提供一对一的个性化服务，对会员的锻炼的指导更加细致，从而收到更好的锻炼效果。而巡场教练是健身俱乐部不可缺少的岗位，有的会员不需要聘请私人教练，只是有一般的保护和帮助即可以了。因此私人教练和巡场教练要合理安排，不可顾此失彼，应该根据会员的实际需要，满足会员的不同的需求。

（二）能否正确地使用保护与帮助的方法，是衡量一名教练员是否合格的重要标准，确保会员不出现伤害事故是教练员的职责，在锻炼前要指导会员做好充分的准备活动。

（三）不论是巡场教练或是私人教练都要遵守体育职业道德。一名出色的健身教练员具有谦虚好学的学习精神，刻苦钻研业务，不能直接或间接贬低同事，更不能当着会员的面讲健身俱乐部其他教练在技术方面的不足。

（四）不可以在背后议论他人，更不准背后贬低他人，这样不利于团结，也不利于开展工作。

（五）健身俱乐部的集体有氧健身操教练多数是兼职教练，需要遵守时间观念，绝对不准迟到，也不能请假。因为会员会在规定的时间来上课，如果有重要事情，需要该教练找一位教练代课，当然要在事先征得健身俱乐部主管的同意。总之集体有氧健身操教练应保证按时上课，不可以迟到和缺课。

第二节　健身健美教练员的培训

国家体育总局社会体育指导中心和中国健美协会从1998年颁布了《健身指导员技术等级制度》，填补了健美教练员培训和教练员持证上岗的空白；在全国率先举办了“健身健美教练员培训班”，取得了良好的效果。目前在全国20多个省市自治区直辖市中，中国健美协会健身指导员多达20多万人，中国健身指导员技术等级制度的实施，使我国健身俱乐部得以普及，教练员的素质明显提高，从而取得了良好的社会效益。

一、中国健身指导员技术等级制度

第一条　为发展我国健身健美事业，加强健身指导员队伍的建设与管理，对群众性健身健美活动进行科学的指导，根据《中华人民共和国体育法》、《国家体育总局关于运动项目管理中心工作规范化有关问题的通知》中的有关规定，制定本制度。

第二条　健身指导员是指在体育健身健美行业中从事教学活动、锻炼指导、技能传授、业务咨询、组织管理等工作的人员。凡符合条件，履行职责者，均可根据本制度的规定，申请并获得相应的健身指导员技术等级。

第三条　健身指导员技术等级称号分为：三级健身指导员、二级健身指导员、一级健身指导员、国家级健身指导员。

第四条　申请技术等级称号或晋升上一等级称号者均应参加相应级别的业务培训，考核合格并具备下列条件：

（一）三级健身指导员必须具备：

1. 高中或中专以上文化程度。
2. 身体健康，有一定的健身健美理论基础和实践经验。
3. 获得国家体育总局健美项目“三级运动员”称号（或符合该称号的申报条件）。
4. 获国家体育总局其他运动项目“二级运动员”或以下称号。

（二）二级健身指导员必须具备：

1. 从事三级健身指导员工作满1年以上。
2. 体育专业本、专科在读二年级以上（含二年级）学生。

3. 非体育专业专科以上毕业生。

4. 获国家体育总局健美项目“二级运动员”称号（或符合该称号的申报条件）。

5. 获国家体育总局其他运动项目“一级运动员”称号。

（三）一级健身指导员必须具备：

1. 从事二级健身指导员工作满1年以上。

2. 高等院校体育类专业本科应届毕业生。

3. 体育类专科毕业满一年，且有1年以上健身俱乐部工作经历。

4. 获国家体育总局健美项目“一级运动员”称号（或符合该称号的申报条件）。

5. 获国家体育总局其他运动项目“运动健将”称号。

（四）国家级健身指导员必须具备：

1. 从事一级健身指导员工作满1年以上。

2. 高等院校健身健美、社会体育及运动康复类专业本科毕业满1年，且有1年以上健身俱乐部工作经历。

3. 获国家体育总局健美项目“运动健将”称号（或符合该称号的申报条件）。

4. 获国家体育总局其他运动项目“国际健将”称号。

第五条　申请健身指导员技术等级称号应向中国健美协会或其委托的组织提交下列材料：

（一）健身指导员技术等级申请表（参加培训时填写）。

（二）健身指导员技术等级证书副本原件和复印件。

（三）本人身份证、学历证明、获得国家体育总局健美（或其他项目）运动员技术等级证书或符合申报相应技术等级的比赛成绩原件和复印件。

（四）健身机构工作证明（打印并加盖健身机构公章）。

第六条　受理申请的组织在审查申请人提交的材料完全具备后，应按照申报的级别收取相应的培训费用，并按要求组织培训。经考核，成绩合格者，授予中国健美协会统一制作的健身指导员技术等级证书。

第八条　各级健身指导员应依照下列规定从事健身指导工作：

（一）从事普及和宣传健身健美运动的指导工作。

（二）在不违反国家有关规定的情况下从事专项技能传授、锻炼指导等有偿服务。

第八条　国家级健身指导员和尚未成立健美协会的地区及行业系统的各级健身指导员均可在中国健美协会注册。

第九条　一、二、三级健身指导员应到省、自治区、直辖市、新疆生产建设兵团、

行业体协的健美协会进行注册。已经注册的健身指导员跨地区迁移时，迁入地区的管理部门应承认其技术等级称号。健身指导员注册应提交以下材料：

（一）健身指导员技术等级登记表。

（二）健身指导员技术等级注册证书原件。

（三）本人身份证原件。

第十条　注册有效期为两年，注册时间为有效期满前6个月。逾期不注册的证书无效。取得证书之日视为首次注册的日期。

第十一条　各级健身指导员注册费用为20元人民币。

第十二条　健身指导员的培训，采用中国健美协会审定的统一教材。教学工作由中国健美协会培训委员会负责。

第十三条　健身指导员违反本制度第七条的有关规定，给健身健美事业的发展造成不良影响者，由所在单位、有关体育组织或健美协会予以批评教育，责令改过。情节严重、影响恶劣的，由其所在单位、体育组织或健美协会报请中国健美协会撤销其技术等级称号，并收回证书。触犯刑律的由司法部门依法追究其刑事责任。

第十四条　本制度自颁布之日起施行。

二、健美教练员专业培训的基本内容

（一）健美教学

1. 教学方法

（1）竞赛动作教学的特点

（2）竞赛动作的教学方法

（3）讲解示范

（4）保护与帮助保护和帮助的意义

（5）保护与帮助的一般方法

（6）保护与帮助应注意的事项

2. 教学计划的制定

（1）教学大纲

（2）教学进度

（3）健美课教案

（4）课的内容

（5）课的任务

（6）开始部分
（7）准备部分
（8）基本部分
（9）结束部分

（二）健美训练

1. 训练原理
（1）训练基本原理
（2）训练原则
（3）多年系统训练原则
（4）全面身体训练和专项训练相结合原则
（5）坚持“三从一大”训练原则
（6）区别对待原则
（7）全面训练与分部训练结合原则
2. 训练计划的制订
（1）多年训练计划
（2）全年训练计划
（3）阶段训练计划
（4）周训练计划
（5）课训练计划
（6）训练计划制订方法
（7）初级运动员训练计划制订
（8）中级运动员训练计划制订
（9）高级运动员训练计划制订
3. 运动量
（1）科学安排运动量的意义
（2）健美训练运动量安排方法
（3）安排运动量的要求
（4）运动量安排的方法

（三）形体训练

1. 形体训练的原则
（1）全面性原则

（2）全面性原则的含义

（3）全面性原则的依据

（4）贯彻全面性原则的要求

（5）从实际出发原则

（6）从实际出发原则的含义

（7）从实际出发原则的依据

（8）贯彻从实际出发原则的要求

（9）循序渐进性原则

（10）不间断性原则

2. 形体训练的内容和手段

（1）肌肉力量训练

（2）柔韧素质的训练

（3）协调性的训练

（4）减肥练习

（5）把杆练习

（6）跑跳练习

（四）运动医学

（五）私人教练的教学与服务

（六）有氧训练

（七）其他（略）

第三节 健身私人教练

一、健身私人教练的性质与特点

图20-1

（一）私人教练的性质

私人教练是为训练者提供健身训练指导与帮助的有偿性教练服务。

私人教练与巡场教练的区别：私人教练对会员遇

到的健身锻炼提供一对一的有偿服务，巡场教练为客人提供常规的健身无偿服务。

（二）私人教练员的特点

1. 差异性：针对一般会员的特殊要求及特殊会员的一般要求；

2. 针对性：每个会员都是不同的，需要区别对待；

3. 有偿性：私人教练需要交付课时费；

4. 专业性：专业的知识、高超的训练技巧；

5. 服务性：私人教练是服务行业，服务行业通行的服务标准在这一行同样适用。

图20-2

二、私人教练的权利和义务

（一）私人教练员的权利

获得双方认可的工资及提成，享受俱乐部提供的员工待遇。

建议：作为成熟的俱乐部管理方，应该从俱乐部稳定性的角度出发，为员工提供稳定的环境。如上三险，提供适当的工资及提成。

（二）私人教练的义务

为俱乐部创造收益，遵守俱乐部的规章制度。

建议：作为成熟的从业人员，选择适合自己的工作岗位，从职业发展角度考虑，将眼光放长远，遵从职业道德。

私人教练是俱乐部的重要人力资源。

优秀的教练流失＝服务品质下降＝降低市场竞争力＝会员流失＝低的续费率＝经营者的失败。优秀的教练队伍＝高水平的服务品质＝高市场竞争力＝会员的增加＝高的续费率＝健身房效益的提升。

三、私人教练员工作状态的禁忌动作

1. 当客人在场时，有松懈的姿势和举止；

2. 不注意客人，当客人在场时聊天；

3. 员工之间聊天；

4. 肮脏或不整洁的工作区域；

5. 坐着为客人服务；

6. 在上班时看杂志；

7. 在工作区吃东西或喝饮料；

8. 用客用设施（更衣室、洗手间、淋浴间、健身房等）；

9. 穿不得体的工服；

10. 大声说笑；

11. 为引人注目而叫喊；

12. 在营业区看电视；坐在训练器械上休息；

13. 发现不足而不报告；

14. 用不专业语言及语气接听电话；

15. 在会议或讨论中谈论无关的话题；

16. 走路过分的慢，手在兜里。

图20-3

四、私人教练员的接待和咨询技巧

（一）要了解会员的基本情况分析会员类型

1. 年龄、职业、性别
2. 家庭、单位经济状况
3. 健身目的
4. 离俱乐部的距离
5. 健身卡日期长短
6. 其他情况

（二）善于分析会员的类型

A型：一级客户（比较容易销售成功的）。如：想参加健美比赛的会员、模特或其他演艺人员，产后恢复人员，企业高管或老总，生理病变人员等。

B型：二级客户（如果长期跟踪可以成功的）。如年龄在27~30岁的未婚减脂女性，增重、增肌的会员，塑形要求强烈的女会员，长期训练效果不理想的老会员等。

C型：三级客户（难度较大的）。如一般上班族、短期会员、赠卡会员等。

（三）善于接触会员

通过接触会员，拉近彼此距离，证实会员个人资料，了解会员健身目的，对私教收费能否接受等。与会员接触时要做到：

1. 自然接触，不要唐突；
2. 多接触新会员；
3. 要做到有效接触；
4. 注意掌握接触的度，防止引起会员对私教销售的厌恶。

五、私人教练员的工作流程

（一）建立会员个人档案

◆不仅是按照健身房的会员档案来做，好的私人教练对他的会员的情况应该是了如指掌。

◆对会员情况的了解可以加深与会员的交流，对私教销售和会员的续课以及续会方面都有着极为重要的作用。

（二）为会员进行免费的体测

◆做好详细的体测是为健身计划的制订打下良好的基础

◆体测的方法

（三）为会员制订健身课训练计划

◆针对性

◆合理性

◆周期性

（四）带领会员完成训练计划

（五）准备用具

1. 会员健康调查表
2. 会员私教申请表
3. 会员训练日记

4. 私教课时计算表

5. 私教管理跟踪表

6. 人体体能测试仪

7. 人体成分分析仪

8. 腰包、名片、计算器、日历、记事本、文件夹等

六、私人教练员的工作方法与要点

（一）私人教练的工作方法

1. 不要承诺：减肥效果需要靠会员与私教的共同配合；
2. 适当赞美：善于发现会员的优点、亮点；
3. 能听会说：对于喜欢讲话的会员，做到聆听更为重要；
4. 体现商业性：要加强互动；
5. 各种训练计划书写如流：书写速度快；
6. 讲解与示范相结合；
7. 带领会员做准备活动：8分钟；
8. 带领会员做整理活动：课后8分钟，赠送的服务；
9. 私人教练的授课价格：根据市场等综合因素而制定（50元、80元、100元、150元、200元、300元、500元不等）；
10. 私人教练的授课时间：30、45、60分钟；
11. 为会员建立初次测量记录登记制度；
12. 对不买课程的会员：让他做动作，指出他的错误，向他问问题，证明这些基础的他都不知道，需要买课程。

（二）私人教练的技术工作要点

1. 保护的手位、手法：私教的手不要接触会员的身体，要接触器械；
2. 保护的站位：私教距离会员的位置要近，应在1米范围内；
3. 保护的时机：私教要精神集中，不能过早抬杠铃，更不能让杠铃把会员压住；
4. 带领会员做准备活动：训练之前带领会员

图20-4

做准备活动非常必要，否则容易受伤；

5. 合理安排训练时间、项目；

6. 讲解和示范相结合，以会员锻炼为主；

7. 注意保持良好的个人卫生。

七、合格私教应具备的基础素养

◆运动解剖学：人体组织名称与作用、骨骼系统、肌肉系统；

◆运动生理学 ：运动损伤预防；

◆运动生物力学：器械锻炼的各种方式与人体关节角度、关节幅度；运动过程中的最佳角度与效果；

◆运动营养学：不同健身人群营养的供给；锻炼前、中、后营养供给的方法；

◆社会消费心理学：了解消费欲望、消费动机、消费环境、消费氛围、消费素质、消费因素（年龄、职业、知识结构、经济收入等）。

八、推销私教过程中应注意的细节

由于私人教练是在健身房与会员接触时间最多的员工，所以也是健身房中最优秀的销售。

建议：健身房制定合理的规定让私人教练能够更多地参加到销售中来。

1. 对自己需要推销的会员，每次见到要微笑，打招呼；

2. 会员没来健身，要经常电话问候；

3. 常询问会员训练效果；

4. 节假日发个人问候；

5. 观察对象的训练习惯，在其训练难受时及时出现；

6. 要及时指出会员训练上的错误；

7. 有意识把自己正在接受私教训练的会员带到欲推销对象旁边训练等。

第四节　健美运动员全年训练计划的制订

男子健美比赛自从2002年在韩国釜山举行的第14届亚运会上被列为正式比赛项目以

来，健美运动在亚洲各国取得了前所未有的发展，许多国家对健美运动的重视程度普遍得到加强。特别是在2006年卡塔尔多哈第15届亚运会上，有更多的国家和地区的运动员参加了健美比赛。由此可见，提高我国健美运动水平，选拔和集训国内优秀健美运动员进行系统训练已经是摆在我国健美运动员面前的当务之急。

在所有的竞技体育项目中，训练规律的共性之一就是要重视运动员的多年训练计划和全年训练计划以及阶段训练计划。有计划并科学合理地安排训练对于运动员和教练员都是十分重要的，教练员要根据运动员的基本情况和专项特点，结合全年比赛任务而制订全年训练计划。健美运动员和其他竞技体育项目一样，通常都是以年度系统训练为重点周期，制订全年训练计划是从事系统训练的教练员的重要的基本工作。若没有一个全年训练计划，就不能对全年各训练周期作出整体的训练安排，就无法有效解决技术上存在的问题。因此，全年训练计划是一系列训练计划中最为重要的训练计划。

健美运动员的全年训练计划应包括下列内容：运动员现状分析、训练周期划分和安排、专项训练内容、一般身体训练内容、恢复训练内容、运动负荷的安排（即运动量的节奏）、心理训练和参加比赛的准备工作等。

健美运动员的全年训练计划应根据全年的比赛任务，划分若干个训练周期，整个训练过程循环进行，要通过一个周期解决一些问题，如提高全身各部位肌肉的发达程度、改进自己的薄弱环节、自由造型动作表演的艺术性等，从而提高健美专项能力和比赛能力，以使自己在比赛中保持最佳的状态和最充沛的体力，达到夺得冠军和获得预期的名次，取得理想的比赛成绩的结果。

一、运动员现状分析

健美教练员要根据每一个健美运动员的现状，如对运动员年龄、性别、训练年限、运动水平、伤病情况、健美专项能力等综合情况作出分析，因人而异，区别对待，制订出切合运动员本人实际情况的全年训练计划。

二、训练周期划分和安排

全年训练周期划分和安排，首先要根据竞技状态具有“获得”、“保持”、“暂时消失”3个阶段的规律划分，分为准备期、比赛期、过渡期。（表20-1）

表20–1　年度训练周期划分安排

月份	1–3月	4月	5月	6–8月	9月	10月	11–12月
周期	准备期	过渡期	比赛期	准备期	过渡期	比赛期	休整期

（一）准备期：基本任务是改善人体机能水平，提高心肺机能，提高承受大运动量的能力，特别要策重提高专项能力，如发展肱二头肌、肱三头肌、背阔肌、胸大肌、股四头肌等肌群，每周训练六天，每天训练2次，每次训练90~120分钟，技术方面要注重解决薄弱环节，如表演差的运动员要多练自由造型动作，而不是到比赛前才开始抓自由造型动作，否则将为时过晚，提高比赛能力在准备期是至关重要的。

（二）比赛期：此时的基本任务是保持巩固已获得的竞技状态，使竞技状态保持最佳状态，直到比赛的全部过程。按照国内健美比赛的惯例，一般5月份举行全国健美锦标赛，10月份举行全国健美俱乐部赛，这就是我们所说的双峰期，健美运动员特别要保持肌肉线条的清晰度和分离度，健美训练要适应比赛的需要，此时期可以适当减少身体训练和大重量的力量练习。

（三）过渡期：其基本任务是消除疲劳，对伤病进行积极的治疗，为进入准备期奠定基础，这一时期的训练负荷强度不宜过大，应采取循序渐进的做法。

三、训练内容与实施

（一）专项训练内容

1. 竞赛动作

男子7个规定动作，女子5个规定动作；自由造型动作和自然站立姿势。

2. 练习项目

（1）上拉类：高位滑轮下拉、卧拉、硬拉等；

（2）上推类：坐推、颈后推、实力推、卧推、颈后双臂弯举等；

（3）腿部类：前蹲、后蹲、后半蹲等；

（4）腰腹类：弓身、山羊挺身、仰卧起坐等；

（5）其他。

（二）一般身体训练内容

选择一般身体训练的内容，要结合健美项目特点，应选择以柔韧性、协调性和有氧运

动、耐力为主的项目。如：4000米慢速跑、徒手体操、拉抻韧带等项目；通常每周四上午安排一次身体训练。

（三）恢复训练内容

运动水平越高，恢复训练的重要性愈强，目前各项目国家队都配有专职队医，这些队医的主要职责是帮助运动员恢复体力，完成第二天大运动量的训练。恢复训练一般在训练课后进行，时间为30分钟左右，内容有按摩、蒸汽浴、理疗等。

（四）运动负荷的安排

运动量以1个月为周期，三周大，一周小。该调整运动量时要舍得减量。在一周内的运动量也要有节奏，即：周一、二、三大，周四小，周五、六大，周日休息。健美运动员可以采用多课次、多组数、中低强度、中多次数的训练方法。

（五）心理训练

在运动心理专家的指导下进行（略）。

（六）参加比赛的准备工作

健美运动员在参加比赛之前，要制订周密的参赛方案，即充分的准备工作，为最终取得优异成绩奠定基础，准备工作包括：

1. 运动员参赛服装和比赛用品（如比赛油色等）。

2. 运动员赛前减体重专用营养品和食品及脱脂饮食方法。

3. 适应大赛的专项训练，如：男子7个规定动作、女子5个规定动作、自由造型动作和自然站立姿势等。

4. 模拟大赛的参赛训练等。

总之，教练员要根据运动员的基本情况和专项特点，结合全年比赛任务制订计划。全年训练计划制订得是否科学合理，将直接影响到运动员乃至一个运动队（集体项目）全年比赛成绩的成败，同时也反映了教练员的综合素质和执教水平。

第二十一章　健身俱乐部

第一节　健身俱乐部的安全管理

一、健身俱乐部概述

随着社会的进步和人们生活水平的提高，体育产业近十年来在世界范围内得到了迅猛的发展，而健身俱乐部作为体育产业的一个项目，也得到前所未有的普及和发展。随着我国改革开放的深入进行，特别是自2001年我国加入WTO世界国际贸易组织以来，我国在经济领域中与世界各国有了更加广泛的交往，在文化和体育方面的往来也不断增加，目前北京、上海和深圳等地区的健身市场十分活跃，深受人们喜爱的健身俱乐部在全国各地如同雨后春笋般地遍地开花。既有高档的健身会所和具有豪华健身设备、游泳池、网球馆等多功能的大型豪华健身中心，也有收费较低定位于大众健身的中小型健身俱乐部，同时还有合资和外资等不同经济形式的健身俱乐部。目前我国的健身俱乐部呈现出方兴未艾、百花争艳的新局面。经营健身俱乐部的目的是创造经济效益和社会效益，早日收回投资。

达到赢利之目的是投资者的愿望，要实现这一目的和愿望则需要提高管理水平，要本着诚信的原则，采用科学有效的管理方法和手段，为会员提供一流的服务，最终实现创造良好的经济效益和赢利的目的。所以说一个健身俱乐部的管理水平将直接影响该健身俱乐部的经济效益，加强对健身俱乐部的管理是至关重要的工作。

二、防火安全

开办经营性健身俱乐部的资质是十分重要的，健身俱乐部与任何一个企业一样，都要

取得健身俱乐部经营许可，这是必须做的第一件事情，也是合法经营的基本条件。这些资质包括：工商营业执照、税务登记证、卫生许可证以及消防防火、治安等有关部门的检查验收，千万不要忘记每个月的税收报表和每个季度的税务申报以及每年的工商年检都是特别重要的工作，不能以任何理由延误此项工作。如果不能按照规定的时间进行的话，轻者将会受到罚款的处理，重者则会被注销营业执照。

（一）健身俱乐部安全方面的要求：

1. 健身俱乐部要有足够的安全通道，并设有紧急出口，安全门要安装成向外开，安全门的标志要醒目。

2. 健身俱乐部的所有电器设备必须有接地线的开关和漏电自动切断开关系统，以确保在电源短路的情况下不会失火。

3. 健身俱乐部要配置齐全的消防器材和火警系统，要定期检查消防器材的有效期，到期时要及时更换。

4. 健身俱乐部内严禁吸烟（在指定的休息区例外）。

5. 健身俱乐部内要有监视系统，用于预防事故和防盗，可供公安机关查询治安情况。

6. 健身俱乐部内不得提供高度酒。

7. 大型健身俱乐部应有医务监督，中小型健身俱乐部必须备有医用急救箱，供会员使用。

8. 健身俱乐部要有发生火灾等紧急情况的安全预案，在适当的时候进行演习，以确保会员的安全。

（二）健身俱乐部的安全管理制度

1. 健身俱乐部内严禁吸烟。

2. 请勿携带贵重物品，如携带请存入贵重物品存放处。

3. 每天闭馆前要检查各种电器设备、电源是否关闭，并且要有安全记录。

4. 消防器材和消防工具要放在明显的位置。

5. 安全通道保持开放、畅通。

6. 健身房配有急救箱及急救必须用品。

7. 员工了解失火情况的处理方法，明确了解报警程序，记住火警报警电话——119。

8. 员工掌握急救方法，了解急救用品的正确使用方法，记住急救电话号码——120。

三、预防伤害事故

不论是在健身俱乐部，还是国家队或是省级优秀运动队，只要是在体育运动训练中，锻炼者都会有发生运动损伤的可能，一旦发生运动损伤，会影响运动水平的提高。在健身俱乐部发生运动损伤的情况时有发生，甚至还有在健身俱乐部锻炼时发生心脏病猝死的情况。所以预防运动损伤的发生应该引起健身俱乐部管理者的重视。

（一）发生运动损伤的原因

1. 思想上不够重视

运动损伤的发生，常与教练员和体育锻炼者对预防运动损伤的意义认识不足或麻痹大意有关，没有积极采取各种有效的预防措施。

2. 缺乏合理的准备活动

不做准备活动或准备活动不充分，会导致发生运动损伤。例如：在2001年2月，北京市5届健美冠军获得者李强，看到他的同伴在练习卧推，杠铃的重量已经增加到120千克，李强没有做准备活动，就直接加入到同伴的练习当中。健美冠军李强没有经过热身便直接用120千克做卧推，虽然120千克的重量对他来讲只是百分之八十的重量，但是却发生了胸大肌肌肉断裂，造成了严重的肌肉损伤，致使停训时间达6个月之久，中断了李强的健美运动生涯。准备活动的强度安排不当，违反了循序渐进的原则和功能活动的规律，这是一个不重视准备活动的深刻教训。

3. 技术上的错误。

违反了人体结构功能的特点及运动力学原理而造成创伤。如在举重抓举训练中，当提肘甩臂动作完成后，杠铃已举过头顶，两臂已伸直，正确的技术是杠铃上升路线应该是先贴身、后向上进行。但如果支撑杠铃时，杠铃上升的惯性向后上方滑行，杠铃已经从运动员头顶上方后移，此时应顺势将杠铃扔掉，如果运动员坚持做锁肩动作，其肘关节非常容易脱臼。

4. 运动负荷（尤其是局部负担量）过大。

如在一次举重训练课中，上拉动作安排过多，每天都集中安排宽拉、宽硬拉、窄拉、窄硬拉、垫人拉、垫铃拉等上拉动作，急于提高上拉力量，造成腰背肌负担过重，导致发生腰背肌肉拉伤，其结果是欲速则不达。

5. 身体功能和心理处于不良状态时。

例如：通常在10月份全国冠军赛后运动员放假14天，当探亲假后归队时，运动员各项力量指标已经下降，此时若冲击95%以上的强度，则很容易受伤。

还有诸如组织方法不当、动作粗野或违反规则、场地设备的缺点、不良气候的影响等都是可能造成运动损伤的外界因素。

（二）预防运动损伤的措施

1. 应合理安排运动量。月计划：一般采用3周大1周小。该调量时，则须降低训练强度及总负荷量。如果一味盲目坚持大运动量，在运动量安排上没有训练节奏，等待运动员的不是提高成绩，而是受伤。
2. 身体出现疲劳、体力下降时，不可以冲击极限强度。
3. 遵循循序渐进、区别对待等训练原则和训练规律。
4. 在专业教练员指导下进行训练。
5. 加强医务监督，定期进行身体机能测试。

四、安全保险

随着社会体育活动的普及，参加体育锻炼和竞赛活动的人数日益增长，那么发生受伤的概率也会增加。由此而引申出新的问题，就是由谁负责承担医疗费用？譬如在健身俱乐部，当发生会员受伤的时候，会员通常是向健身俱乐部索赔医疗费用，这是一个新的法律问题。如何维护锻炼者、会员和体育单位、健身俱乐部的利益，建立公平的机制，应引起思考和重视。

目前采取保险公司为运动员、会员投保的方案是可行和必要的。一旦发生运动损伤，由保险公司为其支付费用，可以减轻受伤者和体育单位的经济负担；其医疗费用由保险公司解决，责任明确，可避免发生经济纠纷。北京市某体校于2002年在保险公司为全体校业余少年运动员投了意外伤害险，当年发生了一例运动员骨折，结果由保险公司负责解决了医疗费用，避免了学生家长与体校的纠纷，减轻了受伤学生家长的经济负担。

第二节　健身俱乐部的主要岗位设置和职责

一、健身俱乐部的人员设置

1. 总经理（有的称为店长）；

2. 销售部经理、教练部经理，大型健身俱乐部还设有客服经理、市场部经理；

3. 销售部主管、私教部主管、有氧课程部主管、财务主管；

4. 会籍顾问（有的称为健身顾问）、私人教练、集体有氧课程教练（通常以兼职为主）。

二、健身俱乐部总经理的主要职责

担任健身俱乐部的总经理应该是一位经验丰富、工作能力强的人，他对于健身俱乐部创造丰厚的经济效益是至关重要的。总经理的工作要点：

1. 根据董事会的要求，制定阶段工作计划和工作任务。

2. 落实巡视和检查，确保健身俱乐部的运营安全。

3. 了解、分析会员的消费观念和状况，不断提高服务质量。

4. 定期组织员工和教练员的岗位培训，提高工作效率。

5. 全面负责健身俱乐部的日常工作，贯彻执行健身俱乐部的各项规章制度，保证各项任务顺利完成。

6. 充分调动全体员工的积极性，以表扬为主，批评为辅，奖惩分明。

7. 审核签发各部门主管的物品采购、领用、费用开支单据，按部门预算控制成本开支，做到节源增效。

8. 加强员工之间的团结，搞好各部门之间的协调配合。

9. 减少不必要的损耗和浪费，如宣传册要充分利用，不准随意丢失。

10. 根据工作完成情况，提出奖惩办法，上报董事会。

11. 根据健身俱乐部的市场变化，调整卡种和经营方式。

第三节　健身俱乐部从业人员的基本要求

一、健身俱乐部工作人员的职业要求

健身俱乐部属于体育经营项目的服务行业，把会员视为上帝，礼貌待客，文明服务是做好服务工作的基本前提。一个令人满意受人欢迎的健身俱乐部，应该对服务员的工作状态有具体的要求：

（一）仪表要求

1. 上班前要洗头发，梳理整齐，不得有头皮屑。
2. 工作服要整洁，领带系戴端正，要保持鞋的清洁和光亮，袜子无异味。
3. 在工作时间内要穿本健身俱乐部的统一的工作服装。
4. 保持手的清洁，指甲内不得留有污物。
5. 女子要淡妆，淡用香水。
6. 不准戴有色眼镜。

（二）行为举止要求

举止是指人的行为、动作和表情，它包括以下内容：

1. 站立要求：挺胸抬头，不能弯腰驼背；姿态要端正，双手自然下垂，不能叉腰抱胸，不能将手放在兜内；要显得端庄有礼，落落大方；不准背靠他物或趴在服务台和健身器材及设备上。

2. 行走要求：行走时一定要走姿端庄，行走时，身体的重心应稍向前倾，收腹、挺胸、抬头，眼睛平视前方，面带微笑，肩部放松，身体正直，两臂自然地前后摆动；走路时脚步要既轻且稳，切忌晃肩摇头，上体左右摇摆，行走应尽可能保持直线前进，步伐的速度不能过快；服务员在与客人同行时，要让客人走在前面，遇通道比较狭窄，有客人从对面过来时，服务人员应主动停下来靠在边上，让客人先通过，一般情况下靠右侧行走；遇有急事或手提重物需超越行走在前面的客人时，应彬彬有礼地说“对不起！”以表歉意；行走要轻稳、姿态要端正，表情自然大方；行走时不能将手放入兜内，也不能双手抱胸或背手；如多人同时行走时，不能用手勾肩搭背，不能边走边笑、边打闹；如引领客人时走在客人左前方两步远处，行至转弯处服务员应伸手示意。

3. 行为要求：服务员在检查会员卡、递送存衣柜等项服务时，动作要轻缓；在客人面前不要伸懒腰、掏鼻孔、撸衣袖、哼小调、吃东西、打哈欠和打喷嚏；路遇熟悉的客人时要有礼貌地主动打招呼，在走廊、过道、电梯或活动场所与客人相遇时，应主动礼让。

（三）个人卫生要求

1. 保持口腔清洁，上岗前两小时内不得吃葱蒜等有异味的食物。
2. 头发要梳理整洁。

（四）语言要求

1. 遇见客人主动打招呼，向客人问好。

2. 语调亲切，音量适度，讲普通话，语速不要太快，要清脆简明，不要有含糊之音。

3. 使用文明用语："您好"、"请"、"谢谢"、"对不起"、"打扰了"、"别客气"、"请稍候"等礼貌用语。

4. 不可以使用"哎、喂"等不礼貌的语言，不要大声喊叫。

5. 讲话时的语言要充满热情、简短。

6. 同客人讲话时，眼睛注视对方，要细心倾听，不能东张西望，左顾右盼。

7. 当对客人的要求无法满足的时候，应该说"对不起！"表示歉意，并说明原因。

二、健身俱乐部前台服务员的岗位培训

要加强对健身俱乐部服务员的岗位培训工作，做到微笑服务，为会员提供一流的服务，不断提高服务质量。当一个会员或客人来到健身俱乐部，第一个见到的是健身俱乐部的前台服务员，所以服务员的服务水平代表着健身俱乐部的形象。应该制订出健身俱乐部服务员的工作流程的具体做法是：

（一）健身俱乐部的服务员要学习航空小姐的工作态度和微笑服务的方式，要主动热情地向到来的每一个会员和客人说："您好！欢迎您光临×××健身俱乐部！"

（二）向新来的客人介绍本健身俱乐部的锻炼项目和基本情况，带领客人参观健身俱乐部，展示本健身俱乐部的优势，争取让客人成为本健身俱乐部的会员。

（三）当客人表示出愿意加入健身俱乐部的时候，主动请客人填写《健身俱乐部会员登记表》。

（四）如果客人还不准备加入健身俱乐部的时候，服务员也同样要热情服务，并告诉客人欢迎他在任何时候再来健身俱乐部。

（五）当会员锻炼结束离开健身俱乐部时，服务员要热情相送，主动向会员说："再见！请您慢走！"，并目送会员出大门。

（六）服务员在接电话时，要说："您好！这里是×××健身俱乐部！"

三、健身俱乐部教练员的工作特点和要求

（一）要合理安排好健身俱乐部的巡场教练和私人教练的工作分工。

私人教练近年来在国内的健身俱乐部广为流行，其特点是为会员提供一对一的个性化服务，对会员的锻炼的指导更加细致，从而收到更好的锻炼效果。而巡场教练是健身俱乐部不可缺少的岗位，有的会员不需要聘请私人教练，只是有一般的保护和帮助即可以了，

因此私人教练和巡场教练要合理安排，不可顾此失彼，应该根据会员的要求，满足会员的不同的需求。

（二）能否正确地使用保护与帮助的方法，是衡量一名教练员是否合格的重要标准，确保会员不出现伤害事故是教练员的职责，在锻炼前要指导会员做好充分的准备活动。

（三）不论是巡场教练或是私人教练都要遵守体育职业道德，一名出色的健美教练员应具有谦虚好学的精神，刻苦钻研业务，不能直接或间接贬低同事，更不能在会员的面前讲本健身俱乐部其他教练技术方面的不足。

（四）不可以在背后议论他人，更不准背后贬低他人；这样不利于团结，也不利于开展工作。

建议：低价位、时间短、教练员提成比例要加大。

（五）健身俱乐部的集体有氧健身操教练多数是兼职教练，需要遵守时间观念，绝对不准迟到，也不能请假。因为会员会在规定的时间来上课，如果有重要事情必须请假，则需要找一位同级别教练代课，当然要在事先征得健身俱乐部主管的同意。总之集体有氧健身操教练应保证按时上课，不可以迟到和缺课。

第四节　健身俱乐部的工作布置

一、健身俱乐部开业仪式议程

1. 健身表演15分钟。
2. 健身健美表演15分钟。
3. 主持人宣布健身俱乐部开业仪式开始！
4. 有请——健身俱乐部教练员代表——发言。
5. 有请——健身俱乐部总经理——讲话。
6. 有请来宾代表——致辞。
7. 有请领导——致辞。
8. 全体嘉宾合影。
9. 参观健身俱乐部。
10. 会餐。

二、健身俱乐部的工作计划

成功的健身俱乐部都会有一整套行之有效的工作计划，按照不同时期、不同地点和不同的情况而制定出切实可行的工作计划，使全年的各项工作做到有计划性、针对性，从而达到事半功倍的效果。

（一）健身俱乐部开业前的《阶段工作计划》

1. 布置落实销售工作，增加会员数量。
2. 布置落实宣传工作。
3. 安排私人教练培训和健身操课程。
4. 落实全部人员到位。

（二）工作实施办法

1. 建立健全岗位责任制，明确每个员工的工作职责和工作任务。
2. 建立每周会议制度，按照部门每个员工总结一周的工作完成情况。
3. 近期的主要工作是销售工作，各部门要协调配合，要每天安排人员接待咨询和外出销售，内部要搞好区域的划分，各部门要制订销售计划。
4. 建立每周、每月销售个人工作业绩统计表（在办公室墙上公布）。
5. 开展销售业绩竞赛评比活动。

（三）制定健身俱乐部会员活动计划安排

1. 可以使会员了解健身俱乐部的全年活动情况。
2. 有利于销售工作，对新会员的加入有积极的作用。
3. 有利于提高会员的兴趣，在健身俱乐部当中享受到更多的乐趣。
4. 可以根据会员的需求，调整活动项目和活动内容，更好地为会员服务。

示例：

表21–1　2005年北京工人体育馆健身俱乐部活动计划

时间	内容	备注
4月	网球友谊赛	自交网球场门票
5月	乒乓球友谊赛	免费

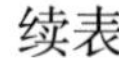
续表

时间	内容	备注
5月	组织观看北京市健美比赛	自交比赛门票
6月	保龄球活动	自交保龄球道费
7月	篮球联谊赛	免费
8月	健身知识讲座	免费
9月	太极拳教学	免费
10月	组织观看北京市健美比赛	自交比赛门票
11月	交际舞教学	免费
12月	圣诞节联谊活动	免费

三、健身俱乐部的宣传和销售工作方案

（一）印制宣传册。

（二）到附近居委会建立联系，发放宣传册。

（三）到附近写字楼发放宣传册。

（四）用横幅和易拉宝在室外大厅外做宣传。

（五）在健身俱乐部的明显位置的墙上，做好教练员宣传展示，配有照片和文字简况，注意图片和文字的精彩度和光线照明效果。

（六）在本地区报刊发招生广告和消息，每周发稿一篇，收集各个报社体育部电话、传真、邮箱供发稿使用，各部门做好分工。

四、健身俱乐部的宣传方式

1. 健身俱乐部的户外广告

在健身俱乐部的周边设立户外广告是最直接的宣传广告，可以吸引过往的行人，形成对视觉的重复刺激，日久天长就会收到良好的效果，但是在做户外广告之前一定要向有关单位申报，得到批准之后再安装。

2. 健身俱乐部印制宣传册

设计印刷精美的健身俱乐部印制宣传册是宣传健身俱乐部企业形象的最有效的方法，可以达到内容翔实、信息量大、直观性强、覆盖面大等效果。

3. 建立健身俱乐部的网站

与相关专业健美网站做链接，能及时有效地宣传本健身俱乐部的商业信息和综合情况。

4. 在健美专业杂志和其他媒体上做广告

在健美专业杂志和其他媒体上做广告也是提升健身俱乐部的企业形象的有效方法。

5. 利用地区性健美比赛的机会宣传健身俱乐部

可以选择买断比赛冠名权、赞助奖品、组队参加比赛等多种方式，同样可以达到最佳的宣传效果。

6. 通过举办店庆、节日联欢和组织会员郊游等活动

可以提高企业的凝聚力，吸引有相同爱好的朋友加入健身俱乐部，成为健身俱乐部的新会员。能及时有效地宣传本健身俱乐部的商业信息和综合情况。

五、如何改变健身俱乐部冬季不景气的状况

健身俱乐部的经营者都知道春、夏季节人多气旺，冬季不景气是普遍现象。为什么会出现如此景象，怎样才能改善现状，使健身中心产生更好的经济效益，是经营者和投资者最为关心和迫切解决的问题。首先分析产生冬季不景气的原因大致有以下几点：天气冷，人们不愿外出；天黑得早，下班后忙于回家；衣服穿得多，较瘦和过胖也不太显露；春节期间走亲访友或安排旅游，社会活动较多。

健身俱乐部的经营者应经常邀请会员座谈，征求意见，向专家请教，虚心学习成功的健身俱乐部的先进管理经验，以制定解决的办法，现推荐以下方法：

（一）从价格上给予会员尽可能的优惠，如：冬季月卡一律7折等。

（二）以全价购冬季月卡赠送一张友情卡（月卡）。

（三）可组织会员参加圣诞节、新年和春节联欢会等文娱活动，准备一些奖品，以娱乐的形式抽奖，增加节日欢乐的气氛。我参加过北京马华健身俱乐部和张贝健身中心组织的会员联欢活动，活动形式活泼，会员玩得开心，高高兴兴地捧着奖品回家，那种愉悦的好心情是最为珍贵的。

（四）提高服务水平，真正做到把会员当做“衣食父母”，把微笑服务贯彻始终，使会员感受到健身中心尊贵高雅的训练环境。在这里不仅能锻炼身体，还能扩大交际，加强会员之间的友谊。

其实，从体育训练学分析，冬训对职业运动员来讲是最宝贵的训练周期。冬训是储备体能，提高专项能力的最佳时期，特别是体能项目更是如此。年轻运动员往往是经过冬训会有一个飞跃，专项成绩和运动技术水平能全面提高。有理由相信只要健身俱乐部的经营者善于思考，不断总结经验，健身俱乐部的冬季不景气的状况定将会得到改变，我们希望出现像春节庙会那样人气旺盛的火爆景象。

第五节　健身俱乐部管理制度

一、健身俱乐部会员管理制度

（一）凭会员卡进馆。

（二）个人物品妥善保管，贵重物品存放到前台保管。

（三）锻炼时请勿赤背。

（四）锻炼前做好全身各关节的准备活动，举大重量时要请教练员保护，防止发生伤害事故。

（五）请勿大声喧哗。

（六）请勿在室内吸烟。

（七）洗浴时请注意节约用水，严禁在浴室和本健身俱乐部内洗衣服（包括小件内衣和袜子）。

（八）在跑步机锻炼时，请勿超过30分钟，以使他人也有锻炼的机会。

（九）讲文明、讲礼貌、团结友爱、相互尊敬、遵守社会公德。

（十）会员对本俱乐部的服务和教练员、工作人员有不满意之处，欢迎提出宝贵意见或投诉，本俱乐部一定及时改进。

二、健身俱乐部的卡种

健身俱乐部制定卡种的原则

（一）提前预售有优惠。

（二）第一年主推年卡，不设月卡。

（三）卡种要丰富，以供客人根据自己的情况选择。

（四）卡种价格的制定要考虑到客人要求打折的消费习惯。既要考虑经营成本，又要维护消费者的利益。

三、健身俱乐部健身操课程安排原则

健身俱乐部有氧课程的编排原则：

（一）锻炼项目要丰富，体现多样化。

（二）要安排时尚、流行的锻炼项目。

（三）锻炼时间安排要考虑到女性会员出勤集中的时间。

附：

为规范健身俱乐部的正常交易行为，维护消费者的合法权益，促进健身俱乐部的健康发展，北京市工商局于2011年9月1日正式实施了《北京市消费类预付费服务交易合同行为指南》

北京市消费类预付费服务交易合同行为指引

（试行）

第一条 为规范消费类预付费服务交易合同的订立、履行行为，保护当事人合法权益，维护正常的市场交易秩序，根据《中华人民共和国合同法》、《中华人民共和国消费者权益保护法》、《关于规范商业预付卡管理的意见》等有关规定，制定本指引。

第二条 本指引适用于在我市行政区域内，休闲健身娱乐、理发及美容保健、汽车清洗及保养、洗染、洗浴行业经营者在预收费用后分次向消费者提供服务的交易行为。

第三条 有关行业协会应当建立必要的行业内预付费经营模式自律约束机制，并对经营者的预付费经营行为进行引导、规范。

第四条 消费者和经营者均应当在合同订立前充分考虑自身的持续履约能力以及预付费交易可能面临的经济、法律风险。

第五条 经营者应当在显著位置明示经营场所的使用期限，并提请消费者注意。经营者经特许使用他人注册商标或企业标志的，还应当明示特许凭证、特许期限及特许人联系方式。

第六条 经营者应当在收取预付费用前，根据交易的特点，以书面形式与消费者约定或向消费者告知以下内容：服务地点、服务时间、服务方式、使用权限、价格标准、优惠条件、服务标准、使用商品品牌、有效期限或次数、遗失补办、退费转让及违约责任等事项。

经营者不得作出语义含混的终身服务承诺。经营者与消费者约定的合同有效期限应当与预付费用金额、经营场所的使用期限相适应。

消费者有权要求经营者将口头承诺写入书面约定，并保存所有书面凭证以维护自身权益。

第七条 经营者对免除或限制自身责任的格式条款，应当在合同订立时采用足以引起消费者注意的文字、符号、字体等特别标识，并按照消费者的要求对相应内容予以说明。

经营者不得以格式合同、店堂告示、声明、须知等形式作出免除其损害消费者合法权益应当承担的民事责任、加重消费者责任或排除消费者主要权利等不公平、不合理的规定。

第八条 消费者和经营者对经营者提供的合同、协议、登记表、店堂告示、声明、须知内容理解发生争议的，应当按照通常理解予以解释；对相应内容有两种以上解释的，应当作出不利于经营者的解释。

第九条 经营者在收取费用或提供服务后，应当按照有关规定或交易习惯向消费者出具收费凭证或服务单据。

经营者应当保存提供服务的明细记录至交易关系终止后至少满两年。储值性或计次（时）性预付费服务的明细记录，应当由消费者签字确认。

消费者要求经营者提供服务记录的，经营者应当提供。

第十条 消费者在交付预付费用后7日内，尚未使用预付费用接受服务的，有权无条件解除合同；经营者应当一次性返还全部预付费用。

消费者在交付预付费用后7日内接受经营者提供的免费体验或试用服务的，不影响消费者行使无条件解约权。

第十一条 经营者和消费者应当遵循诚实信用的原则，全面、适当履行约定的各项义务。

经营者对消费者就其提供服务以及使用商品的质量和使用方法等问题提出的询问，应当作出真实、明确的答复。

第十二条 在预付费服务期限内，经营者不得擅自提高承诺的商品、服务价格或增加服务限制条件。

第十三条 消费者或经营者要求解除合同的，应当符合《中华人民共和国合同法》等法律的规定或双方的约定。

第十四条 经营者变更服务地点、调整主要经营项目、擅自提高承诺价格或增加服务限制条件严重影响消费者利益的，双方应当协商解决办法；协商不成的，消费者可以解除合同，并要求经营者参照以下标准在扣除已消费金额后，一次性返还预付费用余额：

（一）双方约定消费者享受单次服务价格优惠的，已消费金额应当按照约定的优惠价格计算；

（二）双方约定消费者享受明确的赠送金额或服务项目的，单次服务价格的优惠折扣率为

$$\frac{\text{预付费用总额}}{\text{赠送金额或赠送服务的折算金额}+\text{预付费用总额}}\times 100\%$$

（三）双方约定消费者在有效期限内不限次享受服务的，已消费金额计算方式为

$$\frac{\text{合同生效之日起至合同解除之日止的天数}}{\text{有效期限内天数}} \times 100\% \times \text{预付费用总额}$$

第十五条 经营者暂停营业的，应当提前以店堂告示及双方约定的其他形式告知消费者。

经营者需暂停营业超过30日以上的，应当在暂停营业15日前以店堂告示及双方约定的其他形式告知消费者。消费者要求解除合同的，经营者应当参照第十四条的标准扣除已消费金额后，一次性返还预付费用余额；消费者不要求解除合同的，有效期限相应顺延或由双方另行协商解决办法。

第十六条 经营者因停业或注销需解除合同的，应当提前30日以店堂告示及双方约定的其他形式告知消费者，并参照第十四条的标准扣除已消费金额后，一次性返还预付费用余额。

第十七条 合同生效后，经营者不得仅因名称的变更或者法定代表人、负责人、从业人员的变动而不履行约定义务。

第十八条 经营者不得为记名储值性或计次（时）性预付费服务设定有效期限。不记名储值性或计次（时）性预付费服务的有效期限不得少于三年；有效期限届满后消费者仍有未消费的剩余金额或次数（时间）的，经营者应当提供激活、换卡等配套措施。

第十九条 除明确约定为不可转让外，记名预付费服务的消费者有权转让合同权益，但应当通知经营者；经营者应当为其办理转让手续。不记名预付费服务的消费者有权自行转让合同权益。

第二十条 经营者未履行本指引第五条、第十五条、第十六条规定的告知义务，给消费者造成损失的，应当承担相应的赔偿责任。

第二十一条 执行本指引的规定，不影响双方依据有关法律提出保障其他权益的请求。

第二十二条 消费者和经营者发生争议时，应当协商解决或向消费者协会或有关行业协会申请调解解决，或向有关行政部门申诉，也可以直接向人民法院提起诉讼或向约定的仲裁机构申请仲裁。